시대와의 대화

칸트와 헤겔의 철학

대우학술총서

599

시대와의 대화

칸트와 헤겔의 철학

백종현 지음

아카넷

철학은 본디 모든 학문의 통칭이었지만, 과학(科學)들이 분기한 상황에서의 철학은 '근본학(radical science)'으로서 이제 '자연과 인간 사회 문화제 영역의 최고 원리와 제 영역의 통일 원리를 반성적으로 탐구하는 지적활동 또는 그 결실'이라 하겠다. 그런 만큼 철학적 작업은 언제나 자연과인간 사회에 대한 치열한 반성을 통해서만 그 성취를 거둘 수 있거니와, 인간 사회 문화라는 것이 고정불변적인 것이 아니고 보면 철학자의 반성은 그의 시대 사회 문화의 물음에 대한 응답의 성격 또한 갖는다. 이 저술이 지향하는 바는 독일 계몽주의—이상주의 시대의 칸트(I. Kant, 1724~1804)와 헤겔(G. W. F. Hegel, 1770~1831)이 그들의 시대가 철학자에게 요구한 바에 어떻게 응했는가를 그들의 주저들을 통해 조감하는 일이다.

칸트와 헤겔의 철학은 세계 철학 사상사에서 최고의 봉우리 중 하나일뿐만 아니라, 한국 사회에 서양철학 사상이 유입된 이래 최대의 연구 대상이었고 그만큼 현대 한국의 사회 문화 형성에 지대한 영향을 미쳤다. 글쓴이가 일찍이 조사한 바에 따르면, 1915년부터 1995년까지 한국에서 발간된 서양철학자에 대한 논저 총 7245건 가운데 칸트 관련이 591건, 헤겔 관련이 446건으로 각각 1, 2위를 점하고 있었는데(백종현, 『독일철학과 20세기 한국의 철학』, 철학과현실사, 2000〔증보판〕, 37면 참조), 이러한 추세는 지금도 변함이 없을 것으로 본다. 사실 한국 사회의 서양철학 수용은 칸트철학 연구와 활용으로부터 시작되었다.

한국인이 쓴 최초의 서양철학 관련 글이라고 알려져 있는 것이 이정직(李定稷, 1841~1910)의 『연석산방고(燕石山房稿)』의 「미정문고 별집(未定文稿 別集)」 안에 들어 있는 「강씨철학설대략(康氏〔칸트〕哲學說大略)」인데다가(박종홍, 『朴鍾鴻全集』 V, 민음사, ²1998, 283~285면 : 「李定稷의 〈칸트〉 硏究」 참조), 한용운(韓龍雲, 1879~1944) 또한 일찍이 그의 『조선불교유신론(朝鮮佛教維新論)』(1910)에서 불교 교리의 현대적 활용을 모색함에 있어 칸트철학과의 비교를 통해 불교의 특장을 설명하고 있다.

"독일의 철학자 칸트〔德儒康德〕는 말했다.

우리의 일생의 행위가 다 내 도덕적 성질이 겉으로 나타난 것에 지나지 않는다. 그러므로 내 인간성이 자유에 합치하는가 아닌가를 알고자 하면 공연히 겉으로 나타난 현상만을 가지고 논해서는 안 되며, 응당 본성의 도덕적 성질에 입각하여 논하지 않으면 안 되는 것이니 도덕적 성질에 있어서야 누가 조금이라도 자유롭지 않은 것이 있다고 하겠는가. 도덕적 성질은 생기는 일도, 없어지는 일도 없어서 공간과 시간에 제한받거나 구속되거나 하지 않는다. 그것은 과거도 미래도 없고 항상 현재뿐인 것이니, 사람이 각자 이 공간과 시간을 초월한 자유권(본성)에 의지하여 스스로 도덕적 성질을 만들어내게 마련이다. 그러기에 도덕의 이치로 미루어 생각하면 엄연히 멀리 현상 위에 벗어나 그 밖에 서 있음을 보게 된다. 그렇다면 이 진정한 자아는 반드시 항상 활발 자유로워서 육체가 언제나 필연의 법칙에 매여 있는 것과는 같지 않음이 명백하다. 그러면 소위 활발 자유란 무엇인가. 내가 착한 사람이 되려 하고 악한 사람이 되려 함은 다 내가 스스로 선택하는 데서 생겨나는 생각이다.

자유의지가 선택하여 정하고 나면 육체가 그 명령을 따라 착한 사람, 나쁜 사람의 자격을 만들어내는 것이니, 이것으로 생각하면 우리 몸에 소위 자유성과 부자유성(不自由性)의 두 가지가 동시에 병존하고 있음이 이론상 명백한 것이다.

〔…〕

부처님 말씀에 소위 진여(眞如)라는 것이 있는데, 진여란 곧 칸트의 진정한 자아여서 자유성을 지닌 것이며, 또 소위 무명(無明)이라는 것이 있는데, 무명이란 칸트의 현상적인 자아에 해당하는 개념이어서 필연의 법칙에 구속되어 자유성이 없는 것을 뜻한다. 또 부처님 말씀에 생각건대 우리가 무시(無始) 이래로 진여 무명 두 종자(種子)를 지니고 있어서 성해(性海)와 식장(識藏) 속에 포함되어 서로 훈습(薰習)하게 마련이다. 그리하여 범부는 무명으로 진여를 훈습하는 까닭에 반야지(般若智)를 그르쳐 식(識)을 삼고, 도를 배우는 자는 또한 진여로 무명을 훈습하는 까닭에 식을 전환시켜 반야지를 이룬다 하였다.

〔…〕

그러나 부처님의 이 진여는 일체 중생이 보편적으로 지닌 본체(本體)요, 각자가 제각기 한 진여를 지니는 것이 아니라 했고, 칸트는 사람이 다만 진정한 자아(自我)를 가지고 있다고 했다. 이것이 그 차이점이다. 그러므로 부처님 말씀에 한 중생이라도 성불하지 못하는 자가 있으면, 나도 성불하지 못한다 하셨으니, 모든 사람의 본체가 동일하다고 보기 때문이다. 이런 태도는 중생을 널리 구제하자는 정신에 있어서 좀 더 넓고 깊으며 더없이 밝다고 할 만하다. 이에 대해 칸트는 만약 선인이 되고자 하는 의욕만 있으면 누구나 선인이 된다고 했으니, 그 본체가 자유롭다고 믿었기 때문이어서, 수양이라는 면에서 볼 때 좀 더 절실하고 행하기 쉬운 특징이 있었다. 이에 비겨 주자(朱子)의 명덕(明德)

설 같은 것은 만인이 동일한 본체를 지니고 있는 상황을 지적하지 못했는데, 이 것이 부처님에게 못 미치는 점이라 하겠고, 또 말하기를 이 명덕이 기품의 구애 와 인욕의 가림을 받는다 하여 자유로운 진정한 자아와 부자유스러운 현상적 자아의 구분에 있어서 한계가 명료치 않았으니, 이것이 칸트에 비겨 미흡한 점 이다. 칸트의 본의(本意)에 의하면, 진정한 자아는 결코 다른 무엇에 의해 구애 되든지 가리어지든지 하는 것이 아니었으며, 구애를 받고 가림을 받으면 그것 은 자유를 상실한 것이라 하였다.

　〔…〕

　부처님은 천상천하에 오직 나만이 존귀하다 하셨는데 이것은 사람마다 각각 하나의 자유스러운 진정한 자아를 지니고 있음을 밝히신 것이다. 부처님께서는 모든 사람에게 보편적인 진정한 자아와 각자가 개별적으로 지닌 진정한 자아에 대해 미흡함이 없이 언급하셨으나, 다만 칸트의 경우는 개별적인 그것에만 생각 이 미쳤고 만인에게 보편적으로 공통되는 진정한 자아에 대해서는 언급을 하지 못하였다. 이것으로 미루어 보면 부처님의 철리(哲理)가 훨씬 넓음을 알 수 있 다."(韓龍雲, 『朝鮮佛敎維新論』(1910), 이원섭 역, 운주사, 1992, 21〜24면)

더 나아가 전병훈(全秉薰, 대략 1860〜?)이 1920년 중국 베이징(北京 : 精 神哲學社)에서 간행했다는 『정신철학통편(精神哲學通編)』(복간 : 明文堂, 1983)에 이르러서는, 이미 당시에 칸트철학이 한국 지성인들 사이에서 '지 성'의 척도 구실을 했음을 어렵지 않게 확인할 수 있다. 일본에서 대학 수 업을 한 최현배(崔鉉培, 1894〜1970)에게서도 우리는 칸트 도덕철학의 짙 은 영향을 발견한다. 최현배는 민족이 식민치하에 들어가고 3·1운동도 뜻 한 바를 이루지 못한 후 그의 『조선민족갱생의 도(朝鮮民族更生의 道)』에 서, 나라가 망하고 사회가 몰락하는 근본적 원인을 "도덕심의 타락"으로 진단하고, "민족적 갱생에는 반드시 도덕의 민족적 경장(更張)이 앞서야

한다"고 보면서, "도덕의 경장은 생명의 경장이요, 신도덕의 수립은 신생
명의 수립"임을 역설하고 있는데, 그 '신도덕'의 내용인즉 칸트 윤리 사상
과 매우 가까운 거리에 있다.(최현배, 『朝鮮民族更生의 道』[1930年版 飜刻
本], 정음사, 1962, 189~194면 참조)

　유입 초기에 헤겔철학이 한국 지식인 사회에 미친 영향 또한 칸트의 그
것에 못지않았던바, 특히 국가와 민족 그리고 시민생활을 고찰하는 데 직
접적으로 활용된 역사철학, 사회철학, 정치철학 분야에서 두드러졌다.

　19세기 말 이래 한국 사회는 철학 사상의 면에서 동서고금의 각종의 지
류들이 합류하여 흐르는 지형을 보여주고 있다. 많은 새로운 사조가 교차
하는 가운데서도 칸트와 헤겔철학에 기초한 인간 존엄성 고양 사상은 그
영향력이 감소하기보다는 오히려 증대해가고 있다. 이러한 맥락에서 글쓴
이도 지난 수십 년간 이들의 중심 사상을 연구하고 상당량의 논저와 역주
서를 펴냈다. 대강 열거하면 아래와 같다.

[논문]

1. 「칸트에서 '초험[월]적 진리'에 관하여」, 수록 : 『現象學硏究』 3집, 한국
   현상학회, 1988.
2. 「사물의 본질과 존재」, 수록 : 『哲學』 32집, 한국철학회, 1989.
3. 「칸트에서 자유의 이념과 도덕원리」, 수록 : 『철학사상』 1호, 서울대학교
   철학사상연구소, 1991.
4. 「칸트에서 인간과 자연」, 수록 : 『철학과 현상학 연구』 6집, 한국현상학회,
   1992.
5. 「칸트 철학에서 인간의 의무」, 수록 : 『사회철학대계 I』, 민음사, 1993.
6. 「칸트 : 현상의 존재론」, 수록 : 『칸트연구』 1집, 한국칸트학회, 1995.
7. 「보편적 이성과 인간의 이상」, 수록 : 『哲學』 49집, 한국철학회, 1996.

8. 「시간 · 시간의식—Kant 시간 개념의 함축」, 수록 : 『예술문화연구』, 서울
대학교 예술문화연구소, 1997.

9. "The Reception and Development of German Idealism in Korea in the
20th Century", in : *Korea Journal*, Vol. 39 No. 1(Spring 1999), Korean
National Commission for UNESCO, Seoul.

10. 「로크와 칸트에서 '실재하는 사물'」, 수록 : 『칸트연구』 4집, 한국칸트학
회, 1999.

11. 「의식의 동일성과 선험성—경험주의 의식 이론과 칸트 초월론 비교 연
구」, 수록 : 『哲學硏究』 46집, 철학연구회, 1999.

12. 「헤겔 『정신현상학』과 대상의식의 변증법」, 수록 : 『哲學硏究』 49집, 철
학연구회, 2000.

13. 「헤겔의 자기의식의 변증법」, 수록 : 『칸트연구』 6집, 한국칸트학회,
2000.

14. 「헤겔에서 이성의 현상학」, 수록 : 『철학사상』 11호, 서울대학교 철학사
상연구소, 2000.

15. 「존재와 진리의 토대 : 칸트의 초월적 의식과 하이데거의 현존재」, 수록 :
『칸트연구』 7집, 한국칸트학회, 2001.

16. 「계몽철학으로서 칸트의 전통 형이상학 비판」, 수록 : 『칸트연구』 9집, 한
국칸트학회, 2002.

17. 「근대독일철학 수용과 한국의 철학 전개」, 수록 : 『哲學硏究』 별책, 철학
연구회, 2002.

18. 「한국 철학계의 칸트 연구 100년(1905~2004)」, 수록 : 『칸트연구』 15집,
한국칸트학회, 2005.

19. "Kant's Theory of Transcendental Truth as Ontology", in : *Kant-
Studien*, 96, Kant-Gesellschaft/Walter de Gruyter, Berlin·New York

2005.

20. 「헤겔의 윤리 국가 이론」, 수록 : 『철학사상』 24호, 서울대학교 철학사상연구소, 2007.

21. "Reality and Knowledge", in : *Philiosophy and Culture*, 3, Korean Philosophical Association, Seoul 2008.

22. 「헤겔의 '시민사회'론」, 수록 : 『철학사상』 30호, 서울대학교 철학사상연구소, 2008.

23. 「'이성' 개념의 역사」, 수록 : 『칸트연구』 23집, 한국칸트학회, 2009.

24. 「칸트철학에서 '선험적'과 '초월적'의 개념 그리고 번역어 문제」, 수록 : 『칸트연구』 25집, 한국칸트학회, 2010.

[저서]

1. *Phänomenologische Untersuchung zum Gegenstandsbegriff in Kants "Kritik der reinen Vernunft"*, Peter Lang Verlag, Frankfurt/M·Bern·New York 1985.

2. 『독일철학과 20세기 한국의 철학』, 철학과현실사, 1998·2000(증보판).

3. 『존재와 진리─칸트 〈순수이성비판〉의 근본 문제』, 철학과현실사, 2000·2008(전정판).

4. 『서양근대철학』, 철학과현실사, 2001·2003(증보판).

[역주서]

1. 『칸트 비판철학의 형성과정과 체계』(원저 : F. Kaulbach, *Immanuel Kant*), 서광사, 1992.

2. 『실천이성비판』(원저 : Kant, *Kritik der praktischen Vernunft*), 아카넷, 2002·2009(개정판).

3. 『윤리형이상학 정초』(원저 : Kant, *Grundlegung zur Metaphysik der Sitten*), 아카넷, 2005.

4. 『순수이성비판 1』·『순수이비판 2』(원저 : Kant, *Kritik der reinen Vernunft*), 아카넷, 2006.

5. 『판단력비판』(원저 : Kant, *Kritik der Urteilskraft*), 아카넷, 2009.

6. 『윤리형이상학』(원저 : Kant, *Die Metaphysik der Sitten*), 아카넷, 2012.

7. 『영원한 평화』(원저 : Kant, *Zum ewigen Frieden*), 아카넷, 2013.

이제 새롭게 펴내는 책『시대와의 대화 : 칸트와 헤겔의 철학』은 서양 근대철학의 최고봉인 칸트와 헤겔의 핵심 사상을 이미 발표한 위의 여러 논저에서 추려내고 칸트의 종교철학과 세계평화론, 헤겔의 변증법 개념과 역사철학 등 오늘날까지도 적지 않은 시사점을 던져주고 있지만 미쳐 논고로 다루지 못했던 부분을 더하여 '철학자는 그의 시대가 던지는 물음에 어떻게 응답하는가'라는 관점에서 재서술한 것으로서, 칸트와 헤겔철학 사상의 골조를 문화사적 맥락에서 다시금 읽어낸 결과이다. 그러나 서술에 있어서는 칸트와 헤겔의 도도한 어세를 잃지 않도록 하기 위해서 많은 대목에서 그들 자신으로 하여금 직접 말하도록 하였고, 주요한 원어는 괄호 안에 써넣어 혹시 있지도 모르는 번역어로 인한 오해를 방지하고자 했다. 그와 함께 기초 개념들, 특히 칸트에서 이성비판과 의식의 '초월성', 그리고 헤겔에서 정신 '변증법'에 관한 서술을 좀 더 명료하게 함으로써 칸트와 헤겔철학이 당대뿐 아니라 오늘날에도 여전히 가지고 있는 의의가 충분히 드러나도록 힘썼다. 그러나 여기서 글쓴이가 생각한 것은 칸트와 헤겔 사상의 병렬이나 대비도 아니고, 승계나 반동 또는 극복의 관계도 아니다. 그래서 이 책은, 일찍이 시대의 물음을 간취하고 독일 이상주의의 문을 연 칸트에게서 들을 수 있는 답을 먼저 듣고, 그에게서 미진했던 것을 더 전개시켜나간 헤겔에게서 보충적인 답을 듣는 방식으로 서술 구성되었다. 그러다 보니 서술 분량의 면에서는 칸트에 대한 것이 훨씬 많다. 당초에 의도한 것이 칸트적인 것과 헤겔적인 것의 분간보다는 둘을 합하여 한 묶음의 철학백과가 되도록 하는 것이었던 만큼, 글쓴이는 독자가 칸트와 헤겔의 대조보다는 세대를 이어 그들이 소묘해낸 그들 시대의 한 사상 체계를 상호 보충 보완의 관점에서 읽었으면 한다.

'철학은 현실에서 시작해야 한다'고 말들 하지만, '현실'에서 출발하지 않은 '철학'이 있겠는가. 혹 그렇게 보이지 않는 경우가 있다면 그것은 철학의 추상성 때문일 것이다. 어떤 철학자의 사상이 그의 시대를 넘어서도 생명을 갖는 것은 그의 철학이 한낱 시사 논설이나 구체적 정책 대안이 아니라, 그 '현실' 문제의 근원에 대한 사변적 통찰을 담고 있기 때문이겠다. 그러니까 어떤 철학 사상이 후대에도 지속적으로 또는 당대보다도 후대에 더 크게, 또 그것이 발원한 곳을 넘어 인류 세계 전체에 영향력을 미치는 것은 그것이 현실을 반조하되 추상하여 인간에게 본래적인 것을 응축해 보이기 때문이라 할 것이다. 본래적인 것은 보편적인 것이되, 언제나 보편성은 얼핏 보면 특수성을, '현실'을 외면하고 있는 듯이 보인다. 그러나 어떤 사념이 보편성을 담아내지 못하면 그것은 '철학'이라 할 수 없겠다. 칸트와 헤겔의 철학은 그들의 현실 사회가, 그들의 시대가 던진 물음들에 대한 대답이지만 때와 곳을 넘어서는 것이기에 현재 우리에게도 말을 걸고, 우리로 하여금 귀 기울이게 하는 것이다.

철학한다는 것은 지난 시대의 이름난 철학자의 글을 읽고 요약하여 외우는 것이 아니다. '철학한다'는 것은 '참답게 산다는 것이 무엇인가?'를 숙려하는 것이지, 한낱 칸트가 또는 헤겔이 '참다운 삶을 어떻게 규정하고 설명했는가를 알아내는 것'이 아니다. 그럼에도 불구하고 우리가 칸트와 헤겔을 읽고 그들에게서 무엇인가를 알아내고자 하는 것은 그들의 사색 속에서 나의 물음, 우리 시대의 문제에 대한 해답의 실마리를 얻을 수도 있지 않을까 하는 기대를 갖기 때문이다. 이 책자가 독자들의 그러한 기대에 다소나마 부응했으면 한다.

칸트와 헤겔의 직접적인 발언은 그들의 주요 저작, 표준판본—칸트의 경우 원칙적으로 베를린(Berlin) 학술원 판 전집(*Kant's gesammelte Schriften*: Akademie-Ausgabe〔AA〕), 헤겔의 경우 함부르크(Hamburg) 마이너(Felix Meiner) 출판사의 전집(*Hegel · Gesammelte Werke*〔GW〕)과 부분적으로는 주르캄프(Suhrkamp) 출판사의 전집(Theorie Werkausgabe〔TW〕)—을 통해 들을 수 있도록 했는데, 다량인데다가 빈번하여서 그 출처를 본문 중에서 낱낱이 상세하게 밝히면 매우 번잡스러울 것 같아 우선은 간략하게 밝힌 다음, 책 뒤 참고문헌란에 소상히 적어놓는 방식을 택했다. 그러다 보니 원저명의 약호가 익숙하지 않은 독자에게는 먼저 참고문헌란에서 그를 익혀야 하는 수고로움을 끼치고 말았다. 아무쪼록 너그러운 양해를 바란다.

무슨 일에서나 그러하듯이 이 책을 내는 데도 많은 분들의 도움이 있었다. 한국학술협의회와 대우재단은 저술 지원을 하였고, 강지영 선생님은 원래 논고들의 보완을 위한 많은 단서와 적지 않은 자료를 제공하였으며, 인쇄 교정 단계에서는 김철, 백승환 선생님이 노고를 아끼지 않았고, 출판사 아카넷의 편집진은 딱딱한 글을 조금이라도 부드럽게 개선하고자 많은 노력을 하였다. 두루 감사의 마음을 표한다.

여러분들의 협력 덕분에 2010년에 처음 펴낸 이 책이 지속적으로 독자의 관심을 얻을 수 있었다. 이에 더 많은 분들과의 대화를 기대하면서 다소간 보완한 개정판을 낸다.

2017년 8월
정경재(靜敬齋)에서
백 종 현

차례

서설

　칸트(Immanuel Kant, 1724~1804)와 헤겔(Georg Wilhelm Friedrich Hegel, 1770~1831)의 철학적 주요 활동기, 그러니까 넓게 보아 칸트의 교수취임 논문인 『감성세계와 예지세계의 형식과 원리들』이 발간되던 해(1770)부터 헤겔이 『철학백과개요』의 최종판을 냈던 해(1830)까지 60년간, 더 좁게 살펴 칸트의 『순수이성비판』 초판이 발간된 해(1781)부터 헤겔의 『법철학 요강』(1821)이 나왔던 대략 40년간의 시기는 세계 사상사에서도 유례를 찾기 어려울 정도로 인간 정신이 응축되어 그 모습을 드러낸 시기라 할 수 있다.

　우리는 독일 정신사에서 저 2세대 동안에 마치 하나의 정령(精靈)이 취할 수 있는 모든 방식으로 일시에 외현(外現)한 듯한 양상을 본다. 레싱(G. E. Lessing, 1729~1781), 빌란트(C. M. Wieland, 1733~1813), 괴테(J. W. Goethe, 1749~1832), 실러(F. Schiller, 1759~1805), 노발리스(F. v. H. Novalis, 1772~1801), 슐레겔(F. Schlegel, 1772~1829), 횔덜린(F. Hölderlin, 1770~1843), 하이네(H. Heine, 1797~1856) 등이 문학 활동을 하고, 모차르트(W. A. Mozart, 1756~1791), 베토벤(L. v. Beethoven, 1770~1824), 슈베르

트(F. Schubert, 1797~1828), 멘델스존-바르톨디(F. Mendelssohn Bartholdy, 1809~1847) 등이 불멸의 작곡 활동을 하던 같은 지역 같은 시대에 우리는 칸트, 피히테(J. G. Fichte, 1762~1814), 셸링(F. W. Schelling, 1775~1854), 헤겔, 슐라이어마허(F. E. D. Schleiermacher, 1768~1834), 쇼펜하우어(A. Schopenhauer, 1788~1860)의 철학 사상을 만난다.

어찌 보면 저 시기 독일 지역 지성의 성숙과 정치적 미성숙의 부조화가 미증유의 정신력의 분출로 나타났는지도 모른다. 우리는 세계사에서 간혹 정치적 불안정과 미숙이 오히려 정신 발양을 촉발시키는 사례를 본다. 고대 중국 춘추전국시대의 제자백가(諸子百家)의 출현이나, 고대 그리스 아테네 패망기의 소크라테스(Sokrates), 플라톤(Platon), 아리스토텔레스(Aristoteles)의 활약상(BC 469~322)이나, 중국 북송(北宋)·남송(南宋) 시대의 육자(六子)의 활동상(1017~1200)은 유사한 사례라 하겠다.

1770년대 독일은 신성로마제국이라는 느슨한 울타리 안에 적어도 35개국 이상의 나라로 나뉘어 있었고, 그중 외스터라이히(Österreich : 오스트리아), 프로이센(Preußen : 프러시아), 바이에른(Bayern), 하노버(Hannover)는 왕국이었으며, 1805년에는 뷔르템베르크(Württemberg)도 왕국이 되었다. 이 가운데 남쪽의 구세력 외스터라이히와 더불어 북쪽의 신세력 프로이센이 차츰 유럽 다섯 열강으로 부상했고, 이 양자 간의 주도권 다툼도 그에 비례해 격렬해갔다.

외스터라이히는 마리아 테레지아(Maria Theresia, 재위 : 1740~1780), 요제프 2세(Joseph II, 재위 : 1765~1790), 레오폴트 2세(Leopold II, 재위 : 1790~1792), 프란츠 2세/1세(Franz II/I, 신성로마제국 황제 프란츠 2세로서 재위 : 1792~1806 ; 외스터라이히 황제 프란츠 1세로서 재위 : 1804~1835)로 이어지는 치세 동안 번영과 위축을 번갈아가면서 유럽 역사의 중심에 서 있었다.

19세기 초 유럽 전쟁의 와중에 나폴레옹에 의해 신성로마제국의 종식을 강요당한 프란츠 2세는 1804년에 세워진 외스터라이히제국 황제 프란츠 1세로 즉위하고 1815년에는 메테르니히(Klemens Metternich, 1773~1859) 복고체제를 구축했지만, 민주시민혁명의 기류는 점차 고조되어갔다.

프로이센은 계몽절대군주 프리드리히 2세(Friedrich II : 프리드리히 대왕, 재위 : 1740~1786), 프리드리히 빌헬름 2세(Friedrich Wilhelm II, 재위 : 1786~1797), 프리드리히 빌헬름 3세(Friedrich Wilhelm III, 재위 : 1797~1840) 치세 기간에 개혁과 반동을 바꿔가면서 독일 통일의 주축으로 성장하였다.

근대 사회를 특징짓는 계몽주의는 종전에 신의 이성이 있던 자리에 인간의 이성을 놓고, 합리성의 근거를 계시 대신에 인간의 논리적 사고와 경험에서 찾았다. 계몽주의의 정점기인 1770~1830년대 유럽 사회는 경제적 비약을 기반으로 군사적 힘을 갖추어 역내의 열강이 각축하면서 그 위세를 세계에 떨치기 시작했다. 영국은 일찍이 명예혁명(1688)과 로크(J. Locke, 1632~1704)의 『통치론』(1689)을 통해 제도적으로 이론적으로 대의제 시민사회를 구현하는 한편, 흄(D. Hume, 1711~1776)의 『인성론』(1739/40)을 통해 인간의 논리적 능력과 경험의 힘을 확인하고, 사회적 변화에 능동적으로 대처해 산업혁명을 성취해냈으며, 그 여세를 몰아 애덤 스미스(A. Smith, 1723~1790)의 『국부론』(1776)에서 표출된 '보이지 않는 손'의 합리성을 내세워 세계 경영에 나섰다. 같은 정신을 넘겨받은 신세계 미국은 독립선언(1776)과 함께 인류사상 최초의 헌법국가 수립(1788)을 이루어냈다. 몽테스키외(Ch. de Montesquieu, 1689~1755)의 『법의 정신』(1748)과 루소(J. -J. Rousseau, 1712~1778)의 『사회계약설』(1762)로 대변되는 프랑스의 계몽사상 또한 프랑스대혁명(1789)으로 발양되어 특히 정치 영역에서 큰 결실을 거두었고, 나폴레옹(Napoléon Bonaparte, 주활동기 :

1796~1815)을 통해 자유 · 평등 · 우애의 정신을 전 유럽에 확산시켰다. 그러나 빛이 밝으면 그림자도 짙은 것이 상례이니 이 시기 유럽 열강의 다툼은 국제 간의 긴장을 고조시켰으며 유럽 사회의 급속한 산업화와 사유재산제도의 정착은 극심한 사회적 갈등을 낳았다.

독일은 근대사회의 문을 연 활자인쇄혁명(1450)과 종교혁명(1517)의 발원지임에도 불구하고 정작 정치적으로는 오랫동안 구제도에 머물렀고, 산업사회로의 진입 또한 더디었다. 계몽 정신의 확산이 뒤늦은 독일 지역에서 계몽주의는 초기에 '위에서 아래로' 내려가는, 그러니까 왕이 앞장서서 아직 '시민화'되지 못한 민중을 '계몽'하는 형태를 띠었고, 그렇기 때문에 그것은 정치혁명의 원리가 아니라, 선진국 영국과 프랑스를 따라잡는 강력한 국가 건설의 동력으로 사용되었다. 프로이센을 열강의 대열에 세운 프리드리히 대왕을 '계몽절대군주'라고 칭하는 데서도 알 수 있듯이, 독일의 계몽주의는 자유주의적이라기보다는 오히려 절대주의적이었고, 그러니까 덜 계몽주의적인 군주가 등장했을 때 독일 계몽주의는 관념론적, 이상주의적으로 흘렀으니, 사람들은 실현할 수 없는 것은 꿈에서 완성하고자 했다. 그래서 질풍노도(Sturm und Drang)의 시기(대략 1767~1785)를 거치면서 독일 계몽주의 · 낭만주의 · 이상주의 사조는 정치 경제의 국면에서보다도 먼저 철학, 문학, 음악 예술 분야에서 두드러진 성과를 낳았다.

계몽주의는 '신적'인 것 대신에 '인간적'인 것을 가치척도로 내세우면서 출발하였고 시대적 공감을 얻었다. 그러나 '신'은 순수한 이성적 존재자로 여겨진 반면에 인간은 물리적-생리적 신체를 가진 이성적 존재자인 것이 광범위하게 납득된 마당에서 '인간적인 것'이 무엇인가에 대해서는 의견이 나뉘었다. 이때에 감성적 존재자이자 이성적 존재자인 인간의 이중성으로 인해 근대 감각경험주의 사조와 이성주의가 나왔는데, 독일 지역의 계몽주의는 프랑스적 이성주의와 영국적 감각경험주의의 지대한 영향 속에서 스스로를 차별화함으로써 독자성을 확보하면서도 이성적 가치를 그 중심에 두었다. 그렇기 때문에 독일의 철학적 계몽주의는 문학과 음악에서와 마찬가지로 일단 고전주의 형태를 띠었다. 그러나 신(神)이성주의와 달리 인간이성주의는 '인간의 한계' 넘어서의 것에 관해서 발언하는 것을 비합리적인 것으로 규정한다. 또한 이성주의는 비정형, 특이한 감성, 환상의 세계를 도외시한다. 그렇기에 독일 문화계가 1800년을 전후해서 이성주의적 계몽주의로부터 낭만주의적 풍조로 넘어간 것은 인간의 다른 측면의 욕구 분출로 볼 수 있다. 어떤 고정적인 원리에 매이지 않으며 시작과 끝, 진리와 허위의 분간을 절대화하지 않고, 그러면서도 무한자·절대자·영원·이상을 추구하고, 한 계기에서 세상의 모순들을 단번에 지양하는 영웅을 동경하고, 우연성을 포섭하고, 신비한 세계를 꿈꾸고, 무정형의 카오스를 예찬하고, 감성과 정감을 중시하고, 그래서 보편적 양식보다는 독창적인 표현 방식에 가치를 두는 낭만주의는 그래서 낙관주의로도 나갔고, 정반대로 염세주의로도 나갔으며, 영웅주의, 남성주의로도 나갔고, 탐미주의, 여성주의로도 나갔다. 그러니까 이성적 계몽주의를 '모던'의 정형으로 본다면, 독일 계몽주의–이성주의–낭만주의는 벌써 '포스트모던'의 형태를 띠었다.

　이성주의적 계몽주의, 곧 합리주의의 정점에 칸트철학이 있다면, 칸트적 합리주의와 낭만주의가 합류하는 지점에서 헤겔로 대표되는 독일 이상주의 철학이 형성되었다. 칸트를 '모던'에 위치시키면, 헤겔에서는―놀랍게도―이미 '포스트모던'의 징후를 읽을 수 있는 것이다. 낙관주의든 염세주의든 합리주의를 이탈하기는 마찬가지이다.

　우리 인간의 '현실(現實, Wirklichkeit)'이 우리가 놓여 있는 지금의 내용, 우리가 실제 생활에서 활동한 결실이라 한다면, '이상(理想, Ideal)'은 우리가 살고 있는 현재의 내용이 아니면서, 그러니까 우리의 활동 영역 너머에 있으면서 우리의 활동의 지향점이 되는 것이다. 우리에게 이런 이상이 있다는 것은 우리가 현실에서 한계를 자각하고 있음과 아울러 이 한계를 극복할 가능성을 가지고 있음을 말해주지만, 한계의 자각은 고통이기도 하고 또한 한계의 극복은 말할 수 없는 인내와 노고를 요구한다. 그럼에도 인간은 운명처럼 현실을 이상에 견주며 이상의 현실화〔실현〕에 골몰한다. 정치 활동도 그러하고 과학 활동도 그러하며, 시작(詩作)도 그러하다. 그리고 모든 반성적 활동의 모태인 철학적 탐구도 그러하다. 여러 가닥의 철학적 탐구 가운데에서도 인간 현실의 의미 천착과 이상 실현의 열망에 한 세대의 열정이 어우러져 탁월한 결실을 거둔 것이 '독일 이상주의 사조'이다.

독일 이상주의 철학 사상은 인간 정신의 최고의 합리성에 어느새 낭만성이 깃들어 있음을 보여줌으로써 인간은 끊임없이 세상사를 보편적으로 이성화하면서도 이성 너머의 무한자를 동경하는 이중적 정신 존재자임을 증명한다. 그것은 바로 인간이 현실과 이상을 화해 내지는 합치시키려 부단히 기투(企投)하는 존재임을 보여준다. 독일 이상주의 철학은 근대과학을 통해 밝혀지는 물리적 세계의 수학적 합리성을 승인하면서도 그것이 보편성을 갖는 것은 인간 이성에 기반하고 있기 때문임을 해명하는 한편, 한갓 자연 세계가 아닌 인간세계 곧 도덕세계를 가능하게 하는 인간의 실천적 자유의지와 그를 매개로 자연에 현재(顯在)하는 신성(神性)을 통찰한다.

그렇기에 오늘날 우리가 보편적 진리로 납득하는 과학·기술에 근거한 도구적 합리주의, 이에 대응하는 개별 주체주의, 개별 주체성이 함의하는 상대주의, 이로부터 불가불 파생하는 비(非) 또는 탈(脫)합리주의 그리고 탈주체주의의 와중에서도 인간이 여전히 공동체를 유지하고, 인간이 단지 여느 자연물처럼 단지 자연법칙에 따라 움직이는 사물이 아니라 '인간 완성'을 통해 자연을 완성한다는 이상을 가진 인격적 존재자임을 천명하려

할 때, 독일 이상주의는 그를 위한 귀중한 자료가 된다.

"어떤 철학을 택하는가는 그가 어떤 사람인가에 달려 있다. 철학 체계란 마음 내키는 대로 버릴 수도 있고 취할 수도 있는 낡은 가구가 아니라, 그 체계를 가진 그 사람의 영혼에 의해 생명이 불어넣어져 있는 것이기 때문이다."[1]

독일 이상주의를 대표하는 한 사람의 철학자 피히테는 이렇게, 철학이란 "사람의 영혼에 의해 생명이 불어넣어져 있는 것"이기 때문에, 누구의 철학이든 그것은 그가 어떤 인간인지에 달려 있다고 보았다. 그러나 누가 '어떤 인간'인지를 알게 해주는 '개성'은 생리―심리적인 자연적 요인에 의해서뿐만 아니라 사회―역사적인 문화적 요인에 의해서도 형성된다. 그런 의미에서 "개인"은 "각각이 그의 시대의 아들"(Hegel, *GPR*: TW7, 26)[2]이고, 철학 또한 "그의 시대를 사상 안에 붙잡는 것"(*GPR*: TW7, 26)이기 때문에, 철학은 시대의 아들이자 민족의 딸이라고 말하는 이도 있다. 철학이 철학자의 사상이라 하더라도 그 철학자는 그의 시대와 그의 사회 속에서 문제를 의식하고 그를 해결하려 시도하기 마련이니 말이다.

독일 계몽주의와 이상주의 시대에 칸트와 헤겔이 펼쳐 보였던 세계 최

---

1 J. G. Fichte, 「지식론 제1서론(Erste Einleitung in die Wissenschaftslehre)」, 5, 1797 : *Fichtes Werke*, Bd. I, hrsg. v. I. H. Fichte, 1845/46 Berlin, S. 434.

2 이하에서 칸트와 헤겔의 원저술 인용은 빈번하고 다량이므로, 인용 원서 제시는 모두 본문 중에서 약호로 하고, 칸트의 주요 저서는 원저의 면수와 함께 베를린 학술원 판 전집[AA]의 권수(로마자), 면수를 병기하고, 기타 저술은 학술원 판 전집의 권수(로마자), 면수를 밝히며, 헤겔의 저서는 원칙적으로 Felix Meiner 출판사 전집[GW]에서 하되, 필요에 따라서는 또한 Suhrkamp 출판사 전집[TW]에서 하고, 각각 권수(아라비아숫자)와 면수를 밝히며, 경우에 따라서는 §[조항] 수를 제시한다. 그리고 인용한 원저명과 서지 사항은 뒤의 [참고문헌]란에 일괄적으로 적시한다. 칸트와 헤겔의 원저 이외의 참고문헌들은 그때그때 각주에서 밝힌다.

고 수준의 철학 사상도 그들 삶의 시공간적 좌표에서 조감할 때 더욱더 생생한 의미를 얻을 수 있을 것이다. 칸트와 헤겔에게 그들의 시대는 무엇을 요구했고, 그들은 그에 어떻게 응답했는가? 이것이 이 자리에서 우리 논구의 주제이다. 이것을 '우리의' 논의 주제로 삼고보면 '한국인'인 우리는 응당 또한, 그 1770~1830년간에 한국 사회는 당대의 사상가들에게 무엇을 요구하였고, 그들은 그에 어떻게 응대하였는가라는 물음에 이르지 않을 수 없다. 그래서 우리의 수반적 관심은 한국 사상계에서 당대를 대표하는 사상가 연암 박지원(燕巖 朴趾源, 1737~1805)과 정약용(茶山 丁若鏞, 1762~1836)으로 향한다. 생존 연대에 있어서나 사상가의 위상에 있어서나 칸트와 헤겔, 박지원과 정약용은 좋은 대응을 이루는 것으로 보이기 때문이다.

1770~1830년대의 한국은 조선의 영조(英祖, 재위: 1724~1776), 정조(正祖, 재위: 1776~1800), 순조(純祖, 재위: 1800~1834)의 치세기이다.

왕조 중흥을 이룬 영조에 뒤이은 정조 재위 사반세기는 조선시대 문예 부흥기로서 한국 근대화의 맹아를 보인 시기라고 평가받고 있다. 정조에 의해 설치된 규장각(奎章閣, 1776)은 내각(창덕궁 내)에 3만여 권, 외각(강화도)에 6000권의 서책을 수장하고 학문 연찬과 경세제도 연구의 중심을 이루었다. 같은 시기 중국은 청조의 건륭(乾隆, 재위: 1736~1795)시대로 세계사적으로도 유례가 없는 3만 6000권, 3450책의 방대한 『사고전서(四庫全書)』를 펴내고, 그 국경 또한 서쪽으로는 파미르 산맥까지, 북쪽으로는 시베리아까지, 동쪽으로는 태평양까지, 동북으로는 흑룡강(黑龍江)과 우수리 강까지, 남쪽으로는 남사군도(南沙群島)까지 뻗쳐, 문물이 가장 풍성하던 시기이다. 중국과의 활발한 문화 교류를 통해 한국 사회에도 전통의 성리학(性理學) 외에 북학(北學)이 연구되고, 서학(西學)의 움이 트기 시작하였다.

그러나 순조 즉위 직후(1801) 신유(辛酉)박해를 비롯한 천주교 탄압의

예에서 볼 수 있듯이, 서학의 유입은 순탄하지 못했고, 그와 더불어 본격적인 서양 문물과의 교섭이 지연되었을 뿐만 아니라, 제 분야에서 영·정조 치세의 위업이 더 이상 지속되지 못하고, 문물이 쇠퇴기에 접어들었다. 순조, 헌종(憲宗, 재위: 1834~1849), 철종(哲宗, 재위: 1849~1863) 치세기 대략 60년이 유럽과 미국 등지에서는 정치혁명과 산업혁명을 통해 사회가 급발전기에 접어들었던 사실을 상고할 때, 정조 사후 60년은 한국사에서 잠자던 두 세대라고 일컬을 수 있을 것이다. 그 시기 사회 문화의 정체가 결국 일제의 침략을 방지하지 못한 원인(遠因)이라 할 것이다.

그러했음에도 불구하고 1770~1830년대 한국의 '실학파' 활동기는 성리학파 최성기를 이룬 화담 서경덕(花潭 徐敬德, 1489~1546), 퇴계 이황(退溪 李滉, 1501~1570), 율곡 이이(栗谷 李珥, 1536~1584)의 활동 시기에 비견할 만한 사상가들을 낳았다. 안정복(安鼎福, 1712~1791), 홍대용(洪大容, 1731~1783), 박지원, 이덕무(李德懋, 1741~1793), 유득공(柳得恭, 1749 1807), 박제가(朴齊家, 1750~1805), 정약용, 김정희(金正喜, 1786~1856), 최한기(崔漢綺, 1803~1875), 김정호(金正浩, 1804?~1866) 등은 각기 문학, 예술, 철학, 역사, 정치, 법률, 경제, 지리, 군사, 기술, 의학, 국제관계 등에 대해서 출중한 식견을 보였다. 무엇보다도 그들은 사회 구성원으로서의 사회적 책무를 강조하면서, 사회 변혁의 필요성을 역설하였다. 그러나 이 시기 사회적 변혁이 뒤따르지 못한 것을 보면, 이들 사상가와 현실 사회 사이의 간극이 그만큼 컸다는 것을 보여준다 하겠다.

사람들은 흔히 철학과 정치 문화가 함께 발전하기를 기대하지만 역사적 사실은 반례를 더 많이 보여주는데, 철학 사상가들이 크게 활동한 시기에 정치 문화는 오히려 후퇴 국면에 있는 경우가 많다. 그들보다 더 위대한 사상가군(群)의 예를 꼽을 수 없을 소크라테스-플라톤-아리스토텔레스의 활동 시기에 아테네는 정치적으로 급속히 퇴락 멸망하였고, 퇴계-율

곡의 활동도 조선을 쇠락하게 한 왜호(倭胡) 양란(兩亂)에 적절히 대처할 수 있는 방편을 제공하지 못하였다. 반면에 칸트-헤겔의 활동기에 프로이센은 문화적으로나 정치적으로 융성 일로에 들어섰으니, 오히려 이것은 드문 경우라 해야 할 것이다. 시대가 이들 위대한 철학자를 키웠는가, 아니면 이들이 위대한 시대를 여는 데 일조하였는가?

칸트의 비판철학과 헤겔의 변증법사상은 그들이 시대와 끊임없이 대화하고 화해하면서 사유한 결과이다. 이제 또 칸트와 헤겔은 그들이 살던 시대와 지역을 넘어 우리와는 어떤 대화를 나누려 할 것인가?

1

계몽주의 시대와
칸트의 비판철학

제1장

서론

제1절 _ 칸트의 생애와 주요 저술

임마누엘 칸트(Immanuel Kant)는 1724년 4월 22일 새벽, 동(東) 프로이센의 중심 도시 쾨니히스베르크(Königsberg. 1946년부터는 러시아의 Kaliningrad)에서 한 소박한 수공업자〔馬具師〕인 아버지(Johann Georg Kant)와 경건주의 신앙이 독실한 어머니(Anna Regina)의 아홉 자녀 중 넷째로 태어났다. 칸트는 만년에 한 편지에서 자기의 부모에 관하여 다음과 같이 술회하고 있다.

"(수공업자 출신인) 나의 양친은 재산은 아무것도 남겨주지 않았지만 성실, 예의범절, 규범의 면에서는 모범적인 교육을 해주셨습니다. 양친의 교육은 도덕적인 점에서 볼 때, 그 이상 좋을 수가 없는 것이었습니다. 나는 나의 양친을 회상할 때마다 감사하는 마음이 가득합니다."[1]

칸트는 "부모에게서 어떤 야비한 말도 듣지 못했고, 어떤 천박한 일도 보지 않았다."[2] 그의 부친은 공명하고 곧은 성품이었고, 근면과 정직을 최고의 덕으로 여겨, 이런 덕을 그의 가족들에게 가르쳤다. 그의 어머니는 상식이 풍부했고 심정이 고결했으며, 열성적이면서도 광신적이 아닌 종교심을 지녔었다. 어머니는 칸트를 데리고 교외로 나가서 대자연과 접하도록 하였고, 익초(益草)를 알게 했으며, 천체에 관한 이야기를 들려주었고, 신의 섭리를 일러주었다. 칸트는 인격 형성에서나 유약한 체질에서나 부친보다는 모친으로부터 더 많은 영향을 받았던 것으로 보인다. 그는 80세에 가까이 이르러서도 측근들에게 모친에 대한 사모의 정을 다음과 같이 피력했다고 한다.

"나는 결코 어머님을 잊지 못하겠다. 내 마음에 처음으로 선의 싹을 심어서 가꾸어주신 분이 바로 내 어머님이었다. 어머님은 자연의 신비를 느끼는 내 마음의 문을 열어주셨고, 내 지식을 일깨워서 넓혀주셨다. 어머님의 교훈은 일생 동안 끊임없이 거룩한 감화를 주었다."[3]

그런데 칸트는 이렇게 훌륭했던 어머니를 그의 나이 13세(1737)에 잃고 말았다. 그는 6세(1730)부터 학교 교육을 받기 시작했는데, 중고등학교 ("Collegium Fridericianum") 시절에는 특히 고전 작가와 라틴어에 심취했다. 1740년(16세)에 쾨니히스베르크 대학에 입학하여 철학, 수학, 자연과학을 폭넓게 공부하였다. 1746년 그의 나이 22세 때 그의 부친마저 세상

1 K. Vorländer, *Immanuel Kant – Der Mann und das Werk*, S. 18 참조.
2 L. E. Borowski / R. B. Jachmann / A. Ch. Wasianski, *Immanuel Kant – Sein Leben in Darstellungen von Zeitgenossen*, S. 13.
3 같은 책, S. 162 이하.

을 떠난 직후, 그는 「활력의 참측정에 대한 견해들(Gedanken von der wahren Schätzung der lebendigen Kräfte〔GSK〕)」이라는 논문으로 일단 대학을 졸업하고 이후 9년간(1755년까지) 생계를 위하여 쾨니히스베르크 시 근교의 세 가정을 전전하면서 가정교사 생활을 하였다.

1755년(31세) 6월, 학위 논문 「불에 관하여(Meditationum quarundam de igne succincta delineatio)」를 제출하고 같은 해 9월에 교수자격취득 논문 「형이상학적 인식의 제일 원리에 대한 새로운 해명(Principiorum primorum cognitionis metaphysicae nova dilucidatio〔PND〕)」이 통과, 사강사(私講師)가 되어 철학, 자연과학, 자연지리학, 신학 등을 강의하였다.

1764년(40세)에 '시학' 교수 자리를 제의받았으나, 자기의 전문 분야가 아니라는 이유로 거절하고, 그 대신에 1765년에 훨씬 보잘것없는 왕립 도서관의 부사서(Unterbibliothekar) 직을 맡아 생전 처음으로 고정 수입(연봉 62탈러[4])을 얻게 되었다. 1769년에 에어랑겐(Erlangen) 대학과 예나(Jena) 대학으로부터 정교수 초청이 있었지만, 45년이나 살던 도시를 떠나는 것도 싫고 조만간 모교에서 자리를 얻을 것 같은 전망도 보여 거절하고 기다렸다가 1770년(46세) 마침내 쾨니히스베르크 대학의 '형이상학과 논리학' 강좌의 정교수가 되었다(연봉 220탈러). 이때 그는 교수취임 논문 「감성세계와 예지세계의 형식과 원리들(De mundi sensibilis atque intelligibilis forma et principiis〔MSI〕)」을 제출하였다. 이후 거의 모든 사교생활을 뒤로 하고 연구에만 매진하여 1781년(57세)에 대저 『순수이성비판(Kritik der reinen Vernunft〔KrV〕)』을 출간하고, 이어서 1783년에 『(모든 장래의) 형이상학(을

---

4 탈러(Taler)는 은화로서 여러 종류가 있었는데, Johaimsthaler(1518~1892 통용)는 은 1 Unze(약 27.2g), Reichstaler(1566~1750 통용)는 은 25.984g을 함유하였으며, 칸트 당대에 프로이센의 공식 화폐였던 Konventionstaler(1750~1871 통용)는 은 1마르크(약 235g)로 14탈러를 주조했다고 한다.

위한) 서설(*Prolegomena zu einer jeden künftigen Metaphysik*[*Prol*])』, 1785년에 『윤리형이상학 정초(*Grundlegung zur Metaphysik der Sitten*[*GMS*])』, 1788년에 『실천이성비판(*Kritik der praktischen Vernunft*[*KpV*])』, 1790년에 『판단력비판 (*Kritik der Urteilskraft*[*KU*])』, 1793년에 『(순전한) 이성의 한계 안에서의 종교 (*Die Religion innerhalb der Grenzen der bloßen Vernunft*[*RGV*])』, 1795년(71세)에 『영원한 평화를 위하여. 한 철학적 구상(*Zum ewigen Frieden. Ein philosophischer Entwurf*[*ZeF*])』, 1797년(73세)에 『윤리형이상학(*Die Metaphysik der Sitten*[*MS*])』 등 역저를 잇따라 내놓았다.

그 사이 그는 1786년과 1788년 두 차례에 걸쳐 대학 총장을 역임하였고, 연봉도 620탈러로 올라 1787년(63세)에는 자기 집을 소유할 정도로 가난에서 벗어났다. 그러나 경제적으로 안정된 생활을 하게 되었을 때는 이미 결혼 적령기를 넘겨 평생 독신으로 지내다가, 1804년 80세 되던 해에 세상을 떠났는데 임종 직전 물에 탄 포도주를 조금 입에 댄 후, "좋다(Es ist gut)"라는 마지막 말을 남겼다고 한다. 그의 유해는 쾨니히스베르크 대사원의 교수 묘역에 묻혔으며, 1880년에 이장되었다가, 1924년 현재의 독립 묘역에 안치되었다. 100주 기념인 1904년에 사람들은 그의 기념 동판을 쾨니히스베르크의 성벽에 부착했는데, 거기서 우리는 "그에 대해서 자주 그리고 계속해서 숙고하면 할수록, 점점 더 새롭고 점점 더 큰 경탄과 외경으로 마음을 채우는 두 가지 것이 있다. 그것은 내 위의 별이 빛나는 하늘과 내 안의 도덕법칙이다."라는 그의 『실천이성비판』의 맺음말 첫 구절을 읽을 수 있다.

제2절 _ 칸트의 철학 개념과 방법

철학이란 무엇인가? 철학은 무엇을 하는 학문인가? 철학함이란 무엇을

어떻게 하는 것인가?— '철학'을 마주할 때면 누구나 먼저 묻게 되는 물음
이다. 그것은 무엇보다도, '철학'이 여타의 학문들과는 달리 그 명칭에서
아무런 정보도 제공하지 않기 때문일 것이다.

수학은 수를 소재로 한 지식 체계일 것이고, 물리학은 물질적 사물의 이
치를 체계화한 지식일 것이고, 심리학은 인간 마음의 원리를 탐구하는 학
문일 것이다. 그런데 대체 '철학'은 무엇에 대해서, 무엇을 가지고, 어떻게
하는 학문 활동이라는 말인가? 이를 추궁해가다 보면 우리는 '학문'의 원
초적 개념에도, '인문학'의 본래적 이념에도 이르게 된다. '철학'은 당초에
는 '학문'과 그리고 도중에는 '인문학'과 동일한 개념이었기 때문이다.

'학문'이란 무엇인가?

'학문(學問)', 곧 '배우고 물음'이란 본디 "배움으로써 덕을 모으고, 물
음으로써 그것을 변별함[學以聚之(= 德) 問以辨之]"[5]을 그 내용으로 갖는
것이다. 여기서 '덕(德)'은 도덕적 실천의 큰 힘과 아울러 이론적 지식의
큰 힘 또한 지시하는 것으로 볼 수 있겠다.[6] 그리하여 "밝은 덕을 밝힘[明
明德]"을 첫째의 지향으로 삼는 '대인의 학문[大學]'은 단지 "사물의 이치
를 연구하여 지식을 완성함[格物致知]"에만이 아니라 "뜻을 진실하게 하
여 마음을 바르게 함[誠意正心]"[7]에 그 근본을 둔다.

그러나 '과학의 시대'인 오늘날은 그 '과학'의 발원지인 서양문화의 전
개 양상에 따라 '학문(scientia, science, Wissenschaft)'을 대개 '지식의 체계'
또는 '체계적 지식'이라 풀이하고, 학문 활동을 이런 의미에서의 '진리의
탐구'라고 규정하거니와, 그 '진리'가 '지혜(episteme)'이든 '식견

---

5 『周易』, 乾爲天.
6 『論語』 첫 구절이 말하는 "배우고 그것을 때때로 익힘(學而時習之)"에서도 그 배우고 익
　힘의 대상 역시 '덕(德)'일 것이다. '덕'이란 실천(praxis)적인 도덕적 큰 힘(fortitudo
　moralis)이든 이론(theoria)적인 학술적 큰 힘(fortitudo scientialis)이든 본(本)을 받아 배우
　고 스스로 묻고 따지는 연습을 통해 체득되는 것이라 하겠다.
7 『大學』, 經文.

(phronesis)'이든, 이는 본래 '학문'의 이론적인 면만을 염두에 둔 데서 비롯한 것이다. 그러니까 이렇게 '학문'을 이론적인 면에서만 규정하게 된 것은, 도덕적 힘의 연마와는 달리 이론적인 힘을 모으고 변별함, 곧 그 이론을 형성하는 낱 지식을 수집하고 그 낱 지식들을 체계화함은 그 지식의 대상에 따라 그 방식과 방법이 달라지고, 이에 따라서 학문이 분기(分岐)하자 각기 놀라운 성과를 거둔 현상이 주요 관심거리가 된 데서 비롯한 것이라 할 것이다. 그러니 이렇게 '학문'의 이론적 면만이 부각되어 그렇게 개념이 굳어진 것은 학문이 분화 발전하면서부터, 다시 말해 분과학(分科學), 곧 과학(科學)이 생기면서부터라 하겠다. '학문'의 원뜻에서 보면 도덕적 힘의 배양은 어떠한 이론적 지식 획득의 수단이나 방법상의 차이와는 상관없이, 다시 말해 어느 분야의 학문, 곧 어떤 종류의 과학을 하든 모든 학문 활동에 공통적인 것으로 당연하게 두루 전제되어 있는 것이지만, 그렇다 보니 오히려 자칫 주목의 시야에서 벗어날 법도 하고, 실상이 그러하다. 그렇지만, 공통적인 것이란 보편적으로 본질적인 것을 의미하는 만큼 언제나 기초에 놓여 있어야 하는 것이다. 그러니 본래의 뜻에서 '학자(學者)'는 단지 체계적인 이론적 지식을 추궁하는 자가 아니라, 실천적 덕성을 겸비한 자를 일컫는다 하겠다. 그러나 오늘날 '실천적 덕성'의 함양은 어떤 특정한 학문 연찬과는 거의 상관없는 것으로 인식되고, 어떤 면에서는 (종교적) 수행을 통해서나 얻을 수 있는 것으로 치부되며, 굳이 '학자'가 아니라도 누구나 공통으로 갖추어야 할 덕으로 간주되어, 특별히 '학자'의 미덕으로 여기지 않고 있다. 그래서 '수학자', '물리학자', '심리학자'는 특정한 영역에서의 원리적 지식을 탐구하거나 소유한 자를 지칭할 뿐, 그들이 탁월한 실천적 덕성을 갖춘 것으로는 보지 않는 경향이 생겼다. 이러한 경향은 '과학'의 흥기와 더불어 두드러진 것으로, 오늘날의 '과학'의 본가라 할 수 있는 '철학' 개념의 변천을 돌아보면 분명해진다.

그렇다면 '철학'이란 대체 무엇인가? 그리고 칸트와 동시대인들에게 철학은 무엇이었으며, 칸트와 그들은 '철학함'을 어떤 일로 받아들였는가?

우리가 오늘날 사용하는 '철학'이라는 말이 서양 문화사의 초기에 등장하는 그리스어 '필로소피아(philosophia)'의 번역어라면 이 말의 형성과 전화 과정은 그 본래의 뜻과 함께 '학문' 및 '과학' 개념과의 관련성, 그리고 '학문'의 요소가 이론적인 것으로 국한되어간 사연을 알려준다.

지금도 우리가 그 의미를 따져 묻고 있는 '철학'이라는 이 매우 추상적인 말은, 뭇 낱말의 형성이 그러하듯이, 보다 구체적인 말, 가시적인 것을 지시하는 말로부터 발전되었다고 할 것이다. 우리는 '철학'이라는 말보다는 '철학자(philosophos)'라는 말이 먼저 등장한 기록들을 발견한다. 예컨대 플라톤(Platon, BC 427~347)은 소크라테스(Sokrates, BC 469~399)의 입을 빌려 다음과 같이 말한다.

> "파이드로스여, 그를 지혜 있는 자라 부르는 것은, 내가 보기엔 너무 높이 올라간 것 같고 그런 말은 신에게나 적용하면 적절한 것 같네. 그러나 지혜를 사랑하는 자[philosophos] 혹은 그 비슷한 말로 부른다면, 그 자신도 차라리 동의할 것이고, 보다 더 합당할 것 같네."[8]

'지혜를 추구하고 사랑하는 자', 그에 이르려고 애써 노력하는 자를 '철학자'라고 일컫는다면, 이 '철학자'가 하는 활동이 '철학함(philosophein)'일 터이고, 그 철학함의 성과 내지 산물이 이른바 '철학'이라 할 것이다.

이제 우리가 '지혜에 이미 이른 자' 내지 '지혜 있는 자' 대신에 '지혜

---

8 Platon, *Phaidros*, 278d.

를 사랑하는 자'를 '철학자' 또는 '철인(哲人)'으로 이해한다면, 그러한 이
해는 유가(儒家)의 전통에서도 볼 수 있다. 열다섯 청년기에 학문에 뜻을
두어 줄기차게 지식을 구하고 부단히 실천력을 배양하여 마침내 칠십대에
이르러 마음 내키는 대로 행해도 법도에 어긋남이 없는 경지에 든 자,[9] 그
는 분명히 신인(神人)이며 성인(聖人)이다. 사람들은 이런 성인 공자(孔子,
BC 552~479)의 으뜸 제자 10명을 '십철(十哲)'이라 칭했고,[10] 그 다음 수
준의 사람들을 골라 '칠십이현(七十二賢)'이라 일컬었으니, '철인' 내지
'철학자'는 '현인(賢人)'보다는 좀 더 '도(道)'에 가까이 다가간, 그러나 완
전히 도에 이른 성인은 아직 아닌 자를 이름하는 것이었다고 보이기 때문
이다.

　　그러나 유가적인 파악에 따르든, 고대 그리스철학의 이해에 따르든, 이
'철학자'라는 것이 오늘날 우리가 말하는 '철학자'와 똑같은 함축을 가진
것일까? 물리학자는 지혜 즉 참된 지식을 사랑하는 자가 아니며, 수학자
와 역사학자는 그렇지 않은가? 이 반문을 통해 우리가 알 수 있는 것은 초
기 의미에서의 '철학자'는 오늘날 우리의 개념으로는 '학자'에 해당하며,
이에 상응해서 당시의 '철학'은 '학문' 일반을 지칭하였다는 것이다. 그러
니까 플라톤, 아리스토텔레스(Aristoteles, BC 384~322)가 말하는 '철학'은
오늘날의 개념으로는 오히려 '학문'이라 해야 할 것이다. 그리고 이런 개
념 사용은 근대 초까지도 계속되었다. 그러나 서양 근대과학의 시대에 이
르러 '학문'의 본질이 '체계적 지식' 또는 '참된 지식(scientia, Wissen)'으
로 납득되면서 '학문'의 개념과 함께 '철학'은 '지식의 체계'로 그 위상이
굳어지기 시작했다. 데카르트(R. Descrates, 1596~1650)에게 있어서도 그

---

9 『論語』, 爲政 四 : "子曰, 吾十有五而志于學 三十而立 四十而不惑 五十而知天命 六
十而耳順 七十而從心所欲不踰矩" 참조.
10 『論語』, 先進 二 참조.

러하고 라이프니츠(G. W. Leibniz, 1646~1716)에서도 그러하며, 뉴턴(I. Newton, 1643~1727)에게서도 그러하다. 데카르트는 그의 라틴어 저술 『철학의 원리』(1644)의 프랑스어 번역자에게 보낸 편지에서 "전 철학을 하나의 나무에 비유한다면, 그것의 뿌리는 형이상학이요, 줄기는 물리학[자연학]이며, 가지들은 [⋯] 의학, 역학, 윤리학과 같은 여타 학들이다"[11]고 말하고 있다. 그리고 그의 『철학의 원리』는 1) 인간 인식의 원리들에 관하여, 2) 물체적 사물의 원리들에 관하여, 3) 가시계(可視界)에 관하여, 4) 지구에 관하여 등의 4부로 되어 있는데, 여기에다 5) 동물과 식물의 본성에 관하여, 6) 인간의 본성에 관하여 등을 덧붙이려는 것이 원래 계획이었다고 한다. 뉴턴도 근대 물리학의 체계를 담고 있는 그의 저술에 『자연철학의 수학적 원리(Philosophiæ Naturalis Principia Mathematica)』(1687)라는 제목을 부여하였으니, 분명히 '철학'은 '학문' 일반을 지칭하되, 그때 '학문'은 '지식의 체계'를 지시한 것이었다.

그러나 '학문' 일반과 동치였던 '철학'의 개념에서 더 큰 변이는 이내 뉴턴 이후 근대적 의미에서의 '과학'들이 성립하면서부터 일어났다. 서양 학문사에서 그 성립의 과정을 고려할 때나, 그냥 '학' 또는 '학문(scientia, science)'이라 일러도 무방할 터인데 굳이 '분과학(分科學)' 또는 줄여서 '과학(科學)'이라 일컫는 우리의 이해로 볼 때나, 과학은 총체학(總體學) 내지는 근본학(根本學, radical science)을 전제하는 것일 것이고, 모든 과학들의 뿌리(radix) 학문이란 다름 아닌 철학을 말하는 것이겠다. 무릇 과학들이란 철학에서 분가해나간 것이니 말이다. 그렇다면 '철학'이라는 말이 생긴 이래 1500년 이상 일괄 통칭되던 학적 작업들, 혹은 학적 문제들 가

---

11 *Les Principes de la Philosophie de René Descartes*, in : Oeuvres de Descartes, IX-2, 14, ed. P. Tannery/Ch. Adam, Paris 1978.

운데, 왜 어떤 것들은 '과학적'이라는 명칭을 새로이 얻게 되고, 어떤 것들은 여전히 '철학적'인 것으로 남아 있는가? 그것은 문제의 성격과 그 문제의 해결을 시도하는 방법의 차이에서 연유하는 것으로 보인다. 인간의 학문적 관심이 싹튼 초기에는 일체의 문제들이 '철학적'이었다. 그것은, 자연에 관해서든 인간에 관해서든 문제와 사태의 근본 원리를 찾으려는 문제의식은 있었으되, 문제 해결을 위한 변변한 수단과 방법을 개발하지 못한 채 암중모색에 머무르고 있었다는 말의 다른 표현이다. 그러다가 어떤 문제와 사태 영역들은 그 문제와 그 영역을 탐구하는 데 비교적 신뢰할 만한 방법과 수단들이 각기 개발되었고, 따라서 그 각각을 도구로 한 어느 정도 '객관적'인 탐구 영역들이 나뉘어 확보되었다. 그래서 이른바 '학문의 부분 영역'들, 즉 '과학'들이 생겨났다. 그러니까 과학들이 분과되어간 이래로도 여전히 '철학'에 머물러 있는 문제 영역들은 그 성격상 이른바 '과학'의 것들과는 다르다는 것을 의미한다. 즉 여전히 '철학'인 것은 연구 대상에 있어서나 연구 방법에 있어서 수학과도 다르고 과학들과도 다르다. 모든 과학들이 그리고 수학조차도 본래는 철학과 한통속이었고 이로부터 분화되었다고 해서, 수학과 과학이 아직도 철학인 것과 동종의 학문이라 생각해서는 안 된다. 이때쯤 해서 이제까지의 철학 곧 학문은 '철학'과 '과학'으로 나뉘었다. 그리고 이 '과학'은 오늘날의 개념으로는 '자연과학'을 지시하며, 옛적 용어로는 '천문학'이라 하겠고, '과학'을 분가시킨 채 학문의 본가에 여전히 남은 '철학'은 그러니까 이제 이를테면 '인문학(人文學)' 곧 '인간의 무늬〔紋〕에 대한 학문'을 그 중심 내용으로 갖게 되었다.

'천문(天文)'과 '인문(人文)'이란 무엇이던가? 우리는 아주 오래 전의 『주역(周易)』「산화비괘(山火賁卦)」로부터 그 개념의 유래와 본뜻을 찾을 수 있다.

"천문을 관찰하여 이로써 때의 변화를 살피고, 인문을 관찰하여 이로써 천하를 교화시켜간다(觀乎天文 以察時變 觀乎人文 以化成天下)."

　여기서 '천문', 즉 '자연의 무늬'란 일월성신(日月星辰) 풍운산천(風雲山川) 초목금수(草木禽獸)를 뜻할 것이며, 때의 변화는 춘하추동 사시의 변천과 함께 사태의 추이를 함의할 것이다. 이런 천문과 대비되는 '인문', 즉 '인간의 무늬'란 무엇인가? 그것은 윤리 도덕, 예악, 풍속 따위를 말하는 것으로 이로써 온 세상 만민은 사람다움을 얻는다는 것이 저 말의 취지일 것이다. 그러므로 '인문학'의 핵심 과제는 '예교 문화(禮敎文化)'를 가꾸고, 인간 본질의 문제, 즉 '인간이란 무엇인가?'를 원리적으로 밝히는 일이라 해야 할 것이다.

　이런 과제를 앞에 두고, 15세기 이래 문법(grammatica), 수사술(rhetorica), 시학(poetica), 역사(historia) 그리고 도덕철학(philosophia moralis)을 내용으로 갖는 '인문적 탐구(studia humanitatis)' 중심의 학풍과 17세기 이래 두각을 드러낸 자연과학의 위풍 속에서 18세기 중엽 이후 서양의 '철학자'들은 '철학적' 문제 영역과 탐구 환경의 변화에 대한 뚜렷한 인식을 갖기 시작했다. 이때에 자연을 탐구의 대상으로 한 '과학'은 대중들의 욕구 충족에 부응함으로써 이미 상당한 권위와 신뢰를 얻었으므로, 이제 '철학'은 이와의 관련성 속에서 그 독자성과 생산성을 보여야 하는 처지에 놓였다. 그러한 상황에서 칸트와 헤겔은 철학계의 중심에 서서 본격적인 철학적 작업을 폈고, 상당한 성과를 거둠으로써 철학의 면목을 일신할 수 있었다. 그러나 이제 '철학'은 '과학'과 마찬가지로 전문적 연구를 필요로 했고, 그와 함께 불가피하게 강단화(講壇化)의 길에 들어섰다.

　자연 물체를 탐구 대상으로 갖는 여러 과학들은 특정한 사람들만이 아는 언어(즉 수학)와 방법(즉 실험 관찰), 그리고 그들만이 다룰 수 있는 도구

(즉 과학 기기〔器機〕들)를 통해 큰 발전을 거두었다. 그 연구 성과는 놀라웠지만, 그것은 '전문가'들에 의해 이루어진 것이다. 이를 본, 여전히 철학적 문제에 관심이 더 많은 학자들은, 이제 철학도 전문적으로 연구해야 함을 자각하였다. 이로부터 철학의 전문화가 시작되었고, 이것은 철학의 직업화를 낳았다. 이제 어느 학문이든 그 이론적 작업에서는 전문적으로, 그리고 직업적으로, 그것도 분업적으로 몰두하지 않으면 수준을 끌어올릴 수 없는 상황에 이른 것이다.

사실 탈레스(Thales, 약 BC 640~550) 이래 18세기 초엽까지 오늘날 우리가 '철학자'라 부르는 사람들에게 '철학'은 그들의 직업 소재가 아니었다. 그들은 대부분 생업이 따로 있었거나 필요 없었으니, 말하자면 철학함은 그들에게 '한가(閒暇 : schole, otium)한', '사선적〔斜線的〕관심(intentio obliqua)'거리였다. 철학사에 남긴 그들의 혁혁한 업적에도 불구하고, 그러니까 그들은 오늘날의 개념으로 말하면, 철학의 '아마추어'들이었고, 또한 '아마추어' 신분을 유지하려 했다. 고중세의 철학자들은 말할 것도 없고 데카르트, 스피노자(B. de Spinoza, 1632~1677), 라이프니츠, 로크, 버클리(G. Berkeley, 1685~1753), 흄 등 근대 철학의 초기 대표자들도 모두 그러했다.

이런 철학사적 전통에다가 아직까지도 '객관성'이 없어 보이는 철학적 논의의 형편 때문에 세상 사람들은 여전히, '철학'은 어느 정도의 지성과 일반적인 인생 체험만 가지면 누구나 할 수 있고, 할 수 있어야 하고, 또 '철학'은 당연히 누구나 알아들을 수 있는 언어로 말해야 한다고 생각했다. 그러나 이제 '전문가'로서의 철학자들은 생각이 달랐다.

"여타의 모든 학문에 관해서는 〔전문가가 있겠거니 하고〕 조심성 있게 침묵으로 관망하는 모든 이들이 형이상학〔철학〕적 물음들에서는, 다른 학문에 비해 그들의 무식이 분명하게 드러나지 않음으로 해서, 대가인 양 말하고 대담하게 결정한다."(*Prol*, A21/22=IV264)

고 칸트는 세인들을 비판했고, 더 나아가 그 뒤의 헤겔은

"사람들은 구두 한 켤레를 만들기 위해서도, 비록 누구나 자기 발에 맞는 척도와 손들, 그리고 구두를 만드는 일에 필요한 천부적 재능을 가지고 있다 하더라도, 구두 만드는 법을 배우고 훈련을 쌓지 않으면 안 된다는 것을 인정한다. 그런데 유독 철학함에 대해서만은 그러한 연구나, 배움 그리고 노고가 필요치 않다고들 말한다."(*Enzy*, §5 : GW20, 44)

고 철학에 대한 세인들의 오해를 지적했다. 이런 생각에서 칸트는, 그 역시 당시 지성인의 사회적 사명인 계몽주의 운동에 앞장섰으면서도, 엄밀한 학리적 토대를 닦음이 없이 그런 운동에 나서는 '에세이스트' 내지는 '이데올로그'들을 '통속철학자'라고 비판, 자신을 그들과 구별하였다.

요컨대, 이제 철학도 수학이나 과학들과 마찬가지로, 아니 그 문제의 근원성과 보편성, 그리고 난해함과 절실함으로 인해, 더욱더 엄밀히 전문적으로 연구되어야 할 상황에 놓였다고 칸트는 파악한다. 그리고 이 상황에 창조적 자세로 대응한 최초의 탁월한 철학자가 바로 칸트 자신이다. 그러나 이때부터 철학은 점차 이론적 정밀화, 곧 또 하나의 '지식의 체계'화에 몰두하게 되었다. 이로써 실천적 덕성 함양은 더 이상 '학문'의 본질의 문제가 아니라 각자의 품성의 문제로 치부되어, '학자'의 본질과는 거의 관계없는 사안이 되었다. 물론, 언젠가 더 탁월한 천재가 나타나면 칸트의 이론상 업적은 휴지가 될지도 모르지만, 죽음을 앞두고서까지도 "인간으로서의 감정은 아직 나를 떠나지 않았다"[12]면서 그를 돌보던 이에게 경의

를 표했다던 칸트의 인품은 인류의 역사가 계속되는 한 사람들의 마음에 남을 것이라는 지인들의 회고처럼 칸트 자신은 예외이지만 말이다.

칸트는 우리가 철학사에서 만나는 독창적 대가들 가운데 최초의 직업 철학자, 즉 철학 교수이기도 하다. 다시 말하면 그는 종래의 여느 철학자들처럼 직업적으로는 다른 일에 종사하면서도 철학적 문제에 관심이 많고 재능이 뛰어난 그래서 후세에 큰 연구 성과를 남긴 '아마추어' 철학자가 아니라, 철학함이 그의 생업이었고—엄밀히 말해, 후반생(後半生)이 그러했지만—또 오로지 철학에 전념한 진정한 의미의 '프로' 철학자이다. 비록 당시의 대학에서 철학을 연구하고 교육하는 '철학부'가, 국가 경영에 직접 필요한 인재를 양성하는 '상부' 학부인 신학부·법학부·의학부의 '하부' 학부로서 기초 교양 교육을 염두에 두고 설치되었다 하더라도, 이제 철학은 대학에서 전문적으로 연구되고 교육되기 시작했으며, 칸트는 대학 강단에서 정규적으로 철학을 논하는 교수였다. 이때쯤 해서 사람들은 학교에서 연구되고 강론되는 '철학'의 개념〔철학의 '학교 개념' 내지 '스콜라적 개념'〕을 만나게 된다.

일반 시민적 견지에서 볼 때, 철학은 여전히 "인간 이성의 법칙수립자〔입법가〕"(KrV, A839=B869)이다. 이 같은 철학의 '세계 개념'에서 철학함의 궁극 목표는 '우리 이성사용의 최고 원칙'을 찾아내는 일로, 그것은 '학문'의 원래의 뜻을 승계하는 일이다. 그러나 이제 전문 '철학자'들은 이 목표에 도달하기 위해서는 우선 철학이 단계적으로, 그리고 체계적으로 연구되어야 한다고 본다. 그래서 18세기 중엽 철학의 '전문인'들은 철학이란 "철학적 인식들, 즉 개념들에 의한 이성 인식들의 체계"(Log: IX,

---

12 K. Vorländer, *Immanuel Kant. Der Mann und das Werk*, Hamburg ²1977, S. 331 참조.

23)라고 규정했다. 칸트도 이 규정을 좇았는데, 이에 따르면 개념들로 이루어진 이성 인식의 체계로서의 철학은 첫째로 '개념들의 구성[作圖]에 의한 이성 인식의 체계'인 수학과 구별되고, 둘째로 '경험적 자료에 의한 인식(cognitio ex datis)'들의 체계들인 모든 과학들과도 구별된다.

이성 인식이란 원리적 인식(cognitio ex principiis), 즉 순수한 선험적 인식을 말하며, 그것은 크게 두 가지로 나뉘는데, 그 첫 번째가 이성의 이성 자신에 대한 인식이요, 그 두 번째가 이성에 의해 순수하게 원리적으로 생각되는 대상들에 대한 인식이다. 그래서 철학은 두 부분을 갖는다. 그 첫 번째 부분이 이성 자신의 형식에 관한 인식들로 이루어진 논리학(論理學, logica)이고, 그 두 번째 부분은 순수하고 원리적이되 대상의 실질(실재) 내용에 관한 인식들로 이루어진 형이상학(形而上學, metaphysica)이다. 이러한 철학의 개념에 따라 자신을 철학자라고 생각한 칸트는 6년이나 먼저 제안받았던 시학 교수 직은 거절하고, 그의 나이 46세가 되어 뒤늦게나마 그에게 '논리학과 형이상학을 위한 교수' 직이 주어졌을 때, 그것을 자신에게 합당한 직분으로 알고 받아들였던 것이다.

'형이상적인 것', 즉 '감각경험적으로 포착할 수 있는 것 너머의 것'에 관한 학문인 형이상학은 철학의 본령(本領)으로서 다시금 자연(自然), 즉 '스스로 그러한 바'의 것[存在者]에 관한 것인 '자연 내지는 존재 형이상학'과 자유(自由), 즉 '스스로에서 비롯하는 바'의 것[當爲, 道德]에 관한 것인 '자유 내지는 윤리 형이상학'으로 나뉜다. 그리고 존재 형이상학은 존재자로서의 존재자, 존재자 일반의 존재 원리를 탐구하는 '일반 형이상학(metaphysica generalis)' 혹은 별칭하여 존재론과, 한 존재자이긴 하지만 결코 감각경험적으로 접근할 수는 없는 특수한 존재자들, 곧 영혼과 세계 전체 그리고 존재자 중의 최고 존재자로서의 신을 탐구하는 '특수 형이상학(metaphysica specialis)'으로 세분된다.

칸트는 이런 학교 철학의 연구 분야에서 거론되는 제 문제를 "모든 인식의 인간 이성의 본질적인 목적과의 관계에 대한 학문"(*KrV*, A839＝B867)으로서의 철학, 곧 '세계 개념'의 철학 정신에 충실하게 진지하고 반성적인 태도로 천착해나가는데, 그 성과를 우리는 무엇보다도 그의 주저들인 『순수이성비판』(1781 · 1787), 『실천이성비판』(1788), 『판단력비판』(1790), 『(순전한) 이성의 한계 안에서의 종교』(1793) 등에서 볼 수 있다.

이 비판서들을 통해 보여준 칸트의 철학적 성과는 그의 '철학함'의 결실이었다. 철학함이란 이미 있는 어떤 것을 모방하는 것이 아니라, "스스로 생각하여"(『강의록 : 철학백과』 : XXIX, 1.1, 7) 하나의 "원형"을 그려내 보이는 것이다. 칸트는 이 '철학함'을 스스로 수행했을 뿐만 아니라, 이미 전 비판기 때부터 그의 수강생들에게 강조하였다.(AA II, 306 참조)

칸트는 사실적인 학문이나 수학과 달리 "철학은 〔…〕 배울 수 없으며, 이성과 관련해서는 기껏해야 철학함만을 배울 수 있다"(*KrV*, A837＝B865)고 보았다. "철학함을 배운다" 함은 "자기 이성을 스스로 사용함을 배운다"(V-Log : XXIV, 698)는 뜻이다. 철학의 의의가 '지혜의 추구'에 있다면, 우리는 오로지 자기 이성사용의 자기 훈련을 통해서만 거기에 도달할 수 있다고 칸트는 본다. 그래서 칸트는 "사람들은 단지 문헌에 의한 작업만으로는, 한 저자를 다른 사람에게 소개 강의할 정도로 이해할 수는 있겠지만, 그것만으로는 '어쩌면 저자 자신도 〔…〕 이해하지 못했던' 사태 자체는 투시하지 못한다"(XXIX, 1.1, 6 이하)고 지적한다. 그러니까 '철학한다'는 것은 역사적으로 남겨진 문헌을 문자에 따라 연구함을 뜻하는 것이 아니라, 스스로 문제가 되는 사태를 관조하고 사색함을 말한다. 이러한 철학의 태도를 오늘날 우리는 '현상학적'이라고 부르거니와, 칸트는 이러한 철학 방법을 실연(實演)해 보이고 있었다. "철학자는 이성의 지도자이자 법칙수립자"(XXIX, 1.1, 8)이지, 옛적 문헌을 뒤적거려 글귀를 짜맞추고 풀이하는 자가 아니라는 것이다. 그래서 칸트는 학생들을 향하여 자주 '철학을 배우지 말고, 철학함을 배우라'고 강조했고, 학생들이 '내용 없는 개념'을 농(弄)하고 '흉내내 이야기'하는 것을 경계했으며, '스스로 생각'하고 '제 발로 설 것'을 요구하였다.(XXIX, 1.1, 6 이하 참조)

그러나 칸트는 역사적인 문헌들을 결코 가볍게 여기지 않았다. 오히려 그는 그에 앞서간 사상가들이 남긴 이론들 가운데에, 설령 그 안에 착오가 포함되어 있다손 치더라도, 인간의 보편적 이성의 모습이 적어도 부분적으로는 드러나 있다고 보았다. 칸트의 말을 빌리면, "우리가 위대한 발견들 곁에서 분명한 착오들과 마주치게 된다 해도, 이는 한 인간의 실수에서라기보다 오히려 인간 일반의 인간성에서 비롯하는 것이다."(GSK : I, 151) 그러나 인간성이라는 것이 고착되어 있고 폐쇄적인 것은 아니다. 착오는, 그것이 나타나면, 이성 자신에 의해 설득된다. 바로 그렇기 때문에 개개 인간의 주관성에 입각한 이론들 중에서, 보편적 이성이라는 표준 척도에 따라 전진해가는 하나의 길을 발견하는 것이 철학함의 일이라고 칸트는 생각했다. 그래서 칸트는 그의 사상을, 그에 앞서간 탁월한, 그러나 서로 상충되는 이론을 주장한 사상가들을 대화시키고, 그 충돌점을 조정하는 방식으로 전개시켰다. 이러한 철학 방법을 우리는 '변증법적'이라고 부르는데, 이런 뜻에서 칸트는 헤겔에 앞서 등장한 변증법적 사상가의 대표적 예이다. 우리가 변증법을 '사태의 자기 전개 논리'라고 이해할 때, '철학함'도 하나의 사태여서, 철학하는 개인과 개인, 세대와 세대를 이어가며 단계적으로 발전해간다는 것을 칸트는 충분히 알고 있었던 것이다. 칸트에 의해 수행된 '이성의 자기비판'도 이성의 자기부정을 통한 전진의 한 방식일 것이다.

제3절 _ 계몽으로서의 칸트의 이성 비판

1. 계몽주의와 철학의 과제

칸트는 철학하는 일에 종사하는 한 시민으로서, 대학의 강단에서 철학함에 접어들려는 학생들을 인도하는 교사로서, 또 스스로 철학하는 학자로서 그에게 그의 시대와 사회가 그리고 보편적 인간 이성이 요구하는 책무를 진심으로 다하려고 애썼다.

칸트는 무엇보다도 자신이 계몽주의 시대에 살고 있음을 자각하고 있었다. 그의 인식에 의하면 계몽주의 시대란 "모든 것이 비판에 붙여져야" 하는 "진정한 비판의 시대"로, 이제 "이성은 오직, 그의 자유롭고 공명한 검토를 견뎌낼 수 있는 것에 대해서만 꾸밈없는 존경을 승인한다."(*KrV*, AXI, 주) 칸트의 철학하는 자세와 방법은 바로 이런 시대정신에 정향(定向)되어 있었다.

자신이 아직 "계몽된 시대"는 아니지만 "계몽의 시대"에 살고 있다(WA : VIII, 40 참조)고 파악한 칸트는 "계몽이란 사람이 자기 탓인 미성숙〔미성년〕으로부터 벗어남이다"(WA : VIII, 35)라고 규정한다. "미성숙이란 타자의 지도 없이는 자신의 지성을 사용하지 못하는 무능력이다. 그리고 그 무능력의 원인이 지성의 결여에 있는 것이 아니라, 타자의 지도 없이 자신의 지성을 사용하고자 하는 결단과 용기의 결여에 있다면, 그 무능력은 자기 탓이다. 그러므로 계몽의 표어는 '과감(果敢)히 분별(分別)하라!' '너 자신의 지성을 사용할 용기를 가져라!'라는 것이다."(WA : VIII, 35) 그래서 칸트는 "이 계몽을 위해서는 다름 아닌 자유"가, 그것도 "모든 면〔문제〕에서 자기의 이성을 공명적으로 사용하는 자유"(WA : VIII, 36)가 필요하다고 본다.

칸트의 비판철학은 이 같은 칸트의 자기 시대의 정신, 자기 시대의 과제에 대한 반성으로부터 나온 철학적 작업의 결실이다. 사실 그의 비판철학 전체는 그 자체로 계몽철학이다. 코페르니쿠스–갈릴레이–뉴턴이 과학에서, 로크–루소–볼테르가 정치·사회 이론에서 계몽 정신을 시현(示現)했다면, 칸트는 무엇보다도 철학의 본령인 형이상학에서 그 학문성을 놓고 맞대결한 데카르트–스피노자–라이프니츠의 진영과 로크–버클리–흄의 진영 사이에서 제3의 길을 개척함으로써 '진정한' 계몽 정신을 내보였다. 게다가 칸트의 철학적 사유는 저들 자연과학적, 정치 이론적, 형이상학적 사상들뿐만 아니라 현실 사회 문물제도의 변화, 국가 형태의 변천과 세계 내에서 국가들의 역학적 관계까지도 언제나 그 시야에 두고 있었으니, 칸트는 참으로 '세계시민적' 계몽주의자였다.

무지몽매함을 일깨워 밝은 빛으로 이끌겠다는 계몽(啓蒙)주의는 모든 진리, 모든 권위의 본부를 신, 신적 이성, 기독교회, 성직자에 둔 상황을 무지몽매하다고 전제하고 있는 것이다. 그리고 그에 대치될 '밝은 빛'은 다름 아닌 인간의 지성 내지 이성이다. 신적 이성으로부터 설명되던 세상의 온갖 이치를 인간의 이성에 의해 밝혀보겠다는 것이, 아니 세상의 온갖 이치의 본부는 다름 아닌 인간 자신의 이성이라는 것이 계몽주의의 주장이다. 이 같은 계몽주의가 형이상학의 영역에서는 칸트에 와서 정점에 이른다. 칸트의 철학은 계몽철학의 정점에 서 있다. 그러나 정점은 오르막의 끝이자 내리막의 시작이다. 계몽철학으로서 칸트의 철학은 모든 진리의 본부를 인간 이성에 두지만, 그러나 그 이성은 자기비판을 통하여 한계를 자각한 이성이다.

계몽의 시대에 모든 것은 비판에 부쳐져야 하고, 공명정대한 비판을 견뎌낸 것만이 경의를 받아 마땅한 것이라면, 이성은 응당 자기 자신부터 비판할 일이다. 이성이 "자기 자신의 능력에 대한 선행적 비판이 없이"(*KrV*,

BXXXV) 하는 일은 무엇이나 그 자체가 교조적이고 독단적임을 면할 수 없는 것이니 말이다. 이에 칸트의 계몽철학은 이성 비판으로부터 시작된다.

순수한 개념 체계인 철학의 문제와 관련해서 비판의 대상이 되는 이성은 오로지 '순수한' 이성이다. 이성적 요소 외에는 아무것도 포함하고 있지 않은 그 자체로서의 이성 말이다. 그래서 칸트의 첫 작업은 '순수 이성 비판'이다. 그것은 "순수한 이성의 원천과 한계"(*KrV*, A11 = B25)를 분별하는 일로, 이로써 이성은 "이성에 대해, 이성이 하는 업무들 중에서도 가장 어려운 것인 자기인식의 일에 새로이 착수하고, 하나의 법정을 설치하여, 정당한 주장을 펴는 이성은 보호하고, 반면에 근거 없는 모든 월권에 대해서는 강권적 명령에 의해서가 아니라 이성의 영구불변적인 법칙에 의거해 거절할 수 있을 것을 요구"(*KrV*, AXI 이하)하는 것이다. 이제 이 '순수 이성 비판'이라는 법정의 심판대에 이성 자신과 더불어 첫 번째로 세워지는 피고가 다름 아닌 순수한 이성의 이론적 체계인 형이상학이다.

형이상학이 과연 엄밀한 이성 인식의 체계인가를 변별하는 이 작업이야말로 "이제는 더 이상 사이비 지식에 자신을 내맡기지는 않으려는 시대의 성숙한 판단력에서 비롯한 것"(*KrV*, AXI)으로, 이것은 철학적 문제 영역에 있어서의 계몽주의의 첫째 과제이다.

2. 이성 비판과 칸트철학의 방향

칸트의 이성 비판은 이성의 자기 분간이고, 그러므로 그것은 이성의 자기 분열이다. 당시의 계몽주의 정신에 알맞게 칸트는 인간 사회에서 논의되는 모든 것을 심판대에 세웠고, 그 심판관은 이성이었다. 그러나 '인간 사회에서 논의되는 모든 것'은 바로 인간 이성 자신의 산물인 까닭에, 그 심판은 이성 자신의 자기 심판이었다. 이 분간과 심판의 결과는 이성의 활동 방식과 영역에 따른 철학의 분류에도 그대로 반영되었다. 순수 이성 인식의 체계로서 철학은 크게 이성의 자기 원리를 탐구하는 (형식)논리학과 이성에 의한 초감성적 대상에 대한 탐구로서의 형이상학으로 나뉘고, 이 형이상학은 다시 자연, 곧 존재하는 것에 대한 형이상학과 자유, 곧 당위적인 것에 대한 형이상학으로 나뉘며, 존재하는 것에 대한 형이상학은 다시금 존재 일반의 의미를 묻는 일반 형이상학, 곧 존재론과 특수한 형이상적(形而上的)인 것들의 정체를 묻는 영혼론·우주론·신학 등으로 나뉜다. 이런 토대적 연구를 수행하는 근본학인 철학의 기초 위에 여러 분과학(分科學)들이 특정의 연구 영역을 할당받아 갖는다. 이것은 자기반성을 거친 이성이 스스로 분수를 알아 정한, 이를테면 '분업'의 형태이다.

이성이 가진 여러 기능의 성격상, 그리고 탐구해야 할 대상의 성격상 분업할 수밖에 없는 이성의 모습을 그려낸 칸트는, 그러나 그 분업적인 작업을 연결시키는 이성의 또 다른 매개 기능을 찾는 데 부심하였다. 그 대표적인 것이 (형식)논리학과 형이상학을 분간해놓은 후에, 다시 '초월 논리학'을 세워 이성의 논리적 기능과 존재자의 존재에 대한 이성의 탐구 기능을 하나로 묶은 것이다. 더 나아가 그는 또한 존재에 대한 이론적 작업과 목적을 향한 실천적 활동을 구분한 연후에, 존재 안에서 목적을 보는 이성의 반성적 기능을 끌어들여 그의 '이성 비판'의 3단계를 완료하였다. 그것은 이성의 분업적 활동이 체계적 통일성을 동시에 가지고 있음을 지시한다.

자연을 인식하는 이론적 이성 기능, 자연 안에서 살면서 자유롭게 행위하고자 하는 실천이성의 기능, 자연 안에서 자유롭게 행위하면서도 자연의 이법(理法)에 부합하는 자신을 발견하는 반성적 판단력의 원리와 활동의 한계를 구명한 그의 3비판서는 다름 아닌 칸트 비판적 형이상학의 전모를 담고 있다.

개인의 성장 과정에서도 사춘기에 이르러 사람들이 가장 진지하게 묻는 것이 '나란 무엇인가?', '도대체 인간이란 무엇인가?'라는 물음이고, 그래서 자기를 묻고, 자아를 캐고, 주체성을 세우고, 인간성을 따져보려 하듯이, 자신들이 살고 있는 시대를 계몽의 시대라고 스스로 규정하며 자기 탐구에 들어선 사춘기적 근대인들이 궁극적으로 알고 싶어 했던 것은 '인간이란 무엇인가?'였다. 그리고 그것은 칸트의 근본적인 관심사이기도 했다.

칸트가 '인간'을 무엇으로 파악했는가는 이성에 대한 3비판서를 통해 드러난 그의 '비판적' 형이상학에서 볼 수 있다.

칸트가 이해하는바, 인간 "이성의 모든 관심"사는 "인간은 무엇인가?(Was ist der Mensch?)"라는 물음에 집중된다. 그런데 이 물음에 대한 근본적인 답을 얻기 위해서 이성은 인간으로서 "1) 나는 무엇을 알 수 있는가?(Was kann ich wissen?), 2) 나는 무엇을 행해야만 하는가?(Was soll ich tun?), 3) 나는 무엇을 희망해도 좋은가?(Was darf ich hoffen?)"라는 물음을 물을 수밖에 없고 그 답을 먼저 얻지 않으면 안 된다는 것이 칸트의 생각이다.(*KrV*, A805=B833 ; *Log* : IX, 25 V-MP : XXVIII, 533 이하 등 참조) 그래서 인간 이성의 관심에 따라서 칸트는 그의 철학적 반성의 길에서 이 물음들을 차례로 추궁했고, 그 결실이 그의 전 철학의 내용과 체계를 구성하고 있다.

'인간이란 무엇인가?' 하는 물음은, 인간이 그 안에서 혹은 그 위에서 살고 있는 '자연이란 무엇인가?'라는 물음과 떼어서 물을 수 없을 만큼 밀접하게 연관되어 있다.—그렇다고 '자연은 무엇인가?'를 자연과학에서처럼 묻는 것은 아니고, 인간의 생활 세계로서의 자연을 묻는다.—그래서 '인간과 자연' 혹은 '자연과 인간'이 철학적인 탐구의 대상일 때 그 핵심적인 문제는, ①자연에 대한 또는 자연 안에서의 인간의 지위와, ②자연과 인간 그리고 생각 가능한 초자연적인 존재자(가령 신)의 관계 해명이다. 그리고 이 문제에 대한 해명에서 합리주의(논리주의, 과학주의)적 방식과 비합리주의(낭만주의, 직관주의, 신비주의)적 방식은 양대 줄기를 이루어왔다. 이러한 연관 관계에서 칸트철학의 기본 주제들도 역시 이 '인간과 자연'의 관계 해명에 그 초점이 맞추어져 있다.

칸트의 온건한 비판적 이성은 어디서나 그렇듯이 종래의 대표적인 두 줄기의 해명 방식을 접합하고 화해시키려고 애쓴다. 그것은 한편으로는 자연과학적 합리주의와 논리적 합리성에 따라 '학'적인 인간 파악과 자연 파악을 보여주면서도, 다른 한편으로는 인간의 이상에 대한 동경을 담고 있으며 이것에 기반한 또 다른 의미에서의 이성의 힘, 즉 '합리성'을 제시하고 있다. 그리고 그의 이러한 노력이 결과적으로는 그의 비판철학의 체계와 전개로 나타났다.

우리는 자연에서 태어나 자연에서 먹을 것과 입을 것을 얻고 보금자리를 찾으며, 자연을 인식하고 자연에 작은 변화를 일으키며 자연 원리를 반성한다. 대체적으로 보면 인간은 자연의 한 부분으로서 자연의 다른 부분들과의 교섭을 통하여 생을 영위하고, 자연의 법칙에 지배를 받는다. 그러나 어떤 면에서 보면 인간은 자연 전체를 조망하고, 그 자체로서 존재하는 것인 자연과는 다른 것을 그려보고 추구하고 실현하려고 한다. 신체적 존재자로서의 인간은 자연의 일부로 물리적이고 생리적인 법칙에 따라 움직이지만, 의식적이고 의지적이고 이성적인 존재자로서의 인간은 제삼자적 위치에서 자연 전체를 인식하며 물리적이고 생리적인 법칙 질서와는 다른 도덕의 질서를 지향하며, 생리적인 법칙 질서와 이질적인 도덕의 질서를 함께 주재하는 어떤 힘을 생각하고 바라마지 않는다.

이런 반성에서 칸트는 "인간이 무엇인가?"라는 물음을 묻되, 철학적으로 묻고자 한다. 인간이 무엇인가를 철학적으로 묻는다는 것은 인간의 본질을 이루는 선험적 원리가 무엇인가를 묻는 것과 마찬가지이다. 이 말은, 만약 탐구 결과 인간의 본질을 이루는 아무런 선험적 원리도 없다는 것이 밝혀질 경우, 인간을 '철학적'으로 규정한다는 것이 무의미함을 뜻한다. 왜냐하면, '철학'이란 선험적 원리로부터의 인식 체계이기 때문이다. 물론 인간이 무엇인가를 감각경험적인, 역사적인 자료를 통해 규정할 수도 있다. 그러나 그런 경우에 인간은 생물학적으로, 물리학적으로 혹은 사회학적으로 규정되는 것이다. 그러니까 과연 인간을 '철학적으로 규정한다'는 것이 의미가 있는가는, 우리가 과연 인간에서 경험과학적으로 규정할 수 없는 어떤 원리적인 요소를 발견할 수 있는가 하는 것과 연관되어 있다.

그러므로 칸트가 "인간이 무엇인가?"를 철학적으로 물으면서 인간을 '인식하는 나', '실천 행위하는 나', '희망하는 나'의 관점에서 탐색해 들어갈 때, 생물학적인 세포 결합체로서 자연으로부터 영양분을 취하기 위해 애쓰고, 주변 환경에 끊임없이 영향받고, 감각적 세계에서 남보다 우월한 지위를 얻기 위하여 다툼을 벌이는 인간을 주제화하지 않는 것은, 그러한 모습을 인간의 참다운 모습으로 보지 않았기 때문이라기보다는, 이 물음을 물을 때 그의 관심은 순수철학적이었고, 그래서 그의 목표는 인식하는 나의 선험적 원리, 실천 행위하는 나의 선험적 원리, 희망하는 나의 선험적 원리의 탐구에 있었기 때문이다. 칸트 역시 실용적인 인간학적 관점이나 응용윤리학의 관점에서 인간을 고찰할 때는 인간의 경험적 요소들을 시야에서 잃지 않고 있었다.

이성의 이론적 작업의 대상으로서 자연은 인간 이성에 의해 규정받으며, 이때 자연은 객체이고 인간은 주체이다. 자연 가운데서 태어나서 자연 가운데서 행위하는 인간에게 있어서, 자연(Natur)은 인간의 본성(Natur)을 결정하며, 따라서 인간은 자연의 법칙에 종속한다. 그러나 자연 가운데서 실천적으로 행위하는 자유의지의 인간은 그의 행위를 통해 자연을 변화시키며 자연 내에 실재하지도 않는 도덕적 이상을 자연 안에서 실현해간다. 그러나 반성하는 이성은 이성의 이런 지향적 노력 자체가 자연의 합목적성임을 발견한다.

자연을 지향적으로 규정하는 초월적 주관으로서의 인간은 그가 인식한 것이 곧 존재하는 것이며, 존재하는 것은 다름 아닌 그의 인식 내용임을 알아챈다. 자유의 주체로서 인간은 그의 의지 행위를 통해 자연, 곧 존재를 비로소 현실화하며, 반성적인 판단자로서 인간은 그 같은 그의 행위가 자연의 섭리임을 깨우친다.

이 같은 칸트의 발언은 형이상학이 더 이상 '존재의 학', 사실의 학이 아니라 '이념의 학'임을 천명한 것으로, 신적 이성에게나 어울릴 무한한 존재−인식의 세계를 인간의 세계에서 배제하는 대신, 유한한 자연 존재의 세계와 무한한 이념−희망의 세계를 인간 이성에게 적합한 세계로 규정한 것이다. 이 칸트의 비판적 형이상학 체계가 그의 이성 비판의 결실이며, 이 결실은 당초의 순수 사변 이성 비판의 묘목이 자라서 맺은 것이다. 칸트의 이 비판적 형이상학은 인간의 이론이성의 한계를 규정하고, 순수 실천이성의 힘을 확인하고, 반성적 판단력의 지혜를 터득한 결실로서, 종래 '이성'의 이름으로 거대하면서도 자못 섬세해 보이는 체계를 구축했던 "참월한" 재래 형이상학을 폐기함으로써 얻은 자기 분수를 아는 '새로운 형이상학'이다. 칸트는 이성 비판을 통해 형이상학을 새롭게 정초했다기보다는 새로운 형이상학을 정초한 것이다.

제2장

칸트의 지식이론

제1절 _ '순수 이성 비판'의 과제와 결실

1. 과제 : '나는 무엇을 알 수 있는가?'

칸트의 지식이론은 "나는 무엇을 알 수 있는가?(Was kann ich wissen?)"라는 물음에 대한 답변 중에서 생긴 것이다.

여기서 '나'란 나의 '마음(Gemüt)'을 일컫는다. 여느 철학자에서나 그러하지만 칸트에서도 '마음'이 일의적이지는 않다. 그러나 비판철학의 태동기에서부터 '마음'은 '영혼(Seele)'과는 거의 교환 가능한 것으로, 그러나 '정신(Geist)'과는 거리를 두고 그 개념이 형성되었다.

"우리는 우리 영혼에서 이를테면 두 면을 발견하는데, 한 면은 영혼의 수동적(leidend)인 면이고, 다른 면은 능동적(tätig)인 면이다. 전자의 면에서 '나'는 자연으로부터 나에게 일어나는 모든 인상들의 유희이며, 후자의 면에서 '나'는

자유로운 자기활동적인 원리이다."(V-Anth, Collins : XXV, 15)

　"우리는 성능(Fähigkeit)과 능력(Vermögen)과 힘(力 : Kraft)을 갖는다.
　성능은 외부 인상들에 의해 변양되는 마음(Gemüt)의 속성이다. 우리는 큰
능력을 가질 수 있으되, 작은 힘을 가질 수 있다. 그러므로 힘들은 시행들
(Ausübungen)의 원천이고, 능력은 일정한 행위[작동]들을 '족(足)히 할 수 있
음(Zulänglichkeit)'이다.
　능동적 힘이 되기 위해 능력에 무엇이 덧붙여져야만 하는가는 그렇게 쉽게
통찰할 수 없다."(V-Anth, Collins : XXV, 15/16)

　"변양되는 성능, 또는 용납하는[입는][수동적인] 성능을 사람들은 영혼의
하위 힘[하위력]이라 부르고, 자기활동적[능동적]으로 행위[작동]하는 성능이
상위 힘[상위력]이다. 영혼이 신체가 입는 인상들의 성능이 있는 한에서 靈魂
(anima)이라 일컫고, 자기활동적으로 행위[작동]하는 성능이 있는 한에서 精
神(mens)이라 일컫는다. 영혼이 양자를 통일하여 하나의 성능이 다른 하나의
성능의 조절 아래에 있는 한에서 영혼은 心(animus)이라 일컫는다. ―靈魂
(anima)은 영혼(Seele), 心(animus)은 마음(Gemüt), 精神(mens)은 정신
(Geist)이다."(V-Anth, Collins : XXV, 16)

　"우리는 고유한 운동력을 함유하는 것을 정신이라고 부른다."(V-Anth,
Collins : XXV, 18)

　"신체[물체]와 통일되어 있는 정신을 영혼이라 일컫는다. 그러므로 정신으
로서 내가 세계를 인식할 때 나는 순전히 사고하는 정신으로서가 아니라, 신체
에 의거한, 그러니까 영혼으로서, 신체의 상황에 따라서 세계를 고찰한다."(V-

Anth, Collins : XXV, 19)

  정리해서 말하면, 칸트에서 '정신(mens, Geist)'은 뉴턴의 제1운동의 법칙[관성의 법칙]에서 분명하게 규정된 '오로지 외부의 힘에 의해서만, 그러니까 기계적으로만 운동하는 것'이라는 '물체(corpus, Körper)' 개념에 대립적인 것, 곧 본질적으로 '자기 고유의 운동력을 가진 것'이다. 물체[신체]와 결합하여 통일체를 이루고 있는 정신을 '영혼(anima, Seele)'이라 한다. 그러니까 영혼은 물체[신체]성과 정신성을 동시에 갖고서 한편으로는 수동적(passiv : leidend)이고 수용적(rezeptiv : empfänglich)으로 작동하며 다른 한편으로는 능동적(aktiv : tätig)이고 자발적(spontan : selbsttätig)으로 활동하는데, 이러한 영혼(anima)을 마음(animus, Gemüt)이라 일컫는다. 그러므로 많은 경우 '영혼'과 '마음'은 교환 가능한 말이다. 그런데 때로 영혼은 "물질 안에서의 생명의 원리(Principium des Lebens)"(KrV, A345＝B403)를 지칭하고, 이럴 경우 영혼(anima)은 사물의 "생명성(Animalität)"(KrV, A345＝B403)을 일컫기도 하므로, 그런 한에서 '영혼'과 '마음'은 구별될 수 있다. 그래서 '영혼 불멸', '영혼은 불사적이다'라는 표현은 있어도 '마음 불멸', '마음은 불사적이다' 등의 표현은 쓰지 않는다. 그러니까 수동적[감수적]인 한편 능동적[자발적]인 활동체라는 점에서는 '영혼'과 '마음'은 한가지이나, 굳이 구별하여 말하자면 '영혼'은 생명성이라는 내포를 더 갖는 개념이라 하겠다.

  마음은 성능(Fähigkeit)과 능력(Vermögen)과 힘(力 : Kraft)을 갖는다. 마음은 밖의 것을 수용할 수도 있고 스스로 무엇인가를 내어 활동할 수도 있는 성능이 있으며, 이러한 성능을 족히 발휘할 수 있는 능력을 가지고 있다. 그러나 능력이 있다고 모두 발휘되는 것은 아니니 그를 위해서는 힘[力]이 있어야 한다. 이 세 가지 계기는 마음의 역량, 가능력, 실현력으로 구별해볼 수도 있겠다.

또한 칸트는 '마음'이라고 쓸 자리에 때때로 '헤르츠(Herz)', '진(Sinn)' 등과 같은 유사 개념도 사용하는데 이는 문맥에 생생함을 주기 위한 표현의 변화로 간주할 수 있다.

이러한 '마음'은 칸트에서 보통 '나' 또는 '주관'이라고 지칭되는바, 그러한 지칭 관계에서 "나는 무엇을 알 수 있는가?"라는 칸트의 철학적 물음은 일차적으로 인간으로서의 내가 알 수 있는 것, 즉 '나에게 가능한 인식의 대상'이 무엇인가를 묻는다. 그러나 이 물음은 그 안에 ①앎의 주체로서의 인간, '나(Ich)'란 무엇인가?, ②'안다(Wissen : Erkennen)'는 것은 무엇을 뜻하는가?, ③'~ 수 있다(Können)'라는 역량은 무엇을 가리키는가? 등을 또한 묻고 있다.

여기서 칸트는 개별자인 '나'와 유개념인 '인간'을 동일시하고 있는데, 철학적 탐구에서 표적이 되는 것은 인간의 보편적 구조이고, 일정한 보편적 구조를 가진 인간이 주관으로서 기능을 할 때 '나'로서 대변되기 때문이다. 그러니까 이때의 '나'는 '너' 혹은 '그'와 구별되고 대립되는 '나'가 아니라 너 또한 '하나의 나'요, 그 또한 '하나의 나'라고 이해될 때의 '나'를 말한다. 여기에서뿐만 아니라 칸트가 철학적 논의의 자리에서 '나' 또는 '인간'을 말할 때, 그것은 언제나 "적어도 우리 인간"(*KrV*, B33)을 지시하며, '인간'은 "인류의 관점에서 본 인간"(*RGV*, B27＝VI32)을 일컫는다. 그러니 순전한 철학적 논의에서 사실 '상호주관성' 문제는 없다. '상호주관성'이란 이미 복수의 주관, 곧 '나들'을 전제하는 곳에서 문제가 될 수 있는 것으로, '나'가 여럿이 있다 함은 그 여럿이 이미 '나임'이라는 보편적 성격을 가지고 있음을 함의하는 것이다. 그러니까 상호주관성의 문제는 심리적인, 생리적인, 사회적인 '나들' 사이의 문제일 따름이고, 이러한 문제는 이미 보편적인 '나임'의 지평 위에서 일어나는 문제로서, 정확히 말해 철학적 탐구는 오로지 이 보편적 '나임'만을 대상으로 삼는 것이다. 철학이, 그러니까 인식론이 '대상'을 문제 삼을 때도 사정은 마찬가지이다. 철학적 인식론이 주관과 대상의 관계를 논의할 때, 대상이란 서로 다른 'A'라는 대상, 'B'라는 대상을 지칭하는 것이 아니다. 'A'이든 'B'이든 그것들이 똑같이 '대상'이라고 일컬어지는 한 그것들은 보편적인 성격을 가진 것으로 전제되는 것이고, 그런 한에서만 철학적 인식론은 '대상'을 문제 삼는다. 요컨대 철학적 논의에서 '나'는 '나라고 하는 것', '나 일반', '의식 일반', '주관 일반', '인간 일반'을 지칭하는 것으로 이 말들의 지시체는 동일하다. 또한 '대상', '대상 일반', '객관', '객관 일반' 역시 그 지시체는 동일하다. 만약 이러한 논의 지평이 불가능하거나 없다면, 그것은 일체의 철학적 논의 지평이 불가능하거나 없음을 말하는 것이다. 같은 용어법으로 '안다' 함은 칸트에게서는 보편타당한 인식을 뜻한다. 무엇을 참이라고 여기는 의식 활동, 곧 견해를 칸트는 크게 세 가지로 분류하여 의견[意見], 믿음[信仰], 앎[認識, 知識]으로 구분하는데, 의견이란 주관적으로나 객관적으로나 참임이 확실치 않은 견해이고, 신앙이란 객관적으로는 불확실하나 주관적으로는 확실한 견해이며, 인식이란 주관적으로도 객관적으로도 확실한 견해를 말한다.(*KrV*, A822=B850 참조)

그런데 앎의 능력을 철학적으로 물을 때 그것은 인간의 선험적 인식능력을 묻는 것이다. 앞서 살펴보았듯이 철학은 자료로부터 끌어낸 인식들의 모음이 아니라 원리로부터 나오는, 따라서 선험적인 인식들의 체계이기 때문이다. 그러므로 "나는 무엇을 알 수 있는가?" 하는 물음은 '내가 경험적으로 무엇을 얼마만큼 알 수 있는가'에 관심이 있는 것이 아니고, 내가 "모든 경험으로부터 독립해서"(*KrV*, AXII) 추궁할 수 있는 인식의 "원천과 범위 그리고 한계"(같은 곳)의 규정을 향해 있다. "나는 무엇을 알 수 있는가?"라는 철학적 물음이 묻는 것은 '내가 눈을 통해 보아서 알 수

62

있고, 귀를 통해 들어서 알 수 있는 것이 무엇이며, 그 범위가 어디까지인가?'가 아니다. 만약 저 물음이 이런 것을 묻는다면, 이 물음에 답하기 위해서는 당연히 시각 작용이나 청각 작용의 생리적 원리와 운동 기제(機制) 그리고 시력이나 청력의 한계 등에 관한 탐구가 수반되어야 한다. 그러나 철학적 물음으로서 "나는 무엇을 알 수 있는가?"는 "경험으로부터 그리고 모든 감각 인상들로부터도 독립적인 그런 인식이 과연 있는가"(*KrV*, B2)를 물으며, 그런 인식이 있다면 그런 인식이 어떻게 가능하고, 그런 인식은 경험적인 인식과 어떤 관계에 있는가를 묻는다. 그러니까 철학적 물음 "나는 무엇을 알 수 있는가?"는,

① 인간으로서 나는 경험으로부터 독립적인, 즉 어떤 선험적인 인식을 가지고 있는가,
② 이런 선험적인 인식은 인간에게서 어떻게 가능하며, 그것의 타당성을 어떻게 얻는가,
③ 이 선험적 인식과 경험적 인식은 어떤 관계에 있는가?

등의 물음을 함축한다. 그래서 칸트는 이 물음들의 답을 얻기 위해 선험적인 인식능력으로 예견된 "순수한 이성"의 비판 작업을 수행한 것이다. 이 비판 작업을 통해 칸트가 얻은 한 결실은 의식의 지향적 성격, 즉 초월성과 이러한 초월성을 갖는 선험적 표상과 선험적 인식 기능의 파악이다.

칸트에 따르면 인식은 표상의 한 방식으로 직관이나 사고 또는 이 양자의 결합으로부터 생긴다. '직관(Anschauung)'은 직접적이고 "단일한 표상"인데, 이성으로 통칭되기도 하는 우리 마음이 직관 작용을 할 때 그 능력을 "감성(Sinnlichkeit)"이라고 일컫고, 반면에 '공통 징표에 의한 매개적인 표상', 즉 '개념(Begriff)'을 통한 표상 작용은 '사고(Denken)'인데, 이러한

사고 작용을 하는 마음의 능력은 "지성(Verstand)"이라고 일컫는다.(*KrV*, A19=B33 · A50=B74 참조) 그러니까 '나는 무엇을 알 수 있는가?'에서 앎이란 직관과 사고, 감성과 지성의 "통일"(*KrV*, A51=B75)에 의해서만 생기는 지식, 바꿔 말해 인식으로서 직관에 의해 우리에게 주어진 것이 무엇이며, 어떻게 있는가를 표상하는 의식이다.

'나는 무엇을 알 수 있는가?'라는 물음에서 '~ 수 있는가'는 인간 인식능력의 어떤 한계 설정, 곧 '순수 이성 비판'의 본래의 과제를 던진다. 그런데 그것은 한편으로는 종래의 이른바 이성적 형이상학을, 다른 한편으로는 일체의 형이상학을 폐기로 이끄는 회의주의를 겨냥하고 있다.

형이상학(形而上學, metaphysica)은 문자 그대로 '형상 위의 것[形而上者]', '감각적인 것 너머의 것[tà metà tà physicá]', 바꿔 말하면 자연 저편의 것(V-MP : XXIX, 1.2, 773 참조)에 관한 학이다. 형이상학은 명칭상 자연, 곧 경험 대상의 총체를 넘어서는 것(V-MP : XXVIII, 540 참조), 그러니까 "초감성적인 것에 관한 학"(XXVIII, 616)이다. 그렇기 때문에 형이상학은 "감성적인 것의 인식으로부터 이성을 통해 초감성적인 것의 인식으로 전진해가려고"(FM : XX, 260) 기도한다. 이 전진을 위한 준비로써 이성은 자기 자신의 인식능력을 평가하고 그의 활동 원리인 사고 원리를 찾아내며, 그렇게 함으로써 이성은 과연 "어디에서부터 그리고 무엇을 수단으로 해서 경험 대상으로부터 그렇지 않은 대상으로 이월해볼 수 있을까"(FM : XX, 260)를 확정해야 한다. 인식능력을 측정하고 이성 원리를 평가하는 일은 "인간 인식의 원천"과 "모든 인식의 가능하고 유용한" 범위, 그리고 이성의 한계를 규정하는 것이고(*Log* : IX, 25 참조), 그 과제를 떠맡는 것이 순수 이성 비판이다. 그러니까 순수 이성 비판은 개념들에 의한 순수 이성 인식의 체계인 형이상학을 위한 예비학이다. "형이상학을 정초"하기 위해, 다시 말하면 순수 이성이 궁극적으로 노리는 바이기도 한, "감성적인 것의 한계를 넘어 초감성적인 것의 영역으로 확장해나가기"(FM : XX, 272) 위해, 순수 이성은 스스로 "모든 경험으로부터 독립해서"(*KrV*, AXII), 전적으로 순수 원리에 의거하여 그 자신의 인식능력의 원천과 그 인식의 범위, 그리고 그 자신의 한계를 규정한다. 그러므로 이 순수 이성의 자기규정 곧 순수 이성 비판은, 거기에서 인간 이성이 자연 감성적인 세계를 뛰어넘으려고 기도하는, 진정한 본래의 철학인 형이상학을 확실하게 정초하기 위한 도정에서의 방법적 절차이다.

2. 순수 이성 비판과 초월철학

순수 이성에 대한 비판적 절차를 거쳐 얻은 것이 칸트가 "초월철학 (Transzendental-Philosophie)"(*KrV*, A12＝B25)이라고 일컫는바 "모든 선험적 인식 일반의 가능성에 대한 이론"(FM : XX, 272)이다. 그러니까 '순수 이성 비판'이라는 철학적 작업 자체가 초월철학의 체계는 아니지만(*KrV*, B25 이하 참조), 그러나 이 비판 작업의 "결실"(XXIX, 785) 내지 "산물" (XXVIII, 823)로부터 우리는 하나의 체계를 얻을 수 있다. 그리고 오로지 이성 인식들로만 이루어진 이 체계를 칸트는 "더욱 엄밀한 의미에서" (XXVIII, 360 ; XXIX, 752 참조)의 형이상학이라고 명명한다.

우리가 순수한 이성 인식의 한 체계를 세우고자 한다면, 우리는 무엇보다도 먼저, 경험이 우리에게 알려주는 바가 전혀 없고, 경험으로부터는 결코 아무것도 취할 수 없는 무엇인가를 우리 인간이 어떻게 인식할 수 있는가를 묻지 않을 수 없다. 그러나 어떤 경험에도 의존하지 않고서 이성은 어디에서 이 물음에 대한 답을 얻을 수 있을까? 도대체 인간의 이성이라는 것은 어떤 경험에도 의존함이 없이 무엇인가를 인식할 수 있는 능력을 가진 것인가? 칸트의 '순수 이성 비판'은 바로 이 문제, 곧 순수한 이성이 대

상과 관련해서 우리를 어디에까지 이르게 할 수 있는가를 밝힌다.(XXVIII, 361 참조)

이성은 우리 이성 자신을 점검하여 선험적 인식의 가능 근거를 캐고, 경험적 원리의 도움 없이 어디에까지, 어떤 종류의 대상에까지 이를 수 있는가를 규정하고, 또한 이성 자신이 가지고 있는 인식 원리들과 함께 넘어서서는 안 될 경계선을 획정한다.(XXVIII, 359 참조)

그런데 여기서 말하는 '이성(Vernunft)'이란 존재하는 것에 무엇인가 변화를 일으키는 실천적 이성과는 구별되는, 그러니까 단지 관조하고 사변하는 '이론적' 이성을 뜻한다. 그 가운데서도 '순수한(rein)' 이성이란 인간의 이론적인 전체 인식능력이 아니라, 경험적(empirisch)이고 후험적(a posteriori)인 인식능력과 구별되는 순수한 선험적(a priori)인 인식의 능력만을 지시한다. 그리고 이 선험적인 인식에는 단지 순수한 분석적인 지식뿐만 아니라, 그 자신은 경험적인 것이 아니면서도 경험적인 지식을 가능하게 하는 종합적인 지식, 칸트가 새롭게 이름 붙인 "초월적(transzendental) 인식들"(*KrV*, B25·B40·B401 ; *Prol*, A204＝IV373 참조)이 포함된다.

이런 의미 연관에서 순수 이성 비판의 결실로서 초월철학은 모든 순수한 이성 인식들과 이것의 원리들, 말하자면 이성이 그것을 가지고 비로소 경험적 인식들을 가능하게 하는 선험적인 개념들과 원칙들을 내용으로 갖는다.

이제 그러면, 순수 이성 비판을 순수 이성의 '자기 한계 규정'이라고 말할 때(*Prol*, A163＝IV350 ; *MAN*: IV, 474 ; XXVIII, 392), '한계'란 무엇을 뜻하는가? 칸트의 용어법에 따르면, '한계'는 "언제나 일정한 자리 밖에서 마주쳐지는 그 자리를 둘러싸는 공간을 전제한다"(*Prol*, A166＝IV352). 주목할 점은 칸트가 '한계'를 '경계'라는 개념과 구별해서 사용한다는 사실이다. '경계'선은 변경될 수도 있으나, '한계'선은 그것으로 구분되는 두 공간 사이에 전적인, 본질적인 차이로 인해 그어진 것이기 때문에 변경될 가능성이 없다는 의미로 칸트는 양자를 구별한다. 수학이나 물리학과 같은 학문 분야에서 이성은 뛰어넘어서는 안 될 인식의 한계 같은 것을 가지지 않는다.(XXVIII, 391 ; XXIX, 787 참조) 물론 인간 이성은 수학이나 자연과학의 영역에서도 아직 능력의 부족으로 실제로는 가능한 인식의 경계를 가지고 있다. 그러나 이러한 영역에서는 새로운 발견과 발명 그리고 점차적인 지식 능력의 확장으로 인해 이성이 그 인식을 한없이 넓혀갈 수 있다는 점에서, 그 경계는 고정불변적인 것이 아니다.(*Prol*, A167＝IV352 참조) 그러니까 이성이 아직 인식하지 못한 대상들이 있다 하더라도 그 대상들이 동종적인 것이라면, 이성에게 인식의 한계 같은 것은 없는 것이다. 그런데 형이상학에서 이성은 감성적인 것으로부터 전혀 이종(異種)적인 초감성적인 것으로 넘어서려 한다. 이때 더구나 이성은 지금 그가 감성세계를 인식하는 데 쓰던 인식의 원리들을 가지고 그렇게 해보려 한다. 그러나 감성적인 것과 초감성적인 것 사이에는 본질적인 차이가 있기 때문에, 이 원리들은 초감성적인 것들에는 도무지 타당하지가 않다. 그러므로 이성이 형이상학이라는 이름 밑에서 자기 능력을 넘어서 무엇인가를 인식해보고자 한다면, 거기에는 큰 위험과 착오가 있다. 이를 피하고 참된 형이상학을 위한 확실한 주춧돌을 놓기 위해서는, 그러므로 먼저 이성이 그 이론적 사용에서 넘어서는 안 되는 이성사용의 한계를 분명히 규정하는 일이 필요하다.

　순수 이성의 한계 규정을 통해 성취되는 초월철학은 인간의 모든 선험적 인식의 조건들과 요소들을 포괄하기는 하지만, 그러나 이것들은 모두 경험 감성적 사물들의 인식에만 유효하다. 그러나 형이상학에서 도달해야 할 이성의 궁극목적은 일체의 사물, 그러니까 감각적인 사물뿐만 아니라 초감각적인 사물과도 관련해서 이성개념에 의한 모든 순수 인식들의 체계를 완성하는 일이므로, 감각적 사물의 인식을 위한 모든 선험적 원리들에 관한 이론인 초월철학은 "본래 형이상학의 현관"(FM : XX, 260 ; V-MP : XXVIII, 360 ; V-Log : XXIV, 753 ; V-MP : XXIX, 752 참조)일 따름이다. 그러나 본관에 발을 들여놓으려면 언제나 현관부터 지나야 하는 이치대로, 초월철학은 진정한 형이상학을 위한 관문이다.

'순수 이성 비판'이 이성에 종속하는 대상들이 아니라 이성 자신을 문제 삼듯이, 초월철학도 결코 인식의 대상들을 다루는 것이 아니라 오로지 "주어져 있는 객관들을 상정함 없이, 대상들 일반에 관계하는"(KrV, A845=B873) 선험적인 순수 인식들만을 다룬다. 초월철학에서 '실체' 개념이 문제가 될 때 묻게 되는 것은 "우리는 '실체' 개념에 어떻게 이르게 되는가? 그리고 '실체' 개념을 가지고 무엇을 할 수 있는가?"(V-MP : XXVIII, 360 이하 ; XXIX, 752 참조)이다. 사람들이 여기서 문제 삼고 캐묻는 것은 개념의 근원이나 사용 한계와 같은 개념의 원리이고, 그것이 무슨 사물의 실체냐, 그 실체에는 어떤 속성들이 부속하느냐 따위는 문젯거리가 아니다. 그렇기 때문에 초월철학은 대상을 다루는 것이 아니라 오직 순수 이성 인식의 요소들과 그것들의 범위와 한계와 관련하여 우리 지성만을 다루는 "초월 논리학"이라고 칭할 수도 있다.(V-MP : XXVIII, 363 참조) 바로 이 때문에 초월철학은 또한 "존재자의 일반적 술어들에 대한 학"[1]인 "존재론(Ontologie)"(KrV, A845=B873)이라고 부를 수도 있다. 왜냐하면, 초월철학은 "우리의 모든 선험적 인식의 조건들과 제1요소들을 내용으로 갖는 것"(FM : XX, 260)인데, 이러한 인식의 개념들과 원칙들은 대상 일반과 관계 맺는 것이니 말이다.(KrV, A845 이하=B873 이하 참조)

초월철학이란 순수 이성의 자기 인식이며, 일체의 경험적 인식을 가능

---

1 Baumgarten, *Metaphysica*, §4(AA XVII, 24). (이하 인용은 칸트가 사용한 1757년 판[제4판]에서 함.)

하게 하는 모든 초월적 인식의 체계이다. 초월철학은 분명히 사물들을 인식하는 능력인 순수 이성을 다루지만, 그 인식되는 사물 자체를 주제적으로 다루지는 않는다. 초월철학에서 주제는 오직 우리 인간이 어떻게 어떤 선험적 인식에 이를 수 있는가(V–MP : XXIX, 786 참조)에 있다. 반면에 존재론에서 고찰하는 것은 존재자, 곧 "사물들 자체와 그것들의 보편적 성질들이다"(V–MP : XXVIII, 363 · 174). 그런데 '사물들 자체를 그것들의 보편적 성질들에서 고찰한다'는 것은 무엇을 말하는가? 그것은 사물들을 사물들로서, 일체의 특수성을 도외시하고 고찰함(XXIX, 784 참조)을 말한다. 그리고 사물로서 사물이란 단적으로 사물인 것을 뜻한다. 그러니까 존재론은 '사물의 단적으로 사물임'이라는 개념의 가능성을 추궁하는 학문이다. 이 가능성의 근거가 칸트에게서는 선험적 이성 인식의 기본 개념들과 원칙들에 있다. 그러므로 칸트에게서 존재론은 초월철학이 내용으로 갖는 순수 이성 인식의 모든 선험적 원리들 이외의 것을 내용으로 갖지 않는다. 일찍이 바움가르텐(A. G. Baumgarten, 1714~1762)이 규정한 바대로 "존재자의 일반적 술어들은 인간 인식의 제1원리들"[2]인 까닭에 칸트 자신 그의 「형이상학 강의」에서 자주(KrV, A845＝B873 ; V–MP : XXVIII, 390 · 185 · 470 이하 · 617 ; XXIX, 752 · 784 참조) 초월철학을 존재론이라고 일컫기도 한다. 비록 그가 정색할 때는, 모든 순수한 이성 인식이 근거하는 기본 개념들과 원칙들의 학문을 존재론이라고 부르는 것은 그다지 합당하지 않다고 지적하면서(V–MP : XXVIII, 391 ; KrV, A247＝B304)도 말이다.

　우리는 초월철학과 존재론을 그 지향점의 상이함에서 구별할 수 있다. 칸트의 초월철학은 인간의 이성이 어떤 것, 즉 사물을 선험적으로 인식한

---

2 Baumgarten, *Metaphysica*, §5(AA XVII, 24). 이러한 규정으로만 보면 Baumgarten은 칸트의 초월철학의 길을 이미 제시하고 있다.

다는 것이 어떻게 가능한가를 밝히고자 한다. 그리고 이를 위한 순수 이성 비판의 방법적 절차에 의해 획득될 체계로서 초월철학은 본래적 형이상학의 "예비학"(KrV, B25·A841=B869 참조)이다. 반면에 존재론은 그 내용으로 볼 때 이미 형이상학의 일부이다. 그것도 형이상학에 불가결한 부문이다.(XXVIII, 823·542·617 참조) 칸트는 존재론을 "본질의 학" 내지는 "보편적 본질의 이론"(XXVIII, 524)으로 이해한다. 대체 '본질'이란 무엇을 일컫는 것인가? 본질이란 논리적 본질(essentia logica)이거나 실재적 본질(essentia realis)을 지시한다.(XXVIII, 552 참조) 논리적 본질이란 "개념에 함유되어 있는 모든 것의 제일의 내적 근거"(XXVIII, 553)로서 (형식)논리학에서 다루어지는 것이므로 형이상학의 소재가 아니다. 반면에 실재적 본질은 "모든 본질 규정의 제일 근거"(XXVIII, 553)로서 존재론의 주제를 이룬다. 그것은 어떤 경험적 사물을 다른 경험적 사물과 구별 짓는 경험적인 본질〔무엇임 또는 그러그러함〕이 아니라, "사태 자체에 속하는 모든 것의 제일의 내적 근거"(XXVIII, 553)를 지시한다. 어떤 사물의 사물임의 제일의 내적 근거는 선험적 본질로서, 그것은 '사물', '사물이라는 것', '사물 일반'이라는 개념을 가능하게 하는 근거를 말한다.(XXVIII, 477 참조) 그럼에도 존재론(ontologia, Wesenslehre)은 사물 이론 내지 존재자(Wesen) 이론이 아니고, 본질(Wesen) 이론(Lehre)(XXVIII, 679 참조), 곧 사물의 본질에 관한 이론 내지 존재자의 존재(Sein)에 대한 이론이다. 존재론에서 사람들이 탐구하는 바는 "사물 일반에 관한 것, 그러므로 워낙은 아무런 사물에 관한 것도 아닌 것"(V-MP : XXIX, 752)이다. 칸트에서 존재론은 요컨대 '사물'이라는 개념을 가능하게 하는 선험적인 실재적 본질에 관한 이론, 즉 사물의 사물임의 근거에 대한 이론이다. 사물은, 순수직관적인 것이든 경험 직관적인 것이든 감각적인 것에 속한다. 그러나 사물의 사물임은 감각적인 것이 아니라 감각적인 것의 기초에 놓여 있는 것, 그러니까 비(非)

감각적인 것이다. 따라서 형이상학의 일부 내지 서론으로서의 존재론은 칸트에서 비감각적인 것에 관한 이론이다. 이로써 우리가 알 수 있는 바는, 칸트에서 "감각적인 것에 대한 인식으로부터 이성을 통해 초감각적인 것에 대한 인식으로 전진해가는 학문"(FM : XX, 260)이라 "정의"되는 형이상학은, 그 궁극목적은 물론 초감각적인 것의 파악에 있지만, 그러나 초감각적인 것뿐만 아니라 그 현관에는 비감각적인, 그러면서도 "감각적인 것의 영역에"(FM : XX, 260) 속하는 것 또한 들여놓고 있다는 사실이다. 저 초감각적인 것에 대한 인식들이 특수 형이상학을 구성한다면 이 비감각적인, 그러나 감각적인 영역에도 속하는 것에 대한 인식들이 일반 형이상학을 이룬다.(V-MP : XXVIII, 617 참조)

그런데 칸트에서는, '사물'이라는 개념을 가능하게 하는 "제일의 내적 근거"가 다름 아닌 사물을 선험적으로 인식하는 제일의 원리들이다. 이런 까닭에 칸트 자신 초월철학과 존재론을 빈번히(FM : XX, 260 ; V-MP : XXVIII, 617 · 679 등) 동일한 의미로 사용한다. 물론 이 양자는 그 지향점이 서로 다르다. 그럼에도 칸트에서 존재론은 초월철학의 직접적인 결실 내지는 이면(裏面)이다. 본래 초월철학을 형성하는 것이 "우리의 전 선험적 인식을 순수지성 인식의 요소로 분해하는 일"이라면, 존재론은 바로 "순수 지성개념들과 경험 인식에 사용되는 선험적 원칙들을 분해하는 일에서 성립"(FM : XX, 281)하니 말이다.

『순수이성비판』은 무엇보다도 이 같은 칸트 존재론의 내용과 초월철학의 체계를 보여준다. 철학적 작업으로서 '순수 이성 비판'은 본래 형이상학을 위한 "예비학(예행연습)"(KrV, A841 = B869)이지만, 그러나 이 예행연습의 결실인 칸트의 저작 『순수이성비판』에서 우리는 단지 '자연 너머에 있는 것에 대한 학문'으로서 형이상학이 구비해야 할 사항들뿐만 아니라, '자연적인 것이 있는 근거에 대한 학문'으로서 형이상학의 한 체계를 볼 수 있다. 이런 점에서 형이상학을 위한 준비 작업으로서의 '순수 이성 비판'과 그 결과물인 저작 『순수이성비판』은 구별되어야 한다. 칸트는 『순수이성비판』의 머리말에서 "여기에서 해결되지 않은 또는 적어도 해결을 위한 열쇠가 제시되지 않은 형이상학의 과제는 하나도 없다"(KrV, AXIII)고 말한다. 이에 덧붙여 칸트는, 그가 『순수이성비판』에서 "순수철학(곧, 형이상학)의 완성된 전체"(피히테의 지식학과 관련한 1799. 8. 7 자의 해명서 : XII, 397)를 시야에 가지고 있다고 언명한다. 그러므로 칸트는 그의 저작 『순수이성비판』에서 단지 형이상학을 위한 준비 작업의 내용을 제시하고자 한 것이 아니라, 형이상학이 답변하지 않으면 안 되는 '나는 무엇을 알 수 있는가?'라는 물음에 최종적인 답을 제시하고자 했다. 칸트가 그의 저작 『순수이성비판』에서 수행한 모든 작업은 이에 대한 답변을 위한 것으로서, '나는 무엇을 알 수 있는가?'라는 이 물음이야말로 '순수 이성 비판'의 선도(先導)적 물음이다.

이와 관련해 여기서 유념해야 할 것은, 칸트가 "형이상학자들의 십자가"(Prol, §29 : A100＝IV312)니 "철학자들의 십자가"(V–MP : XXVIII, 651)니 또는 "형이상학의 제일 핵심 물음"(XXIX, 794)이라고 일컫은 '선험적 종합 인식은 어떻게 가능한가?'(KrV, B19)라는 물음을 『순수이성비판』에서 천착할 때, 그가 저 선도적 물음의 답을 찾고 있을 뿐만 아니라, 동시에 "순수 수학은 어떻게 가능한가?", "순수 자연과학은 어떻게 가능한가?"(KrV, B20 참조) 따위의 학문 이론적 문제도 탐구하고 있다는 점이다. 그럼에도 누군가가 초월철학을 순수 수학이나 순수 자연과학(물리학)을 정초하는 학문 이론으로 이해한다면, 그것은 『순수이성비판』을 피상적으로 읽은 탓이라고 해야 할 것이다. 물론 특히 『순수이성비판』의 요약이자 교사용 자습서라고 볼 수 있는 『형이상학서설』의 서술 방식과 내용을 고려할 때, 『순수이성비판』의 초월적 감성학의 과제는 수학의 가능성 해명이며, 초월적 분석학의 과제는 물리학의 가능성 해명이라고 얼핏 생각할 수도 있다. 그러나 이런 생각은 근본적으로는 잘못된 것이다. 칸트는 분명히 순수 수학의 가능 근거와 순수 물리학의 가능 근거에 대해서 묻고 그 근거를 캐고 있다. 그러나 칸트는 수학과 물리학을 정초하고자 한 것이 아니고, 수학과 물리학이 칸트에 의해 정초된 것도 아니며, 오히려 단지 저런 학문들이 엄밀한 학으로서 가능한 근거와 방식을 되물어보고 있고, 이 되물음을 통해 얻은 가르침을 바탕으로 학문으로서의 형이상학의 가능성과 체계를 정초하고(*KrV*, B22 참조) 또는 최소한 이를 위한 토대를 닦으려 기도하고 있다(*Prol*, A16=IV261). 왜냐하면, 수학과 물리학은 칸트의 정초 작업이 필요 없이 이미 "실제로 주어져"(*KrV*, B20) 있지만, 엄밀한 학으로서의 형이상학은 아직 없기 때문이다. 수학과 물리학은 이미 "충분히 그리고 그것도 쟁론의 여지없이 확실한"(*Prol*, A41=IV276) 선험적 종합 인식의 "다량의 예들"(V−MP : XXVIII, 545)을 실제로 가지고 있다. 그렇기 때문에 칸트가 그러한 선험적 종합 인식의 가능성을 찾을 필요는 없었다. 바꿔 말해, 과연 선험적 종합 인식이 가능하냐 않느냐는 물을 필요가 없었다.(XXVIII, 545 참조) 오히려 칸트는 선험적 종합 인식이 가능하다는, 아니 그러한 인식이 실제로 있다는 사실에서 출발하여, 그런데 "이런 인식이 어떻게 가능한가"(XXVIII, 545)를 "분석적으로" 탐구한다. 즉 수학과 물리학을 확실하면서도 내용이 있는 성공적인 학문으로 만든, 이들 학문들이 함유하고 있는 선험적인 종합 인식이 가능한 근거를 밝혀내서, 이를 바탕으로 엄밀학으로서 형이상학을 수립하기 위해서는 우리가 무엇을 해야만 하는가를 제시하고자 한다.(*Prol*, A3=IV255 참조) 왜냐하면 형이상학의 영역에서는 아직 선험적 종합 인식을 발견할 수 없지만, 형이상학이 내용 있는 엄밀한 학문이려면 마땅히 선험적 종합 인식으로 구성되어야 할 것이기 때문이다. 그 때문에 형이상학에서는 수학이나 물리학에서는 문제가 되지 않는,

과연 선험적 종합 인식이 가능하냐 않느냐의 문제가 제기되고, 따라서 만약 초월철학을 하나의 학문 이론으로 규정해야 한다면, 그것을 형이상학을 위한 학문 이론이라고 할 수는 있겠지만, 수학이나 물리학의 학문 이론으로 보는 것은 피상적인 파악이라 할 것이다. 이런 엄정한 이해에서만 칸트가 『순수이성비판』에서 서술한 초월철학은 그의 말대로 진정한 형이상학을 위한 "예비학"이다.

제2절 _ '초월철학'의 개념과 철학사적 배경

1. '초월철학'의 개념

칸트 초월철학의 핵심 주장은 "경험 일반을 가능하게 하는 조건들은 동시에 그 경험의 대상들을 가능하게 하는 조건들"(*KrV*, A158＝B197)이라는 것이다. 경험이 이루어져야 경험의 대상, 즉 경험되는 것이 있는 만큼 양자의 조건은 동일한 것이며, 이 조건이 다름 아닌 선험적 의식의 초월성이다. 이러한 이해에서 '초월철학'이라는 명칭 또한 생긴 것이다.

우리에게 경험되는 것, 우리에게 대상이 되는 것, 우리에게 나타난 것, 그런 의미에서 '현상(Erscheinung)'이라고 일컬을 수밖에는 없는 것의 내용은 우리 인간에게는 감각을 통해서만 주어진다. 우리 인간은 오직 감각적 직관을 통하여 사물을 경험하는 유한한 존재자이다. 인간에게 경험이란 사물을 "현존의 면에서 산출"하는 것이 아니라, 단지 감각을 통해 주어지는 잡다한 것을 통일된 "하나의 대상으로 인식하는 것"(*KrV*, A92＝B125)이다. 그러므로 감각기관을 갖고 있는 우리 인간에게 대상 인식, 곧 경험을 가능하게 하는 하나의 조건은 감각 작용이고, 따라서 경험의 대상을 가능하게 하는 하나의 조건은 감각된 것, 즉 감각 내용이다. 이 감각의 내용이 이른바 일차적 의미에서의 "현상의 질료"로서, 이 잡다한 감각 자료는 우리에게 수용될 때 '서로 곁하여', '서로 잇따라' 있는 것으로 정리되는데, 그 정리 형식이 다름 아닌 공간·시간 관계 표상들인 이른바 일차적 의미에서의 "현상의 형식"이다. 그러나 아직 '무엇'으로 드러나지 않은 이 일차적 의미의 현상은 지성의 사고를 통해 한 사물로서 그리고 그것의 본질과 존재 방식이 규정된다. 그리하여 마침내 우리에게 '하나의 어떠어떠한 사물〔존재자〕'이 나타나고, 이것을 우리는 '엄밀한 의미에서의 현상'이라고 부를 수 있다. 그러니까 지성 작용의 단계에서 볼 때 '일차적 의미에서의 현상'은 이 "현상의 질료"이고, 지성의 작용 틀로 기능하는 이른바 '순수하고 선험적인 지성의 개념들', 곧 "범주들"은 이 "현상의 형식"이다.

칸트는 범주들에 따라서 지성이 잡다한 현상들을 하나의 대상으로 통일 인식하는 작용을 일컬어 "사고한다"(denken : *KrV*, A19＝B33 등 참조) 또는 "규정한다"(bestimmen : *KrV*, A266＝B322 등 참조)고 하는데, 이때 이 사고함 내지 규정함은 선험적인 그러니까 주관적인 감성적 표상인 공간·시간 관계에 따라 일차적으로 정리된 자료를 다시금 선험적인 그러니까 주관적인 지성개념들인 범주들에 따라 통일(vereinigen) 결합함(verbinden)을 말한다. 그러므로 이러한 감성과 지성의 대상 인식작용은, '그 자신 선험적이면서도 경험을 가능하게 하는 어떤 것'을 "초월적"이라고 일컫는 칸트의 용어법(*Prol*, 부록 : A204＝IV373 참조)대로 표현하자면, 의식의 초월적 활동이다.

그런데 이와 같은 요지의 칸트의 초월철학을 어떤 사람은 '구성설(構成說)'이라고 일컫고, 또 어떤 사람은 칸트가 사용하는 다른 용어인 '초월적 관념론'을 끌어와 그것과 동일시한다. 그러나 이러한 명칭 사용은 칸트의 초월철학을 부분적으로 오해한 데서 연유하며 또 부분적으로는 다른 오해를 유발할 우려가 있어 주의가 필요하다.

상당히 많은 사람들이 로크에서 보는 바와 같은 표상설을 '모사설(Abbildtheorie)'이라고 부르면서, 이에 대해 칸트의 인식이론을 '구성설'이라고 부르는데, 이때 사람들은 이 명칭 아래에서 무엇을 생각하는가? 또한 '모사'에 대립하는 개념으로 '구성'—이 말이 독일어 'Konstruktion'의 번역어라면—은 무엇을 의미하는가?

칸트에 따르면 분명히 '인식은 지성과 감성의 결합에 의해서만 생길 수 있다.'(KrV, A51 = B75 참조) 그러나 이 말이 "지성의 판단 형식들과 직관에 나타난 것을 결합(종합)하는 것은 상상력이다. 그런데 이 상상력은 판단 형식들이나 개념들에 단지 직관에 나타나는 그 자체로 존립하는 사태들이나 대상들을 부속시키는 것이 아니다. 오히려 사태들과 대상들은 지성의 형식적 규칙들에 따라서 (예컨대 수학의 순수직관 형식들의 경우) 비로소 직관에서 구성될 수 있으며 혹은 (예컨대 자연과학의 경험 판단들의 경우 경험적인 자료로부터) 재구성될 수 있다"[3]는 식으로 해석된다면, 이때 '구성'은 칸트 자신이 이해하는 '구성'과는 상이하며, 설령 칸트의 인식이론을 이런 식으로 이해된 '구성'이라는 말을 이용하여 위와 같이 요약할 수 있다 하더라도, 그러니까 칸트는 이른바 '구성설'을 주장하고 있는 것이라고 말한다면, 이것은 칸트 이론의 참뜻을 곡해시킬 가능성이 크다. 칸트는 초월철학에서 주관, 곧 의식의 초월성이 적어도 한 면에서—즉 '질료'의 면과 구별되는 '형식'의 면에서—대상 인식의 가능성의 원리이자 그 인식된 대상 존재자의 존재 원리임을 밝히는 데에서, 의식—그것의 기능 가운데 하나인 '상상력'을 적시하든지 말든지—에 의해서 대상이 '구성'—Konstruktion이든 Konstitution이든—된다고 말하지는 않는다. 부분적으

---

3 J. Ritter/K. Gründer(Hrsg.), *Historisches Wörterbuch der Philosophie*, Bd. 4, Darmstadt 1976, Sp. 1011.

로 칸트 자신의 말 속에[4] 오해를 불러일으킬 만한 소지가 없는 것은 아니지만, '구성'이라는 이 말이 칸트를 연상시키면서 다분히 의도적으로 곡해되어 사용되는 예를 우리는 이미 셸링[5]과 헤겔(*PdG*: GW9, 37 ; *WL I*: GW11, 103 참조)에게서 발견할 수 있다. 그러나 엄밀히 말해 칸트에서 '구성'은 철학적 인식과는 무관하며, 수학적 인식이나 예술적 작업과 관련이 있는 의식의 한 작용 방식일 따름이다.

칸트에서 '구성(Konstruktion : 作圖)'은 어느 경우에나 "개념의 구성"을 뜻하며, "개념을 구성한다 함은 그 개념에 상응하는 직관을 선험적으로 현시[서술]한다"(*KrV*, A713＝B741) 또는 "한 개념을 그에 상응하는 직관을 (자기활동적으로) 만들어냄으로써 현시한다"(ÜE : VIII, 192)는 것을 말한다. "이 구성이 순전한 상상력에 의해 선험적 개념에 따라서 일어나면, 그것을 순수한 것이라고 일컬으며", 정확히 용어를 사용한다면, 그러니까 '순수한' 구성만이 칸트적 구성에 해당한다. "구성이 어떤 질료에 행사되면, 그것을 경험적 구성이라고 일컬을 수" 없는 것은 아니겠지만, 그것은 본래적 구성이라고 말할 수는 없는 것으로 학문 활동에는 속하지 않으며, 도구들을 이용하여 제작하는 기예 활동에 속한다.(ÜE : VIII, 192 참조)

본래적인 구성은 특수한 상(像)을 그려서[作圖해서] 보편자를 직관하는, 이를테면 '도식적'인 구성이다. 예컨대 우리가 종이 위에 연필로 하나의 원을 그릴 때, 그 연필로 그려진 원이야 경험적이지만, 우리는 이 한 원을 통하여 원 일반의 의미, 즉 원의 보편성을 인식한다. 이런 사태를 칸트는

---

4 가령 "[지성은] 선험적인 구성적(konstitutiv) 인식원리들을 제공[한다]"(*KU*, BIV＝V167) 와 같은 말 속에. 그러나 이러한 경우에 '구성적'은 '규제적(regulativ)'과 쌍을 이루는 말로 결코 '생산적'이라거나 '조작적'이라거나 '지어내는'을 뜻하지 않는다.

5 F. W. J. Schelling, *System des transzendentalen Idealismus*(1800), 수록 : Sämmtliche Werke, hrsg. v. K. F. A Schelling, Stuttgart Cotta 1856~1861, I/ 3, S. 350 참조.

원이라는 "개념에 상응하는 선험적 직관을 선험적으로 현시한다"는 의미에서 "개념을 구성한다"고 말하는바(*MAN*: IV, 469 참조), 이와 같은 "개념들의 구성에 의한 이성 인식"이 수학적 인식이다(*KrV*, A713=B741 참조). 이런 이해에서 수학적 인식은 "보편을 특수에서, 심지어는 개별자에서" (*KrV*, A714=B742) 고찰하는 것이다. 반면에 철학적 인식은 "특수를 오로지 보편에서 고찰한다"(*KrV*, A714=B742). 이런 의미에서 "철학자는 결코 그의 이성을 개념들의 구성을 통해 사용하지 않는다"(*Log*, 서론 III : IX, 23).

칸트의 초월철학은 선험적 감성과 지성에 출처를 가진, 즉 한낱 주관적인 인식 원리들의 토대 위에서만 무엇인가가 인식되고, 따라서 인식된 것 일반에 이 주관적인 원리들은 보편타당하며, 이런 의미에서 인식[경험]된 대상 일반은 선험적 인식 원리들에서 "규정"된다고 말하기는 하지만, 그러나 선험적 인식 원리들이 대상을 구성한다고 말하는 경우는 없다. 그렇기에 '스스로 대상을 산출한다'는 함의를 연상시키는 '구성'이라는 말을 사용하여 칸트 초월철학을 '구성설'이라고 부르는 것은 적절하지 못하다. 그리고 이와 함께 그 자신 주관적인 따라서 관념적인 인식 원리들이 주관적인 것을 넘어서서 인식 내용, 곧 대상[객관]을 구성한다는 뜻에서 칸트의 초월철학을 '초월적 관념론'이라고 부르는 것도 적절하지 못하다. 예컨대 셸링[6]과 같이 칸트의 철학 정신을 계승 발전시키겠다는 후학들에 의해서도 또한 이미 당대의 칸트 비평가[7]에 의해서도 칸트철학은 이런 의미에서 '초월적 관념론'이라고 불렸고, 칸트 자신 역시 그의 초월철학의 한 주장을 "초월적 관념론(der transzendentale Idealismus)"이라는 명칭을 사

---

6 앞서 언급한 Schelling의 저술 *System des transzendentalen Idealismus*(1800) 참조.

7 "Die Göttinger Rezension", 게재 : *Zugaben zu Göttinger Gelehrten Anzeigen*(1782. 1. 19) 참조.

용하여 표현한 곳(*KrV*, A369 · A491 = B519 ; *Prol*, §49 : A141 = IV337 등)이 있기는 하다. 그러나 칸트가 이 용어로써 진정으로 표현하고자 하는 것은, 주관적인 그래서 선험적인 그리고 단지 표상일 뿐이라는 의미에서 관념적인 것이 대상의 실질실재성을 구성한다는 것도 아니고, 의식 자체는 관념인데 이 의식이 초월성을 갖는다는 것도 아니다.

칸트의 관념론은 전통적인 "진짜"(*Prol*, 부록 : A205 = IV374), "본래의"(*Prol*, A207 = IV375) 관념론에 대해 한계를 규정해주는, 그의 말대로 "비판적"(*Prol*, A207 = IV375) 관념론이며, 아니 오히려 그의 초월철학은 관념론 비판 또는 "반박"(*KrV*, B274)이라고 볼 수 있다. 칸트의 파악에 따르면, "엘레아학파로부터 버클리에 이르기까지의 모든 진짜 관념론자들"은 "감관과 경험에 의한 모든 인식은 순정한 가상일 따름이며 오직 순수 지성과 이성의 관념 중에만 진상이 있다"(*Prol*, A205 = IV374)고 주장한다. 이에 반해서 칸트의 관념론은 "순전한 순수 지성과 순수 이성으로부터의 사물에 대한 모든 인식은 순정한 가상일 따름이며, 진상은 오직 경험 중에만 있다"(*Prol*, A205 = IV374)는 원칙을 세운다. 이것은 "보통의 관념론을 전복시키는"(*Prol*, A207 = IV375), "저 본래의 관념론과 정반대"(*Prol*, A206 = IV374)의 주장이다. 그래서 칸트는 관념론이 자기 철학 "체계의 영혼을 이루지 않으며"(*Prol*, A205 = IV374), 실상 자신의 초월철학을 관념론이라고 부르는 것은 어떤 오해를 불러일으킬 우려가 있어서 다른 좋은 명칭만 있다면 바꿔 부르는 것이 좋을 것 같다고 생각한다(*Prol*, A207 이하 = IV375 참조). 그럼에도 그는 그의 철학을 굳이 "나의 이른바 (본래는 비판적) 관념론"(*Prol*, A207 = IV375) 혹은 "형식적, 좀 더 적절하게 표현해 비판적 관념론"(*Prol*, A208 = IV375)이라고 부르는 것을 독자들이 이해해주길 바라고 있다. 그 이유는 '진상은 오직 경험 중에만 있다'는 그의 이론철학의 핵심적 주장에서 경험된 것, 즉 '현상'은 공간 · 시간 형식에서만 우리에게 있을 수 있고,

이 감성의 형식 표상들이 '경험적 실재성'과 '초월적 관념성'을 가짐을 시야에서 놓치지 않게 하기 위함이다.

뒤에서 다시 설명하겠지만, 칸트에게서 공간·시간 표상이 경험적 실재성을 갖는다 함은 "언제든 우리의 감관에 주어짐직한 모든 대상들과 관련해" 공간·시간 형식은 그 대상들의 실질 실재를 이룬다는, 곧 "객관적 타당성"(*KrV*, A35=B52·A28=B44)을 갖는다는 뜻이다. 또한 그것이 동시에 초월적 관념성을 갖는다 함은, 공간·시간 표상은 우리가 그것을 "모든 경험을 가능하게 하는 조건"임을 벗어나 "사물들 그 자체의 기초에 놓여 있는 어떤 것으로 취하자마자", 그것은 "아무것도 아니"(*KrV*, A28=B44)다, 또는 그것은 "감성적 직관의 주관적 조건들을 도외시한다면" "아무것도 아니"(*KrV*, A36=B52)라는 것을 뜻한다. 그러므로 공간·시간이 초월적 관념성을 갖는다 함은, 많은 사람들이 오해하고 있듯이, 공간·시간 표상은 출처상 주관적인 것, 즉 관념적인 것인데, 이 관념적이고 따라서 선험적인 것이 초월성, 즉 그 주관성을 넘어서 객관적 경험을 가능하게 하는 기능을 갖는다는 것을 뜻하는 것이 아니다. 이런 주장 자체는 물론 칸트 초월철학의 한 핵심이다. 그러나 칸트는 이런 내용을 공간·시간의, 더 나아가서 순수 지성개념들의 '초월적 관념성'이나 혹은 '초월적 관념론'이라는 이름 아래에서 말하고 있지는 않다. 칸트는 "모든 현상들의 초월적 관념론"이라는 말을 "우리가 그 현상들을 모두, 사물들 그 자체가 아니라 순전한 표상들로 보며, 따라서 시간과 공간은 단지 우리 직관의 감성적 형식일 따름이고, 사물 그 자체로서의 객관들의 그 자체로 주어진 규정들이거나 조건들이 아니라고 하는 이론"(*KrV*, A369)이라는 뜻으로 쓰고 있을 뿐이다.

이런 뜻에서 칸트의 초월적 관념론은 오히려 경험적 실재론이며, 로크 류의 경험적 관념론과 구별되는 것이다. 경험적 관념론자는 "감관의 대상들에 대하여, 그것들이 외적인 것이어야 한다면, 그것들은 그 자체로서 감관 없이도 실존해야만 하는 것이라고 잘못 전제한 후에, 이런 관점에서 우리의 모든 감관의 표상들이 그것들의 현실성을 확신하기에는 불충분한 것"(*KrV*, A369)이라는 주장을 편다. 반면에 칸트의 경험적 실재론에 따르면, 우리 감각을 통하여 파악된 대상들은 파악된 그대로가 실재하는 것이며, 그것은 감각에 독립해서 그 자체로서 존재하는 어떤 것의 모상(模像 : Abbild)이나 가상(假象 : Schein)이 아니다. 다만 그것은 우리 의식에 그렇게 나타난 것이기 때문에 '현상(現象)'이라고 말해야 한다. 이 '현상', 즉 의식에 나타난 것 말고 더 이상 어떤 것이 실재하는지를 우리, 즉 감각적으로 인식할 수밖에 없는 유한한 존재자로서의 인간은 원리적으로 알 수가 없다.

이상에서 살펴본 바와 같이 감각을 통하여 우리에게 주어지는 모든 사물들, 즉 자연의 실재와 인식에 관련한 칸트 초월철학의 주장의 적극적인 면을 경험적 실재론이라고 부른다면, 이 주장의 유효한 영역을 제한한다는 의미에서 소극적인 면을 초월적 관념론이라고 부를 수 있다. 그러므로 칸트에게서 감성과 지성, 즉 의식의 초월적 기능에 미리 놓여 있는 선험적 표상들이 경험을 가능하게 하는 조건들로 기능함을 표현하기 위해서 칸트의 철학을 '구성설' 혹은 '초월적 관념론'이라고 칭하는 것은 부적절하다. 그럼에도 이미 오래전부터 칸트 초월철학의 적극적인 면을 '초월적 관념론'이라고 부르는 사람이 적지 않으며, 이 사실은 그만큼 칸트에 대한 오해가 광범위하게 있었다는 것을 말해주는데 사정이 이렇게 된 데는 후설(E. Husserl, 1859~1938)적 개념 사용에서 비롯한 면이 없지 않은 것으로 보인다.

후설은 칸트 초월철학의 적극적인 면을 '초월적 관념론'으로 이해한 듯하며, 이런 이해로부터 자기의 철학이 칸트철학의 맥을 잇는다고 생각한 것 같으나, 이것은 후설이 칸트를 적어도 부분적으로 잘못 파악한 데에서 비롯된 것이 분명하다.

칸트의 의식 초월성 개념을 좀 더 일반화하여 의식의 지향성으로 납득한 후설은, 그의 '초월적 현상학(die transzendentale Phänomenologie)'에서 존재자들의 총체로서의 '세계'에 관한 그의 철학을 칸트철학과 관련지으면서 '초월철학' 또는 '초월적 관념론'이라고 명명하고 있다.[8] 그러나 이미 해명했듯이, 칸트에서의 '초월적 관념론'은, 우리에게 인식되는 세계가 단지 현상일 뿐이며 우리 의식의 초월적 기능 원리들인 공간·시간 표상 및 범주로서의 순수 지성개념들이 경험을 넘어서는, 즉 초험적(transzendent)으로는 아무런 타당성도 갖지 못한다는 것을 주장하는 것임에 반하여, 후설의 '초월적 관념론'은 의식의 초월성, 곧 지향성은 세계에 대한 의미 부여 작용이며, 따라서 세계는 의식에 의한 의미 형성체임을 말한다. 칸트는 단지 경험, 곧 자연 세계의 인식을 가능하게 하는 선험적 원리들을 "체계적"(*KrV*, A67＝B91)이고도 "완벽"(*KrV*, A67＝B92)하게 찾아 일정한 "종류"와 "수효"(*KrV*, B146)를 제시하고, 이 의식의 선험적 원리들의 초월성, 곧 경험을 가능하게 하는 기능과 그 한계를 해설하고 있음에 반하여, 후설은 일정한 종류와 수효의 선험적 원리를 찾지도 제시하지도 않으며, 감각을 통한 인식, 곧 경험뿐 아니라 모든 의식 작용의 일반적 성격을 구명하고 있다. 그러니까 후설의 편에 서서 보면, 칸트가 말하는 초월적 의식 기능은 후설이 탐색한 것 가운데서도 대상을 지향하는 의식 기능들 중의 한 경우라고 이해될 수도 있을 것이다.

이런 정도의 이해만으로도 칸트 초월철학에 대한 세간의 오해는 어느 정도 해소할 수 있을 것이다. 그러나 우리가 칸트의 '초월적 의식' 기능의

---

8 E. Husserl, *Erste Philosophie(1923/24) I*, Husserliana VII, hrsg. v. R. Boehm, Haag 1956, S. 230~287 ; *Die Krisis der europäischen Wissenschaften*, Huss Bd. VI, hrsg. v. W. Biemel, Haag 1976, §56, 특히 S. 196 ; *Cartesianische Meditationen*, Huss Bd. I, hrsg. v. S. Strasser, Haag 1973, §§40~41, 특히 S. 114, 116, 118 참조.

핵심에 접근하기 위해서는 그의 '초월적 대상' – '초월적 주관' 개념과 이 개념 형성의 역사적 배경에 대한 이해를 좀 더 명료하게 할 필요가 있다.

2. 철학사적 배경

"데카르트는 사실 현대 철학의 진정한 창시자"라고 헤겔은 그의 『철학사강의』에서 평했다.(*VGP*: TW20, 123) 이때 데카르트를 원조로 하는 "현대 철학"이란 '의식'·'마음'·'정신'을 존재자의 원리로 삼는 철학을 뜻한다. 여기에는 헤겔 자신의 철학을 포함해서 당대까지의 거의 모든 철학 사상들이 속하고, 물론 칸트의 초월철학도 포함된다.

"모든 것을 최초의 토대로부터 시작하고", "학문들을 위한 확고부동한 지주점"[9]을 찾기 위한 이른바 방법적 회의를 통하여 데카르트가 직관한 바는, "제대로 철학하는 모든 이들에게 주어지는 인식들 가운데 최초의 것이자 가장 확실한 것은 나는 생각하고 그러니까 존재한다는 명제"[10]라는 것이다. 그래서 이와 같은 성찰의 결과를 충실히 받아들인다면, 이제 모든 존재와 진리의 본부이자 출발점은 '생각하면서 존재하는 나'이어야 할 것이었다. 그러나 '생각하면서 존재하는 나'를 찾은 데카르트는 이에 의지하는 척하면서 실상은 기독교 전통의 자유의지와 창조의 신을 모든 존재의 근원으로 지정하였고, 신의 "진실성"에 의존해 '물체'의 존재도 납득하였다.

그로써 결국 데카르트는 주지하듯이 마음·몸, 정신(mens)·물체(corpus)의 두 실체 이론을 폈다. 그는 '실체(substantia)'를 "그것이 존재하

---

9 Descartes, *Meditationes de prima philosophia*, I, 1.
10 같은 책, I, 7.

는 데 다른 어떠한 것도 필요로 하지 않는 것"[11]이라고 규정한다. 그러니까 실체란 그 자체로 '존재하는 것'이다. 그리고 이 규정대로라면 오로지 신(deus)만이 실체라 할 것이다. 그러나 신이라는 "무한 실체(substantia infinita)"에 대하여 이른바 "유한 실체(substantia finita)"라는 '물체적 실체(substantia corporea)'와 '의식적 실체(substantia cogitans)'는 각각 그것이 존재하기 위해 신의 도움을 받는 것 외에는 다른 어떤 것도 필요로 하지 않는다는 점에서, 그러니까 이것들은 상대적인 의미에서 '실체'이다. 그러나 '상대성'이나 '유한성'은 이미 그 자체로 데카르트 자신의 실체 개념과 조화를 이룰 수 없는 것이겠다. 스피노자가 데카르트의 실체 정의를 따르면서도[12] 다른 길을 걸었던 것은 그 때문일 것이다.—데카르트는 정신과 물체는 실체라는 "공통의 개념 아래" 포섭될 수 있을 것이라고 말한다.[13] 그리고 이것은, 의식(cogitatio : 생각)이라는 본성을 가진 정신과 연장성(extensio : 공간적 크기)이라는 본성을 가진 물체는 상호 간에 독립적으로 존재하는, 그러므로 그것이 존재하기 위해 서로를 필요로 하지 않는 것(res)이라는 뜻에서 각각 실체라고 말한 것으로 통상 이해되고 있다. 이 제한적 의미에서의 실체 이원론을 인간의 존재와 본질 설명을 위한 이론으로 원용하여, 데카르트가 "마음은 몸 전체와 결합되어 있으며",[14] "두뇌의 내밀한 곳에" 통칭 송과선(grandula pinealis)이라고 하는 "아주 작은 샘"[15]이 있는바, 그것은 "마음의 사령부"[16]로서 여기서 마음은 몸의 모든 부분을 움직인다고 말할 때, 그의 이론은 '심신이원론' 내지는 '심신상호작용

---

[11] Descartes, *Principia philosophiae*, Pars I, 51.
[12] Spinoza, *Ethica*, I, definitio 3 참조.
[13] 같은 책, I, 52 참조.
[14] Descartes, *Passions de l'Ame*, Part. I, art. 30.
[15] 같은 책, I, 31.
[16] 같은 책, I, 32.

설'로 이해되어, 현대 심리철학의 발단을 제공한 것으로 납득되고 있다.

그런데 다른 개념들은 그토록 세심하게 규정하고 분해하여—새로 도입되는 수학이나 물리학의 개념을 정의 규정하듯이—사용한 데카르트가 '존재(existentia, esse)' 개념은 마치 그 개념의 내포와 외연이 자명한 것이기나 한 것처럼 특별한 분별없이 사용하고 있고, 심지어는 다른 많은 경우에는 그로부터 그렇게나 탈피하려고 애썼던 "스콜라철학의 용어법을 여기서는 자유로이 사용하겠다"[17]고까지 한다. 데카르트의 이런 무반성적인 '존재' 개념의 사용이 이후의 논의에서도 많은 경우에 그대로 통용되었고, 데카르트로부터 흄에 이르기까지의 형이상학과 인식론은 이로 인해 불필요한 오해와 큰 혼란을 겪었다.

데카르트가 방법적 회의 끝에 "나는 생각〔의식〕한다. 그러므로 존재한다(ego cogito, ergo sum)",[18] 또는 "내가 생각하는 한에서(quamdiu cogito)" "나는 있다, 나는 존재한다(ego sum, ego existo)"[19]라는 결론에 이르러 "나는 정확히 말해 다름 아니라 생각하는 것(res cogitans)이다"[20]라고 언명하면서, '생각하는 것'이란 곧 '정신(mens)'·'마음/영혼(animus)'·'지성(intellectus)'·'이성(ratio)'이라고 덧붙여 말하고, '나〔자아〕＝생각〔의식〕하는 것＝정신〔마음〕'이라고 규정할 때,[21] 그러면서 다른 한편 '물체적인 것(res materialis)'의 "존재(existentia)"를 말하고 이 두 가지 서로 다른 것들의 "본질"상의 차이를 규명하고자 할 때,[22] 그에게 '존재'란 무엇을 뜻하는 것일까? '생각하는 것'으로서 내가 '있다'고 말할 때의 '있다'와, 하나의

---

17 Descartes, *Discours de la Méthode*, IV, 4.
18 Descartes, *Principia philosophiae*, I, 6.
19 Descartes, *Meditationes de prima philosophia*, Meditatio II, 6.
20 같은 곳.
21 같은 곳 이하 참조.
22 같은 책, VI, 1 이하 참조.

물체, 예컨대 내가 지금 사용하고 있는 컴퓨터가 '있다'고 말할 때의 '있다'는 똑같은 의미 내용을 가지고 있을까? 아니, 그가 신의 존재를 증명하면서 '신이 있다[존재한다]'고 주장할 때, 그 '있다' 역시 같은 의미를 가질까? 아직 데카르트는 이런 문제에 대한 뚜렷한 의식을 가지고 있지 못했던 것으로 보이며, 그의 뒤를 이어 등장한 경험주의자들, 예를 들어 적어도 로크와 흄은, 무엇인가가 있다면 그것은 지금 여기 내 눈앞에 컴퓨터가 있듯이 있다는 뜻이고, 그러니까 '마음'이 있다면 그것 역시 응당 그런 의미에서 '있다'고 말할 수 있는 것이어야 한다고 생각한 것이 틀림없다. 그리고 그것은 이미 그들이 부지불식간에 물질주의적 노선에 서 있음을 말한다. 비로소 칸트에 이르러 '있다'의 사용 방식들은 정밀하게 구분되어야 한다는 데에 생각이 미쳤고, 칸트는 의식의 순수한 사용과 경험적 사용을 구별해내고 순수한 의식의 초월적 기능으로서 '존재' 범주 양태를 분별해냄으로써 논의의 새로운 길을 열었다.

만약 데카르트도 진정으로 물체와 정신, '몸'과 '마음'이 질적으로 다른 '이원(二元)적'인 것이라고 생각했다면, 몸과 마음을 전혀 다른 차원에서 고찰했어야 할 것이다. 몸과 마음이 다르다는 것은 산소와 수소가 다르다는 수준의 것이 아닐 것이니 말이다. 그러니까 만약 몸의 기능이 생리 심리적으로 관찰 설명될 수 있는 것이라면 마음은 그런 방식으로 서술될 수 없는 것이어야 할 터이고, 몸이 시간·공간상의 존재라면 마음은 그러한 존재가 아닌 것, 그래서 만약 '존재자'가 '시간·공간상에 나타나고 감각되는 것'이라고 규정된다면 마음은 그런 의미에서는 '존재자가 아닌 것'으로 말해졌어야 할 터이다.

데카르트에 의하면, 생각함을 본성으로 갖는 '나'라는 실체는 "존재하기 위해 아무런 장소도 필요로 하지 않으며, 어떠한 물질적인 것에도 의존하지 않는다."[23] "이 나는, 곧 나를 나이게끔 하는 정신은 신체[물체]와는 완전히 구별되며, 〔…〕 설령 신체가 없다 하더라도 그것인 바 그대로 온전히 존재하기를 그치지 않는다."[24] 더 나아가, "완전한 존재자로서 신이 있고, 존재한다는 것은 기하학의 어떤 논증보다도 더 확실"[25]하고, 세계 안의 모든 "물체들", "지성적인 것들", 기타 "자연물들" 모두가 "그것의 존재를" 이 완전한 자의 "힘에 의지하고 있고, 이것 없이는 단 한순간도 존재할 수 없다."[26]

　데카르트의 이 문맥에서 '나'라는 정신이나 모든 것들의 존재를 가능하게 한다는 완전한 '존재자'로서의 신이 공간상의 어느 지점에 존재하는 것이 아님은 분명하다. 심지어 데카르트는 그것은 공간적인 존재자가 없다 하더라도 그 자체로 존재하는 것이라고 말하고 있다. 그러니까 오늘날 우리가 어떤 존재자가 논의되는 자리에서라면 언제나 묻기 마련인, '그것은 언제 어디에 있는가?'라는 물음을 이른바 정신이라는 존재자에게나 신이라는 존재자에게는 물을 수가 없다. 그런데도 그것이 '존재하는 것'이라면, 도대체 무슨 뜻에서 존재하는 것인가? 그것이 '나'라는 지성에 의해 명백하고 분명하게 지각되는 것이라는 의미에서 존재자라 한다면, 그래서 불명료한 감각이나 "상상"에 의해서 파악되는 물리적인 존재자보다도 훨씬 더 확실하게 존재하는 것[27]이라면, 참으로 존재하는 '신'이나 '나'에 비해 차라리 '물체'는 가상적으로 존재하는 것, 그러니까 진정한 의미에서는 존재하는 것이 아니라 해야 할 것이다. 그러나 만약에 반대로 물체를 진정한 의미에서 존재하는 것이라 한다면, 물체와는 전혀 다른 것인 '정

---

23 Descartes, *Discours de la Méthode*, IV, 2.
24 같은 곳.
25 같은 책, IV, 5.
26 같은 책, IV, 4.
27 같은 책, IV, 6.

신'은 진정한 의미에서는 존재자가 아니라 해야 할 것이다. 이 점에서 명료하지 못했던 데카르트의 반성은 '정신'의 본질적 성질인 '생각[의식]'의 내용을 설명하는 데서 더욱더 모호함을 드러낸다.

데카르트는 '생각하는 것으로서 나란 무엇인가?'라는 물음에 대해 "그것은 곧 의심하고, 통찰하고, 긍정하고, 부정하고, 의욕하고, 의욕하지 않고, 무엇인가를 상상하고, 감각하는 것이다"[28]라고 대답한다. 정신 실체로서 '나'의 적어도 한 가지 활동은 '감각함'이라는 것이다. 그런데 '나'란 신체에 대해 독립적인 것이고, 공간상의 장소를 차지하고 있지 않은 것이라 했다. 대체 이때 신체 없는 내가 '감각한다'는 것은 무엇을 어떻게 한다는 말인가? 눈을 매개로 하는 시각, 손가락을 매개로 하는 촉각은 감각이 아니라는 말인가?

데카르트는 실체로서의 '정신'을 구별해내고서도 부지불식간에 그것이 적어도 지각 활동에서는 신체 의존적임을, 그러니까 더 이상 실체가 아님을 말하고 있는 것이다. 그리고 이것은 실체적 정신에 근거해 대상 인식의 주체로서 위세를 부리던 '마음'의 현존도 위태롭게 만들었다. 우리는 로크→버클리→흄으로 사색이 진행되면서 '존재자'로서의 마음이 어떻게 해체되었는가를 안다.

다른 한편, 마침 당당하게 등장한 자연과학의 설득력 그리고 감각주의의 호소력과 함께, '자연(自然)'은 문자 그대로 '그 자체로 그렇게 존재하는 것'으로 받아들여졌다. 신의 '진실성'을 대신해서, 자연을 실재하는 것으로 뒷받침하고 있던 감각의 확실성이 동시에 회의의 대상이 되면서, 버클리와 흄에 이르러 실체로서 '실재하는 외적 사물' 역시 해체되었음을 우리는 또한 안다.

---

28 Descartes, *Meditationes*, II, 8.

이 두 실체의 해체 과정을 더듬어보는 것은 바로 칸트의 '현상'과 이 현상의 가능 근거로서 전제되는 '초월적 대상'과 '초월적 주관' 개념의 형성 연원을 찾는 일이다.

1) 로크에서의 '마음' 실체와 그 모호성

데카르트의 선례가 있었듯이, 로크는 경험주의의 원칙을 거의 포기하면서까지 어렵게 얻어낸 '실체' 개념 아래 "세 종류"의 실체들, 곧 신, 유한한 정신들(finite spirits), 물체들(bodies)을 포섭시킨다.[29] 그러나 여기서 로크는 데카르트처럼 단지 '정신'이라는 것 그리고 '물체'라는 것을 말하는 대신, '정신들'과 '물체들'을 말함으로써 다수의 셀 수 있는, 그러니까 서로 구별되는 정신들과 물체들을 거론하고 있고, 이것은 아직 데카르트에게는 의식화되지 않은 더 많은 '심신의 문제들', 예컨대 마음과 몸의 '개체성', '동일성' 따위의 문제들까지도 문제의 전면에 등장시키고 있다.

로크도 인식의 원천을 설명하면서 '백지'로서의 마음과 감각 및 반성 그리고 지성을 통한 마음의 여러 활동들을 이야기할 때는 단수로서의 '마음'만을 염두에 두고 있다. 그러나 그는 "우리는 〔경험 이전에는〕 우리의 마음들에 아무런 것도 가지고 있지 않다"[30]고도 말하고, "지각, 사고함, 의심함, 믿음, 추리함, 인식함, 의욕함 그리고 우리 마음들의 서로 다른 모든 작용들"[31]을 논함으로써, 그의 시야에 복수의 '마음들'을 두고 있음을 분명히 하고 있다. 그것은 데카르트가 보통 '나＝생각하는 실체＝정신〔마음〕'이라는 단수의 등식을 사용하는 것과는 다르다. 로크의 '마음들'은

---

29 Locke, *Essay*, II, 27, 2 참조.
30 같은 책, II, 1, 5.
31 같은 책, II, 1, 4.

'우리 인간들의 마음들'로서 그것들은 이렇게 한 묶음으로 지칭될 수 있는 한에서 보편성을 가지고 있는 것임과 동시에, 복수인 점에서 서로 구별되는 개별성을 가지고 있는 것이다. 그리고 이 '나들=우리=우리 인간들=우리 인간의 마음들'은 다른 생명체들과 더불어 그가 말하는 "유한한 정신들"에 속하는 게 틀림없다. 우리들 중의 하나인 '나'는 개별성을 가지며, 하나의 '나'는 다른 '나들'과 구별되는 한에서는 자기동일성을 가져야 할 것이다.

무한 실체로서 "신은 시작도 없고, 영원하고, 불변적이고, 무소부재하고, 그러므로 그것의 동일성에 관해서 어떠한 의문도 있을 수 없다."[32] 그러나 유한한 정신들을 포함해서 유한한 실체들은 어느 것이나 "존재하기 시작하는 일정한 시간과 장소를 가지며, 그 시간과 장소와의 관계는, 그것들 각각이 존재하는 동안 언제나 그것의 동일성을 결정할 것이다."[33]

우리는, 일정한 시간과 장소에 존재하는 것으로서의 어떤 것이 다른 시간과 장소에서도 그 자체로 존재하는가 어떤가의 비교를 통해 어떤 것의 동일성과 차이성을 이야기할 수 있다.[34] 이때 우리가 구하는 것은 개별성의 원리(principium individuationis)이다. 즉 우리가 찾는 것은 "어떤 것이 무엇에 의해서 바로 그 '어떤 것'이 되는가?"이다.

순전한 물체는 그것을 구성하고 있는 분자들이 동일한 한에서 바로 '그것'이다. 만약 그것을 구성하는 분자들의 일부 또는 대부분이 바뀌면, 더 이상 '그것'이 아니다. 그러나 "생물들의 상태에서는, 그것들의 동일성은 같은 분자들의 덩어리에 달려 있는 것이 아니라 다른 어떤 것에 달려 있다. 왜냐하면, 생물들에서는 물질의 큰 뭉치의 변이가 동일성을 변경시키

---

32 같은 책, II, 27, 2.
33 같은 곳.
34 같은 책, II, 27, 1 참조.

는 것이 아니니 말이다. 묘목에서 큰 나무로 자라 베어지는 참나무는 줄곧 같은 참나무이다. 말로 성장하는 망아지는 때로는 살찌고 때로는 마르지만 언제나 같은 말이다. 이 두 경우에서, 비록 부분들의 명백한 변화가 있다 해도 그렇다."[35] 다시 말해, 한낱 물체는 "어떻게 결합되든 물질의 분자들의 응집일 따름"이나, 한 식물과 한 동물의 동일성은 그것을 유지하기 위해 "자양분을 흡수하고 분배하는 데 적합한 그것의 부분들의 조직"에 의거한다.[36]

그렇다면 한 "사람의 동일성은 어디서 성립하는가?" 그것은 인간도 동물인 한에서, "오로지, 같은 유기체를 위해, 지속적으로 생명적으로 통일된, 끊임없이 움직이는 물질의 분자들에 의한, 계속되는 같은 생명의 참여에서" 성립한다고 로크는 말한다.[37] 그러나 인간은 단지 동물이 아니라 또한 '인격'으로 이해되고 있음을 로크는 무시하지 않는다. 그래서 그는 더 나아가 묻는다. "인격의 동일성은 어디서 성립하는가?" 이 물음에 답하기 위해서는 "인격이 무엇을 지칭하는가"를 숙고하지 않으면 안 된다. 로크의 생각에, "인격이란 이성과 반성을 가진, 그 자신을 그 자신으로 고찰할 수 있는, 생각하는 지성적 존재자이다. 그것은 서로 다른 공간과 시간상에서 동일한 생각하는 것[생각하는 사물: thinking thing, res cogitans]이다. 인격은, 생각 활동과 분리될 수 없는, 의식에 의해서만 그 자신을 그 자신으로 고찰한다. 어느 누구도 그가 지각한다는 것을 지각함이 없이는 지각할 수 없다. 우리가 무엇을 보고, 듣고, 냄새 맡고, 맛보고, 느끼고, 성찰하고, 의욕할 때, 우리는 우리가 그것을 하고 있음을 인식한다. 그러니까 그것은 언제나 우리의 현재의 감각과 지각에 대하여 그러하다. 이로 인해 모든 사

---

35 같은 책, II, 27, 4.
36 같은 책, II, 27, 5.
37 같은 책, II, 27, 7.

람은 자기 자신에 대해서 그가 자아라고 부르는 바로 그것이다."[38] 그러니까 로크에 따르면, '인격' 내지 '자아[자기]'의 동일성은 자아의 자기 지각, 곧 자기 인식 또는 자기의식에서 성립한다.

그런데 이 대목에서 로크는 인격 내지 자아를 실체, 그러니까 물체로서의 신체와도 유한한 정신과도 분리시켜 생각한다. 사람들이 자기의식에 근거해 '자아'를 이야기할 때, "같은 자아가 같은 실체에서 계속되는가 다른 실체들에서 계속되는가는 고려되지 않는다. 왜냐하면 의식은 언제나 생각함에 수반하고, 그것이 각자를 그가 자아라고 부르는 것이 되게끔 함으로써, 그 자신을 여타의 생각하는 것과 구별하기 때문이다. 그리고 바로 이 점에서만 인격의 동일성, 다시 말해 한 이성적 존재자의 동일성이 존립한다. 그리고 이 의식이 과거의 어떤 행동이나 생각에 거슬러 올라가 미칠 수 있는 데까지는 그 인격의 동일성이 미친다. 그것이 그때나 지금이나 동일한 자아이다. 그리고 그때의 그 행동은 지금 그것을 반성하고 있는 현재의 자아와 동일한 자아에 의해 수행된 것이다."[39] "다름 아닌 의식만이 멀리 떨어져 존재하는 것들을 동일한 인격으로 통일할 수 있다. 실체[40]의 동일성은 그렇게 하지 못할 것이다. 왜냐하면 어떤 실체[물체(신체)]가 있든 그것이 어떻게 꼴 지어져 있든, 의식 없이는 아무런 인격도 없기 때문이다. [⋯] 그래서 자아는 실체[물체(신체)]의 동일성이나 부동성에 의해서 정해지는 것이 아니고, [⋯] 오로지 의식의 동일성에 의해 결정되는 것이다."[41] 그러므로 로크에게서는 자아의 동일성이나 인격의 동일성은 오로

---

38 같은 책, II, 27, 11[9]. (Fraser 판에는 Bk. II, chap. XXVII, sect. 10과 11이 복수로 있다. 이 인용처는 먼저 등장한 sect. 11이며, 그러니까 Fraser 판, vol. 1, pp. 448~449이다.)

39 같은 곳.

40 Locke는 앞서 "정신[마음]들"도 일종의 실체라고 규정하고서도, 부지불식간에 이 경우처럼 '실체'를 '물체[신체]'만을 지칭하는 말로 더 자주 쓴다.

41 같은 책, II, 27, 23.

지 자기의식에 근거를 두고 있다. "인격의 동일성은 실체[물체(신체)]의 동일성에 있는 것이 아니라 [⋯] 의식의 동일성에 있다."[42] 자기의식이 자기의 동일성을 구성한다. 인격의 동일성은, 내가 앞서 또는 나중에 어떤 행동을 했다는 것을 앎으로써 구성된다. 이제 로크에게서 문제로 남는 것은, 그렇다면 '(유한한) 정신'이라는 실체는 구체적으로 무엇을 지칭하고, 이 이론적 개념이 로크의 존재 세계 이론에서 하는 역할이 무엇인가 하는 점이다.

'물체'라는 실체는 종국에는 그것이 무엇인지를 우리가 모르는 것이라는 점 때문에 그 정체가 장막에 가려져 있기는 하지만, 관념들의 귀속처, 갖가지 현상적 성질들의 담지자로서 물리적 사물들의 동일성의 기반이고, 실재적 인식[진리]의 척도이자 '실재하는 사물'의 근거가 된다. 반면에 '(유한한) 정신'이라는 실체는, 해석하기에 따라서는 한 식물, 한 동물, 동물로서의 한 사람의 동일성의 근거인 "같은 생명"의 담지자라 할 수 있겠다. 그러나 그것은 자아나 인격, 그러므로 나아가서는 '마음'의 동일성의 토대는 아니라 하니, 이것의 토대가 되는 이른바 '자기의식'은 누구의 의식이라는 말인가? 여기서 '마음' 실체는 그 정체가 의혹에 싸인다.

2) 흄의 '마음' 실체의 부정과 그 귀결

로크에서처럼 실체가 우리에게 '알려져 있지 않은 것'이라고밖에는 규정되지 못하는 한, 암암리에 마음의 고정불변성, 곧 동일성의 근거로 제시되는 '정신' 실체 역시 정체불명이다. 그래서 오로지 경험적 확실성의 보증 아래에서만 논의를 진행시키고자 하는 흄은 '마음'의 실체성, 그러니

---

42 같은 책, II, 27, 19.

까 자아 내지 인격의 동일성 자체를 인정할 근거가 없다고 주장한다.

흄에 따르면 우리가 갖는 모든 개념의 원천은 경험적 지각들, 곧 경험적 인상들과 관념들이다. 그런데 흄의 생각에는 "한순간이라도 변함없이 같은 것으로 머물러 있는, 어떤 단순한 영혼 능력도 없다. 마음은 일종의 극장이다. 여기에서 여러 지각들은 잇따라서 나타나고, 즉 지나가고, 다시 지나가고, 어느덧 사라지고, 무한히 잡다한 사태와 상황 속에서 뒤섞인다. 마음에는 당연히 한 시점에서라도 단일성이 없으며, 서로 다른 시점에서 동일성도 없다. 우리가 그 단일성과 동일성을 상상하는 어떤 자연적 성향을 갖고 있다고 할지라도 말이다."[43] 여기서 '마음=극장'의 비유를 오해해서는 안 된다. 극장은 아무런 공연이 없을 때라도 텅 비어 있는 장소로 있고, 때가 되면 그 안에서 여러 장면들이 연출되는 것이지만, 흄에게서 마음은 결코 그런 것이 아니다. "마음을 구성하는 것은 단지 잇따르는 지각들일 뿐이다. 또한 우리는 이 장면들이 표상되는 장소 또는 이 장소를 이루고 있는 재료들에 관한 아주 어렴풋한 개념조차도 갖고 있지 않다."[44] 마음은 극장과 같은 공연 장면들이 펼쳐지는 장소라기보다는, 차라리 잇따르는 장면들의 모임 바로 그것이다. "우리가 마음이라고 부르는 것은, 어떤 관계들에 의해 함께 통일된, 그러고는, 잘못되게도, 완전한 단순성과 동일성을 부여받은 것으로 가정된, 서로 다른 지각들의 더미 내지는 집합일 따름이다."[45]

흄은 '나'의 실체성은 결코 경험적으로 확인될 수 없음을 누누이 강조한다.

---

43 Hume, *A Treatise of Human Nature*, Bk. I, Part 4, sect. 6 (ed. L. A. Selby-Bigge/P. H. Nidditch, p. 253).

44 같은 곳.

45 같은 책, I, 4, 2 (p. 207).

"자아 또는 인격은 어떤 하나의 인상이 아니라, 그것에 대해 우리의 여러 인상들과 관념들이 관계하고 있다고 상정되는 그러한 것이다. 만약 어떤 인상이 자아의 관념을 일으킨다면, 그 인상은 우리 삶의 전 과정을 통해서 불변적으로 같음을 지속해야 한다. 자아는 그런 방식으로 존재한다고 가정된 것이기 때문이다. 그러나 항상적이고 불변적인 인상은 없다. 고통과 쾌락, 슬픔과 기쁨, 정념과 감각은 서로 잇따르며, 결코 그 모든 것이 같은 시간상에서 존재하지 않는다. 그러므로 이 인상들 중의 어떤 것으로부터나 또는 다른 어떤 것으로부터나 자아라는 관념이 파생될 수는 없다. 따라서 그 같은 관념은 없다."[46]

"나로서는, 내가 '나 자신'이라고 부르는 것 안으로 가장 내밀하게 들어갈 때 나는 항상 더위 또는 추위, 빛 또는 그늘, 사랑 또는 미움, 고통 또는 쾌락과 같은 어떤 특정한 지각과 마주친다. 나는 어느 때든 지각 없이는 결코 나 자신을 포착할 수 없고, 지각 이외에는 결코 어떤 것도 관찰할 수 없다. 만약 깊은 잠에 빠졌을 때처럼, 나의 지각들이 한동안 제거된다면, 그동안 나는 나 자신을 감지할 수 없고, 진실로 말해 나는 존재하지 않는다고 해야 할 것이다. [⋯] 만약 어떤 사람이 진지하고 편견 없는 반성에 의해 그는 '그 자신'에 대해 다른 개념을 갖고 있다고 생각한다면, 나는 더 이상 그와는 논의할 수 없다고 고백할 수밖에 없다. 내가 그에게 인정할 수 있는 것은 기껏해야 그가 나와 마찬가지로 옳을 수도 있다는 것과, 우리는 이 점에서 본질적으로 다르다는 것뿐이다. 아마도 그는 그가 그 자신이라고 부르는 단일하고 지속적인 어떤 것을 지각할 수 있을지도 모른다. 그렇지만 나는 나에게는 그러한 원리가 없다고 확신한다.

그러나 이런 유의 형이상학자들을 제쳐놓고, 나는 여타의 사람들에 대해 감히 다음과 같이 단언할 수 있다. 그들은 다름 아닌 서로 다른 지각들의 다발 내

---

46 같은 책, I, 4, 6 (pp. 251~252).

지 집합이며, 지각들은 포착할 수 없을 만큼 빠르게 서로 잇따르며, 영원한 유동과 운동 중에 있다고."[47]

그렇다면 무엇이 우리들로 하여금 이렇게 잇따르는 지각들에 동일성을 부여하고, 우리 자신을 우리의 전 삶의 과정을 통해 불변적이고 부단한 존재를 갖는 것으로 생각하게끔 하는가? 흄에 따르면 그것은 순전히 상상력이 하는 일이다. 서로 잇따르는 지각들의 더미 사이에는 기껏 유사성이 있을 뿐인데, 우리는 "상상에 따라 이들 서로 다른 연관되어 있는 대상들이, 단절적이고 변형적임에도 결과적으로는 같은 것이라고 대담하게 주장한다. 그러고는 스스로 이 불합리를 정당화하기 위해 우리는 대상들을 함께 연결시키고, 그 단절성과 변형적임을 막는, 어떤 새롭고 이해할 수 없는 원리를 자주 꾸며낸다. 그렇게 해서 우리는 단절성을 제거하기 위해서 우리 감관의 지각들의 지속적인 존재를 꾸며내고, 변형성을 감추기 위해서 영혼, 자아, 실체 따위의 개념 속으로 뛰어든다"[48]고 흄은 본다. 부분들의 상당한 변화가 있을 때조차도 사람들은 '공동 목적'이니 '공동 목표'니 하는 것을 결부시켜 동일성을 고안해낸다는 것이다. "잦은 수선으로 상당 부분이 바뀐 한 척의 배는 여전히 같은 것으로 간주된다. 재료들의 차이가 우리가 그 배에게 동일성을 부여하는 것을 조금도 방해하지는 못한다. 거기에서 부분들이 서로 협력하는 공동 목적은 그것들의 변형들 중에서도 같고, 이것은 상상으로 하여금 물체의 한 상태에서 다른 상태로 쉽게 옮겨가도록 해준다."[49] 여기에다 만약 우리가 그 변형된 상태들이 "상호 간에 그 작용과 활동에서 인과의 관계를 가진다고 가정한다면", 그것들의 동일

---

47 같은 책, I, 4, 6 (p. 252).
48 같은 책, I, 4, 6 (p. 254).
49 같은 책, I, 4, 6 (p. 257).

성은 더욱더 두드러져 보인다. "동물과 식물의 경우가 그러하다. 이것들
에서는 여러 부분들이 어떤 공통의 목표와 관련성을 가질 뿐 아니라 상호
의존되어 있고 서로 연결되어 있다. 동물과 식물은 수년 사이에 전반적인
변화를 겪는다는 것을 모든 사람이 인정할 수밖에 없지만, 그것들의 형태,
크기 그리고 실체가 완전히 바뀌었음에도 우리가 여전히 그것들에게 동일
성을 부여하는 것은 그토록 강한 관계의 결과이다. 작은 묘목에서 거목으
로 자란 참나무는 물질의 입자나 그것의 부분들의 형태가 같지 않더라도
여전히 같은 참나무이며, 어린아이는 그의 동일성의 어떠한 변화 없이도
어른이 되며 때로는 뚱뚱하기도 때로는 마르기도 한다."[50] 이런 식으로
"우리가 인간의 마음에 귀속시킨 동일성은 단지 허구적인 것일 뿐이며,
우리가 식물들이나 동물의 몸들에 귀속시킨 동일성과 같은 유의 것이다.
그러므로 마음의 동일성도 다른 기원을 가질 수 없고, 단지 유사한 대상들
에 대한 상상력의 유사한 활동에서 유래한 것이 틀림없다"[51]는 것이 흄의
생각이다.

우리가 서로 다른 지각들의 더미들이 동일하다고 말할 때, 그것은 그 지
각 더미들 사이에 실제적으로 동일성이 있다는 것이 아니라 우리가 그 지
각들을 하나로 통일하여 본다는 말이다. "동일성은 우리가 지각들에 속한
다고 보는 성질일 따름이다. 왜냐하면 〔…〕 그것은 상상 속에서의 지각들
의 관념들의 통일에 기인하는 것이니 말이다. 그런데 상상 속에서 관념들
에게 통일성을 줄 수 있는 유일한 성질들은 세 가지 관계들", 곧 유사, 근
접, 인과의 관계들이다. "이것들이야말로 관념의 세계에서 통일하는 원리
들이다. 〔…〕 그러므로 동일성이 의존하는 것도 유사, 근접, 인과 이 세 관

---

50 같은 곳.
51 같은 책, I, 4, 6 (p. 259).

계들 중 어떤 것이다." 그러니까 우리가 마음 내지 인격이라는 '동일한' 존재를 고찰할 때, "이 경우에는 거의 또는 아무런 영향도 미치지 않는 근접을 도외시해야 함은 분명"하고, 그러므로 눈여겨봐야 할 것은 유사와 인과관계의 원리이다.[52]

그런데 우리로 하여금 지각들 사이의 유사와 인과의 관계를 긴밀하게 생각하도록 하는 데 큰 기여를 하는 것은 상상력뿐 아니라 '기억'이다. "기억은 동일성을 발견할 뿐 아니라 지각들 사이의 유사 관계를 낳음으로써 동일성 산출에 기여하기도 한다."[53] "기억만이 우리로 하여금 지각의 이런 잇따름의 연속과 범위를 알게 하기에, 주로 이것에 근거해서 기억은 인격 동일성의 원천으로 간주된다. 우리가 기억을 가지고 있지 않다면, 우리는 결코 아무런 인과의 개념도 갖지 못할 터이고, 또한 따라서 우리의 자아 내지 인격을 구성하는 원인과 결과의 연쇄에 대해서도 아무런 개념을 갖지 못할 터이다. 그러나 일단 기억으로부터 인과의 개념을 얻고 나면, 우리는 원인들의 같은 연쇄를 확장하여 그에 따라서 우리의 기억을 넘어 우리 인격의 동일성에 이를 수 있다."[54]

그러나 이 같은 흄의 '경험적으로 건전'하고 '정밀한' 논구는 도대체 '기억 작용'을 누가 하는가를 통찰하지 못한 결함을 가지고 있다. 누군가가 기억을 통해 1994년 여름에 본 로마 시가와 1996년 겨울에 본 로마 시가를 비교하여 그 유사성을 인지하고, 그 유사성을 넘어 '동일성'을 주장할 때, 1994년 여름에 로마 시가를 본 자와 1996년 겨울에 로마 시가를 본 자는 동일한 자여야 한다. 그 자를 우리가 '나'라 부르든, '나의 마음'이라 부르든, '나의 의식'이라 부르든 상관없이, 만약 그 자가 '동일한 자'가 아

---

52 같은 책, I, 4, 6 (p. 260) 참조.
53 같은 책, I, 4, 6 (p. 261).
54 같은 책, I, 4, 6 (pp. 261~262).

니라면 기억 작용도 '연상 작용'도 귀속시킬 데가 없다. '자아'를 또는 마음을 한낱 '지각들의 다발'이라 하고, 지각들이란 시시각각 달라지는 것으로 간주할 때, 일정한 한 시점(t1)과 다른 한 시점(t2)에서의 '지각들의 다발'은 내용상 다를 것이고, 그래서 시점 t1에서의 '지각들의 다발'인 마음을 갑(甲)이라 한다면, 제아무리 유사하다고 하더라도 결국은 이미 내용상 똑같지 않은, 시점 t2에서의 '지각들의 다발'인 마음은 을(乙)이라 해야 할 것이다. 그러므로 갑과 을은 서로 다른 자이고, 따라서 갑이 어느 시점에서 지각한 것을 을이 기억하고 '습관'에 따라 연상한다는 것은 있을 수 없는 일이다. 우리가 기억이나 습관을 이야기하려면, 어느 시점에서든 그 활동을 하는 자는 동일한 자로 전제해야 한다. 그러니까 이미 기억과 습관을 이야기하는 마당에서는 어떤 의미에서든 '자아의 동일성'은 전제되어 있는 것이다.

또한 우리는 동창회에서 만난 '지금 눈앞의 오철수'를 '50년 전의 그 오철수'와 동일한 자로 인정하는데, 그것은 단지 양자 사이의 유사성만으로는 설명될 수 없다. 유사성으로 치면 '50년 전의 오철수'와 '지금의 오철수' 사이보다도, '지금의 오철수'와 '지금의 김명수' 사이가 훨씬 더 큰 경우도 많기 때문이다. 그래서 자아 내지 인격의 동일성은 지각 자료를 근거로 한 상상력의 조작이나 성향만으로는 충분히 설명되지 못한다. 이 문제는 칸트적인 '초월적인 나'와 '경험적인 나'의 구별을 통해 비로소 해결의 실마리를 얻는다.

3) 칸트의 '경험적인 나'와 '초월적인 나'의 구별

'나'는 그리고 '우리'는 자연 세계 전체가 또는 그 안의 갖가지 사물들이 변화하고 있음을 분명히 인식하는데, 이 대상의 변화를 '고정불변성'

이나 '동일성' 개념 없이, 바꿔 말해 '실체-우유성(偶有性)' 개념 없이 어떻게 설명할 수 있겠는가?—이렇게 문제를 인식한 칸트는 '그 자체로서 존재하는 실체적 물체'와 '영원불멸하게 존재하는 실체적 영혼' 대신에 대상 인식을 수행하는 주관으로서의 '의식'과 그 의식의 기능 형식인 순수 지성개념으로서의 '실체' 개념을 도입하여 문제들을 풀어간다.

"우리 동네 개천가에는 몇 그루의 벚나무가 자라고 있다. '나'는 (그리고 '우리'는) 지난 봄 산책 길에 꽃이 활짝 핀 벚나무 두 그루를 보았다. 초여름에는 잎이 무성해지던 그 벚나무들이 한여름 가뭄 때문인지 잎들이 시들어가, 어제 관리인이 한 그루는 가지치기를 해주어 지금은 봄보다도 키가 3m나 작아졌고, 한 그루는 아예 베어버려 지금은 없다." 자연과의 일상적인 교섭에서 이와 같은 인식 서술은 흔히 있는 일이다. 그러면 이런 자연 인식에 관한 서술은 어떻게 가능할 수 있을까?

이렇게 서술되는 인식 내용이 있는 한에서 이렇게 인식하는 자를 상정할 수 있겠고, 그래서 우리는 그같이 '인식하는 자'의 인식 기능을 '의식'이라 일컬을 수 있다.—여기서 이 '의식'이 생리적인 신체에서 비롯한 것인지, 신체와는 구별되는[신체성으로는 환원될 수 없는] 어떤 정신에서 비롯한 것인지 꼭 가릴 필요는 없다.—그리고 감각 작용을 동반하는 의식을 '경험 의식'이라 부른다면, 위와 같은 자연 인식에는 '경험 의식'이 전제된다. 위의 인식은 시각작용 없이는 가능한 것이 아니라고 보아야 할 것이니 말이다. 그런데 시각작용이 눈과 시신경과 같은 생리적 신체 조직 없이는 일어날 수 없듯이, 경험 의식 일반은 신체 조직 없이는 기능할 수 없는 것이다. 그러나 감각 작용을 동반하는 경험 의식만으로 저런 인식이 가능할까? 의식이 로크의 파악처럼 아무런 성질이나 성격도 갖지 않은 "백지"인 터에, 감각경험만으로 저런 인식이 가능할까?

'개천가에 한 그루의 벚나무가 서 있다.' '그 나무는 봄에 꽃을 피웠고,

여름에는 가뭄 때문에 잎이 말랐고, 지금은 베어져 없다.'—봄에 꽃을 피웠을 때(t1)나 여름에 잎이 말랐을 때(t2)나 심지어 베어져 이미 없을 때(t3)조차도 그 나무는 '그 나무'이다. t1에서의 지각 다발(p1)과 t2에서의 지각 다발(p2)이 다르고, t3에서는 아예 아무런 지각 다발(p0)이 없는데도 여전히 '그 나무'이다. 이런 표상이 어떻게 가능할까? 대체 '그 나무'라는 동일성 표상이 어떻게 가능할까?

상상력이 p1 · p2 · p0 사이의 유사성을 자료로 동일한 그러니까 불변하는 '한 그루 나무'라는 것을 지어낸 것일까? 그것만으로는 '동일성'이 충분히 설명이 될 수 없다. p0는 아무런 지각 내용도 없는 것이니 어떤 지각 다발과도 유사성이 있을 리가 없고, p1과의 유사 정도만 해도 p2는 오히려 '그 나무(A)' 옆 나무(Q)의 t2에서의 지각 다발(예컨대 q2)과 더 유사할 것이니 말이다. 그러므로 경험적 지각 내용을 근거로 해서만 존재자에 대해서 무엇인가를 말할 수 있다면, 지각 다발 p1을 근거로는 '나무A가 있다', 그리고 지각 다발 p2를 근거로는 '나무B가 있다', 그리고 '나무A와 나무B는 유사하다'고 말하고, p0를 근거로는 '아무것〔나무A · 나무B 또는 꽃A · 꽃B 또는 돌A · 돌B가 아니라 도대체 아무것〕도 없다'고 말하는 것이 경험적 사태에 부합하는 일이며, 경험주의 원칙에도 충실한 일이다. 그러나 이럴 경우 우리는 '한 나무'의 시시각각의 변화를 이야기할 수는 없다.

변화란 '동일한 것(S)'의 t1에서의 모습(m1)과 t2에서의 모습(m2)이 서로 다를 때 쓰는 말이다. 만약 어떤 개천가에 t1에서는 나무A가 지각되고, t2에서는 나무B가 지각되고, t3에서는 아무것도 지각되지 않을 경우, 나무A와 나무B가 비록 유사하다고 하더라도 '그 나무'의 변화를 말할 수 없다. 이런 경우에 굳이 변화를 이야기하자면 '그 개천가의 수목 상황'의 변화를 말할 수 있을 뿐이다. 그러니까 만약 우리가 '그 나무'의 변화를 이야기한다면 그것은, 하나의 불변적인 것으로서 '그 나무(S)'가 있는데, 그것이 t1에서는 m1 모습을 t2에서는 m2 모습을 보인다는 것을 말하는 것이다. 그러므로 이럴 경우 우리는 p1은 m1의 내용이고, p2는 m2의 내용이지 서로 다른 나무의 내용을 말하는 것이 아니라고 보아야 한다. 그러니까 '그 나무'는 p1으로 지각될 때나 p2로 지각될 때나 그 지각 내용이 다름에도 불구하고 '그 나무'인 것이다. '그 나무'는 '그 나무'에 대응하는 아무런 지각 내용이 없을 때(p0)조차도 여전히 '그 나무'인 것이다. 여기서 제기되는 첫째 문제는, 그렇다면 대체 '그 나무'는 어디에 있는가이고, 둘째 문제는, 우리는 어떻게 해서 p1·p2·p0가 '이 나무'나 '저 나무'의 지각 내용이 아니라 하필 '그 나무'의 다른 시점에서의 지각 내용인 것으로 인식하느냐이다.

  p1·p2 또는 p3·p4가 각각 나무B나 나무C 또는 나무D의 지각 내용이 아니고 반드시 동일한 나무A의 서로 다른 시점에서의 또는 서로 다른 지각자들의 지각 내용으로 생각되는 까닭은 무엇일까? 어떻게 해서 이 둥그스레한 모양은 '사과A'의 표상이고, 그 둥그스레한 모양은 '사과B'의 표상으로 생각되는가? 이 물음에 대해, 로크는 '실재하는 사물(real thing)'로서 '실체'를 상정하고, 그 둥그스레한 모양은 '실체A'의 성질이고, 이 둥그스레한 모양은 '실체B'의 성질이므로 각각 서로 다른 '사과A'와 '사과B'에 귀속 통일된다고 응답했다.[55] 그럴듯한 해답임에도 불구하고 이것이 무의미한 것은, 그 '실체'라는 것이 궁극적으로 '우리가 알 수 없는 무엇'에 지나지 않기에 '그 둥그스레한 모양'이 과연 '실체A'로부터 유래하는지 어떤지를 우리는 원리적으로 알 수 없기 때문이다. 흄이 그렇게 생각했듯이, "감관들에서 생기는 인상들과 관련해 그것들의 궁극 원인이 인간 이성에 의해서 완벽하게 해명될 수는 없다. 그것들이 직접적

---

55 Locke, *Essay*, II, 8, 8 참조.

으로 대상들로부터 생기는지 또는 마음의 창조적인 힘에 의해 생산된 것인지, 아니면 우리 존재의 창조자로부터 파생된 것인지 확실하게 결정한다는 것은 언제나 불가능하다."[56] 그래서 흄은 로크가 그리고 상식이 그 자체로 존재하는 것이라고 믿는 '실체'를 한낱 "우리"의 "지속되는 존재자라는 허구에 의해 쪼개져 있는 현상들을 하나로 묶는 성향"[57]에 의한 관념일 뿐이라고 주장한 것이다. 그러나 흄의 마음의 이론에 따르면, 한낱 "지각들의 다발"일 따름인 '우리'·'나'·'마음'이라는 것 역시 그때그때의 지각 내용에 따라서 "다채 다양한"(*KrV*, B134) 것이므로, 동일한 '나'의 반복되는 활동을 자료 삼아서나 판정할 수 있는 '성향'을 수시로 다른 내용을 갖는, 그러니까 동일자가 아닌 "지각의 다발"의 것으로 말하는 것 자체가 어불성설이다. 그러나 흄은, 다양한 지각 묶음의 변화에도 불구하고 그 묶음들을 어떤 '동일한 사물'에 귀속시키는 우리의 인식 행태를 설명함에, 사물의 그 동일성의 근거를 더 이상 이른바 '우리 마음 밖에 실재하는' 사물의 실체성에서 찾지 않고 그 사물을 인식하는 우리 자신에게서 찾고 있다는 점에서 주관주의의 문을 열었고, 이미 열려진 문 안으로 들어선 칸트는 주관주의의 대저택을 세웠다.

칸트는 지각 군(群) a·b·c·d·e·f……가 한 사물A를 표상하고, 지각 군 a·b·c·d·e·g……가 다른 한 사물B로 통일되는 근거를 더 이상 '사물 자체'에서 구하지 않고, 통각의 초월적 통일 기능에서 찾기에 이른다.[58]

---

56 Hume, *Treatise*, I, 2, 6 (p. 67).

57 같은 책, I, 4, 2 (p. 205).

58 "이제까지 사람들은 모든 우리의 인식은 대상들을 따라야 한다고 가정하였다." 그러나 이런 가정 아래에서는 해결할 수 없는 문제들을 우리는 "대상들이 우리의 인식을 따라야 한다고 가정함으로써"(*KrV*, BXVI) 해결할 수 있다는 칸트의 사고의 전환, 다시 말해 인식이란 대상을 인식주관이 모사적으로 수용하는 것이라기보다는 인식주관이 자신의 선

'통각(apperceptio : 수반 의식, 자기의식)'이란 내가 무엇인가를 의식하고 있음에 대한 의식이다. '나는 내가 무엇인가를 의식한다는 것을 의식한다(ego–cogito–me–cogitare–cogitatum)'는 의식의 구조에서 '나는 의식〔생각〕한다(ego cogito)'라는 자기의식은 "나의 모든 표상에 수반할 수밖에 없다"(*KrV*, B131). 왜냐하면, 내가 생각〔의식〕하지 않는 것이 나의 표상이 될 수는 없을 것이니 말이다. 모든 표상들에 수반하는 이 '나'의 자기의식에서 그 모든 표상들은 "나의 표상들"이 되고, 시시각각 표상되는 그 잡다한 표상들에 수반하는 이 '나'가 "동일자"인 한에서 그 표상들은 하나로 통일된다. 그러니까 누가 하나의, 다시 말해 통일된 대상 표상, 예컨대 '하나의 불그스레하고 향긋하고 둥근 사과'라는 대상 표상을 가지고 있는 한에서 그것은 '나'라는 의식의 동일성을 함축한다. 그래서 칸트는 바꿔 말해, "내가 주어지는 잡다한 표상들을 한 의식에서 결합할 수 있음으로써만", 나는 "이 표상들에서 의식의 동일성을 스스로 표상하는 것이 가능하다"(*KrV*, B133)고 말한다. 칸트는 잡다한 표상들을 하나로 통일하는 이 언제나 동일한 자기의식을 "통각"이라고 부르고, 그 통각의 통일 작용을 "근원적 통일"이라 일컬으며, 그 통일 작용은 '통일되는 것'을 있도록 한다는 뜻에서 "초월적 통일"이라고 부르고, 그 통각 활동이 순전히 자기의식의 자발성에 기인하는 한에서 그 통각을 "순수한" 통각이라 칭한다.(*KrV*, B133 참조)

"통각의 초월적 통일은 직관에 주어진 모든 잡다를 객관이라는 개념에서 합일되게 하는 것"인데, 이 통일 작용에 의해서 비로소 하나의 객관〔대

험적 원리에 따라 대상을 규정하는 것이라는 칸트의 견해, 이른바 '코페르니쿠스적 전환'은 그러니까 칸트 『순수이성비판』 재〔B〕판—특히, 범주의 초월적 연역론—에서 비로소 성취된 것이다. 칸트가 이미 『순수이성비판』 초〔A〕판의 제1면에서부터 "초월철학의 이념"(*KrV*, A1)을 역설하고 있기는 하지만 말이다.

상]이 우리에게 현상하므로, 그 통일은 "객관적 통일"이라고 일컬을 수도 있다.(*KrV*, B139 참조) 그러니까 지각 군(群) a·b·c·d·e·f……가 한 사물A로 표상되는 것은 지각a·지각b·지각c·지각d·지각e·지각 f……에 수반하는 동일한 '나'가 그 잡다한 것들을 하나의 사물A로 통일하여 생각하고, 또 지각 군a·b·c·d·e·g……가 다른 한 사물B로 표상되는 것은 그 지각a·지각b·지각c·지각d·지각e·지각g……에 수반하는 동일한 '나'가 그것들을 또 다른 한 사물B로 통일하여 표상하기 때문이다. 사물 'A'라는 것은 그러므로 '나'에 의해 'A라고 인식[규정]된 것'이다.

물론 이때 '나'는 나에게 주어지는 잡다한 지각들을 'A'라고 통일 규정할 수도 있고 'B'라고 규정할 수도 있다. 그러니까 내가 나에게 주어지는 어떤 것을 'A'로 규정하느냐 'B'로 규정하느냐는 우연적인 것이고, 따라서 변경될 수 있는 것이기도 하다. 그리고 어떤 '나[甲]'는 그것을 'A'로 규정하는데, 다른 '나[乙]'는 그것을 'B'라고 규정할 수도 있다. 로크나 흄이 그렇게 생각했듯이, 어떤 이는 잡다하게 지각되는 어떤 것들을 그것들의 "인접성"에 의해서 'A'로 통일할 수도 있고, 그것들의 "공동 목적"에 의해서 'B'로 통일할 수도 있다. 그리고 이때 그 '인접성'이라든가 '공동 목적'이라는 것이 보기에 따라서 다를 수도 있는 것인 한에서, 그런 것을 기준으로 한 통일 역시 우연적이다. 그러니까 어떤 '나'에게는 'A'인 것이 다른 '나'에게는 'B'로 인식될 수도 있다. 그러나 어떤 '나'이든 그는 그에게 지각된 잡다한 것을 'A'이든 'B'이든 또는 'C'이든, 여하튼 '무엇인가'로 규정한다. 그러니까 잡다하게 지각된 것을 '무엇인가'로 통일 규정하는 것은 필연적인 일이다. 다시 말해 A이든 B이든 C이든 그것들은 '무엇인 것'이라는 점에서 같다. 그 '무엇인가'가 A·B·C……일 수 있듯이, 그렇게 인식하는 '나' 역시 갑·을·병……일 수 있다. 그러나 갑·을·병······ 모두 '나'라는 점에서는 같다.

　여기서 칸트는 어느 경우에나 '동일한 나'와 서로 '구별되는 나'를 말하는 셈이다. 모든 '나들'이 서로 구별됨에도 똑같이 '나'라고 일컬어지는 것은 동일성이 있기 때문이다. 그러면서도 그 '나들'이 서로 구별되는 것은 또한 차이성이 있기 때문이다. 적어도 대상 인식에서 '동일한 나'는 동일한 의식의 인식 기능을 말하는 것으로 그것을 칸트는 "초월적 자아〔주관〕"라고 칭한다. 그러니까 '초월적 자아'의 관점에서는 '너'와 '나'의 구별이 없다. 그래서 만약에 '나들' 사이에 차이가 있다면, 그것은 "경험적 자아〔주관〕"의 관점에서의 일이라 해야 할 것이고, 그것은 신체성을 도외시하고서는 말할 수 없을 것이다. 그렇다면 이른바 '초월적 자아'는 신체성과 무관하게 말할 수 있다는 것인데, 그렇기에 그것은 시간·공간상의 존재자가 아니라 단지 "초월 논리적" 개념일 따름이다. 그러므로 그것은 서로 다른 '나들'을 각각 적어도 하나의 '나'로서 가능하도록 하는 논리적 전제이나, 우리는 그 동일성을 '나들'이 인식작용에서 보이는 동일한 기능—예컨대, 모든 '나들'은 대상 인식에서 한결같이 "무엇이 어떠어떠하다"는 인식 틀을 따른다.—에서 확인할 수 있다.

　다른 한편, 우리는 '무엇인 것'이라는 개념 없이는 아무런 대상도 인식할 수가 없다. 우리에게 존재자인 것, 곧 대상은 그것이 A이든 B이든 C이든 '무엇인 것'이다. 그리고 A는 그것이 어느 때 누구에게 p1으로 지각되든 p2로 지각되든 p3로 지각되든 A이다. 우리가 A의 변화를 이야기하고, 'A는 보는 이에 따라서 서로 다르게 보인다'고 의미 있게 말할 수 있는 한에서는 말이다. 또한 도대체가 '무엇인 것'은 그것을 인식하는 자인 '나' 없이는 무엇인 것으로 인식될 수가 없다. 그 '나'가 갑이든 을이든 병이든 간에 말이다. 그러니까 그 '무엇인 것'은 '나'의 개념이다. 이 '나'는 '무엇인 것'을 의식하는 자이다. 그런데 이 '나'는 '그 무엇인 것'의 변화를 의식하면서도, 그 변화 속에서도 '그 무엇인 것'은 여전히 '그 무엇인 것'으로 의식한다. 그런 의미에서 '그 무엇인 것'은 의식된 '실체'이다. 그러니까 " '나'는 내가 무엇인가를 동일한 것으로 의식한다는 것을 의식한다." 또 "나는 내가 무엇인가를 시시각각 변화하는 것으로 의식한다는 것을 의식한다."

요컨대 '나는 내가 무엇인가를 의식한다는 것을 의식한다'에서 '내가 무엇인가를 의식한다'는 것을 대상의식이라고 한다면, '나는 [이것을] 의식한다'는 것은 자기의식이라 할 것이다. 여기서 자기의식이라 함은 자기인식[59]이 아니다. '자기 인식'이란 '자기'라는 대상에 대한 인식으로서, 그역시 일종의 대상 인식이다. 그러나 '자기의식'이라 함은 자기가 무엇인가를 의식하고 있다는 것에 대한 의식으로서, 대상의식에 수반하는, 그러면서 대상의식을 정초하는 의식이다. 그것이 대상의식을 정초한다 함은 대상에 대한 의식을 비로소 가능하게 하기 때문인데, 대상의식이 가능하려면 무엇보다도 먼저 잡다하게 주어지는 지각들을 '무엇인 것'으로 통일하는 동일한 '나'가 전제되어야 하거니와, 자기의식이란 바로 이 '나'라는 의식이다. 그리고 이 '나'는 그 위에서 모든 대상의식이 정초된다는 점에서 일체의 대상의식의 토대이자 주체[subjectum]이다.

'내가 무엇인가를 의식한다'는 대상의식에는 '나(ego)'와 '의식함(cogito)'과 '의식되는 것(cogitatum)'의 세 요소가 있다. '나'는 의식의 주체이고 대상을 의식하는 주관이다. '의식함'이란 이 주체의 대상 지향 활동이고, '의식되는 것'은 바로 그 지향된 대상이다. 칸트의 용어법을 따라 우리가 감각경험의 의존 여부에 따라 '경험적'·'순수한'이라는 말을 구

---

59 앞서 거론한바, 로크가 자기동일성의 근거로서 말한 "자기의식"은 칸트의 용어법대로라면 '자기 인식'에 해당할 것이다.

별해 쓴다면, '나'는 예컨대 수학적 대상을 의식할 때처럼 순수하게 기능하기도 하고, 자연적 대상을 의식할 때처럼 경험적으로 기능하기도 한다. 그러나 이 '내가 무엇인가를 의식한다'에 수반하는 자기의식의 '나'는 언제나 순수하게 기능한다. 자기의식은 어떤 감각기관의 기능도 아니니 말이다. (그렇다고 이 말이, 아무런 감각기관을 갖지 않은 자도 자기의식이 있다는 것을 함축하지는 않는다. 그것은 순수한 대상의식이 아무런 감각경험을 필요로 하지 않는다 해서, 그것이 순수한 대상의식은 아무런 감각기관을 갖지 않은 자도 갖는다는 것을 함축하지는 않는 이치와 마찬가지이다.)

대상의식에 수반하여 대상 통일 기능을 수행하도록 하는 자기의식[60]은 대상의식이 기능하는 데에 일정한 틀[형식]을 제공한다. 이른바 "순수한 지성개념들", 바꿔 말해 사고의 "범주들"이 바로 그것이다. 이제 앞서 든 예를 다시 한 번 활용하여 범주들의 대상 인식에서의 기능을 살펴보자. "'나'는 개천가에서 봄에 '한 그루의 나무'를 보았다. '그 나무'는 봄에는 꽃이 활짝 피었고, 초여름에만 해도 잎이 무성하였는데, 한여름 가뭄 때문에 잎과 가지들이 타들어가, 어제 관리인이 베어버렸다. 그래서 그 나무는 지금 없다"는 대상 인식에서 '나'는 '그 나무'를 산책 길에 오가면서 보는 자인 만큼, 신체를 가진 감각하는 경험적 '나'이다. 그러나 이 인식에서 '나'는 내가 본 '무엇'인가를 '그 나무[實體]'로 규정하고, '그 나무'가 봄에는 꽃피고, 여름에는 무성하게 자라고, 마침내 말라죽었다[偶有性]고 규정하고, 그 나무는 한 그루[單一性]이고, 풀이 아니라[否定性] 나무이고 [實在性], 어제까지만 해도 개천가에[時間·空間] 실제로 있었는데[現存性], 가뭄 때문에 말라죽었다[因果性]고 규정한다. 칸트는 그의, 그리고 곧 새로운, '존재' 개념 정립을 위해, 시간·공간을 지성의 형식이 아니라

---

60 아래에서 설명될 이른바 "근원적 통각에 의한 이 종합의 통일"(*KrV*, A94) 작용.

"감성의 형식"이라고 별도 취급을 하였지만, 감성의 형식이든 지성의 형식이든 어쨌든 "의식의 기능 형식"인 것은 마찬가지이다. 이 대상 인식에서 나든 너든 또는 그든 어쨌든 '나'는, 벚나무를 벚나무로 제대로 보았든 아니면 느티나무를 벚나무라고 잘못 보았든, 어쨌든 '그 나무'를, 또 한 그루든 두 그루든, 어쨌든 '몇' 그루를, 그 나무가 가뭄 때문이 아니라 뿌리가 썩었기 때문이었든 어쨌든, '~ 때문에' 시들었다는 것을, 내가 착각을 했든 어쨌든 그래서 '그 나무'는 지금은 존재하지 않는다는 것을 인식한다. 이 인식에서 4종 12개, 즉 관계[실체-속성, 원인-결과, 상호작용]·양[하나, 여럿, 모두]·질[이(하)다, 아니(하)다, ~은 아니(하)다]·(存在)양태[있을 수 있다, 실제로 있다, 반드시 있다]의 범주들이 각기 하나씩 작동하고 있다.

　범주들의 작동 없이는 어떠한 경험적 대상 인식도 가능하지 않다는 것이 칸트의 이론이다. 인식주관인 우리 인간은 '그것'이라는 실체 개념 아래서 '봄에는 꽃피고 여름에는 잎이 무성하다가 시드는……' 그러니까 시시각각 지각 내용이 바뀌는 잡다한 것을 통일한다. '그것'[그 나무]은 봄에 꽃이 피어 있어도 '그 나무'이고, 여름에 잎이 무성해도 '그 나무'이며, 베어내 없어져도 '그 나무'이다. 이런 '그 나무'는 무엇이고 어디에 있는가? '그 나무'는 그 아래에서 잡다한 지각들이 통일되는 지성의 개념일 따름이다. 그것은 단지 개념으로서, 즉 인간의 지성 안에 있는 것이다. 그러니까 '그 나무'라는 '실체'는 우리에게 알려지지 않은, 우리 밖에 있는 어떤 것, '물질적인 것'이 아니라 지각하는 의식 안에 있는 한낱 개념이다. 이 개념은 시시각각 서로 다른 '지각들의 묶음'들에게 동일성을 부여하여, '그 나무'라는 사물의 변화를 인식할 수 있도록 해주는 그런 개념이다. 이런 사정은 여타의 모든 범주들에서도 마찬가지이다. '양'과 '질'은 인식주관인 우리가 사물을 '분량(分量)'과 '도량(度量)'으로 수량화하여 인식하는 사고 틀[형식]이고, '인과성'은 두 사태나 두 사물 사이의 관계를 연관시켜 생각하는 우리의 사고방식의 한 가지, 일종의 개념이다. '있을 수 있〔없〕다', '실제로 있〔없〕다', '반드시 있〔없〕다'라는 존재의 '양태'는 다름 아닌 인식주관인 인간이 스스로 세워 가지고 있는 기준[61]에 따라 대상에 대해 취하는 사고의 양태 개념이다. 그러니까 양과 질의 성질, 실체성, 인과성, 현존성도 사물 자체 또는 사물들 자체가 가지고 있는 성질들이라기보다는—그것들이 설령 '사물 자체'의 성질이라 하더라도 우리로서는 그 사실을 인식할 방도가 없다. 사물은 어떤 경우에도 '우리가 인식하는 한에서' 바로 그 사물이니 말이다. —일정한 시간 · 공간상에서 우리에게 인식된 사물(들)의 규정〔Bestimmumg : Form〕이다.

인식주관, 곧 의식이 갖추고 있는 이와 같은 일정한 인식의 틀은 그러므로 인식작용을 가능하게 하고, —인식작용은 아무렇게나 이루어지는 것이 아니라, 그래서 '일정한 방식'으로 곧 질서에 따라 이루어진다. —인식작용이 있는 곳에 비로소 인식되는 것, 다시 말해 우리에게 존재하는 사물, 대상이 나타난다. 이런 사태 연관을 고려하여 칸트는 우리 인간에게 경험되는 사물을 모두 "현상"이라고 일컫는다. 그러니까 이런 의미에서 인식하는 의식의 특정한 성격은 경험에 선행하고, 그래서 경험되는 것, 곧 현상에 선행하고, 바꿔 말해 "선험적"이고, 그리고 우리가 칸트의 용어법을 좇아 "모든 경험에 선행하면서도(즉 선험적이면서도), 오로지 경험 인식을 가능하도록 하는 데에만 쓰이도록 정해져 있는 어떤 것"을 "초월적"이라고 술어화한다면, 선험적인 의식 기능은 경험적 인식에서 초월적이다.

시간 · 공간 표상과 양 · 질 · 관계 · (존재)양태 등의 개념이 인식하는 의식의 선험적인 틀〔형식〕이고, 그것이 경험적 인식에서는 초월적 기능을 갖는다는 칸트 이론은 대상 인식에서 인식 주체의 대상 규정 활동 성격과 아

---

61 아래에서 언급할 "경험적 사고 일반의 요청들"(*KrV*, A217＝B265 이하)의 원리 참조.

울러 인간의 대상 인식의 한계, 경험적 진리의 의미를 밝혀주고 있다. 그리고 이것은 로크가 세운 "마음=백지"설의 취지와는 아주 다른 것이다. 마음은 경험 이전에는 아무런 문자도 찍혀 있지 않은 '백지'이기는 하지만, 그러나 그것은 오히려 사진기와 사진 찍을 때 쓰는 필름 같은 성질을 갖고 있어서 일정한 조건에서만 주어지는 대상에 반응하는 것이다. 그러니까 우리 의식은 일정한 조건 아래에서 일정한 대상에만 감응하는 성격을 가지고 있다. 다시 말해, 일정한 선험적 성격을 가지고 있다. '심신의 문제'와 관련하여 여기서 문제가 될 수 있는 것은 바로 이 '의식의 선험성'의 내용인 이른바 선험성 표상들의 출처이다. 우리 인간은 자연 인식에서 잡다하게 감각되는 것들을 '서로 잇따라' 그리고 '서로 곁하여'라는 시간 · 공간 질서 형식에 따라 정돈하고, 그것들을 '무엇이 어떠어떠하다'라는 실체─속성 틀에 따라 규정하고, 수량으로 헤아리고, 다른 것과의 관계를 살펴 인식하고, 있는 방식을 정하는데, 그러니까 이런 인식 틀과 인식 방식들이 인식작용의 바탕에 놓여 있고, 그런 만큼 그 인식작용에서 인식된 대상에 선행하는 것이 '사실'이라 하겠는데, 의식은 이러한 인식의 형식을 어떻게 마련하여 가졌는가?

칸트 자신 이런 물음이 제기될 수 있음을 염두에 두고 있다. 그는 공간 · 시간 표상과 범주들이 각각 감각 작용과 사고작용의 "기초에 놓여 있다"(특히 *KrV*, A31=B46)고 본다. 그러나 칸트는, 왜 우리 인간은 하필 공간 · 시간이라는 두 종류의 감성 형식만을 가지고 있고, 왜 하필 4종 12개의 지성 형식에 따라서만 사고하는지 "그것이 왜 그러한가의 연유를 더 이상 댈 수가 없다"(*KrV*, B146)고 말한다. '연유를 더 이상 댈 수가 없다' 함은 경험적으로 제시할 수 없다는 뜻일 것이다. ─종교적으로는 예컨대 그것은 '신의 섭리'에 의한 것이라고 해명할 수도 있을 터이니 말이다. ─그리고 이런 문제 상황은, 인간은 왜 하필 눈을 두 개 가지고 있으며, 왜 인간의 코는 하필 얼굴의 중앙에 위치해 있는가의 물음에서도 마찬가지일 것이다. 그럼에도 칸트는 범주들을 포함한 "순수한 개념들"에 대해서, 그 것들은 인간 지성의 "싹과 소질 안에 예비되어 놓여 있다"가, "경험을 기연으로 발전"(*KrV*, A66=B91)한다고 말한다. 그러니까 경험적 인식에서 범주로 기능하는 4종 12개의 지성개념들은 당초에는 지성 안에 '싹'으로 있다가 경험의 계기에서 개념으로 발전한다는 것이다. 그런 의미에서 칸트는 이런 개념들은 "선천적(connatus/angeboren)"인 것, 곧 천성적으로 완비된 것이 아니라 "획득된(acquisitus/erworben)"(MSI, §8 : II, 395) 것이라고 말한다. 그러나 이런 칸트의 해명은 이른바 '순수한' 표상들의 출생 비밀에 대해서는 사실상 아무것도 말하는 바가 없다. 대체 '싹'이란 무엇이며, '발전'이란 어떤 과정을 지칭하는 것인가?

대상 인식에서 지성의 기능은 감성에 의해 제공되는 잡다한 감각 자료들〔자음과 모음들〕을 일정한 틀에 따라 배열 결합하여 대상들〔단어와 문장과 문단들〕로 만드는 것이다. 그렇기 때문에 오로지 감성과 지성이 "통일됨으로써만, 인식은 생길 수 있다."(*KrV*, A51=B75 이하) 그런데 감성은 신체 없는 인간에게서는 생각할 필요가 없는 것이다. 그렇다면 지성은 어떠한가? 지성 역시 경험적으로 사용되든 순수하게 사용되든, 신체를 가진 인간에게서 의미 있게 이야기될 수 있는 것이라면, 칸트가 말하는 '싹'이란 무엇을 말하는 것일까? 그것은 형이상학적 영혼의 싹일까, 아니면 신체적 존재자로서 인간의 사고 기능의 잠재적 상태를 말하는 것인가? 칸트의 이론은 택일적 답변을 요구하는 이 물음에 개입하지 않고 있다. 그가 말하는 것은, '순수한 표상들'의 출처가 어디든, 일단 형성되어 형식으로 기능하고 있는 그 표상들은 경험에 선행한다는 의미에서는 "선험적(a priori)"이라는 것이다.

3. 기초 개념 : '선험적〔성〕'과 '초월적〔성〕'

이미 위에서 칸트철학의 기초 개념인 '선험적〔성〕'과 '초월적〔성〕'을 빈번하게 사용했지만, 그 의미가 자못 여러 갈래이고, 그에 따라 칸트의 원어를 한국어로 옮김에 있어 다소의 오해 가능성이 없지 않으므로 앞으로 논의를 심화해가는 데에 따라서 더 깊어질지도 모를 혼란을 방지하기 위해, 이 두 개념이 사용되는 대표적인 예들을 종합적으로 검토하여 이 자리에서 그 개념을 한국어로 다시 한 번 풀이 정리해놓는 것이 좋겠다.

1) '선험적〔성〕'의 개념

'선험적'은 '아 프리오리(a priori)'의 번역어이다.

어의(語義)상으로 볼 때, 라틴어 '아 프리오리(a priori)'는 '(보다) 이전으로부터(의)', '먼저의', '선차적', '선행적' 등으로, 반면에 이것의 켤레말인 '아 포스테리오리(a posteriori)'는 '(보다) 이후로부터(의)', '나중의', '후차적', '후속적' 등의 뜻을 갖는다 할 것이다. 이와 같은 의미로 '아 프리오리/아 포스테리오리'가 쓰인 예를 우리는 이미 오컴(William of Ockham, 1280~1349)에서 볼 수 있으며,[62] 어형 '아 프리오레(a priore)/아 포스테리오레(a posteriore)'는 이미 둔스 스코투스(Duns Scotus, 약 1266~1308)에서도 등장하고,[63] 이에 상응하는 그리스어 표현 '프로테론/휘스테론(proteron/hysteron)'은 훨씬 전의 아리스토텔레스에서도 발견된다. 아리스토텔레스에게서 '보다 먼저의 것'이란 다른 것 없이도 있을 수 있는 '어

---

62 *Historisches Wörterbuch der Philosophie*, hrsg. v. J. Ritter u. a. Bd. 1, Basel 1971, Sp. 464 참조.
63 Duns Scotus, *Tractatus de primo principio*, Ⅱ, 3 참조.

떤 것'이며, 반면에 '나중의 것'이란 먼저의 것 없이는 있을 수 없는 것을 뜻했다.[64] 그리고 이 말들이 이와 유사한 뜻으로 사용된 예를 우리는 라이프니츠에서도 여러 곳에서 발견한다.[65]

'아 프리오리'를 '선천적(先天的)'으로 그리고 이에 상응해서 '아 포스테리오리'는 '후천적(後天的)'으로 이해하는 사람들도 있는데, 이는 아마도 데카르트의 '본유관념(idea innata)'과 이것에 얽힌 애매함을 충분히 살피지 않은 탓으로 보인다.

주지하듯이 데카르트는 우리가 가지고 있는 관념들을 그것의 근원에 따라서 '본유관념', '획득 관념(idea adventicia)', '나 자신이 만든 관념[상상적 관념](idea a me ipso facta)'으로 구별한다.[66] 그는 이 가운데 '사물', '진리', '의식'과 같은 '본유관념'에서의 '본유적(innatus)'을 "나 자신의 자연본성으로부터의(ab ipsamet mea natura)"라고 설명함으로써,[67] 이에 대한 로크와 라이프니츠의 엇갈린 두 가지 해석이 가능할 수 있는 소지를 남겼다. 이것을 라이프니츠는 데카르트 문맥의 의미를 새겨 이성 혹은 "지성 자체로부터 유래하는"으로 해석한[68] 반면에, 로크는 라틴어 '인나스키(innasci : 태어나다)'의 분사 '인나투스(innatus)'의 낱말 뜻 그대로—물론 'natura'의 어원인 'nasci'의 본래 뜻을 생각해도 그럴 수 있지만— '생래적(生來的)' 혹은 '태어나면서부터[의](naturally)'라고 이해했다.[69]

데카르트의 '본유관념'이 어떤 식으로 해석되든, 그것을 '이데아 인나타(idea innata)'라고 지칭하는 한, 어의상의 애매함은 남는 까닭에 칸트는,

---

64 Aristoteles, *Metaphysica*, 1018b 9ff. · 1019a 2ff. ; *Categoriae*, 14a/b 참조.
65 Leibniz, *Monadologie*, 45 · 50 · 60 · 76 등 참조.
66 Descartes, *Meditationes*, Ⅲ, 7.
67 같은 곳 참조.
68 Leibniz, *Nouveax essais*, I, 1, §2 참조.
69 Locke, *Essay*, I, 1, sect. 5 참조.

그의 철학에서 중요한 용어인 '아 프리오리'를 '생래적' 또는 '태어나면서부터[의]'로 해석될 수 있는 '안게보렌(angeboren, connatus, innatus)'과 구별하여 사용하려 한다.(MSI, §8 : II, 395 ; *KrV*, A67＝B91 · A85＝B118 참조 ; ÜE : VIII, 221 ; *Prol*, §43)

칸트에서 '아 프리오리'란 "단적으로 모든 경험으로부터 독립적으로"(*KrV*, B3 · A2 참조), "모든 현실적인 지각에 앞서"(*KrV*, A42＝B60), "대상에 대한 모든 지각에 앞서"(*KrV*, B41), "모든 감각 인상들로부터도 독립적인"(*KrV*, B2) 등을 의미하며, 반면에 켤레 말 '아 포스테리오리'는 '경험에 근거한', '경험으로부터 얻어진' 혹은 간단히 "경험적(empirisch)"(*KrV*, A2)을 뜻한다. 그러므로 칸트에서는 어의상 단순히 '보다 먼저(로부터)의', '보다 나중(으로부터)의'를 뜻하는 '아 프리오리', '아 포스테리오리'가 '경험'을 기준 내용으로 가지며, 그러니까 그 충전된 의미로 볼 때, 각각 '경험보다 앞서(의)', '경험보다 나중(의)'를 뜻한다. 그러니까 '아 프리오리'는 '선험적(先驗的)'으로 그리고 '아 포스테리오리'는—다소 생소한 표현이기는 하지만—'후험적(後驗的)'이라고 옮겨서 사용하는 것이 그 뜻에 가장 알맞다 하겠다.

다만 주의할 것은, '경험(Erfahrung)'이라는 말이 칸트철학 내에서 다의(多義)적으로 쓰이는바, 여기서 '선험적/후험적'의 기준이 되는 경험이란 감관(感覺器官 : Sinn)에 의한 대상 수용, 즉 감각경험만을 뜻한다는 점이다. 그렇기에 이때 경험은 '지각(Wahrnehmung)' 혹은 "감각(Empfindung)을 동반하는 표상"(*KrV*, B147)과 동의어이다. 이런 의미에서의 '경험'은 예컨대 칸트철학에서 또 다른 중요한 용어인 경험과학적 인식과의 교환어로서의 '경험'과는 구별되어야 한다. 오늘날, 자료에 의거한 체계적 인식을 경험과학이라고 부르는데, 이 경우의 경험이라는 말은 칸트의 학적 인식으로서의 경험개념으로부터 유래한다. 이 경험의 내용인 '현상들의 총체'가 칸트에서는 '자연'이다.(*KrV*, B163 참조) 그러나 칸트가 "우리의 모든 인식이 경험과 함께 시작된다는 것은 전혀 의심할 여지가 없다. [⋯] 그러므로 시간상으로는 우리에게 어떠한 인식도 경험에 선행하는 것은 없고, 경험과 함께 모든 인식은 시작된다. [/] 그러나 우리의 모든 인식이 경험과 함께 시작된다 할지라도, 그렇다고 해서 우리의 인식 모두가 바로 경험으로부터 생겨나는 것은 아니다"(*KrV*, B1)고 말할 때의 경험은 감각경험—말하자면, 학적 경험과 구별해서 원초적 경험이라고 칭할 수 있는—을 의미한다. 이 감각경험에 앞서는 것이 '선험적'인 것이며, 이 감각경험에 의존하는 것이 '후험적'인 것이다.

이 켤레 개념 '선험적/후험적'과 내포 외연이 (부분적으로) 겹치는 칸트의 또 다른 켤레 개념이 '순수한(rein)/경험적(empirisch)'이다. '경험적'이란 "(대상의 실제적 현전을 전제로 하는) 감각을 자기 안에 함유하〔는〕"을, '순수한'이란 "그 표상에 아무런 감각도 섞여 있지 않〔은〕" 내지는 "전혀 아무런 경험적인 것도 섞여 있지 않은"(*KrV*, B3)을 뜻한다. '후험적'이라고 말할 수 있는 것에 대해서는 그래서 어느 것에나 '경험적'이라고 말할 수 있다. 그러나 '선험적'이라고 말할 수 있는 것 모두에 대해 '순수한'이라고 말할 수는 없는데, 그것은 예컨대 명제 "모든 변화는 원인을 갖는다"에서 보듯이, 이 명제 자체는 선험적이나, 이 명제 안에는 '변화'와 같은 경험을 전제로 하는 개념이 포함되어 있어서, 전적으로 '순수한' 명제라고 볼 수는 없기 때문이다.(*KrV*, B3 참조)

그러므로 칸트에서 선험적인 것은 생리−심리적으로, 발생적−시간적으로 앞서는 것이 아니라, 논리적−기능적〔정초적〕으로 앞서는 것이다. 이 선험적인 것이, 경험적으로 얻어지는 것이 아닌 한에서 경험에 앞서 경험하는 의식에 예비되어 놓여 있는(*KrV*, A66=B91 참조) 것이긴 하지만, 이때 경험에 앞서 예비되어 있다 함은, 모든 (경험적) 인식의 "기초에 놓여 있

[다]"(*KrV*, A24=B38·A31=B46 등등)는 것을, 그러니까 이 선험적인 것 없이는 어떠한 (경험적) 인식도 성립할 수 없다는 것을 함의한다. 그런 뜻에서 칸트는, 우리의 모든 인식이 경험 즉 감각적 수용과 더불어 시작되지만, 단지 감각적 수용만으로부터는 나오지 않는다고 말하는 것이다. '경험 인식'이란 칸트에게서는 우리가 감각 인상을 통해 수용한 것과 우리 자신이 스스로 산출해낸 것의 "합성[물]"(*KrV*, B1·A1 참조)인데, 전자를 그는 질료(質料 : Materie)라고 부르고, 후자를 형식(形式 : Form)이라고 부른다. 이 형식적인 것이 바로 선험적인 것으로, 칸트의 파악에 따르면 공간·시간 표상과 범주로서의 순수 지성개념 등이 그러한 것이다. 이 밖에도, 칸트의 이해에 따르면, 동일률·모순율과 같은 순수 형식적 사고의 원리들도 선험적이며, 순수 실천이성의 사실로서의 윤리적인 정언명령도 선험적인 것이다.

'아 프리오리'는 적지 않은 사람들이 '선천적(先天的)'으로 옮겨 쓰고, 또 일부의 사람들은 번역어 선택의 어려움을 모면하고자 그냥 '아 프리오리'라고 발음대로 표기하기도 하고, 어떤 이는 문자적으로 '선행적' 또는 '선차적'이라 번역하여 쓰기도 한다. 라틴어나 그에 상응하는 그리스어의 원뜻대로 한다면 '선차적(先次的)', '선행적(先行的)'이라고 옮겨도 무방하겠지만, 칸트철학이나 칸트철학의 영향 아래에서 전개된 철학적 논의에서는 '아 프리오리'를 '선험적(先驗的)'으로 옮겨 쓰는 것이 한국어로 칸트의 원개념을 가장 적실하게 이해한 것이라 하겠다. 그리고 철학사적 의미가 큰 문헌에서 '아 프리오리'라는 말이 중요한 철학적 용어가 된 것은 칸트로부터이니 칸트적 의미를 중심으로 이 용어를 사용하는 것이 합당한 일일 것이다.

2) '초월적[성]'의 개념

칸트의 이론철학을 이해하는 데 더욱 관건이 되는 개념은 '트란첸덴탈(transzendental)'인데, 이는 '초월적'으로 새기는 것이 가장 합당하다.

어원상으로 볼 때, 독일어 낱말 '트란첸덴탈(transzendental)'과 동근어(同根語)인 '트란첸덴트(transzendent)'는 각각 '초월하다' 혹은 '넘어가[서]다'의 뜻을 갖는 라틴어 동사 '트란첸데레(transcendere)'—독일어 직역 'hinübersteigen', 'überschreiten'—에서 유래한 중세 라틴어 형용사 '트란첸덴탈리스(transcendentalis)(초월한, 초월적)'와 분사 '트란첸덴스(transcendens)(초월하는, 초월해 있는)'의 독일어 형태이다. 이 중 형용사 '트란첸덴트(transzendent)'는 라틴어 동사 '임마네레(immanere)(안에 있다, 부착해 있다)'의 분사인 '임마넨스(immanens)'의 독일어 형태 '임마넨트(immanent)(내재하는, 내재적)'와 켤레 말로도 자주 쓰인다.(*KrV*, A296 = B352 참조) 그런데 이러한 어원적 유래는 칸트의 '초월적'이라는 개념을 이해하는 데 도움이 되는 한편 장애가 되기도 한다.

철학적 문헌에서는 처음 스콜라철학에서 '트란첸덴탈'과 '트란첸덴트'가 상호 교환 가능한 말로 사용되었으니, 어의상으로나 철학적 관용으로 보나 두 낱말을 굳이 구별할 것 없이 한국어로는 '초월적(超越的)'이라고 옮겨 써도 무방할 성싶다. 그러나 근대 이후에는 이 두 낱말이 때때로 차이 나게 쓰이고, 또 '트란첸덴트'와 '임마넨트'가 서로 짝됨을 고려하여, '트란첸덴트'는 '감각경험을 벗어나[넘어서] 있는'이라는 의미에서 '초험적(超驗的)' 또는 '초재적(超在的)'이라고 새기고, '트란첸덴탈'만을 '초월적'이라고 옮겨서 양자를 구별해주는 편이 더 나을 것 같다. 이때 '초월적'이란 의당 '초월하는' 기능[작용]과 '초월한[초월해 있는]' 상태 두 경우를 모두 지칭할 것이다.

스콜라철학에서 '초월적인 것' 즉 초월자(transcendentia 또는 transcendentalia)란, 모든 범주들 내지는 유개념을 넘어서 모든 존재자에 무제약적으로 타당한 사고 내용(개념), 바꿔 말하면 '모든 개별 존재자들을 넘어서 있으면서도 각 개별자들에게 필연적으로 속하는 규정들'을 지시했다.[70] 용어 '트란첸덴치아(transcendentia)'를 처음 사용한 것으로 알려져 있는 알베르투스 마그누스(Albertus Magnus, 약 1206~1280)는 이런 것으로 '존재자(ens)'·'하나(unum)'·'참임(verum)'·'선함(bonum)'을 들었는데, 이것들은 본래 신에게만 적용될 수 있는 술어(述語)들로서, 여타의 것들에는 단지 유비적으로만 사용될 수 있다고 보았고, 토마스 아퀴나스(Thomas Aquinas, 약 1225~1274)는 여기에 '사물〔것〕(res)'과 '어떤 것(aliquid)'을 추가했다. 둔스 스코투스에 이르러 이것을 '트란첸덴탈리아(transcendentalia)'라고도 일컫기 시작했는데, '존재자'는 가장 보편적이고, 나머지 다섯 가지는 이것의 불가결의 상태로 이해되었다.[71] '존재자'는 그 자체로 '사물〔것〕'이며, 분할을 거부함으로써 '하나〔一者〕'이고, 그런 점에서 다른 것과 구별되는 '어떤 것'이며, 인식과 관련해서는 '참〔眞〕'이고, 의지와 관련해서는 '선(善)함'이라는 것이다. 그리고 이 같은 용어 사용은 다소간 변용되어 알스테드(J. H. Alsted, 1588~1638), 샤르프(J. Scharf, 1595~1660), 클라우베르크(J. Clauberg, 1622~1665), 애피누스(F. Aepinus, 1673~1750) 등 17, 18세기 독일 프로테스탄트 스콜라철학자들을 거쳐 볼프(Ch. Wolff, 1679~1754)로 이어졌다.

계몽주의자 칸트는 그의 '모던(modern)' 철학을 개진하는 자리에서 이러한 연원을 가진 개념 '초월적'을 인간의 의식 작용 또는 그 작용 결과의

---

70 Josef de Vries, *Grundbegriffe der Scholastik*, Darmstadt 1980, S. 90 이하 참조.
71 Duns Scotus, *Tractatus de primo principio*, Ⅰ, 2 이하 참조.

성격으로 규정하였다. 그것은 칸트의 이른바 '코페르니쿠스적 전환'(*KrV*, BXVI 참조)에 의해서, 아우구스티누스(Augustinus, 354~430) 이래 신의 세계 창조 원리를 뜻하던 '순수 이성(ratio pura)'이 인간의 의식을 지칭하게 됨으로써 일어난 일이다. 이로부터 '초월적인 것'도 코페르니쿠스적으로 전환된 의미를 갖게 된 것이다.

칸트에게서는, 예컨대 "초월적 의식"(*KrV*, A117), "상상력의 초월적 작용"(*KrV*, B154), "초월적 표상"(*KrV*, A56=B81)에서 보는 것처럼, '초월적'은 기본적으로는 의식 자체에 대해서 또는 이 의식의 작용〔활동〕과 표상 내용에 대해서 사용된다. 그러나 그것은 때로는 이로부터 더 나아가 "초월〔적〕 철학"(*KrV*, A13=B27 등), "초월적 변증학"(*KrV*, A293=B349)에서와 같이 초월적인 것에 대해 논설하는 철학(메타 이론)에 대해서도, 심지어는 '초험적'이라고 일컬어야 마땅할 이념이나 대상에 대해서도(*KrV*, A247=B304 참조) 사용된다.

그런데 예시에서 보듯이 칸트에서 '초월/초월적'이라는 용어는 주로 그의 『순수이성비판』을 중심으로 한 이론철학에서 사용된다. 다른 곳에서도 쓰이기는 하지만, 기타의 용례는 무시해도 좋을 정도이다. 칸트 생전에 출간된 전체 저작(1900~2009년 사이에 편집 발행된 베를린 학술원 판 전집〔AA〕 기준 전 29권 37책 중 I~IX권)에서 '초월적(transzendental)'은 총 948회 사용되는데, 그중 『순수이성비판』의 A판에 318회, B판에 503회, 그러니까 합해서 821회—거기에다 『순수이성비판』의 요약 해설서라 할 수 있는 『형이상학서설』에 23회 정도가 등장한다. 『실천이성비판』에서 16회, 『판단력비판』에서 36회, 기타에서는 모두 합해 47회 정도만을 볼 수 있다. '초월철학'의 경우는 총 68회 사용되고 있는 가운데 『순수이성비판』의 A판에 17회, B판에 32회, 기타 저술에 19회 정도 등장한다.[72] 이것들도 기본적으로는 『순수이성비판』에서 사용된 의미에 따라 쓰이고 있는 것인 만큼 『순수이성비판』이외의 저술에서 쓰이고 있는 경우는 『실천이성비판』에 등장하는 '초월적 자유'(*KpV*, A4=V3) 외에는 굳이 괘념할 필요가 없는 수준이라 하겠다.

이제 칸트의 문헌에 등장하는 '초월적'이라는 개념의 몇 가지 대표적인 용례를 유심히 살펴보면, 한편으로는 '초월적'이 '초험적'과 구별 없이 쓰이면서, 다른 한편으로는 칸트의 이론철학을 "초월철학"이라고 부를 때 그 의미 규정의 핵심적 요소를 이루는, 바로 그 경우의 '초월(적)'의 의미가 다른 맥락에서의 의미와 분명하게 구별되어 또렷하게 드러난다.

[용례 1]

칸트는 '초월적(transzendental)'이 한낱 "〔경험의〕 한계를 넘어간다" (*KrV*, A296=B353)라는 의미를 갖는 '초험적(transzendent)'과는 "동일한 것이 아니다"(*KrV*, A296=B352)라고 말하며, 그렇기 때문에 양자는 구별되어야 한다고 스스로 주장하면서도, 더러 (관행에 따라서 또는 무심코) '초월적'을 '초험적'과 동의어로 사용하는데, 예컨대 "초월적 이념"(*KrV*, A327=B383)과 "초월적 사물"(*KrV*, A682=B710)처럼 특히 〈초월적 변증학〉의 몇 군데에서 그러하다. 그뿐만 아니라 범주의 경험적 사용과 "초월적" (*KrV*, A139=B178) 사용을 대비시켜 말할 때도 그러하다. 이런 경우들에서 '초월적'과 '초험적'은 의미상의 차이는 없다 하겠으며, 이 두 말이 오랫동안 다른 문헌에서 그렇게 사용되어왔듯이 칸트 역시 교환 가능한 말로 쓰고 있는 것이다.

---

72 이 수치는 글쓴이의 칸트 역서를 토대로 개산(槪算)하여 얻은 것으로 정확하지 않을 수도 있다.

[용례 2]

 '초험적'과 완전한 동의어는 아니지만, 거의 그러한 의미 연상 속에서 사용되는 '초월적'의 예도 있다. 가령, 공간·시간 표상이 경험적 실재성과 함께 "초월적 관념성"을 갖는다(*KrV*, A28=B44·A35 이하=B52 참조)고 말할 때, 이 말은, 주관적인 표상인 공간·시간은 가능한 경험적 대상 즉 현상과 관련해서 바로 그 대상의 실재성 즉 대상성을 이루지만, 경험의 한계를 벗어나 있는 초험적인 것 즉 사물 자체와 관련해서는 한낱 관념에 불과함, 그러니까 아무것도 아님을 의미한다. 이 경우 '초월적'은 '경험적인 것을 벗어나서' 정도를 의미한다 하겠다.

 그러니까 이상의 두 용례들에서 '초월적'은 의식의 선험성을 조건으로 갖지 않으며, 어떤 경험을 가능하게 하는 근거를 이루는 것도 아니다. 그런 한에서 이 같은 '초월적'은 칸트철학을 '초월철학'이라고 일컬을 때의 그 의미와는 거의 상관이 없다.

[용례 3]

 그러나 칸트 자신도 그렇게 일컬었고 또 오늘날 칸트 이론철학의 대명사가 된 초월철학에서의 '초월적'의 의미는 어원상으로 친족어인 '초험적'과 충분히 잘 구별될 뿐만 아니라, 스콜라철학에서의 용법이나 내용과도 판이하며, 이후 대개의 철학 문헌에서는 이 칸트적 의미가 차용되고 있다.

 칸트는 우선 "대상들이 아니라 대상들에 대한 우리의 인식 방식을 이것이 선험적으로 가능하다고 하는 한에서 일반적으로 다루는 모든 인식을 초월적이라 부른다."(*KrV*, B25) 이때 "낱말 '초월적'은 결코 우리 인식의 사물들과의 관계가 아니라, 단지 인식능력과의 관계를 뜻한다."(*Prol*, §13, 주 Ⅲ : A71 =IV293) 그러니까 초월적 인식은 그 자체가 하나의 대상 인식이 아니라, 대상 인식을 가능하게 하는 정초적 인식, 곧 표상이나 개념 또는 원리를 말한다. 칸트는 이를 좀 더 일반화하여 『형이상학서설』의 부록을 통해 초월철학에서 '초월적'의 충전한 의미를 밝힌다.

> "낱말 '초월적'은 〔…〕 모든 경험을 넘어가는 어떤 것을 의미하는 것이 아니라, 모든 경험에 선행하면서도(즉 선험적이면서도), 오로지 경험 인식을 가능하도록 하는 데에만 쓰이도록 정해져 있는 어떤 것을 의미한다."(*Prol* 부록, 주: A204 =IV373)

그러니까 '초월적(transzendental)'은 통상 '모든 경험을 넘어가는 어떤 것'을 뜻하는 말이지만, 칸트에게서는 ① '모든 경험에 앞서는', 즉 '비(감각)경험적'(FM : AA XX, 260 참조)이고 '선험적(a priori)'이면서, 동시에 ② 한낱 '경험을 넘어'가버리는 것〔초경험적〕이 아니라, 오히려 '경험 인식을 가능하게 하는(Erfahrungserkenntnis möglich machend)', 요컨대(①+②), '선험적으로 경험 인식을 규정하는(Erfahrungserkenntnis apriorisch bestimmend)'을 뜻한다. 그러므로 인간 의식이 초월성을 갖는다 함은 인간 의식은 본래 선험적 요소 내지 기능을 갖는데, 이러한 요소가 한낱 주관적임을 뛰어넘어 경험 인식의 정초적 기능, 곧 객관적 타당성 내지 경험적 실재성을 갖는다 함을 말한다.

의식 스스로가 산출해낸, 따라서 주관적이며 그런 한에서 선험적인 표상들인 공간·시간이라는 순수직관과 상상력의 종합 작용, 순수 지성개념인 범주들, 통각의 통일 작용 등이 그 틀〔형식〕로서 기능함으로써 경험 인식은 가능하게 된다. 그리고 경험적 인식이 성립할 때에만, 그 인식 중에서 인식되는 것 즉 대상〔존재자〕이 우리에게 나타난다. 그리고 이렇게 우리에게 나타나는 대상〔존재자〕을 칸트는 문자의 엄밀한 의미에서 '현상'이라고 부른다. 이 같은 내용을, 칸트 초월철학의 핵심적 명제는, "경험 일반을 가능하게 하는 조건들은 동시에 그 경험의 대상들을 가능하게 하는 조건들"(*KrV*, A158=B197 · A111 참조)이라고 표현한다. 바로 이 '조건들'이 초월적인 것이다. 그러니까 당초에 인간 의식의 요소들인, 다시 말해 주관적인 것들인 공간 · 시간 표상이, 순수 지성개념들이, 생산적 상상력이, 의식 일반으로서의 통각이 그 주관성을 넘어 객관으로 초월하며, 그런 의미에서 '초월성'을 갖고, '초월적'이다. 이렇게 초월적으로 기능하는 인식 주관을 '초월적 의식'이라고 일컬으며, 이러한 초월적 주관에 의해 대상은 인식되는 것이므로, 인식 대상은 초월적 주관에서 하나의 존재자로 규정되는 것이다. 그렇기에 의식의 '초월적' 기능은 단지 인식론적일 뿐만 아니라, "존재론적"(*KU*, BXXIX=V181)인 의미를 갖는 것이다. 이러한 의미 연관에서 초월철학은 대상 인식에 관한 직접적 관심(intentio recta)을 갖는 과학이 아니라, 그런 인식의 가능 원리에 관한 학 곧 인식론이자, 그런 인식에서 인식되는 존재자의 존재 원리에 대해 반성하는 학 곧 존재론이고, 그러니까 철학이다.

'초월적' 내지 '초월(하다)'이 이 같은 칸트적 의미로 사용된 대표적인 또 다른 예를 우리는 셸링과 후설, 하이데거(M. Heidegger, 1889~1976) 등에서도 볼 수 있다. 셸링은 이른바 그의 '동일 철학'을 전개하면서 '초월철학'을 "제일의 절대적인 것으로서의 주관적인 것으로부터 출발해서, 이로부터 객관적인 것을 발생시키려는"[73] 철학의 기본학으로 파악한다. 후설의 이른바 '초월적 현상학'의 기본적인 주장은, "나에 대해서 있는 [⋯] 대상 세계는, 모든 그것의 대상들과 함께, 그것의 전 의미와 그것이 나에 대해 갖는 존재 타당을 나 자신으로부터, 곧 초월적 자아로부터 얻는다"[74]

---

73 Schelling, *System des transzendentalen Idealismus*, Einl. §1 : SW Ⅰ/32, 342.

는 것이다. 하이데거는 "우리가 존재자에 대한 모든 태도를 지향적이라고 표현할 때, 이 지향성은 오직 초월(Transzendenz)의 근거 위에서만 가능하다"[75]고 말한다.

이러한 예들에서 보듯이 '트란첸덴탈'이 주관〔주체〕 내지 의식의 기능이나 의식 내용을 지칭할 때, 그것은 '선험적'이라는 의식 상태뿐만 아니라, 한낱 의식 내지 주관성 자체이기를 벗어나서 대상을 지향하고, 규정하고, 대상화하고, 즉 대상의 대상성을 부여하며, 대상에 대한 인식을 가능하게 하는 의식의 활동 작용을 의미한다. 또한 이때 이런 기능을 갖는 주관〔주체〕 내지 의식은 그것에 의해서 규정된 대상〔현상〕 세계에 속하지 않는다. 즉 존재자들의 세계에 초월해 있다. ─이 때문에 칸트는 때로 '초월적'을 비 '초자연적〔형이상학적, 초험적〕'일 뿐만 아니라 비 '자연적〔물리적/경험적〕'이라고 설명한다.(XXVIII, 556 참조)─초월적인 것은 존재하는 것을 가능하게 하는 것이기는 하지만 그 자신이 존재하는 것은 아니다. 초월적인 것은 존재적인 것이 아니라, 말하자면 존재론적인 것이다. 그러니까 인간 의식이 초월성을 갖는다 함은, 또는 인간 의식이 초월적이라 함은 이중적 의미에서 '초월적'임을 말한다. 곧, 그것은 한편으로는 인간 의식이 주관적임을 벗어나 객관으로 이월한다 함을, 다른 한편으로는 그러한 인간 의식의 활동 요소들은 존재하는 것이 아니라는 점에서 존재 세계를 벗어나 있다 함을 뜻하는 것이다.

이상 간추려본 용례에서와 같이 낱말 '트란첸덴탈'은 여러 가닥의 그리고 중첩적인 뜻으로 쓰인다. 그 때문에 사람들은 한편으로는 상관어인 '아 프리오리'와 차별화하면서 다른 한편으로는 각자 중시하는 쪽의 뜻을

---

74 Husserl, *Cartesianische Meditationen*, §11 : Husserliana I, S. 65.
75 Heidegger, "Vom Wesen des Grundes" : GA 9, S. 135.

살리려는 의도로 '트란첸덴탈'을 각기 '정험적(定驗的)', '선험적' 또는 '선험론적', '초험적', '초월적', '초월론적' 등으로 새기고, 동족어 '트란첸덴트'는 '초월적', '초험적', '초재적', '초절적(超絕的)' 등으로 옮기고 있다.

　이 가운데 사람들이 '트란첸덴탈'의 번역어로 쓰기도 하는 '정험적(定驗的)', '선험적' 또는 '선험론적'은 어원상으로는 '트란첸덴탈'과는 상관이 없는 일종의 의역(意譯)[76]으로, '트란첸덴탈'〔용례 3〕에서 본 그것의

76　'의역(意譯)'으로 채택된 낱말은 으레 문맥에서 그 뜻을 얻는 것이기 때문에 어떤 대목에서는 잘 읽힐 수 있다. 그러나 자주 쓰이고 문맥에 따라 다양한 의미를 갖는, 특히 추상적인 학술어를 의역하면 얻는 것보다 잃는 것이 많은 경우가 허다하다. 그 대목 그 대목에서의 의미 전달로 충분한 대중 번역에서는 그래서 의역이 오히려 장점을 가질 수 있으나, 낱말 하나로 논쟁이 크게 일어나는 고전적인 학술 문헌에서 용어는, 특히 중심적인 용어는 설령 어떤 대목에서는 다소 부드럽게 읽히지 못하더라도 되도록 원어의 어원상의 의미를 살려 충실하게 직역함으로써 일관성을 유지하는 것이 전체적으로는 더 바람직하다. 칸트의 동일한 용어가 가령『순수이성비판』중 〈분석학〉과 〈변증학〉에서 서로 다르게 번역된다든지, 또는『순수이성비판』과『실천이성비판』에서 서로 다르게 번역된다면, 그것이 어느 한 대목의 이해를 위해서는 필요할지 모르겠으나 칸트철학 전모를 파악하는 데는 큰 장애를 일으키는 것이다. 또 거꾸로 한국어 표현의 의미가 같다고 해서 원어가 다른 용어를 한 가지로 쓰게 되면 문맥에 따라서는 난처한 상황에 빠질 수도 있다. 예컨대 칸트에서는 헤겔에서와는 다르게 '윤리(Sitten)'와 도덕(Moral)' 사이에 의미상의 차이가 없다. 그렇다고 'Sitten'을 '도덕'이라고 번역하면, "칸트에서는 도덕과 도덕 사이에 의미상의 차이가 없다"가 되어 정말이지 우스꽝스러운 말이 되어버린다. 그러나 칸트와 헤겔에서 'Sittlichkeit'의 함축이 다르다고 해서, 칸트에서는 '윤리〔성〕'으로, 헤겔에서는 '인륜성'으로 번역하면, 이 또한 "칸트와 헤겔에서 'Sittlichkeit'는 다른 함축을 갖는다"는 말을 어떻게 할 것인가! '윤리〔성〕'과 '인륜〔성〕'은 그 말 자체로 이미 다른 것이니 말이다. 한국어에 상응하는 어휘가 없는 경우는 어쩔 수 없다 하더라도—물론 이런 경우에는 불가피하게 새로운 말을 만들어 쓸 수도 있겠지만—원칙적으로 하나의 원어에는 하나의 번역어를 일관되게 대응시키는 것이 바람직하다 하겠다. 그래서 'die Metaphysik der Sitten'의 바람직한 번역어는 '윤리형이상학'이지 '도덕형이상학'이 아니다. 물론 칸트에서 양자가 내용상으로는 같지만 말이다. 뜻풀이와 번역은 같은 것이 아니다.
많은 경우 '의역'은 번역이라기보다는 사실상 일종의 '뜻풀이'로서, 그러한 '번역어(?)'를 독자의 이해를 돕기 위한 해설서에서 사용하는 것은 무방하겠으나 번역서, 특히 학술번역서에서는 되도록 피하는 것이 좋다고 본다. 번역이란 한 언어로 쓴 글을 또 다른 언어

두 가지 의미 요소, 곧 ① '모든 경험에 앞서는(선험적인)'과 ② '경험 인식을 가능하게 하는' 중에서 '정험적'은 ②의 뜻을, 반면에 '선험적'은 ①의 뜻을 살리고자 한 것이고, '선험론적'은 그 의도에서는 ①+②를 동시에 뜻하는 말로 새롭게 만들어 쓰자는 제안이라 하겠다. '정험적'이야 지금은 쓰는 사람이 거의 없으니 그렇다 치고, '선험적'은 한때 '트란첸덴탈'의 번역어로 가장 널리 사용되었지만, 앞서 검토해보았듯이, '모든 감각 경험으로부터 독립적인', 그런 한에서 '경험에 앞서는[선차적인]'이라는 뜻을 갖는 낱말인 '아 프리오리'의 번역어로—한때 널리 쓰이던 '선천적'보다도 훨씬 더—적합한 것이니 그렇게 사용하는 것이 마땅하고, 이미 상당히 많은 이들이 그렇게 바꿔 사용하고 있다. 이런저런 이유로 이제 '선험적'이 '트란첸덴탈'의 번역어로 적합하지 않다면 '선험론적' 또한 당연히 적합하지 않다. '선험론적'은 '선험적' = '아 프리오리'와의 의미 연관 속에서만 쓰일 수 있는 말로, '선험론적'에서 '선험론'이란 '선험성에 대한 이론' 또는 '경험에 독립적인 선험적 인식을 주장하는 학설' 곧 독일어로 '아프리오리스무스(Apriorismus)'을 말하는 것이고, 그러니까 '선험론적'에 대응해서는 '아프리오리스티슈(aprioristisch)'라는 독일어 낱말이 엄연히 있기 때문이다. 게다가 '정험적', '선험적', '선험론적'과 같은 번역어는 [용례 3]에서 보는 '트란첸덴탈'의 뜻만을 반영하고 있을 뿐으로, 칸트철학을 '트란첸덴탈철학'이라고 일컬을 때의 바로 그 뜻에 적중하는 것이기는 하지만, 칸트 문헌에서 (더욱이 철학 문헌 일반에서) '트란첸덴탈'이 이러한 사례에 이런 뜻으로만 쓰이는 것은 아니기 때문에, 이러한 말보다는 가능하다면 어원상의 의미를 보존하면서도 더 많은 용례에 타당한 낱

로 바꾸는 일로, 물론 원문에 대한 해석을 기초로 해서 이루어지는 것이기는 하지만, 그럼에도 해설과는 구별해야 한다.

말을 번역어로 찾는 것이 바람직한 일이겠다.

　이제 '아 프리오리'와는 내용상으로도 구별되고 어원상으로도 전혀 다른 '트란첸덴탈'에는 그에 알맞은 번역어를 대응시켜 그 개념의 의미와 철학 사상사적 맥락을 올바로 드러내는 편이 합당한 일이다. 대개가 그러하듯이 이 경우도 서양어 개념을 한국어 개념으로 포착하는 것인 만큼 다소간의 의미 손실은 불가피할 것이나, '트란첸덴탈'은 '초월적'으로, 동근어 '트란첸덴트'는 다시금 이것과 구별하여 '초험적'〔= '경험 너머의'〕(혹은 필요한 경우 '초재적'〔= '경험 넘어 있는'〕)으로 옮기는 것이 그나마 큰 의미 손실 없이 연관 개념들을 살려내는 길이라고 본다. 그렇기는 해도 신학에서 '트란첸덴트'로써 '초월자'의 정적인 상태만이 아니라 동적인 작용도 지칭하고자 할 때는 이 역시 '초월적'으로 쓰는 것을 양해해야 할 것이다. (우리가 '초월하다'라는 말은 쓰고 있지만, '초험하다'라는 말은 사용하지 않으니 말이다.)

　다시 말하거니와 '트란첸덴탈' 곧 '초월적'은 칸트 초월철학에서 기본적으로 "모든 경험에 선행하면서도(즉 선험적이면서도), 오로지 경험 인식을 가능하도록 하는"을 뜻하며, 그런 만큼 그것은 경험 인식의 주관인 인간 의식의 어떤 기능의 성격을 지칭하는 것이다. 그러니까 '공간·시간 표상의 초월성'이란 인간의 선험적인 공간·시간 표상이 순수 형식으로서 경험적 직관을 가능하게 함을 말하고, '통각의 초월적 통일'은 "직관에 주어진 모든 잡다를 객관이라는 개념에서 합일되게 하는 것"(KrV, B139)으로서 그로써 비로소 하나의 경험 대상 인식을 완결하는 의식작용을 일컫는다. 이렇듯 시간 표상이나 순수 지성개념, 또는 통각이나 상상력이 '초월적(transzendental)'이며, '초월하는(transzendierend)'(작용을 하는) 것이다. 이러한 기본적인 의미를 확장 변양하면, '초월적 진리'나 '초월적 가상', 또는 '초월적 감성학'이나 '초월적 논리학'에서 '초월적'이 지칭하는 바도 드러난다.

'초월적 진리'란 "모든 경험적 진리에 선행하면서 그것을 가능하게 하는" (KrV, A146=B185) 진리(곧 지성과 사물의 일치[adaequatio rei et intellectus])이다. 그러나 칸트에서 '초월적 가상'이란 "우리를 전적으로 범주들의 경험적 사용 너머로 이끌고, 우리로 하여금 순수 지성의 확장이라는 환영[幻影]으로 희망을 갖게"(KrV, A295=B352) 하는 것이다. 그러니까 초월적 가상은 경험적 가상을 가능하게 하는 선험적 이념은 아니므로, 이 경우 '초월적'은 '경험적인 것을 가능하게 하는' 대신에, 오히려 경험적 질료가 없는 그래서 정당하게 범주를 적용할 수 없는, 말하자면 "한낱 공허한 개념", 즉 '어떤 초험적인 것을 가능하게 하는'의 뜻을 갖는다.

또한 '초월(적)철학'이라는 말에서도 철학이 초월하거나 초월적인 것은 아니므로, '초월철학'이란 '경험 인식의 가능 원리인 의식의 초월성을 밝히는 철학' 또는 '경험 인식을 가능하게 하는 주관의 초월적 조건을 해명하는 철학'으로 이해해야 할 것이다. 이러한 초월철학을 지칭하기 위해 '초월론 또는 초월주의(Transzendentalismus)'[77]라는 말을 사용한다면, 그것은 주관의 초월성을 해명 내지 주창하는 이론, 또는 그러한 주의 주장이라고 이해할 수 있겠으며, 그러므로 만약 누가 '초월론적'―억지로 이에 상응하는 독일어를 만든다면 'transzendentalistisch'가 될 터인데―이라는 말을 쓴다면 그것은 '초월론의'를 지칭하기 위한 신조어라 할 것이다.

그런가 하면 초월철학 내에서 '초월적 감성학'이란 "모든 선험적 감성

---

77 문화사적으로는 '초월주의(Transcendentalism : Transzendentalismus)'란 19세기 중엽 미국에서 R. W. Emerson, H. D. Thoreau, M. Fuller 등이 주도한―Kant, Schelling, Coleridge 등의 영향을 받기는 했다지만, 매우 특수한―미국적인 정신주의('American transcendentalism') 운동을 일컬을 때 이미 사용되고 있다. 그러나 이 말을 칸트적 '초월철학'을 지칭하는 말로 새롭게 정의하며 사용할 수도 있겠다.

원리들에 대한 학문"(*KrV*, A21＝B35)을 말하고, 또 '초월(적) 논리학'은 "우리가 대상들을 온전히 선험적으로 사고하는, 순수 지성 인식과 순수 이성 인식의 한 학문 이념을 갖는"바, "그러한 인식들의 근원과 범위와 객관적 타당성을 규정하는 그러한 학문"(*KrV*, A57＝B81)을 일컫는다. 이 '초월 논리학'의 제1부인 '초월적 분석학'은 "우리의 선험적인 전체 인식을 순수 지성 인식의 요소들로 분해하는 작업"(*KrV*, A64＝B89)을 수행하며, 제2부인 '초월적 변증학'은 "자연스럽고 불가피한 순수 이성의 변증성"(*KrV*, A298＝B354), 다시 말해 "초험적 판단들의 가상을 들춰내고, 동시에 그것이 기만하지 않도록 방지하는 것"(*KrV*, A297＝B354)을 과제로 갖는다. 이 경우들에서 '초월(적)'은 일의적으로 사용되고 있다고 볼 수 없다. '초월적 감성학(Ästhetik)'의 경우는 '감성(aisthesis)의 초월성에 관한 이론'으로 새기면 무난할 것이나, '초월(적) 논리학(Logik)'의 경우는 '논리 곧 이성(logos)의 초월성에 관한 이론'으로 짝이 되게 새기면, '초월적 분석학'의 부문에는 맞으나, '초월적 변증학'에서는 다르게 이해되어야 하기 때문이다. 앞의 경우들에는 칸트 초월철학적 의미에서의 '초월(적)', 곧 '선험적인 어떤 것이 경험을 가능하게 함'이 지시되나, 마지막의 경우에 '초월(적)'은 '경험의 한계를 넘어서서, 곧 초험적으로 작동하는 이성의 한 작용 방식'을 지시하고 있는 것이다. 그러니까 칸트 자신 '초월(적)'의 개념을 대개는 코페르니쿠스적 전환에 따른 의미로 사용하지만, 때로는 (부지불식간에 또는 자연스럽게) 코페르니쿠스적 전환 이전의 의미로도 사용하고 있다고 보아야 하겠다. (인공어가 아닌 자연어의 사용에서는 용어 사용이 정의대로만 되지 않는 경우가 허다하다.)

또 하나, 칸트는 "한 개념을, 그로부터 다른 선험적 종합 인식의 가능성이 통찰될 수 있는, 원리로 설명함"(*KrV*, B40)을 '초월적 해설(Erörterung, expositio)'이라 칭하고, "선험적 개념이 대상과 관계 맺을 수 있는가 하는 방식에 대한 설명"(*KrV*, A85＝B117) 또는 "선험적 순수 인식"의 "객관적 타당성을 설명"(*KrV*, A87＝B120)함을 '초월적 연역'이라고 일컫는다. 이 경우 '해설'이나 '연역'이 '초월하는' 것일 수는 없으니, 저 명칭들은 좀 더 내용을 생각해서 풀이해야 할 것인즉, 공간·시간 개념의 '초월적 해설'이란 '선험적 표상인 공간·시간이라는 순수직관의 초월성에 대한 설명'이겠고, 범주들의 '초월적 연역'이란 '선험적 표상인 순수 지성개념들의 초월성에 대한 설명'이겠다. 또 해석하기에 따라서는 저 '해설'과 '연역'은 심리학적이거나 법학적인 것이 아니고, '초월철학적'인 것이라는 점을 드러내기 위한 수식어로 보아, 이때의 '초월적'은 '초월철학적' 또는 이를테면 '초월론적'이라는 의미로 새길 수도 있겠다.

같은 한자 문화권의 번역어 용례를 살펴보면, 일본인들은 과거에는 '트란첸덴탈'을 주로 '先驗的(선험적)'이라고 번역하다가[78] 최근에는 이를 대개 '超越論的(초월론적)'으로 바꿔 쓰고 있는 것 같다.[79] 그 반면에 중국어 번역본에서는 '트란첸덴탈'이 '超越的(초월적)'이라고 옮겨져 있는 것을 본다.[80] 동일한 한자어라 해서 어디서나 동일한 의미로 사용되는 것은 아니지만 참고할 만은 하다.

지금까지 용례와 관련하여 그 어원을 검토하여 뜻을 새겼음에도 불구하고, 누군가가 '트란첸덴탈'을 한국어로 굳이 (일본인들처럼) '초월론적'으로 옮기고자 한다면, 그것은 '초월적'이라고 할 경우 한국어 '초월적'이라는 낱말의 일상적 의미로 인해 칸트적 '트란첸덴탈'의 의미가 상실될 것 같은 우려가 있어 이를 피하려는 고육지책으로 그렇게 하는 것이라고 여

---

78 篠田英雄 譯, 『純粹理性批判』(上)(中)(下), 東京 岩波書店, 1961〜1962 참조.
79 有福孝岳 譯, 『純粹理性批判』(上)(中), 東京 岩波書店, 2001〜2003 ; 有福孝岳／久吳高之 譯, 『純粹理性批判』(下), 東京 岩波書店, 2006/2007 참조.
80 牟宗三 譯, 『純粹理性批判』(上)(下), 臺灣學生書局, 1987 참조.

길 수도 있겠다. 그러나 '트란첸덴탈'을 '초월론적'으로 이해할 수 있는 경우는 기껏해야 '초월철학적'을 지칭하는 경우뿐이고, 정확히 말하면 그 가운데서도 아주 일부에 국한되기 때문에, '트란첸덴탈'을 무차별적으로 '초월론적'으로 옮기면 오히려 의미 왜곡이 더 크다. 감성학은 '초월론적'이라 할 수도 있겠지만, 공간·시간 표상은 '초월적'이지 결코 '초월론적'일 수 없으며, 분석학은 '초월론적'이라 할 수도 있겠으나, 순수 지성개념은 '초월하는' 기능을 갖는 것이지, 결코 '초월론적' 기능을 갖는 것은 아니니, '초월적'이라 해야 마땅하다. 통각, 상상력 또한 '초월적'인 것으로서, '초월론적'이라 일컬으면 사태에 맞지 않는다. 더구나 "초월적 이념"(*KrV*, A327＝B383) 같은 경우에는 '초월적'을 '초험적'으로 읽을 수는 있어도, 도저히 '초월론적'(또는 최근의 신조어인 '선험론적')으로 읽을 수는 없다.

그러므로 이런저런 용례를 고려해 '트란첸덴탈'을 각기 문맥에 따라서 '초월적', '초험적', '초월론적'으로 옮기는 방법도 생각해볼 수는 있겠으나, 칸트 이론철학의 핵심 술어를 흩어버림으로써 입는 손실이 더 크므로, 그래도 '초월(Transzendenz)' '초월하다(transzendieren)' '초월적(transzendental : transzendierend, transzendent)'의 어족을 고려할 때 가장 손실이 적은 '초월적'으로 일관되게 옮겨 쓰고, 이 말이 문맥에 따라서는 이러저러한 뜻을 (즉 '초월적'뿐만 아니라 때로는 '초험적', 또 때로는 '초월론적'이라는 뜻도) 갖는다고 설명하는 편이 가장 합당하다고 본다.

일상어나 학술어나 자연언어에서는 어느 정도의 다의성은 있는 것이고, 이러한 다의성은 혼동을 초래하기도 하지만 해석의 다양성을 촉발함으로써 말과 사상을 풍부하게 해주는 요인이기도 하다. 이것은 철학이 자연언어를 사용함으로써 오히려 얻는 매우 큰 장점이다.

일상적인 한국어 사용에서뿐만 아니라 독일어에서도 보통은, '초월

(Transzendenz)'이란 '경험과 감각 지각의[또는 감각적으로 인식 가능한 세계의] 한계를 넘어서 있음(die Grenzen der Erfahrung und des sinnlich Wahrnehmbaren[oder der sinnlich erkennbaren Welt] überschreitend sein)', '경험과 의식의 한계를 넘어섬, 이 세상을 넘어섬(das Überschreiten der Grenzen von Erfahrung und Bewußtsein, des Diesseits)', 심지어는 '저 세상(Jenseits)'을 의미하고, 가령 '초월적 명상', '초월의식' 등은 '육체의 속박을 벗어나' '시공간을 떠나서 불가사의한 신비경으로 들어가는 의식' 같은 의미로 쓰이고 있다. 그러나 '초월하다(transzendieren)'는 단지 '경험세계를 넘어선다'는 뜻뿐만 아니라, 또한 더 일반적으로 '어떤 영역의 한계를 넘어선다(die Grenzen eines Bereiches überschreiten)'를 뜻한다. 그리고 이에서 더 나아가 '초월적(transzendental)'은 '초험적(transzendent)'이라는 일상적인 뜻과 함께, '일체의 주관적 경험 앞에 놓여 있으면서 대상들의 인식 자체를 비로소 가능하게 하는(vor jeder subjektiven Erfahrung liegend und die Erkenntnis der Gegenstände an sich erst ermöglichend)'이라는 뜻도 갖는다.[81] 독일어 '트란첸덴탈'의 이러한 의미 전환 내지 확장은 사실 '코페르니쿠스적 전환'으로 표현되는 칸트적 세계 인식으로 인한 것인 만큼, 우리가 칸트철학을 한국어로 옮기고 논의하는 자리에서도 한국어 '초월(적)'이 재래의 관용적 의미에서 벗어나는 경우 또한 받아들이는 것이 오히려 칸트철학을 철학사적 맥락에서 더 잘 이해할 수 있는 길이라 할 것이다. 기실 한국어 '초월(적)'의 일상적 의미는 철학사적 관점에서 볼 때는 상식 실재론에 기반한 것이다. 그런데 칸트의 초월철학은 바로 그 상식 실재론을 전복시키는 것이니, 무엇보다도 용어 '초월'부터 전복시켜 읽

---

81 『국립국어연구원 : 표준국어대사전』, 서울 1999, 6086면 ; *Duden : Das große Wörterbuch der deutschen Sprache*, Bd. 7, Mannheim · Leipzig · Wien · Zürich ²1995, S. 3431 참조.

고 사용하지 않으면 '초월철학'은 제대로 표현될 수도 없다.—보기에 따라서는 철학 사상사는 개념 전복의 역사라 할 수 있다. 철학 사상사의 줄거리란 동일한 낱말 '이성(理性, logos, ratio)', '주체(subjectum)' 또는 '객관(objectum)', '실체(substantia)' 또는 '실재(realitas, Realität, reality)'로 표현되는 개념의 변천 과정 내지 전복 과정이라고 할 수 있으니 말이다. 그렇기 때문에 뜻이 달라졌다 해서, 또는 정반대의 사태를 지시하게 되었다 해서 낱말 자체를 바꿔버리면, 오히려 역사적 맥락을 잃게 된다. 고전에 대한 교양과 충분한 지성을 갖춘 어떤 후학이 앞선 이가 그 낱말로써 무엇을 지칭했는지를 몰라서 전혀 다른 의미로 그 낱말을 사용하겠는가! 용어의 의미 전환은 사태 또는 본질에 대한 시각의 전환을 요구하고 있다 할 것이다. 예컨대, 칸트가 스콜라철학을 "옛사람들의 초월철학(Transzendentalphilosophie der Alten)"(*KrV*, B113)이라고 지칭하고, 거기에서 말하는 이른바 초월자들, 곧 "一(unum)", "眞(verum)", "善(bonum)"을 일러 "잘못 생각된, 사물들의 초월적 술어들(transzendentale Prädikate)"(*KrV*, B113 이하)이라고 지칭하는 대목에서의 '트란첸덴탈'은 '초월적'이라 옮기고, 칸트철학 내에서의 '트란첸덴탈'은 '초월론적' 또는 '선험적' 또는 '선험론적'이라고 옮기면, 이미 그것은 논쟁점을 없애버리는 것으로써, 칸트가 왜 저것에 관해 언급하는지를 알 수 없게 만드는 것이다. 칸트의 '초월철학'은 역사적 맥락 속에서, 즉 '옛사람들의 초월철학'과의 대비 속에서 그 의의가 뚜렷하게 드러난다. 칸트는 동일한 '초월철학'이라는 말로써 전혀 다른 내용을 지칭함으로써 '옛사람들의 초월철학'을 무효화하고 있는 것이다. 칸트의 '초월론철학' 또는 '선험론철학'이 '옛사람의 초월철학'을 타파하는 것이 아니라, 바로 칸트의 그 '초월철학'이 '옛사람의 초월철학'을 지양하는 것이다.—이제 칸트와 더불어 (그 자체로 있는) 객관은 (수용적인) 우리를 초월해 있는 것이 아니라, (자기활동적인) 주관인 우리가 객관으로 초월해나가 객관을 규정하는 것이다. 물론 이러한 말은 "익숙해 있는 모든 개념들과 상충되"(*Prol*, A15=IV 261)는 것이다.

결론적으로 말해 당초에 스콜라철학에서 '모든 범주들 내지는 유개념을 초월하는 규정'들을 '초월적인 것'이라고 일컬었듯이, 칸트에서도 기본적으로 '초월적인 것'은 '규정(Bestimmung)' 곧 '형식(틀, Form)'을 일컫는 것이다. 다만 칸트는 이 형식을 모두 인간 의식에서 선험적인 것, 즉 순수 주관적인 것으로 파악하고, 우리에게 존재자는 모두 현상으로서, 이 현상은 무엇이든 어떻게 있든 순수 주관적인 형식, 곧 공간 · 시간이라는 직관 형식과 지성개념이라는 사고 형식에서 규정된다고 보기 때문에, '코페르니쿠스적 전환'을 말하는 것이다. 그 때문에 칸트철학은 근본적으로는 관념론이라고 일컬어진다. 이런 근본적인 '초월(적)'의 의미를 생각하면, 다시 한 번 말하거니와, 설령 칸트의 용례에서 '초험적' 또는 '초월철학적' 내지 '초월론적'으로 이해하는 것이 합당해 보이는 경우가 없지 않더라도, '트란첸덴탈'은 칸트철학에서 핵심적인 용어인 만큼 일관되게 '초월적'으로 옮겨 쓰고, 이 용어가 오랜 역사를 담고 있는 만큼 사뭇 다의적이어서 칸트 문헌에서도 곳에 따라서는 이러저러한 뜻으로도 사용되고 있다고 해설하는 편이 사태에 적합하다 하겠다.

제3절 _ 현상존재론으로서의 초월철학의 체계

"우리의 모든 인식이 경험과 함께 시작된다는 것은 전혀 의심할 여지가 없다. 왜냐하면 만약 우리의 감각기관들을 건드려 한편으로는 스스로 표상을 일으키고, 또 다른 한편으로는 우리의 지성 활동을 작동시켜 이 표상들을 비교하고, 그것들을 연결하거나 분리하고, 그렇게 해서 감각 인상들의 원재료를 경험이라 일컬어지는 대상에 대한 인식으로 가공하게 하는 대상들에 의해 그런 일이 일어나지 않는다 하면, 다른 무엇에 의해서 인식능력이 활동으로 이끌어지겠는가? 그러므로 시간상으로는 우리에게서 어떠한 인식도 경험에 선행하는 것은 없고, 경험과 함께 모든 인식은 시작된다.

그러나 우리의 모든 인식이 경험과 함께 시작된다 할지라도, 그렇다고 해서 우리의 인식 모두가 바로 경험으로부터 생겨나는 것은 아니다. 왜냐하면, 우리의 경험 인식조차도 우리가 〔감각〕 인상들을 통해 수용한 것과 (순전히 이 감각 인상들의 야기로) 우리 자신의 인식능력이 자기 자신으로부터 산출해낸 것의 합성이겠으니 말이다. 〔…〕

그러므로 경험으로부터 그리고 모든 감각 인상들로부터조차도 독립적인 그런 인식이 과연 있는가 어떤가 하는 물음은 적어도 좀 더 상세한 연구를 요하는 문제로, 〔…〕 사람들은 그러한 인식을 선험적 인식이라 일컬어, 그 원천을 후험적으로, 곧 경험에서 갖는 경험적 인식과 구별한다."(*KrV*, B1/2)

칸트 초월철학은 이러한 '선험적 인식'의 원천과 사용 범위를 밝혀내 경험적 인식이 사물인식으로서 가능한 근거를 해명하는 작업을 펴는데, 선험적 인식이 두 원천, '감성(aisthesis, Sinnlichkeit)'과 '이성(logos, Vernunft)'[82]에서 유래하는 까닭에 초월철학은 '감성학(aisthetike, Ästhetik)'과 '논리학(logica, Logik)'의 두 부문을 갖는다.

---

82 칸트에서 '이성'은 다의적으로 사용된다. 이성은 흔히 이론〔사변〕이성과 실천이성으로 구분된다. 이론이성 또한 가장 좁게는 '추리하는 능력'을 지칭하나, 보다 넓게는 '사고하고 추리하는 능력'을, 그러니까 사고하는 능력인 '지성'을 아우르며, 또는 '사고하는 능력'인 지성만을 지칭하기도 한다. 그러나 이성은 더 넓게는 인간의 인식능력 일체, 곧 감성과 지성과 (좁은 의미의) 이성을 포함하며, 가장 넓게는 인간의 심성 일체, 그러니까 실천이성, 판단력, 감정 등까지도 지시한다. 여기서는 이른바 '사변〔이론〕적' 이성에서 감성과는 구별되는 인식능력, 곧 '사고하고 추리하는 능력'으로서의 이성을 지칭한다.

1. 초월적 감성학

"어떤 방식으로 그리고 어떤 수단에 의해 언제나 인식이 대상들과 관계를 맺든지 간에, 그로써 인식이 직접적으로 대상들과 관계를 맺는 것은, 그리고 모든 사고가 수단으로 목표하는 것은 직관이다. 그런데 직관은 오로지 우리에게 대상이 주어질 때만 생기며, 다시금 그러나 이런 일은 적어도 우리 인간에게 있어서는 오로지 대상이 마음을 어떤 방식으로든 촉발함으로써만 가능하다. 우리가 대상들에 의해 촉발되는 방식으로 표상들을 얻는 능력(곧, 수용성)을 일컬어 감성이라 한다. 그러므로 감성을 매개로 대상들은 우리에게 주어지는 것이고, 감성만이 우리에게 직관들을 제공한다. 그러나 그것들은 지성에 의해 사고되며, 지성으로부터 개념들이 생겨난다. 그러나 일체의 사고는, 곧바로(직접적으로)이든 아니면 돌아서(간접적으로)이든, 어떤 징표들을 매개로 결국은 직관들과, 그러니까 우리에게 있어서는, 감성과 관계 맺는다. 왜냐하면 우리에게 다른 방식으로는 어떤 대상도 주어질 수 없으니 말이다.

우리가 대상에 의해 촉발되는 한에서, 대상이 표상능력에 미치는 결과가 감각이다. 감각에 의해 대상과 관계 맺는 그런 직관은 경험적이라 일컫는다. 〔그리고〕 경험적 직관의 무규정적 대상을 현상이라 일컫는다.

현상에서 감각에 대응하는 것을 나는 그것의 질료라고 부르며, 그러나 현상의 잡다〔한 것〕가 일정한 관계에서 질서 지어질 수 있도록 만드는 그것을 나는 현상의 형식이라고 부른다. 그 안에서만 감각들이 질서 지어질 수 있고, 일정한 형식으로 표현될 수 있는 그것이 다시금 감각 자신일 수는 없으므로, 비록 모든 현상들의 질료는 단지 후험적으로만 주어진다 하더라도, 그러나 그것들의 형식은 그것들을 위해 모두 마음에 선험적으로 준비되어 있어야 하고, 따라서 모든 감각과 분리해서 고찰될 수 있어야 한다.

나는 그 안에서 감각에 속하는 것이 아무것도 마주치지 않는 그런 모든 표상을 (초월적 의미에서) 순수하다고 부른다. 그러니까 감성적 직관들 일반의 순수 형식은 마음에서 선험적으로 마주치는 것이고, 그 안에서 현상들의 모든 잡다는 일정한 관계에서 직관되는 것이다. 감성의 이 순수한 형식 그 자신도 순수한 직관이라고 일컬어진다."(*KrV*, B33~35 ; A20~21 참조)

칸트는 "감성의 선험적 원리들에 대한 학문"(*KrV*, A21=B35)인 〈초월적 감성학〉에서 "감성의 이 순수한 형식" 곧 공간과 시간 표상을 해설하고 있다. "해설(Erörterung : expositio)"이란 "어떤 개념에 속하는 것에 대한 〔…〕 분명한 표상"(*KrV*, B38)을 말한다. 그리고 여기서 '개념'이란, 칸트가 공간·시간을 개념이라고 지칭하는 곳(예컨대 *KrV*, A23=B38 · A85=B118)에서와 마찬가지로, 직관과 구별되는 의미에서의 개념이 아니라 이 양자를 포섭하는 상위 개념, 그러니까 오히려 '표상'에 해당하는 개념으로 이해해야 한다. 그러므로 공간·시간에 대한 해설은 공간·시간 표상을 석명(釋明)하여 그것의 기본 성격, 원천, 기능 등을 밝혀냄을 말한다.

순수한 직관들인 공간·시간 표상을 해설함에 있어 "선험적 종합 인식은 어떻게 가능한가?"라는 물음을 무엇보다도 먼저 답해야 할 물음으로 보고 있는 칸트는 물론 특별한 의도를 가지고서, 직관들에 의한 선험적 종합 인식(예컨대, 수학적 인식)이 어떻게 가능한가를 해명한다. 그러나 그에게서 진정한 현안 문제는 직관에 의한 선험적 종합 인식의 가능성 문제 자체가 아니라, 오히려 경험적인 그러면서도 필연적이고 보편타당한 인식 대상의 대상임〔대상성〕을 밝히는 문제이므로, 그의 해설의 주안점은 순수 직관들이 경험적 인식을 필연적이고도 보편타당하게 만드는 경험적 직관의 선험적 형식으로, 다시 말해 현상들의 선험적인 형식적 조건들로 기능함을 밝히는 데에 있다. 그래서 칸트는, 이른바 그의 '비판적 관념론'은 "오로지, 경험의 대상들에 대한 우리의 선험적 인식의 가능성을 파악하기 위해"(*Prol*: A207=IV375) 있다고 명시적으로 말하고 있다. 이제 이런 문제 연관에서 밝혀져야 할 바는, 1) 공간·시간 표상은 개념이 아니라 직관이 며, 그것도 경험적인 것이 아니라 선험적이라는 것, 2) 공간·시간 표상은 선험적이고 따라서 경험에 선행하므로, 그것들의 출처는 주관 안에서 찾 아야만 하고, 그러므로 그것들은 주관적이라는 것, 3) 그럼에도 이 주관적 인 표상들은, 그것들이 경험적인 그러니까 객관 관련적인 직관의 형식적 인, 다시 말해 임의적이 아니라 필수적인 조건으로, 즉 현상의 조건으로 기능하는 한에서 객관적 실재성을 갖는다는 것이다.

1) 순수직관으로서의 공간·시간

공간(Raum)과 시간(Zeit)은 칸트에게서는 결코 경험적 개념들이 아니 다.(*KrV*, A23=B38·A30=B46 참조) 그것들은 도대체가 개념이 아닐 뿐더 러 경험적 표상도 아니고 한낱 순수한 직관들이다. 그러므로 이제 해설되 어야 할 것은, ① 공간과 시간은 개념(Begriff)이 아니고 직관(Anschauung) 이라는 점과 ② 그것들은 그 가운데서도 순수한 직관이라는 점이다.

"직관은 개별 표상(repraesentatio singularis)"(*Log*, §1 : IX, 91)으로서 "대 상과 직접적으로 관계 맺는다."(*KrV*, A19=B33·B41·A68=B93·A320= B377 참조) 직관은 대상과 무매개적으로 또는 "곧바로(직접적으로)"(*KrV*, A19=B33), 이른바 "직관[각]적"(*KrV*, A68=B93)으로 관계 맺는다.

개별 표상이란 여러 대상들에 공통적이지 않은 표상, 그러니까 하나의 특정한 대상 내지는 단 하나의 대상에 대한 표상이다. 그런 의미에서 공 간·시간은 개별 표상이다. 공간과 시간은 만물을 "자기 안에(in se)" 포용 하는 것임(MSI, §15 : II, 402)에도 불구하고, "단 하나의" "하나뿐인" 대상 으로 표상되는 것이기 때문이다.(*KrV*, A25=B39·A32=B47 참조)

이런 공간·시간이라는 직관들은 왜 순수한가? 그것은, 그것들에는 "아무런 감각도 섞여 있지 않"(*KrV*, A50=B74)기 때문이다. 감각이란 어떤 대상이 우리를 촉발할 때만 생기는 것이다. 그러나 우리의 표상 능력은 그것에 독립해서 존재하는 어떤 대상의 촉발 없이도 이미 공간·시간 표상들을 가지고 있다.(Refl 4189 : XVII, 450 참조)

그러므로 공간·시간은 감각경험으로부터 자유로운 "순수"하고 "선험적"인 직관이다. 그러나 그것들은 인간의 직관인 한에서, 신에게나 가능함직한 "근원적 직관(intuitus originarius)"이 아니라 일종의 "파생적 직관(intuitus derivativus)"(*KrV*, B72)이다. 그럼에도 '근원적' 직관은 그 직관 자체를 통해 "직관 객관의 현존조차도 주어지는" 그런 직관으로, 반면에 '파생적' 직관은 그 직관이 "객관의 현존에 의존적이고, 그러니까 주관의 표상력이 그것에 의해 촉발됨으로써만 가능한"(*KrV*, B72) 그런 직관으로 이해한다면, 공간·시간은 근원적–파생적 직관이라고 할 수 있다. 공간·시간은 직관된 것이지만, 어떤 대상에 의해 우리 인간의 직관력이 촉발되어 생긴 것이 아니라 우리의 주관 자신에 의해 현존하는 것처럼 그려진 것이다. "대상의 현전 없이도 그것을 직관에서 표상하는 능력"을 "상상력"이라 이름 붙일 때(*KrV*, B151), 공간·시간은 그런 상상력의 산물, 즉 "상상적 존재자(ens imaginarium)"(*KrV*, A291=B347)이다. 그렇기에 대상과 직접적으로 관계 맺는 표상을 직관이라 규정하고, 이런 의미에서 공간·시간도 직관이라 한다면, 그것은 공간·시간이 무엇인가를 표상한다기보다는 공간·시간이 마치 하나의 대상인 것처럼 표상된다는 것을 뜻한다.

2) 공간·시간 표상의 주관성

공간·시간이 순수한 표상이라는 것은 그것이 동시에 주관적이라는 것을 뜻한다. 다시 말해, 그것은 공간·시간이라는 표상의 근원, 원천, 출생처가 주관 자신, 좀 더 좁혀 말하면 우리 인간의 표상 능력 자체에 있다는 뜻이다.

공간·시간은 감각을 통해 비로소 우리에게 주어질 수 있는 "어떤 사물 그 자체의 성질이 전혀 아니다." 공간·시간은 "대상들 자체에 부착해" 있는 "객관적인 규정"이 아닐 뿐만 아니라 도대체가 그 자체로 존립하는 그런 어떤 것이 아니다.(KrV, A26=B42·A32=B49 참조) 만약 그러한 것이라면 그것들은 감각 작용을 통해 수용될 수 있는 것일 터이다. 그러나 두 표상 공간·시간은 외감을 통해서도 내감을 통해서도, 그러니까 결코 어떤 대상의 촉발에 의해서도 주어지는 것이 아니다. 오히려 공간·시간은 결코 후험적으로가 아니라 "선험적"으로, "다시 말해, 대상에 대한 모든 지각에 앞서 우리 안에서 만나"(KrV, B41)지는 것이다. 이 두 표상의 출처는 표상하는 주관의 밖에서는 발견할 수가 없다. 그렇기에 그 출처를 주관 안에서 찾을 수밖에는 없는바, 공간·시간이라는 이 직관들을 촉발하는 대상이 현전하지 않는 한, 그것들을 우리는 상상력의 산물로 볼 수밖에는 없다. 그 때문에 그것들은 순수 감성적인 직관이되, "주관을 벗어나면 그 자체로는 아무것도 아"닌 것〔無〕(KrV, A35=B51·A28=B44 참조)이다.

'아무것도 아닌 것〔無〕'으로서 순수 표상인 공간·시간은 두 가지 관점에서 파악될 수 있다. '아무것도 아닌 것〔無〕'이라는 말은 여기서 한편으로는 '상상된 것'으로서의 공간·시간이라는 순수 표상의 성격, 곧 이것들은 그 원천을 순전히 인식주관의 한 기능인 상상력에 두고 있다는 것을 뜻하고, 다른 한편으로는 그것들의 초월적 관념성(과 동시에 경험적 실재성), 다시 말해 그것들은 직관의 형식이지만 그러나 "우리의 〔…〕 직관의 형식 이외의 아무것도 아니다"(KrV, A37=B54)라는 것을 뜻한다. 그러므로 '아무것도 아닌 것'이라는 말은 절대적 무(無)라기보다는 한낱 주관적인 어떤 것을 뜻한다. 이런 맥락에서 공간 · 시간 표상의 주관성은, 단지 그것들의 근원이 주관적이라는 것뿐만 아니라 그것들의 기능 역시 주관적이라는 것, 다시 말해 그것들은 한낱 "우리 감성의 특수한 조건"(같은 곳)에 지나지 않는다는 것을 뜻한다.

3) 주관적 표상인 공간 · 시간의 경험적 직관 형식으로서의 객관적 실재성

(1) 감성의 일람(一覽) 작용과 그 형식

공간 · 시간은 선험적이고 주관적인 표상이지만, 그러나 그것들은 대상 인식에서 감각을 통해 의식에게 주어지는 것, 곧 현상의 재료가 되는 잡다한 것을 "일정한 관계에서"(*KrV*, A20＝B34), 말하자면 '서로 곁하여〔竝列的으로〕', '서로 잇따라〔繼起的으로〕'의 방식으로 정리하는 틀이다. 감각적 현상의 '잡다(das Mannigfaltige)'한 질료는 그것이 감각 작용의 산물인 한 이미 '일정한 관계', 곧 공간적으로 상호 병렬적으로〔서로 곁하여〕, 시간적으로 상호 연속적으로〔서로 잇따라〕 정리되어 있는 것이다. 감각기관의 이와 같은 기능을 칸트는 "감각기능〔감관〕에 의한 선험적인 잡다의 일람(一覽) 작용"(A94)이라고 일컫는다. 공간과 시간이 현상의 형식이라 함은, 현상은 이미 공간 · 시간의 질서 위에서만 가능하고, 무릇 공간 · 시간의 틀 안에서만 현상일 수 있다는 뜻이다. 그러니까 감관의 일람 작용은 다름 아닌 감각 내용인 주어지는 잡다에게 선후 좌우의 질서를 부여하는 감성 기능이다.

감성이 주어지는 잡다를 수득(受得)한다는 점에서 수용적(rezeptiv)이고, 자신을 자극하는 무엇이 있을 때만 비로소 작동한다는 점에서 수동적(passiv)인 것이긴 하지만, 그러면서도 잡다한 채로 주어지는 것에 '서로 곁하여', '서로 잇따라'라는 질서를 부여한다는 점에서, 즉 형식의 기능을 동시에 수행한다는 점에서 그것은 또한 능동적(aktiv)이고 자기활동적 (selbsttätig : spontan)인 것이다. 그것은 사고의 기능으로서의 지성이 사고 양식을 스스로 만들어 기능한다는 점에서 자기활동적이지만, 대상 인식에서 사고의 소재인 감각적 현상이 주어질 때만 개념작용을 할 수 있다는 점에서 수동적 성격을 갖는 것과 비견된다.

감성의 능동적 활동으로서 일람(一覽) 작용[Synopsis : 槪觀]은 감성의 창에 비추어 들어오는 잡다한 소재를 훑어봄으로써 다음에 지성이 그것을 종합[Synthesis : 묶어놓음]하여 하나[Einheit : 통일]로 생각할 수 있는 바탕을 마련하는 것이다. 그러므로 감성은 대상 인식에서 인식할 사물과의 직접적인 접촉 창구일 뿐만 아니라, 인식 자료를 통과시키는 이 창구의 일차적 일람 작용은 대상 인식의 출발점이고, 공간은 그리고 공간보다도 더 보편적인 그 일람 작용의 틀인 시간은 모든 대상 인식의 필수 조건이다.

(2) 공간 · 시간의 경험적 실재성과 초월적 관념성

공간 · 시간은 주관적 표상들이면서도 모든 직관의, 그러니까 감관에 의한 직관뿐만 아니라 상상력에 의한 직관의 기초에 놓여 있다. 그리하여 이 주관적인 표상들이 일정한 직관을 직관이도록 만든다. 그러므로 공간 · 시간은 직관의 형식으로서 경험적으로—감관에 의해서든 상상력에 의해서든—직관된 것에 대해서뿐만 아니라 순수하게 직관된 것, 다시 말해 자기 자신에 대해서도 타당하다. 공간 · 시간은 직관의 형식으로서 모든 감각 작용에서뿐만 아니라 모든 상상력의 작용에서도 그 기초에 놓여 있다.

개별적인 잡다한 감각 인상들, 감각 자료들은 공간 · 시간 표상에서, 다시 말해 공간적으로, 시간적으로 일정한 관계에서 정리되어 수용되고, 따라서 양적으로 규정된다. 이같이 될 때만 '동일한 사물' · '두 사물' · '모든 사물'과 같은 개념들이 가능하다. 다시 말해, 이런 조건 아래에서만 칸트적 의미에서의 순수 개념인 양(quantitas), 곧 '하나'〔단일성〕· '여럿'〔다수성〕· '모두'〔전체성〕라는 개념들이 비로소 기능할 수 있다. 주관적 표상들인 공간 · 시간은 직관의 형식이자 동시에 "직관에서의 결합의 형식이고, 범주들을 구체적으로 적용하는 일에 봉사한다."(Refl 5934 : XVIII, 393) 감각 인상들은 잡다하고 "거칠고 뒤엉켜"(KrV, A77=B103) 있는 채이지만, 그것들은 이미 직관에서의 결합의 형식에 따라서, 다시 말해 공간 · 시간적으로 "일정한 관계에서"(KrV, A20=B34) 정리되어 수용된다.

직관에서의 결합의 형식으로 기능하기 위해서 공간 · 시간은, 그 자신 "잡다를 함유하는"(KrV, B160) 직관으로서, 각기 하나〔통일체, 단일한 것〕로 표상되어 있어야만 한다. 감성의 한 기능으로서 생산적 상상력은 공간 · 시간이라는 표상의 잡다를 산출한다. 그러나 "감성을 선험적으로 규정하는"(KrV, B152) 지성의 한 기능인 상상력의 초월적 종합은 공간 · 시간 표상이 각기 '하나임'을 가능하게 한다.(KrV, B161, 주 참조) 그 덕택에 전체로서 하나의 공간이라는 표상과 전체로서의 하나의 시간이라는 표상이 가능하다. 양적인 것(quantum)으로서 공간 · 시간 표상은 각기 "그것의 부분들이 모두 동종(同種)적인 구성체(compositum)"(Refl 5847 : XVIII, 368 참조)이기는 하지만, 그러나 비로소 그것의 부분들로부터 성립되는 그런 것이 아니라(KrV, A25=B39 참조), 오히려 자기 안에(in se) 무한량의 동질적인 부분들을 함유하는 전체로서 표상되는 일종의 연속체(continuum)이다.(KrV, B40 ; MSI, §§14~15 : II, 399~405 ; Refl 5849 : XVIII, 368 참조) 이를테면 "공간 · 시간은 연속량들(quanta continua)이다"(KrV, A169=B211). '한 공간' 또는 '한 시간'이라는 표상은 그러므로 그에 따라 잡다가 주어지는 직관의 순전한 형식이 아니다. 그것은 "직관의 순전한 형식 이상의 것, 곧 감성의 형식에 따라 주어진 잡다의 하나의 직관적인 표상으로의 총괄을 내용으로 갖는다."(*KrV*, B161, 주) 바로 이 '직관적인 표상'을 칸트는 '직관의 형식'과 비견하여 '형식적 직관'이라고 명명한다.(같은 곳 참조) 여기서 형식적 직관은 더 이상 '형식적으로 직관된 것'을 말하는 것이 아니라 '형식적인, 곧 형식을 주는, 그래서 통일적인 직관함〔작용〕'을 말한다. 이를 통해서 잡다한 감각들이 공간·시간상에서 어느 정도는 결합될 수 있다. 그러나 그를 통해 "비로소 모든 공간·시간 개념들이 가능하게 되는"(*KrV*, B161, 주) 지성의 종합은 여러 경험적 직관들을 하나의 일정한 대상과 관련하여 통일적으로 결합하기 위해서 이 직관하는 총괄을 전제한다. 그러므로 공간·시간은 현상, 곧 우리에 대한 대상 일반을 가능하게하는 제일의 필수적인 조건이다.

　공간·시간은 경험적 직관의 형식들이다. 이것은 우리에 의해 경험적으로 직관된 것, 곧 현상은 일정한 공간·시간 관계의 제약 아래에서만 가능하다는 것을 의미한다. 경험적으로 직관된 것, 다시 말해 그러한 것으로 현상한 대상은 언제나 일정한 공간과 일정한 시간에서 우리에게 현상한다. 공간·시간은 이런 관계 속에서 현상하는 것을 제약하고 규정한다. 그러니까 공간·시간은 현상들의 규정들이며, 그것도 현상들의 기초에 놓여 있다는 의미에서 현상들의 본질적 규정들이다. 공간·시간은 현상들을 가능하게 하는 제일 근거, 다시 말해 현상들의 실질적 실재적 본질(essentia realis)이다. 이런 뜻에서 공간·시간은 현상들, 곧 우리에게 경험적으로 현상하는 객관들과 관련하여 실질실재적이다. 다시 말해 공간·시간은 그 자체로는 주관적이고 그런 의미에서 "관념적"인 것이지만, 현상하는 객관들과 관련해서는 실재적, 곧 객관적으로-실재적이다. 공간·시간은 그 자체만으로 볼 때나 경험적 직관 너머에 있는 어떤 대상, 가령 초험적인 사물과 관련해서 볼 때는 순전히 아무것도 아니지만, 그럼에도 경험적인 직관, 곧 경험적으로 직관함과 경험적으로 직관되는 것을 동시에 가능하게 한다. 공간·시간 표상의 이러한 성격에 대해 칸트는 공간·시간은 "경험적 실재성"과 함께 "초월적 관념성"을 갖는다고 말한다.(*KrV*, A28 = B44·A35=B52 참조) 공간·시간은 우리에게 경험적으로 현상하는 객관의 실재적 성질, 즉 객관적 실재성을 이루지만, 우리의 감각경험을 넘어서는 것과 관련해서는 한낱 관념적인 것, 즉 아무것도 아닌 것이다.

공간과 시간은 감성의 대상 직관의 기본틀이고, 감성의 보편적인 형식이다. 그러나 그것들은 어디까지나 감성의 대상, 곧 현상에 대해서만 형식으로 기능한다. 공간·시간은 "모든 현상들 일반의 선험적인 형식적 조건이다."(*KrV*, A34=B50) 공간·시간은 오로지 인식주관의 기능 방식인 만큼 이 인식주관에 의해 감각되는 사물의 인식 형식이고, 그런 한에서 사물의 규정 형식이다. 그러니까 공간·시간은 '우리가 우리 감관의 대상으로 받아들이는 사물', 즉 "현상들과 관련해서만 객관적〔대상적〕으로 타당하다." (*KrV*, A34=B51) 사물이 우리가 지각하거나 말거나 그 자체로 사물이라는 의미로 이해된다면, 이런 '사물 일반'에 대해서 공간·시간은 더 이상 객관적 타당성을 갖지 못한다. 공간·시간은 오로지 우리가 대상에 촉발되어 대상을 직관하는, 즉 감각적으로 직관하는 우리 인간의 "주관적인 조건"일 뿐이며, 그러니까 그것들은 우리 "주관을 벗어나면 그 자체로는 아무것도 아니다"(*KrV*, A35=B51).

우리 인간의 대상 인식은 예외 없이 감각 직관에 의존하고 모든 감각경험의 의식 활동에는 공간·시간 질서가 그 틀로 작동하므로, 그것들은 "언제든 우리 감관에 주어짐직한 모든 대상들과 관련해 객관적 타당성" (*KrV*, A35=B52)을 갖는 것이다. 그러나 우리는 결코 공간·시간의 "절대적 실재성"을 주장할 수는 없다. 공간·시간은 단지 우리의 감각적 직관의 형식일 뿐, 그것이 사물 자체의 성질이거나 존재 조건임을 우리는 알 수 없다. "사물들 자체에 속하는 그러한 속성들은 감관을 통해서는 우리

146

에게 주어질 수도 없"(*KrV*, A36＝B52)기 때문이다. 그러므로 공간 · 시간은 감각적 직관의 주관적 조건이라는 점 이외에는 아무것도 아니라는 뜻에서, 그러니까 공간 · 시간은 우리의 감각적 직관과의 관계를 도외시한 대상 그 자체에는 "실체적으로도 속성적으로도 귀속될 수 없다"는 뜻에서 "초월적 관념성"(*KrV*, A36＝B52)을 갖는다.

(3) 현상의 '형식'과 '질료'로부터 얻는 결론

순수한 형식인 공간 · 시간 표상에서만 한 대상은 우리에게 직관될 수 있다. 일정한 공간 · 시간 관계 안에서만 한 대상은 우리에게 주어진다. 이 형식 안에서만 우리에게는 한 사물이 존재한다. "감성의 그러한 순수한 형식들에 의해서만 하나의 대상은 현상할 수, 다시 말해 경험적 직관의 객관일 수 있"(*KrV*, A89＝B121)다. 공간 · 시간은 직관이 가능하기 위한 제일의 선험적인, 그러니까 주관적인 조건이다. 우리의 이 주관적인 표상들이 직관되는 대상이 성립할 수 있는 조건이다. 이것들이 현상의 현상임을 규정한다. '감성의 형식', 곧 인간의 인식 기능의 작용 틀이 "동시에" '현상의 형식', 곧 대상의 존재 틀을 이룬다. 그러나 바로 이 점에서 직관의 형식의 사용 한계가 정해진다. 직관의 형식들은 직관되는 대상들에, 이것들이 현상인 한에서 형식으로 기능한다.(A39＝B56 참조) 공간 · 시간은 사물 그 자체가 아니라 현상들의 실질적인, 선험적으로 본질적인 규정들, 곧 "술어"들(*KrV*, A27＝B43 참조)이다.

현상들은 주관적인 형식적 조건 아래에서 성립한다. 그러나 주관적인 형식만으로써 현상이 성립할 수 있는 것은 아니다. 언제나 사물들은 사물 자체가 우리 감성을 촉발하는 것을 계기로 우리 의식 안에 생기는 감각을 매개로 해서만 현상한다. 이 감각이 현상의 질료를 이룬다. 그러니까 현상은 그 형식과 질료로 이루어진다. 현상은 "항상 두 면"을 갖는바, "한 면에서는 객관 그 자체가 고찰되고, 〔…〕 다른 면에서는 이 대상에 대한 직관 형식이 주시되는데, 그 형식은 대상 그 자체에서가 아니라 그것이 그에게 현상하는 주관에서 찾아져야만"(*KrV*, A38=B55) 한다. 좀 더 풀어서 말하자면, 한 면은 우리에게 후험적으로 주어지는 객관적 인식 원료이고, 다른 한 면은 선험적으로 우리 안에 놓여 있는 주관적 인식 원천이다. 그러나 이 인식은 단지 현상, 곧 우리에 대한 사물, 곧 대상에 대한 인식일 따름이다. 다시 말해, 우리는 우리에게 현상하는 대상들만을 인식할 수 있다. 우리가 인식하는 현상은 "주관과의 관계에서 마주"(*KrV*, B70)치는 것이다. 이로부터 우리는 더 나아가 감각의 실재 상관자인 사물 그 자체가 현상, 바꿔 말해 경험적 직관의 "기초에" 놓여 있다(*Prol*, §49 : A140=IV336 참조)고 말할 수 있다. 또한 주관에서 생긴 공간 · 시간이라는 순수한 표상들이 경험적 직관, 바꿔 말해 현상의 "기초에" 놓여 있다(*KrV*, A24=B39 · A31=B46 참조)고 말할 수 있다.

요컨대, 객관으로서의 사물 그 자체와 주관이 현상을 가능하게 하는 두 근거이다. 이 관계에서 전자를 초월적 객관이라고 일컫고, 후자를 초월적 주관이라 일컫는다.

2. 초월적 논리학

"우리가, 우리 마음이 어떤 방식으로든 촉발되는 한에서, 표상들을 받아들이는 우리 마음의 수용성을 감성이라고 부르고자 한다면, 이에 반해, 표상들을 스스로 산출하는 능력, 바꿔 말해 인식의 자발성은 지성이다. 우리의 자연 본성상, 직관은 감성적일 수밖에 없다. 다시 말해, 직관은 오로지 우리가 대상들에 의해 촉발되는 방식만을 갖는다. 이에 반해 감성적 직관의 대상을 사고하는 능력은 지성이다. 이 성질들 중 어느 것도 다른 것에 우선할 수 없다. 감성이 없다면 우리에겐 아무런 대상도 주어지지 않을 터이고, 지성이 없다면 아무런 대상도 사고되지 않을 터이다. 내용 없는 사상들은 공허하고, 개념들 없는 직관들은 맹목적이다. 따라서 그의 개념들을 감성화하는 일(다시 말해, 그 개념들에게 직관에서 대상을 부가하는 일)과 그의 직관들을 지성화하는 일(다시 말해, 그 직관들을 개념들 아래로 보내는 일)은 똑같이 필수적이다. 또한 이 두 능력 내지 역량은 그 기능을 서로 바꿀 수가 없다. 지성은 아무것도 직관할 수 없으며, 감관들은 아무것도 사고할 수 없다. 이 양자가 통일됨으로써만, 인식은 생길 수 있다. 그렇다고 해서 양자의 각각의 몫을 뒤섞어서는 안 되며, 하나를 다른 하나와 조심스럽게 분리하고 구별해야 할 큰 이유가 있다. 그래서 우리는 감성 규칙들 일반의 학문, 곧 감성학과 지성 규칙들 일반의 학문, 곧 논리학을 구별한다."(*KrV*, A51 이하=B75 이하)

여기서 "논리학"으로 지칭된 '초월(적) 논리학'은 순수한 지성과 이성 "인식들의 근원과 범위와 객관적 타당성을 규정하는 그러한 학문"(*KrV*, A57=B81)이다. "순수 지성 인식의 요소들과, 그것 없이는 도무지 어떤 대상도 사고될 수 없는 원리들을 서술하는 초월 논리학의 부문"(*KrV*, A62=B87)을 '초월적 분석학'이라 일컫는바, 이 지성 인식의 요소와 원리들에 의해 경험적 대상 인식의 참임이 규정되므로, 초월적 분석학은 "동시에 진리의 논리학이다."(*KrV*, A62=B87) 그러나 이 지성 인식의 요소와 원리들은 경험적 인식에 대해서만 타당성을 갖는데, 이것들을 대상 일반에 대해 적용하여 대상들을 "판단하고, 주장하고, 결정하려 한다면, 그것은 잘못 사용"(*KrV*, A63=B88)된 것으로, 그것은 이성의 사이비적 사용, 말하자면 '변증적' 사용이다. 이런 재래의 이른바 '이성적 형이상학'은 이 같은 이성사용에 기초하는데, 이를 비판하는 것이 '초월적 변증학'이다. 그래서 그것은 "가상의 논리학"이라 할 수 있다.

그러므로 칸트의 인식 논리학을 '초월 논리학'이라고 말할 때, 그리고 그것이 바로 칸트의 초월철학의 내용을 이룬다고 말할 때, 그것은 '초월적 분석학'을 지칭하는 것이다. 그리고 '지성 인식의 요소와 원리'란 실제에 있어서 지성의 인식 기능인 사고의 형식, 곧 "범주"를 이루는 "순수 지성개념들"과 이 개념들을 경험 대상에 적용하는 "순수 지성의 종합적 원칙들"이므로, 적극적 의미에서 칸트 초월 논리학의 핵심을 형성하는 것은 순수 지성개념들의 '연역(Deduktion)'과 순수 지성 원칙들의 타당성 '증명(Beweis)'이다.

1) 순수 지성개념들의 연역

(1) 순수 지성개념들의 형이상학적 연역

모든 인식은 재료[내용, 질료: Materie]와 이 재료를 정리 정돈하는 형식[틀: Form]을 요소로 해서 이루어지거니와, 인식이 사고의 산물인 한에서 인식의 형식은 사고의 형식이며, 이 사고의 형식은 이미 지성에 "예비되어 놓여 있다."(*KrV*, A66=B91) 다시 말해 인간의 모든 인식의 밑바탕에는 선험적인 사고의 형식이 놓여 있는 것이다.

모든 사고작용의 근저에서 작동하는 틀은 경험적으로 주어진 개념이 아니라, 선험적으로 주어진 개념들(conceptus dati a priori)이며, 그것도 감성적 개념이 아니라 지성개념들(notiones)이다.(*Log*, §4 : IX, 93 참조) 이로써 이미, "순수 지성 인식의 요소들"(*KrV*, A64=B89)인, 이른바 '범주들'은 그 질료적, 형식적 근원을 인간 지성에 가지고 있는 것이다. 이 범주들을 발견하는 일이 순수 지성개념들의 '형이상학적 연역'이다.

우리 마음이 경험을 하는 기회에 주어지는 표상(직관)에 대하여 어떻게 반응하는가에 주목함으로써, 우리는 우리의 "표상의 잡다를 통일의 규칙에 따라서 하나로 모으는 활동 의식"을 자각한다.(*Anth*, §7, 주: VII, 141 참조) 직관의 잡다를 통일하는 규칙은 직관들 자신으로부터 추상할 수는 없다. 이 직관들은 지성에 의해 저 규칙들에 따라 결합되는 것이니 말이다. 그러므로 잡다의 결합, 다시 말해 잡다의 파악을 위한 규칙들의 원천을 지성 능력에서 찾을 수밖에 없다. 이 규칙들은 다름 아닌 순수 지성개념들이다. 이제 발견되어야 할 것은 "순수 지성의 전 영역을 완전히 아우"(*KrV*, A64=B89)를 순수 지성개념들의 완벽한 표이다. 그러나 순수 지성개념들에 대한 "학문의 완벽성"을 위해 순수 지성의 모든 개념들까지를 나열할 필요는 없고, 순수 지성의 "요소 개념들"(같은 곳) 내지는 "근간 개념들"(*KrV*, A81=B107)을 발견해내는 것으로 충분하다. 이것들로부터 "파생되거나 합성되는" 개념들, 이를테면 '준범주(準範疇)들(Prädikabilien)'까지 망라할 필요는 없는 것이다.(*KrV*, A81=B107 참조) 이러한 작업을 칸트는 "초월적 분석학"이라는 이름 아래에서 수행하고 있는데, 이 분석학은 일반 논리학과 구별되는 "초월 논리학"의 일부로서, 전통적 형식논리학의 의미 기준에서 보면 차라리 "형이상학"이라 해야 할 것이다.

사람들은 우연한 "기회에" 또는 지성 작용들에 대한 세심한 관찰을 통해 또는 "날카로운 통찰력으로써" 혹은 많이 혹은 적게 여러 가지 순수 개념들을 발견하고, 그것들을 "비슷한 것들끼리" 짝을 짓고, "내용의 양에 따라" 정리 정돈할 수 있을 것이다. 그러나 이런 식으로 모이고 분류된 개념들은 한낱 "집합물"로서 결코 학문이 될 수 없다. 왜냐하면, 그런 개념들이 "임의적이거나 우연에" 의해 모인 것인 한에서, 그것들은 확실한 신빙성을 가지고 있다고 볼 수 없기 때문이다.(*KrV*, A67=B92 참조) 설령 "일정한 방법에 따라" 그 개념들이 모였다 하더라도 그것만으로 그것들이 체계를 갖출 수는 없는 것이다. 그것들이 진정한 학문을 이루기 위해서는, 그에 따라 순수한 개념들이 "그것들의 출생지"인 지성에서 발견될 "원리"

가 있어야 한다.(*KrV*, A65=B90 이하 참조) 그러한 원리를 찾기 위해서, 다시 말해 순수 지성개념들의 가능성을 정초하기 위해서, 그러니까 곧 순수 지성개념들을 체계화하기 위해서 칸트는 이제 "지성 능력 자체를 분해"(*KrV*, A65=B90)하고 "그것의 순수한 사용 일반"을 분석한다.(*KrV*, A66=B90 참조) 그래서 '개념들의 초월적 분석학'이라는 이 이름 밑에서 하는 일이 "초월철학의 고유한 과업"(*KrV*, A66=B90 이하)이 된다.

아직 알지 못하는 무엇인가를 일정한 대상으로 파악하는 개념 작업인 인식은, 무엇인가의 촉발을 계기로 감성이 우리에게 제공하는 잡다한 표상들을 통일적으로 파악함을 말한다. 그런데 이 개념적 파악은 지성의 자발성에, 다시 말해 "서로 다른 표상들을 하나의 공통적인 표상 아래서 정돈하는" 통일 기능, 곧 사고에 기초한다.(*KrV*, A68=B93 참조) 그런 한에서 개념적 파악은 사고의 배면(背面)이다. 그러나 개념적 파악은 다름 아니라 서로 다른 "여러 표상들을 한 개념 아래로 보내기"(*KrV*, A78=B104 참조), 곧 판단함이다. 그런 한에서 개념적 파악은 판단함이다.

판단이란 "개념들에 의한 인식"(*KrV*, A68=B93 참조), 곧 "대상에 대한 간접적인 인식, 그러니까 대상의 표상에 대한 표상"(같은 곳)이다. 모든 판단에는 다수의 것에 타당한 개념이 있고, 이 개념은 이 다수의 것 중에서 대상과 직접적으로 관계 맺고 있는 주어진 표상들을 포섭한다. 주어진 표상들을 통일하는 작용으로서 판단은, 일반적으로 말해서 "우리 표상들 간의 통일 기능[함수]"(*KrV*, A69=B94)이다. 그런 한에서 사고 능력인 지성은 "판단하는 능력"(같은 곳)이기도 하다. 그러므로 만약 우리가 "판단들에서의 통일의 기능들을 완벽하게 드러낼 수"만 있다면, 그에 상응해서 사고 능력으로서의 지성의 기능들도 "모두 발견될" 수 있을 것이다.(같은 곳 참조) "판단에 있어 지성의 논리적 기능"(*KrV*, A70=B95)을 완벽하게 밝혀냄은 사고의 형식으로 기능하는 "모든 순수 지성개념들의 발견의 실마리"

(같은 곳) 내지는 "원리"가 될 수 있을 것이다. 그것은 모든 범주들을 찾아내고 지성 안의 그것들의 자리를 들춰내는 데 이를테면 색인(索引)의 역할을 할 수 있을 것이다.

그래서 이제 칸트는, 판단에서의 지성의 전체 논리적 기능이 각기 자기 아래 "세 목(目)씩"을 가진 "네 항(項)"으로 되어 있음을 밝혀낸다. 그것이 이른바 '판단들의 표'로서, ① 양(量): 전칭(판단)·특칭(판단)·단칭(판단), ② 질(質): 긍정(판단)·부정(판단)·무한(판단), ③ 관계(關係): 정언(판단)·가언(판단)·선언(판단), ④ 양태(樣態): 미정(未定)(판단)·확정(確定)(판단)·명증(明證)(판단)이다.(*KrV*, A70=B95; *Prol*, §21: A86=IV302 이하; *Log*, §§20~30: IX, 102 이하 참조) 우리는 여러 판단들을 비교하면서 그 내용은 도외시하고, 단지 거기에서 기능하고 있는 지성의 형식들만을 반성함으로써 이 "판단들의 논리적 표"(*Prol*, §21: A86=IV302)를 얻을 수 있다.

그런데 우리는 "한 판단에서 서로 다른 표상들에게 통일성을 부여하는" 이 지성의 논리적 기능 일반이 어떻게 가능한가에 대해 주목하는 순간, 이 "분석적 통일"의 기능이 지성의 "종합적 통일" 기능, 다시 말해 "한 직관에서의 여러 표상들의 순전한 종합에 통일성을 부여하는 것"인, "일반적으로 표현해서, 순수 지성개념이라고 일컬어지는 것"(*KrV*, A79=B104 이하)에 의거하고 있음을 알게 된다. 동일한 지성이, 그가 "직관 일반에서의 잡다의 종합적 통일을 매개로 그의 표상들에게 초월적 내용"을 부여하는 바로 그 작용을 통해 또한 "분석적 통일을 매개로" "판단의 논리적 형식을 성립"시킨다.(*KrV*, A79=B104 이하 참조)

그래서 모든 가능한 논리적 기능들을 정초하는 순수한 "지성개념들의 초월적 표"(*Prol*, §21: A86=IV303)가 이미 찾아진 판단 표에 대응하여 발견될 수 있다. 그것이 다음과 같은 칸트의 "완벽한" "범주들의 표"(*KrV*, A80=B106; *MAN*, 머리말: IV, 473 이하 참조)이다. ① 양: 하나[단일, 단

위]·여럿[다수]·모두[전체], ②질 : 실재성[실질성, ~임, ~함]·부정성
[~아님, ~아니함]·제한성[~이지는 않음], ③관계 : 실체(와 속성)·원인
(과 결과)·상호(작용), ④양태 : 가능성[있을 수 있음]-불가능성·현존[실
제로 있음, 현실성, 실존]-부재·필연성[반드시 있음]-우연성.(*KrV*, A80=
B106 ; *Prol*, §21 : A86=IV303 참조) 이것이 칸트에 의하면 "지성이 선험적
으로 자기 안에 함유하고 있는, 종합의 근원적으로 순수한 모든 개념들의
목록"이고, "지성은 오로지 이것들에 의거해서만 직관의 잡다에서 무엇인
가를 이해할 수 있고, 다시 말해 직관의 한 객관을 사고할 수 있"(*KrV*,
A80=B106)으며, 바로 그 때문에 그런 지성은 '순수 지성'이다. 이 12개의
순수 지성개념들이 인식에서 사고의 형식, 곧 범주로서 기능한다. 그로써
한 대상이 인식되고, 다시 말해 개념적으로 파악된다. 바꿔 말해 우리는 한
대상에 대해 판단하게 된다. 이런 의미 연관에서 사고의 형식인 범주들은
다름 아닌 인식의 형식이고, "판단의 형식들"(*MAN*: IV, 474)이기도 하다.

(2) 순수 지성개념들의 초월적 연역

'초월적 연역'이라 함은 "어떻게 선험적 개념이 대상과 관계 맺을 수
있는가 하는 방식에 대한 설명"(*KrV*, A85=B117)을 말한다. 선험적인 표상
들의 초월적 연역은 말하자면 주관적인 표상들이 객관에 필연적으로 적용
됨의 정당성을 입증함, 곧 주관적 표상들의 "객관적 실재성"을 증명함이
다. 이 연역을 통해 증명되어야 할 것은, 순수하게 주관적인, 그러니까 객
관으로부터 경험적으로 취해진 것이 아닌 표상들이 그럼에도 불구하고
객관과 반드시 관계 맺어야 할 뿐만 아니라, 그럴 경우에만 대상 인식이
가능하다는 사실이다. 이런 증명의 문제는 감성의 형식들인 공간·시간과
지성의 개념들인 범주들 모두에게 해당된다.(*KrV*, A85=B118 참조) 그러나
칸트가 "공간"(*KrV*, B40 이하)·"시간"(*KrV*, B48 이하) 개념의 "초월적 해

설"이라는 이름 밑에서 수행했던 공간·시간 표상의 초월적 연역은 그렇게 어려운 일이 아니었다. 왜냐하면, 그러한 감성의 순수 형식들에 의해서만 비로소 우리에게 "하나의 대상은 현상할 수, 다시 말해 경험적 직관의 대상일 수 있기 때문"(*KrV*, A89＝B121)이다. 그렇기에 순수직관인 공간·시간이라는 주관적인 표상은 현상으로서의 대상들을 가능하게 하는 필수적인 조건이다. 이에 반해 순수 지성개념들의 연역에는 순수직관의 경우에는 있지 않던 어려움이 따른다. 왜냐하면, 대상들은 "지성의 기능과 반드시 관계 맺지 않고도"(*KrV*, A89＝B122), 그러니까 "오로지" 감성의 형식적 조건들에 의해서만도 우리에게 "현상하는 것이고, 다시 말해 경험적으로 직관되고 주어질 수 있는 것이니 말이다."(*KrV*, A93＝B125) "현상들은 지성의 기능 없이도 직관에 주어질 수 있"(A90＝B122)고, "직관은 사고의 기능을 어떤 방식으로도 필요로 하지 않는 것이니 말이다."(*KrV*, A91＝B123) 이것은 직관되는 것, 곧 현상에서 자기를 알리는 객관은 지성의 기능 없이도 있다는 것을 함의한다. 그렇기 때문에, 순수 지성개념들의 연역 문제, 곧 "어떻게 사고의 주관적 조건들이 객관적 타당성을 가질 것인가, 다시 말해, 어떻게 대상에 대한 모든 인식을 가능하게 하는 조건들을 제시할 것인가 하는 문제"(*KrV*, A89 이하＝B122)가 제기되고, 여기서 증명되어야 할 것은, 순수 지성개념들은 그 대상을 "현존의 면에서" 산출하는 것은 아니지만, 그럼에도 "그것에 의해서만 어떤 것을 하나의 대상으로 인식하는 것이 가능"(*KrV*, A92＝B125)한 한에서 '대상과 관련한 표상'을 선험적으로 규정한다는 점이다.

잡다한 표상들, 곧 무엇인가는 직관에서 주어질 수 있다. 그러나 인식은 "직관에 주어지는, 다시 말해, 현상하는 대상"(*KrV*, A93＝B126)을 개념적으로 파악함이다. 직관의 잡다가 '한 대상의 개념'에서 통일될 때만 우리는 한 대상을 인식한다. 이 통일 작용 자체는 직관에 주어지는 것이 아니고 우리 인식능력의 '자발성의 활동', 곧 지성의 작용이다. 주어진 잡다의 통일은 인식주관이 자기에게 주어지는 잡다한 표상들을 일관되게 의식하고 그것들을 한 객관과 일정하게 관계 맺어 종합함으로써만 가능하다. 인식주관의 이 기능이 '통각(Apperzeption)'이다. 통각의 근원적인 종합적 통일에 의해 감성적 직관의 잡다의 "형상적 종합(synthesis speciosa)"(*KrV*, B151)이 가능하고, 이를 통해 비로소 한 객관이 인식된다. 그러므로 자기의식의 "종합적 통일은 모든 인식의 객관적 조건"이다. 나는 한 객관을 인식하기 위해서 이 조건을 필요로 할 뿐만 아니라, 나에 대해 객관이 되기 위해서는 어떤 직관도 이 조건 아래에 종속해야 한다."(*KrV*, B138)

"직관에 주어진 모든 잡다를 객관이라는 개념에서 합일되게 하는 것"은 "통각의 초월적 통일"이고, "그 때문에 이 통일은 객관적 통일이라 일컬어"(*KrV*, B139)진다. 시간에서의 직관의 순수 형식은, 주어지는 순수한 잡다를 내용으로 갖는 한낱 직관 일반으로서, 근본적으로 살펴 말하자면, 자기의식의 근원적 통일에 종속한다. "그것은 단적으로 직관의 잡다가 '나는 사고한다'는 일자(一者)와 필연적으로 관계 맺음으로써, 그러니까 선험적으로 경험적인 종합의 기초에 놓여 있는 지성의 순수 종합을 통해서 그렇게"(*KrV*, B140) 되기 때문이다. 이 근원적인 순수한 통일만이 "객관적 타당성을 가지며", "표상들의 연합에 의한" "통각의 경험적 통일"은 "전적으로 우연적"인 것이다.(같은 곳 참조) 그렇지만 예를 들어 '물체는 무겁다'는 경험적인 판단은 객관적으로 타당하다. 그러나 이것이 말해주는 바는, 경험적 표상들은 "경험적 직관에서 필연적으로 서로 소속"한다는 것이 아니라, 그것들은 "통각의 필연적 통일의 힘에 의해 직관들의 종합에서 서로 소속"(*KrV*, B142)한다는 것이다. 이렇게 해서만 "하나의 판단, 곧 객관적으로 타당한 관계가 생기고, 그것은 한낱 주관적 타당성만을 갖는, 예컨대 연합의 법칙에 따르는 표상들의 관계와 충분히 구별된다."

(같은 곳) 한 물체를 들고 있을 때 사람은 무게의 압박을 느낀다. 그러나 '그 물체는 무겁다'는 판단에서 우리는 우리의 지각 상태에 대해서 말하는 것이 아니라, "이 두 표상들이 객관에서, 다시 말해 주관의 상태와 상관없이 결합되어 있"(같은 곳)음을 말하고자 하는 것이다. 범주들이란 다름 아니라 이 판단을 정초하는 순수 지성개념들이다. "그러므로 하나의 주어진 직관에서의 잡다는 반드시" 초월적 통각의 조건들인 "범주들에 종속한다."(*KrV*, B143 참조)

주어진 직관의 잡다가 범주들에서 사고됨, 다시 말해 결합됨으로써 감각을 촉발하는 대상은 인식된다. 순수한 지성개념들이 감각의 대상과 관계 맺어짐으로써 미지의 대상이 우리에게 하나의 대상으로서 인식된다. 범주들은 "(수학에서처럼) 선험적인 직관들에 적용"(*KrV*, B147)될 수도 있기는 하지만, 이런 경우 엄밀한 의미에서는 아무런 대상도 인식되지 않는다. 직관의 형식 안에서 직관되는 사물이 있다는 전제 아래에서, 다시 말해 어떤 사물이 우리에 의해 경험적으로 직관되고 또한 순수직관들을 매개로 순수한 지성개념들이 이 경험적 직관들에 적용되면, 그때 사물에 대한 인식은 성립한다.

순수한 지성개념들이 경험적 직관에 적용될 수 있도록 하는 순수직관의 매개를 칸트는 이중적 의미로 말하고 있다. 그것은 한편으로는, 경험적 직관 곧 현상의 형식인 순수직관에는 경험적으로 직관되고 범주에서 사고될 수 있는 것이라야 비로소 우리에게 현상한다는 것을 뜻하고, 다른 한편으로는 순수 지성개념들에게 순수하게 직관된 것으로서의 순수직관 곧 순수 시간 잡다가 주어짐으로 인해, 순수 지성개념들은 비로소 잡다 일반의 순수한 종합적 통일을 구성하는 범주들로서 기능한다(*KrV*, A138=B177 참조)는 것을 뜻한다. 다시 말해 순수 지성개념들의 '시간화'를 거쳐 그것들은 범주로서 현상들에게 적용될 수가 있다는 것이다.

순수한 상상력의 초월적 종합의 산물로서 현상들이 범주들 안에 포섭되도록 매개하는, "초월적 시간 규정이 지성개념들의 도식으로서" "범주의 현상들에 대한 적용"(*KrV*, A139＝B178 ; A140＝B179 · B152 참조)을 가능하게 한다. 현상들에 적용될 수 있기 위해서, "선험적인 순수한 개념들은 범주에서의 지성의 기능 외에도 감성의 (특히 내감의) 선험적인 형식적 조건들을 함유해야만 하며, 이 형식적 조건들은 그 아래에서만 범주가 어떤 대상에라도 적용될 수 있는 보편적 조건을 함유한다."(*KrV*, A139 이하＝B178 이하) 범주들은 순수한 직관을 매개로 해서도, "그것들이 경험적 직관의 가능한 적용에 의하지 않고서는 사물들에 대한 어떠한 인식도 제공하지 못한다. 다시 말해, 범주들은 단지 경험적 인식의 가능성을 위해서만 쓰인다."(*KrV*, B147) 이 감각경험적 인식을 우리는 '경험(Erfahrung)'이라 일컫는다.

순수 지성개념들은 범주로서 순수직관을 매개로, 경험적으로 직관되는 사물들에 대한 인식, 곧 경험적 인식을 제공한다. 이것은 무엇을 말하는가? 순수 지성개념들은 본성상 오로지 경험–감각적인 사물들에만 사용될 수 있는 것인가?

대상들이 우리에게 주어질 수 있는 가능 조건인 공간 · 시간 표상은 감각 대상들 외에는 무엇에도 타당하지 않고 사용되지 않는다. 그것들은 "이 한계를 넘어서서는 아무것도 표상하는 바가 없다."(*KrV*, B148) 그러나 "순수 지성개념들은 이런 제한에서 자유롭다."(같은 곳) 그것들은 자기 나름대로 대상들 일반에까지 그것이 감각의 대상이든 아니든 손을 뻗친다. "사고작용에서 범주들은 우리의 감성적 직관의 조건들에 제한받지 않고, 오히려 무한정한 들판을 갖는"(*KrV*, B166, 주 ; A253 참조)다. 그렇기 때문에 순전한 사고 형식으로서 순수 지성개념들은 사고 가능한 무엇에나, 그러니까 '신'과 같은 초험적 대상에도 사용될 수 있다. 예컨대 '신은 전능하다'는 판단에서 실체―속성·실재성 따위의 범주들이 기능하고 있다. 그래서 이런 경우를 염두에 두고 칸트는 때때로 범주들의 두 가지 사용 방식, 곧 경험적 사용과 초험적 사용을 말한다.(*KrV*, A246 이하·B303 이하· A499=B527 참조)

　범주들은 감성적 직관을 넘어서까지도 그 사용을 넓혀나간다. "왜냐하면, 범주들은 객관들이 주어질 수 있는 (감성이라는) 특수한 양식을 돌보지 않고서도, 객관들 일반과 관계 맺으니 말이다."(*KrV*, A254=B309) "그러므로 대상을 사고하는 것과 대상을 인식하는 것은 한가지가 아니다."(*KrV*, B146) 그러나 범주들의 이런, "우리의 감성적 직관 너머까지의 확장은 우리에게 아무런 도움이 안 된다."(*KrV*, B148 ; A254=B309 참조) 왜냐하면, 이런 경우에는 "그것에 대해서 과연 그것이 가능한가 불가능한가를 우리가 전혀 판단할 수 없는 그런 대상에 대한 공허한 개념들이 있을 뿐"이고, 다시 말해, 우리는 범주들을 매개로 한 "통각의 종합적 통일이 적용될, 〔…〕 그런 직관을 전혀 손에 가지고 있지 않기 때문이다."(*KrV*, B148) 감성적 직관 없이도 순수한 범주들은 비록 "한낱 초월적〔초험적〕 의미를 가지되, 그러나 초월적〔초험적〕으로 사용될 수는 없다. 왜냐하면, 순수 범주들에 (판단들에서) 그 사용의 모든 조건이, 즉 이 개념들 아래 어떤 대상을 포섭하는 형식적 조건들이 결여되어 있으므로, 초월적〔초험적〕 사용은 그 자체가 불가능한 것이니 말이다."(*KrV*, A248=B305) 그러므로 "우리의 감성적인 경험적 직관만이" 순수한 지성개념들에게 진정한 "의의와 의미를 줄 수 있다."(*KrV*, B149)

　우리에 의해서 경험적으로 직관된 것, 다시 말해 "공간·시간상에 직접 현실적으로, 즉 감각에 의해 표상되는 것"(*KrV*, B147)만이 이 순수 지성개념에서 사고되고, 하나의 대상으로서 인식될 수 있다. 사고의 형식인 범주들은 경험적으로 직관된 대상에 대한 인식만을 형성한다. 그로써 그것들은 그 인식에서 인식되는 대상 그 자체를 규정한다.

이렇게 경험적 대상들에 대해 객관적 실재성을 갖는 범주들은, 칸트가 "순수 지성의 종합적 원칙"이라고 부르는, 일정한 규칙에 따라 실제로 경험 인식에서 형식으로 작동한다. 그로써 "경험 일반을 가능하게 하는 조건들은 동시에 경험의 대상들을 가능하게 하는 조건들"(*KrV*, A158＝B197)이 된다. 그렇기에 칸트는 말한다.

> "우리가 자연이라고 부르는 현상들에서 그 질서와 규칙성을 우리는 스스로 집어넣는다. 그러니까 만약 우리가 그 질서와 규칙성을, 바꿔 말해 우리 마음의 자연[본성]을 근원적으로 집어넣지 않았더라면, 우리는 자연 안에서 그것을 발견할 수 없을 것이다."(*KrV*, A125)

2) 순수 지성의 종합적 원칙들

칸트가 제시한 순수 지성의 종합의 원칙들은 모두 합해 아홉인데, 양의 세 범주들의 사용을 지정하는 "직관의 공리들의 원칙"이 하나, 질의 세 범주들의 사용을 지정하는 "지각의 예취(豫取)들의 원칙"이 하나, 관계 범주의 사용과 관련해서는, 총괄적인 원칙 하나에 세 항의 관계 범주들 각각의 사용 원칙이 별도로 하나씩 해서 모두 넷, 그리고 양태의 범주 사용과 관련해서는 총괄하는 원칙은 없이 세 항의 양태 범주들의 사용 원칙이 각각 하나씩, 모두 셋이 있다.

양과 질의 범주 사용에 각기 원칙이 하나뿐인 것은, 이 두 범주 사용의 원칙은 "수학적"인 것으로 "동종적(同種的)"인 것들의 결합의 원칙이기 때문이고, 반면에 관계와 양태 범주 사용의 원칙들이 목(目)에 따라 다른 것은, 이 범주는 "역학적"인 것으로, 범주마다 서로 다른 역학적 관계를 표상하고, 그 사용 원칙이 "이종적(異種的)"인 것들의 결합(*KrV*, B201 이하 참조) 원칙이기 때문일 것이다. 양과 질의 범주에 속하는 세 항목들은, 각각 분량(分量)과 도량(度量)의 수치적 차이에서 비롯한 것이므로, 그 사용이 하나의 원칙으로 통괄될 수 있다. 반면에, 관계와 양태의 범주에 속하는 각각의 세 항의 범주는 각기 다른 관계를 맺고 있는 서로 이질적인 것들을 결합하는 것이므로, 그 결합되는 것들의 성격에 따라 각각의 사용 원칙이 필요한 것이다.

(1) 양(量) 개념의 객관적 사용의 원칙

양(quantitas, Quantität) 범주 사용의 원칙은 "직관의 공리들의 순수 지성의 원칙"(*KrV*, A162) 또는 "공리들 일반을 가능하게 하는 원리"(*KrV*, A733＝B761)라는 이름 아래 다음과 같이 표현되어 있다.

A판: "모든 현상들은 그것의 직관상 연장적 크기들이다."(*KrV*, A162)
B판: "모든 직관들은 연장적 크기들이다."(*KrV*, B202)

여기서 말하는 "공리"란 유클리드 기하학에서 말하는 공리공준(postulatum)을 지칭한다. 그러므로 "직관의 공리들"이라고 할 때, '직관'은 이런 공리들이 성립할 수 있는 바탕, 즉 공간이라는 순수직관을 뜻한다. 그래서 칸트가 비록 직관의 공리들 원칙을, "순수 수학"을 "경험 대상들에 적용할 수 있도록 해주는" "초월적 원칙"(*KrV*, A165＝B206)이라고 칭하지만, 이때 "순수 수학"이란 "연장(延長)의 수학"(*KrV*, A163＝B204), 즉 "기하학"(*KrV*, A163＝B204 · A166＝B207)을 의미한다.

그러므로 이 원칙의 B판의 표현 "모든 직관들은 연장적 크기들이다"에서, 모든 직관들은 단지 시간 표상에서 직관되는 것이 아니라 시간 · 공간 표상에서 직관되는 것, 즉 일차적으로 순수하게 공간적으로 표상되는 것, 다시 말해 순수직관을, 이차적으로는 시간·공간상에 현상하는 것, 다시 말해 경험 직관을 지시한다. 첫째로, 순수하게 공간적으로 직관되는 것이 연장적 크기들로 표상되기 때문에 기하학의 공리들이 성립하며, 둘째로, 이런 순수한 시간·공간 표상을 질서의 바탕으로 해서만 경험적 직관이 가능하기 때문에, 이 경험적 직관의 내용, 즉 현상들 또한 연장적 크기들로 표상되는 것이다. 직관의 공리들의 원칙의 A판의 표현, "모든 현상들은 그것의 직관상 연장적 크기들이다"는 두 번째 경우를 부각시킨 것이고, 고쳐 쓴 B판의 표현은, 먼저 첫째의 경우를 그리고 따라서 둘째의 경우를 함축하고 있다.

이 "크기(Größe)"란 "'어떤 것이 얼마나 크냐?'라는 질문에 대한 답"(*KrV*, A163=B204)에 관련되어 있는 것이다. 가령 수효나 길이, 넓이, 부피의 얼마는 항상 일정한 크기[量]로 나타나며, 이 크기는 "부분들과 그것의 덧붙임에 의해"(*KrV*, A163=B203) 전체를 이룬다. "부분들의 표상이 전체라는 표상을 가능하게 만드는" 이런 크기의 표상을 "연장적 크기"(*KrV*, A162=B203)라고 하며, 그것은 "하나(Einheit)" 아니면 "여럿(Vielheit)" 혹은 "모두(Allheit)"라는 수치로 드러난다. 그러므로 연장적 크기는 이 세 가지 양(quantitas) 개념이 시간·공간적으로 표상된 것과의 결합에서 가능한 표상이다. 연장적 크기는 '수(數)'라는 "도식(Schema)"을 매개로 순수 지성개념 양(量)이 순수하게 직관된 것에, 그리고 이에 따라서 또한 경험적으로 직관된 것에 적용된 표상이다. 연장적 크기는 수량으로 표출되되, 어떤 것이 일정한 수량으로 표출될 수 있는 것은 그것이 도대체가 양적(量的)으로 표출될 수 있는 바탕 위에 나타나기 때문이다. 이 수량의 표상이 가능할 바탕을 칸트는 "양적(量的)인 것(quantum)"이라고 칭하고, 수량(quantitas)을 부분(즉 단위)들의 덧붙임에 의해 전체가 이루어진다는 의미에서 "분(할)량〔分(割)量 : quantum discretum〕"이라 한다면, 이 "양적인 것"
은 분(할)량이라는 표상이 그 위에서 가능할, 즉 '부분'이라는 표상을 가능
하게 하는 전체 표상, 그러니까 부분 표상에 선행하는 그런 양(量), 즉 "연
속량(連續量 : quantum continuum)"이라 규정한다.(*KrV*, A142＝B182 ; Refl
633a : XVIII, 659 이하 참조)

　양적인 것, 즉 연속량은 다름 아닌 공간 · 시간 표상이다. 공간 · 시간을
연속량이라 함은 공간 · 시간은 각각 하나의 "무한한 주어진 양"(*KrV*,
B39)이기 때문이다. 그런데 순수직관인 공간 · 시간은 단일한 표상이다.
공간 · 시간은 각기 여러 공간들, 무수한 시간들의 결합이 아니다. 우리는
흔히 공간들 예컨대, 여기 · 저기 · 거기 혹은 시간들 예컨대, 어제 · 오
늘 · 내일을 말하기는 하지만, 이것은 여러 개의 공간, 여럿의 시간을 뜻한
다기보다는 한 공간의 여러 부분들, 한 시간의 여러 부분들을 뜻하는 것이
다. 공간 · 시간은 도대체가 각기 하나로서 우리에게 주어진다. 그런 의미
에서 직관이다. 그러나 그것은 무한한 크기로 주어진다. 이때 무한(無限)
한 크기라 함은 너무 커서 셈할 수 없을 만큼 끝이 없는 무한정한 것이라
기보다는, 도대체가 끝을 가지지 않은 크기라는 뜻이다. 도대체가 끝을 가
지지 않은 것, 그것은 그 자체로는 아무것도 아닌 것, 즉 "무(無 : Nichts)"
이다. 그럼에도 공간 · 시간은 그 안에서 무엇인가가 크기〔量〕로서 표상될
수 있는, 현상할 수 있는 바탕들(principia)이다. 공간은 공간상에 있는 것
이 아니고 시간은 시간상에 있는 것이 아니지만, 어떤 것이 있는 것이라
면, 그것은 반드시 공간 · 시간상에 있다. 이런 의미에서 공간 · 시간 표상
은 그 위에서 어떤 것이 일정한 크기로 우리에게 나타나는 보편적인 틀,
즉 형식이다. 그러므로 연속량으로서의 공간 · 시간은 대상을 일정한 크기
로 표상할 수 있는, 단지 주관의 순수한, 어떤 것을 수용하는, 즉 감성의 형
식이다. 어떤 것이 일정한 크기로 표상될 수 있는 한에서, 그것은 "하나",

"여럿" 혹은 "모두"로 측정[幾何]되고 셈[算數]해질 수 있으되, 하나 · 여럿 · 모두는 여러 대상들에 공통적인 표상 즉 "개념"이며, 더구나 순수한 지성개념(Refl 3930 : XVIII, 352 참조)이다. 하나 · 여럿 · 모두라는 개념들은 '하나의 원', '여러(몇) m', '모든 사과' 등의 대상으로부터 추출해낸 개념이 아니라, 오히려 이 개념들로 인해서 비로소 저런 대상 표상이 가능하게 되는, 즉 어떤 선험적인 대상이나 경험적 대상의 표상에 선행하는 그런 초월적 개념들이다.

칸트의 "직관의 공리들의 원칙"은 이렇듯, 순수 지성개념들의 "하나" · "여럿" · "모두"가 어떻게 순수직관인 공간 · 시간 표상과 결합하고, 이를 통해서 어떻게 경험적 대상에 적용되어 경험적 대상을 표상 가능하게 하는가를 보여주고 있다. 이로써, "순수 이성의 본래적 과제"(*KrV*, B19)인, 하나의 "선험적 종합 인식이 어떻게 가능"하며(같은 곳 참조), 이 인식의 타당성의 범위가 어디까지인가가 밝혀진다.

(2) 질(質) 개념의 객관적 사용의 원칙

"모든 지각들, 그 자체를 예취(豫取)하는 원칙"(*KrV*, A166), 바꿔 표현해 "지각의 예취들의 원리"(*KrV*, B207)라는 명칭이 붙은, 질(qualitas, Qualität) 개념의 객관적 사용의 원칙은, 칸트에서 다음과 같이 표현되어 있다.

A판: "모든 현상들에서 감각은, 즉 대상에서 감각에 대응하는 바, 실재적인 것(現象體 實在性)은 밀도적 크기, 다시 말해 도[度]를 갖는다."(*KrV*, A166)
B판: "모든 현상들에서 실재적인 것, 즉 감각의 대상인 것은 밀도적 크기, 다시 말해 도[度]를 갖는다."(*KrV*, B207)

직관의 공리들의 원칙은, 직관의 (따라서 현상의) 형식인 공간 · 시간 표상에만 관계하는 데에 반하여, 지각의 예취들의 원칙은 이 규정하는 형식의 바탕 위에서 규정되는 현상의 질료 즉 지각의 내용에 관계한다.

인간의 인식에서는 인식될 수 있는 것이 주어져야만 한다. 대상으로서 존재자란 우리 자신도 아니고, 우리 자신이 그 존재자를 스스로 만든 것도 창조한 것도 아니기 때문이다. 그런데 우리에게 주어지는 것은 감각(내용)으로서의 질료이다. 이 질료란 "대상에서 감각에 대응하는 것"(*KrV*, A166 · A143=B182 · A175=B217 참조), 요컨대 "감각(내용)"이며, 이것을 칸트는 또한 "실재적인 것"이라고도 칭한다.

그렇다면 칸트에게서 실재적인 것, "실재성(Realität)"이란 무엇을 뜻하는가? 이 개념은 스콜라철학에서의 "realitas(실질실재성)"에서 연원한다. "실재적(realis)"인 것이란, 바로 사물(res)에 속하는 것, 사물의 무엇임의 내용(Was-gehalt)을 이루는 것, 사물의 본질에 속하는 것, '실질적'인 것이다. 이 '실질성'이라는 의미에서 "실재성" 개념은 '성질(Qualität)'이라는 지성의 순수 개념에 속한다. 그것은 '한 사물이 무엇인가'라는 물음에 답을 주는 것이다.(*KrV*, A143=B182 · A175=B217 참조) 실질적인 것, 사물(res)을 이루는 것은 바로 그 사물을 규정하는 것(Bestimmung)이다.

현상으로서 사물들은 우리에게 '어떤 것', '무엇'을 보여준다. 그런데 이 현상에서 실질적인 것은 밀도적 크기, 도(度)를 갖는다. 이 말은 무슨 뜻인가? 밀도(intensio)란 "질(質)의 크기(quantitas qualitatis)"(*Prol*, §26 : A95=IV139)로서, 밀도적 크기란 한 단위에서의 그 질적 정도(gradus)를 뜻한다. 질적 정도란 한 단위에 대한 적극적 규정(determinatio positiva) "~이다"[=1]로부터, 그 규정의 부정(negatio) "~ 아니다"[=0]에 이르는 것이다. 현상들에서 실질적인 것은 밀도적 크기를 가지므로, 이 밀도적 크기에 근거해서 지성은 그 현상들이 무엇인가를 혹은 무엇이 아닌가를 규정한다.

그런데 "현상들에서 실질적인 것은 밀도적 크기를 갖는다"는 순수 지성의 원칙은 어떤 의미에서 "지각(知覺)들의 예취(豫取)의 원칙"인가?

예취(Antizipation)란 "그것에 의해 내가 경험적 인식에 속하는 것을 선험적으로 인식하고 규정할 수 있는 인식"(*KrV*, A166=B208)을 말한다. 예취란 다름 아닌 경험적 인식에서 우리에게 선재(先在)하는, 미리 놓여 있는 "보편적 표상"이다. 그러므로 지각의 예취란 감각 재료, 즉 실질적인 것의 수용에는 우리에게 이 수용에 미리 놓여 있는 선험적인 보편적 표상, 즉 개념의 작동을 말한다.

인간은 주어지는 것을 감각하고 지각함이 분명하지만, 그러나 '어떤 것(etwas)' 내지는 '무엇(was)'은 감각기관을 통하여 지각되지 않는다. '어떤 것'이란 보이지도, 들리지도, 냄새 나지도, 만져지지도 않으며 맛도 없다. 도대체 '무엇'을 감각하기 위한 감각기관이란 없다. 그럼에도 우리는 주어지는 것을 '무엇'으로 파악한다. 그러니까 지각 가능한 것의 '무엇'이라는 성격은 지각적 수용에서 미리 표상되어 있어야만 한다. 주어지는 것을 받아들이는 지각에서 그런 미리 취함[豫取]이 있음으로 해서만, 우리는 무엇이 '어떠어떠하다'는 인식을 얻을 수 있고, 이런 인식 중에서만 우리에게 한 대상이 현상할 수 있다. 감각기관을 통해서 실재적인 것, 즉 '어떤 것', '무엇'을 바로 어떤 것, 무엇이게끔 해주는 "계기(Moment, vis movendi)"(*KrV*, A168=B210 참조)가 수용되지만, 그러나 이 수용의 바탕에는 '어떤 것', '무엇'이 '어떠어떠하다'는 보편적 표상[형식]이 '선취(prolepsis)'되어 있다. 이런 이해에서, 지각의 예취에 의해서만 어떤 무엇이 인식된다. 바꿔 말하면, 경험의 대상이 현상한다.

(3) 관계(關係) 개념의 객관적 사용의 원칙들

"관계(Relation, Verhältnis)" 개념을 대상에 적용하는 원칙을 칸트는 "경험의 유추들의 원리"(*KrV*, B218)라고 칭한다. 여기서 "경험의 유추"란 경험 중의 대상들, 즉 현상들의 상호 관계를 규정함에서 주어지지 않은 어떤 것을 다른 어떤 주어진 것과 "관계에 따라서" 규정함을 말한다. 그러나 이 관계적 규정은 수학에서처럼 주어진 항들의 비례적 관계(proportio)에 따라서 주어지지 않은 항을 "구성"하는 그런 유추가 아니라, 지각들로부터 "경험의 통일"(*KrV*, A180＝B222)이 생겨야만 하도록 "규제"하는 그런 유추이다.(*KrV*, A179 이하＝B221 이하 참조) 바로 이런 유추에서 기능하는 범주가 관계 개념들이다. 이 관계 개념들이 객관적으로 사용되는 "경험 유추들의 일반 원칙"(*KrV*, A176)을 칸트는 다음과 같이 표현하고 있다.

> A판: "모든 현상들은 그것들의 현존에서 볼 때 선험적으로 시간상에서의 그것들 상호 간의 관계를 규정하는 규칙들 아래 놓여 있다."(*KrV*, A176 이하)
> B판: "경험은 지각들의 필연적 연결 표상을 통해서만 가능하다."(*KrV*, B218)

A판의 표현에서의 모든 "현상들"이란, 다름 아니라 B판의 표현에서의 "지각들"에서 지각된 것이다. 이 현상들을, 그것들의 현존(Dasein)에서 볼 때, 즉 그것들의 자신이 현존함을 드러내는 힘, 역동(力動 : dynamis)에서 볼 때, 그것들은 시간상에서 일정한 관계를 가져야만 하는 것으로 표상된다. "현존"이란 어느 경우에나 공간 표상 위에서만 가능한 표상이므로, 저 "현상들"은 물론 일정한 공간적 관계 또한 가지고 있겠다. 그러나 "지각들"의 "필연적 연결(nexus)"은 의식 중에서, 다시 말하면 "의식의 형식"(Refl 5317 : XVIII, 151)으로서의 "시간"상에서만 가능하다. 그러므로 여기에서의 "관계"란 현상들의 시간상에서의 "필연적 연결"의 관계를 말한다.

그런데 순전한 의식의 형식으로서의 시간은 "서로 잇따라(nacheinander)"(*KrV*, A30＝B46)의 표상이다. 그러나 "서로 잇따라"의 형식적 표상 중에

즉 시간상에 표상되는 것은, 시간상에서 잇따라 일어나는, 즉 계기(繼起 : Folge)하는 현상들이다. 이런 현상들이 두 계열 이상이 있을 때, 서로 다른 계열의 현상들은 "서로 곁하여(nebeneinander)" 있다. (한 계열의 현상들은 어느 경우에나 오로지 "잇따라" 있을 수밖에 없지만) 현상들이 서로 곁하여 있을 때 우리는 그 현상들이 "동시에(zugleich)"(*KrV*, A30＝B46 참조) 있다고 표상한다. 서로 다른 사물이 동시에 있음으로 표상되는 것은, 그 사물들이 한 시점[지금 : jetzt]에 고정되어 있는(beharrlich) 것으로 표상됨으로써 가능하다. 그러므로 "잇따라"의 표상인 시간상에 현상하는 사물들은 계기(Folge)적으로뿐만 아니라 동시(Zugleichsein)적으로 그리고 또한 고정불변(Beharrlichkeit)적으로도 표상된다. 이렇게 해서 "고정(불변)성, 계기[잇따름] 그리고 동시[적]임"(*KrV*, A177＝B219 · B67 참조)은, 어떤 것이 시간상에서 존재하는 세 가지 방식이며, 이 세 가지 방식은 각각 순수 지성의 "실체－우유성", "인과성", "상호작용"의 세 가지 관계 개념의 밑받침에 의한 것이다. 이 각각의 한 개념이 기능하는 경험의 유추가 각각 다름으로 해서, 유추의 원칙은 셋이 있다.

가) 제1유추의 원칙──실체 개념의 객관적 사용 원칙

A판 : "모든 현상들은 대상 자체로서 고정불변적인 것(실체)과 이 고정불변적인 것의 순전한 규정인, 다시 말해 그 대상이 실존하는 방식인, 전변적[轉變的]인 것을 함유한다."(*KrV*, A182)
B판 : "현상들의 모든 바뀜[變轉]에서도 실체는 고정적이며, 실체의 양은 자연에서 증가하지도 감소하지도 않는다."(*KrV*, B224)

현상들은 끊임없이 변화하고 바뀐다. 그러나 이 변화 내지 바뀜은, 변화하지 않고 바뀌지 않는 것을 "전제"(*KrV*, A184＝B227)로 한다. 변화에서 변하는 것은 '무엇인가'이며, 변화 중에서도 그 무엇인가가 여전히 자기 동일성을 유지하고 있을 때만, 즉 변화하지 않을 때만 그 무엇인가의 변화는 생각될 수 있다. 그러니까 우리가 자연에서의 변화를 생각할 때, 그 생각의 바탕에는 변화하지 않는 것, 항상 고정불변적인 것, 즉 실체(Substanz) 내지는 기체(基體 : substratum)의 개념이 놓여 있다. 이런 뜻에서, "모든 현상들에서 고정적인 것은 대상 자체, 다시 말해 현상체(現象體) 실체이지만 바뀌거나 바뀔 수 있는 것은 단지 이 실체 또는 실체들이 실존하는 방식, 그러니까 이 실체의 규정들에 속하는 것"(*KrV*, A183 이하＝B227)이다. 실체가 존재하는 방식으로서 실체들의 규정은 그 실체의 변화에서 그때그때 바뀌는 것이고, 그런 의미에서 우연적인 것이다. 그러므로 변화하는 현상세계를 생각함에 필연적으로 "우유성(偶有性, 우연적인 것 : Akzidenz)"이라는 개념이 또한 바탕에 놓여 있다. 그래서 우리는, "이 세계에서 모든 변화에도 실체는 불변존속하며, 우유성[우연적인 것]들만이 바뀐다"(*KrV*, A184＝B227)고 말할 수 있다. 자연에서의 실체란 바로 고정불변적인 것이라는 지성개념에 상응하는 것인 만큼, 실체의 생성이나 소멸은 일어나지 않는다. 자연에서는 "아무것도 무(無)에서 생기지 않고, 아무것도 무(無)로 돌아갈 수 없다."(*KrV*, A186＝B229) 자연에서의 생성 소멸이란 무엇 아니던 것이 무엇인 것으로, 무엇이던 것이 무엇 아닌 것으로 생각되는 현상일 따름이다.

　현상들의 변화란 바로 시간 지평에서 생각될 수 있는 것이다. 현상들의 변화란 시간 관계에서 표상된다. 그러나 시간 자체는 "머물러 있고 바뀌지 않는다."(*KrV*, B225) 사람들은 흔히 '시간은 흐른다'고 말하지만 흐르는, 변전하는 것은 시간이 아니라 시간상에 표상되는 사건과 사물이다. 시간은 흘러가는 사물들과 발생하는 사건들이 표상되는, 불변하는 질서 형식일 따름이다. 그러나 이 말은 바로 고정불변적인 것을 기체로서 놓고서만 시간 관계 자체가 표상될 수 있음을 뜻한다.(*KrV*, B275 이하 참조) 곧, "고정적인 것은 시간 자체의 경험적 표상의 기체(基體)이며, 이것에서만 모든 시간 규정은 가능하다."(*KrV*, A183=B226) 실체 개념은 변화하는 현상, 즉 사물이 시간상에 표상될 수 있도록 하는 바탕 개념이며, 근원적으로 말하면 시간 표상 자체가 성립될 수 있도록 하는 근본 개념이다. 마찬가지로 공간 관계의 표상도 실체 개념을 바탕으로 해서만 가능하다. 물론 역으로, 실체 개념은 언제나 "외적 직관을 필요로"(*KrV*, B291) 하는 것이고, 외적 직관은 공간 · 시간 표상이 틀로서 기능하는 데에서만 주어지는 것이기는 하다.

실체 개념은 이런 이해에서 더 나아가 바로 거기에서만 여타의 모든 범주 표상들이 사용될 수 있는 제일의 개념이다. 실체는 "지각들의 모든 종합적 통일을, 다시 말해 경험을 가능하게 하는 조건"(*KrV*, A183=B226)이다. 그럼에도, 칸트에게서 실체 개념의 객관적 사용이 유추의 원칙 가운데 하나임은, 실체 개념은 우유성 개념과의 상관관계 아래에서만 생각될 수 있기 때문이다.

나) 제2유추의 원칙─인과 개념의 객관적 사용 원칙

A판 : "일어나는(존재하기 시작하는) 모든 것은, 그것이 규칙상 바로 그에 뒤따르는 어떤 것을 전제한다."(*KrV*, A189)
B판 : "모든 변화들은 원인과 결과의 결합 법칙에 따라 일어난다."(*KrV*, B232)

어떤 것이 무엇으로 존재하기 시작함을 그것이 일어난다고 말하며, 어떤 것의 일어남은 "규칙상", 즉 "필연적으로" 무엇엔가에 뒤따르는 것이다. 이미 제1유추의 원칙에서 밝혀졌듯이, 발생이란 무(無)에서의 생기(生起)가 아니기 때문이다. "실체 자체의 발생과 소멸은 생기지 않는다"(*KrV*, B233), 따라서 "현상들의 모든 바뀜(연이음)은 단지 변화일 뿐이다"(*KrV*, B233). 현상들의 생성 소멸은 무(無)에서 유(有)가, 유(有)에서 무(無)가 생겨난다 함이 아니라, 한 시점에서 지각들의 결합을 통하여 어떤 것으로 생각된 것이, 다른 시점에서의 지각들의 결합을 통하여 다르게 생각됨이다.

그러므로 어떤 사태가 발생하면, 이 발생한 사태를 규정한(조건 지은) 어떤 사태가 필연적으로 선행함이 틀림없다. 주어진 사태는 이 사태에 필연적으로 선행하는 어떤 것에 대해 "확실하게 지시"(*KrV*, A194=B239)한다. 이것이 경험의 유추이다.

뒤따르는 사태는 규정된, 조건적인 것(das Bedingte), 즉 어떤 것으로부터 말미암은 사물이고, 선행하는 사태는 규정하는, 즉 조건인 것(die Bedingung)이다.(A193 이하=B239 참조) 이 조건으로서 선행하는 사태는 원인(Ursache) 개념에 상응하는 것이고, 조건적인 것으로서 후속하는 사태는 결과(Wirkung) 개념에 상응한다. 원인과 결과의 개념은 시간적으로 선행하는 것과 후속하는 것의 관계 개념이다.

일반적으로 변화는 주어진 지각 내용들을 원인과 결과의 개념에서 결합함으로써 일어난다.(제2유추의 원칙 B판의 표현 참조) 바꿔 말해서, 일어나는 것은 필연적으로 선행하는 어떤 것 원사태와 이 원사태를 "움직이는 힘"(bewegende Kraft, vis movendi, Moment)(*KrV*, B67 · A168=B210 · A265=B321 참조)을 전제로 한다.(제2유추의 원칙 A판의 표현 참조) "그러므로 만약 우리가 무엇인가가 일어남을 경험한다면, 그때에 우리는 항상 그것이 규칙에 따라서 그에 뒤따른 무엇인가가 선행함을 전제한다."(*KrV*, A195=B240) 이 "전제" 아래에서만, 발생하는 어떤 것에 관한 객관적 경험이 가능하다. 이런 전제 없이는 어떤 것에 대한 지각 내용의 선후 관계란 한낱 의식에서의 포착 지각들의 종합의 순서, 즉 주관적 관계일 따름일 터이기 때문이다. 그러므로 원인·결과 개념은 객관에서 발생하는 잇따름〔繼起〕 관계를 규정하기 위한 전제, 곧 발생 현상의 존재론적 근거이다. 원인·결과 개념 자체는, 똑같은 이유로 흄에게서 그러하듯이 한갓 주관적이지만, 이 개념의 사용이 바로 객관적 인과관계의 현상을 경험 가능하게 한다.

다) 제3유추의 원칙—상호작용 개념의 객관적 사용 원칙

A판: "모든 실체들은 동시에 있는 한에서 일관된 상호성 (다시 말해, 서로 간의 상호작용) 속에 서 있다."(*KrV*, A211)

B판: "모든 실체들은 공간상에서 동시에 지각될 수 있는 한에서 일관된 상호작용 속에 있다."(*KrV*, B256)

어떤 사물들이 "동시에" 존재한다고 인식될 때, "동시"라는 시간 표상이 지각되지는 않는다. 지각되는 것은 사물들일 따름이기 때문이다. "한 사물에 대한 지각이 다른 사물에 대한 지각에" 잇따르고, 이 다른 한 사물에 대한 지각이 저 한 사물에 대한 지각에 "교호적으로(wechselseitig)" 잇따르면, 이 두 사물은 "동시에 있다"(*KrV*, B256 이하)고 인식된다. 눈앞의 두 건물이 동시에 존재한다고 사태 판단되는 것은, 왼쪽 건물을 지각하고 오른쪽 건물을 지각할 수도 있고, 오른쪽 건물을 지각하고 나서 왼쪽 건물을 또한 지각할 수도 있기 때문이다. 그렇다면 앞서 제2유추의 원칙에서 해명되었듯이, 한 현상이 다른 한 현상에 계기할 때, 이것들 사이에는 상호 교환(commercium)의 인과관계, 즉 상호작용(Wechselwirkung)의 관계가 있다.(*KrV*, A213＝B260 참조) 바꿔 말하면, 상호작용이라는 개념 아래에서만 사물들이 동시에 존재함이 경험될 수 있다.(*KrV*, A214＝B260 이하 참조) 동시 존재란 오로지 사물들의 상호작용 관계에서만 표상된다. 사물들이 동시에 존재하는 것으로 표상되면, 이로부터 그 사물들은 상호작용 중에 있음이 유추되며, 그 역도 마찬가지이다.

동시에 존재하는 사물들 사이에 상호작용 관계가 있으므로, 이런 의미에서 동시에 존재하는 사물들 사이에 "빈 공간"(*KrV*, A214＝B261 · A229＝B281 참조)이란 없다. 사물들 사이에 빈 공간이 놓여 있다 함은, 그것들 사이에 "연쇄" 고리가 없다는 뜻일 터이니까(*KrV*, A213 이하＝B260 이하 참조) 말이다.

동시적인 모든 현상들이, 직접적이든 간접적이든 상호작용 중에 있다고 생각된다 함은, 시간적으로 잇따라 생기는, 즉 계기적인 모든 현상들은, 직접적이든 간접적이든 인과관계 중에 있음을 의미한다. 그러므로 "현상들의 총체"로서의 "자연", 곧 이른바 '질료상으로 본 자연(natura materialiter spectata)'(*KrV*, B163)은 모두 "연결되어 있는 것(compositum reale)"이다.(*KrV*, A215＝B262 참조) 자연은 이를테면 현상들 상호 관계의 체계로서, 현상들을 인과 개념과 상호작용 개념에서 생각할 때, 통일체(단일체 : Einheit)로 파악된다. 이렇게 해서 삼라만상은 종적으로 횡적으로, 시간상 서로 잇따라〔선후적으로〕공간상 서로 곁하여〔병렬적으로〕바로 시간상으로는 동시적인바 연결 통일되어 있는 "한 자연"을 이루며, 순수 지성개념들은 공간 · 시간 질서 위에서 주어지는 현상들을 "한 자연"이도록 하는 "필연적" 연결 "법칙", 곧 이른바 '형식상으로 본 자연(natura formaliter spectata)'(*KrV*, B165)이다.

(4) 양태(樣態) 개념의 객관적 사용의 원칙들

"경험적 사고 일반의 요청들"(*KrV*, A218＝B265)이라는 이름 밑에 칸트는 세 가지 실존의 양태(Modalität, Existenzmodi) 개념, 곧 "있을 수 있음(가능성 : Möglichkeit)", "실제로 있음(현실성 : Wirklichkeit, Dasein)", "반드시 있음(필연성 : Notwendigkeit)"이 각각 객관적으로 사용되는 원칙을 다음과 같이 표현하고 있다.

> "1. 경험의 형식적 조건들과 (직관과 개념들의 면에서) 합치하는 것은 있을 수 있다[가능적으로 실존한다].
> 2. 경험의 질료적 조건(즉 감각)과 관련되어 있는 것은 실제로 있다[현실적으로 실존한다].
> 3. 현실적인 것과의 관련이 경험의 보편적인 조건들에 따라 규정되는 것은 반드시[필연적으로] 있다(실존한다)."(*KrV*, A218＝B265 이하)

앞의 '관계' 범주의 경우 그 세 가지 개념에 따라 그 사용 원칙이 셋이 있고, 이를 포괄하는 보편 원칙이 따로 제시되었다는 점을 고려할 때, 우리는 이 '양태' 범주의 세 가지 개념에 각기 상응해 있는 사용 원칙들을 포괄하는 하나의 보편 원칙을 구성해볼 수도 있다. 양태 개념이 객관[대상]에 적용됨으로써 그 대상[사물]의 존재 양상이 규정되는 것이니, 그러므로 양태 개념들의 객관적 사용 원칙들인 '경험적 사고 일반의 요청들의 일반적 원리'는 '대상이 존재하는 양태는, 경험의 일정한 조건들 아래에서 규정되어야만 한다(Das allgemeine Prinzip der Postulate des empirischen Denkens überhaupt : Der Modus, wie ein Gegenstnad ist[existiert], muß unter gewissen Bedingungen der Erfahrung bestimmt werden.)'고 표현될 수 있겠다.

"요청(Postulat)"이란 "하나의 가능한 행위에서 그 행위를 수행하는 방식이 직접적으로 확실하다고 전제되어 있는 그런 행위를 규정하는 원칙"(*Log*, §38 : IX, 112)을 말한다. 그러니까 경험적 사고 일반의 요청이란 경험적인 사고작용의 수행에서 대상의 존재 방식과 관련하여 사고작용을 규정하는, 직접적으로 확실한 원리를 일컫는다.

대상의 실존 방식이란 대상이 어떻게 있는가 하는 것으로, 그것은 대상이 무엇인가 하는 것과는 전혀 다르다. 대상의 실존 양태들, 곧 가능성〔가능적으로 있음〕· 현실성〔현실적으로 있음〕· 필연성〔필연적으로 있음〕은 대상의 객관적 실재성(objective Realität)이 아니다. 이런 의미에서 칸트는 실존 양태 개념이 대상의 "실재적 술어가 아니다"(*KrV*, A598＝B626)라고 한다. 양태 개념들은 대상의 대상임의 본질(essentia realis) 규정과는 달리, 대상의 존재가 주관과 어떤 관계에 있는가를 규정한다. 그러므로 앞서 해명된 세 종류의 범주들과는 달리, 양태의 범주들은 "그것들이 술어로 덧붙여지는 그 개념을 객관의 규정으로서 조금도 증가시키지 않고, 단지 인식능력과의 관계만을 표현할 뿐"(*KrV*, A219＝B266)이라는 특성을 갖는다. 한 사물의 개념이 (본질상) 이미 완벽하다고 하더라도, 우리는 그 사물이 가능적으로 있는가, 현실적으로 있는가, 아니면 필연적으로 있는가를 물을 수 있다. 그러나 이런 물음의 답에 의해서 그 사물의 실재적(객관적) 규정이 좀 더 증가하는 것은 아니고, 다만 그 사물이 "지성 및 그 경험적 사용"(*KrV*, A219＝B266)과 어떤 관계에 놓여 있는가가 드러날 뿐이다.

경험적으로 사용된 지성은, 도대체가 경험적 사고는 한 사물이 단지 가능적으로 있다 혹은 실제로 있다 혹은 필연적으로 있다고 규정되기 위해 필요한 일정한 조건을 요구한다. 그러므로 "경험적 사고 일반의 요청들"은 경험의 바탕에 놓여 있는, 사물의 존재 규정을 위한 지성의 요구 조건의 표현이다. 이 양태에 관련한 지성의 개념이 세 가지이므로 그 요구들도 셋이 있다.

가능성〔가능적으로 있음〕 즉 "현존의 가능성"(*KrV*, A724=B752)을, 칸트는 현상이 도대체 현상으로서 나타날 수 있는 조건, 즉 공간·시간과 이것의 양적(量的) 규정—직관의 공리들의 원칙에 따른—에 합치함으로써 파악한다. 종래의 어떤 형이상학에서는 가능성〔가능적임〕이란 무모순성으로 이해되었다. 그러나 칸트에 따르면 자기모순이 없는 것이란 사유 가능하기는 하지만, 이 사유 가능성이 대상의 현존 가능성에 관해 무엇인가를 말해주지는 못한다. 즉 공간·시간상에 나타날 수 없고 양적으로 규정될 수 없는 것은, 그것이 설령 생각 가능하다고 하더라도 "우리 인간에게 대해서"는 존재 가능한 것이 아니다.

현실성〔현실적으로 있음〕은, 칸트에겐 우리에게 실재적인 것, 사물의 사물임에 속하는 것을 표시해주는 것, 즉 경험의 질료적 조건인 감각과 관련됨으로 파악된다. 종래의 어떤 형이상학에서는, 현실성 내지 현존성이란 사유 가능하다는 의미에서의 가능성의 보완(complementum possibilitatis)으로서 파악되었다.(*KrV*, A231=B284 참조) 그러나 칸트에 따르면, 현실성이란 공간·시간상에 주어지는 감각에서 그 실질(實質)이 마주치는 것에 대한 지성과의 관계 규정이다.

필연성〔필연적으로 있음〕을 칸트는 항상 현실적인 것과의 관련을 확정시키는 규정으로 파악한다. 종래의 어떤 형이상학에서 필연성이란 필연적임이라는 의미에서 그렇지 않을 수 없다고 생각되는 것으로 이해되었다. 그리고 필연적인 것이란 그것을 부정하는 것이 생각 불가능한 것(*KrV*, B290 참조)으로, 따라서 그런 것은 반드시 존재하는 것으로 생각되었다. 그러나 칸트에 따르면 우리가 그렇게 생각해야만 하는 어떤 것이, 바로 오직 우리가 그렇게 생각할 수밖에 없다는 오로지 그 이유 때문에 그렇게 존재해야만 하는 것은 아니다. 어떤 사물의 필연적으로 있음, 즉 "현존에서의 질료적 필연성"(*KrV*, A226=B279)은, 그 사물의 현존하는 것과의 관련이 "인과성의 역학적 법칙"과 같은(KrV, A228=B280) 경험의 조건들(KrV, A227=B279 참조)과 부합하는 것으로 생각됨으로 해서 규정된다.

이상의 세 실존 양태 개념들은 대상의 대상임에 실재적인 어떤 것도 보태지 않고, 따라서 양태의 원칙들은 "객관적으로 종합적이지는 않"(KrV, A233=B286)고, 대상에 대상과 인식주관과의 관계를 선험적으로 덧붙이는 것으로, 단지 "주관적으로만 종합적"(KrV, B234 이하=B286)이긴 하지만, 이 양태 개념들의 객관적 사용의 원칙들도, 그 안에서 한 대상의 실존 양태가 규정된다는 점에서 객관적 실재성을 갖는다.

사물의 실존 양태의 규정은 사물, 즉 '무엇인가'의 주관과의 관계 규정이므로, 사물의 무엇임의 규정, 즉 앞선 세 종류의 범주들에서의 사물의 본질 규정을 전제로 한다. 그러나 거꾸로 생각해서, 어떤 사물이 무엇인가의 규정은 그것이 어떤 방식으로든 있음을 전제로 하기 때문에, 앞선 세 범주들의 객관적 사용은 양태 범주들의 객관적 사용을 전제로 한다. 이것이 사물의 본질 규정의 보편적, 필연적 원리들인 양·질·관계의 범주와 실존 규정의 원리인 양태 범주와의 관계이다.

3. 초월철학 곧 현상존재론

요컨대 칸트에서, 선험적인 표상인 공간·시간의 질서 위에서 갖가지 감각 재료들이 수용되고 이 수용된 감각 질료들이 범주로 기능하는 순수 지성개념들에 따라 종합 통일됨으로써 우리에게 한 존재자가 무엇으로 있게 된다. 바꿔 말하면, 우리는 무엇인 한 존재자를 인식하게 된다. 그러므로 한 인식에서 그리고 그 인식에서 인식된 존재자는 인식하는 의식의 선험적 표상에 의해 규정되는 것이다. 그러므로 칸트 초월철학에 따르면, 사고의 형식인 범주는 인식의 성립 조건일 뿐만 아니라 또한 그 인식에서 인식되는 대상의 성립 조건이기도 하다. 인식을 가능하게 하는 조건이 바로 그 인식에서 인식된 존재자의 가능 조건인 것이다.

이로써 칸트는, 진리를 "사물과 지성의 합치(adaequatio rei et intellectus)"라 규정하고,[83] 인간의 참된 사물인식은 "인식하는 자의 인식되는 것으로의 동[일]화(assimilatio cognoscentis ad rem cognitam)"로 해석해 오던 전통을 벗어나, 참된 인식은 "존재자의 지성에의 일치(convenientia entis ad intellectum)"로 인하여 성립한다는 사상을 표명하여, 이른바 인식자-인식 대상 사이의 '코페르니쿠스적 전환'(KrV, BXVI 참조)을 수행한다. "창조될 사물의 신(神)의 지성에의 합치(adaequatio rei creandae ad intellectum divinum)"를 전제로 "인식되는 사물의 형식은 인식하는 자 안에 있다"[84]고 생각했던 전통 형이상학을, 순수 이성 비판을 통해 인간의 사물인식에 대해서도 적용함으로써, "사물과 지성의 합치"를 "〔인간〕 지성과 〔인간 지성에 의해 인식되는〕 사물의 동일형식성(conformitas)"으로 해석하고, 사물을 인식하는 인간을 적어도 "부분적으로는 그 사물의 창조자"(Refl 254 : XV, 95 참조)로 격상시켰다.

그리고 이로써 칸트는 인식을 가능하게 하는 형식원리가 그 인식에서 인식되는 존재자, 다시 말해 인간에게 의미 있는 유일한 존재자를 존재자로서 가능하게 하는 존재 원리임을 분명히 한다. 그래서 칸트에게는 인식론은 존재론이고 존재론은 인식론이다. 존재론이란 존재자 일반이 존재자임을 밝히는 학문, 존재자로서 존재자의 가능성의 원리를 추궁하는 학문이니 말이다. 또한 칸트에서 의미 있는 존재자란 현상뿐인 한에서, 그의 존재론은 '현상존재론'이다. 그리고 이 칸트의 현상존재론에서 존재자로

---

83 Thomas Aquinas, *Quaestiones disp. —De veritate*, qu.1, art. 1 참조.
84 Thomas Aquinas, *Summa Theologiae*, Pars I, qu. 16, art. 2, 2.

서의 존재자의 '참임(Wahrsein)', 곧 참된 의미에서의 존재(Sein)는 그 존재자에 대한 인식의 '참임', 곧 진리(Wahrheit)이다.

제4절 _ 이성적 형이상학 비판

칸트는 『순수이성비판』 〈초월 논리학〉의 제2부 '초월적 변증학'에서 종래의, 특히 데카르트로부터 라이프니츠-볼프 학파에 이르는 이른바 '이성적 형이상학(rationale metaphysica)'을 비판 해체한다. 이것이 계몽으로서의 칸트철학의 중심부를 이룬다.

철학적 지식은 기본적으로 "순전한 개념에 의한 이성 인식"(*KrV*, A713=B741 참조)으로 이루어져 있다. 그러니 형이상학이 '이성적'인 것은 당연하다 하겠다. 그러나 형이상학이 '전적으로 경험의 가르침을 무시하고 그것도 순전히 개념에 의해서만 성립하는, 경험과 완전히 격리된 사변적 이성 인식'(*KrV*, AXX · A844=B872 · A850=B878)으로만 이루어질 때는 아무런 대상, 곧 존재자와의 관련성을 갖지 못하고, 그런 만큼 어떠한 존재 세계에 대해서도 발언권을 갖지 못한다. 그럼에도 만약 이 형이상학이 '영혼'이라는 존재자에 대해, '세계 전체'라는 존재자에 대해, 또는 '신'이라는 존재자에 대해 발언한다면 그것은 월권이다. '순수 이성'이라는 이름으로 자행되는 이 월권을 비판하는 것이 계몽주의적 이성의 업무이고, 사실 칸트 초월철학은 이 업무를 위한 준비 작업의 결실이다.

오늘날 독자들은 『순수이성비판』의 전반부, 즉 칸트의 초월철학을 서술하고 있는 〈초월적 감성학〉과 〈초월 논리학〉의 제1부인 '초월적 분석학'만을 의미 있게 읽지만, 이 전반부는 칸트가 후반부, 즉 초월 논리학의 제2부인 '초월적 변증학'에서 하고자 하는 작업을 위한 예비 작업이었다고 볼 수 있다. 그리고 바로 이러한 점 때문에 『순수이성비판』은 계몽사상의 하나의 전범인 것이다.

'초월적 변증학'에서 칸트는 다름 아니라 '이성적 영혼론[심리학]', '이성적 우주론', '이성적 신학'—좀 더 분간해서 말하면 '이성적 신학'의 일부인 '초월적[초험적] 신학'—을 차례로 비판 해체한다. 그리고 그로써 이른바 이론적 형이상학이 하나의 '학문'으로서 성립할 수 없음을 밝힌다. 그러니까 칸트의 '순수한 이론이성 비판'은 이성의 자기 자신의 능력에 대한 비판, 곧 '한계 규정'을 통한 종래의 형이상학에 대한 비판, 곧 종래의 이른바 '이성적' 형이상학이란 사이비 학문임을 폭로한 '비평'인 것이다.

1. 초월적 가상의 체계들

칸트는 초월적 변증학을 "가상의 논리학"이라 규정한다. 여기서 '가상(Schein)'이란 경험적 가상이 아니라, 초월적 가상을 지칭한다. 초월적 가상이란 인간 이성에 있어서 "자연스럽고 불가피한 환상"(*KrV*, A298＝B354)으로서, 주관적 원칙에서 비롯한 것이면서도 객관적인 것으로 행세하는 그런 것이다. 이런 순수 이성의 자연스러운, 불가피한 변증성은 우매한 자가 지식의 결여, 곧 허위로 인해 빠지게 되는 것도 아니고, 궤변가가 의도적으로 사람들을 혼란시키기 위해 만들어낸 변증성, 곧 궤변도 아니며, 오히려 인간의 이성에 고착해 있는 것으로서, 우리가 그것을 일종의 환영(幻影)이라고 폭로한 뒤에도 여전히 인간 이성 앞에 얼씬거려, 인간을 늘 순간적인 착오에 빠지게끔 하고, 그 때문에 이 착오는 그때그때마다 비판에 부쳐 제거하지 않으면 안 되는 그런 것이다.

여기서 칸트가 초월적 가상의 자리, 곧 발생지로 지목하고 있는 '이성'

이란 좁은 의미로 이성을 일컬을 때의 "원리들의 능력"으로서, 규칙들의 능력인 지성과 구별되는 것이다.(*KrV*, A299=B356 참조) 이렇게 구분된 의미에서 이성의 인식은 원리들로부터의 인식으로서, 원리들로부터의 인식이란 (삼단논법에서 매 개념을 통해 결론의 인식에 이르듯) "보편에서 개념을 통해 특수를 인식하는 것"(*KrV*, A300=B357)을 말한다.

지성이 선험적 보편 명제를 제공하고, 그것이 대전제로 쓰일 수 있는 한에서, 그런 보편 명제를 원리라고 할 수 있다. 그러나 순수 지성의 원칙들은 단지 개념에 의한 인식이 아니다. 예컨대, 인과의 법칙은 단지 원인이라는 개념에서 결과라는 개념을 도출한 것이 아니라, 순수직관 중에 주어진 잇따름의 시간 법칙으로 드러난 것이다.

그런데 보통 이성은 삼단논법에서 보듯이, 추론에 있어서 보편에서 특수로 내려가는 과정을 단지 개념들을 통해서만 행한다. 그러나 또한 이성은 반대로, 단지 개념만을 통하여 특수 명제에 포함되어 있는 보편 명제를, 그리고 이 보편 명제로부터 더 보편적인 규칙을 소급해서 추리해감으로써 궁극의 무조건적인 것〔무조건자〕에로 나아가려 하기도 한다. 이성은 주어진 원리들을 다시 최소수의 원리들로 소급시킴으로써 원리들의 한 체계를 이루려는 노력, 즉 "이성의 통일"(*KrV*, A326=B383) 작업을 줄기차게 편다. 이제 이런 소급 추론에서 도달한 궁극의 무조건적 개념은 '초험적'이라는 의미의 "초월적 이념"(*KrV*, A327=B383)이라 일컬어야 할 것으로서, 더 이상 경험할 수 없는, "경험의 한계를 넘어"서는, 따라서 '경험 중에 한 대상으로서 나타날 수는 없는' 것이다.

우리의 표상들이 가질 수 있는 모든 관계를 통틀어 최상의 보편적인 것은 1) 주관에 대한 관계와 2) 객관에 대한 관계에서 구해질 수 있는데, 객관을 2.1) 현상으로서의 객관과 2.2) 사고 일반의 대상으로서의 객관으로 나누어 생각해볼 수 있으니, 무조건자에까지 도달하려는 이성의 통일은, 다

음의 셋이 된다.(*KrV*, A334=B391 참조)

(1) 사고하는 주관의 절대적〔무조건적〕통일,
(2) 현상의 조건 계열의 절대적 통일,
(3) 사고 일반의 모든 대상들 조건의 절대적 통일.

　사고하는 주관, 곧 영혼〔마음〕은 영혼론〔심리학〕의 대상이다. 모든 현상들의 총체, 곧 세계는 우주론의 대상이다. 사고할 수 있는 만물을 가능하게 할 수 있는 최상의 조건을 포함하는 것, 곧 최고 존재자는 신학의 대상이다. 즉 이 세 이성 통일의 무조건자는 재래 형이상학의 세 분과: 이성적 영혼론〔심리학〕(psychologia rationalis), 이성적 우주론(cosmologia rationalis), 초월적 신학(theologia transcendentalis)—칸트의 개념에 따르면, 신학은 계시신학과 '이성적 신학'으로 대별되는바, 이성적 신학은 다시금 '초월적 신학'과 '자연적 신학'으로 나뉘고, 초월적 신학 아래에는 '우주신학'과 '존재신학'이, 자연적 신학 아래에는 '물리신학'과 '도덕신학'이 있다.(*KrV*, A631=B659 이하 참조) 그런데 우주신학과 물리신학은 그 원근거를 존재신학에 두고 있으므로, 여기서 '초월적 신학'이라 한 것은 우주신학·존재신학·물리신학을 포함하는 것으로 해석할 수 있다.—의 대상인 것이다.
　이제 칸트는 초월적 가상의 체계들인 이 재래의 세 특수 형이상학의 주제인 세 가지 무조건자, 곧 영혼(의 불멸성)·자유〔자기원인〕·신이라는 이념이 한낱 이성 자신의 환영에 불과하다는 것을 밝힘으로써 종래의 이성적 형이상학과 함께 이 형이상학에 기초하고 있는 기독교 세계 운영 원리를 비판한다. 그것은 계몽주의 시대가 철학자에게 부의한 과제였다.

2. 순수 이성의 오류추리 비판

플라톤 이래로 사람들은 영혼[정신, 마음], 주관[주체], 또는 자아의 '단순성'을 규정한 후 그를 기초로 영혼이 불멸·불사(不死)·불후(不朽)적임을 추리한다. 이 추리를 이른바 이성적 영혼론[심리학]은 범주 형식을 빌려 수행하는바(*KrV*, A344 이하=B402 이하 참조), 이런 유의 추리는 한낱 오류추리(Paralogismus)일 따름이다.

이성적 형이상학자들은 "영혼은 실체이다"라고 주장한다. 이것은 영혼을 관계 범주에서 고찰한 결과로서, 이런 주장의 이면에는 다음과 같은 사이비 삼단논법이 있다.

- 대전제 : 그것의 표상이 우리 판단들의 절대적 주체[주관]이고, 따라서 여타 사물의 규정으로 사용될 수 없는 그런 것은 실체이다.
- 소전제 : 사고하는 자로서 나는 나의 모든 가능한 판단들의 절대적 주체[주어]이고, 나 자신에 대한 이 표상은 어떤 다른 사물의 술어로 사용될 수 없다.
- 결론 : 그러므로 사고하는 자(영혼으)로서, 나는 실체이다.(*KrV*, A348 참조)

삼단논법처럼 보이는 이 이성추리에서 일단 '사고하는 자(das denkende Wesen)'와 '나(ich)' 그리고 '영혼(Seele)'은 동일시되고 있다. 그러나 대전제에서 절대적 주체(das absolute Subjekt)인 실체(Substanz)는 판단에서 표상되는 것, 곧 현상적 대상으로서의 '주체'인 실체인 반면에, 소전제에서의 절대적 주체인 사고하는 자, 곧 나는 자기의식(Selbstbewußtsein)으로서, 그것은 생리─심리학적인 생각하는 것(res cogitans)이 아니다. 그러므로 이 추리는 매개념인 '절대적 주체〔주관, 주어〕'의 다의성에서 비롯한 오류추리이다. 다시 말해 이런 '이성추리'로써는 '영혼이 실체이다'는 것이 증명되지 않는다.

이성적 형이상학자들은 또한 "영혼은 단순하다"고 주장한다. 이것은 영혼을 질(質) 범주의 관점에서 고찰한 후의 결론이다. 그러나 이 결론도 사이비 삼단논법에서 비롯한 것이다.

- 대전제 : 그것의 작용〔활동〕이 작용〔활동〕하는 많은 사물들의 합작 (Konkurrenz)으로 결코 볼 수 없는 그러한 사물은 단순하다.
- 소전제 : 그런데 영혼, 바꿔 말해 사고하는 '나'는 그러한 것이다.
- 결론 : 그러므로 영혼, 바꿔 말해 사고하는 '나'는 단순하다.(*KrV*, A351 참조)

결론에서 영혼으로 지칭된 '사고하는 나'는 단적으로 '자기의식'이지 소전제에서 말하는 자기 인식의 대상인 '사고하는 것(res cogitans)'이 아니다. 그러니까 여기서 '사물〔것〕(Ding, res)'은 한편에서는 넓은 의미로 또 다른 편에서는 좁은 의미로 사용되고 있는 것으로, 이 같은 이성추리는 오류이다.

양(量) 범주의 시각에서 영혼을 고찰한 형이상학자들은 "영혼은 인격이다"라고 주장한다. 이 주장도 그럴듯한 삼단논법에 기대어 있다.

- 대전제 : 서로 다른 시간상에서 자기 자신의 수적(數的) 동일성을 의식하는 것은 그런 한에서 인격이다.
- 소전제 : 그런데 영혼은 그런 것이다.
- 결론 : 그러므로 영혼은 인격이다.(*KrV*, A361 참조)

서로 다른 시간상에서 일관된 동일성으로 의식되는 '자기' 내지 '나'는 자기의식[통각]으로서 심리적 사고 내용들과 그것들의 결합에 수반하는 형식적 조건일 뿐, 이것이 심리-생리적인 나의 실재적 동일성을 말하는 것은 아니다. 이미 흄도 지적했듯이, 경험적인 의식 내용은 시시각각 다르므로, 심리적 주관의 실재적인 수적 동일성은 말할 수 없다. 그러므로 '영혼'이 초월적 형식적 자기의식이 아닌 무엇인가 실재하는 것을 지칭하는 한, 수적 동일성을 근거로 영혼을 인격이라고 주장할 수는 없다.

양태(樣態) 범주의 관점에서 보면, "영혼은 항존(恒存)한다." 영혼은 물체인 신체와 관계 맺고 교호 작용(Kommerzium)하고 있으되, 물체와는 구별되는 물체의 생명 원리(*KrV*, A345＝B403 참조)로서 정신성을 가지며, 그렇기에 불사(不死)적이다. 이성적 형이상학자들은 영혼과는 정반대의 성질을 가진 외적 사물의 실존성이 의심스럽다는 것을 밝혀내면, 영혼의 실존성은 명백해지는 것이라고 보았다.

- 대전제 : 그것의 현존이 단지 주어진 지각들의 원인으로서만 추론될 수 있는 그런 어떤 것은 의심스러운 실존만을 갖는다.
- 소전제 : 그런데 모든 현상들은, 그것들의 현존이 직접적으로 지각될 수는 없고, 주어진 지각들의 원인으로서만 추론될 수 있는 그런 종류의 것이다.
- 결론 : 그러므로 외감의 모든 대상들의 현존은 의심스럽다.(*KrV*, A366 이하 참조)

이에 반해, 영혼은 내감에 직접적으로 직관되는 것으로 그 현존은 의심할 여지가 없다는 것이다. 말하자면,

- 대전제 : 영혼으로서 나는 공간상의 사물들의 관계 속에 있다. 즉 나는 나 자신의 존재를 나 자신 이외의 사물들과 (그러니까 나의 신체와도) 구별한다.
- 소전제 : 그런데 공간상의 사물들은 파멸한다.
- 결론 : 그러나 공간상의 사물들과 구별되는 단순한 실체로서 나는 그러므로 파멸하지 않는다. 곧, 불사적이다.

그러나 이 추론들은 거짓이다. 설령 저 삼단논법에 의해 외적 대상들의 현존이 의심스럽다는 것이 증명되고, 외적 사물들이 파멸하는 것이 증명되었다 하더라도, '그것과 반대되는 것'의 무엇임이 입증되는 것은 아니니 말이다.

이로써 이성적 형이상학자들이 주장했던 영혼의 존재와 그것의 자기동일성 및 불멸성 논증은 무효임이 밝혀졌다. 그리고 그와 함께 영혼의 실체성·단순성·동일성·인격성·불멸성을 전제하는 일체의 교리(敎理) 교설(敎說)도 허당에 세워져 있는 것임이 밝혀진다. 그렇기에 이성적 형이상학은 '교조적(dogmatisch)' 형이상학이라 할 수 있다.

칸트는 "순수 인식에서 이성의 교조적 수행 방식을 반대하지는 않는다."(*KrV*, BXXXV) "왜냐하면, 학문은 항상 교조적일 수밖에, 다시 말해 확실한 선험적 원리들로부터 엄밀하게 증명하는 방식일 수밖에 없으니 말이다." 그러나 칸트의 이성 비판은 "자기 자신의 능력에 대한 선행적 비판이 없는 순수 이성의 교조적 수행 방식"인 "교조주의(Dogmatism), 곧 개념에 의한 순수 인식(즉 철학적 인식)만을 가지고서 이성이 이미 오래 전부터 그가 거기에 이르렀던 방식이나 권리에 관해서는 아무것도 캐물어보지 않은 채 사용하고 있는 원리들에 따라서 전진해가는 월권을 반대한다."(*KrV*, BXXXV) 교조적 형이상학은 이런 유의 교조주의인 것이다.

3. 순수 이성의 이율배반 해명

순수한 이성이 현상의 조건 계열의 절대적 통일을 구하려 할 때 이성은 이율배반(Antinomie)에 빠진다. 이것은 현상들의 총체로서의 세계에 대해 순수한 이성이 갖는 초월적 이념이 부딪칠 수밖에 없는 자기모순을 말하며, 이런 자기모순은 범주적 사고에 의해 모두 넷이 발생한다. 그리고 이른바 이성적 우주론은 이러한 이성의 이율배반 속에서 좌초한다.

1) 첫째 이율배반

양의 범주를 따라 순수한 이성은 "모든 현상들의 주어진 전체 합성의 절대적 완벽성"(*KrV*, A415＝B443)을 생각하고, 여기에서 다음과 같은 이율배반에 빠진다.(*KrV*, A426 이하＝B454 이하 참조)

- 정립 : 세계는 시간상 시초를 가지고 있으며, 공간적으로도 한계로 둘러싸여 있다.(*KrV*, A426＝B454)
- 반정립 : 세계는 시초나 공간상의 한계를 갖지 않으며, 오히려 시간적으로나 공간적으로나 무한하다.(*KrV*, A427＝B455)

정립 쪽의 이성은 시간·공간은 순차적(sukzessiv) 덧붙임의 방식으로만 전체로 표상되는 것이며, 그런데 덧붙임이란 이미 부분이 있음을, 곧 한계가 있음을 의미하는 것이라고 주장한다. 그러나 '시초'와 '한계'는 이 덧붙임 계열의 최초 항이 무조건자임을 뜻한다. 반면에 반정립 쪽의 이성은 주어진 세계 계열과 세계 총괄이 무한하지 않다면, 결국 공허한 시간과 공허한 공간에 의해 세계가 한계 지어진다는 것을 함축하는 것이지만, 그러나 이미 초월적 감성학에서 밝혀진바 공허한 시간·공간이란 없으므로, 시간·공간은 무한하며, 따라서 시초도 한계도 없다고 생각한다. 그리고 이것은 덧붙여진 계열 전체가 무조건자임을 뜻하는 것이다. 이로써 결국 정립과 반정립의 이율배반은 피할 수 없다.

2) 둘째 이율배반

질의 범주를 따라 이성은 "현상에서 주어진 전체의 분할의 절대적 완벽성"(*KrV*, A415＝B443)을 생각하고, 이때 다시금 이율배반에 빠진다.(*KrV*, A434 이하＝B462 이하 참조)

- 정립 : 세계 내의 모든 합성된 실체는 단순한 부분들로 이루어져 있고, 어디에서나 단순한 것이거나 이것으로 합성된 것만이 실존한다.(*KrV*, A434＝B462)
- 반정립 : 세계 내의 어떤 합성된 사물도 단순한 부분들로 이루어져 있지 않고, 세계 내 어디에서도 단순한 것은 실존하지 않는다.(*KrV*, A435＝B463)

이 대립 명제에서 이야기되는 '합성된 것'이란 실체적인 부분들로 이루어진, 다시 말해 각각 독자적으로 존립할 수 있는 부분들로 된 전체(compositum : compositum reale)를 말하는 것으로, 그것은 통일적 전체(totum : compositum ideale), 예컨대 공간·시간처럼 전체를 전제로 해서만 그 부분을 생각할 수 있는 것과는 구별되는 것이다. 이에 이성이 일단 세계를 합성된 전체로 보면, 그것은 부분들로 환원시켜 생각해볼 수 있고, 이 부분들은 있는 것이어야만 한다. 그 부분들이 없는 것이라면, 그것들의 합성이라는 전체도 없는 것일 터이니 말이다. 이런 생각으로부터 정립의 주장이 나온 것이다. 그러나 단적으로 단순한 것은 공간적으로 표상될 수 없는 것이고, 만약 그것이 공간적으로 표상될 수 있다면, 그것은 연장적인 것임을 뜻하고, 그렇다면 그것은 연장적인 것인 한에서 다시금 그 부분들을 가질 것이니 말이다. 따라서 그런 것은 어떠한 경험 중에서도 표상될 수 없는 것이므로, 현상들의 총체인 세계를 설명하는 데 있어서 이런 '단순한 것'이라는 개념은 아예 적용될 수가 없다. 이로써 정립과 반정립의 이율배반은 피할 수가 없다.

3) 셋째 이율배반

관계 범주에서 이성은 "현상의 발생의 절대적 완벽성"(*KrV*, A415 = B443)을 생각하고, 그때 이성은 이율배반에 부딪친다.(*KrV*, A444 이하 = B472 이하 참조)

- 정립 : 자연의 법칙에 따르는 인과성은, 그로부터 세계의 현상들이 모두 도출될 수 있는 유일한 것이 아니다. 현상들을 설명하기 위해서는 자유에 의한 인과성 또한 반드시 받아들여야 한다.(*KrV*, A444 = B472)
- 반정립 : 자유는 없다. 오히려 세계에서 모든 것은 오로지 자연법칙들에 따라서 일어난다.(*KrV*, A445 = B473)

만약 자유에 의한 원인성이 없다면, 자연에는 항상 제2의 시초, 곧 그 자신 발생한 것인 어떤 것만이 있고, 제1의 시초는 없으며, 따라서 순차로 소급하는 원인 측 계열의 완료는 있을 수 없다. 그래서 정립 쪽의 이성은 "현상 계열을 자기에서부터 시작하는 원인들의 절대적 자발성"(*KrV*,

A446=B474)으로서 자유를 받아들인다. 그러나 반정립 쪽의 이성은 자유를 전제하는 것이 자연에서의 무법칙성을 전제하는 것과 같다고 생각한다. 자연 중에 자연법칙에 따르지 않는 것이 있다는 것은 인과 계열로서의 자연 자체가 있지 않다는 뜻이 될 것이니 말이다. 그러므로 자유란 자연-경험 중에는 있을 수 없는, 기껏해야 공허한 사고의 산물일 따름이다. 그러니까 세계가 오로지 감성의 세계인 자연뿐이라면, 그 안에 '자유'가 있을 자리는 없다. 그러나 생각 가능한 세계, 곧 '예지의 세계'에서라면 '자유의 원인성'을 생각해볼 수는 있다.

4) 넷째 이율배반

이성은 또한 양태 범주에 따라서 "현상에서 가변적인 것의 현존의 의존성의 절대적 완벽성"(*KrV*, A415=B443)을 생각하며, 이때도 이성은 자기모순을 겪는다.(*KrV*, A452 이하=B480 이하 참조)

- 정립 : 세계에는, 그것의 부분으로서든 그것의 원인으로서든 단적으로 필연적인 존재자인 어떤 것이 있다.(*KrV*, A452=B480)
- 반정립 : 단적으로 필연적인 존재자는 세계 안에든 세계 밖에든 어디에도 그것의 원인으로서 실존하지 않는다.(*KrV*, A453=B481)

모든 변화는 시간적으로 선행하는 조건 아래서 성립하는 것이며, 이런 조건 아래서 필연적이다. 그런데 주어져 있는 개개의 조건적인 것은 그것의 존재와 관련해서 볼 때 단적으로 무조건적인 것에까지 이르는 조건들의 완전한 계열을 전제로 한다. 그러므로 이 단적으로 무조건적인 것은 절대로 필연적인 것이다. 그리고 이 절대로 필연적인 것은 그 자신 감성세계에 속한다. 시간 밖에서는 인과를 생각할 수 없으므로, 조건 계열의 첫 항인 이 필연적 원인은 당연히 감성세계에 속하며, 따라서 현상에 속한다. 이 때문에 이성은 필연적인 어떤 것이 이 세계에 속한다고 생각하지 않을 수 없다.

그러나 만약에 세계 안에 세계의 원인으로서 필연적인 존재자가 있다면, 이것은 세계 변화의 계열에 시초가 있다는 것을 뜻하고, '시초'란 문자 그대로 최초의 시작인만큼, 따라서 이 시초의 원인은 더 이상 없겠다. 그러나 이것은 시간상에 있는 만물을 규정하는 법칙에 어긋난다. 다른 한편 만약에 세계 밖에 세계원인으로서 필연적인 존재자가 있다면, 이 존재자가 작용하기 시작하면서부터 세계의 현상 계열은 시작되는 것일 터이고, 그 원인은 따라서 세계 안에 속해야만 한다. 그러나 이것은 분명히 가정과 어긋난다. 이 때문에, 이성은 세계 안에든 밖에든 어떤 필연적인 존재자가 세계의 원인으로서 있다고 볼 수가 없다. 이로써 우리가 만약 세계를 오로지 감성의 세계로만 생각하는 한, 정립과 반정립의 이율배반은 불가피하다.

이상의 이율배반 해명이 우리에게 말해주는 것은 '완벽성' 또는 '완전성'이라는 것은 이성에게 주어진 것이 아니라, 이성 자신이 과제로 삼은, 그러니까 "부과된" 이념이라는 것이다. 그러므로 이 부과된 '완벽성' 또는 '완전성'의 이념은 객관에서 현실적으로 생각될 수 있는 것이 아니라, 조건들의 계열에 있어서의 소급〔背進〕을 조건들의 계열이 마치 완결되어야 하는 듯이 계속하는 지성을 위해 하나의 '규칙'으로서나 의의를 가질 따름이다. 이 규칙은 조건들의 계열에서 지속적 소급을 지시하나, 소급에서 이른바 단적인 무조건자〔단적으로 무조건적인 것〕에 머무는 것을 허용하지는 않는다.(KrV, B537 참조) 이 규칙에 의해 객관에서 '그 어떤 것'이 그 자체로 주어져 있는 것으로 생각되지는 않으며, 이 규칙은 가능한 경험의 조건으로서 경험의 대상들을 구성하는 것이 아니다. 그러니까 이런 규칙은 인식의 구성적 원리가 아니라, 이를테면 "규제적" 원리이다. 이것은 객관이 무엇인가에 관해 지시해주는 것이 아니라, 객관의 완전한 개념에 이르기 위해서는 경험적 소급이 어디까지 이루어지지 않으면 안 되는가에 관해 지시해주는 것이다.

칸트는 순수한 이성이 네 범주에서 완전성의 이념에까지 사고를 계속해 감으로써 부딪치게 된 네 가지 이율배반들 가운데서 양·질 범주에 따른 이율배반을 '수학적'이라 일컫고, 반면에 관계·양태 범주에 따른 이율배반을 '역학적'이라 일컫는다.(*KrV*, A528 이하=B556 이하 참조) 이런 구분이 가능한 것은, 수학적 이율배반에서는 조건 계열의 모든 항들이 동종(同種)적인 반면에, 역학적 이율배반에서는 그 계열 안에 원인·결과나 필연적인 것·우연적인 것과 같은 이종(異種)적인 항들이 포함되어 있기 때문이다. 이 점은 이 두 종류의 이율배반적 사상 사이에 중대한 차이가 있음을 고지해준다.

앞의 두 이율배반에서는 모든 항이 동종적인 만큼 무조건자, 무조건적인 것이라는 이념 자체도 조건적인 것, 조건 지어진 것들의 계열의 일부가 될 수밖에 없으므로, 이성이 자기모순을 피하려면 정립과 반정립 양자를 모두 배척하지 않으면 안 된다. 이것은 순수한 이성으로서는 세계의 시작과 끝, 그리고 세계의 근원적 구성 요소에 관해서 발언할 수 없다는 것을 의미한다. 그리고 이것은 다시금 이 문제에 관한 형이상학적 우주론은 성립할 수 없음을 말한다.

그러나 뒤의 두 이율배반에 있어서는 서로 이율배반이 되는 정립과 반정립이 각각 이종적인 세계에 대해서 타당할 가능성이 있고, 이럴 경우 정립과 반정립은 일정한 관점에서는 다 같이 참일 수 있다. 칸트는 이에 정립은 사물 자체의 세계, 곧 예지의 세계에 대해 타당할 수 있고, 반정립은 현상의 세계, 곧 감성의 세계에 대해 타당할 수 있다고 본다. 이로써 칸트에게서 사변적 형이상학이 학문으로서 성립할 수 없음은 분명하지만, 그러나 '자유'의 개념은 "구출"(*KrV*, A536＝B564 참조)되어 '도덕의 세계'를 떠받치고(*KpV*, A205 이하＝V114 참조), '필연적 존재자'의 이념 곧 신의 이념은 살아남아 '희망의 세계'를 열게 된다. 이 대목에서 우리는 칸트의 계몽주의가 순전히 파괴적이 아니라 대안적인 '비판적' 계몽주의임을 여실히 볼 수 있다.

4. 순수 이성의 이상 해명

'이상(Ideal)'이란, 우리가 그것에 견주어 우리 자신을 평가하고 개선하려 하지만, 그러나 결코 도달할 수는 없는 그런 어떤 원형(Urbild)을 말한다.(*KrV*, A569＝B597 참조) 이런 원형으로 기능하되 오로지 이념으로서 선험적으로만 규정되는 것이 "순수 이성의 이상"(*KrV*, A567＝B595)이다. 순수 이성이 소급해 올라가 마침내 취하는 무조건자로서의 이 이상은, 만물이 그의 존재 원천을 그것에서 얻는 만물의 원형(Urbild, prototypon)이다. 그러니까 만물은 단지 이 원형의 모상(模像)들(Kopien, ectypa)로 간주된다.(*KrV*, A578＝B606 참조) 그래서 이 만물의 원형으로서의 이상은 "근원적 존재자(Urwesen, ens originarium)"라고 일컬어지고, 그것은 자기 위에 아무런 것도 가지지 않는다 해서 "최고 존재자(das höchste Wesen, ens summum)"라고 일컬어지며, 모든 여타의 존재자가 그것에 종속하는 한에서 "존재자들의 존재자(das Wesen aller Wesen, ens entium)"라고 일컬어진다.(*KrV*, A578 이하＝B607 이하 참조)

그러나 이러한 명칭들은 한 이념에 대한 것으로, 이 이념에 상응하는 탁월한 존재자가 과연 실재하는가는 이 명칭만을 통해서는 우리가 알 수 없다. 그럼에도 이성적 형이상학자들은 이 이념을 기체(基體)화하여 이 근원적 존재자를 '최고 실질 존재자(ens realissimum)'로 규정하고, 그것에 유일한, 단일한, 자족(自足)적인, 영원한 존재자라는 성격을 부여하여 마침내 '완전한 존재자(ens perfectissimum)'라고 규정한다. 이것이 다름 아닌 초월적 의미에서 '신'으로 변환한다. 이 때문에 순수 이성의 이상은 '초월적 신학'의 대상이 된다.

재래 초월적 신학은 신의 초월성에도 불구하고 신의 현존을 논리적으로, 사실적으로 증명하려 끊임없이 시도하였는바, 이제 칸트는 수없이 시도된 그런 증명 방식 가운데 두 가지와, 일견 이것들의 문제점을 벗어나 보이는 듯한 '자연적 신학'의 물리신학적 증명, 이렇게 세 가지를 대표로 꼽아 각각 그 헛됨을 논박한다.

1) 신의 현존에 대한 존재론적 증명의 불가능함

신의 존재에 대한 이른바 '존재론적 증명' 방식은 안셀무스(Anselmus, 1033~1109)의 이름과 함께 전해져오고, 데카르트도 그의 신 존재 증명의 기초로 삼고 있는 것으로,[85] 다음과 같은 삼단논법의 형식을 빌려 정리해 볼 수 있다.

- 신은 본질상 최고로 완전한 것이다.
- 완전성에는 실존도 포함된다. (왜냐하면, 어떤 것이 완전한데 실존하지 않는다면, 그것은 완전성에 결여가 있다는 것을 뜻하므로, 자가당착이기 때문이다.)

---

85 Descartes, *Meditationes*, V, 7 ; *Principia*, I, §§ 49~51 참조.

- 따라서 신은 실존한다. (정확히 표현하면, 실존하지 않을 수 없다. 그러므로 신은 필연적인 존재자이다.)

그러나 칸트는 이 같은 논변은 실존(existentia)을 본질(essentia)에 포함시키는 범주 사용의 착오에 기인한 오류라고 지적한다.(*KrV*, A592 이하 =B620 이하 참조) 이 논증은 존재(Sein)를 실존과 동일시하고 있으나, 존재는 아무런 실질적인 술어(reales Prädikat)가 아니므로(*KrV*, A598 =B626 참조), 신이 설령 본질상 완전한 것이라 하더라도, 그 본질 규정으로부터 그것이 '실존한다'는 것이 논리적으로 귀결되는 것은 아니라는 말이다.

2) 신의 현존에 대한 우주론적 증명의 불가능함

신의 현존에 대한 이른바 '우주론적 증명'은 토마스 아퀴나스가 제안한 다섯 가지 증명 방식 가운데 세 번째 것[86] 또는 라이프니츠[87]에게서 볼 수 있는 것으로, 다음과 같이 정리해볼 수 있다.

- 만약 세계 안에 무엇인가가 현존한다면, 이것의 궁극의 원인으로서 절대적 필연적 존재자도 현존해야만 한다. 왜냐하면, 세계 안의 모든 것은 우연적인 것이요, 자체적으로 있는 것이 아니기 때문이다. (우연적인 것은 그 원인이 있을 것이고, 이 원인 역시 우연적인 것이라면, 이 우연적인 것의 원인 또한 있어야 할 것이며, 마침내 제1원인으로서 더 이상 우연적이 아닌 절대적으로 필연적인 존재자가 현존해야 할 것이다.)

---

86 Th. Aquinas, *Summa Theologiae*, Pars I, q. 2, art. 3 참조.
87 Leibniz, *Principles de la nature*, §7 ; *Monadologie*, §§37~38 참조.

- 그런데 적어도 '나' 자신은 우연적으로 현존한다.
- 그러므로 '나'라는 우연적인 존재자의 궁극의 원인으로서 우연적이 아닌 절대적으로 필연적인 존재자, 곧 신이 현존한다.(*KrV*, A604 이하=B632 이하 참조)

이 같은 신의 현존 증명은 칸트가 볼 때(*KrV*, A603 이하=B631 참조), 적어도 두 가지 문제점을 포함하고 있다. 하나는, 현상세계에만 적용될 권리를 갖는 인과법칙의 필연성을 현상세계를 넘어서는 자기원인(causa sui)에까지 확대시킨 것은 부당하다는 점이다. ('원인' 개념을 이같이 사용하면 위에서 살펴본바 순수 이성의 넷째 이율배반이 발생한다.) 또 다른 하나는, 이렇게 부당하게 추론된 절대적으로 필연적인 존재자를 다름 아닌 '최고 실재 존재자(ens realissimum)'와 동일시하고, 이것의 실재실질성(Realität), 곧 본질에 현존성도 포함시키고 있다는 점이다. 그로써 이 증명 방식은 결국 존재론적 증명 방식이 가지고 있는 문제점을 그대로 함유하고 있다.

3) 신의 현존에 대한 물리신학적 증명의 불가능함

토마스 아퀴나스의 신 존재 증명 방식 가운데서 다섯 번째 것[88]에서도 그 모습을 볼 수 있고, 버클리에게서도 뚜렷하게 볼 수 있는 비[89] 이른바 '자연신학적' 내지 '물리신학적' 신 존재 증명은, 이 세계의 다양 속의 질서 · 합목적성 · 조화에 대한 경험으로부터 이 세계를 창조한 예지자(Intelligenz)가 현존함을 이끌어낸다.(*KrV*, A625=B653 참조)

---

88 Th. Aquinas, 앞의 책, 같은 곳 참조.
89 Berkeley, *A Treatise concerning the Principles of Human Knowledge*, I, sec. 147 참조.

"물리신학적 증명의 주요소는 다음과 같다. 1. 세계 곳곳에 위대한 지혜에 의해 완성된, 일정한 의도에 따른 정돈의 뚜렷한 징후가 보이고, 그것은 형용할 수 없는 잡다한 내용의 전체에서도 그러하며, 무한히 큰 외연의 전체에서도 그러하다. 2. 세계의 사물들에게 이 합목적적인 정돈은 전적으로 외래적인 것이고, 단지 우연적으로만 부가되어 있다. 다시 말해, 상이한 사물들의 자연본성은, 만약 그것들이 정돈하는 이성적 원리에 의해, 즉 기초에 놓여 있는 이념들에 따라, 그렇게 되도록 본래 선택되고 배치된 것이 아니었다면, 스스로는 그토록 갖가지 방식으로 통일되는 수단에 의해서 일정한 궁극의도들에 합치할 수가 없을 터이다. 3. 그러므로 하나의 (또는 여럿의) 숭고하고 지혜로운 원인이 실존한다. 그것은 단지 맹목적으로 작용하는 전능한 자연으로서 풍부한 생산능력에 의해서가 아니라, 예지자로서 자유에 의해 세계의 원인일 수밖에 없다. 4. 이 원인의 통일성은 인공적인 건축물의 구성분들 같은 세계의 부분들의 상호적 관계의 통일성으로부터, 우리의 관찰이 미치는 부분에서는 확실하게, 반면에 그 너머에서는 유추의 온갖 원칙들을 좇아서, 개연적으로 추리된다."(*KrV*, A625 = B653 이하)

이 같은 추론을 통해 사람들은 '매우 큰, 놀랄 만한, 측량할 수 없는 능력과 탁월성을 가진'(*KrV*, A628 = B656) 세계창조자에 이르지만, 그러나 자연의 완벽한 아름다움이나 세계의 완전한 질서는 제아무리 경이롭다 하더라도 그것이 자연이나 세계 밖의 창조자에 의해서 만들어진 것임을 곧바로 입증하고 있지는 않다. 그럼에도 자연의 우연적인 질서로부터 그것의 초월적 창시자를 추론하는 이런 신의 현존에 대한 '물리신학적' 증명은 그 기초에 다름 아닌 '우주론적' 증명을 두고 있기에 생긴 것이다. 그리고 우주론적 증명은 앞서 말한 바대로 원천에 있어 존재론적 증명에 기대고 있으므로, 물리신학적 증명도 존재론적 증명에 기초하고 있는 셈이다. (그래서 신의 현존에 대한 초월신학적 증명이 가능하다면, 존재론적 증명이 '유일한' 것이라고 말할 수 있다.)

이로써 칸트는 종래 이성적 형이상학자들에 의해 제안되었던 비교적 유력한 신 존재 증명 방식이 모두 이론적으로는 완전치 못함을 밝혔다. 물론 이 해명에서 그의 논박의 근거점은 그가 순수 이성 비판을 통해 세운 그의 초월철학이다. 그의 초월철학의 요지는 인간의 세계 인식에서는 인간의 초월적 의식의 형식인 공간·시간 표상 및 순수 지성개념들이 기초를 이루되, 인간의 의식 작용인 감성과 지성의 기능 형식들인 이 선험적 표상들은 오로지 현상세계의 인식에서만 형식으로서 기능할 권리를 갖는다는 것이었다. 그러니까 이 초월철학은 당초부터 이미 현상 너머의 세계에 대해서 발언하고자 하는 '형이상(形而上)'학을 배제하려는 의도로 수립된 것이라 볼 수 있다. 칸트의 초월철학은 본질적으로 반형이상학적인 것이다.

이렇게 해서 칸트는 『순수이성비판』의 전반부, 곧 초월적 감성학과 분석학에서 성취한 그의 초월철학을 근거로 『순수이성비판』의 후반부, 곧 초월적 변증학에서 종래의 이른바 이성적 형이상학을 모조리 타파한다. 이것은, 칸트가 그것을 명시적으로 말했든 말하지 않았든, 결국 종래 형이상학에 기초하고 있던 기독교회가 제시하는 세계 질서를 부인하는 것이다. 내세(來世)와 천국은 영혼의 불멸을 전제로 해서만 의미를 얻는 것이며, 신의 계명으로서 도덕률은 신의 현존함이 의심할 여지가 없을 때에나 그 권위를 유지할 수 있는 것이다. 이렇기 때문에, 칸트의 비판철학의 출현과 함께 사실상 재래 '정신의 질서'는 그 본부를 상실한 셈이다. 더구나 칸트는 이제까지 기독교의 교설 아래서 성립했던 도덕이 순전한 인간 이성의 힘만으로써 성립하고, 오히려 이러한 도덕에 기반하여야만 종교조차도 가능하다고 역설함으로써 인간의 '순수한' 이성에게 완전한 자유를,

그러니까 인간에게 자율성을 부여하였다. 순수 이론이성의 대상 규정적 초월성과 이 순수 실천이성의 도덕적 자율성이야말로 인간 이성이 존재-진리와 행위-선의 본부임을 입증하는 것으로, 칸트의 비판철학은 이렇게 해서 겸허한 그러나 인간 자신을 굳게 신뢰하는 계몽주의의 길을 간다.

제5절 _ 순수 이성의 완벽한 체계를 위한 방법론

"내 위의 별이 빛나는 하늘과 내 안의 도덕법칙"에 대한 "경탄과 외경으로 마음"이 가득 채워진 칸트의 '겸허한' 계몽주의는 그러나 전통적 형이상학 비판으로 할 일을 다했다고 생각하지 않는다. 근대적 이성은 본질적으로 파괴나 폐기가 아니라 합리적 이상을 본성으로 갖는다.

"우리는 무엇을 알 수 있는가?"라는 물음에 대해 우리 인간에게 가능한 실질적 인식의 대상은 경험 세계뿐이라고 답변하면서, 보편적인 경험적 인식을 위한 선험적 조건들을 해명하는 한편, 인간 이성의 이상(理想)적 기질이 빚어놓은 형이상학의 실상을 비판적으로 고찰한 칸트는 그의 사변 이성 비판을 마무리하면서, 다시 한 번 "순수 이성의 완벽한 체계를 위한 형식적 조건들을 규정"(KrV, A707 이하=B736 이하)하고 있다. 이 작업을 칸트는 '초월적 방법론'이라는 이름 아래에서 하는바, 그것은 앞서 부정된 이성적 형이상학 대신에 진정한 의미에서 형이상학을 세울 수 있는 "방법에 대한 논구"(KrV, BXXII)이다.

순수 이성의 완벽한 체계를 위해서 순수 이성이 취하지 않으면 안 되는 방도로서는 첫째로 체계를 추구해가는 길에서 이성이 복종해야 할 기율을 분명하게 밝혀놓는 일이 있다. 그것이 '순수 이성의 훈육'이다. 다음으로는 이성이 도덕적인 궁극목적을 고려하면서 완벽한 이론 체계를 구축하기 위해 따라갈 필요가 있고 또 따라가야만 할 먹줄을 확립하는 일이다. 그것이 '순수 이성의 규준'이다. 이성은 이성 사용을 위한 저렇게 밝혀진 소극적인 규칙과 이렇게 확립된 적극적인 규칙을 준수함으로써만 철학 체계의 완벽한 기획을 펼칠 수 있다. 이것이 '순수 이성의 건축술'이다. 끝으로 이성의 실현 현장인 철학의 역사는 이제까지 펼쳐진 '순수 이성의 역사'를 보여주고 있다. 이에 대한 개관은 진정한 형이상학의 개념과 전망을 준다. 이 네 개의 분절, 곧 순수 이성의 훈육 · 규준 · 건축술 · 역사가 칸트의 '초월적 방법론'을 구성한다.

1. 순수 이성의 훈육

훈육은 잘못된 부적절한 방법을 따를 때 생길 수밖에 없는 착오들을 방지하기 위한 "경종적인 부정〔소극〕적 가르침"(*KrV*, A712=B740)이다.

철학이 왕왕 택하는 부적절한 방법의 첫 번째 예는 '교조적 방법'이다. 그것은 수학을 본떠 철학적 문제를 수학에서처럼 정의와 공리, 증명의 방식으로 해명하려 하는 것이다. 그러나 수학적 인식은 개념의 구성을 통해 직관적 명증성을 얻지만, 철학적 인식은 순전히 개념에 의한 것으로, 스피노자가 취한 것과 같은 이른바 '기하학적 방식'은 교조적 방식에 다름 아니다.

철학이 피해야 할 두 번째 것은 이성의 '논쟁적' 내지 '회의적' 사용이다. 물론 교조적 월권에 논쟁적으로 대응하고 상대방을 논박하는 일은 허용되고 또한 중요하다. 그러나 상대방에 대한 반론이 자기의 정당성을 증명해주지는 않는다. 이성은 자기주장의 정당성을 간접적으로, 논쟁적으로 얻을 수는 없고, 스스로 직접적으로 경험 가능성의 조건들을 제시함으로써만 얻을 수 있는 것이다. 철학은 또한 회의적 방법도 비판적 수행을 위한 잠정적 방편으로만 사용할 수 있다. 회의적 방법을 통해 구체적으로 주어진 특수한 사례를 정당화할 수 있으나, 그를 통해 보편적 정당성을 입증한다는 것은 불가능한 일이다.

셋째로, 철학은 가설적 방법에 의존해도 아무것도 얻을 게 없다. "자연적 설명 근거들의 결여를 보충하기 위해, 이성의 사변적 사용의 초월적 가설들과 자유를 어쨌든 초자연적으로 이용하는 일은 결코 허용될 수 없다. 왜냐하면, 한편으로 이성은 그를 통해 더 이상 얻는 것 없이, 오히려 이성사용의 전체 진행을 절단하기 때문이고, 또 한편으로 이를 허가함은 이성으로 하여금 이성의 고유한 지반, 곧 경험을 처리해서 얻는 모든 과실들을 상실할 수밖에 없도록 만들 것이기 때문이다."(*KrV*, A773=B801)

유일하게 정당한 철학의 방법은 '비판적' 방법이다. 이 방법의 효과는 이 방법을 통해 얻은 것인 칸트의 초월철학이 입증하는 바이다. 그리고 초월철학이 말하는 바는 이성은 경험 세계에 대해서만 객관적으로 타당한 인식을 갖는다는 것이다.

2. 순수 이성의 규준

순수 이성의 훈육이 이성이 취해서는 안 되는 방법을 가르치는 소극적 교설이라면, 순수 이성의 규준은 순수 이성이 모든 경험에서 독립해서 스스로 획득할 수 있는 확실성은 무엇이며, 그에 의해 이성이 초감성적인 예지적인 세계에 대해 정당하게 상정할 수 있는 것이 무엇인가를 밝혀주는 적극적인 규칙들을 발전시킨다. 이를 통해 '참 지식'을 추구하는 사변 이성보다 '참 행위'를 지향하는 실천이성이 이성사용에서 우월성을 가짐이 드러난다.

순수 이성은 사변적인, 이론적 사용에서는 아무런 객관적 의미를 갖지 못하기 때문에, 순수 이성의 규준은 이성의 실천적 사용과 관련해 있다. 도덕법칙 및 실천적 자유의 확실성이 신의 현존 문제, 내세 내지는 불사적 영혼의 문제에 어떤 의미를 갖는가를 물을 때 이성의 규준이 등장하는 것이다. 신의 존재와 내세의 문제에 순전히 '나는 무엇을 알 수 있는가?'에만 관심을 기울이는 이론적 이성으로써는 접근할 수 없고, 순전히 '나는 무엇을 행해야만 하는가?'에만 관심을 갖는 실천적 이성만으로써는 아무런 해답도 내놓을 수가 없다. 이것은 이성이 실천적이면서 동시에 이론적인, 셋째 물음, 곧 '나는 무엇을 희망해도 좋은가?'(*KrV*, A805=B833)를 묻고 답하고자 할 때 비로소 함께 해답을 얻을 수 있는 문제이다.

'나는 무엇을 희망해도 좋은가?'라는 물음은 기실 '내가 마땅히 행해야 할 것을 행한다면, 그때 나는 무엇을 바라도 좋은가?'를 묻는 것이다. 그리고 모든 희망은 근본적으로 행복, 곧 "모든 경향성들의 만족"(*KrV*, A806=B834)을 지향하는 것이므로, 저 물음이 묻는 것은, '윤리법칙의 준수가 행위자가 행복하게도 될 수 있는 근거 있는 기대를 허용하는가?'이다. 그래서 이 물음이 제기하는 첫째 문제는 윤리성과 행복의 연관성인 셈이다.

그렇다면, 과연 윤리성과 행복은 어떤 연관이 있는가? 일견 양자는 아무 상관이 없어 보인다. 윤리성이란 윤리법칙이 요구하는 바이나, 행복은 우리의 행위와는 별도로 자연의 인과법칙에 따라 주어지기도 하고 그렇지 않기도 하는 것처럼 보이니 말이다. 그럼에도 불구하고 양자 사이에 무슨 연관이 있다면, 윤리성이 말하는 바는, '네가 행복할 자격이 있게끔, 그렇게 행위하라'는 것이다. 그러므로 여기서 나오는 결론은, 윤리적으로 처신하는 자는, 다시 말해 행복할 자격이 있는 자는, 그가 행복해질 것을 희망해도 좋다는 것이다. 순전히 개념적으로만 생각할 때 이 사태 연관은 필연적이다. 그래서 '나는 무엇을 희망해도 좋은가?'라는 물음 안에서 도덕법칙, 곧 실천적인 것이 이론적인 물음에 대한 해답의 실마리가 된다. 우리는, 어떤 것은 마땅히 일어나야 하는 것이기 때문에, 그 어떤 것이 있다고 상정해도 좋게 되는 것이다. 나는 마땅히 윤리적으로 행위해야만 하고, 그러므로 나는 현실이 이런 윤리적 행위가 가능하게끔 되어 있다고 생각해도 좋은 것이다. 다시 말해, 그런 윤리적 행위가 목적, 곧 윤리성과 의의, 곧 행복을 얻을 수 있게끔 되어 있는 것이 현실이라고 생각해도 좋은 것이다.

"도덕원리들이 이성의 실천적 사용에서 필연적인 것과 똑같이 이성의 이론적 사용에서도, 누구나 자기의 처신에서 행복할 만한 품격을 갖춘 그 정도만큼 행복을 희망할 이유를 가지며, 그러므로 윤리의 체계는 행복의 체계와 불가분리적으로, 그러나 오직 순수 이성의 이념 안에서 결합되어 있다고 상정하는 것도 필연적이다."(*KrV*, A809=B837)

행복과 윤리성의 불가분리적 결합은 단지 실천적으로 필연적인 이념, 다시 말해 윤리적 세계의 이념이다. 윤리적 세계는 윤리법칙이 요구하는 바처럼 요구되는 것이기는 하지만, 우리가 그 안에서 살면서 행위하는 실재 세계는 아니다. 윤리성과 행복이 결합되어 있는 세계는 만약 자연을 주재하는 최고 이성적 존재가 있다면 기대할 수 있는 세계이다. 우리는 도덕법칙들에 따라서 윤리성에 상응하는 행복을, 다시 말해 우리 자신이 동시에 그것의 구성원인 예지적인 도덕 세계를 기대할 자격이 있기 때문에, 바로 그렇기 때문에 우리는 정의로운, 신성한 자연을 주재하는 존재자의 현존과 내세를 받아들여도 좋은 것이다. 오로지 그러한 존재자만이 윤리성과 행복이 상응함을 보증한다. 그리고 오로지 우리가 불사적일 때에, 우리는 마땅히 그러해야 하는 바대로 윤리적임과 아울러 행복하게 될 수 있다.
요컨대, 우리가 윤리적이면, 그리고 최고 근원적 선의 이상인 신이 현존하고, 우리 자신의 생이 이승에서 끝나는 것이 아니라면, 우리는 행복에 대한 희망을 가질 수 있다.

> "그러므로 신과 내세의 생은 순수 이성이 우리에게 부과하는 책무와 바로 똑같은 이성의 원리상 분리될 수 없는 두 전제들이다."(*KrV*, A811=B839)

이로써 칸트는 윤리신학을 세운다. 그러나 이 윤리신학은 이론적 인식이 아니라, 단지 실천적인 이성적 믿음일 뿐이다. 다시 말해 주관적 확실성은 갖지만, 객관적 지식은 아닌 것이다. 그러므로 이 윤리신학은 초험적으로 사용되어서는 안 되고, 오로지 내재적으로만, 다시 말해 우리가 이승에서 우리의 도덕적 책무를 완수하도록 하는 데에만 쓰여야 하는 것이다.

순수 이성의 규준은 우리에게 우리가 어떻게 해야만 실천이성을 올바르게 사용할 수 있는가를 제시해주는 원칙들을 제공한다. 이 규준은 우리에게 사변 이성의 최상의 질문에 대한 대답을 준다. 그러나 그 대답은 '신은 현존한다', 그리고 '우리 인간은 불사적이다'라는 실천적 요청에서 성립한다. 그런데 이 두 명제는 인식은 아니지만, 품위 있는 인간으로서의 확고부동한 이성적 믿음의 표현이다. 나는 나 자신의 눈에 혐오스럽게 되지 않고서는 도덕법칙들을 단념할 수 없고, 그러한 한에서 나는 "신의 현존과 내세의 생"을 믿지 않을 수 없다.(*KrV*, A828=B856 참조) 이러한 순수 이성의 규준에 따라 칸트는 '윤리 형이상학', '윤리신학', '희망의 철학'을 세운다.

3. 순수 이성의 건축술

'건축술'이란 "체계들의 기술"(*KrV*, A832=B860)을 말한다. "인간 이성은 그 자연본성상 건축술적이다."(*KrV*, A474=B502) 순수 이성은 그 본질적 목적상 체계적이다. 그 때문에 이성의 표출인 학문은 체계적이다.

학문은 역사적 곧 자료적 인식(cognotio ex datis)의 학문과 이성적 곧 원리적(ex principiis) 인식의 학문으로 나뉜다. 철학은 수학과 더불어 후자에 속한다. 그렇지만 수학이 개념의 구성에 의한 이성 인식들의 체계라 한다면, 철학은 순전히 개념에 의한 이성 인식들의 체계이다.(*KrV*, A713＝B741 참조)

철학은 다시금 이성 능력 자체를 대상으로 삼는 "예비학"(곧, 순수 이성 비판)과 순수 이성의 체계인 '형이상학'으로 나뉜다. 그런데 순수 이성은 사변적 사용과 실천적 사용, 다시 말해 인간 이성은 자연법칙과 함께 윤리법칙을 수립하기 때문에, 형이상학은 다시금 '자연 형이상학'과 '윤리 형이상학'으로 나뉜다.(*KrV*, A841＝B869 참조) 그리고 이 같은 철학의 구분을 칸트는 후에도 여러 곳에서 예컨대, 『윤리형이상학 정초』(BV＝IV388), 『판단력비판』(BXI 이하＝V171 이하)에서 반복해서 해설하고 있다.

앞서도 이야기한 바처럼, 그러나 칸트에서 좁은 의미에서 형이상학이란 '자연 형이상학'을 말하며,(*KrV*, A842＝B870) 그렇기 때문에 이 '순수 이성의 건축술'에서 칸트는 네 부문의 철학, 곧 예비학으로서 일반 형이상학인 존재론과 전통적인 세 특수 형이상학인 이성적 자연학, ― 이것의 두 분과는 이성적 물리학과 이성적 영혼론이다 ― 이성적 우주론, 이성적 신학에 대해서 중점적으로 설명한다.(*KrV*, A846 이하＝B874 이하 참조)

그러나 칸트가 순수 이성의 건축술로서 철학의 체계를 다시금 조망하는 이유는 인간 이성에 있어 형이상학이 갖는 의미를 되새기기 위해서이다.

"사람들은 처음에는 형이상학에게 당연하게 요구될 수 있는 것 이상을 기대했고, 한동안은 편안한 기대를 가지고 즐겼으나, 드디어 사람들의 희망이 수포로 돌아간 것을 알았을 때, 형이상학은 일반적인 멸시에 빠졌다. 우리의 비판의 전 과정을 통해 사람들은 다음의 사실을 충분히 확신하게 되었을 것이다. 즉 비록 형이상학이 종교의 기반일 수는 없으나, 그래도 항상 종교의 방호자로 남아 있어야만 한다는 것, 그리고 이미 그 자연본성의 방향으로 인해 변증적인 인간 이성은 그러한 학문을 결여할 수 없는바, 이 학문은 인간 이성을 제어하고, 과학적이며 온전히 계명된 자기 인식에 의해, 그렇지 않았더라면 무법적인 사변 이성이 틀림없이 도덕과 종교에서 일으켰을 황폐화를 막는다는 것을 확신하게 되었을 것이다."(*KrV*, A849=B877)

"그러므로 형이상학, 즉 자연 형이상학 및 윤리 형이상학, 특히 예행연습(예비학)적으로 선행하는, 자기 자신의 날개로 날기를 도모하는 이성에 대한 비판만이 본래 우리가 진정한 의미에서 철학이라고 부를 수 있는 것을 형성한다. 이 철학은 모든 것을 지혜와 관련시키지만, 학문의 길을 통하여 그리한다. 이 학문의 길은 일단 닦이기만 하면, 결코 잡초에 묻히지 않고, 잘못된 길에 드는 것을 승낙하지 않는 유일한 길이다. 수학, 자연과학, 인간에 대한 경험적 지식조차도 대부분 인류의 우연적인, 그러나 종국에는 필연적이고 본질적인 목적들을 위한 수단으로서 높은 가치를 가진다. 그러나 그럴 때도 오로지 순전한 개념들에 의한 이성 인식을 매개로 해서만 그렇다. 이런 이성 인식이, 사람들이 그것을 무엇이라고 부르든지 간에, 본래 다름 아닌 형이상학인 것이다.

바로 이런 까닭에 형이상학은 또한 인간 이성의 모든 문화의 완성이다."
(*KrV*, A850=B878)

존재자 자체의 인식을 겨냥하는 이론철학으로서 형이상학은 존재자의 실재성과는 아무런 상관이 없는 개념 풀이만을 담고 있음으로 해서 그 타당성의 지반을 상실했다. 데카르트에서까지도 학문이라는 나무의 '뿌리'로 자리매김 되었던[90] 형이상학은 이제 더 이상 '학문'으로 여겨지지도 않았고, 마침내 학계에서 추방당한 "형이상학이라는 노녀(老女)는 헤쿠바처럼 〔…〕 '얼마 전까지만 해도 만물 중의 최고였고, 수많은 자식을 가진 권력자였건만, 이제 내몰리고 쫓기어, 의지할 곳조차 없구나'"(*KrV*, AIX) 하고 탄식이나 하는 처지가 되었다. 그렇다면 형이상학, 곧 '감성적인 것 너머의 것'에 대한 학문은 도대체가 무의미한 것인가? 칸트는 존재의 세계가 아니라, 본질적으로 '감성적인 것 너머의 세계'인 윤리의 세계에 대한 학문은 오로지 '형이상학'일 수밖에 없으며, 이 형이상학을 통해 인간의 존엄성이 해명되고, 인간의 신성성에의 참여가 비로소 밝혀질 수 있는 만큼, 실천철학으로서의 형이상학이야말로 진정한 의미에서 "인간 이성의 모든 문화의 완성"이라고 말한다.

4. 순수 이성의 역사

'순수 이성의 역사'는 방법론의 마지막 부분이자 칸트 『순수이성비판』의 종장을 이룬다. 칸트는 그의 주저의 짧은 마무리 장에서 인간 이성의 원초적인 열망과 그것이 추동이 되어 전개된 과정을 소묘한다.

"인류는 철학의 유년기에, 우리가 지금은 차라리 끝내고 싶어 하는 것, 곧, 신에 대한 인식 그리고 또 다른 세계에 대한 희망 및 심지어 그것의 성질을 연구하는 데서 출발했다."(*KrV*, A852=B880) "그래서 사람들은, 세계를 다스리는 눈에 보이지 않는 권력의 마음에 들어, 적어도 또 다른 세계에서 행복하기 위해서는, 착한 품행보다 더 근본적이고 믿을 만한 방식이 있을 수 없다는 것을 쉽게 통찰하였다. 그래서 신학과 도덕〔학〕은, 후에 사람들이 항상 헌신했던 모

---

90 앞서 인용한 데카르트의 편지 : "전 철학을 하나의 나무에 비유하면, 그것의 뿌리는 형이상학이요, 줄기는 물리학〔자연학〕이며, 가지는 〔…〕 의학, 역학, 윤리학과 같은 여타 학들이다"(Descares, *Principes de la philosophie*, Oeuvres IX-2, 14) 참조.

든 추상적인 이성 연구를 위한 두 가지 동기, 또는 좀 더 좋게 말해, 두 가지 상관점이었다. 그런 중에 순전히 사변적인 이성으로 하여금 차츰차츰 뒤에 가서 형이상학이라는 이름으로 유명하게 된 그 일을 하도록 한 것은 본래 신학이었다."(*KrV*, A852/3＝B880/1)

신학적, 도덕적 동기에서 탐구를 시작한 철학, 곧 형이상학은 세 가지 문제를 중심으로 전개되었고, 문제마다 인간의 이중성, 곧 감성과 지성의 비중에 대한 의견 차이에서 비롯한 싸움판을 벌였다.

첫째로, 이성 인식의 대상을 두고는 에피쿠로스로 대변되는 감각주의자들과 플라톤으로 대표되는 지성주의자들이 다투었으니, "전자의 사람들은, 감관의 대상들에만 현실이 있고, 나머지 모든 것은 상상이라고 주장했으며, 이에 대해 후자의 사람들은 감관 안에는 가상 외에는 아무것도 없고, 오로지 지성만이 참인 것을 인식한다고 말했다."(*KrV*, A853/4＝B881/2)

둘째로는, "순수 이성 인식들의 근원에 관해서, 즉 그것들이 경험으로부터 도출된 것이냐, 또는 경험과는 독립적으로 이성 안에 그 원천을 갖느냐"(*KrV*, A854＝B882)를 두고서 아리스토텔레스, 로크를 중심으로 하는 경험주의자들과 플라톤, 라이프니츠를 중심으로 한 이성주의자들이 대처했으되, 누구도 결정적인 승리를 거두지 못했다.

셋째로, 형이상학을 끌고 갈 방법을 두고서는 볼프와 같은 교조적-이성주의적 노선과 흄과 같은 회의적-경험주의적 노선이 갈등을 빚었으나, 막다른 골목에 이르러 더 나아갈 수 없는 형편은 마찬가지이다. "비판적 길만이 아직 열려 있다"(*KrV*, A856＝B884)는 것이 칸트의 판단이고, 그래서 칸트는 독자들이 그와 같은 길에 동참하여 매진한다면 "지금까지는 헛수고였던 것에서 온전한 만족을 얻도록 하는 일이 달성될 수 있지나 않을까"(*KrV*, A856=B884) 기대할 수 있다는 말로써 그의 비판철학의 의미를 부각시킨다.

이 같은 이성 비판의 과정을 거치면서 칸트에서 이론철학으로서 형이상학은 설 자리를 잃었으나, 실천철학, 희망의 철학으로서 형이상학은 오히려 길을 찾았다.

칸트는 그의 도덕철학에서 그가 이론적으로는 근거 없다고 치부했던 영혼의 불멸성과 신의 현존을 '실천이성의 요청'으로 재정립한다. 그리고 자유의 원인성은 사실로 있는 도덕법칙의 '존재근거'로서 자명한 것으로 납득한다. 이로써 겉으로 볼 때 종래의 세계 질서에는 변한 것이 없다. 다만, 종래의 세계 질서가 '존재' 내지 '사실'에 바탕을 두고 있다면, 새로운 질서 체계는 인간이 이상적으로 그리는 '당위'와 이념, 그리고 희망에 근거하고 있다는 것이 차이점이다.

사실에 대한 지식 체계만을 학문으로 보고, 또한 그러한 학문만이 보편적 진리를 담지한다고 보는 이들에게 칸트에서 새롭게 제안된 '이념들의 체계'로서 형이상학은 사실상 형이상학의 부정이고, 인간의 고귀한 진리 추구에 대한 포기로 보였다. 그래서 칸트의 이런 비판주의에 대한 반동은 이미 그의 직계라고 할 수 있는 독일 이상주의자들에게서도 나왔다. 헤겔은 "대략 25년 전부터 우리의 사고방식을 완전히 바꿔놓은" 칸트의 비판주의에 의해 "전에 형이상학이라고 일컬어졌던 것은 말하자면 뿌리째 뽑혀버렸고", "지성은 경험을 넘어가서는 안 된다는 칸트철학의 공교(公敎)적 이론"은 마침내 "갖가지 장식으로 꾸며져 있긴 하면서도 〔정작〕성체(聖體)는 없는 사원과도 같이" "형이상학 없는 세련된 족속"이 출현하는 해괴한 광경이 빚어지도록 하고 말았다고 통탄했던 것이다.(*WdL I*: GW11, 5 이하 참조) 이런 취지에서 형이상학의 복원 시도가 적지 않게 있었지만 그럼에도 칸트 비판철학 이후 이성적 형이상학은 다시금 대세를 형성하지는 못했다. 19세기 후반 신칸트학파의 과학주의나 마르크스, 니체 등의 기독교 비판, 20세기 초반 빈학파의 반형이상학주의가 모두 칸트 비판철학의 정신을 승계한 것이라면, 칸트철학의 계몽주의적 성격은 어느 누구의 철학보다도 뚜렷하고, 그 영향력 또한 지속적이라고 할 것이다.

그러나 칸트의 온건한 이성은 이론적 이성에 머물지 않음으로써 '사실의 세계', '진리의 세계'에 매이지 않고, 순수한 실천이성과 반성적 판단력을 매개로 '이상의 세계', '선(善)의 세계', '미(美)의 세계'를 추구한다. 칸트는 이론이성에 대한 "실천이성의 우위"(*KpV*, A215=V119)를 역설하며, 반성적 이성에 비치는 세계의 합목적성에 경탄한다. 이것 또한 그의 이성 비판의 결실이다. 엄밀한 학문은 진위가 판별될 수 있는 지식들의 체계이지만, 그러나 인간에게 값진 것은 지식의 세계만이 아니라, 오히려 당위와 희망의 세계라는 것이다. 이제 칸트의 실천철학의 세계로 나가보자.

제3장

칸트의 도덕철학

제1절 _ '실천 이성 비판'과 그 과제

1. 과제 : '나는 무엇을 행해야만 하는가?'

칸트의 도덕철학은 인간으로서 '나는 무엇을 행해야만 하는가?(Was soll ich tun?)'라는 물음에 대한 답변이다.

인간 의식은 그에게 주어지는 것을 주어지는 바대로 납득하고 인식하는 작용을 하기도 하지만, 반대로 주어지는 것을 변형시키거나 주어지지 않은 것을 있도록 기획하는 지향 작용도 한다. 전자의 작용 의식을 우리는 일괄해서 이론이성 내지 사변 이성 또는 지성, 후자의 작용 의식에서 기획자는 실천이성, 그 지향의 욕구능력은 의지라고 부를 수 있다.

우리의 마음이 무엇인가를 욕구, 의욕함으로써 우리는 행위한다(Tun : Handeln). 행위는 어떤 의미, 목적, 가치를 지향한다. 그러니까 "나는 무엇을 행하여야만 하는가?" 하는 물음은, 나는 무엇을 욕구해야 하며, 어떤 가치를 지향해야만 하는가를 동시에 묻는다. 이 물음은 내가 무엇을 욕구하며 무엇을 행하고 있는가 하는 사실을 문제 삼는 것이 아니라, 인간으로서 나는 어떤 목적에 따라 행위해야만 하는가 하는 당위(Sollen)의 문제를 묻는다. 그리고 어떤 하나의 목적은 그보다 상위의 목적을 위한 수단이 될 수 있으므로, 이 물음은 최종적으로는 우리가 행위를 통해 실현해야만 할 궁극의 목적은 무엇인가를 묻는다.

행위는 의지적인 의식작용에 의거하되 몸을 통하여 나타난다. 입을 놀려 말을 하든 손을 놀려 붙잡든지 해야 행위이다. 그리고 몸의 놀림에 반드시 의지가 수반해야 행위라고 할 수 있다. 그렇지 않고 예를 들어 어떤 청년이 먼 산을 물끄러미 바라보고 서 있는데, 왼편에 있던 사람이 그에게 부딪쳐와 오로지 그로 인해서 오른편 사람을 넘어뜨리게 되었다면, 그것은 그 청년의 행위에 의한 것이 아니다. 다른 예로 어떤 노인이 며칠 동안 연이어 힘든 노동을 한 나머지 피로에 지쳐 일하던 중에 잠이 들어버렸다면, 그리고 깊은 잠에 뒤척이다가 남의 공작기계를 망가뜨렸다면, 그 잠에 빠진 것도 그리고 그 기계를 부순 것도 행위에 의한 것이라고는 볼 수 없다. 그러므로 행위는 어떤 목적을 지향하는 의식이 수반하는 인간의 의지적 행동만을 의미한다.

그러나 "나는 무엇을 행해야만 하는가?" 하는 칸트의 물음은 행위 일반을 소재로 삼는 것이 아니라, 행위 가운데서도 당위적 행위만을 문제 삼는다. 인간으로서 내가 어떻게 행위하는지, 왜 행위하는지, 무엇을 행하는지에 관해서는 여러 시각에서 여러 접근 방식으로 그 답을 얻을 수 있을 것이다. 그리고 이런 행위 일반에 대한 물음에 관해서는 인간에 대한 생리적인, 사회심리적인 연구를 거쳐서나 그 답을 얻을 수 있을 것이다. 그렇지만 "나는 무엇을 행해야만 하는가?"라는 이 철학적 물음은 그 물음 자체가 이미 답을 암시하고 있다.

인간으로서 "나는 무엇을 행해야만 하는가?" 혹은 "나는 무엇을 행해서는 안 되는가?" 하는 물음에 대해서 우리는 선(善)을 행해야만 하고 악(惡)을 행해서는 안 된다는 예정된 답을 가지고 있는 것이다. 이때 '나는 왜 선을 행해야만 하는가?' 혹은 '나는 왜 악을 행해서는 안 되는가?'는 더 이상 물을 필요가 없다. 왜냐하면 '선'은 다름 아닌 '행해야만 할 것'의 가치이고, '악'은 '행해서는 안 될 것'의 명칭이기 때문이다. 그러니까 "나는 무엇을 행해야만 하는가?"라는 물음 자체는 자명한 답을 이미 함축하고 있는 셈이다. 그러나 문제는 이 '자명한 답'에 함축되어 있는 내용을 탐구해서 밝히는 일이다. 즉 우리는 그렇다면,

　　① 선이란 무엇인가,

　　② 나는 그런 것을 어떻게 행할 수 있는가?

를 문제 삼지 않을 수 없는 것이다. 그러므로 우리가 "나는 무엇을 행해야만 하는가?" 하는 물음에 대해 단지 낱말 풀이식 답변이 아니라, 실질적인 내용 있는 답변을 제시하기 위해서는 우리는 선의 본질과 인간의 선행의 능력을 구명해야 한다. 그래서 우리의 문제는 일차적으로 생리−심리적인 것이 아니라 윤리학적인 '실천이성 비판'의 문제가 된다. 칸트의 『실천이성비판』은 바로 이 과제의 수행 결과를 담고 있다.

2. '실천 이성 비판'과 윤리 형이상학

　　『순수이성비판』이 순수한 사변적 이론이성의 기능을 분별하여 순수한 선험적 인식을 가능하게 하는 원리들과 그 원리들의 적용 범위 및 한계를 규정하는 과제를 수행한 것이라면, 『실천이성비판』은 순수한 실천이성의 기능을 분별하여 순수한 윤리적 행위를 가능하게 하는 원리들과 그 원리들의 적용 범위 및 한계를 규정하는 과제를 수행한다는 점에서 두 비판은

외견상 유사성을 갖는다. 그러나 이 두 비판이 필요한 이유와 그에 따른 두 비판의 과제는 오히려 정반대이다. '순수 이성 비판'은, 순수한 이론이성이 순전히 사변적인 개념 또는 이념에게 월권적으로 객관적 실재성을 부여하고, 경험에 의존하지 않고서는 도무지 알 수 없는 것까지도 한낱 순수한 이성만으로도 알 수 있다고 참칭하는 것에 대한 순수한 이성의 자기비판이다. 그러니까 그것은 순수한 이론이성이 경험적으로 사용되는 것을 방지하기 위한 것이다. 반면에, '실천이성 비판'은 순수한 실천이성에 대한 비판이 아니라 "실천이성 일반에 대한 비판"(*KpV*, A31=V16)으로서 "경험적으로 조건 지어진 이성이 자기만이 전적으로 의지의 규정 근거를 제공하려고 하는 월권을"(같은 곳) 비판한다. 그리하여 이 비판을 통해 밝혀지는 것은, 오히려 순수한 이성은 그리고 순수한 이성만이 무조건적으로 실천적일 수 있다는 것, 다시 말해 "순수한 이성이 그 자신만으로 의지를 규정하기에 충분"(*KpV*, A30=V15)하다는 것이다. '실천이성 비판'은 그러니까 '순수 이성 비판'과는 "정반대"로 경험적으로-조건 지어진 이성이 초험적인 영역에 대해서까지 "월권적으로 전제〔專制〕"(*KpV*, A31=V16)하는 것을 방지하기 위한 것이다. 그렇기 때문에 '순수 이성 비판'을 통해서는 형이상학으로서의 존재론이 불가능함이 밝혀진 것이라면, '실천이성 비판'을 통해서는 형이상학으로서의 윤리학이 정초된다.

『순수이성비판』이 경험적 인식을 가능하게 하는 조건, 즉 의식의 초월성과 인식 규칙들이 바로 그 인식에서 인식되는 것, 즉 경험적 존재자를 존재자로서 가능하게 하는 조건임을 해명함으로써 '존재가 곧 진리〔참〕임'을 밝혔다면, 『실천이성비판』은 실천 행위를 가능하게 하는 조건, 즉 자유와 도덕법칙이 실천 행위자, 즉 인격을 인격이도록 하는 조건임을 해명함으로써 순수한 '실천 의지가 곧 선〔참〕임'을 밝힌다. 그리고 이로써 인간 존엄성의 근거가 밝혀진다.

이 같은 성격을 갖는 『실천이성비판』(1788)은 합해서 칸트 도덕철학의 '3부작'으로 볼 수 있는 『윤리형이상학 정초』(1785)와 『윤리형이상학』(1797)과 더불어 감성적인 것 너머에 있는, 곧 형이상학적인 윤리 세계의 가능성을 밝힌다.

도덕철학을 '윤리 형이상학'을 통해 세우려는 칸트의 생각은 이미 1760 ~70년대부터 움텄던 것으로 보이며(1768. 5. 9 자 Herder에게 보낸 편지 : AA X, 74 참조), 칸트는 '윤리 형이상학'의 위상에 대한 그의 생각을 이미 『순수이성비판』의 '순수 이성의 건축술'을 논하는 자리에서 분명하게 표명했다.

> "형이상학은 순수 이성의 사변적 사용의 형이상학과 실천적 사용의 형이상학으로 나뉘며, 그러므로 자연 형이상학이거나 또는 윤리 형이상학이다. 전자는 모든 사물들의 이론적 인식에 대한 순전한 개념들에 의한 (그러니까 수학을 제외한) 모든 순수한 이성 원리들을 내용으로 갖는다. 후자는 행동거지를 선험적으로 규정하고, 필연적으로 만드는 원리들을 내용으로 갖는다. 그런데 도덕성은 원리들로부터 온전히 선험적으로 도출될 수 있는, 행위들의 유일한 합법칙성이다. 그래서 윤리 형이상학은 본래 순수 도덕[학]으로, 어떤 인간학(경험적 조건)에도 기초해 있지 않다. 사변 이성의 형이상학은 그런데 사람들이 좁은 의미에서 형이상학이라고 부르곤 하는 그것이다. 그러나 순수 윤리이론이 그럼에도 순수 이성에 의한, 인간적인 그것도 철학적인 인식의 특수한 줄기에 속하는 한에서, 우리는 이것에도 저 형이상학이라는 명칭을 보존하고자 한다." (*KrV*, A841 이하=B869 이하)

윤리학은 도덕법칙의 체계인데, 도덕법칙은 오로지 선험적으로만 수립될 수 있는 한에서 윤리학은 '윤리 형이상학'으로서만 가능하다.

"도덕법칙들은 그 원리들과 함께 모든 실천 인식 중에서, 그 안에 어떤 것이든 경험적인 것이 들어 있는 여타 모든 것과 본질적으로 구별될 뿐만 아니라, 모든 도덕철학은 전적으로 그것들의 순수한 부분에 의거하고, 인간에게 적용될 때도, 도덕철학은 인간에 대한 지식(즉 인간학)으로부터 조금도 빌려오지 않으며, 오히려 이성적 존재자인 인간에게 선험적 법칙들을 수립한다."(*GMS*, BIX=IV389)

순수한 당위의 법칙만을 내용으로 가져야 할 윤리학은 오로지 순수한 이성 지식의 체계, 곧 형이상학일 수밖에 없으며, 윤리학이 학문이기 위해서는 형이상학일 수밖에 없다.

"윤리 형이상학은 불가결하게 필요하다. 선험적으로 우리 이성 안에 놓여 있는 실천적 원칙들의 원천들을 탐구하기 위한 사변적 동인에서도 그러하지만, 윤리들 자신, 그것들을 올바르게 판정할 실마리와 최상의 규범이 없는 한, 갖가지 부패에 굴복하기 때문에도 그러하다. 무릇, 어떤 것이 도덕적으로 선한 것이라면, 그것이 윤리법칙에 알맞은 것으로는 충분하지 않고, 그것은 또한 윤리법칙을 위하여〔때문에〕 일어난 것이어야만 한다. 그렇지 않을 경우 저 알맞음은 단지 매우 우연적이고 불안정한 것이기 때문이다. 왜냐하면 비윤리적 근거는 때때로는 합법칙적인 행위들을 불러일으키지만, 더 자주는 법칙 위배적인 행위들을 불러일으킬 것이기 때문이다. 그러나 무릇 윤리적 법칙은 그것의 순수성과 진정성—실천적인 것에서는 바로 이것이 가장 중요하거니와—에 있어 순수철학이 아닌 어떤 다른 곳에서 찾을 수가 없다. 그러므로 이 순수철학(형이상학)이 선행해야만 한다. 이것 없이는 도무지 어디에서도 도덕철학은 있을 수 없다."(*GMS*, BIX 이하=IV389 이하)

'일반 실천철학'과 '윤리 형이상학'은 구별된다. '일반 실천철학'은 "인간의 의욕 일반의 작용들과 조건들"을 포함하는 한에서 경험적인 심리학이나 사회학의 자료들에 의거한다. 그러나 "윤리 형이상학은 가능한 순수 의지의 이념과 원리들을 연구해야 하는 것"(*GMS*, BXII=IV390)으로, 이성의 순수한 원리들만을 주목한다.

그래서 윤리 형이상학을 통해서만 학문으로서의 윤리학이 가능하며, 윤리 형이상학을 세우기 위해서는 인간의 순수한 실천이성 능력에 대한 비판이 선행되어야 한다. 당초에 『윤리형이상학 정초』는 이 과제를 위해 저술되었던 것으로 보아야 한다. '자연 형이상학'에 대해 '순수 이론이성 비판'이 선행하듯, '윤리 형이상학'의 기초 놓기, 토대 닦기로서 '정초'는 다름 아닌 '순수 실천이성 비판'일 것이기 때문이다.

"형이상학을 위해 순수 사변이성 비판이 이미 저술되었듯이, 본래 윤리 형이상학의 기초로서는 순수 실천이성 비판 외에 다른 것은 없다. 그렇기는 하지만 한편으로는 순수 실천이성 비판이 순수 사변이성 비판처럼 그렇게 아주 필요한 것은 아니다. 왜냐하면, 인간 이성은 도덕적인 것과 관련해서는 가장 평범한 지성〔상식〕에서조차도 쉽게 매우 정확하고 세밀하게 사용될 수 있기 때문이다. 이성이 이론적이고 순수한 사용에서는 전적으로 변증적인 데에 반해서 말이다. 다른 한편으로, 나는 순수 실천이성 비판을 위해서는, 만약 그것이 완수되려면, 실천이성의 사변이성과의 통일이 어떤 공동의 원리에서 서술될 수 있어야 함을 요구하는 바이다. 왜냐하면, 마침내는 단 하나의 동일한 이성만이 있을 수 있는 것이고, 이것이 순전히 적용되는 데서만 구별되어야 하는 것이기 때문이다."(*GMS*, BXIII 이하=IV391 이하)

온전한 '실천이성 비판'은 '사변 이성'과 '실천이성'의 '공동의 원리'

위에서만 가능할 것이다. '이성'은 본래 하나인 것이니 말이다. 이성, 그 것은 '스스로 법칙을 수립하는 능력' 곧 자기활동성이자 자율성이다. 그 모습은 대상 인식에서의 이론이성의 초월성에서 일단을 드러내며 "그 자신만으로 의지를 규정하기에 충분"(*KpV*, A30 =V15)한 순수한 실천이성에서 여실히 드러난다.

제2절 _ 윤리 도덕의 근거점 : 실천 이성의 자율성

칸트『윤리형이상학 정초』는 바로 이러한 실천이성의 자율성을 밝혀 윤리 도덕의 근거점으로 삼고, 그 위에 윤리 형이상학은 정초되어 있다.

칸트는 우선 평범한 사람들도 가지고 있는 도덕관념을 분해해냄으로써 그것을 철학적 인식으로 전환시킨다. 상식에서 철학으로 나아가는 이런 첫 번째 작업은 '도덕적으로, 그것도 무제한적으로, 선하다'는 것이 무엇을 의미하는가를 밝히는 일이다.

"이 세계에서 또는 도대체가 이 세계 밖에서까지라도 아무런 제한 없이 선하다고 생각될 수 있을 것은 오로지 선의지뿐이다."(*GMS*, B1 =IV393)

'선의지'만이 그 자체로 또는 내재적으로 무조건적인 가치를 갖는다는 것이다.

"선의지는 그것이 생기게 하는 것이나 성취한 것으로 말미암아, 또 어떤 세워진 목적 달성에 쓸모 있음으로 말미암아 선한 것이 아니라, 오로지 그 의욕함으로 말미암아, 다시 말해 그 자체로 선한 것이다."(*GMS*, B3 =IV394)

'선의지(guter Wille)'는 옳은 행위를 오로지 그것이 옳다는 이유에서 택하는 의지를 말한다. 그것은 행위의 결과를 고려하는 마음이나 또는 자연스런 마음의 경향성에 따라 옳은 행위를 지향하는 의지가 아니라, 단적으로 어떤 행위가 옳다는 바로 그 이유만으로 그 행위를 택하는 의지이다. 그러므로 이 의지 작용에는 어떤 것이 '옳다', 무엇이 '선하다'는 판단이 선행해야 하고, '옳음'과 '선함'은 결코 경험으로부터는 얻을 수 없는 순수 이성의 이념이므로, 선의지는 오직 이성적 존재자만이 가질 수 있는 것으로서 다름 아닌 순수한 이성적 존재자의 실천을 지향하는 이성 곧 순수 실천이성의 실천 법칙에만 따르는 의지이다.(GMS, B36 =IV412 참조)

선의 개념은 "이미 자연적인 건전한 지성에 내재해 있으며, 가르쳐질 필요는 없고, 오히려 단지 계발될 필요만 있는 것이다."(GMS, B8 =IV397) 그러나 선의지가 자연적으로 발동되는 것은 아니다. 만약 그러하다면 우리 인간에게 더 이상 악행이라든지 '당위'의 문제는 없을 것이다. 선의지는 자연발생적으로 생겨나는 것이 아니라, 도덕적 이념의 실천이 이성적 존재자의 '의무'라고 납득하는 데서 생긴다.

그래서 윤리 규정은 당위로서 '~하라!'는 '명령'으로 나타나며, 그것도 무조건적으로 복종하지 않을 수 없는, 그것에 준거해서 행위해야만 하는 필연적 실천명령으로 다가온다. 그렇기 때문에 이 명령은 이성적 존재자에게는 '실천 법칙'이다.

선의지만이 그 자체로 선한 것이라 함은, 결국 "의무로부터"의 행위만이 "본래적인 도덕적 가치"(GMS, B13 =IV399)를 가지며, 의무로부터의 행위란 도덕적 실천 법칙을 그 행위의 표준으로, '준칙(Maxime)'으로, 다시 말하면 "의욕의 원리"(GMS, B13 =IV400)로 삼는 행위를 말한다. "의무란 법칙에 대한 존경으로 말미암은 행위의 필연성[필연적 행위]"(GMS, B14 = IV400)이며, 도덕의 가치는 곧 이런 "의지의 원리" 안에 있다.

그래서 "행위의 도덕적 가치는 그것에서 기대되는 결과에 있지 않으며, 그러므로 또한, 그 원리의 동인을 이 기대되는 결과로부터 얻을 필요가 있는, 어떤 행위 원리에도 있지 않다."(*GMS*, B15 = IV401) '최고의 무조건적 선', "탁월한 선은, 법칙의 표상에 따라 행위하는, 인격 자체 안에 이미 현전하는 것으로, 비로소 그 행위 결과로부터 기대될 필요가 없다."(*GMS*, B16 = IV401) 선은 이미 그리고 오로지 행위의 동기 가운데 있는 것으로 행위의 결과에서 비로소 나타나는 것이 아니다. '평범한 인간 이성'도 이런 사실은 익히 알고 있다.

이제 칸트는 이 같은 대중적인 윤리 지혜에 의거해서 윤리 형이상학으로 넘어간다.

우리는 평범한 인간의 실천이성 능력을 정밀하게 분해함으로써, 이성적 존재자로서의 인간은 단지 자연법칙에 종속해 있는 것이 아니라, 윤리법칙에 종속해 있음을 알게 된다. 그것은 인간은 한낱 자연적 경향성에 따르는 것이 아니라, 법칙에 대한 존경, 곧 의무로부터 행위할 수 있음을 밝혀내는 일로써, 그를 통해 '정언명령'의 가능성이 드러나는 것이다.

"단지 평범한 윤리적 판정[…]에서 […] 철학적 판정으로 나아가기 위해서뿐만 아니라, […] 대중 철학으로부터 형이상학으로까지 […] 자연스런 단계들을 거쳐 나아가기 위해서는, 우리는 실천적인 이성 능력을 그것을 보편적으로 규정하는 규칙들로부터, 의무 개념이 생겨나는 곳에 이르기까지 추적하여 명료하게 서술해야만 한다."(*GMS*, B36 = IV412)

"자연의 사물은 모두 법칙들에 따라 작용한다. 오로지 이성적 존재자만이 법칙의 표상에 따라, 다시 말해 원리들에 따라 행위하는 능력 내지는 의지를 가지고 있다."(*GMS*, B36 = IV412) 그러나 인간의 의지는 "자체로 온전하게는 이성과 맞지"(GMS, B37=IV413) 않기에 자주 "주관적인 조건들", 곧 외적인 동기들에도 종속한다. "그러한 의지를 객관적인 법칙들에 맞게 결정하는 것은 강요"(GMS, B37=IV413), 곧 "자기 강제"(KpV, A149=V83)이다. 그렇기에 "객관적인 원리의 표상은, 그것이 의지에 대해 강요적인 한에서, (이성의) 지시명령(Gebot)이라 일컬으며, 이 지시명령의 정식(定式)을 일컬어 명령(Imperativ)이라 한다."(GMS, B37=IV413)

어떤 명령이 실천 법칙이 될 수 있기 위해서는 보편성과 필연성을 가져야만 한다. 어떤 것이 보편적이려면 언제나 누구에게나 타당해야 하며, 필연적이려면 무조건적으로 타당해야만 한다. 그러니까 어떠한 경험적이고 욕구 충족을 전제로 하는 명령도 실천 법칙이 될 수 없으며, 실천 법칙은 오직 선험적이고 단정적인 "정언적 명령"(GMS, B44=IV416)일 수밖에 없다. 그러므로 이 명령은 실천 행위로 나아가려는 이성이 자신에게 선험적으로 무조건적으로 부과하는 규범, 곧 이성의 "자율"(KpV, A58=V33)이다. 그리고 자율적으로 자기 자신에게 명령을 발하는 이성은 '자기 법칙수립적[입법적]'이며, 이 자율로서의 정언명령은 행위가 준수해야 할 "형식"을 지정한다.

> 정언적 "명령은 행위의 질료 및 그 행위로부터 결과할 것에 관여하지 않고, 형식 및 그로부터 행위 자신이 나오는 원리에 관여한다. 행위의 본질적으로―선함은, 그 행위로부터 나오는 결과가 무엇이든, 마음씨에 있다. 이 명령은 윤리성의 명령이라고 일컬을 수 있을 것이다."(GMS, B43=IV416)

이러한 '윤리성의 명령'은 "의무의 보편적 명령"(GMS, B52=IV421)으로서 형식적으로는 다음과 같이 표현된다.

"그 준칙이 보편적 법칙이 될 것을, 그 준칙을 통해 네가 동시에 의욕할 수 있는, 오직 그런 준칙에 따라서만 행위하라."(*GMS*, B52＝IV421)

또는

"마치 너의 행위의 준칙이 너의 의지에 의해 보편적 자연법칙이 되어야 하는 것처럼, 그렇게 행위하라."(*GMS*, B52＝IV421)

스스로 행위의 준칙을 세우고, 그것을 보편적 자연법칙처럼 준수하려는 인간 의지는 그 자체로 '신성하다.' 그러니까 "인간은 비록 충분히 신성하지는 못하지만, 그러나 그의 인격에서 인간성은 그에게 신성하지 않을 수 없다."(*KpV*, A155＝V87) 그러므로 자기 법칙수립적인 이 자율성이야말로 "인간과 모든 이성적 자연존재자의 존엄성의 근거"(*GMS*, B79＝IV436)라고 칸트는 말한다.

그 자체로 존엄한 인간은, 그리고 이성적 존재자는 '목적 그 자체'이다. 인간은 한낱 이런저런 용도에 따라 그 가치가 인정되기도 하고 안 되기도 하는 '물건' 즉 무엇을 위한 '수단'이 아니라, 그 자체로서 가치를 갖는 '인격' 즉 '목적'으로서 생각되어야 한다. 그렇기에, 모순율이 이론이성에게 자명하듯이, 다음과 같은 명령은 인간의 순수 실천이성에게는 자명한 실천명령이다.

"네가 너 자신의 인격에서나 다른 모든 사람의 인격에서 인간(성)을 항상 동시에 목적으로 대하고, 결코 한낱 수단으로 대하지 않도록, 그렇게 행위하라."(*GMS*, B67＝IV429)

"이성적 존재자들은 모두, 그들 각자가 자기 자신과 다른 모든 이들을 결코 한낱 수단으로서가 아니라, 항상 동시에 목적 그 자체로서 대해야만 한다는 법칙 아래에 종속해 있다. 그러나 이로부터 공동의 객관적인 법칙들에 의한 이성적 존재자들의 체계적 결합이 생긴다."(*GMS*, B74 이하= IV433) 여기에서 "목적들의 나라〔…〕라고 일컬어질 수 있는, 하나의 나라가 생긴다."(*GMS*, B75 =IV433)

"목적들의 나라에서 모든 것은 가격을 갖거나 존엄성을 갖는다. 가격을 갖는 것은 같은 가격을 갖는 다른 것으로도 대치될 수가 있다. 이에 반해 모든 가격을 뛰어넘는, 그러니까 같은 가격을 갖는 것을 허용하지 않는 것은 존엄성을 갖는다."(*GMS*, B77 =IV434)

"무릇 도덕성은 그 아래에서만 이성적 존재자가 목적 그 자체일 수 있는 조건이다. 왜냐하면 그를 통해서만 목적들의 나라에서 법칙수립적인 성원이 존재할 수 있기 때문이다. 그러므로 윤리성과, 윤리적일 수 있는 한에서의 인간성만이 존엄성을 가지는 것이다."(*GMS*, B77 =IV435)

이제 되짚어 생각해보면, "도대체 무엇이 윤리적으로 선한 마음씨 또는 덕으로 하여금 그토록 높은 요구를 할 권리를 주는가?"(*GMS*, B78 이하= IV435) 그것은 다름 아니라 보편적으로 법칙을 수립하고 스스로 그에 복종할 수 있는 이성 존재자의 힘, 곧 자율성이다. 다시 말해 인간의 자율성이야말로 인간과 이성적 존재자의 존엄성의 원천인 것이다. 그런데 이러한 "의지의 자율을 설명하는 열쇠"(*GMS*, B97 =IV446)는 다름 아닌 '자유'의 개념이다.

'자유'를 매개로 해서만 이성적 존재자의 선의지가 도덕법칙과 결합할 수 있다.(*GMS*, B99=IV447 참조) 자유는 이성적 존재자의 본질적 속성이고, 도덕법칙은 이 본질적 속성에서 비롯한 것, 자율적인 것이고, 그런 한에서 자기강제성을 갖는 것이다. 그렇기에 이성적 존재자의 자유의지란 바로 도덕법칙 아래에 있는 의지를 말한다. 자신의 법칙에 종속하지 않는 의지는 한낱 '자의(恣意)'일 뿐으로, 그것은 실은 외적인 원인들에 의해 좌지우지되는 것이기에 진정한 의미에서는 자유롭다 할 수 없다. 그러므로 자유로운 의지로서 순수한 실천이성의 존재자인 인간은 응당 도덕법칙에 복종하여 그것을 준수할 수 있는 것이다.

"의지의 자유가 자율, 다시 말해 자기 자신에게 법칙인 의지의 성질 말고 다른 무엇일 수 있겠는가?"(*GMS*, B98=IV447) 의지의 자유가 자율이라는 것, 곧 '의지는 모든 행위에 있어 자기 자신에게 법칙이다'라는 명제는 "바로 정언명령의 정식(定式)이자 윤리성의 원리이다. 그러므로 자유의지와 윤리법칙 아래에 있는 의지는 한가지이다."(*GMS*, B98=IV447)

칸트는 "이성은 실천이성으로서, 또는 이성적 존재자의 의지로서, 그 자신에 의해 자유롭다고 간주되어야만 한다. 다시 말해, 이성적 존재자의 의지는 오로지 자유의 이념 아래서만 자신의 의지일 수 있고, 그런 의지는 그러므로 실천적 의도에서 모든 이성적 존재자들에게 부여되어야만 한다"(*GMS*, B101=IV448)고 본다. "자유는 모든 이성적 존재자들의 의지의 속성으로 증명되어야"(*GMS*, B100=IV447) 하는 것이다. 자유를 인간의 자연 본성에 대한 경험으로부터 밝혀낸다는 것은 불가능한 일이다. 그럼에도 우리가 어떤 존재자를 "행위들에 대한 자기의 원인성을 의식하는 것으로, 다시 말해 의지를 가진 것으로 생각하고자 하면, 자유의 이념을 전제할 수밖에 없다."(*GMS*, B102=IV449)

"우리가 목적들의 질서 안에서 윤리법칙들 아래에 있다고 생각하기 위해, 우리는 우리가 작용하는 원인들의 질서 안에서 자유롭다고 상정하며,

그러고 나서 우리는, 우리가 자신에게 의지의 자유를 부가했기 때문에, 우리가 이 법칙들에 종속되어 있는 것으로 생각하는 것"(GMS, B104=IV450), 요컨대 윤리법칙을 준수하기 위해서는 의지가 자유로워야 하는데, 우리의 의지는 자유롭기 때문에 우리는 윤리법칙을 준수할 수 있다고 하는 것은 일종의 순환논변이 아닌가 하는 의혹이 있을 수 있다. 그러나 "우리는, 우리가 자유롭다고 생각할 때, 우리는 우리를 오성[예지]세계의 성원으로 놓고, 의지의 자율을, 그 자율의 결과인 도덕성과 함께 인식하되, 그러나 우리가 [윤리법칙 준수에] 의무 지워져 있다고 생각할 때, 우리는 우리를 감성세계에 속하면서 또한 동시에 오성[예지]세계에도 속하는 것으로 보고 있"(GMS, B110=IV453)는 것이니, 그것은 사태를 동일한 관점, 동일한 관계에서 어긋나게 보는 것이 아니므로, 자기모순을 범하는 것도 순환논변을 펴는 것도 아니다.

우리가 이성적 존재자로서의 인간은 한편으로는 "감성세계에 속해 있는 한에서 자연의 법칙들(타율) 아래에 있고" 다른 한편으로는 "예지세계에 속하는 것으로서, 자연에 독립적으로, 경험적이지 않고, 순전히 이성에 기초하고 있는 법칙들 아래에 있는 것"(GMS, B108 이하=IV452)을 인식함으로써, "마치 자유로부터 자율로, 다시 이 자율로부터 윤리적 법칙을 추론하는 데 어떤 비밀스러운 순환론이 포함돼 있는 것 같은 의혹은 제거"(GMS, B109=IV453)된다. 그리고 인간이 한편으로 감성세계의 타율 아래에 있으면서, 예지세계의 성원으로서 자율적이라는, 바로 이 사실로 인해 오히려 정언명령은 가능하다.

"자유의 이념이 나를 예지세계의 성원으로 만듦으로써 정언명령들은 가능하다. 그로써, 만약 내가 오로지 예지세계의 성원이기만 하다면, 나의 모든 행위들은 의지의 자율에 항상 알맞을 터인데, 그러나 나는 동시에 감성세계의 성

원으로서도 보기 때문에, 의지의 자율에 알맞아야만 하는 것이다."(*GMS*, B111＝IV454)

역설적이게도 인간은 자연의 질서 아래에 있는 감성적 존재자이기 때문에 오히려 예지세계의 성원으로서 자율성을 가질 수 있고, '인격성' 또한 얻을 수 있는 것이다.

제3절 _ 칸트의 인격윤리론

1. 계몽사상과 인격주의 윤리론

윤리 도덕이 선의 가치를 실현하는 행위에 있다고 하면, 이 선의 가치는 어디서 유래하는가? 그것은 자연에서 유래하는가, 자연 밖에서 오는 것인가, 아니면 인간 자신에서 유래하는가?

일단의 사람들은 '선'의 가치 척도 곧 도덕법칙이 자연에서 유래하는 것으로 보고, 또 다른 일단의 사람들은 자연 위에서 제시되는 것으로 보는 데 반해, 방금 보았듯이 칸트는 인간 자신에서 비롯하는 것으로 본다. 이러한 생각의 차이는 각기 다른 '이성'의 개념과 궤를 같이한다.

어원적으로 '말하기(道 : logos)'를 뜻하는 '이성'은 그러한 능력의 원천을 무엇에서 보느냐에 따라 적어도 세 부류의 견해를 허용한다. '말하기'의 주체가 누구 또는 무엇인가에 따라 우선 이성개념의 세 가닥을 추려볼 수 있으니, 첫째는, 사물(res)이, 존재자(ens)가, 자연(natura) 자신이 시원(arche)으로서, 원리(principum)로서 말한다는 자연주의, 둘째는 자연 너머의 어떤 것, 가령 신(deus)이 주재자로서 말한다는 초자연주의, 셋째는 다름 아닌 인간 자신이 주체로서 말한다는 인간(중심)주의가 그것들이다.

1) 자연주의 또는 초자연주의 윤리론

'이성(理性 : logos)'이라 통칭되는 '진리'와 '선'의 규준을 어떤 사람들은 우주 삼라만상의 운행 원리 내지 창조 원리에서 비롯한 것이라고 본다. 그들은 '이성'이란 이를테면 우주 세계의 질서 자체이며, 이 우주 질서에 인간이 참여하는 한에서 인간은 이성적이라고 생각하는 것이다. 우리는 그런 생각의 좋은 사례를 고대 중국의 유가나 도가 사상에서도, 일단의 고대 그리스와 로마 사상에서도, 오늘날 가히 세계의 보편적 종교라 할 수 있는 기독교 사상에서도 마주친다. '이성'은 때로는 '도(道)', '이(理)', '성(性)', 때로는 '천(天)', '자연(自然)'이라고 표현되지만, 이런 경우 그것은 자연 내 재적이든(자연주의) 초월적이든(초자연주의) 분명 '인간 위에' 있는 것이다.

『주역(周易)』에서 우리는 "하늘의 법도가 변화하니, 만물은 각기 자신의 본성을 바르게 하면서, 서로 합하여 큰 조화를 보전한다(乾道變化 各正性命 保合大和)"[1]는 언명과 함께, "형태를 가진 세상 만물을 그릇이라 한다면, 이것을 주재하는 형태 위에 있는 것을 도라고 한다(形而上者謂之道 形而下者謂之器)"[2]라는 규정을 본다. 경우에 따라서 사람들은 우주 전체의 운행 원리로서의 '도(道)'에 대하여, 이 도의 분수(分殊) 내지는 세목(細目)으로서 개개 사물에 내재하여 각기 그 사물을 주재하는 원리가 '이(理)'라고 구분하기도 하였으나, 그 근본에 있어서 도리(道理)는 하나로 이해되었다.[3]

---

1 『周易』, '乾爲天 卦爻辭'.
2 『周易』, '繫辭傳'上, 十二.

도리는 또한 우주 자연의 운행 원리일 뿐만 아니라, 이 운행 원리를 가늠하여 인간이 그 행실에 있어서 마땅히 지켜야 할 법도이고, 이 법도로 말미암아 인간은 참다울 수 있는 그런 것으로 여겨지기도 하였다. "하늘이 정해준 바가 본성이며, 본성을 따르는 것이 법도요, 이 법도를 마름질하여 격(格)을 세우는 일이 가르침이다. 법도라는 것은 잠시도 떠나 있을 수 없는 것이니, 떨어질 수 있으면 법도가 아니다(天命之謂性 率性之謂道 修道之謂敎 道也者 不可須臾離也 可離 非道也)"라는 『중용(中庸)』의 첫 구절은 그런 생각을 담고 있는 한 예이다. 보통 자연과 인간의 조응 내지 감응, 또는 천인합일(天人合一)로 표현되는 이 같은 자연주의 사상은 고대 중국 사상에서뿐만 아니라 고대 그리스와 로마의 스토아학파 세계관에서도 볼 수 있다.

헤라클레이토스(Herakleitos, BC 544~483)에게 있어서 로고스(logos)는 무엇보다도 우주의 원리를 의미했고, 세계는 이성에 의해서 주재되고 있는 것으로 이해되었다. 세계는 온갖 것들의 무질서한 무더기가 아니라 질서 정연한 전체 곧 코스모스(kosmos)이다. 인간 안에 깃든 로고스는 인간에게 진리에 이르는 바른 길을 지시하는 사고의 원리일 뿐만 아니라 윤리적 자세의 척도로도 납득되었다.

로고스의 이런 의미는 스토아 사상을 거치면서 더욱 풍부함을 얻는다.

스토아 사상에서 로고스는 일차적으로 세상사를 결정하는 내적 원리로서 우주의 정기(精氣)로 이해되었다. 그것은 헤라클레이토스에서처럼 불에 비유될 수 있는 질료 원리로서 만물을 주재하는 것이며, 확고부동한 법

---

3 "太極只是天地萬物之理 …… 萬物之中各有太極 …… 太極只是一道字"(『朱子語類』, 卷一, 一), "道是統名 理是細目"(같은 책, 卷六, 一), "太極在天日道 此道字以天命流行之道言"(『栗谷全書』, 卷二十, 聖學輯要 二), "理以在物而言 道以流行而言 其實一而已"(같은 책, 同 窮理 章) 등 참조.

칙성에 따라 우주의 전개를 이끄는 것이다. 역사는 로고스가 관통하는 이성적 과정이며, 이 우주의 정연한 질서와 단계 내에서의 각양각색의 만물은 각기 자기의 위치를 가지며, 인간 또한 마찬가지이다.

그러나 스토아 철학에 있어서는 보편적인 이성이 만물을 주재한다는 것이, 만물이 이성을 구유하고 있음을 의미하지 않는다. 자연 사물 가운데 인간만이 이성 능력을 갖추고 있다. 그런 의미에서 인간은 "이성적 동물"이다. 이성을 담지하고 있는 개개 인간의 영혼은 보편적 이성의 한 부분들이다.[4] 인간들 사이에 의견의 일치가 일어난다는 사실은 그들의 이성 능력이 보편적인 이성 능력으로부터 유래하고 있음을 입증한다. 이러한 이성은 세상에서 가장 신적인 것으로서,[5] 그것은 인간과 신들을 연결시킨다.[6]

행위에 있어서 이성은 도덕적 행위의 규준으로서 곧 자연과 짝을 이루는 것이다. "자연에 맞게 살라(naturae convenienter vive)"[7]는 것이 스토아 철학의 도덕 명령이다. 이것이 뜻하는 바는, 자연을 관통하는 이성(ratio)에 부합하여 사람은 누구나 세상사를 순리로 받아들여야만 한다는 것이다. 세상사란 두루 이성의 지배 아래에 있는 것이니 말이다. 세상에서 되어가는 일을 거부하거나 생(生)에서 발생하는 사건을 수용하지 않는 것은 비도덕적이다. 왜냐하면 그것은 우주 세계의 이성〔合理性〕에 대한 도전이기 때문이다. 더 좋은 세계, 더 완전한 세상을 건설한다는 것은 인간의 과제가 아니며, 부질없는 짓이다. 세계의 완전함은 결코 의심할 수 없으며, 그것은 이성을 의심하는 일로, 이성 자체를 의심할 척도는 어디에도 있을 수 없다.

---

4 Seneca, *Epistulae morales ad Lucilium*, Ep. XLI 참조.
5 Cicero, *De legibus*, I, 22 참조.
6 Cicero, *De natura deorum*, II, 62 참조.
7 Cicero, *Tusculanae disputationes*, V. 82 참조.

인간이 도덕적 완전성에 이르는 유일한 길은 자기의 이성을 우주의 보편적 이성에 합치시키는 것이다. 모든 비도덕적 행실은 종국에는 우주 질서에 대한 비이성적 반발이다. 이런 반발은 정념의 규제받지 않는 출몰에 기인한다. 그러므로 모든 사람은 각자 스스로 자신을 완전히 이성화하도록 힘써야 한다. 그러니까 인간은 전적으로 로고스가 되도록, 바꿔 말하면, 심정(pathos)의 동요를 완전히 절멸시키도록 전념해야만 한다. 거기에 바로 무감정(apatheia)의 이상이 있다.[8] '무감정'이란 단지 정념이 이성에 굴복한다는 의미가 아니라, 정념이 완전히 제거되어 인간이 전적으로 로고스가 되는 것을 의미한다.

자연 자체의 이법(理法)이요, 자연물 가운데 특별한 생물인 인간의 생명 원리이자 사고와 행위의 규준으로 이해되던 이성은 기독교 사상에 와서 시원적으로는 초월적인 신 안에, 그러니까 인간 위에 있는 것으로 파악되어 초자연적 위치를 얻게 되고, 그러나 예수의 육화(肉化) 사건을 통하여 비로소 인간 안에 임하는 것으로 납득된다.

"태초에 말씀(道, 理性)이 있었다(en arche ho logos). 말씀은 하느님(神)께 있었으며, 말씀이 하느님이었다. […] 만물은 말씀을 통해 이루어지며, 말씀 없이는 한 가지도 이루어지지 않는다. 이루어지는 모든 것들에 있어서 말씀 가운데 생명이 있었으며, 그 생명은 인간의 빛이었다. […] 그것은 이 세상에 온 모든 인간을 비추는 참다운 빛이었다."[9]

알렉산드리아의 필론(Philon ho Alexandria, BC 24~AD 50)이 파악했고, 교부들과 스콜라 철학자들이 이해했듯이, 로고스는 신적인 것이지만 신과

---

8 Diogenes Laertius, *Vitae philosophorum*, VII(Zenon), 117 참조.
9 『성서』, 「요한복음」, I, 1~9.

동일한 것이 아니다. 그것은 이를테면 제2의 신이며, 신과 세계 사이의 일종의 매개자이다. 인간과 신을 이어주는 것도 로고스이다. 로고스는 신의 계시이며, 신을 공표하는 말씀이며, 그 말씀은 인간을 지혜로 인도하고 때로는 강제하고, 약한 자에게 치유를 준다. 인간을 위한 신의 계명으로서 로고스는 올바른 길(orthos logos)이며, 사람들의 관습에서 생긴 법과는 대조되는 자연법이다. 신의 형상으로서 로고스는 또한 인간 안에, 곧 지성 안에 자신의 모상(模像)을 가진다. 이런 뜻에서 인간은 신의 형상에 따라 창조되었다.

달리 말하면, 로고스는 세계를 창조한 주(主) 하느님의 세계 창조의 근본 틀(forma principalis)이자 운행 원리이며, 그것은 이성 자체 곧 순수 이성(ratio pura)이다. 이 신의 이성(ratio divina)에 인간이 참여한 그만큼 인간도 이성적이다. 이런 맥락에서 인간의 이성은 신의 이성과 유사하고 그것의 모상이라 할 수 있다. 그러나 신의 이성과는 달리 인간의 이성은 불완전하고, 그런 점에서 신의 이성과 인간의 이성은 질적으로 다르다. 그럼에도 인간은 자기가 조금 할당받아 가지고 있는 이성의 힘으로 신의 이성의 길을 따라 걸음으로써 신의 은혜를 입어 최선에 이를 수 있다.

2) 계몽주의와 인간주의 윤리론의 분열

자연에 내재하는 이성이나 자연을 주재하는 신의 이성은, 인간도 자연 만상 중 하나인 한에서 인간을 관통하는 이성이기는 하지만, 인간이 참다운 이성의 주체는 아니고, 그런 의미에서 인간 위에 있는 이성이다. 그러나 근대에 와서 많은 사람들은 이성은 오로지 인간의 이성이며, 이성의 거소는 인간이라고 생각했으니, 이 같은 인간(중심)주의적 사상은 어느 면에서는 고대 그리스 사상의 부흥이라는 맥락에서 '르네상스'의 성격을 띠었고,

초자연주의적 사고를 타파한다는 점에서는 '계몽(啓蒙)'이라 일컬어졌다.

"이성 혹은 양식(良識)이 우리를 인간이게 하고 우리를 짐승과 구별되게 하는 유일한 것이므로, 그것은 모든 사람에게 온전히 갖추어져 있다."[10]

그러나 인간이 이성을 온전하게 갖춘 동물이라는 그리스적 규정에 다시금 동의한다고 해서 이해가 모두 같은 것은 아니다. '이성적 동물'이라는 개념은 이미 자신 안에 균열을 담고 있다. '이성적임'과 '동물임'은 가볍지 않은 길항 관계 속에 있다. 당초에 인간을 '이성적 동물'이라고 규정했던 사람들은 인간은 동물이라는 유성(類性)을 바탕으로 이성이라는 종차(種差)를 가지며, 이 종차가 인간을 인간답게 만드는 것임을 표현하고자 했을 수 있겠지만, 그러나 종차가 1이라면 바탕은 99이니, 인간은 '이성적' 존재자라기보다는 당연히 '동물적' 존재자라고 어떤 사람들이 생각한다고 해서 그것이 사태에 어긋난다고 볼 수는 없겠다.

데카르트와 더불어 '이성(ratio)'은 정신 능력(ingenium)으로서 "인간 이성(humana ratio)"[11]이 되어 인간의 인식능력을 지시하는 중심적 개념이 되었다. 이때 '이성'은 '생각하는 것(res cogitans)'·'정신(mens)'·'영혼/마음(animus)'·'지성(intellectus)'과 같은 것을 지시했다.[12] '이성(raison)'은 '건전한 지성(bon sens)'으로서 "모든 인간이 똑같이 자연 본성"으로 가지고 있는, "건전하게 판단하고 진위를 판별할 수 있는 능력"[13]을 말한다.

---

10 Descartes, *Discours de la Méthode*, I, 2.
11 Descartes, *Regulae ad directionem ingenii*[1628], 수록 : Oeuvres de Descartes, publ. par C. Adam/P. Tannery, Paris 1974, X, 397.
12 Descartes, *Meditationes de prima philosophia*, II, 6 참조.
13 Descartes, *Discours de la Méthode*, I, 1.

이러한 힘을 가진 이성은 정념의 주인이 될 수 있고, 모름지기 되어야 하며, 그로써 인간은 마음이 아무리 약한 자라 하더라도 놀람〔驚〕·사랑〔愛〕·미움〔憎〕·욕망〔慾〕·기쁨〔喜〕·슬픔〔悲〕 등과 같은 "정념들(passions)을 훈련하고 지도한다면, 모든 정념에 대해서 절대적인 지배권을 획득할 수 있다."[14] 인생의 모든 좋은 것(le bien)과 나쁜 것(le mal)은 정념에 달렸거니와, 이성적 사려분별력에서 비롯하는 "지혜(Sagesse)는 정념들의 지배자(maistre)가 되어 이것들을 능숙하게 다루는 방법을 가르쳐줌으로써, 정념들이 야기하는 해악들을 능히 견뎌낼 수 있고, 오히려 그로부터 기쁨조차 이끌어낼 수 있다"[15]는 것이 이성주의자 데카르트가 쓴 『정념론』의 결론이다. 그리고 그것은 스피노자에 있어서도 마찬가지이다.

스피노자에서 '이성(ratio)'의 본성은 "사물들을 우연적인 것으로가 아니라, 필연적인 것으로서 관조하는 것(contemplari)이다."[16] 사물을 필연적인 것으로 관조한다는 것은 사물을 "참되게, 곧 있는 바 그대로 지각한다"는 것을 말한다. 다시 말해, "사물들을 어떤 영원한 형상 아래서(sub quadam æternitatis specie) 지각한다"[17]는 것이다.

"사람들이 이성의 지도에 따라서 생활하는 한, 그들은 본성상 언제나 합치한다."[18] 반면에 사람들이 정념에 의해 동요될 때 그들은 서로 다를 수 있고 대립하기도 한다. 그런데 "덕을 따르는 사람들의 최고선은 모든 사람들에게 공통적이고, 모든 사람들은 그것을 똑같이 즐길 수 있다."[19] 그러하기에 "덕을 따르는 사람은 자기를 위해 욕구하는 선을 타인을 위해

---

14 Descartes, *Les Passions de l'ame*, art. L.
15 같은 책, art. CCXII.
16 Spinoza, *Ehtica*, II, prop. XLIV.
17 같은 책, II, prop. XLIV, coroll. II.
18 같은 책, IV, prop. XXXV.
19 같은 책, IV, prop. XXXVI.

서도 소망한다."[20] 그러니까 보편적 가치는 이성의 지도에 따라서 사람들이 생활할 때만 영속적으로 실현된다.

영원의 형상 아래에서 사물들을 바라보는 자, 곧 순수하게 이성적인 자는 어떠한 정념에도 예속되지 않고 진정한 자유를 누린다. "그러나 모든 고귀한 것은 어렵고 그만큼 드물다."[21] 갖가지 욕망에 싸여 있는 인간이 그러한 지경에 이른다는 것은 결코 쉬운 일이 아니고 그래서 매우 드물기는 하지만, 그럼에도 불가능한 일은 아니다.

그러나 '계몽'의 기치 아래 정치적으로 경제적으로 속박 속에 있는 다중(多衆)의 사람들에게 자유의 가치가 추구되었을 때, 그 자유의 주체는 '개인'이었고, 그 개인은 일차적으로 '몸'으로 표현되었다. 감옥에 갇혀 있는 몸, 추위와 허기에 떨고 있는 몸, 노동의 질곡에 구속되어 있는 몸의 해방이 자유 염원의 일차 표적이었다. 그러니까 인간은 일차적으로 '신체적 존재자'이고, 감정적 감각적 존재자이며, 자연이 그에게 준 선물인 '이성'은 그의 욕구를 실현해가는 수단과 방법을 강구해주는 지혜로운 종이어야 하는 것이 마땅했다. 그래서 이제까지의 '입법적〔법칙수립적〕이성' 대신에 '도구적 이성' 개념이 등장하였다. 로크와 흄은 이런 생각의 대변자들이며, 이로써 '이성'은 전혀 다른 신분을 얻게 되었다.

> "사람들에게 이 세계를 공유하도록 준 신은 그들에게 또한 그것을 삶과 편의를 위해 가장 이익이 되게 사용할 이성도 주었다."[22]

'이성'은 인간이 그의 경제적 생활을 위해, 좁혀 말하면 노동 활동을 할

---

20 같은 책, IV, prop. XXXVII.
21 같은 책, V, prop. XLII, schol..
22 Locke, *Two Treatises of Government*, II, 26.

때 효율적인 방법과 수단을 찾아주는 도구로서 신이 인간에게 준 선물인 것이다. 이제 한 발 더 나아가 흄은 자신 있게 말한다.

"이성은 정념의 노예이고, 오로지 노예여야 하며, 정념에 종사하고 복종하는 것 이외에 다른 어떤 직분도 결코 가질 수 없다."[23]

이성은 인간의 욕구가 목적하는 바를 쉽게 달성할 수 있도록 조력하는 자로서 그 직분을 삼는 인간성 구성의 한 요소이다. 그것은 인간을 통제하는 자가 결코 아니며, 인간에게 가치의 척도를 제공하는 자도 아니고, 또한 그러한 위치에 있지도 않다. 인간에게 선악 호오 시비의 가치를 지시해 주는 것은 정념일 따름이다.

이로써 인간 안의 이성은 전혀 다른 지위를 갖는다. 이로부터 정념을 규제하는 '법칙수립적 이성'과 정념에게 봉사하는 '도구적 이성'의 개념이 생겼다. 그리고 이에 따라 '선'의 가치도 서로 다른 척도를 얻었으니, 전자의 이성개념을 갖는 이른바 '이성주의자'에게는 이성의 법칙이, 후자의 이성개념을 갖는 이른바 '정감주의자'—흔히 이를 '자연주의자'라고 일컫는데,[24] 이것은 인간의 '정감'을 자연스러운 것으로 여기는 자들의 속견에 따른 것으로, 이 또한 하나의 교조주의라 하겠다—에게는 쾌 또는 행복의 감정이 '선'의 척도가 된다. 그러니까 우리는 계몽주의와 함께 형성된 인간(중심)주의의 두 가닥 중 전자의 사상을 이성주의 윤리론, 후자의 사상을 정감주의 윤리론이라고 부를 수 있을 것이다.

인간 밖에, 인간 위에 있는 '이성'은 어디까지나 '순수 이성'으로서 어

---

23 Hume, *Treatise*, II, 3, 3[p. 415].
24 G. E. Moore, *Principia Ethica*, p. 38 이하 참조.

떤 종류의 감성이나 정념 위에 있는 것인 만큼, 그것은 자신이 법칙이거나 그 자신의 대상에 대하여 법칙을 수립하는 자이다. 그러니까 그것은 언제나 절대적 주체적 이성이다. 그래서 그것은 '절대자'로 일컬어지기도 하고, 신 또는 자연이라고 일컬어지기도 하며, 실체라고 일컬어지기도 한다. 그러니까 그것은 인간이 없다 해도 있을 어떤 '존재자'로 생각된 것이다. 그러나 인간 안의 이성은, 설령 그것이 순수 이성이라 하더라도, 인간의 이성이다. 그러니까 그것은 인간이 절대자이기는커녕 자연 만물 가운데 하나인 한에서 자연을 상관자(相關者) 또는 상관(上官)으로 가지며, 또한 인간 자신이 순수 존재자가 아닌 만큼 언제나 감성 내지 정념을 상관자로 갖는다. 그러니까 이를테면 이러한 이성은 상대적 이성이다.

그러나 이성이 비록 상대적이라 하더라도, 만약 이성이 자연에게 법칙을 수립해주고, 정념이 지향해나가야 할 목표와 그 실현의 법칙을 수립하는 권능을 갖는다면 그것은 주체적이다. 그러니까 이럴 경우 상대적 이성이라도 제한적 의미에서는 주체적일 수 있는 것이다. 그러나 만약에 이성이 자연이 '자연적으로' 운동하는 양상을 좇고 그것이 가르키는 바에 종사하고, 정념이 목적하는 것에 이르는 데에 수단으로 쓰이기만 한다면 그것은 도구적이다. 이렇게 순전히 도구적일 때 "이성은 모든 자발성과 생산성, 그리고 새로운 종류의 내용을 발견하고 그것을 실연(實演)하는 힘을 상실하며, 곧바로 자신의 주체성을 상실한다."[25]

칸트 윤리론의 근거점인 순수 실천이성은 주체적이고 자발적인 법칙수립적 이성으로서 우리말 '理性(이성)'의 원의(原義), 곧 '성정을 다스림', '정념을 통제함'에 정확히 부합하는 개념이다.

---

[25] Max Horkheimer, *Eclipse of Reason*(1947), New York : The Continuum, 1996, p. 55.

"뜻을 높이 새기면 멋대로 행동하지 않게 되고, 외부 사물에 이끌리면 의지는 흘러가서 돌아오지 못한다. 그래서 성인은 사람을 인도하기를 이성〔본성을 다스림〕으로써 하여, 방탕함을 억제하고, 사람과 함께하는 데에 조심하며 치우친 바를 절제한다. 비록 성정은 만 가지로 나뉘고 인간의 자질은 수없이 서로 다르지만, 일을 바로잡고 풍속을 개선하는 데에 이르러서는 그 방법은 하나이다(夫刻意則行不肆 牽物則其志流 是以聖人導人理性 裁抑宕佚 愼其所與 節其所偏 雖情品萬區 質文異數 至於陶物振俗 其道一也)."[26]

3) 칸트의 인격주의 윤리론

칸트의 인격주의 윤리론은 인간의 자연적인 경향성을 규제하는 법칙수립적 이성개념 위에 기초하고 있는 것이다. 그것은 자연주의적인 그리고 초자연주의적인 '선' 가치 개념에 대한 반성과 비판을 통해 나온 것이다.

자연주의자들은 '선'의 개념이 인간의 자연 본성에서 유래하는 것으로 본다. 인간의 자연 본성이 그 자체로 선하다는 것이다. 인간의 본성이 오로지 선할 경우엔 인간이 천성적 기질대로만 행위한다면, 인간의 모든 행위는 선할 것이다. 그럼에도 우리가 인간에게서 악행을 본다면, 그것은 인간의 본성적 기질을 능가하는 어떤 외적 힘에 의해서 인간이 유혹되거나 압박받음으로써 저질러진 것일 터이다. 인간에게 악행을 유발하는 그런 외적 힘은 무엇일까? 물이 위에서 아래로 흐르듯 선행으로 향해 있는 인간 본성의 흐름을 역류시키는 저수 둑[27]은 무엇일까? 그것을 사회제도나 구조 혹은 사회 환경이라고 말할 수는 없을 것이다. 이것들은, 적어도 부분적으

---

26 范曄, 『後漢書』, 卷六十七, 堂錮列傳 第五十七 序.
27 『孟子』, 告子上 二 참조.

로는, 사람들 자신에 의해서 형성되었다고 보아야 하기 때문이다. 그렇다면, 그것은 자연환경일까, 혹은 초자연적인 어떤 것, 가령 악마일까?

인간의 본성이 온전히 선하다 할 경우 그것으로써 선의 원천은 바로 제시되지만, 반면에 악의 원천을 해명해야 하는 어려움을 떠맡아야 하므로, 많은 사람들은 인간이 선한 기질과 아울러 악으로의 경향성도 가지고 있다고 해석하는 편을 택한다. 무엇보다도 유교의 도덕관을 그 예로 들 수 있을 것이다.

유학자들은, 수신(修身)의 요체가 '하늘로부터 얻어가진 자신의 마음 안에 있는 광명정대(光明正大)함을 깨우치는 일[明明德]'[28]이라 하고, '하늘이 정해준 바[天命]인 본성에 충실히 따름[率性]이 인간이 따라야 할 마땅한 도리'[29]라고 한다. 그러면서도 어떤 이는 비록 인간이 인의(仁義)와 예(禮)를 아는 선한 본성을 가지고 있음을 강조하긴 하지만, 인간 자신 안에 또한 악에 빠지기 쉬운 성향을 지닌 '소체(小體)'를 인정하여 저 '대체(大體)'와 구별한다.[30]

반면에 어떤 이는 인간도 동물의 한 가지로 여타의 동물이나 다름없이 '좋은 색깔, 좋은 소리, 좋은 맛, 그리고 이익을 좇음'에서 싸움에 이르니 그 본성은 악하고, 선한 부분이란 꾸밈[僞]이라 주장하면서도,[31] '그렇다면 예와 의(禮義)가 악에서 생겼는가'라는 질문에 대해서는 "예의란 성인(聖人)의 꾸밈에서 나온 것이지 사람[人]의 본성에서 나온 것이 아니다"[32]라고 답한다. '예'란 "일신을 바로 잡는 척도"[33]이자 "절제의 표준"[34]으로

---

28 『大學』, 首章 釋明明德 참조.
29 『中庸』, 第一章 참조.
30 『孟子』, 告子上 十五 참조.
31 『荀子』, 第二十二 性惡篇 참조.
32 같은 곳.
33 같은 책, 第二 修身篇.

서, '군자(君子)'가 바로 그 "모범을 보인다"[35]는 것이다. 이런 설명은 보통 사람들이 지켜야 할 윤리 도덕의 근원이 성인이나 군자와 같은 탁월한 사람으로부터 비롯한다는 것인데, 그러나 이 설명에 대해서도 우리는, '성인'이나 '군자'도 사람이니, 이들의 마음씨나 행실의 도덕성은 어디에서 유래하는가 하고 다시 물을 수 있다. 그것을 자연〔天地〕에 돌린다[36]면, 이 역시 인간의 본성에 부분적으로나마 선함이 있다는 생각과 다르지 않다.

신유가 학자들의 사단(四端) 칠정(七情)에 관한 상당히 치밀한 논변에서도 그 결론이, 선한 마음씨는 '이(理)'에서, 악한 마음씨는 '기(氣)'에서 나온다〔理氣互發說〕가 되든, 으레 '기'에는 '이'가 담겨 있기〔氣包理〕 마련이니 선하든 악하든 모든 마음씨는 '기'로부터 나온다〔氣發理乘說〕가 되든, '이'니 '기'니 하는 두 가지 모두가 사람의 구성 원리이므로, 결국 인간 자신에게서 선·악의 인자(因子)를 함께 본다는 점에서는 차이가 없다. 사람이 능히 천지자연의 조화로운 질서를 깨닫고 그에 따라 행위할 수 있는 충분한 사람다운 소질〔道心〕을 가지고 있으면서도, 눈앞의 것에 대한 욕구에 사로잡혀 자연의 이치를 벗어나 행위할 수 있는 소질〔人心〕도 또한 가지고 있다[37]는 말 역시 마찬가지의 뜻이다.

이런 유가의 여러 방식의 설명은, 자연의 이치〔天地之道〕와 인간의 도리를 한가지로 보면서도, 선과 악의 근원이 모두 인간의 자연 본성에 있다 —이를 나누어, 선은 인간으로서의 인간의 본성에서, 악은 동물로서의 인간의 본성에서 유래한다고 말해도 결론은 마찬가지이므로—는 것을 말한다. 그러므로 유교는 윤리 도덕의 원천 문제와 관련해서 자연주의(自然主

---

34 같은 책, 第十四 致士篇.
35 같은 책, 第十二 君道篇.
36 같은 책, 第九 王制篇 참조.
37 『栗谷全書』, 卷十 答成浩原 壬甲 참조.

義)적 견해를 취하고 있다고 볼 수 있다.

그러나 이 같은 자연주의적 이설은, 그 취지로 볼 때, 사람은 짐승처럼 망동(妄動)해서는 안 되고, 사람답게 행위해야 한다는 것을 역설하고는 있으나, 자연물 가운데 하나인 인간이 어떻게 해서 자연의 법도〔天理〕를 일탈할 수 있는가, 즉 자연으로부터 인간으로 태어난 자가 어떻게 인간에 머무르지 않고 짐승으로, 때로는 짐승보다도 못한 것으로 추락할 수 있는가, 바꿔 표현하면, 역시 자연적 품성 가운데 하나인 인욕(人欲)이 어떻게 자연의 대도(大道)를 파기할 수 있는가를 분명하게 해명하고 있지 않다.

그것이 의지력의 부족에 기인하든, 악마의 유혹에 넘어가는 데에서 말미암든, 혹은 자신의 본성을 스스로 깨우치지 못하는 지력(知力)의 결핍에서 비롯하든, 인간이 선행으로 나아가지 못하고, 오히려 빈번히 혹은 번번이 악한 행위를 한다면, 어쨌든 인간은 악으로의 성향 내지는 기질을, 적어도 부분적으로나마, 가진 것으로 해석할 수 있다. 이런 전제하에서 도덕의 원천을 반성할 때, 우리가 생각해볼 수 있는 것은, 초자연적인 즉 인간의 성향을 제압하는 어떤 자에 의한 도덕률의 제시이다. 그런 예로서 우리는 기독교의 도덕관을 들 수 있을 것이다.

기독교에서 도덕은 율법(律法) 가운데 하나이다. 그것은 예외 없이 지켜야 할 초자연적인 위격(位格)으로부터의 지시 사항으로, 원죄(原罪)에 빠져 있는, 즉 본성상 악〔根本惡〕에 물들어 있는 인간에게 계명(戒命)으로 나타난다.

"너희는 부모를 공경하여라. 〔…〕 살인하지 못한다. 도둑질하지 못한다. 이웃에게 불리한 거짓 증언을 못한다. 네 이웃의 집을 탐내지 못한다."[38]

---

38 『성서』, 「탈출기」, 20, 12~17. 이에 대한 해석은 M. Noth, *Das zweite Buch Mose* : *Exodus*, 한국신학연구소 역, 『출애굽기』, 서울, 1981, 180면 이하 참조.

이것은 신의 명령으로서 사람들이 마땅히 지켜야 할 도리이다. 그러나 기질상 악에 빠지기 쉬운 인간이 순순히 이 명령을 따를 리 없으므로, 신은 '기적'과 같은 초자연적 힘을 가끔 내보임[啓示]으로써 자신의 위력과 권능을 사람들로 하여금 받아들이지 않을 수 없게 한 연후에, 자신의 명령을 제대로 지키지 않은 자에게는 그 죗값을 "후손 삼대에까지" 치르도록 할 것임을 경고하고, 제대로 지킨 자에게는 "그 후손 수천 대에 이르기까지" 은혜를 내릴 것을 약속한다.[39]

이 같은 초자연주의적 윤리 교설이 설파하는 바, 신의 음성을 통해 나온 도덕법칙은 반드시 지켜야 하는 것이지만, 어떤 사람이 그것을 준수할 때 그 이유가 그 도덕법칙 자체의 권위 때문이 아니고 자신의 행위 다음에 뒤따라올 상벌 때문일 수 있으므로, 이렇게 되면 도덕은 그 자체가 가치 있는 것이 아니라 단지 상을 받거나 벌을 피하기 위한 수단으로서 가치가 있는 것이 된다. 이럴 경우에는, 만약 누군가가 신의 위력은커녕 신이라는 초자연적 위격 자체를 납득하지 않고 따라서 그의 경고에도 전혀 "두려워 떨지"[40] 않을 뿐만 아니라, 그 약속에도 아무런 기대를 걸지 않을 때, 그가 제시한 도덕은 인간으로서의 인간의 율법으로서는 아무런 기능을 할 수 없을 것이다.

바로 이 때문에, 이와는 달리, 서양 근대 계몽사상을 대변하는 칸트 비판철학의 도덕관은 도덕의 원천을 인간의 이성 자체, 인간의 이상적인 인간의 모습에서 찾는다. 칸트는, 기독교적인 도덕관에서 드러나는 바와 마찬가지로, 인간이 "자연본성적으로 악하다"(*RGV*, B26=VI32 참조)고 보면서도, 인간 자신이 동시에 자연적 존재자로서 자신을 넘어설 수 있는 예지(叡智)적 힘 즉 자유(自由)를 가지고 있고, 이 힘으로 인하여 자신이 처해

---

39 「탈출기」, 20 : 6.
40 「탈출기」, 20 : 19.

있는 존재의 세계를 지양하고 보다 선한, 보다 올바른 세계, 곧 현재하지는 않지만 마땅히 현재해야만 할 당위의 세계를 이상(理想, 理念)으로 그리며, 이로부터 도덕법칙이 나온다는 주장을 편다.

앞서 보았듯이 칸트에 의하면 도덕법칙은 (신에 의해서 제시된) 타율(他律)이 아니라 '자율(自律)'(*KpV*, A58=V33)이다. "도덕은 그 자신을 위해서 (객관적으로, 의욕〔하고자〕함과 관련해서나, 주관적으로 할 수 있음과 관련해서나) 결코 종교를 필요로 하지 않으며, 오히려 순수 실천이성 덕분에 그 자신만으로 충분한 것이다."(*RGV*, BIII 이하=VI3) 도덕의 법칙은 인간이 자신에게 부과하고, 인간이 인간이기 위해서 그것에 스스로 복종해야만 하는 법칙이다. 인간이 악으로 나갈 수도 있는 자연적 경향성을 제압하고 스스로를 '도덕법칙 아래에' 세워야 하는 것은, 그렇게 함으로써만 인격적 존재자가 될 수 있기 때문이다.(*KU*, B421=V448 참조)

인간은 자연 가운데서 태어나서 자연 안에서 살고 있는 자연물 중의 하나로서 자연법칙의 지배 아래에 있으면서도, 다른 한편으로 여타의 자연사물과는 다른 '인격'으로서의 존엄성을 가져야 한다는 이상을 가지고 있다. 이 이상이 바로 도덕의 원천이다. 인간은 도덕적으로 행위함으로써 인격적일 수 있으며, 인간이 인격적일 때 그는 이런저런 쓸모에 따라 값이 매겨지는 '물건', 즉 무엇을 위한 수단이 아니라 그 자체로서 가치를 갖는, 즉 존엄성을 갖는 '목적'으로 생각될 수 있다.(*GMS*, B64 이하=IV428 참조) 그러니까 칸트에 따르면, 다름 아닌 인간의 존엄성에 대한 인간 자신의 이념이 도덕의 원천인 셈이다.

이상에서 그 대강을 살펴본바 각자의 '이성' 개념에 의거해서 '선'의 가치를 설명하는 자연주의, 초자연주의, 칸트의 인격주의는 모두 도덕적 가치가 보편적이고 절대적임을 말하고 있다. 이 같은 절대적 도덕 가치 이론에 반대해서 상대성을 주장하는 사람도 적지 않다. 사회학적 윤리 현상론자들 내지는 경험주의적 윤리이론가들 대부분이 그런 경향을 보인다.

일상생활에서의 개개 윤리 규범들—도덕법칙이라기보다는 예의범절에 속하는 것이지만—가운데 다수는, '윤리'와 '도덕'에 대응하는 서양어의 어원이 그를 증거해주듯이, 관습(慣習 : ethos, mos)이 정식화한 것이고, 관습이란 시대에 따라 지역에 따라 다소간 차이가 있어 보이므로, 윤리 상대론이 그럴듯하게 받아들여지기도 한다. 그러나 우리가 철학적 도덕 이론에서 문제 삼는 것은 개개의 윤리 세칙들이나 도덕적 행위의 실례가 아니라, 윤리 도덕의 원칙이다. 그것은 철학적 인식론이 문제 삼는 것이 무수한 개개의 경험 법칙이나 경험적 인식의 사례들이 아니라, 그런 인식들을 가능하게 하는 원칙인 것과 같다.

도덕의 원칙만을 문제 삼을 때, 일견 도덕 상대론처럼 보이는 경험주의적인 '정감주의' 도덕 이론에 따르더라도 도덕의 기본율이 상대적이라는 결론은 나오지 않는다.

대표적인 경험주의자인 흄의 주장을 예로 들어 검토해보자. 그는 우리의 도덕적인 분별은 경험적으로 형성되는 사회적 "공감(共感)"[41]인 "도덕감(道德感)으로부터 나온다"[42]고 파악한다. 일견 이런 생각은 '공감'의 폭의 정도에 따라서 도덕적 평가는 상대적일 수도 있음을 함축한다. 우리의 일상생활에서 도덕적 시인(是認)이나 비난이 개인에게 혹은 사회적으로 유용한 것에 대한 호감 즉 쾌감과 그렇지 않은 것에 대한 거부감 즉 불쾌감에서 일어나는 경우를 우리는 얼마든지 예로 들 수 있기 때문이다. 그러나 유용성 즉 '욕구 충족' 여부에 따른 쾌·불쾌의 감정이 바로 도덕원리

---

41 D. Hume, *A Treatise of Human Nature*(ed. L. A. Selby-Bigge, Oxford, 1978), III, 3, 1(p. 576).

42 같은 책, III, 1, 2(p. 470).

가 된다고 보기는 어렵다. 어떤 개인에게 혹은 보다 많은 사람들의 감성적 욕구를 충족시키고 따라서 보다 큰 유용성이 인정되는 행위가 반드시 보다 더 도덕적이라고 우리는 평가하지 않으니 말이다. 이런 지적에 대해서 '유용성'이란 일정한 개개인들에게 이익되는 것이 아니라 인류 전체에게 이익되는 것을 뜻한다고 말한다면—그런 것이 도대체 무엇인가가 문제지만—그때는 '도덕감'이라는 것이 사회적으로 형성되는 경험적 정서라고 파악해야만 할 이유가 없어진다. '인류' 전체란 동서고금의 사람들뿐만 아니라 미래의 사람들도 포함하는 것이고, 그것은 '인간'의 불변성과 보편성을 함축하는 말이기 때문이다. 즉 그것은 인간이면 누구나 언제 어디서나 어떤 상황에서나 한 가지 도덕 감정을 가지고 있다는 생각이고, 이때 이런 생각은, 인간은 그의 자연본성으로서 "양심"[43]을 가지고 있다는 유교적 도덕관과 다르지 않다.

이제 인간의 자연본성에서도 아니고, 그렇다고 어떤 초자연적인 위격(位格)에서도 아니라, 바로 이성적 존재자인 인간의 이상에서 인간의 인간다움 즉 도덕성의 근원을 밝히는 칸트의 도덕철학을 그 발단의 문제성부터 좀 더 상세히 검토해보자.

2. '자유'의 문제성

1) '초월적 이념'으로서의 자유

칸트 도덕철학은 '자유' 개념에 근거하고 있다. '자유' 개념은 도덕을 가능하게 하는 근거이자 칸트철학 체계의 핵심적 요소이다.

---

43 『孟子』, 告子上 八.

칸트는 "자유 개념은 〔…〕 순수 이성의, 그러니까 사변 이성까지를 포함한, 체계 전체 건물의 마룻돌(宗石 : Schlußstein)을 이룬다"(*KpV*, A4=V3 이하)라고 말한다. 칸트에서 '순수 이성의 체계'란 다름 아닌 철학이니까, 그러므로 자유 개념은 그의 전 철학의 결정 요소인 셈이다.

그런데 '자유(自由)'는 일상적인 사용에서 흔히 어떤 것으로부터의 해방이나 독립을 뜻한다. 그러나 '스스로 말미암음'이라는 그것의 근원적 의미를 새길 때, 그것은 어떤 사태를 최초로 야기함, "제일의 운동자"(*KrV*, A450=B478)를 뜻한다. 그러므로 우리가 사람들과 함께 행위하며 더불어 사는 자연 세계 안에서 '자유'를 문제 삼을 경우, 그것은 자연적 사태 발생의 최초의 원인을 지시한다.

자연을 경험과학적으로 관찰할 때, 발생하는 모든 것은 원인을 갖는다. 자연 세계에 대한 경험과학적 관찰 자체가 '원인 없이는 아무것도 없다(Nihil est sine ratione)', '무에서는 아무것도 생기지 않는다(Ex nihilo nihil fit)'는 생성의 충분근거율에 준거해서 이루어진다. 경험과학적 사건들이 상호 연관되어 있다고 고찰되는 한, 그 사건들의 계열에서 한 경험과학적 사태 내지 존재자의 원인은 또 다른 경험과학적 사태 내지 존재자로 간주된다. 그러므로 자연 내의 사건에서 그것의 원인은 반드시 경험과학적 의미에서 있었던 것을 지시하며, 그 원인이 있었던 것, 즉 존재자인 그 한 원인 역시 그것의 원인을 가져야만 한다.(*KrV*, A532=B560 이하 참조) 그래서 우리가 생성과 존재의 충분근거율에 충실히 따르는 한, 원인 계열은 무한히 계속될 뿐 문자 그대로의 '최초의 원인' 즉 자유란 자연 가운데서 찾을 수가 없다. 이런 이해에서 칸트도 '자유'를 "문제성 있는 개념"(*KrV*, A339=B397)이라 말한다.

철학자 내지 과학자들이 세계(우주)의 운동 변화에 관심을 가진 이래, 이 운동 변화를 설명하기 위해 최초의 운동자, 부동의 원동자를 생각하기에 이르렀지만, 그 생각은—비록 '자기에서부터(a se) 시작하는'이라고 표현되기도 하나—무엇으로부터도 생겨나지 않은 즉 원인이 없는 존재자가 적어도 하나 있다는 것을 함축하며, 따라서 그것은 초논리적일 뿐만 아니라, 자연 가운데서 만나지지 않는 따라서 초경험적인 것, 요컨대 '초월적'인 어떤 것을 상정하는 것이다. 그러므로 칸트도, 만약 어떤 현상 계열의 "절대적 자발성"(KrV, A446=B474)으로서 자유가 생각될 수 있다면, 그것은 이를테면 "초월적 이념(transzendentale Idee)"(KrV, A448=B476)이라고 본다.

초월적 이념으로서 자유란 도대체 무엇을 말하는가? 그것은 일종의 "예지적 원인(叡智的 原因 : intelligibele Ursache)"(KrV, A537=B565)을 일컫는다. 칸트는 이 예지적 원인으로서 '자유'를 이른바 '순수 이성의 이율배반'의 해소를 통해 "구출"(KrV, A536=B564)해내고, 그로써 당위적 실천 행위의 근거를 마련한다.

칸트에서 인간은 이중적이다. 인간은 감성적 존재자이자 이성적 존재자이며, 경험적 능력과 더불어 선험적 능력을 가지고 있다. 사람은 감성의 세계(sinnliche Welt)에 속해 있으면서도 또한 예지의 세계(intelligibele Welt)에 속해 있다. 인간은 자연법칙의 필연성에 종속하면서도 자유 법칙의 지배 아래에도 놓여 있는 것이다.

순수 이성 비판은 '나는 사고한다'는 초월적 주관을 진리의 토대로 통찰하고, 우리의 인식작용을 객관 자체와 선험적으로 관계하는 한에서 고찰한다. 객관과 선험적으로 관계하는 우리의 초월적 인식작용은 객관 자체를 일정한 조건 아래서 의식의 대상으로 만든다. 이 의식의 대상은 '나는 사고한다'라는 초월적 통각에서 공간·시간의 감성의 수용 형식에 따라 정돈된 감각의 잡다가 지성의 사고 형식, 곧 범주들에 의해 하나의 대상으로 규정된 것이다. 그러므로 이른바 지성의 자발성(Spontaneität)이란 감각 표상들을 일정한 틀 안에서 경험의 대상으로 통일하는 개념들을 스스로 마련함 이상의 것이 아니다. 지성의 이 제한적인 자발성의 상위에 전적으로 순수하게 자발적인 능력인 이성이 있다. 이 이성의 순수한 자발성은 순수한 이념들을 낳고, 이것들은 감성이 수용할 수 있는 것을 훨씬 넘어가며, 감성의 세계와 예지의 세계를 구별하고, 그럼으로써 지성의 적절한 한계를 규정한다. 자유라는 개념이 순수 이성의 필수적 개념으로 등장하는 자리가 바로 이 순수 자발성이다.

이성의 자발적 활동은 어떻게 해서 자유 개념에 이르는가? 이성의 추리를 통해서이다. 이성은, 본디 경험적 대상 인식에서만 그 적용 권리를 갖는 범주에 따르는 지성의 "종합적 통일을 단적인 무조건자〔무조건적인 것〕에까지 끌고가려 추구"(*KrV*, A326=B383)하는데, 이 무조건자에 이르러 "현상들의 이성 통일"(같은 곳)은 성취된다. 그러므로 이성의 이런 활동을 가능하게 하는 조건인 이성의 필연적 이념은 바로 이 '무조건자'라는 이념이다. 그러한 이념으로서는, "세 종류"의 이성추리 "곧 정언적 · 가언적 · 선언적 이성추리"(*KrV*, A304=B361)의 형식에 상응해서 "첫째로 주관〔주체, 주어〕에서 정언적 종합의 무조건자가, 둘째로 한 계열을 이룬 연쇄 항들의 가언적 종합의 무조건자가, 셋째로 한 체계에서 부분들의 선언적 종합의 무조건자"(*KrV*, A323=B379)가 찾아짐으로써 (불멸적인) 영혼 · 자유 · 신, 이렇게 더도 덜도 아닌 셋이 있다.

그러니까 '자유'는 한 주어진 결과에 대한 원인들 계열의 절대적 총체성을 생각할 때 생기는 순수한 이성의 이념이다. 그러나 앞서 보았듯이 이같은 이념은 사변 이성에 있어서는 불가피하게 이율배반(즉 '셋째 이율배반')을 낳는다.(*KrV*, A444=B472 · A445=B473 이하 참조)

'자신으로부터 비롯하는' 절대적 시초로서의 자유의 원인성은 무엇인가 있지 않으면 아무것도 생기지 않는다는 자연의 통일성을 구성하는 자연법칙에 어긋난다. 그럼에도 시간상의 한 원인이 다른 원인의 제약 아래에 있는 자연법칙에서와는 다르게 또 다른 원인성이 있다는 것을 받아들이지 않을 수가 없다. 발생하는 모든 것은 시간상 그것에 앞서는 어떤 것에 의해 필연적으로 제약받으므로, 만약 자유의 원인성이 없다면, 자연은 제약된 사건들의 계열을 무한하게 구성할 터이고, 그것은 다름 아니라 자연의 통일성을 파괴하니 말이다.

그런데 이 같은 이율배반의 문제는 물음을, 세계 내의 모든 사건들이 자연에서만 비롯하는가, 아니면 자유로부터도 비롯하는가(*KrV*, A536=B564 참조)라고 제기한 데서 발생한 것이라 볼 수 있다. 그래서 칸트는 이 이것이냐 저것이냐의 물음이 출발을 잘못했음을 지적함으로써 이 이율배반을 해소한다. 이 지적이야말로 "자유의 문제에 있어서 중요한 전기를 마련한 것이다."[44]

이제 이 이율배반 해소의 실마리는 '자유' 원인성의 의미 해명에 있다. 한 사건에 있어서 자유의 원인성이 의미하는 시초란 이 사건에 앞서 어떤 사건이나 사태가 있음을 부인하는 시간상의 절대적 시초를 말하는 것이 아니라, 한 사건에 잇따르는 다른 사건은 물론 자연법칙에 따르는 것이지만, 그 사건의 계기(繼起)가 자연법칙으로부터 나온 것은 아니라는 점에서 어떤 시초를 말하는 것이다. 그러니까 동일한 사건이라도 관점을 달리해서 보면, 자연법칙에 따른 것이면서도 또한 자유의 원인성에 의한 것일 수도 있다는 것이다.

무릇 "현상들은 그 자체로는 사물이 아니기 때문에, 이 현상들의 기초에는 이것들을 한낱 표상으로 규정하는 어떤 초월적 대상이 놓여 있을 수밖에 없으므로, 우리가 이 초월적 대상에다가 그것이 현상하게 되는 성질

---

44 C. Gerhard, *Kants Lehre von der Freiheit*, Heidelberg 1885, S. 2.

외에 현상은 아니면서도 현상 중에서 그 작용결과를 마주치는 원인성을 덧붙여서는 안 된다고 방해하는 것은 아무것도 없을 것이니 말이다."(*KrV*, A538 이하=B566 이하) 즉 우리가 '예지적 원인'을 생각하는 것을 방해하는 것은 없는 것이다.

2) 실천적 행위의 귀책성 근거로서의 '자유'

그 자신 또다시 다른 어떤 원인을 가져야만 하는 자연적 사건 계열의 원인과는 달리, 만약 궁극적 원인으로서의 자유, 즉 '예지적 원인'이라는 초월적 이념으로서의 자유가 그럼에도 불구하고 어떤 현실적 의의를 갖는다면, 아니, 가질 수밖에 없는데 , 그것은 인간의 실천적 행위의 의미 해석에서라고 칸트는 생각한다. 즉 인간의 실천적 행위에 대해 귀책성(歸責性 : Imputabilität, Zurechnungsfähigkeit)을 말할 수 있다면, 인간의 실천적 행위는 한낱 기계적인 연관 작용이어서는 안 되고, 자유로부터의 행동으로서, 즉 그 행위의 원동자인 의지가 자유로워야, 달리 표현해 실천이성이 순수해야 한다는 것이 칸트의 생각이다.

여기서부터 '자유' 개념을 둘러싼 논의를 새롭게 시작하지 않으면 안 된다. 자유롭다고 생각되어야 할 의지는 인간의 의지이며, 그런데 인간은 자연 안에 존재하기 때문이다.

자연 밖의 어떤 존재자가—가령 신과 같은 초월적 존재자가—자유롭다고 한다면, 일차적인 문제는 '자연 밖에 존재자가 있다'가 무엇을 뜻하는가, 그것이 의미가 있는 말인가일 것이고, 그런 '존재자'가 '자유롭다'는 것은 부차적 문제가 될 것이다. 그런데 어떤 것이 자연 안에 존재하는데, 그런데 자유롭다 한다면, 앞서의 이율배반의 문제가 함의하고 있는 바 대로, 문제는 곧바로 '자유'의 원인성이라는 것이 보편적으로 납득되는

자연의 필연적 인과성과 어떻게 양립할 수 있는가로 옮겨진다.(*KrV*, A536＝B564 참조)

자연 내의 한 존재자로서 인간과 그 인간의 의지는 자연의 인과법칙에 따라 무엇을 지향하거나 회피할 터이고, 따라서 이른바 '의지' 작용의 결과도 앞서 있는 '감성계의 한 상태'에서 '규칙적으로 뒤따라 나온' 상태일 것이다. 그런데 우리가 자유를 근본적 의미에서 이해한다면, 그것은 "한 상태를 자기로부터 시작하는 능력"(*KrV*, A533＝B561)이다. 한 상태를 스스로 개시한다 함은 그 상태에 앞서서 그 상태를 유발하는 어떤 다른 상태도 감성세계〔자연 세계〕 안에 '있지' 않았고, 그러니까 어떤 자연적 '원인'도 있지 아니했는데, 어떤 상태가 자연 세계 안에 비로소 발생함을 의미한다. 칸트가 『순수이성비판』의 '초월적 분석학'에서 입증하려고 애썼고 스스로 입증했다고 믿은 바는, 자연 세계는 예외 없이 인과법칙에 따라 규정되며, 이때의 인과법칙이란 물리–화학적인 필연적 계기(繼起) 관계뿐만 아니라, 심리–생물학적인 필연적 계기 관계까지도 포함한다. 그러니까 칸트는 인간의 자연적인 심리적 성향에 따른 행위도 자연의 인과적 법칙에 따른 행위로 본다. 그러므로 행위에서 의지가 자유롭다 함은 "완전한 자발성"(*KrV*, A548＝B576)을 말하며, 이로부터 자연 안에 어떤 사건이 발생함을 뜻한다. 그러므로 이를테면 '실천적 자유'는 현상에서의 발생의 원인은 그토록 결정적인 것이 아니며, "우리의 의사〔의지〕 안에" "저 자연 원인들에 독립해서, 그리고 심지어는 자연 원인들의 강제력과 영향력에 반하여, 시간 질서에 있어서 경험적 법칙들에 따라 규정되는 무엇인가를 산출하고, 그러니까 일련의 사건들을 전적으로 자기로부터 시작하는 어떠한 원인성"(*KrV*, A534＝B562)이 있음을 말하는 것이다. 그런데 이것은 자연의 법칙성, 즉 자연 안에서 발생하는 사건의 원인은 오로지 자연 안에 있을 수밖에 없다는 존재 생성의 충분근거율에 어긋난다.

바로 이 어긋남으로 인해 도덕[당위]의 '세계'와 자연[존재]의 세계의 구별이 있고, 자연적 존재자인 인간이 이 도덕의 '세계'에도 동시에 속함으로써 인격적 존재일 수 있으며, 인간이 인격적 존재로서만 그 자체로 '목적'이며 존엄하다고 말할 수 있다고 칸트는 본다.

칸트의 도덕철학은 다름 아니라, 인간이 어떻게 어떤 의미에서 인격적 존재자이며, 어떤 경우에 스스로 존엄하다고 말할 수 있는가를 밝히며, 이 해명은 문제성 있는 개념인 '자유'와 인간의 실천적 행위의 관계 천착에 기초하고 있다.

3. 자율로서의 자유와 도덕

1) 인간 행위의 소질적 요소

칸트 도덕 이론의 단초는, 다시 말하거니와, 인간은 행위에서 '자유롭다'는 것이다. 그러나 칸트가 인간을 자유롭기만 한 존재로 본 것은 아니다. 칸트는 인간을 실천적 행위로 이끄는 동인과 인간의 소질 내지 자연적 경향성 분석을 통해 인간이 삼중적 존재임을 밝히고 있으니 말이다.

칸트의 관찰에 따르면, 인간에게는 인간을 실천적 행위로 이끄는 '소질적 요소'가 크게 나누어보아 셋이 있다. "1) 생명체로서의 인간의 동물성의 소질, 2) 생명체이면서 동시에 이성적 존재자로서의 인간성의 소질, 3) 이성적이면서 동시에 귀책 능력이 있는 존재자로서의 인격성의 소질"(*RGV*, B15=VI26 참조)이 그것이다. '이성적 동물'인 인간은 생명체로서의 '동물성'의 소질, 생명체이자 이성적 존재자로서의 '인간성'의 소질, 그리고 이성적이며 동시에 책임 능력을 지닌 존재자로서의 '인격성'의 소질을 갖고 있다는 것이다. 인간이 '이성적 동물'로 규정되는 한에서, 한편으로는 '동물성'을, 다른 한편으로는 '이성성'을, 그리고 어떤 지점에서는 '동물성과 동시에 이성성'을 갖는다 함은 능히 생각할 수 있는 일이다. 그리고 그 '이성성'이 순수한 실천이성의 능력을 발휘할 때 그것을 '인격성'으로 일컬을 수 있는 것도 합당하다 하겠다.

칸트는 인간에게 동물성의 소질은 "물리적"인, 따라서 이성을 필요로 하지 않는 "순전히 기계적인 자기사랑"의 기질로서 "삼중적"이라고 본다. 자기 일신을 보존하려는 자기사랑, 성적 충동을 통해 자기 종족을 번식시키고 성적 결합에 의해 생겨난 자식을 보존하려는 자기사랑, 그리고 다른 인간들과 함께하려는 자기사랑, 즉 "사회로의 충동"이 그것이다. 이러한 소질에는 갖가지 패악(悖惡)이 접목될 수 있는데, 그것들은 "자연 야성의 패악"이라고 부를 수 있으며, 자연의 목적에서 아주 멀리 벗어날 경우에는 "금수적〔짐승 같은〕 패악들"이 되어, 예컨대 포식이라든지 음란함이라든지 다른 사람들에 대한 야만적 무법성으로 나타난다.(*RGV*, B16 이하=VI26 이하 참조)

인간성의 소질은 "물리적이기는 하지만, 그럼에도 비교하는", 따라서 셈〔計算〕하는 이성이 함께 하는 자기사랑의 기질이다. 즉 그것은 남들과의 비교 중에서만 자기 자신의 행·불행을 평가하는 기질을 말한다. 이로부터 "타인의 의견 중에서 하나의 가치를 얻으려 하는 경향성"이 생겨난다. 그것은 '평등'의 가치의 근원으로서, 어느 누구에게도 자기보다 우월함을 허용하지 않고 혹시 누군가가 그러한 것을 추구하지나 않을까 하고 염려하면서도, 자기는 남들의 위에 서려는 부당한 욕구와 결부되어 있는 경향성이다. 이러한 질투심과 경쟁심에 우리가 타인이라고 생각하는 모든 이들에 대한 숨겨진 혹은 드러내놓는 적대감이 접목될 수 있다. 이것은 남들이 나보다 우위에 서려 노력할 때, 자기의 안전을 위하여 이 타인 위에 서는 우월성을 방비책으로 확보해두려는 경향성으로서 그 자체만으로는 패악이라고 볼 수 없다. 오히려 자연은 이러한 경쟁심을 오직 "문화로의 동기"로 이용하려 했을 터이기 때문이다. 그러나 이러한 경향성에 접목되는 '문화의 패악들'이 자연의 의도에서 벗어나 극도로 악질적으로 흐를 때, 가령 시기와 파렴치, 남의 불행을 기뻐하는 따위의 "악마적〔악마 같은〕 패악들"이 나타난다.(*RGV*, B17=VI27 참조)

인격성의 소질은 "도덕법칙에 대한 존경의 감수성"(*RGV*, B18=VI27)이며, 이때 존경이란 "의사(意思)의 그 자체만으로써 충분한 동기"를 뜻한다. 그러나 도덕법칙이란 인간 이성이 스스로에게 명령하는 당위의 규칙을 이르는 것이니까, 인격성의 소질이란 바로 이 규칙을 자기 행위의 준칙으로 받아들여 이 규칙에 자신을 복속시키는 의지의 자유를 뜻한다.

그러나 인간의 의지가 자유롭다면, 바로 자유롭기 때문에 인간은 도덕법칙을 자기 행위의 준칙으로 받아들이는 능력과 무능력을 함께 가지고 있다. 그 능력을 "선함 심정〔마음〕", 그 무능력을 "악한 심정〔마음〕"이라 부른다. 악한 마음은 채택된 준칙을 감연히 좇아갈 수 없는 마음의 연약성 내지 유약성에 기인하기도 하고, 도덕적 동기와 비도덕적 동기를 혼합하려는 성벽 즉 불순성에 기인하기도 하며, 어떤 때는 악한 원칙을 준칙으로 채택하려는 성벽 즉 사악성 내지 부패성에 기인하기도 한다.(*RGV*, B22 이하=VI29 이하 참조)

인간을 행위로 이끄는 근원적 소질을 구성하고 있는 세 가지 중에 동물성은 인간을 생명체로, 인간성은 여기에서 더 나아가 인간을 합리적 이성 존재자로 존재하게 하는 자연의 배려이기도 하지만, 자칫 패악에 물들기 쉬운 기질이며, 세 번째의 인격성조차도 그것이 반드시 발휘되는 것은 아니라는 것이 칸트의 파악이다. 이런 소질로 인하여 인간은 여타의 사물들과는 달리 역사와 문화를 낳는 노동을 하고, 자신을 인식하고, 그리고 갖가지 악을 범한다.

그럼에도 인간이 자신의 행위에 대해서 책임질 수 있는 존재자라면, 즉 도덕적일 수 있다면, 오로지 무조건적으로 도덕 명령을 따르리라는 자유로운 의지가 작용할 경우뿐이라고 칸트는 파악하는 것이다.

그러니까 인간에게 도덕성을 말하려면, 자연의 인과 필연성의 법칙에 따르는 인간의 자연적(기계적) 성벽과 이 성벽을 물리치고 당위를 행하려는 자유로운 의지가 최소한 양립할 수 있음이 전제되어야만 하는 것이다.

2) 자연의 필연성과 자유 원인성의 양립 가능성

세계가 오로지 자연으로 즉 존재자의 총체로만 이해된다면, 그 세계 안에 '자유'가 있을 자리는 없다. 그렇기에 '자유'는 이 자연 세계를 초월해 있는 이념이라고 말하는 것이다. 그럼에도 인간의 '실천'적 행위는 이 자유의 바탕 위에서만 가능하다. 실천이란 마땅히 있어야만 할 것을, 그러니까 아직 있지 않은 것을 자신으로부터 있게끔 하는 것을 말하기 때문이다.

인격자이고 인격자일 수 있는 인간은 누구나 존엄하고 그 점에서 평등하므로, 가령 불평등한 현실 사회는 마땅히 평등한 사회로 바뀌어야만 하고, 그래서 많은 사람들은 그런 사회를 지향하며 실천한다. 구성원들이 완전히 평등한 사회, 그것은 이상이며, 우리의 실천 행위는 이 이상의 실현을 지향한다. 그것은 아직 현실이 아니지만, 마땅히 현실이 되어야 할 것을 현실화하는 작업이다. 그러므로 실천은 인간의 가치 지향적인 행위이다.

누군가는, 날씨가 차가워지면 은행나무 잎이 떨어지는데, 이것은 이전에 있지 않던 것이 있게 된 것이므로, 이 현상도 차가운 날씨의 '실천'에 의해 이루어진 것이라고 말하고 싶어 할지 모르겠다. 그렇게 해서 인간의 이른바 '가치 지향적' 행위나 자연에서의 발생 사건은 '실천'이라는 점에서 똑같다고 말하고 싶어 할지도 모르겠다. 누군가가 만약 그렇게 말하고 싶어 한다면, 그것은 사태의 차이를 잘못 보고 있기 때문이라고 지적해주어야 한다. 자연의 발생 사건에 대해서도 굳이 '실천'이라고 말하는 것을 허용한다 하더라도, 그런 경우엔 자연의 발생이라는 실천과 인간 행위라는 실천 사이에는, 붙여진 말이 같음에도 불구하고, 차이가 있고, 이 차이에 자유 개념의 단초가 있음을 주목해야 한다. 차가운 날씨가 자신의 뜻〔의지〕에 따라 은행나무 잎을 떨어뜨릴 수도 있고 떨어뜨리지 않을 수도 있는 것은 아니지만, 인간은 자신의 뜻〔의지〕에 따라 평등한 사회를 (비교적 근사하게나마) 구현할 수도 있고 구현하지 않을 수도 있는 것이다.

이런 구별에 대해서 또 누군가는, 평등한 사회를 지향하는 행위를 수행하는 자는 시간·공간상에서 생명을 유지해가고 있는 개개인들이며, 사람을 개인의 면에서 관찰할 때, 어떤 사람은 평등 사회를 위해서, 반면에 어떤 사람은 그렇지 않은 사회 형성을 위해서 행위하는데, 그런 행위들의 이유를 살펴보면 그럴 수밖에 없는 정황이 있고, 이 정황이 어떤 이로 하여금 그런 행위를 야기하게 하므로 이른바 '자유'에 의한 행위란 있지 않다고 생각할지도 모르겠다. 이런 '생각'에 대해서 우리가 할 수 있는 일은, 가치 지향적 행위에 대해서는 가치 평가가 가능하며, 따라서 평등한 사회를 구현하는 방향으로 나아가는 행위를 올바른, 선한 행위라 하고, 그렇지 않을 경우의 행위에 대해서는 올바르지 않다고 평가하는 것이 의미가 없는가 하고 묻는 일이다.

만약 이런 가치 평가적 발언이 의미가 있을 수 있다면, 목적 지향적 행위가 있음을 함축하고, 목적 지향적 행위가 있음은 자유에 의한 행위가 있음을 함축한다. 인간의 의지가 자유롭다고 봐야 한다는 것은 이런 맥락에서이다. 그러므로 자유로운 인간의 의지는 '사실〔존재〕'이라기보다는 '이념〔이상〕'이다.

자연 세계의 인과법칙에 지배받지 않는 이런 자유의 원인성의 이념을 칸트는, 이미 지적했듯이, 인간에게서의 인격성, 인간 생활에서의 도덕성의 유의미성에서 본다. 모든 존재자들의 존재근거로서의 '초월적 주관[의식](personalitas transcendentalis)'이 자연 세계의 일부를 이루는 존재자가 아니듯이 '도덕적 주체[인격체](personalitas moralis)'로서 파악되는 인간도 자연 세계에 속하는 '감성적' 존재자가 아니라, '예지적으로만 표상 가능한(intelligibel)' 것이다.

인간이 도덕적 주체로서 감각 세계를 초월해 있을 수 있다면, 그것은 그의 의지가 '감성의 충동에 의한 강요로부터 독립'할 수 있어서이다. 인간의 의지도 감성에 영향을 받고, 그런 한에서 "감수(感受)적 의사(arbitrium sensitivum)"이기는 하지만, 그러나 오로지 감성의 동인(動因)에 의해서만 촉발되는 "동물적 의사(arbitrium brutum)"와는 달리 인간의 의지는, '감성이 그것의 행위를 결정하지는 않는', 즉 "감성적 충동에 의한 강요로부터 독립해서 자기로부터[스스로] 규정하는" '자유로운' 것이다.(*KrV*, A534 = B562 참조 ; Refl 5618 · 5619 : XVIII, 257 이하 참조)

이 '자유'는 자연의 필연적 인과 계열을 벗어나 있는, 따라서 시간 · 공간상의 존재자의 술어가 아닌 '이념'이며, 이런 뜻에서 그것도 초월적 이념이다. 초월적 이념으로서의 자유는 그러나 아직 있지 않은, 있어야 할 것을 지향하는 의지, 곧 실천이성의 행위에서 이상(idea)을 제시한다. 이 이상은 행위가 준거해야 할 본(本)이다.[45] 우리가 가치 지향적 행위에서 '본'받아야 할 본이다. 그러나 이 본은 자연 중에 있는 존재자가 아니다.

---

45 이 점에서 칸트는 자신의 '이념(Idee)'이라는 개념이 적어도 한 가지 뜻에서 플라톤의 '이데아(idea)' 개념으로부터 유래함을 비교적 자세하게 설명한다.(*KrV*, A313~320 = B370~377 참조) 칸트는 감각적 사물들의 원형이라는 의미에서의 '이데아'의 뜻은 납득하지 않지만, 행위의 이상 즉 "(행위와 그 대상들의) 작용 원인"(*KrV*, A317=B374), 말하자면 '인간 행위의 원형으로서 마음속에' 자리 잡고서 인간 행위를 규정하고 평가의 척도가 되는 '이데아'의 뜻은 자신이 발전적으로 계승하고 있다고 생각한다.

그것은 이성의 이념일 따름이기 때문이다. 그러나 그것은 시공적 존재자가 아니라는 점에서는 초월적 이념이지만, 행위에 법규를 준다는 점에서는 실천적 이념이다.

우리의 행위가 이 실천적 이념으로부터 유래하는 법규에 따라 수행될 때, 그 행위 자체는 자연 안에서 일어난다. 그러나 자연 안에서 일어나는 것은 예외 없이 모두 자연의 법칙에 규정받는다는 것이 칸트의 이론철학이다. 그렇다면 우리의 행위는 반드시 자연의 법칙에 따라 일어난다. 그러므로 문제는 자연의 법칙에 따라 규정받는 인간의 행위가 어떻게 또한 동시에 자유의 원인으로부터도 비롯한 것일 수 있는가 하는 점이다.(*KrV*, A536＝B564 참조) 아니, 자연의 법칙은 '불가침의 규칙'이므로 자유의 원인성이란 완전히 배제되어야만 할 것인가?

자유의 원인성은 자연에 나타난 것, 즉 현상이 아니다. 그것은 예지적으로 표상되는 원인이다. 그럼에도 이런 원인으로부터 자연 가운데 한 현상이 나타난다. 그 현상은 자연현상인 만큼 물론 자연의 제약들의 계열 가운데에 있다. 그러니까 그것은 자연의 필연성에 따라 일어난 결과라고 관찰된다. 그런데 이것이 동시에 예지적 원인에 의한 결과라고 간주될 수도 있다.(*KrV*, A537＝B565 참조)

한 예로 붐비는 전철에 탄 어떤 청년이 서 있는 노인에게 앉아 있던 좌석을 양보한 경우를 생각해보자. 그 청년도 그 자리에 막 앉았던 참이며 그 전에 반시간이나 서 있었기 때문에 몹시 다리가 아프던 차라, 마음의 경향대로라면 그냥 눌러앉아 있고 싶었다. 그런데 그의 이성이 그에게 '너는 사람이고, 게다가 젊은 사람이며, 젊은 사람으로서 너는 마땅히 노약자에게 좌석을 양보해야 한다'고 말했고, 그의 "이성이 발언"(*KrV*, A548＝B576)한 대로 그는 행동하였다. 그의 행동은 자연 안에서 일어난 한 사태이다. 그는 전차의 좌석에서 몸을 일으켜 세웠고 넘어지지 않기 위해

손잡이를 잡으면서 '할아버지, 여기 앉으십시오!'라고 혀 놀림을 통해 말하였다. 몸을 일으켜 세우고 좌석을 양보하는 행동거지는 모두 자연물인 신체에 의해 수행되고, 두 다리가 균형을 이루어야 서게 되며, 혀가 공기를 쳐야 발음이 된다. 그러나 그의 '이성의 말'은 결코 어떤 혀 놀림이나 시간·공간상에 존재하는 것이 아니다. 그것은 귀로 들을 수 있는 소리가 아니다. 그럼에도 그것은 그 양보 행위를 일으킨 원인이다. 이 '이성의 발언'은 감각적으로 표상되고 포착될 수 있는 것이 아니며, 오로지 지성을 통해서만 표상될 수 있는 예지적인 것이다.

누군가는 이른바 '예지적 원인'으로서의 '이성의 발언'이라는 것도 두뇌 세포의 인과 연관적 운동으로 설명할 수 있으며, 그렇게 설명되어야 한다고 말할는지 모르겠다. 가령 그 청년은 전철 안에 서 있는 노인을 육안을 통해 보았고, 이 감각 내용이 두뇌에 전달되었으며, 그런 정보를 입수한 두뇌가 그에 대한 조처로서 이전부터 축적되어 있던 사회 예절이라는 정보기제(機制)에 따라 몸을 일으켜 세우고 양보의 말을 하게 한 것이라고. 이런 반론이 있을 것 같으면, 칸트는 '사회의 예절'이라는 정보 내용이 근원적으로 어떻게 마련된 것인가를 물을 것이다. 즉 도덕 원천이 궁극적으로 자연현상에서 유래하는 것이라야만, 저런 반론은 근거를 가질 것이다.

그러나 도대체 도덕은 어떤 성격의 것인가? 도덕은 당위(Sollen)의 성격을 갖는다. 그렇다면 우리는 어디에서 당위의 개념을 얻어가지고 있는가?

인간이 이제까지 이러저러하게 행위해왔다는 사실로부터, 인간은 이러저러하게 행위해야만 한다는 당위가 추론될 수는 없다.(*KrV*, A318 이하=B375 참조) 인류의 역사나 심리학 혹은 윤리 현상에 관한 사회학의 연구 결과에서 어떤 도덕이 도출되지는 않는다. "인간의 자연적 본성은, '나는 무엇을 행해야만 하는가'라는 물음에 대하여 명료한 답을 주지 못하기"[46] 때문이다.

우리의 지성은, 자연 안에 무엇이 있으며, 무엇이 있었으며, 무엇이 있을 것인가를 인식한다. 그러나 무엇이 마땅히 있어야만 하는가는 인식의 대상이 아니다. 10층 건물의 옥상에서 내던진 돌은 어제도 아래로 떨어졌고, 지금도 떨어지고 있으며, 내일도 떨어질 것이다. 그 낙하는 자연법칙상 필연적인 사실이다. 그러나 그 낙하운동이 당위는 아니다. 자연에서의 발생은 기계적으로 필연적인 것이다. 그것은 발생하지 않을 수가 없는 것이다. 반면에 당위는 마땅히 실행되어야 하는 것이라는 의미에서 '필연적'이기는 하지만, 그러나 실행되지 않을 수도 있다. 아니 보다 흔히는 실행되지 않는다. 그 경우 다만 도덕적인 귀책(歸責)이 있을 뿐이다. 사람들로 붐비는 전철 안에서 건장한 청년이 허약한 노인에게 좌석을 양보하는 것은 자연의 필연적 규칙에 따른 것이 아니다. 만약 그렇다면, 그 양보 행위는, 그렇게 하지 않으려 해도 않을 수 없는, 물체로서의 신체 운동에 지나지 않는다. 그러나 많은 청년들이 실제로 그러하듯이 그 청년 역시 좌석을 양보하지 않을 수도 있다. 그럴 경우 다른 많은 청년들의 행위와 더불어 그 청년의 행위도 도덕적 관점에서 올바르다고 평가받지 못할 뿐이다.

'요즈음에는 대부분의, 아니 다른 모든 청년들이 노약자에게 좌석을 양보하지 않는다. 따라서 그 청년도 그 경우 마땅히 좌석을 양보해서는 안 된다'는 추론이 정당할 수 없듯이 '대부분의, 아니 다른 모든 청년들이 노약자에게 좌석을 양보한다. 따라서 그 청년도 그 경우 마땅히 좌석을 양보해야 한다'는 추론도 타당하지 않다. 다른 많은 사람들이 잘못 생각한다 해서 나의 잘못된 생각이 정당화되지도 않고, 다른 많은 사람들이 의롭지 않게 행위한다 해서 나의 의롭지 않은 행위가 정당화되지도 않으며, 다른 사람들이 진리를 인식하고 선을 행하니까 나도 그렇게 해야만 하는 것이

---

46 G. Krüger, *Philosophie und Moral in der Kantischen Kritik* (1931), S. 58.

아니다. 진리의 개념이 그러하듯이 선의 개념도 사실로부터 도출되지 않고 사실들에 선행한다. 선은, 이 세상의 어느 누가 그것을 행한 적이 없다 해도 선이다. 우리는 '역사상 진정으로 선한 사람은 한 사람도 없다'라고 의미 있게 말할 수가 있다.

당위는 어떤 자연적 근거로부터도 설명될 수 없다. 제아무리 많은 자연적 근거나 감각적 자극들이 나로 하여금 무엇을 의욕(Wollen)하게 한다고 하더라도 "그것들이 당위를 낳을 수는 없"(KrV, A548=B576)다. 오히려 이성이 말하는 당위가 "그 의욕에 대해 척도와 목표, 심지어는 금지와 권위를 세운다."(KrV, A548=B576) 즉 당위는 선험적인 것이다. 그리고 도덕은 당위를 말하는 이성의 질서에 기초하는 것이지 경험의 축적이나 대다수 사람들의 행태 혹은 관행으로부터 얻어진 정보 내용이 아니다.

도덕의 문제에서 "이성은 경험적으로 주어진 근거에 굴복하지 않고, 현상에서 자신을 드러내는 사물들의 질서를 따르지 않으며, 완전한 자발성을 가지고 이념들에 따라 고유한 질서를 만든다. 이성은 이 질서에 경험적 조건들을 들어 맞추고, 이 이념들에 따라 심지어는 아직 일어나지 않았고, 어쩌면 일어나지 않을 행위작용까지도 필연적이라고 천명한다. 그러나 그럼에도 모든 행위작용들에 대해서, 이성이 그것들과 관련해 원인성을 가질 수 있음은 전제되어 있다. 무릇, 그렇지 않고서는, 그의 이념들에서 경험에서의 작용결과를 기대하지 않을 것이니 말이다."(KrV, A548=B576)

자연 중에서 다른 존재자들과 교섭하며 행위하는 인간은 물리적으로도 생리적으로도 심리적으로도 관찰될 수 있다. 그리고 그런 관찰을 통해서 경험된 인간의 행위들은 자연의 인과 고리를 이어가는 사건들이다. 그러나 그 가운데 실천적 행위들은 우리가 화제로 삼고 있는 도덕적 행위들뿐만 아니라 창조적 노동 행위들도 인간 이성의 영향을 동시에 입고 있는 것이며, 이 이념이 이성의 순전한 자발성의 산물인 한 자연현상으로 나타나는 실천적 행위들의 한 원인은 순수한 실천이성 곧 순수 의지의 자유성이다.

3) 자율로서의 도덕법칙의 '사실성'과 형식성

"우리가 순수한 이론적 원칙들을 [자명한 것으로] 의식하는 것과 꼭 마찬가지로, 우리는 순수한 실천 법칙들을 의식할 수 있다."(*KpV*, A53=V30) 선의 이념을 가진 이성적 존재자는 선험적으로 도덕법칙을 의식하며, 이런 도덕법칙들의 최고 원칙은 다음과 같이 정식화된다.[47]

"너의 의지의 준칙이 항상 동시에 보편적 법칙수립의 원리로서 타당할 수 있도록, 그렇게 행위하라."(*KpV*, §7 : A54=V30)

이 명령은 이성이 선을 지향하는 의지에게 부여하는 모든 도덕법칙들이 기초해야 할 기본율, 즉 원칙이다. 이 명령은 실천 행위로 나아가려는 이성이 자신에게서 선험적으로 의식하는 무조건적인 자기 규범이며, 그러므로 그것은 이성의 "자율"(*KpV*, A58=V33)로서 단정적인 "정언적 명령"(*GMS*, B52=IV421)이다. 이 명령 내용이 선을 지향하는 모든 실천 행위들이 준수해야 할 도덕법칙의 '형식'으로 보편성과 필연성을 가짐은 자명하다는 뜻에서 칸트는 이것을 "순수 실천이성의 원칙"(*KpV*, A54=V30)이라고 부르고, 또한 "순수한 이성의 유일한 사실(Faktum)"(*KpV*, A56=V31)이라고도 부른다.

순수 실천이성의 원칙을 '사실'이라고 부를 수 있는 것은, 이론이성에

---

47 도덕법칙의 최고 원칙을 칸트는 여러 가지 표현으로써 정식화한다. 『실천이성비판』과 『윤리형이상학 정초』에서 볼 수 있는 다섯 가지 정식화에 관한 해설은 Paton, *The Categorical Imperative*, p. 129 이하 참조.

게 모순율과 같은 형식논리의 원칙―칸트 용어대로 표현하면, 순수 이론이성의 분석적 원칙―이 자명하듯이, 그것이 실천이성에게는 자명한 것이기 때문이다. '자명한 사실'이란 보편타당하고 필수적인 것이긴 하지만, 그렇다고 그것이 누구에게나 항상 인지된다거나, 모든 사람이 언제나―인식에서든 행위에서든―그것을 준수함을 함의하고 있는 것은 아니다. 모든 형식적 인식에서 그것의 '참[眞]'의 원리로서 모순율이 기능하고 있지만 모순율을 인지하지 못하는 사람이 많듯이, 모든 실천 행위에서 그것의 '참[善]'됨의 원리로서 저 원칙이 기능하지만 이것을 인지하지 못하는 사람도 많이 있을 수 있다. 또한 논리적 원칙을 잘 인지하고 있는 사람, 예컨대 논리학자라고 해서 항상 논리적으로 사고하는 것은 아니듯이 실천이성의 원칙을 '사실'로서 납득하고 있는 사람, 예컨대 윤리학자가 항상 도덕적으로 행위하는 것은 아니다. '이성의 사실'은 사람들의 그것에 대한 인지나 준수와 상관없이 그것의 자명성으로 인하여 자명한 것이다.

그 자신 다른 어떤 것으로부터 증명되지 않는 이성의 사실로서의 모순율에 모든 형식적 인식들이 기초함으로써 그것의 진리성을 보증받듯이, 모든 실천 행위는 이성의 사실로서의 이 '실천이성의 원칙'에 준거해서만 그것의 '선함'을 평가받을 수 있다. 이 실천이성의 원칙은 바로 '선'이라는 개념의 근거점이다. 선의 개념은 "도덕법칙에 앞서" 있는 것이 아니라, 바로 "도덕법칙에[의] 따라서[뒤에] 그리고 도덕법칙에 의해서"(*KpV*, A110=V63) 있는 것이다.

그러므로 선의 개념 자체이기도 한 이 실천이성의 원칙은 모든 도덕법칙이 갖추어야 할 보편적 형식이다. 그것이 '형식'이기 때문에 실질적으로는 아무런 도덕적 규정이 되지 못하는 것이 아니라―많은 사람들이 칸트 도덕철학을 '형식주의'라고 평할 때 이렇게 잘못 생각하지만―바로 '형식'이기 때문에 모든 도덕의 '내용[실질]'을 규정한다. 형식이란 다름 아닌 내용의 틀이다.

구체적인 행위를 예로 들어 이 실천 원칙이 선의 형식으로, 즉 척도로 어떻게 기능하는가를 살펴보자.

칸트 자신이 들고 있는 한 예로, 어떤 사람이 재판에서 위증을 하면 옆 사람이 죽고 위증을 안 하면 그 자신이 죽도록 되어 있을 때, 그 사람이 '사형을 당하더라도 위증하지는 않겠다'고 의욕하고 그것을 실천하면, 우리는 그를 의(義)롭다 하고 선하다고 평한다.(*KpV*, A54＝V30 참조) 무슨 근거에서인가?

또 다른 예로, 가령 10명의 서로 낯선 사람들이 함께 조난당해 열흘을 굶주렸는데, 그중 한 사람이 밥 한 그릇을 발견했고 나머지 사람들이 눈치 채지 못하게 그것을 혼자서 먹을 수도 있는 여건을 가졌으며 다시 언제 먹을 만한 것을 발견하게 될지 전혀 예측할 수 없는 상황에서, 그 밥을 발견한 사람은 그 자신도 이미 죽을 것같이 배고팠고 그래서 생리적 욕구대로 라면 그 밥을 남모르게 혼자서 조금씩 먹고 싶었음에도 불구하고, '내가 마침내 굶어죽게 된다고 하더라도 이 음식을 저 아홉 사람들과 나눠 먹는 것이 인간의 도리다'라고 생각해서 그렇게 실천했을 경우를 생각해보자. 이성적 존재자만이 할 수 있는 이 선행의 원인은 무엇일까?

이런 예들에서, 위증은 하지 않았으되 그 까닭이, 어차피 위증해봐야 언젠가는 발각될 것이라는 우려에서 위증하지 않았다거나, 독식(獨食)하지 않은 심리적 배경에, 만약 그 상황에서 다른 사람들에게 밥을 나눠주지 않는다면, 다른 모든 사람들은 필시 굶어죽을 것이고 그렇게 되면 혼자 남게 되는 것이 몹시 겁이 나서거나 혹은 만약 다른 사람이 먹을 것을 발견했을 때, 자기가 그렇게 했을 것처럼, 자기에게 나눠주지 않을 경우엔 낭패라는 역지사지(易地思之)의 '현명한' 사려가 있어서 밥을 나눠 먹은 것이라면, 이런 행위들은, 칸트에 따르면, 선행은 아니다.[48] 선행은 어떤 결과를 고려하는 마음이나 자연적인 마음의 쏠림 혹은 결과적인 이해(利害)의 타산에서 나온 행위가 아니라, 도덕의 이념 그 자체에 대한 존경에서 나온 행위이다.

칸트에 따르면, 선행은 이타(利他)나 대의(大義) 혹은 공존공영을 '위해서' 하는 행위라기보다는 어떤 행위를 그렇게 하는 것이 옳기 때문이라는 오직 그 이유 때문에 하는 행위이다. 윤리 도덕은 우리 모두에게 혹은 다수의 사람들에게 이(利)롭기 때문에 가치가 있는 것이 아니라, 그 자체가 가치 있는 것이다. 많은 경우에 이로움이나 유용함은 한갓 감성적인 욕구 충족에 대응하는 것이다.[49] 감성적 욕구 충족에 상응하는 명령은, 모든 경험으로부터의 교훈이 그러하듯이, 능한 처세의 훈(訓)은 될지 모르나 보편적 도덕법칙이 되지는 못한다. 도덕은 처세의 기술이 아니라 인격의 표현이다. 선은 감성적 욕구를 충족시켜주기 때문에 좋은 것이 아니라, 그 자체가 좋은 것이다. 이 '선'의 관념으로부터 비로소 '좋음', '가치' 등의 개

---

48 이런 예들을 놓고 보면, 칸트의 '실천이성의 원칙'은 『대학』의 '혈구지도(絜矩之道)'와 그 취지가 같다. 다만 '혈구지도'의 적용에는 주의를 요하는데, 왜냐하면, "所惡於上 毋以使下 所惡於下 毋以事上 所惡於前 毋以先后 所惡於后 毋以從前 所惡於右 毋以交左 所惡於左 毋以交於右"(『大學』, 傳文 '釋治國平天下')의 예문에서 보듯이 '혈구지도'는 모든 역지사지(易地思之), 추기급인(推己及人), 예컨대 심리적 경향이나 이해관계의 상황에도 적용될 수 있기 때문이다. 그래서 공자는 '충서(忠恕)의 도(道)'를 덧붙여 말한다.(『論語』, 里仁篇 참조) '다른 사람과 마음을 같이함〔如心〕'은 '스스로 중심(中心)을 잡음'을 전제로 해야 법도(法道)에 맞다는 뜻이겠다. 『中庸』의 '시중(時中)'도 이것을 말함일 것이다.

49 오늘날 터무니없게도 진리를 유용성으로 규정하는 사람들이 있는가 하면, 선(善)조차도 이(利)와 혼동하는 사람들이 많다. 선은 이에 앞서는 가치이며, 따라서 정의(正義)도 이(利)의 평등한 분배나 소유보다 앞서는 가치이다. 먼 옛날 사람도 이 양자를 구별할 줄은 알았다. 예컨대 "孟子見梁惠王, 王曰 不遠千里而來 亦將有以利吾國乎, 孟子對曰 王何必曰利 亦有仁義而已矣……."(『孟子』, 梁惠王上 一 참조) 진리〔참임〕나 선〔참됨〕은, 도대체가 참다움은 유용함이나 이로움과는 다르며, 어떤 것이 유용하거나 이롭기 때문에 참인 것이 아니라, 어떤 것이 참다우면 때로 사람들에게는 유용하기도 하고 이롭기도 한 것뿐이다.

념이 유래한다. 그렇기 때문에 도덕법칙은 정언적 즉 단정적 명령으로 이성적 존재자에게 다가온다. 가언적인, 즉 어떤 전제하에 발해지는 명령은 필연성이 없다. 명령을 받은 자가 그 전제를 납득하지 않으면, 그 명령은 명령으로서 효력이 없기 때문이다. '언젠가 이웃에 도움을 청하게 될 때를 생각해서 항상 이웃에 친절하라' 따위의 가언적 처세훈들은 도덕적 선의 표현이 될 수 없다. 선은 인격적 주체의 가치이고, 그렇기 때문에 그 자체가 목적이지 무엇을 위한 수단이 아니다.

4) 의지의 자유와 인격으로서의 인간

어떤 행위가 진정으로 도덕적이기 위해서는 도덕법칙에 대한 존경이 유일하고도 의심할 여지없이 그 행위의 동기여야 한다. 그리고 이와 같은 도덕적 동기는 의지의 자유로움에서만 가능하다. 인격적 주체는 "무엇을 해야 한다(sollen)고 의식하기 때문에 자기는 무엇을 할 수 있다(können)고 판단하며, 도덕법칙이 아니었더라면 그에게 알려지지 않은 채로 있었을 자유를 자신 안에서 인식한다."(*KpV*, A54=V30) 자유를 근거로 해서만 도덕법칙이 성립할 수 있다는 점에서 "자유는 물론 도덕법칙의 존재근거(ratio essendi)"이지만, 도덕법칙을 우리가 우리 안에서 발견하지 못했다면 자유 역시 의식하지 못했을 것이라는 점에서 "도덕법칙은 자유의 인식근거(ratio cognoscendi)"(*KpV*, A5=V4)이다. 현전하는 도덕법칙에서 우리는 우리 자신이 자유로움을 의식한다. 당위는 이미 그 실행 가능성을 담보한다. 인간은 무엇을 하고 있고 할 수 있기 때문에 그것을 해야만 하는 것이 아니라, 오히려 그것은 인간으로서 마땅히 해야 하는 것이기 때문에 그것을 할 수 있다. 칸트의 이러한 자유 "구출"의 논변을 실러는 노래했다.—"이론적 영역에서는 더 이상 아무것도 발견되지 않는다네. / 그럼에도 이 실천

명제는 타당하다네 : 너는 할 수 있다. 왜냐하면, 너는 해야 하니까."[50]

자유, 그것은 자율, 즉 자기가 정한 법칙에 복종함이다. "의지의 법칙에 대한 자유로운 복종의 의식은, 모든 경향성들에게, 오직 자신의 이성에 의해 가해지는, 불가피한 강제와 결합돼 있는 것으로서, 무릇 법칙에 대한 존경이다."(*KpV*, A142 이하=V80) 이 도덕 "법칙에 따르는, 일체의 규정 근거에서 경향성을 배제하는, 객관적으로 실천적인 행위를 일컬어 의무"(*KpV*, A143=V80)라 한다. 그렇기 때문에 의무는 개념상 '실천적 강제'를 포함한다. 즉 싫어도 행위하도록 시킨다. 자연적 존재자로서의 인간이 선 아닌 다른 것을 욕구하기 때문에, 바로 그 때문에 그는 선을 행해야만 한다. 자기 마음이 자연히 그렇게 내켜서 하는 행위라면 그것을 우리는 당위라고 하지 않는다. 당위는 강요된 행위를 말함이고 그런 뜻에서 필연적이되, 그러나 이 강제는 밖으로부터의 것이 아니라, 자신에 대한 자신의 강제 즉 "자기 강제" 내지 "내적 강요"(*KpV*, A149=V83)이다. 그렇기 때문에 도덕은 밖으로부터 강제된 규칙 즉 자연법칙이 아니라, 자신으로부터의 즉 자유로운 자기 강제의 규칙, 이를테면 자율(自律)이다. 이 자율의 힘에 인격성은 기반한다.

"도덕은 자유로운, 그러나 바로 그렇기 때문에 스스로 자신의 이성에 의해 자신을 무조건적인 법칙에 묶는 존재자인 인간의 개념에 기초되어 있다. 그런 한에서 도덕은, 인간의 의무를 인식하기 위해서 인간 위에 있는 어떤 다른 존재자의 이념[관념]을 필요로 하지 않으며, 그 의무를 지키기 위해 법칙 자체 이외의 어떤 다른 동기를 필요로 하지도 않는다. 만약 인간에게 그러한 필요가 보인다면, 적어도 그것은 그 자신의 탓이다. 그러한 필요는 [그 자신 외의] 다른 무

---

50 F. Schiller, *Die Philosophen*, Achter.

엇에 의해서도 채워질 수 없는 것이다. 왜냐하면, 인간 자신과 그의 자유에서 생겨난 것이 아닌 어떤 것도 인간의 도덕성의 결핍을 메워줄 수는 없기 때문이다."(*RGV*, BIII=VI3)

인간으로 하여금 감성세계의 일부로서의 자신을 넘어서게 하고, 지성만이 생각해낼 수 있는 질서에 인간을 결합시키는 것은 인간의 인격성이다. 그러니까 인격성이란 "전 자연의 기계성으로부터의 독립성으로, 그러면서도 동시에 고유한, 곧 자기 자신의 이성에 의해 주어진 순수한 실천 법칙들에 복종하고 있는 존재자의 한 능력"(*KpV*, A155=V87)이다.

그래서 인간의 의지가 자유롭다는 것은 실천이성이 인격적이라는 말과 같다. 의지가 자유롭다는 것은 다름 아니라 "도덕법칙이 의지를 직접적으로 규정한다"(*KpV*, A126=V71)는 뜻이기 때문이다. 하나의 법칙이 어떻게 의지를 직접적으로 규정할 수 있는가, 바꿔 말하면 인간에게 어떻게 자유의지가 가능한가는 "인간 이성으로서는 풀 수 없는 문제"(*KpV*, A128=V72)이지만,[51] 도덕법칙이 직접적으로 의지를 규정한다는 것은 명백한 '사실'이고, 그리고 "이것이야말로 모든 도덕성의 본질"(*KpV*, A128=V72)

---

[51] 자유 의지가 가능함이 '풀 수 없는 문제'라 함은, 그러니까 자유 의지가 가능하다는 것이 의심스럽다는 뜻이 아니라, 자유 의지가 가능하다는 이 '사실'은 자명하지만, 이 사실의 연유를 우리 인간으로서는 더 이상 학문적으로 추구할 수 없다는 뜻이다. 칸트는 지식이론에서도 공간·시간이 직관의 형식으로, 그리고 순수 지성개념들이 사고의 형식으로 기능함은 '사실'이지만, 직관의 형식이 왜 하필 공간·시간 둘 뿐인지, 범주로서의 순수 지성개념이 왜 4종 12개뿐인지, 이에 대한 '근거는 더 이상 제시할 수 없다'고 말한다.(*KrV*, B145 이하 참조)

이런 칸트의 말은, 그의 현안 문제는, 도덕 행위의 가능 근거와 (자연적) 대상 인식의 가능 근거를 밝히는 일이므로, 다시 이 근거의 근거를 묻는 작업에까지는 나아가지 않겠다는 철학 작업의 제한을 함축하는데, 그것은 이 근거의 근거, 또 이 근거의 근거의 근거의 문제를 파고들 때에는 불가피하게 학적 인식의 차원을 벗어날 가능성이 큼을 염두에 두었기 때문이라고 이해할 수 있다.

이다.

의지가 도덕법칙에 의해 규정받는다 함은, 바꿔 말해, 의지가 자유롭다 함은 두 의미로 이해될 수 있다.

첫째로 그것은, 소극적인 의미에서 도덕적 가치를 지향하는 의지는 어떤 감성적 충동에도 영향받지 않으며, 도덕법칙에 어긋나는 어떠한 자연적 경향성도 배제하고, 오로지 법칙에만 규정받는다는 것을 뜻한다. 사람은 누구나 '배고프면 배불리 먹고 싶고, 추우면 따뜻함을 찾고 싶고, 피로하면 쉬고 싶어 한다.'[52] 그러나 '사람'은 옆에 누군가가 자신보다 더 배고파하면 먹을 것 앞에서도 자신의 배고픔을 참고, 옆에 누군가가 추워하면 난로 앞에서도 자신의 추위를 참을 수 있다. 모든 자연적인 경향성은—이 것의 충족에서 사람들은 행복을 느끼거니와—이기적이고 자기 추구적이다. 이기적 마음은 자기사랑으로서, 무엇에도 우선하는 자기 자신에 대한 호의(好意)거나 자기만족이다. 순수한 실천이성은 이런 자연적이면서도 도덕법칙에 앞서서 우리 안에서 생겨나는 자기사랑이나 자기만족을 단절시키고, 이런 경향성을 도덕법칙과 합치하도록 제한한다.[53]

둘째로, 도덕법칙에 의한 의지 규정은 적극적 의미를 또한 갖는다. 자유의 형식으로서의 도덕법칙은 우리 마음 안에 있는 경향성에 대항하여 이기적인 자기사랑이나 자기만족을 제어하며, 그럼으로써 "존경의 대상"이된다.(KpV, A130=V73) 도덕법칙의 의지 규정, 그것은 도덕법칙에 대한 순수한 존경심 곧 선의지이다.

의지가 자유롭기 때문에 인간은 이성적 생명체로서 살아갈 수 있도록 자연이 배려해준 여러 소질들을, 풍운(風雲)이나 화초(花草)나 금수(禽獸)

---

52 『荀子』, 性惡篇 참조.

53 성악(性惡)을 논하는 순자(荀子)조차도 "禮者 節之準也"(『荀子』, 致士篇)라고 생각하지 않았던가!

에서는 볼 수 없는, 악(惡)의 방향으로 사용할 수도 있지만, 선의지 또한 가능하며, 선의지에 기초하여 인간은 인격일 수 있다.

"인간 안에는 악으로의 자연본성적인 성벽이 있는 것이다. 그리고 이러한 성벽 자체가, 결국에는 자유로운 의사 안에서 찾아질 수밖에 없고, 그러니까 책임을 물을 수 있는 것이므로, 도덕적으로 악한 것이다. 이러한 악은 근본적이다. 왜냐하면 그것은 모든 준칙들의 근거를 부패시키기 때문이다. 또한 동시에 그것은 자연본성적 성벽으로서 인간의 힘으로는 근절할 수 없다. 이것을 근절시키는 일은 선한 준칙들에 의해서만 일어날 수 있을 터인데, 모든 준칙들의 최상의 주관적 근거가 부패한 것으로 전제된다면, 이러한 일은 일어날 수가 없기 때문이다. 그럼에도 불구하고 악으로의 성벽은 극복 가능한 것임에 틀림없다. 왜냐하면 이 성벽은 자유롭게 행위하는 자인 인간 안에서 마주치기 때문이다." (*RGV*, B35 =VI37)

"도덕적 의미에서 인간이 무엇인가, 또는 무엇이 되어야 하는가, 선한가 또는 악한가, 이에 대해서는 인간이 자기 자신을 그렇게 만드는 것이 틀림없으며, 또는 그렇게 만든 것이 틀림없다. 양자가[어느 쪽이든] 인간의 자유의사의 작용결과인 것이 틀림없다. 왜냐하면 그렇지 않다면 그것이 그에게 귀책될 수 없을 터이고, 따라서 인간은 도덕적으로 선하다고도 악하다고도 할 수 없을 터이기 때문이다. 만약 인간이 '선하게 창조되었다'고 말한다면, 그것은, 인간은 선으로 향하도록 창작되었고, 인간 안의 근원적 소질은 선하다는 것을 의미할 수 있을 뿐이다. 인간은 이 소질만으로는 아직 선한 것이 아니고, 그가 이 소질이 함유하고 있는 동기들을 그의 준칙 안에 채용하느냐 않느냐—이 일은 그의 자유로운 선택에 전적으로 맡겨져 있음이 틀림없다—에 따라서 그는 그를 선하게 되게도 악하게 되게도 만드는 것이다."(*RGV*, B48 이하=VI44)

오로지 이 의지의 자유의 힘에 '인격'은 의거한다. 자연 사물을 규정하는 존재 범주들 가운데 가장 기초적인 것이 '실체'이듯이, 인간의 실천 행위를 규정하는 "자유의 범주들"(*KpV*, A115=V66) 가운데 가장 기초적인 것은 '인격'이다. 인간의 실천적 행위 즉 도덕적 행위는 기본적으로 인격으로서의 인간의 인격으로서의 인간에 대한 행위이다. 그리고 '우리' 인간이 인간으로서 존엄한 한, '나'의 '너'에 대한 행위는 언제나 인격적이어야 한다.

인격적 행위만이 도덕적 즉 당위적이기 때문에, 그것은 인간이 도달해야만 할 이성의 필연적 요구〔要請〕이다. 어떤 사람이 행위할 때 '마음 내키는 바대로 따라도 법도에 어긋나지 않는다〔從心所慾不踰矩〕'[54]면, 그를 우리는 성인(聖人)이라 부를 것이다. 마찬가지로 실천 행위 "의지의 도덕법칙과의 온전한 맞음은 신성성(神聖性)"(*KpV*, A220=V122)이라고 불러야 할 것이고, 감성세계에 살고 있는 인간이 이런 신성성에 '현실적으로' 도달한다고 볼 수는 없겠지만, 그렇다 하더라도, 아니 바로 그러하기 때문에 그런 "온전한 맞음을 향해 무한히 나아가는 전진"(*KpV*, A220=V122) 가운데에서 우리는 인격성을 본다.

인간이 실제로 신적 존재자라면, 그의 행위는 항상 의지의 자율에 따를 터이다. 그렇다면 거기에는 당위가, 따라서 도덕도 없을 것이다. 인간은 감성적 욕구를 동시에 가지고 살아가는 시공상의 존재자이기 때문에, 바로 그 때문에 그에게는 당위가, 자신이 스스로에게 강제적으로라도 부과하는 정언적 명령이, 도덕법칙이 있는 것이다.(*GMS*, B111 이하=IV454 참조) 이것이 도덕법칙이 그리고 자율의 원인성이 인간의 행위에서 가능한 이유이고, '인간'에게서 갖는 의의이다. 인간은 항상 도덕법칙을 따르는

---

54 『論語』, 爲政 二 참조.

존재자는 아니지만, 스스로를 "도덕법칙들 아래에"(*KU*, §87 : B421=V448) 세움으로써 인간이 되고 인격적 존재자가 된다.

행위란 책임성의 규칙 아래에서 수행되는 행동을 말하며, 그러므로 행위의 주체는 의지의 자유에 따라 행동하는 자이다. 행위자는 그러한 행동을 통하여 그 행동의 결과를 '일으킨 자'로 간주되며, 그 결과는 그 행위자가 책임져야 한다. "아무런 책임 능력이 없는 사물을 물건이라고 한다" (*MS*: VI, 223)면, "자기 행위에 대해서 책임질 수 있는 주체가 인격이다." (같은 곳) 그러므로 도덕적 인격성은 다름 아닌 도덕법칙들 아래에 있는 이성적 존재자의 자유(성)이며, 인격(자)은 다름 아닌 자기 자신이 자신에게 제시한 그 법칙들에 복종하는 자이다.

이성적 존재자로서의 인간은 자율적으로 도덕법칙을 준수함으로써 그러니까 인격이 된다. 그러므로 인격으로서의 인간은 도덕법칙의 명령 내용을 그의 의무로 갖는다.

제4절 _ 칸트의 의무론

1. 인간의 의무 개념

1) 의무의 구분과 그 성격

인간의 의무(Pflicht)란 인간이면 누구나 그것을 하도록 구속되어 있는 행위를 말한다. 그런데 무엇인가를 보편적으로 구속할 수 있는 것을 법칙이라 하므로 인간의 행위에의 의사(意思, 意志)를 보편적으로 강제하는 것을 실천 법칙이라 할 수 있다.

실천 법칙은 어떤 행위를 지시하거나 금지하는 명령을 포함하는데, "법칙을 통해서 명령하는 자(imperans)를 법칙수립자(입법가: legislator)"라 이른다(*MS, RL*, B28=VI227). 그러니까 인간 행위의 법칙수립자는 법칙을 통해 스스로 의무의 형식과 내용을 규정하는 실천이성이다. 실천이성이 법칙을 외적으로 수립할 때, 즉 그 의무가 그 수행의 반대급부로서 정당하게 누군가를 강제할 권리(Recht)를 상정한 것일 때, 그것을 법(Recht)이라 하고, 반면에 실천이성이 그 법칙을 내적으로 수립할 때, 즉 그 의무 자체가 동시에 목적으로서 법칙수립자의 자기강제일 때, 그것을 도덕[倫理]이라 한다. 그래서 인간의 의무 중에는 '법 의무(법적 의무: officia iuris)'도 있고, '덕 의무(윤리적 의무: officia virtutis sive ethica)'도 있다(*MS, RL*, B47=VI239 참조)고 칸트는 파악한다.

법 의무는 인간에게 무엇이 옳은가, 정당한(recht)가를 말해주므로 그것은 인간임의 정당성, 곧 인간의 권리에 관련되어 있고, 덕 의무는 인간에게서 자체로서 가치 있는 것, 곧 인격성, 인간의 목적에 관련되어 있다. 그러나 이 두 종류의 의무 모두 그것을 규정하는 법칙수립자인 실천이성의 자율에 기초한다는 점에서는 마찬가지이다. 그럼에도 또한 양자 사이에는 현격한 차이점이 있다. 그것은 바로, 전자는 일단 법칙을 통해 규정되면 외적 강제가 가능한 반면에, 후자는 오로지 자유로운 자기강제만이 가능하다는 점이다. 그래서 법 의무의 이행 여부에 대한 심판은 외부 재판소에서 가능하지만 덕 의무의 이행 여부에 대한 심판은 궁극적으로는 내부 재판소, 곧 양심 안에서만 가능하다.

의무에 수반하는 강제성이 외적이냐 내적이냐 하는 점 이외에도 법적인 의무와 윤리적인 의무 사이의 차이는 그 강제의 구속력 정도에서도 볼 수 있다. 전자는 엄격한, 완전한 의무, 후자는 선택적인, 느슨한, 불완전한 의무라 할 수 있다. 법적인 의무는 법칙에 의해 직접적으로 규정되는 것으로서, 예컨대 채무 이행의 의무에서 보듯, 의무 행위 그 자체가 절대적인 필연성을 요구하는 법에 종속되어 있어 엄격한 책무성(obligatio stricta)을 갖는다. 윤리적인 의무는 실천 법칙에서 행위 자체가 아니라 단지 행위의 준칙이 규정되는 의무이기 때문에 명령을 받은 자가 어떤 방식으로 어느 정도까지 그것을 수행할 것인가는 그에게 일임되어 있으므로, 느슨한 책무성(obligatio lata)만을 갖는다.(XXVII, 577 이하 참조)

의무를 내용상으로, 즉 구속력을 갖는 법칙의 대상과의 관계에서 고찰해볼 때, 그것은 자기 자신에 대한 의무와 타인에 대한 의무로 나뉜다. — 물론 인간관계 너머까지 확장할 때는 생명체 일반이나 또는 신에 대한 의무 등으로 더 구분되겠지만 이 점은 여기서는 논외로 한다. — 그래서 법적인 의무에는 우리 자신의 인격에서의 인간성의 권리에 대응하는 의무와 타인에 대한 인간의 권리에 대한 반대급부로서의 의무가 있고, 윤리적인 의무에는 우리 자신의 인격에서의 인간성의 목적으로부터 나온 의무, 즉 '너 자신의 완전함을 촉진하라'는 명령에 근거한 의무와 타인들의 삶의 목적으로부터 나온 의무, 즉 '타인의 행복을 증진시켜라'는 명령에 근거한 의무가 있다.

이처럼 의무 일반이 비록 그것의 형식과 내용을 규정하는 실천 법칙이 외적으로 수립되는가, 내적으로 수립되는가에 따라 법 의무와 덕 의무로 구별되기는 하지만, 법 의무가 '의무'인 것 역시 궁극적으로 그것이 '도덕적'인 데에 있다.

외적인 법칙수립이 가능한, 구속력 있는 법칙 일반을 '외면의 법(lex externa)'이라 한다. 그 가운데서도 그것을 준수해야 할 의무가, 외적인 법칙수립이 없더라도, 선험적으로 이성을 통해 인식될 수 있는 그런 법칙을 외적이긴 하나 자연적인 법칙, 즉 자연법이라고 한다. 반면에 현존하는 외적인 법칙수립이 없었더라면 법칙이 될 수 없는, 곧 아무런 구속력을 가질 수 없는 법칙을 정립적인 법칙, 즉 실정법이라 부른다. 그러니까 순전히 실정법만을 통해서도 의무가 규정될 수 있다고 생각할 수는 있다. 그러나 그런 경우에도 그 실정법의 실천 법칙으로서의 보편적 권위는 자연법에 근거해서만 확립될 수 있는 것이다.(*MS*: VI, 224 참조) 그리고 자연법이 보편적인 실천 법칙으로 납득될 수 있는 것은 그것이 인격성의 이념에 부합할 때뿐이다. 다시 말하면 인간의 권리, 곧 인간임의 정당성은 인간의 도덕성에서 그 정당함이 보증된다.

법적인, 곧 정당한(rectum) 행위란 법칙이 규정하는 의무에 맞는 행위(factum licitum)이고 불법적인, 곧 부당한(minus rectum) 행위는 의무에 어긋나는 행위(factum illicitum)로서 죄과(reatus)라 한다. 죄과는 그것이 고의성이 없는 과실(culpa)이든 고의성이 있는 범죄(dolus)든, 그 행위자에게는 그에 상응하는 정당한 법적 효과인 벌(poena)이 부과된다.(*MS*: VI, 223 이하 참조) 그러니까 법은 행위자에게 최소한 '의무에 맞게' 행위하라고 요구하는 것이다.

그런데 법이 행위자에게 이 최소한의 요구라도 할 수 있는 것은 그것이 법이기 때문이다. 그렇다면 이 법의 정당성은 무엇에 근거하는가? 다시 말해 법이 법일 수 있는 근거는 무엇인가? 가령 우리는 어떤 현존하는 법이 법답지 않다는 이유로 개정하는데 이때 법의 법다움과 법답지 않음의 기준은 어디서 제시되는가? 인간의 인간으로서의 의무를 부여하는 법의 법다움은 결국 그 법이 인간의 인간다움, 즉 인격을 표현하고 있는가 그렇지 않은가에 따라 판정될 것이다. 그러므로 어떤 현존하는 법의 정당성은 그 법의 도덕성에 근거한다. 그럼에도 법과 도덕의 근본적인 차이점은 법이 최소한 '행위가 의무 법칙과 합치할 것', 곧 '합법[칙]성(legalitas)'을 요구하는 반면에, 도덕은 행위가 결과에 있어서, 바꿔 말하면 외면적으로 의무에 맞는 것이 아니라, 동기에 있어서, 바꿔 말하면, 내면적으로 의무에 맞을 것을 요구한다. 행위의 '도덕성(moralitas)'은 행위의 준칙, 곧 행위하는 주관이 스스로 정한 행위 규칙이 법칙과 합치함에 있기 때문이다. 그래서 덕은 단지 의무에 맞는 행위가 아니라 '의무로부터' 나온 행위에 있다고 한다.

이런 의미에서 인간의 의무, 곧 인간이 인간답기 위해 해야만 할 행위에 대한 궁극적인 해명은 법학(ius)에서가 아니라 윤리학(ethica)[55]에서 이루어지며, 칸트는 이를 그의 윤리 형이상학에서 수행한다. 이제부터 칸트가 말하는 인간 의무의 의의와 그 세목을 살펴보자.

2) 도덕법칙과 의무의 의의

칸트는 '의무로부터'의 행위만이 도덕적 가치를 갖는다고 본다. 그렇다면 '의무로부터'의 행위란 어떤 것인가, 그것은 단지 '의무에 맞는' 행위와 어떻게 다른가? 칸트는 몇 가지 예를 들어 이 차이를 설명하고 있다.

가령 상인이 물건을 누구에게나—어른에게나 어린아이에게나, 잘 아는 사람에게나 전혀 모르는 사람에게나—제값만 받고 파는 경우에, 그 행위는 '정직의 원칙과 의무'에 맞다. 그러나 그것이 사람들로부터 신용을 얻어 장기적으로 이익을 도모하기 위한 것일 때에는 '의무로부터' 나온 행위가 아니다.(GMS, B9=IV397 참조) 또 자기 생명의 보존은 인간의 자기 자신에 대한 의무 가운데 하나이고, 그래서 사람들의 자기 생명 보존을 위한 행동은 언제나 '의무에 맞지만' 그것이 생명에 대한 자연적 경향성이

---

55 어떤 대목에서 칸트는 '윤리학'을 '윤리[이]론(Sittenlehre)' 내지는 '의무론(Lehre von den Pflichten)'과 교환 가능한 용어로 쓰고, 그 아래에 '덕이론(Tugendlehre)'과 '법이론 (Rechtslehre)'을 종속시키고 있지만(MS, TL, A1=VI379 참조), 여기서는 '윤리학'이 '(도)덕이론'과 동의어로 사용되는 오늘날의 용어법대로 쓴다.

나 애착, 혹은 죽음의 공포로부터 연유한 것일 때는 '의무로부터'의 행위라고 볼 수 없다.(*GMS*, B9 이하=IV397 이하 참조) 또 할 수 있는 한 타인에게 선행을 베풀어야 한다는 것은 인간의 의무이다. 그러나 사람들 가운데는 천성상 타인에게 매우 동정적인 사람도 많은데 그들은 허영심이나 이기심에 의한 어떤 다른 동기에서가 아니라 그저 주위에 기쁨을 확대하는 것에서 내적인 만족을 발견하고, 타인의 만족이 자기의 작품인 한에서 타인의 만족을 기뻐하는 수도 있다. 이런 경우에 그러한 행실은 아주 의무에 맞고 사랑받을 만한 것이다. 그러나 그것만으로는 참된 도덕적 가치를 갖는다고 볼 수 없다. 오히려 그것은 다른 경향성들, 예컨대 명예에의 경향성과 같은 종류의 것이라고 볼 수 있다. 명예에의 경향성은 다행히도 실제로는 공리적이고 의무에 맞으며, 그렇기에 '명예로운' 것이어서 칭찬과 고무를 받을 만한 것이긴 하지만 존중할 만한 것은 못된다. 왜냐하면 그것은 '의무로부터' 나온 것이라고는 볼 수 없기 때문이다.(*GMS*, B11 이하=IV398 이하 참조)

이런 예로부터 우리는 '의무로부터'의 행위의 성격을 간취할 수 있다. 의무로부터의 행위는 행위가 단지 객관적으로 실천 법칙과 일치할 뿐만 아니라 주관적으로 법칙에 대한 존경으로부터 말미암은 것이어야 한다. 의무에 맞는 행위, 곧 합법칙적인 행위는 경향성들이 의지의 규정 근거일 때도 가능하지만 의무로부터의 행위, 곧 도덕적인 행위는 행위가 법칙 때문에, 그리고 법칙을 위해서 일어난 경우에만 성립한다.(*KpV*, A144=V81 참조)

의무로부터의 행위는 도덕적 가치를 행위를 통해 달성해야 할 의무에서 갖는 것이 아니라 그것에 따라 행동이 결정되는 준칙에서 갖는다. 그러므로 도덕적 가치는 행동의 대상의 실재에 달려 있는 것이 아니라 욕구의 대상 일체를 고려함 없이 행위가 그에 따라 발생하는 '의지의 원리'에 달려

276

있는 것이다. 의무가 행위로 나아갈 때 그것은 어떤 경향성이나 충동에 규정받든지 의무로부터 규정받든지 할 터인데, 이때 의무로부터 규정받는다 함은 어떤 질료적인 동기에서가 아니라 의무를 규정하는 선험적인 형식에 규정받음을 뜻한다. 경향성의 영향이나 의지의 대상 일체를 떼어내고 나면, "의지에 대해 그것을 규정할 수 있는 것은, 객관적으로는 법칙, 주관적으로는 이 실천 법칙에 대한 순수한 존경 외에 남는 것은 없다. 그러니까 나의 모든 경향성을 단절하고서라도, 그러한 법칙을 준수한다는 준칙만이 남는다."(*GMS*, B15=IV400 이하) 실천 법칙에 대한 순수한 존경에서 생기는 내 행위의 필연성이 바로 의무이며, 이것은 다른 모든 가치를 능가하는 그 자체로서 선한 의지의 조건이기 때문에 다른 어떠한 동인도 의무에게는 양보할 수밖에 없다.

그러므로 의지의 원리는 보편적인 법칙이 될 수 있는 준칙 이외의 준칙에 따라서 행위하지 말아야 한다는, 그러니까 의지는 그 자신의 준칙을 통해 자기 자신을 곧 보편적으로 법칙을 수립하는 자로 간주할 수 있도록 그렇게 행위하라(*GMS*, B76=IV434 참조)는 것이다. "그런데 준칙들이 보편적으로 법칙수립하는 자인 이성적 존재자들의 이 객관적 원리와 그것의 본성상 이미 필연적으로 일치하지 않는다면, 저 원리에 따르는 행위의 필연성은 실천적 강요, 다시 말해 의무라고 일컬어진다."(*GMS*, B76=IV434) 이런 의무를 규정하는 순수한 실천이성의 선험적 틀이 앞서 말한바 "너의 의지의 〔주관적인〕 준칙이 항상 동시에 보편적인 〔객관적인〕 법칙수립의 원리로서 타당할 수 있도록, 그렇게 행위하라"(*KpV*, A54=V30)는 '선험적 종합 명제'이다.

"의지란 어떤 법칙의 표상에 맞게 행위하게끔 자기 자신을 규정하는 능력"(*GMS*, B63=IV427)이다. 자연의 사물들은 모두 "법칙들에 따라" 작동하는 반면, 이성적 존재자만이 이 "법칙의 표상에 따라" 즉 원리에 따라 행위하는 능력인 의지를 갖는다.(*GMS*, B36＝IV412 참조) 원리에 따라 행위해야 할 실천적 필연성, 즉 의무는 결코 감정이나 충동 그리고 경향성에 의거해 있는 것이 아니고, 그 안에서 이성적 존재자의 의지가 항상 동시에 법칙수립자로 보여야만 하는, 오로지 이성적 존재자 상호 간의 관계에 의거해 있다.(*GMS*, B76＝IV434 참조) 자연의 사물들이 법칙에 따라 작동한다는 것은 그것들이 주어진 법칙대로, 즉 타율적으로 의지 없이 운동함을 말하는 것이고, 이성적 존재자가 법칙의 표상에 따라서 행위한다는 것은 법칙을 생각해내서, 즉 의지가 자율적으로 행동함을 뜻한다. 이때 의지로 하여금 스스로 자신을 규정하도록 하는 객관적 근거가 목적이며, 이 목적이 "순전한 이성에 의해 주어진다면, 모든 이성적 존재자에게 똑같이 타당함에 틀림없다."(*GMS*, B63＝IV427) 여기서 칸트는 이성을 보편적인 원리의 능력으로 이해한다.

진정으로 선한 의지는 반드시 이성이 생각해낸 법칙에 맞춰 실천한다. 그래서 만약 이성이 의지를 규정하는 유일한 근거라면, 객관적으로 필연적인 것으로 인식되는 이성적 존재자의 행위들은 주관적으로도 필연적이다. 다시 말하면 이성적인 존재자의 선한 의지란 이성이 경향성에서 독립하여 실천적으로 필연이라고 인정하는 것, 즉 선이라고 인정하는 것만을 선택하는 능력이다. 그러나 이성이 그 자신만으로 의지를 충분히 결정하지 못한다면, 즉 의지가 반드시 객관적인 조건과 일치하는 것이 아니라 충동과 같은 어떤 주관적인 조건에 종속한다면, 바꿔 말해 인간의 경우에서 보듯 의지가 그 자체 이성과 완전히 일치하지 않는다면, 객관적으로 필연이라고 인지된 행위도 주관적으로는 우연적이다. 그러므로 그러한 의지를 객관적인 법칙에 맞게 결정하는 것은 강제이다. 그러니까 완벽하게 선한 것이 아닌 의지에 대해 객관적인 실천 법칙이 갖는 관계는 강제적 관계이다.

행위에 대해 어떤 객관적인 실천 원리를 세우는 것을 그 원리가 의지에 대해 강제적인 한에서 '지시명령'이라고 하고, 이러한 지시의 정식(定式)을 '명령'이라고 일컫는다.(GMS, B37=IV413 참조) 그런데 모든 실천명령은 당위로 표현된다. 그러니까 명령은 이성의 보편적인 객관적 법칙과 주관적인 성질로 인해 객관적 법칙에 의해서만 결정되는 것은 아닌 의지와의 관계, 즉 강제적 관계이다. 명령은 어떤 것은 하는 것이 선하고, 어떤 것은 하지 않는 것이 선하다고 말한다. 그러나 이성이 명령을 내리는 대상은 어떤 것을 선하다고 제시해도 반드시 그것을 행하지는 않는 그런 의지이다. 따라서 실천적으로 선한 것은 주관적인 원인에서가 아니라 이성이 표상하는 것에 의해서 객관적으로, 즉 모든 이성적 존재자에게 선으로 타당한 근거들에서 의지를 결정하는 것이다. 그러니까 도덕적 선은 이런저런 감각에 적당한, 주관적인 감성에 알맞은 쾌적함과 같은 것이 아니다. 그것은 어떤 감각에 대해서는 매우 불편한 것일 수도 있다. 완전히 선한 의지는 언제나 선의 객관적 법칙 아래 있는 것이겠지만 그것이 객관적인 법칙에 의해 법칙에 맞는 행위로 강제되는 것이라고는 볼 수 없다. 왜냐하면 완전히 선한 의지라면, 그것은 그것의 주체적인 성격상 스스로의 선의 표상에 의해서만 규정되는 것이기 때문이다. 그러므로 신의 의지나, 더 일반적으로 말해 신성한 의지에 대해서는 어떠한 명령도 타당하지가 않다. 의욕함이 이미 그 자체로 객관적인 법칙과 필연적으로 일치해 있는 그런 의지에 있어 당위란 가당치 않다. 그러므로 명령이라는 것은 오로지 인간의 의지처럼 주관적으로 불완전하면서도 객관적인 완전한 선을 표상하는 실천이성에 대해서만 타당한 것이다. 이렇게 해서 명령은 인간으로서 내가 할 수 있는 가능한 그 어떤 행위가 선한가를 나에게 말해주며 의지에 대해 실천 규칙을 제공한다. 왜냐하면 인간적 의지는 한 행위가 선하다고 해서 곧바로 행하는 것이 아니기 때문이다. 그리고 불완전한 주관은 한 행위가 선함을 언제나 아는 것도 아니고, 또 그것을 안다 하더라도 주관의 준칙이 실천이성의 객관적인 원리에 어긋나는 일도 흔히 있기 때문이다. 그래서 보편적인 도덕 명령은 인간에게는 언제나 실천적 강제, 즉 의무의 표현이다.

단지 무엇인가 다른 것을 위한 수단으로서만 행위가 선한 것일 때, 그것을 이끄는 명령은 가언적이고, 그 자체로서 행위가 선하다고 생각된다면, 그것을 이끄는 명령은 정언적이다. 이 정언적 명령은 감성적인 동시에 이성적인 존재자에 대해서 행위의 주관적인 규칙과 객관적인 규칙이 합치되도록 할 것을 무조건적으로 명령하며, 그래서 "마치 너의 행위의 준칙이 너의 의지에 의해 보편적 자연법칙이 되어야 하는 것처럼, 그렇게 행위하라"(*GMS*, B52=IV421)는 명령은 "의무의 보편적 명령"이 된다.

요컨대 도덕법칙의 강요에 의해 수행되는 행위가 덕 의무이다. 덕(德, virtus)이란, 서양어의 낱말 뜻 그대로 힘셈, 나아가서 도덕적으로 굳셈[완강함](fortitudo moralis)을 뜻한다. 인간은 감성적 경향성으로 말미암아 자주 도덕법칙에 어긋나게 행동하도록 촉발되기 때문에, 인간이 도덕법칙에 부합하게 행동하는 것은 그 자신 안에 자리 잡고 있는 경향성들을 제압하거나 멀리하거나 이것들이 도덕법칙에 의해 극복될 때에만 가능하다. 그러니까 경향성과 도덕법칙의 투쟁에서 경향성을 물리치고, 그의 의무를 준수하려는 "지속적인 지향(intentio constans)"(XXVII, 492)이 덕의 내용을 이룬다. 인간이 의무를 갖는다는 것은 동물적 자연본성을 가지고 있기 때문이다. 인간이 만약 순전히 신성한 존재자라면 도덕법칙을 위반할 아무런 충동도 갖지 않을 터이고, 따라서 아무런 강요도 받지 않을 터이니 의무도 없을 것이며, 오로지 이성에 의해 인지된 행위의 객관적 필연성에 의해서만 이끌어질 것이다. 그러나 인간이 오로지 동물적 자연본성만 가지고 있다면, 아무런 자기 강제를 하지 않을 터이니 역시 어떤 의무의 감정도 없을 것이다. 의무는 불완전한 인간이 이성적 존재자로서 "존엄성의 이념"(*GMS*, B77=IV434)을 갖는 데서 기인한다.

2. 인간의 도덕적 의무

1) 의무인 동시에 목적인 것

　인간의 도덕적 의무는 실천이성의 행위 목적이다. "목적이란 그것의 표상이 자유로운 의사로 하여금 [⋯] 어떤 행위를 하도록 규정하는, 그 자유로운 의사의 대상이다."(*MS, TL*, A11=VI384) 행위는 각각 그 목적을 가지는 것이며 누구도 자기 의지의 대상 자체를 목적으로 삼지 않고는 목적을 가질 수 없으므로, 행위들의 목적을 가짐은 행위하는 주체의 자유의 활동이지 자연의 작용결과가 아니다. 그런데 목적을 규정하는 이 활동은 수단이 아니라 목적 자체를 제시하는, 즉 조건적이 아니라 무조건적인 실천 원리이므로 바로 순수 실천이성의 정언적 명령이다. 그것은 의무 개념을 목적 일반과 결합시키는 그런 명령인 것이다. 우리는 정언명령 중에서만 '의무인 동시에 목적'인 것을 만난다. 실천이성은 그렇다면 정언명령에서 무엇을 그 행위의 목적이자 의무로 표상하는가?

　나의 의지의 준칙이 동시에 보편적인 법칙수립의 원리로서 타당할 수 있는 그런 준칙에 따라 내가 행위해야만 한다는 '순수 실천이성의 원칙'에 합당한 실천명령으로 칸트가 예시하고 있는 것은 주지하는바 "네가 너 자신의 인격에서나 다른 모든 사람의 인격에서 인간(성)을 목적으로 항상 동시에 목적으로 대하고, 결코 한낱 수단으로서 대하지 않도록, 그렇게 행위하라"(*GMS*, B66 이하=IV429)이다. 사람은 그 자체로 가치를 갖는 존엄한 존재자로 파악되므로 당연히 인격이고, 인격인 한에서 사람은 어떤 경우에도 무엇을 위한 수단일 수가 없고, 목적으로 보여야 함이 여기서 지적된다. 그리고 이렇게 행위함이 인간의 인간으로서 인간에 대한 의무임이 명시되고 있다. 그렇다면 자신을 목적으로 대하고, 타인을 목적으로 대한다

함은 어떻게 대하는 것인가? 그것을 칸트는 자기 자신을 완전하게〔완성〕하고 타인을 행복하게 하는 것이라고 본다. 그래서 칸트는 인간에게 의무인 동시에 목적인 것을 두 가지로 대별하는데, 그 하나는 자기 자신과 관련한 것으로 '자기의 완전함'을 제고하는 일이고, 다른 하나는 타인과 관련한 것으로 '타인의 행복'을 증진하는 일이다.

인간에게 의무이자 목적인 것들은 모두 '나 자신의 완전함'이나 '다른 사람의 행복'으로 수렴된다. 그러나 우리는 이들을 서로 뒤바꿀 수는 없다. 다시 말하면, '나 자신의 행복'과 '다른 사람의 완전함'을 그 자체로서 의무이며 목적인 것으로 만들 수는 없다.(*MS*, *TL*, A12=VI385 참조) 왜냐하면, 자기 자신의 행복이라는 것은 누구나 자연본성의 충동의 힘으로 말미암아 갖는 일체의 행위의 목적일 수는 있지만 그것을 의무로 볼 수는 없기 때문이다. "누구나 불가피하게 이미 스스로 하고자 하는 것은 의무의 개념에 속하지 않는다. 왜냐하면 의무란 마지못해 택해진 목적으로의 강제이기 때문이다."(*MS*: VI, 386) 그러므로 사람은 누구나 자기의 행복을 전력을 다해 증진하도록 의무 지고 있다고 말하는 것은 "어리석은"(*KpV*, A65=V37) 짓이다. 마찬가지로 타인의 완전함을 나의 목적으로 삼고 그것을 증진시키는 것을 나의 의무로 보는 것도 적절한 일이 아니다. 인간의 인격으로서의 '자기 자신의 완전함'은 누구나 스스로 "그 스스로가 의무에 대한 자기 자신의 개념에 따라 자기의 목적을 세울 수 있는 능력"(*MS*, *TL*, A14=VI386)에 있기 때문이다. 그러니까 '자신의 완전함'을 위한 노력은 누가 대신해줄 수 있는 성질의 것이 아니다. 그래서 우리가, 그 사람 자신만이 할 수 있는 어떤 것을 나의 의무로 삼음은 불합리한 일이다.

이제 이런 기본적인 개념 아래에서 자기 자신과 타인에 대한 인간의 여러 의무들의 내용을 살펴보자.

2) 자기 자신에 대한 의무들

(1) 예비적 개념 설명

어떤 것이 자기 자신에 대한 의무인가를 지적하기 전에 좀 더 설명할 필요가 있는 두 개념이 있다.

첫째로, 자기를 완전하게 함이 인간의 자기 자신에 대한 의무의 요강인데, 이때 자기의 '완전함'이란 무엇을 말하는가? 완전함을 양적 또는 질료적으로 이해할 때, 그것은 한 사물을 이루는 다양한 것들의 전체성을 뜻한다. 그러나 그것을 질적 또는 형식적으로 이해할 때, 그것은 한 사물의 상태가 그것의 목적에 부합함을 뜻한다. 전자의 경우에 완전함은 하나밖에 있을 수 없지만, 후자의 경우에는 여럿이 있을 수 있다. 전체란 하나밖에 있을 수 없지만, 목적에 부합하는 상태란 여러 경우가 있을 수 있기 때문이다. 여기서 우리가 자기의 완전함을 이야기할 때, '완전함'은 후자의 의미로 납득해야 할 것이다. 그러니까 '자기의 완전함'이 인간의 자기 자신에 대한 의무라 함은, 인간이 인간으로서의 자기의 목적에 부합하는 행위를 마땅히 해야 함을 말한다. 이 의무는 인간으로서의 내가 나 자신에 부과하는 의무이다. 그렇다면 내가 나 자신에게 부과하는 의무라는 것이 있을 수 있을까? 이것이 좀 더 해명을 필요로 하는 두 번째 개념이다. 자기 자신에 대한 의무란 내가 나 자신에게 부과하는 의무이기 때문에 '책무 지우는 자(auctor obligationis)'와 '책무 있는 자(subiectum obligationis)'가 동일자로 받아들여질 수 있는 이런 의무는 사실상 '의무'가 아니지 않을까? 왜냐하면, 의무의 개념에는 '구속되어 있다'는 수동적인 강요가 포함되는데, '나의 나 자신에 대한 의무'의 경우, 그것은 '능동적인 강요'라고 할 수 있고, 언제든지 나는 나에 대한 책무(terminus obligationis)를 면제해줄 수도 있어서, 나는 자신이 부과한 의무에 전혀 매이지 않을 수도 있기 때문이다.(*MS, TL*, A64=VI417 이하 참조) 이 문제를 스스로 제기한(XXVII, 579 이하 참조) 칸트는, 이 문제는 인간을 한편으로는 감성적 자연존재자(현상체 인간 : homo phaenomenon)로, 다른 한편으로는 예지적인 자유존재자(예지체 인간 : homo noumenon)로 납득할 수 있는 한 해소된다고 생각한다. 이성적이면서도 자연 감성적인 존재자인 인간은 이성을 통해 감성세계에서의 활동의 원인이 된다. 인간은 내적 자유를 가진 자로서 자기 자신에 대해 인격에서의 인간성의 의무를 질 수 있는 존재자라는 것이다. 그러므로 책무 지우는 자는 자유로 파악된 인간이고, 그 의무를 실행해야만 하는 자, 즉 책무 있는 자는 자연으로 파악된 인간이라는 것이다.

이렇게 인간을 두 측면에서 파악한다고 해서 칸트가 인간을 재래의 방식처럼 '영혼과 신체'의 복합 존재라고 말하는 것은 아니다. 칸트가 구분하는 이성과 감성, 자유와 자연은 영혼과 신체의 구분과는 전혀 다른 맥락을 갖는다. 칸트는 "우리의 경험을 통해서도 이성의 추론을 통해서도, 인간이 (신체 안에 깃들어 있으면서도 신체와 구별되고, 이것에 독립해서 생각할 수 있는 능력을 가진, 즉 정신적인 실체로서) 하나의 영혼을 가지고 있는지, 또는 오히려 생명이라는 것이 물질의 속성을 가진 것이나 아닌지를 충분히 알지 못한다"(*MS, TL*, A66=VI419)라고 말한다. 영혼과 신체의 구분이 현상적인 존재적 구분을 노리는 것이라면, '현상적 인간'과 '예지적 인간'은 초월철학적, 바꿔 말하면 존재론적 구분이라고 볼 수 있다.

요컨대, 인간으로서의 나의 나에 대한 의무는 자유로운 의지의 순수한 실천이성이 감성세계에서 활동하는 나에게 내가 인간다운 인간이기를 강제하는 의무이다. 그러니까 인간의 자기 자신에 대한 의무는 "행위하는 인간으로서의 자신과 도덕법칙을 세우는 인간성으로서의 자신과의 관계"(XXVII, 579)에서 성립하는 것이다.

(2) 의무 사항들

인간의 자기 완전성을 제고하는, 자신에 대한 의무들은 몇 가지 관점에서 분류해볼 수 있다. 그러나 인간을 신체-영혼의 이중적 존재로 파악한다는 것은 난점을 가지고 있으므로 '신체에 대한 의무', '영혼에 대한 의무'로 구분하는 것은 허용될 수 없다. 이보다는 오히려 의무를, 객체적인 면과 주체적인 면에서 크게 구분해 봄직하다.

객체의 면에서 자기 자신에 대한 의무는 '형식적인 것'과 '질료적인 것'으로 나뉜다.(*MS*: VI, 419 참조) 전자는 자신을 제한시키는 소극적인 의무이고 후자는 자신을 확대시키는 적극적인 의무이다. 전자는 인간이 그의 자연본성의 목적에 거슬리는 행동을 금지하는 명령이고, 후자는 어떤 대상을 의지의 목적으로 삼도록 지시하는 명령이다. 그러니까 하나는 '불이행의 의무'이고, 다른 하나는 '이행의 의무'라 할 수 있다. 그래서 '자기 자신에 대한 의무의 첫 번째 원칙은 스토아학파의 가르침대로 "자연본성에 맞게 살아라(naturae convenienter vive)", 즉 "너의 자연본성이 완전한 상태이도록 너를 보존하라"는 말로 표현되고, 두 번째 원칙은 "한낱 자연이 너를 지어낸 것보다 너를 더 완전하게 만들어라(perfice te ut finem ; perfice te ut medium)"는 말 속에 들어 있다.(*MS*, *TL*, A67=VI419참조)

주체의 면에서 인간의 자기 자신에 대한 의무는, 다시 의무의 주체인 인간이 자신을 동물적(따라서 물리적)이면서 동시에 도덕적인 존재자로 보느냐, 또는 오로지 도덕적인 존재자로 보느냐에 따라 구분될 수 있다.

두말할 것도 없이 인간은 동물이고, 인간의 동물성에 뿌리박은 자연본성의 충동들이 인간에게 있다. 아마도 자연은 인간에게 이런 충동들을 심어놓음으로써 그것을 통해 자기 자신을 보존하거나, 인간이라는 자연물의 한 종(種)을 보존하거나, 아니면 인간을 하나의 동물답게 편히 살도록 할 의도를 가졌을지도 모른다.(*MS*, *TL*, A68=VI420 ; *RGV*, B16=VI26 이하 참조)

이런 충동들과 관련해서 인간의 자기 자신에 대한 의무가 맞서야 할 패악들이 자살, 성적 경향성의 부자연스러운 사용, 그리고 폭음 폭식과 같은 음식물의 부적절한 향유 등이다. 반면에 오로지 도덕적인 존재자로 고찰되는 인간에게 부과되는 의무는 자신을 한낱 경향성의 유희물로, 곧 물건으로 만들어서는 안 된다는 금지 명령에 들어 있다. 이 의무에 맞서는 패악들이 사기, 허영, 아첨 등이고, 이 패악들에 대항하는 덕이 명예심이라고 볼 수 있다.

요컨대 주체의 면에서 볼 때, 인간의 자기 자신에 대한 모든 의무는 그의 행복들이 인간의 존엄성과 부합하는 데, 바꿔 말해 그 자신의 인격에서 인간성을 손상치 않는 데에 있다.(「실천철학 강의」, Powalski : XXVII, 188 참조) 이때 이런 의무를 준수할 수 있는 궁극의 조건이 "자기통제"(XXVII, 201)이며, 우리의 모든 경향성의 통치 기구가 다름 아닌 "이성"이다. 자연은 인간에게 여러 가지 경향성과 성향을 심어주었고, 만약 인간이 이성이나 지성을 갖지 않았더라면, 그것에 의해 동물과 마찬가지로 지배받았을 것이다. 그러나 자연은 그렇게 되지 않도록 하기 위해 또한 우리 인간에게 이성을 주었다. 그러므로 경향성은 이성과 이성이 수립한 법칙에 순응하는 한에서 보존되어야만 한다. 이때 인간의 자기 자신에 대한 의무가 명하는 바는, '너의 욕구와 본능과 열정을 감독하라', '너의 이성과 지성이 도덕성에 어긋나게 행동하지 않도록 감독하라'이다.

이상에서 인간성의 권리 또는 인간의 자기 자신에 대한 의무들을 몇 가지 관점에서 가려보았다. 그러나 그것이 모든 의무를 체계적으로 도출하고 서술할 원리가 되지는 못한다. 우리가 그것만으로 '의무들의 완전한 표나 분류'를 작성한다는 것은 어려운 일이다. 그러나 실용적인 관점에서 중요한 것 몇 가지를 열거할 수는 있겠다.(「윤리형이상학 강의」, Vigilantius : XXVII, 604 참조) 그래서 여기서는 편의상 인간의 두 성격을 기준으로 나눠

본 의무 주체인 자기 자신에 대한 주요 의무들을 예시한다.

가) 동물적 존재자로서 자기 자신에 대한 의무들

동물인 인간이 자기 자신에게 지우는 첫 번째 의무는, 자연 그대로의 자기를 보존하고 자신의 자연적 능력을 개발하고 증진시키라는 것이다. 갖가지 가능한 목적들의 수단인 인간의 자연 능력[精神力, 心力, 體力]의 육성은 인간의 자기 자신에 대한 의무이다. 인간은 이성적인 존재자인 자기 자신에 대해 그의 이성이 사용할 수 있는 자연 소질과 능력[財産]을 녹슬도록 방치해두어서는 안 될 책무가 있다. 인간이 그의 능력을 육성하고, 실용적인 관점에서 그의 현존의 목적에 알맞은 인간이 되도록 하는 것은 도덕적 실천적 이성의 명령이자 인간의 자신에 대한 의무이다. 그렇게 해서 세상에 쓸모 있는 일원이 된다는 것은 그 존엄성을 내려 깎아서는 안 될 그 자신의 인격에서 인간성의 가치에 속하는 일이기 때문이다.(*MS*: VI, 444 이하 참조)

자신의 자연 능력과 소질을 육성해야 할 의무에 극단적으로 반대되는 것이 임의로 자기 자신을 죽이는 일이다. 전체적인 자기 살해든, 부분적인 자기 상해[不具化]든 그것이 자기를 죽이는 짓이면, 그 이유가 무엇이든, 종국적으로 볼 때 그것은 비행(非行)이다. 스스로 목숨을 끊는 경우, 그것은 부모의 사랑에 대해 자식으로서의, 배우자로서의, 아이들에 대한 부모로서의, 또는 사회에 대한 한 시민으로서의 의무를 저버린 것일 수도 있고, 또 과연 인간에게 자신의 생명을 자기 임의로 처분할 권리가 있는지, 그것이 생의 자연법칙이나(*MS*, *TL*, A72=VI422 참조) "영속적인 자연 질서" (*KpV*, A76=V44)에 맞는지가 문제될 수도 있다. 그러나 이런 점들을 차치하더라도 인간이 현세적인 괴로운 상태에서 벗어나기 위해서 자살한다면, "그는 자신의 인격을, 생이 끝날 때까지 견딜 만한 상태로 보존하기 위한,

한낱 수단으로 이용하는 것"(*GMS*, B67 = IV429)으로서, 그것은 자신을 목적으로 대해야 한다는 도덕법칙에 어긋나는 짓이다. 때로 사람들은, 구차스러운 생보다는 스스로 죽음을 택함을 의롭다 하고 오히려 그를 통해 인간의 인격성이 보존된다고 보아 이를 자살과 구별하여 자결(自決)이라고 규정하기도 하고, 또는 조국을 구하기 위해 죽음에 빠지거나 인류 전체의 치유를 위해 자신을 희생하는 의도된 치명(致命)을 영웅적 행위로 평가하기도 한다. 그리고 경우에 따라서 그런 죽음은 많은 사람들에 대해 공적을 세우는 것도 사실이다. 그러나 이런 경우조차도 자기를 죽임은 더 이상 자신에 대한 의무를 수행할 가능성을 없애버리는 것이고, 또 자신이 보기에 적합한 목적을 위한 한갓 수단으로만 자신을 처분한 것이 아닌가 하는 의구심이 따른다.(*MS*, *TL*, A73=VI423 참조)

이에 덧붙여, 인간이 동물적 존재자로서의 자기 자신에 대한 의무에서 벗어나는 것으로서 생각해볼 수 있는 것은, 향락품이나 식료품을 과도하게 사용하여 자신을 해치는 짓이다. 과음, 과식, 자기 마취 따위가 이런 의무를 어기는 데서 오는 패악들이다.(*MS*, *TL*, A80=VI427 참조)

나) 도덕적 존재자로서의 자기 자신에 대한 의무들

도덕적인 존재자로서 인간은 누구나 자신을 존중해야 한다. 이 자기 존중을 해침은 자신에 대한 의무를 저버리는 짓이다.

무엇보다도, 인간은 거짓말을 해서는 안 된다. 법률적으로는 거짓말은 그것이 타인에 대한 의무를 해쳤을 때에만 문제가 된다. 그러나 도덕적으로는 거짓말은 자기 자신에 대한 의무를 위반한 것으로 보아야 한다. 왜냐하면 그것은 "자기 자신의 인격에 대한 존경을 해친 것"(XXVII, 604)이고, "인간의 존엄성을 훼손"(*MS*, *TL*, A84=VI429)한 것이기 때문이다. 거짓말은 진지성, 정직성, 솔직성의 결여, 즉 비양심의 대표적인 표징으로서 결과적으로 타인에게 해를 끼쳤든 끼치지 않았든 간에 그 자체로서 비난받을 일이다.

인간은 구걸을 해서는 안 된다. 인간은 타인에 대해서 자유롭고 독립적인 존재자이기 위해서 자신의 능력을 최대한 발휘할 책임이 있다. 그런데 인간이 구걸한다면 그는 타인의 기분에 매달리게 되고 자신의 독립 독자성을 상실하게 된다. 구걸로 인해 인간은 자기 자신에 대한 경멸을 최고로 내보인다.(XXVII, 605 참조) 기식자(寄食者, 食客) 역시 자신의 가치를 떨어뜨린다. 그는 타인에게 위탁하여 자신의 기본 욕구를 충족시키는 대신에 자신의 인격성을 희생시키는 것이다.(XXVII, 606 참조)

인간은 의기소침하거나 자신 없어 해서는 안 된다. 인간은 누구나 다른 어떤 존재자에 대해서 독립적으로 자신을 꾸려갈 만큼의 능력을 가지고 있다. 그는 최대한의 활동 속에서 이를 유지해야만 한다. 인간은 언제나 세상의 걱정거리를 짊어질 것을 배울 준비가 되어 있어야 한다. 인간은 적어도 자신을 소유하고 있고, 따라서 그의 현존은 타인에게 의존돼 있지 않다. 그는 자신의 현존을 자신의 인격 안에 두어야 하고, 그 밖의 사물에 두어서는 안 된다. 그러므로 칸트는 자신감을 상실한 자는 그가 인간성의 권리에 예속되어 있음을 망각하고 있는 것이라고 본다.(XXVII, 606 참조)

인간은 비굴해서는 안 된다. 동물로서의 인간은 자연 체계 안에서 다른 동식물들이나 마찬가지로 미미한 가치를 가질 따름이다. 비록 인간이 다른 생물에 비해 지성을 가지고 있다는 차이점이 있고, 상황에 따라서는 쓸모 가치가 더 있기는 하지만 어디까지나 그것은 물건으로서 좀 나은 가격을 갖는 것에 지나지 않는다. 인간은 인격으로, 즉 도덕적 실천이성의 주체로 보일 때만 물건으로서의 가격을 뛰어넘는다. 그러나 인간은, 다른 사람뿐만 아니라 그 자신의 목적을 위한 수단으로서가 아니라 목적 자체로 평가되어야 한다. 그는 존엄성을 가지며, 이에 의해 다른 모든 이성적 존재에게 존경을 요구하고, 타인들과 자신을 견주며 동등성〔평등〕의 바탕 위에서 평가할 수 있다. 인격에서의 인간성은, 모든 타인에게 요구할 수 있을 뿐만 아니라 그 자신이 상실해서는 안 되는 존경의 대상이다.

도덕법칙과 비교해서 자기 자신의 도덕적 가치가 변변치 못하다고 의심함은 겸손(humilitas moralis)이다. 반면에 법칙과 비교해보지도 않은 채 자기의 가치가 크다고 내세우는 것은 자만(arrogantia moralis)이라고 말할 수 있다. 그러나 타인의 호의를 얻기 위한 수단으로 하는 자기 자신의 도덕적 가치의 비하는 잘못된 겸손, 이를테면 비굴이며, 자기 자신에 대한 의무를 벗어나 인격성의 존엄성을 깎는 일이다.(*MS*, *TL*, A93=VI434 이하 참조)

인간은 자신이 모욕당하도록 내버려두어서는 안 된다. 적절한 대응 없이 모욕당하는 것도 자기 자신의 가치를 깎는 일이다. 그럴 경우 인간은 자신을 짓밟히게 내버려두는 벌레나 침 없는 벌인 양 자신을 방치하는 것이다. 그때 그는 자신의 인격성에 대한 공격에 맞서야 할 자신에 대한 의무를 수행하는 대신에 무기력을 보이고 있는 것이다. 인간은 타인들이 그의 인격에 대해 존경심을 가질 것을 의욕하고, 그런 존경심을 확보해야 하고, 그 자신이 자신을 존경함을 보여줘야 한다. 사람은 자신을 모욕한 타인에게 적어도 사죄하고 용서를 빌 수 있도록 만들어야 한다.(XXVII, 607 이하 참조)

사람은 다라웁거나 인색해서는 안 된다. 진정한 필요의 한도를 넘어서 더 잘 살기 위한 수단의 획득을 확대하려는 탐욕이 타인에 대한 호의의 의무를 해치는 것이라고 한다면 다라움은 자기 자신에 대한 의무를 저버리는 것이다. 여기서 "다라움(Knickerei)"이란 "진정한 자기의 필요에 합당한 정도 이하로 좋은 삶을 위한 수단에 대한 자기 자신의 향유를 줄이는 것"(*MS*: VI, 432)을 말한다.

인색은 타인에 대한 사랑의 의무를 소홀히 하는 것일 뿐만 아니라 자기 자신에 대한 의무도 저해하는 것이다. 구두쇠, 수전노라고 욕을 먹는 인색한 사람은 단지 재산을 모을 뿐 어떤 식으로든 그것을 쓰는 것을 꺼린다. "수전노는 국가의 관점에서 볼 때 산업은 아랑곳하지 않고 노고 없이도 이윤을 얻어 또는 다른 사람의 땀을 통해 재산을 증식한다. 스미스(Adam Smith)는 『국부론』에서 수전노와 낭비가 사이에는 차이점이 있는데 수전노는 적어도 재산을 매개로 유익한 공공사업을 함으로써 국가를 위해 능동적 기여를 할 수 있는 희망을 갖게 한다고 말하고 있지만, 우리의 경험은 사실이 이와는 다름을 입증한다."(XXVII, 606) 또한 수전노는 자신에 대한 의무도 수행하지 못한다. 그는 돈을 가지고 있고, 어떤 목적에 도달할 수단을 가지고 있으면서도 그것을 이용해 좀 더 완성된 인간이 될 것을 추구하지 않으며 일체의 사용을 거절한다. 이러한 그의 행동은 불합리하며 그러니까 이를테면 그는 바보다. 그는 실제 향유 대신에 상상 속에 사는데, 그의 저급한 상상은 그가 취해야 할 의무에 반하는 것이다.

이 밖에도 인간의 자기 자신에 대한 의무로 생각해볼 수 있는 것이 많이 있겠지만 이상이 칸트가 들고 있는 주요한 자신에 대한 의무들이다. 이미 살펴본 것처럼 자신에 대한 의무 수행이나 해태(懈怠)는 타인에 대한 의무와 중첩되어 있으며 그 역도 마찬가지다. 그러나 그 기본적인 관점에서는 양자가 충분히 구별될 수 있으리라 본다. 이제 타인에 대한 의무들 가운데 대표적인 것들을 살펴보자.

3) 타인에 대한 의무들

(1) 상호 타인에 대한 의무를 이끄는 두 원리
타인에 대한 의무는 그것을 수행함으로써 동시에 타인을 구속하는 것과 그것의 준수가 타인의 구속을 결과로 갖지 않는 것으로 나뉜다. 전자를

'공을 세우는' 의무, 후자를 '마땅히 해야 할' 의무라고 이름 붙일 수 있다.(MS: VI, 448 참조) '사랑'과 '존경(심)'은 이런 의무들의 실행에 수반하는 기초적인 감정이다. 이 양자는 서로 분리될 수도 있고, 또한 독자적으로 존립하기도 한다. 이웃에 대한 사랑은 존경이 없을 때도 가능하고, 사랑이 없어도 어떤 사람을 존경할 수는 있다. 그러나 이 양자는 근본적으로는 언제나 함께 의무 안에 결합되어 있다.

사람들 상호 간에 외적 관계에서 상대방에 대한 의무를 문제 삼을 때, 우리는 인간을 인격으로서 예지적 존재자로 고찰한다. 그러나 우리는 이성적 존재자의 관계도 물리적 세계 안의 사물들의 관계에서 유추해서 '끌어당김〔引〕'과 '밀쳐냄〔斥〕'을 통해 설명할 수 있다. 사람들은 "상호 사랑의 원리에 의해 끊임없이 서로 가까이 하도록" 이끌어지며, "서로 마땅히 해야 할 존경의 원리에 의해 서로 일정한 거리를 유지하도록"(MS, TL, A117=VI449) 이끌어진다. 이로써 우리는 타인에 대한 사랑의 의무감과 존경의 의무감을 갖는다.

타인에 대한 사랑의 의무는 "타인의 목적들을, 그것이 비도덕적이지 않은 한에서, 나의 목적들로 만들 의무"이며, 타인에 대한 존경의 의무는 "다른 사람을 한낱 나의 목적을 위한 수단으로 격하시키지 않는다〔…〕는 준칙에 함유되어 있다"(MS, TL, A119=VI450). 누군가에 대해 사랑의 의무를 실행함으로써 나는 타인을 위해 공헌하는 것이며, 존경의 의무를 준수함으로써 자신 안에 인간을 정립할 권한이 있는 타인의 가치를 손상시키지 않는다.

(2) 의무 사항들

가) 타인에 대한 사랑의 의무들

여기에서 이웃 사랑이란 실천적인 것으로, 단지 누군가가 내 마음에 든다는 식이어서는 안 되므로 행위의 객관적 법칙과 관련된다. 모든 실천적인 인간 사랑의 완전한 도덕법칙은 '너의 이웃 사람을 너 자신처럼 사랑하라'는 것이다. 나는 나에 대한 다른 모든 사람의 사랑을 욕구한다. 그러므로 나 역시 다른 모든 사람에게 마땅히 사랑을 보여야 한다. 이러할 때에만 나의 준칙이, 모든 의무 법칙이 기초하고 있는 보편적 법칙수립의 자격을 얻기 때문이다. 이 사랑의 의무 가운데 주요한 것이 자선〔好意〕, 감사, 동정〔同情, 同感〕의 의무들이다.

어려운 처지에 놓인 이웃에게 그의 행복을 위하여 자선하는 것은 모든 인간의 의무이다. 왜냐하면 궁지에 놓인 사람은 누구나 다른 사람이 자기를 도와주기를 바라기 때문이다.(*MS, TL*, A123=VI452 참조)

감사는 나에게 보여준 호의에 대한 경의이다. 그것은 한낱 영리(怜悧)의 준칙이 아니고 의무이다. 왜냐하면 나는 이것을 나의 다른 어떤 의도를 위한 수단으로 그렇게 하는 것이 아니며, 오히려 그것은 도덕법칙에 의한 직접적인 강요이기 때문이다. 감사는 특별히 "신성한 의무"(*MS, TL*, A127=VI455)이다. 말하자면 그것을 해침으로써 호의적인 행위로의 도덕적 동기를 근본적으로 말살시킬 수 있는 그런 의무로 간주될 뿐만 아니라 그것에 대한 책임을 어떠한 행위에 의해서도 완전히 다할 수 없는, 즉 의무 있는 자에게 언제나 의무로 남는 그런 도덕적 행위 대상이다. 감사에는 호의를 베푼 사람에 대한 의무 있는 자의 단순한 대응적 사랑뿐만 아니라, 그에 대한 존경이 포함되어 있다.(*MS, TL*, A132=VI458참조) 일반적인 이웃 사랑에서는 사랑을 주고받는 자 사이에 동등함이 있지만 감사에 있어서는 의무 있는 자가 호의를 베푼 사람보다 한 단계 낮은 데에 있기 때문이다. 감사는 단지 현재 마주치고 있는 사람뿐만 아니라 선조들, 그러니까 확실히 이름을 댈 수 없는 이들에게도 보내야 한다.

동감과 동정은 인간적임(humanitas)과 관련한 특별한 의무이다. 함께 기뻐하고 함께 슬퍼함(sympathia moralis)은 다른 사람들의 만족과 고통의 상

태를 함께 나누는 "쾌 혹은 불쾌의 감성적 감정"이기는 하다. 그러나 그것
은 능동적이고 자발적인 이성적 호의의 증진을 위한 수단으로 사용되는
것으로, 사람들 사이에 '인간적임'을 나눌 수 있는 특별한 의무이다. "인
간은 한낱 이성적 존재자가 아니라 이성을 갖춘 동물"이기 때문이다.(*MS*,
TL, A130=VI456 참조)

　인간 사랑에 반대되는 것이 인간 증오인데 인간 증오의 패악들 가운데
대표적으로 추악한 것이 질투, 배은(망덕), 고소하게 여김 따위이다. 이런
패악들에서 타인에 대한 미움은 공개적이지 않고 광포하지 않으며 은밀하
게 숨겨져 있다. 그것들에는 이웃에 대한 의무의 망각을 넘어 비열함이 덧
붙여져 있기 때문에 그것들은 자기 자신에 대한 의무도 저해한다. 남이 잘
되는 것을 고통으로 받아들이는 성향인 질투는 남의 행복이 파괴되기를
바라는 것으로 파렴치이며, 남이 잘못되는 것을 고소하게 여기는 것이다.
그 가운데서도 자신에게 아무런 이익이 되지도 않는데도 남이 잘못되는
것을 목표로 삼음은 최고 악질이다.(*MS*, *TL*, A133=VI458 이하 참조)

나) 타인에 대한 존경의 의무들

　내가 타인에 대해 갖는 존경 또는 타인이 나에게 요구할 수 있는 존경은
인간 상호 간에 타인의 위엄(dignitas), 즉 인간은 누구나 어떠한 교환가치
도 갖지 않는, 그 자체로 가치 있는 존재자임을 인정하는 것이다. 인간은
그 자체로 존엄성을 갖는다. 왜냐하면 인간은 어떤 인간에게서든, 그러니
까 타인이나 자기 자신에 의해서 한낱 수단이 아니라 언제나 목적으로 대
해져야 하는 존재이기 때문이다. 이 때문에 그는 인간이 아닌 다른 모든
세계 존재자 위에 군림할 수 있다. 어떤 인간이든 자기 존중의 의무에 따
라 자신을 어떤 가격에도 내다 팔 수 없는 것과 마찬가지로 그는 또한 다
른 사람의 인간으로서의 필수적인 자기 존중도 저해할 수가 없다. 즉 그는

다른 모든 사람의 인간성의 존엄을 실천적으로 인정하도록 구속되어 있다. 그래서 그는 타인에게 반드시 존경을 보여야 할 의무를 지고 있는 것이다.(*MS*, *TL*, A140=VI462 참조)

타인을 멸시(경멸)함, 즉 인간이면 누구에게나 마땅히 보여야 할 존경을 거부하는 것은 어떤 경우라도 인간의 의무에 어긋난다. 어떤 사람을 다른 사람들과 비교해서 내적으로 낮게 평가함은 때때로 불가피한 일이기는 하지만, 그것을 밖으로 표시하면 그에 대한 모욕이다.

이 외에도 거만, 비방, 조롱 등은 타인에 대한 존경의 의무를 근본적으로 해치는 패악들이다. 항상 남 위에서 떠 놀려는 경향성의 일종인 거만은, 그 자신은 타인을 존경하기를 거부하면서 타인으로부터는 존경을 요구하는 부당하고 무례한 짓이다. 험담, 중상, 비방 따위는 타인에 대한 존경에 해가 되는 악평을 퍼뜨리는 경향성으로 인간 일반에게 마땅히 보여야 할 존경의 의무에 어긋나는 짓이다. 다른 사람을 웃음거리로 만들고, 다른 사람의 잘못을 자기의 즐거움의 직접적인 대상으로 만드는 조롱을 좋아함도 참으로 큰 악이다.(*MS*, *TL*, A144=VI465 이하 참조)

다) 인간 상호 간의 도덕적 의무

인간은 비사교적이면서도 사회생활을 하도록 정해진 존재자이다. 인간은 사회적 상태의 문화에서 특별한 의도 없이도 자신을 타인에게 개진(開陳)하려는 강한 경향성을 가지고 있다. 그러나 다른 한편으로 인간은 자기 생각을 노출시키면 타인이 이를 악용할지도 모른다는 두려움 때문에 그 자신의 판단의 일부를 숨길 수밖에 없다. 인간은 그가 교제하는 주변의 사람들에 관해, 그리고 정부나 어떤 특정 집단에 관해 어떻게 생각하는지를 누구하고라도 기꺼이 말하고 싶어 하지만, 보통은 감히 그렇게 할 수가 없다. 이런 일은 진정한 친구 사이에만 가능하다. "우애는, (그 완전한 상태에서 보자면) 두 인격이 평등한 교호적인 사랑과 존경에 의해 하나됨"(*MS*, *TL*, A152=VI469)이다. 이 우애야말로 도덕적 선의지에 의해 화합되어 있는 사람들의 상호 간의 복리에 동참하는 이상적인 모습이다. 그러므로 우애는 실제로는 도달하기 어려운 경지이지만 '그것에 도달할 것을 이성이 요구하는, 인간의 명예 가득한 의무'이다. 우애는 상호 이익을 의도로 한 결합 이상의 것이다. 어려움에 처해 있을 때 한쪽이 다른 한쪽에 기대할 만한 도움은 우애의 목적이나 동기여서는 안 된다. 그럴 경우 양자 사이에는 어쩌면 사랑은 유지될지 모르겠지만, 상호 존경은 사라질 것이다. 우애는 상대방을 내적으로 진심으로 생각하는 호의의 외적 표현이다. 다른 사람을 친구로서 좋게 대해야 할 이 의무는, 타인에게 의존하려는 사람에게는 자존심을 보존하게 하고, 남에게 혜택을 베풀 수 있는 운이 좋은 사람에게는 흔히 있기 쉬운 자만심을 방지하도록 해준다.(*MS*, *TL*, A155=VI471 참조)

자신의 도덕적 완전성을 가지고 사람들과 교유하고, 자신을 격리시키지 않음은 자신과 타인에 대한 인간의 핵심적 의무이다. 사람들 각자가 이 우애와 교제의 의무를 충실히 이행할 때, 우리는 진정한 공동체 생활을 유지할 수 있을 것이다.

3. 맺음말

인간이 인간답기 위해 도덕적이어야 한다는 데에는 다른 견해가 있을 수 없다. 그리고 인간이 도덕적임은 실천을 통해서 드러난다. 인간이 도덕적인 실천을 할 수 있기 위해서는 덕을 갖추어야 한다. 그런데 인간의 도덕적인 실천 능력인 덕이란 한갓 이론이나 훈계를 통해서 가르치고 배울 수 있는 것이 아니라, 인간 내부에 있는 경향성이라는 적을 무찌르려는 끈질긴 시도를 통해서, 곧 수행적(修行的)으로 개발되고 훈련될 수 있는 것이다. 오로지 우리는 독행(篤行)을 통해서만 덕의 힘을 갖출 수 있다. 이때 덕의 훈련에서의 척도는 다른 사람의 행실이 아니라 인간성의 이념과 이에 따라 인간이 마땅히 준수해야 할 도덕법칙이어야 한다. 그런 까닭에 인간 의무의 완수를 우리는 이승에서는 다 이룰 수 없을지도 모른다. 그러나 바로 그렇기 때문에 덕의 도야는 무한히 계속되어야 한다.

제4장

칸트의 취미이론

이미 앞서 보았듯이 칸트는 여러 곳에서(*KrV*, A805＝B833 ; *Log* : IX, 25 ; V－MP : XXVIII, 533 이하 ; 1793. 5. 4 자 Stäudlin에게 보낸 편지 : XI, 429 등 참조) 인간 이성의 "모든" 관심사는 "인간은 무엇인가?"라는 인간학적 물음으로 수렴되되, 그 답을 얻기 위해서는 불가불 "1) 나는 무엇을 알 수 있는가?"라는 인식론적〔형이상학적〕 물음과 "2) 나는 무엇을 행해야만 하는가?"라는 도덕론적 물음, 그리고 "3) 나는 무엇을 희망해도 좋은가?"라는 종교론적 물음을 물을 수밖에 없고, 그 답을 먼저 얻지 않으면 안 된다는 생각을 표명했다. 이때 말한 이성의 '모든' 관심사는 '철학적 인간학'에 관한 것인 만큼, 이는 칸트철학의 주요 과제가 지식(Wissen : 이론)과 실행(Tun : 실천) 그리고 이것들을 넘어서는 희망(Hoffnung)의 문제임을 천명한 것이라 하겠다. 그럼에도 칸트는 이러한 문제의 밖에 있는 취미이론 또한 내놓았고, 그것을 담고 있는 그의 저술『판단력비판』은 오늘날 '칸트 3대 비판서'라는 평가와 함께 칸트철학의 중요 부분으로 여겨지고 있다. 이렇게 된 것은『판단력비판』이 앞의 두 비판서와 같이 책 이름에 '비판'을 달고 있어서이기도 하겠지만, 그보다는 사람들이 철학에 기대한 것에 칸트가 다시금 알맞게 부응한 것이 더 큰 이유일 것이다.

사람들은 인간이 추구하는 최고의 '참' 가치를 '진(眞 : 참임)·선(善 : 참됨)·미(美 : 참함)'로 보았고, 그것은 보통 인간 의식의 작용 방식을 '지(知)·정(情)·의(意)'로 분별하는 것에 상응하는 것이다. 사람들은 어떤 관점에서는 이에다가 '성(聖 : 眞善)'을 더하여 인간이 추구하는 최고의 가치를 '진·선·미·성'이라고 말하기도 하는데, 당초 칸트의 철학적 인간학의 세 물음은 이 네 가지 가치 중 '진(眞)·선(善)·성(聖 : 眞善)'을 겨냥한 것이라 하겠다. 이제 칸트가 세 가지 '마음의 능력', 곧 "인식능력, 쾌·불쾌의 감정, 그리고 욕구능력"에 각기 상응하는 "선험적" 원리, 그러니까 곧 '철학적' 원리를 앞서 수행한 '이론이성 비판'과 '실천이성 비판'에 이어 '판단력 비판' 작업을 통해 발견하고 그의 지식학과 윤리학에 이어 '철학적 미학' 이론을 내놓았으니, 이것은 통상적인 인간 의식작용의 분별인 '지(知 : 인식능력)·정(情 : 쾌·불쾌의 감정)·의(意 : 욕구능력)'에 순수한 원리가 작동하고 있음을 밝힌 것이다. 그렇게 해서 칸트가 당초에는 경험학으로 보았던 '미학'이 철학의 성격을 얻었다.

칸트가 일찍부터 쾌의 감정의 선험적 원리를 시야에 두고 있었다면, 궁극적으로 "인간은 무엇인가?"(인간학)라는 물음으로 모아지는 "이성의 전 관심"에 따른 이성의 순수한 원리에 대한 세 가지 물음들, 곧 "나는 무엇을 알 수 있는가?"(형이상학〔인식론〕), "나는 무엇을 행해야만 하는가?"(도덕〔윤리학〕), "나는 무엇을 희망해도 좋은가?"(종교)를 제시하는 자리에서, 둘째 물음과 셋째 물음 사이에 아마도 '나는 무엇에서 흡족함을 느낄 수밖에 없는가?'라는 물음 또한 제기했을 것이고, 이 물음의 답변을 통해 미학 또는 목적론의 철학이 정립된다고 설명했을 것이다. 그러니까 오늘날 우리가 만나는 칸트의 철학적 미학과 목적론은 그의 지식이론(이론철학)과 윤리이론(실천철학)의 틀이 세워진 후 뒤늦게 짜여진 것이라 하겠다. 그러나 그것은 결코 군더더기나 첨가물(Zusatz)이 아니고, 칸트철학 체계의 중심 틀의 구성분이다.

칸트가 일찍부터 당대의 능력심리학과 재래의 이성적 영혼론과의 교섭 과정에서[1] 인간 의식작용의 가지들, 즉 '지(知 : Erkennen/Denken, 인식능력)·정(情 : Fühlen, 쾌·불쾌의 감정)·의(意 : Wollen, 욕구능력)'를 단초로 인간의 마음(영혼, '나')을 나누어보기는 하였지만, 칸트에서 철학이란 오직 선험적 원리에 관한 학문인 만큼, 저 의식작용 각각의 선험적 원리를 발견해낸 연후에야 칸트철학 체계가 완성될 수 있었던 것이다. 그리고 이로써 칸트는 자신이 유사 심리학자나 교조주의 형이상학자가 아니라, 철학자, 그것도 비판철학자임을 분명히 하였다. 칸트는 한편으로 경험심리학의 과학적 탐구에 개입함이 없이, 다른 한편으로 영혼 또는 정신과 물체에 관한 형이상학적 논쟁에 관여함이 없이 현상에서 마주치는 '마음'의 여러 기능들을 분간하고 그 기능원리들을 분별하는 일만을 철학 고유의

---

1 칸트 당대 능력심리학을 대변했으며 '독일의 흄'이라 불리던 Johannes Nikolaus Tetens(1736~1807)의 *Philosophische Versuche über die menschliche Natur und ihre Entwicklung*(2 Bde, 1777)은 칸트가 『순수이성비판』을 집필할 때에도 항상 옆에 두고 참고했다 한다.(K. Vorländer, *Immanuel Kant. Der Mann und das Werk*, Hamburg ²1977, S. 260 참조) 그리고 우리는 이미 칸트가 A. G. Baumgarten(1714~1762)의 *Metaphysica*(1739)를 교재(제4판 : 1757)로 사용한 그의 수많은 형이상학 및 인간학 강의 기록과 그와 관련하여 남겨놓은 조각글들을 본다.(이하 인용 또한 AA에 수록된 이 1757년 판에서 함.) 칸트는 Baumgarten의 *Metaphysica*, §§504~699의 "경험심리학(Psychologia empirica)"(수록 : AA XV, 5~54)에 따라 영혼[마음] (anima[animus])의 세 능력, 곧 인식능력, 쾌와 불쾌의 감정, 욕구능력에 대해 설명하기도 했다.(AA XV, 58 이하 참조) 그러나 칸트의 논리학이 당대의 형식논리학에 대한 비판적 고찰의 산물이듯이, 그의 마음[영혼] 이론의 틀 또한 당대의 경험심리학과 이성적 영혼론에 대한 비판의 결과물로서 형성된 것이다. 칸트의 마음 이론은 철학적 작업의 결실로서, 마음을 경험심리학적으로 고찰하거나, 영혼을 형이상학/신학적으로 고찰한 것이 아니라, '진·선·미'의 가치의 원천으로서의 '마음'의 능력을 해명하는 것이니 말이다.

과제로 삼고 있는 것이다.

이제 칸트철학 체계의 '중심 틀'이 우여곡절을 거치면서 어떻게 세워졌고, 이것이 칸트철학의 전 체계 내에서 어떤 역할을 하고 있는가는 『판단력비판』의 형성 과정이 보여주고 있다. 그러니까 『판단력비판』의 형성 과정을 돌아보는 것은 칸트철학의 체계성을 살피는 한 방법이다.

제1절 _ 『판단력비판』의 형성과 '판단력'의 위상

1. 『판단력비판』과 그 과제

1) '판단력'의 선험적 원리와 『판단력비판』의 윤곽

"독일인들은, 다른 사람들이 취미 비판이라고 일컫는 것을 지칭하기 위해 '애스테틱[Ästhetik : 감성학/미학]'이라는 말을 현재 사용하는 유일한 사람들이다. 그 기초에는 탁월한 분석가인 바움가르텐[2]이 가졌던 잘못된 희망이 깔려 있다. 그는 미[적인 것]에 대한 비판적 판정을 이성 원리들 아래에 세우고, 그 판정의 규칙들을 학문으로 높이려 했다. 그러나 이 노력은 헛수고이다. 왜냐하면, 여기서 생각된 규칙들 내지 기준들은 그 주된 원천으로 볼 때 경험적이고, 그러므로 우리의 취미판단이 그에 준거해야만 할 일정한 선험적 법칙으로 쓰일 수가 없고, 오히려 취미판단이 저 규칙이나 기준의 옳음을 가리는 시금석이 되니 말이다."(*KrV*, B35)

---

2 Baumgarten은 1750~1758년 사이에 『미학(*Aesthetica*)』 2권을 써서 미적 판단들의 원리 체계를 세우고자 했으나, 저술은 미완성으로 남았다.

칸트는『순수이성비판』제2[B]판을 탈고할 때(1787년 4월)까지도 선험적 원리에 따르는 취미판단의 가능성에 대해서 회의적이었던 것으로 보인다. 그 제목처럼 당초에 '순수 이성'의 전 체계를 시야에 두고 있었던『순수이성비판』제2판에서도 미학[미감/미]적 판단이 순수철학에 속한다는 암시는커녕 오히려 그에 대한 반론을 읽을 수 있으니 말이다. 그러나 그는『순수이성비판』제2판이 인쇄 중이었던 1787년 초에는 아마도 어떤 종류의 "취미판단"서를 집필하려고 마음먹었던 것 같다. 그리고 원래『순수이성비판』제2판에 포함시키려 했던 것을 별도의 책으로 만든『실천이성비판』(1788)의 인쇄를 마치고 난 후인 1787년 12월에는 선험적 원리에 근거하는 '취미 비판'이 가능함을 발견했다고 지인에게 밝히고 있다.

"나는 지금 종전의 것들과는 다른 새로운 종류의 선험적 원리들이 발견된 것을 계기로 취미 비판에 몰두하고 있다. 무릇 마음의 능력은 셋이 있으니, 인식능력, 쾌 · 불쾌의 감정, 그리고 욕구능력이 그것이다. 나는 첫째 것을 위해서는 순수 (이론) 이성 비판에서, 셋째 것을 위해서는 실천이성 비판에서 선험적 원리들을 찾아냈다. 나는 둘째 것을 위해서도 그것들을 찾았으며, 비록 내가 이전에는 그런 것을 찾아낸다는 것이 불가능하다고 여겼지만, 앞서 고찰했던 능력들의 분해가 인간의 마음에서 발견하도록 했고, 또 충분히 내 남은 생애 동안 경탄하고, 가능한 한 그 근거를 캘 자료를 제공할 체계성이 나를 이 길로 이끌었다. 그래서 지금 나는 철학의 세 부문을 인식하고 있는바, 그것들은 각기 선험적 원리들을 가지고 있으니, 그 원리들을 우리는 헤아릴 수 있고, 그러한 방식으로 가능한 인식의 범위를 확실하게 규정할 수 있다. ―이론철학, 목적론 그리고 실천철학, 이 가운데서 물론 중간의 것이 선험적 규정 근거들에 있어서 가장 빈약한 것으로 보인다. 나는 오는[즉 1788년의] 부활절쯤에는 취미 비판이라는 제목 아래 이에 대한 원고가 비록 인쇄까지는 아니라 하더라도 완성되기

를 희망하고 있다."(C. L. Reinhold에게 보낸 1787. 12. 28 자 편지 : X, 514)

칸트가 이때 발견했다고 말한 "쾌·불쾌의 감정"을 위한 "선험적 원리"
가 다름 아닌 "합목적성〔目的 形式 : forma finalis〕", 곧 "오로지 목적들에
의해서만 가능한 사물들의 그러한 성질과 사물이 합치함"(*KU*, BXXVIII =
V180 참조)이고, 어떤 대상을 이 합목적성의 원리에 따라 판정하는 마음의
기능이 (반성적) "판단력"이다. 그리고 이러한 판단력의 작용 원리와 사용
범위를 밝히는 것이 '판단력 비판'의 작업이다. 앞선 두 이성 비판 작업의
결과[3]에다 이 새로운 작업 성과를 반영해서 칸트는 각기 다른 선험적 원리
에 따르는 마음의 세 능력들을 『판단력비판』의 두 서론에서 각각 표로 정
리해 보여주고 있다.

상위 영혼 능력들의 표(*KU*, 서론 IX : BLVIII =V198)

마음의 전체 능력	인식능력	선험적 원리	적용대상
인식능력	지성	합법칙성	자연
쾌·불쾌의 감정	판단력	합목적성	기예
욕구능력	이성	궁극목적	자유

「**판단력비판 제1 서론**」**의 영혼 능력 구분표**(EEKU, XI : XX246 =H60)

마음의 능력	상위 인식능력	선험적 원리	산물
인식능력	지성	합법칙성	자연
쾌·불쾌의 감정	판단력	합목적성	기예
욕구능력	이성	동시에 법칙인 합목적성 (책무성)	윤리

---

3 『실천이성비판』(1788), 머리말 참조 : "이렇게 해서 이제야 마음의 두 능력, 곧 인식능력과
욕구능력의 선험적 원리들을 찾았고, 그것들의 사용 조건들·범위·한계를 규정했으며,
이로써 학문으로서 체계적인 이론철학과 실천철학을 위한 확실한 기초를 놓았다."(*KpV*,
A21 =V12 이하)

이 표에서 진리와 관계하는 인식능력에 대응하는 '지성'이란 마음의 앎의 성능, 바꿔 말해 이론적 이성을 지칭하는 것이겠고, 선과 관계하는 욕구능력에 대응하는 '이성'이란 좁은 의미의 이성, 곧 '원칙들에 따라서 판단하고 행위하는 능력'(*Anth*, §43 : VII, 199 참조)으로서의 이른바 '실천이성'을 지칭하는 것이겠다. 그의 이론철학과 실천철학의 주제였던 이 두 능력 사이에 '판단력'이 새롭게 등장한 이러한 체계 구상으로 미루어볼 때 이때쯤 해서 칸트는 이른바 '반성적 판단력'의 개념에 이르렀고, 이로써 그가 누차 제기했던 철학적 인간학의 세 물음 외에 인간, 곧 이성적 동물로서 "나는 무엇에서 흡족함을 느낄 수밖에 없는가?(Woran muß ich mich wohlgefällig fühlen?)"라는 물음에 대한 답도 얻었던 것 같다.

그런데 이 구상과 구도에서 설명되어 있지 않은 점은 "쾌 · 불쾌의 감정(Gefühl der Lust und Unlust)"에 대한 "선험적 원리", 곧 "합목적성(Zweckmäßigkeit)"을 세우는 "취미(Geschmack)", 즉 "미적인 것을 판정하는 능력"(*KU*, B3=V203), 다시 말해 미감적 "판단력"(*KU*, B3=V203)의 비판을 통해 어떻게 해서 "목적론"(위에 인용한 X, 514 참조)에 이르렀는지, 바꿔 말해 미감적 판단력 비판과 '목적론적' 판단력 비판이 어떤 연관을 갖는가 하는 점이다. 정리한 표에서 '합목적성'이라는 선험적 원리의 "적용 대상" 내지 "산물"이 "기예(Kunst)"라고 명시되어 있고, 「판단력비판 제1서론」에서의 언급처럼 그에 따라 판단 또한 "미감적(ästhetisch)" 판단만을 염두에 두고 있는 것으로 보이니 말이다.

"자연은 그 합법칙성의 근거를 인식능력인 지성의 선험적 원리들에 두고, 기예는 그 선험적 합목적성에서 쾌 · 불쾌의 감정과 관련해서 판단력에 따르며, 끝으로 (자유의 산물인) 윤리는 욕구능력에 관한 이성의 규정 근거로서의 보편적 법칙의 자격을 갖추고 있는 합목적성이라는 형식의 이념 아래에 서 있다. 이런 식으로 선험적 원리들로부터 생겨나는 판단들이 이론적, 미감적, 실천적 판단들이다."(EEKU, XI : XX246＝H60)

1788년 초에 발간한 논문「철학에서 목적론적 원리들의 사용에 관하여」(AA VIII, 157~184)에서도 우리는 대상에 대한 목적론적 판정과 미감적 판정 사이의 불가피한 연관성을 읽을 수 없고, 그 뒤에도 어디에서 그 관계를 선명하게 설명하고 있지 않지만『판단력비판』은 〈제1편 미감적〔미학적〕판단력 비판〉과 나란히 〈제2편 목적론적 판단력 비판〉을 담고 있다. 이로써 우리는 칸트가 주관적이든 객관적이든 '합목적성'이라는 원리가 '기예' 뿐만 아니라 '자연'과의 감정적 교제에서도 일종의 선험적 원리로 기능한다고 보고 있다고 생각하지 않을 수 없다.

미학의 문제를 다룬 칸트의 첫 번째 저술은 1764년에 나온『미와 숭고의 감정에 관한 고찰』이다. 또한 우리는 수십 년에 걸친 칸트의 논리학 강의와 인간학 강의, 그리고 조각글 곳곳에서 대상들에 대한 미학적 판정과 가치 평가를 경험적 관점에서 설명하고자 하는 그의 시도들을 볼 수 있다. 1765년 말(J. H. Lambert에게 보낸 1765. 12. 31 자 편지에서) 칸트는 "여러 차례의 우여곡절 끝에"(X, 55) 마침내 형이상학 및 철학 전반에 고유한 방법을 찾아냈고, 이 방법에 따라 저술할 두 책의 자료가 이미 준비되어 있으며, 이를 〈자연철학의 형이상학적 기초원리〉와 〈실천철학의 형이상학적 기초원리〉라는 제목으로 출간할 것이라고 말하고 있다.(X, 56 참조) 이 예고에 상응하는 첫 번째 저작을 우리는 1770년 그의 교수취임 논문『감성세계와 예지세계의 형식과 원리들』에서 마주친다. 그리고 이어서 그해 겨울에는 "아무런 경험적 원리도 들어 있지 않은 순수 도덕철학, 말하자면 윤리 형이상학" 연구를 완성할 것이라는 그의 계획을 다시금 전해 듣게 된다.(Lambert에게 보낸 1770. 9. 2 자 편지 : X, 97 참조) 그러나 이 수년간의

탐구 과정에서 칸트는 형이상학의 저술에 앞서 근본적인 이성 비판의 필
요성을 절감하였고, 그 사정을 우리는 마침내 헤르츠(Marcus Herz)에게 보
낸 그 유명한 편지(1771. 6. 7 자)에서 읽게 된다.

"그래서 나는 지금 '감성과 이성의 한계들'이라는 제목 아래서, 취미이론,
형이상학 및 도덕의 본성을 형성하는 것의 설계도와 함께 감성세계를 위한 일
정한 기초 개념들과 법칙들의 관계를 내용으로 가질 저작을 다소 상세하게 작
업하는 데 몰두해 있다."(X, 123)

그러니까 1771년 이 당시에도 비록 칸트가 '형이상학' 곧 이론철학,
'도덕' 곧 실천철학과 더불어 '취미이론'을 위한 선험적 원리를 탐구하려
는 의지를 표명하고 있지만, 그의 비판철학 형성기에 이론철학과 실천철
학과는 달리 미감적 판정 이론은 사실상 시야 밖에 있었으며, 1780년대 후
반까지도 그의 지배적인 생각은 쾌 · 불쾌의 감정과 관련해서는 어떠한 선
험적 판정도 할 수 없다는 것이었다.
　칸트는 『순수이성비판』의 수정판을 쓰고 난 후 비로소 앞서 본 것처럼
"이론철학, 목적론 그리고 실천철학"을 병렬하여 말하여 '취미이론'과
'목적론'의 관계를 시사함과 동시에, 이것들의 선험 원리적 탐구 가능성
을 내비쳤다. 그리고 2년여가 지난 1789년 중반에 칸트는 마침내 "(취미
비판이 그것의 일부인) 판단력 비판"(Reinhold에게 보낸 1789. 5. 12 자 편지:
XI, 39)의 출간 계획을 발설하였고, 이듬해에 『판단력비판』이 그 모습을 드
러냈다. 이렇게 해서 발간된 『판단력비판』의 형태로 보면 제2편인 목적론
이 제1편인 취미 비판에 부수하고 있다. 그것은 칸트가 미감적 판단력을
사물들을 합목적성의 원리에 따라서 판정하는 "특수한 능력"(*KU*, BLII =
V194)으로, 반면에 목적론적 판단력을 합목적성 개념을 미감적 판단력으

로부터 얻어 사용하는 "반성적 판단력 일반"(*KU*, BLII=V194)으로 보는 데
서 연유한다.—그러나 칸트 사유 전개의 다른 측면에서 볼 때는 제1편이
제2편에 부수한다고 할 수도 있다. 왜냐하면 칸트에서 '합목적성' 개념은
"근원적으로 판단력에서 생겨난 개념"(EEKU, XX202=H8)으로서 본래 판
단력이 자신에게 자연을 반성하기 위해 하나의 법칙으로 지정한 "자기자
율"(*KU*, BXXXVII=V185 · B316=V388, EEKU, XX225=H32 참조)이고 이 개
념에 의거해서만 유기체와 자연의 '전 체계'를 빈틈없이 이해할 수 있으
며, 또한 칸트적 관점에서 예술은 "아름다운 자연의 모방으로서, (그렇다
고 여겨진) 자연미로서의 효과를 내는 것"(*KU*, B171=V301)이므로, 사태 연
관에서 보면 자연의 잡다를 반성하는 데 사용하는 '합목적성' 개념을 자연
의 미에, 그리고 이것을 다시 예술의 미에 이전한 것이라고 볼 수 있기 때
문이다. 어쩌면 이런 사상적 전도로 인해 『판단력비판』의 출간 기획 단계
에서 칸트의 초점이 〈취미 비판〉과 〈목적론〉 사이에서 수차례 오갔는지도
모르겠다.—

　이렇게 여러 가닥, 여러 경로를 거쳐 틀을 잡아간 『판단력비판』은 쾌 ·
불쾌의 감정의 선험적 원리를 찾는 작업이 쉽지 않았다는 증거이자, 분립
시켜 고찰했던 이성의 기능들을 본래의 "완전한 통일체"(*KrV*, XIII)로 통합
하는 작업이 이론적으로 수월하지 않다는 증언이기도 하다.

2) 판단력 비판의 과제 : '나는 무엇에서 흡족함을 느낄 수밖에 없는가?'

　"나는 무엇을 알 수 있는가?"라는 물음에서 '나'는 인식하는 자로서의
'나'이며, 이 '나'가 지성이 수립하는 선험적 원리인 순수한 종합적 원칙
들에 따라 '알 수 있는 것'은 '자연' 세계이다. "나는 무엇을 행해야만 하

는가?"라는 물음에서 '나'는 행위자로서 '나'이며, 이 '나'가 순수한 실천 이성이 수립하는 도덕법칙에 따라 '마땅히 행해야 하는 것'은 그의 인격의 의무로부터 나오는 행위, 곧 '윤리'이다. 이제 '나는 무엇에서 흡족함을 느낄 수밖에 없는가?'의 물음은, 쾌 또는 불쾌의 감정으로서 '나'는 무엇에서 흡족함(Wohlgefallen) 또는 부적의함(Mißfallen)을 느낄 수밖에 없는가를 묻는다. 이에 대해 칸트는 일단, 쾌 또는 불쾌의 감정으로서 '나'는 판단력이 세우는 선험적인 합목적성의 원리에 따라 '미적 기예(Kunst)'에서 (또는 마치 미적 기예의 산물인 것과 같은 자연 사물에서) 흡족함을 또는 부적의함을 느낄 수밖에 없다는 것이다.

'쾌 · 불쾌의 감정'의 작용이 선험적 원리에 따른다 함은 그것은 한낱 주관적 경험적이지 않고, 순수하고 보편적이라는 것이다. 쾌 · 불쾌의 감정도 감정인 만큼 '주관적'이기는 하지만 '순수'하고 그런 한에서 '보편적'이라는 것이다. 그러니까 그것은 내가 무엇에서 흡족함 또는 부적의함을 느끼지 않을 수 없는 작용(fühlen müssen) 원리가 있음을 말한다. 나의 감정이 어떤 것에서 흡족함을 느끼거나 부적의함을 느끼는 것은 그것이 '합목적성'에 부합하는가 어긋나는가에 달려 있고, 이를 판정하는 능력이 판단력이며, 그 판정의 한 결과가 '미감적 판단'이다. 그래서 '판단력 비판'의 선도적 물음은 '어떻게 보편적 미감적 판단은 가능한가?'이다.

이로써 앎(wissen)과 행함(tun)과 더불어 느낌(fühlen)도 철학의 중심 주제가 되었으며, 그로써 칸트철학은 인간 마음의 활동의 전모를 추궁하는 학문이 되었다.

2. '판단력'과 '판단력 비판'

1) '판단력'의 성격과 기능

(1) 판단력의 성격

'판단력 비판'에서 '판단력'은 '지성'과 '이성' 사이의 중간에 위치한 판정 능력을 지칭한다. 여기서 말하는 '지성' 곧 이론적 이성은 자연을 선험적으로 인식하는 데에 관계하고, 여기서 일컫는 '이성' 곧 원칙들에 따라 판단하고 행위하는 이성은 자유에 의해 우리 욕구능력을 선험적으로 규정하는 데 관계한다. 그렇다면 그 중간에서 판단력이 하는 일은 무엇인가? 이에 대한 답의 실마리를 칸트는 판단력 비판의 주제를 설명하는 대목에서 제공하고 있다.

> "우리 인식능력의 순서에서 지성과 이성 사이의 중간항을 이루는 판단력도 독자적으로 선험적 원리들을 가지는가, 이 원리들은 구성적인가 아니면 한낱 규제적인 것인가(즉 그러므로 어떤 고유한 구역도 증명하지 못하는가), 그리고 판단력이 인식능력과 욕구능력 사이의 중간항으로서의 쾌 · 불쾌의 감정에게 (지성이 인식능력에게, 이성이 욕구능력에게 선험적으로 법칙들을 지시규정하는 것과 똑같이) 선험적으로 규칙을 주는가, 이것이 지금의 이 판단력 비판이 다루는 문제이다."(*KU*, BV 이하=V168)

칸트는 일단 마음의 성능을 마음 씀의 대상과의 관계 방식에 따라 인식능력[知], 쾌와 불쾌의 감정[취미능력][情], 욕구능력[意]으로 나누어본다. 칸트는 또한 상위의 영혼의 능력, 즉 자발성(Refl 229 : XV, 87 ; Refl 410 : XV, 166 참조) 또는 자율성(*KU*, BLVI=V196 참조)을 갖는 영혼의 능력을 그 자율성 곧 법칙수립 능력의 양태에 따라 지성·판단력·이성으로 구분한 것이다.—앞서의 표(*KU*, BLVIII=V198 ; *EEKU*, XI : XX246=H60)에서 칸트는 세로 항에 "인식능력"을 두고, 그와는 다른 뜻으로 또 가로 항에도 "(상위의) 인식능력"⁴이라는 표현을 사용하고 있는데, 혼동을 피하려면 가로 항의 '상위의 인식능력'은 '상위의 영혼 능력(Seelenvermögen)'이라고 말해도 좋겠다.⁵—자율적인 영혼 능력인 지성은 마음의 인식작용에 "법칙성"이라는 선험적 원리를, 판단력은 취미 작용에 "합목적성"이라는 선험적 원리를, 이성은 욕구작용에 "책무성"이라는 선험적 원리를 법칙으로 수립한다. 그러나 자연과 자유만이 우리의 선험적 원리를 '구성적', 곧 대상 규정적으로 사용할 수 있는 영역이므로, 판단력의 선험적 원리는 단지 '규제적', 곧 주관 규정적으로 사용될 수 있을 뿐이다. 그럼에도 이러한 판단력이 지성과 이성 사이에 위치한다는 것은, 지성과 이성에 의해 독자적

---

4 칸트는 일반 논리학의 구성을 설명하는 자리에서도 동일한 표현을 쓰고 있다 : "일반 논리학은 상위 인식능력의 구분에 정확히 합치하는 설계도 위에 세워져 있다. 이 상위 인식능력이 지성·판단력·이성이다. 그러므로 저 교설[일반 논리학]은 그 분석학에서 개념·판단·추리를 다룬다."(*KrV*, A130=B169) 당시의 경험심리학에서의 '상위 인식능력(facultas cognoscitiva superior)'(Baumgarten, *Metaphysica*, §624), 곧 칸트의 표현 'obere Erkenntnisvermögen'는 개념에 의한 인식능력으로서의 지성, 보편자로부터 특수자를 도출하는 능력(Refl 428 : XV, 172)으로서의 이성 등을 지칭했고, 반면에 '하위 인식능력(facultas cognoscitiva inferior)'(Baumgarten, *Metaphysica*, §520)은 수용성인 감관과 상상력 등을 지칭했다.(Refl 229 : XV, 87 참조) 그러므로 이러한 지칭에서는 일관성이 유지되고 있다 하겠다. 칸트는 인간학 강의에서도 "세 가지 상위 인식능력"으로써 지성, 판단력, 이성을 지칭하고 있다 : "무릇 지성을 규칙들의 능력이라 하고, 판단력을 특수자가 이 규칙의 한 경우인 한에서 특수자를 찾아내는 능력이라 한다면, 이성은 보편자로부터 특수자를 도출하고, 그러므로 이 후자를 원리들에 따라서 그리고 필연적인 것으로 표상하는 능력이다.—그러므로 사람들은 이성을 원칙들에 따라서 판단하고 (실천적 고려에서) 행위하는 능력이라고 설명할 수도 있다. 모든 도덕적 판단을 위해서 (그러니까 또한 종교를 위해서도) 인간은 이성을 필요로 하며, 종규(宗規)와 유행하는 관례에 의지할 수는 없다."(*Anth*, §43 : VII, 199) 그러니까 여기에서 '판단력'은 아직 쾌·불쾌의 감정에 대응하는 인식능력, 곧 '반성적 판단력'이 아니고, '규정적' 판단력을 지칭하는 것이다.
5 다른 곳에서(예컨대 *KU*, BLVI=V196)는 "영혼 능력 일반"의 "상위 능력"이라고 말하고 있다.

310

으로 그 법칙이 수립된 자연의 나라와 자유의 나라를 연결하는 교량의 역할을 기대하게 한다.

대체 판단력은 마음의 어떠한 기능인가? 판단력은 일반적으로 "특수한 것을 보편적인 것 아래에 함유되어 있는 것으로 사고하는 능력"(*KU*, BXXV=V179)이다. 그래서 판단력은 일차적으로 "규칙들 아래에 [무엇인가를] 포섭하는 능력, 다시 말해 무엇인가가 주어진 규칙 아래에 있는 것(所與 法則의 事例)인지 아닌지를 판별하는 능력"(*KrV*, A132=B171)이라고 규정된다. 그러나 "판단력은 한낱 특수를 (그 개념이 주어져 있는) 보편 아래 포섭하는 능력일 뿐만 아니라, 또한 거꾸로, 특수에 대한 보편을 찾아내는 능력"(EEKU : XX209 이하=H14)이기도 하다. 칸트는 앞의 기능을 '규정적', 뒤의 기능을 '반성적'이라고 일컬을 수 있다고 보는데, 그러니까 판단력은 '규정적'으로뿐만 아니라, 때로는 '반성적'으로도 작용한다는 것이다.

"판단력 일반은 특수한 것을 보편적인 것 아래에 함유되어 있는 것으로 사고하는 능력이다. 보편적인 것(규칙, 원리, 법칙)이 주어져 있다면, 특수한 것을 그 아래에 포섭하는 판단력은 (그것이 초월적 판단력으로서, 그에 알맞게만 [무엇인가가] 저 보편적인 것 아래에 포섭될 수 있는 그런 조건들을 선험적으로 제시할 경우에도) 규정적이다. 그러나 특수한 것만이 주어져 있고, 판단력이 그를 위한 보편적인 것을 발견해야만 한다면, 그 판단력은 순전히 반성적이다."(*KU*, BXXV 이하=V179)

규정적 판단력은 특수한 것을 지성[이론이성] 또는 이성[실천이성]에 의해 주어진 보편적인 것, 곧 자연법칙 또는 자유 법칙 아래 포섭함으로써 규정하고, 반성적 판단력은 주어진 특수한 것에 대한 보편적인 것, 곧 "합목적성"의 원리를 찾음으로써 저 지성이나 이성과 마찬가지로 법칙수립자〔입법자〕가 되며, 이로써 주어진 특수한 것은 그 보편적인 것 아래에 포섭되어 있는 것으로 판단된다.

판단력이 '규정한다' 함은, 인식에서 주어지는 잡다한 표상들을 보편적 지성의 법칙 아래에 귀속시킴으로써 어떤 것을 우리에게 하나의 대상이도록 하게 하거나, 실천에서 여러 가지 행위 동기들을 보편적 이성의 법칙, 곧 도덕법칙 아래에 종속시킴으로써 하나의 윤리적 행위가 일어나도록 하는 것을 말한다. 그리고 이 경우 보편적인 것으로서 지성의 법칙이나 이성의 법칙은 지성의 선험적 원리로서 또는 이성의 초월적 이념으로서 판단력 앞에 이미 주어져 있다. 그런데 이와는 달리 판단력이 '반성한다'는 것은 무엇을 말하는가?

"반성한다(성찰한다)는 것은, 주어진 표상들을 다른 표상들과 또는 자기의 인식능력과, 그에 의해 가능한 개념과 관련해서, 비교하고 대조하는 것이다."(EEKU : XX211 =H16) 이러한 반성(Reflexion) 또는 성찰(Überlegung)은 우리가 대상들에 대한 "개념들에 이를 수 있는 주관적 조건들을 발견하기 위해 우선 준비하는 마음의 상태"(*KrV*, A260 =B316)로서, 어떤 반성은 개념을 산출하는 논리적 지성−작용의 제2 국면에서처럼 "어떻게 서로 다른 여러 표상들이 한 의식에서 파악될 수 있는가를 성찰함"(*Log*, §6 : X, 94)이지만, 그러나 어떤 반성은 주어진 표상들이 우리의 인식 원천들과 어떤 관계에 있는가, 다시 말해 그것들이 우리의 어떤 마음 능력에 귀속하는가를 숙고함을 이른다. 전자의 반성을 (형식) '논리적', 후자의 반성을 '초월적'이라고 이름 붙일 수도 있겠다.(*KrV*, A261 =B317 참조)

판단력은 어떤 경우에는 아무런 개념이나 법칙이 다른 인식능력으로부터 제시되어 있지 않은 상황에서도 주어지는 표상들이 있을 때 그것들을 객관적으로, 곧 객관과 관련해서 반성하여 판정한다. 그러나 객관적 규정적 판단에서와는 달리 이러한 객관적 반성적 판정에서 술어는 객관에 귀속되는 것이 아니라 단지 주관의 인식능력에 귀속된다. 이렇게 반성적으로 작동하는 판단력은 "판정 능력〔判別能力〕"(EEKU : XX211＝H16)이라고도 일컬어지는 것으로서, 그것은 ① '감성적/미감적〔미학적〕(ästhetisch⁶)'이거나 ② 순수 '논리적〔목적론적〕'이다.

① 칸트는 감성과 지성의 이원론, 곧 감성적 직관의 잡다를 지성의 개념에서 규정한다는 그의 인식이론을 폐기하지 않은 채, 반성적 판단력을 가지고서 우리의 미감적 판정을 인지적 토대 위에 세우고 있다. "이 장미꽃은 아름답다"라는 하나의 순수한 취미판단은 그 꽃의 모양, 색깔 등을 인지함에 의거하지만, 그러나 그 판단 자체는 쾌 또는 불쾌의 감정의 표현으로 이해되어야 하는 것이니 말이다. 미감적 판정에 있어서 우리는 하나의 대상과 관련하여 한 주어진 표상의 순전히 주관적인 것에, 곧 쾌·불쾌의 감정에 따른다. 쾌 또는 불쾌는 하나의 표상과 결합되어 있으되 그 "표상에서 전혀 인식의 요소가 될 수 없는 주관적"(*KU*, BXLIII＝V189)인 것이다. "이 장미꽃은 빨갛다"라는 인식판단과는 달리 "이 장미꽃은 아름답다"는 미감적 판단은 아무런 대상 인식도 제공하지 않는다. 미감적 판단은, "(선

---

6 'ästhetisch'는 'Ästhetik'의 형용사이고, 'Ästhetik'은 통상 '감성학' 또는 '미학'이라 옮기니 이에 맞추자면 이를 '감성학적' 또는 '미학적'이라 옮겨야 할 것이다. 그렇게 되면 보통 '감성적'이라고 옮기는 'sinnlich'(→Sinnlichkeit : 감성)와도 구별되어 용어를 분명하게 사용할 수 있는 장점이 있겠다. 더구나 칸트 『판단력비판』의 체계 내에서 제1편의 주제가 'ästhetische Urteilskraft'이고, 제2편의 주제는 'teleologische Urteilskraft'인데, 후자를 '목적론적 판단력'이라고 옮기는 것이 상례이고 보면 전자는 '미학적(또는 감성학적) 판단력'이라고 하는 것이 서로 대칭이 되어 좋을 것도 같다. 그럼에도 여기서 'ästhetisch'를 주로는 '미감적', 그러나 때로는 '미감적/감성적', 또 드물게는 '미감적〔감성적〕' 또는 '감성적'이라고 갖가지로 옮기는 것은 사태 연관에 매이다 보니 그렇게 된 것으로, 이러한 한국어 번역어 선택상의 난점은 원초적으로 '감성학(Ästhetik)'인 '미학', 곧 '미감학'의 성격과 이 성격을 하나로 묶어 표현할 수 있는 한국어 낱말을 찾을 수 없음에서 기인한다. 또한 같은 사정으로 칸트가 'ästhetisch'를 '지성적(intellektuell)'의 대립어로 사용하는 경우에도 'ästhetisch'는 때로는 '미감적', 때로는 '감성적'이라 옮기는 것을 피할 수 없다.

험적인 직관의 능력으로서) 상상력[7]이 한 주어진 표상을 통해 무의도적으로 (개념의 능력으로서) 지성과 일치하게 되"면, 우리 안에 쾌감이 "불러일으켜"(*KU*, BXLIV=V190)지고, "그때 그 대상은 반성적 판단력에 대해 합목적적이라고 보일 수밖에 없"(*KU*, BXLIV=V190)는 데서 생긴다. 그러나 이러한 '합목적성'은 대상의 어떠한 질료적인 것에도 기초하고 있지 않은, 한낱 형식적인 것으로서, 오로지 자유로운 상상력과 합법칙적인 지성의 합치에 있는 것인 만큼 순전히 주관적인 것일 뿐이다.

반성적 판단력은 미감적 (곧 감정적) 사용에서는 쾌·불쾌의 감정 영역에서 "목적 없는 합목적성"(*KU*, B69=V241)이라는 법칙을 수립한다. (이론적) 지성의 범주들은 감정과 관련해서는 도식화될 수 없기 때문에, 어떠한 합목적성의 법칙을 세우지 못한다. (실천적) 이성은 언제나 일정한 목적을 지향하기 때문에 목적 없이는 작동할 수가 없다. 오로지 쾌·불쾌의 감정에서만 목적 개념 없는 합목적성이 성립하는 것이다.

그런가 하면 ② 순전히 논리적으로 (곧 개념적으로 또는 이념적으로) 사용되는 판단력은, "마치 어떤 지성이 (비록 우리의 지성은 아닐지라도), 특수한

---

7 칸트에서 '대상의 현전 없이 형상을 만들어내는 능력'으로서 '상상력'은 활동 범위가 매우 넓고, 따라서 지칭하는 바도 다양하다. 상상력은 어떤 경우에는 주어진 것을 직관하는 "감각기능〔감성〕"과 직관의 잡다를 통일하는 "통각〔지성〕" 사이에서 "한쪽의 직관의 잡다와 그리고 다른 쪽의 순수 통각의 필연적 통일의 조건을 결합"하는 제3의 "인간 영혼의 기본 기능"(*KrV*, A124), 이른바 "형상적 종합"(*KrV*, B151·A224=B271) 기능을 일컫고, 어떤 경우에는 "대상의 현전 없이도" "마치 대상들이 우리의 감관을 촉발하는 것과 같이"(V-MP : XXVIII, 235) "직관에 표상하는 능력"(*KrV*, B151), 그러니까 감성적인 직관의 능력을 일컫는다.(백종현, 『존재와 진리』, 2008, 120면 이하 참조) : "인식능력에서의 감성(즉 직관에서의 표상들의 능력)은 두 부분을 갖는다. 감관과 상상력 말이다.—전자는 대상의 현전에서의 직관의 능력이고, 후자는 대상의 현전 없이도 하는 직관의 능력이다."(*Anth*, §15 : VII, 153 ; §28 : VII, 167 이하 참조) 그런가 하면 칸트에서 상상력은 어떤 경우에는 직관에 주어진 표상들을 '포착'하고 '총괄'하는 기능까지를 지칭하기도 한다.(*KU*, B87=V251 참조) 취미판단에서 판단력의 판단의 소재를 갖가지로 제공하는 것도 유희(놀이)하는 상상력이다.

자연법칙들에 따라 경험의 체계를 가능하게 만들기 위해서, 우리 인식능력을 위해 부여한 것 같은, 그러한 통일성"(*KU*, BXXVII=V180)의 원리에 따라, ―그러니까 이를테면 목적론적으로― 보편적인 자연법칙들을 고찰한다. 반성적 판단력이 그에 따라 그러한 필연적 통일성을 세우고자 하는 원리가 "자연의 잡다함 속의 자연의 합목적성"(*KU*, BXXVIII=V180)의 원리이다.

"하나의 객관에 대한 개념은, 그것이 동시에 이 객관의 현실성의 근거를 함유하는 한에서, 목적이라 일컬으며, 한 사물이 오로지 목적들에 따라서만 가능한 사물들의 그런 성질과 합치함을 사물들의 형식의 합목적성이라 일컫는다."(*KU*, BXXVIII=V180) 이러한 목적 개념은 지성의 범주에 속하지 않으므로, 자연의 합목적성에 대한 우리 판단들도 구성적인 것이 아니라 한낱 규제적인 것이다. 자연은 우리가 그것을 합목적적인 것으로 판정하지 않아도 성립할 수 있는 것이다. 그러나 판단력은 우리의 지성에게 우연적인 형식들을 순전히 우리에 대해서 필연적인 것이라고 판정하면서, 동시에 (우리의 지성과는 같지 않은) 어떤 지성이 그것들을 구성적으로 필연적인 것이라고 인식할 수도 있다고 상정한다.

자연 대상들의 형식들은, 규정적 판단력이 그것들을 보편적인 (기계적) 자연법칙들 아래 수렴할 수 없는 한에서는, 우리의 지성에 대해서 우연적인 것이다. 지성은 자연 일반의 법칙성을 생각하는 반면에, 판단력의 관심사는 "다양한 특수한 법칙들에 의해 규정되는 자연"(*KU*, BXXX=V182)의 통일성이다. 이 통일성을 가능하게 하는 판단력의 "초월적 원리"(*KU*, BXXX=V182)가 자연의 합목적성인 것이다.

"자연의 합목적성이라는 이 초월적 개념은 자연 개념도 아니고 자유 개념도 아니다. 그것은 객관(자연)에게 전혀 아무런 것도 부가하지 않고, 단지 우리가 자연의 대상들에 대한 반성에서 일관적으로 연관된 경험을 의도하여 처신할 수밖에 없는 유일한 방식을 표상할 따름이다. 그렇기에 그것은 따라서 판단력의 주관적 원리(준칙)이다. 그래서 우리는 또한, 만약 우리가 한낱 경험적인 법칙들 중에서 그러한 체계적 통일성을 만난다면, 마치 그것이 운 좋은, 우리의 의도를 살려주는 우연이나 되는 것처럼, (원래 하나의 필요가 충족된 것으로) 기뻐하게 된다. 비록 우리는 그러한 통일성이 있다고 필연적으로 상정하지 않을 수 없었던 것이고, 그렇지 않았다면 그러한 통일성을 통찰할 수도 증명할 수도 없었을 것인데도 말이다."(*KU*, BXXXIV=V184)

판단력은 "자연의 가능성을 위한 선험적 원리"를 "자기 안에 가지"되, 그 원리를 "자율"로서 객관적으로 자연에게 지정하는 것이 아니라, 단지 주관적인 관점에서 "자기자율"(*KU*, BXXXVII=V186)로서 그 자신에게 자연을 반성하기 위해 하나의 법칙으로 지정한다. 그러니까 반성적 판단력은 자연의 법칙수립자가 아니라, 한낱 자연에 관한 자기의 반성 작용에서 자기 자신에게 합목적성이라는 선험적 법칙을 제공하는 것뿐이다.

(2) 판단력의 연결 기능

그러나 판단력은 이 '합목적성' 개념을 매개로 지성의 법칙수립과 이성의 법칙수립을 "연결"시킨다. 그렇다면 대체 이 개념이 어떻게 자유에서 자연으로, 초감성적인 것에서 감성적인 것으로, 예지체에서 현상체로의 이행을 가능하게 한다는 말인가? 실천이성은 우리에게 자유에 의해 궁극목적, 곧 최고선을 산출할 것을 요구한다. 반성적 판단력은 합목적성의 개념을 가지고서, 이 궁극목적이 실천이성에 의해 이 세계에서 산출될 수 있음을 지시한다. 그러므로 자연은 판단력에 기초해서 인간에 의해 자유롭게 규정될 수 있는 것으로 인식되며, 이성의 선험적 실천 법칙에 의해 이 규정이 앞에 놓인다. 지성의 자연에 대한 선험적 법칙수립을 통해서는 알려지지 않은 채로 있을 수밖에 없었던 것이, 즉 자유에 의한 자연의 규정이 이제 자연의 합목적성 개념을 통해 지성에게 이해된다. 우리는 자유에 의해 자연에 영향을 미칠 수 있겠다는 것이다. 왜냐하면 자연 자신이 마치 어떤 지성적 존재자에 의해 목적들을 향해 산출되었고 유기조직화된 것처럼 생각될 수밖에 없기 때문이다.

"지성은 그가 자연에 대해 선험적으로 법칙들을 세울 수 있는 가능성에 의해, 자연은 우리에게 단지 현상으로서만 인식된다고 증명하고, 그러니까 동시에 자연의 초감성적인 기체〔基體〕를 고지한다. 그러나 이 기체는 전적으로 무규정인 채로 남겨둔다. 판단력은 자연의 가능한 특수한 법칙들에 따라 자연을 판정하는 그의 선험적 원리에 의해 (우리 안에 그리고 우리 밖에 있는) 자연의 초감성적 기체가 지성적 능력에 의해 규정될 수 있도록 만든다. 그러나 이성은 똑같은 기체를 그의 선험적 실천 법칙에 의해 규정한다. 그리고 그렇게 해서 판단력은 자연 개념의 관할구역에서 자유 개념의 관할구역으로의 이행을 가능하게 만든다."(*KU*, BLV 이하=V196)

자연 인식은 수용성인 감성과 자발성인 지성을 통해 이루어지고 이 인식에서 자연은 우리에게 그 모습을 드러낸다. 인과법칙과 같은 순수한 지성의 자율 법칙에 의해 자연은 규정되고, 그러니까 자연 세계는 기계적 인과법칙에 따라 운동하는 것으로 표상된다. 그런 만큼 자유에 의한 자연 운행은 있을 수 없는 일이다. 그런데 인간의 도덕적 행위는 자연 세계에서 일어나되, 그것은 자유의 원인성에 따라, 곧 순수 실천이성의 자유의 법칙인 도덕법칙에 따라 일어난다. 그렇기에 자연적 사건과 윤리적 사건은 별개의 것일 터이다. 그런데 만약 자연적 사건과 윤리적 사건의 합치가 일어난다면, 다시 말해 자연에서 일어난 일이 당위적이기도 하고, 윤리적으로 일어난 일이 실재적이기도 하다면, 그것은 자연이 합목적적으로 운행한다는 것을 말한다. 그때 '자연의 합목적성'이라는 반성적인 판단력의 자기 자율적 원리는 자연과 자유, 존재와 당위를 매개 연결한다.

> "영혼능력 일반에 관하여 말하자면, 이것들이 상위 능력, 다시 말해 자율을 함유하고 있는 능력으로 고찰되는 한에서, 인식능력(자연의 이론적 인식능력)으로는 지성이 선험적인 구성적 원리들을 함유하는 것이고, 쾌·불쾌의 감정으로는 판단력이 그런 것인데, 이 판단력은, 욕구능력의 규정과 관계하고 그럼으로써 직접적으로 실천적일 수 있는 개념들 및 감각들에 독립적이다. 욕구능력으로는 이성이 그런 것인데, 이성은, 그것이 어디서 유래하든 어떠한 쾌의 매개 없이도, 실천적이고, 상위 능력인 욕구능력에 궁극목적을 규정하는바, 이 궁극 목적은 동시에 객관에서의 순수한 지성적 흡족함을 수반한다. ─자연의 합목적성이라는 판단력의 개념은 자연 개념들에 속하되, 그러나 단지 인식능력의 규제적 원리로서만 그러하다. 비록 이 개념을 야기하는 (자연 또는 예술의) 어떤 대상들에 관한 미감적 판단이 쾌 또는 불쾌의 감정과 관련해서는 구성적 원리이지만 말이다. 인식능력들의 부합이 이 쾌의 근거를 함유하거니와, 이 인식능력들의 유희에서의 자발성이 야기한 이 개념으로 하여금 자연 개념의 관할구역들을 자유 개념의 것과 그 결과들에서 연결 매개할 수 있도록 한다. 이 자발성이 동시에 도덕 감정에 대한 마음의 감수성을 촉진함으로써 말이다."(*KU*, BLVI 이하=V196 이하)

자연의 '합목적성'의 원리에 의한 반성적 판단력의 이러한 매개 연결로 '최고선'이 성립 가능하고, 그로써 자연의 세계와 도덕의 세계의 합일 지점에 희망의 세계가 열린다. 그러니까 반성적 판단력은 칸트에서 '이성신앙'의 원천이라고도 할 수 있다.

2) '판단력 비판'의 결실로서의 미학과 목적론

무릇, '판단력 비판'이란 판단력의 능력에 대한 비판으로, 그것은 판단력이 그 반성적 사용에서 내리는 "사람들이 미감적이라고 부르는" "판정들에서의 판단력의 원리에 대한 비판적 연구"(*KU*, BVIII =V169)이자 반성적 판단력이 내리는 "자연에 대한 논리적", 즉 목적론적 "판정들의 비판적 제한"(*KU*, BIX=V170)이다. 이같이 판단력 비판은 반성적 판단력의 두 방면의 활동에 따라 두 가지로 나뉜다.

"경험에서 주어진 대상에서 합목적성은, 한낱 주관적 근거에서, 즉 모든 개념에 앞서 대상의 포착(捕捉)에서 대상의 형식이, 거기서 직관과 개념들이 합일하여 인식 일반이 되는바, 인식능력과 합치하는 것으로 표상되거나, 또는 객관적 근거에서, 즉 사물의 형식이, 그 사물에 선행하며 이 형식의 근거를 함유하는 사물의 개념에 따라서, 사물 자신의 가능성과 합치하는 것으로 표상될 수 있다. [···] 전자의 방식의 합목적성의 표상은 대상의 형식에 대한 순전한 반성에서 그 대상의 형식에서 느끼는 직접적인 쾌에 의거하는 것이다. 그러므로 후자의 방식의 합목적성은 객관의 형식을 그것을 포착하는 주관의 인식능력과 관계시키지 않고, 주어진 개념 아래서의 대상의 일정한 인식과 관계시키는 것이므로, 사물들에서 느끼는 쾌의 감정과는 아무런 상관이 없고, 사물들을 평가하는 지성과 상관이 있을 뿐이다. 사물에 대한 개념이 주어져 있다면, 그것을 인식을 위해 사용함에 있어 판단력의 과업은 [그 개념의] 현시(展示)에, 다시 말해, 그 개념에 상응하는 직관을 함께 세우는 것에 있다. 이런 일이 예술에서처럼, 우리가 우리에게는 목적인, 대상에 대해 선파악한 개념을 실재화할 때, 우리 자신의 상상력을 통해서 일어나든지, 아니면 (유기체들에서처럼) 자연의 기술에서, 우리가 자연의 근저에 그것의 산물을 평가하기 위해 우리의 목적 개념을 놓을 때, 자연을 통해 일어나든지 간에 말이다. 이 후자의 경우에는 한낱 자연의 합목적성이 사물의 형식에서 표상될 뿐만 아니라, 이 자연의 산물이 자연목적으로서 표상된다. ―비록 경험적 법칙들에 따르는 그 형식들에서의 자연의 주관적 합목적성에 대한 우리의 개념이 전혀 객관에 대한 개념이 아니라, 단지 이 자연의 너무나도 잡다함 속에서 (자연 안에서 방향을 잡을 수 있기 위해) 개념들을 얻기 위한 판단력의 원리이기는 하지만, 그럼에도 우리는 이 원리에 의해 목적의 유비에 따라서 자연에게 이를테면 우리 인식능력에 대한 고려를 부여한다. 그래서 우리는 자연미를 형식적 (순전히 주관적인) 합목적성 개념의 현시로, 그리고 자연목적들을 실재적 (객관적인) 합목적성 개념의 현시로 볼 수 있으며, 전자를 우리는 취미에 의해 (미감적으로, 쾌의 감정을 매개로 해서) 판정할 수 있고, 후자를 지성과 이성에 의해 (논리적으로, 개념들에 따라) 판정할 수 있다.

판단력 비판을 미감적 판단력 비판과 목적론적 판단력 비판으로 구분하는 것은 이에 기초하는 것이다. 전자는 형식적 합목적성―그 밖에〔보통은〕 또한 주관적 합목적성이라고도 불리는바―을 쾌 또는 불쾌의 감정에 의해서 판정하는 능력을, 후자는 자연의 실재적 합목적성(즉 객관적 합목적성)을 지성과 이성에 의해서 판정하는 능력을 뜻하는 것이니 말이다."(*KU*, BXLVIII 이하=V192 이하)

미감적 판단력 비판의 결실이 칸트의 미학, 특별히 자연미학 이론이며, 목적론적 판단력 비판의 결실이 그의 목적론 철학이다. 두 가지 중에서도 판단력 비판에 "본질적으로 속하는 것은 미감적 판단력을 내용으로 갖는 부문이다. 왜냐하면, 이 미감적 판단력만이 판단력이 온전히 선험적으로 자연에 관한 그의 반성에 기초로 삼고 있는 원리, 곧 자연의 특수한 (경험적) 법칙들에 따르는, 우리 인식능력에 대한 형식적 합목적성의 원리를 함유하며, 이 형식적 합목적성 없이는 지성은 자연에 순응할 수가 없을 터이기 때문이다."(*KU*, BL 이하=V193) 그렇게 해서 저 '자연의 형식적 합목적성'이라는 초월적 원리가 이미 목적 개념을 자연에 적용하도록 지성으로 하여금 준비하도록 한 다음에야 판단력은 비로소 목적론적으로 작동할 수 있다. "우리 인식능력과의 주관적 관계에서 자연의 합목적성을 사물의 형식에서 자연 판정의 원리로 표상하는 초월적 원칙은, 내가 어디에서 그리고 어떤 경우에 그 판정을, 오히려 한낱 보편적 자연법칙들에 따라서가 아니라, 합목적성의 원리에 따라서 〔자연〕 산물의 판정으로서, 내려야만 하는가는 전적으로 미정으로 남겨놓고, 취미에서 〔자연〕 산물의 (그것의 형식의) 우리 인식능력에 대한 적합성을 결정하는 일은 (이 적합성을 개념들과의 합치에 의해서가 아니라, 감정에 의해서 판별하는 한에서) 미감적 판단력에 위임한다."(*KU*, BLI=V194) 그러므로 미감적 판단력은 사물들을 합목적성의 원리에 따라서 판정하는 특수한 능력이지만, "목적론적 판단력은 한 특수한 능력이 아니라, 단지 반성적 판단력 일반일 뿐이다."(*KU*, BLII=V194)

상상력과 지성의 합법칙성이 합일할 때 반성적 판단력은 미감적으로 작동하여 객관이 합목적적이라고 판정하고, 그때 쾌의 감정이 생긴다. 그것이 하나의 미감적 판단, 예컨대 '이 장미는 아름답다'로 표현된다. 이렇게 해서 당초에는 쾌·불쾌의 감정에 의한 판별에서 기능한 '합목적성'이 한낱 기계적 인과로써만 파악할 수 없는 자연 산물을 판정하는 지성과 이성의 개념으로 쓰이면, 그때 반성적 판단력은 목적론적으로 작용하여 자연 산물들이 합목적적이라고 판정한다. 이로써 하나의 반성적 판단, 예컨대 '자연에는 먹이사슬이 있다. 초원은 초식동물들을 위해 있고, 초식동물들은 육식동물들을 위해 있다'거나, '사람의 신체구조와 장기들은 조화로운 유기조직을 이루고 있다'는 등의 판단이 내려진다. "그래서 우리는 자연미를 형식적 (순전히 주관적인) 합목적성 개념의 현시로, 그리고 자연목적들을 실재적 (객관적인) 합목적성 개념의 현시로 볼 수 있으며, 전자를 우리는 취미에 의해 (미감적으로, 쾌의 감정을 매개로 해서) 판정할 수 있고, 후자를 지성과 이성에 의해 (논리적으로, 개념들에 따라) 판정할 수 있다." (*KU*, BL=V193) 이 같은 판정들은 인식과는 다른 객관과의 교제의 결실이며, 그로써 미학과 목적론은 인간에게 지식[과학]이 아닌 다른 세계를 열어 보인다.

제2절 _ 칸트의 미학

칸트에서 '미학(Ästhetik : aisthetike episteme)'은 문자 그대로 '감각지각(aisthesis)의 학'(=Wissen, Kenntnis von den sinnlich wahrgenommenen Eindrücken und den Empfindungen)이니, 설령 '미학(美學)'을 '미에 대한 이론(Lehre vom Schönen)'이라고 풀이한다 하더라도, '감각의 학'으로서의 미학은 '미'가 감각의 조화로운 통일성에 기초한다는 사실을 부단히 상기시킨다. 당초부터 '미학'은 '미(kallos, pulchritudo)'라는 열매가 아니라 '감각지각' 내지 '감정'이라는 뿌리에 그 어원을 두고 있고, 칸트는 그 정신을 승계하고 있는 것이다. 그러니까 칸트에게 미학은 '미의 본질에 관한 학문'이라기보다는 아름다움의 감정[미감]에 관한 학문 또는 아름다움[미]의 판정 원리에 대한 탐구, 말하자면 '미적인 것을 판정하는 능력 곧 취미의 비판(Kritik des Geschmacks)'이다.

그래서 칸트의 미학은 미감적 판단의 성격을 해명하는 작업을 주 과제로 삼는다.

1. 미감적 판단 이론

미감적 판단은 대상의 인식에 대해 아무런 언표를 하지 않으면서도 감각에 기초해 대상을 판정하는 판단이다. 이제 이러한 판단을 내리는 주관의 인식능력에 대한 비판을 통해서 그 판단의 성질은 밝혀진다.

1) 미의 판단의 성질

순수 취미판단(Geschmacksurteil)은 본디 미적인 것(아름다운 것 : das Schöne)에 대한 판단이다. 그래서 칸트는 엄격하게 말해서 "취미"란 "상상력의 자유로운 합법칙성과 관련하여 대상을 판정하는 능력"(*KU*, B68/9=V240)으로서 "미적인〔아름다운〕 것을 판정하는 능력"(*KU*, B3=V203)이라고 정의한다. 이 같은 심미(審美)력에 의한 취미판단은 "인식판단이 아니며, 그러니까 논리적이 아니라, 미감적/감성적"(*KU*, B4=V203)이다. "미감적/감성적이란 그 규정 근거가 주관적일 수밖에 없다는 뜻이다."(*KU*, B4=V203) '이 장미는 붉다'는 인식판단에서 술어 '붉다'는 '이 장미'라는 객관의 속성으로 언표되지만, 예컨대 '이 장미는 아름답다'는 취미판단에서 '아름답다'라는 술어는 주관의 감정에 귀속하는 것이고, 미〔아름다움〕란 오로지 "취미에 속하는 것"(*Anth*, BA187=VII241)으로서 한낱 주관적인 것이다. 그럼에도 '이 장미는 아름답다'는 미감적 판단도 '이 장미'라는 대상과 관련한 판단이고, 그런 만큼 대상에 대한 인식을 전제하는 것으로서 "언제나 지성과의 관계가 함유되어 있기 때문"(*KU*, B4=V203)에 순수 지성개념들인 질·양·관계·양태의 네 계기에서 고찰할 수 있다. 다만 인식판단에서와는 달리 '이 장미는 아름답다'는 미감적 판단에서는 '아름답다'는 판단의 '질'이 맨 먼저 고려되어야 하기 때문에 고찰의 순서 또한 질의 계기가 최우선한다.

(1) 질의 계기

질(Qualität)의 면에서 보면 취미판단은 주관적이고, 감성적/미감적이고, 일체의 이해관심 없이 내려진 것이다.

인식판단에서는 표상이 지성에 의해 객관과 관계 맺어지나, 순수한 취미판단에서는 표상이 상상력에 의해 순전히 판단 주관과 관계 맺어진다. 주어진 표상에서 느껴지는 쾌·불쾌의 감정은 "주관의 생명감정(Lebensgefühl)"으로서 우리 마음이 이 표상에서 촉발되는 방식에서, 곧 그 표상이 우리의 생명력을 강화 내지 고양하는가 아니면 저지 내지 강하시키는가에 따라서 나오는 것이다. 취미판단의 이러한 규정 근거는 순수하게 주관적이고, 감성적/미감적이며, 논리적(개념적)이지 않다.(*KU*, B4이하=V204 참조)

순수한 미감적 흡족(Wohlgefallen)이나 부적의(不適意 : Mißfallen)함은 질적인 면에서 볼 때 어떠한 이해관심(Interesse), 곧 "한 객관 또는 한 행위의 현존에 대한 흡족"(*KU*, B10=V207)과도 결합되어 있지 않으며, 그러므로 우리의 욕구능력과는 관련이 없다.(*KU*, §2 참조) 이 점에서 미감적 흡족은 다른 두 종류의 흡족, 곧 '쾌적한 것'에서의 흡족이나 '좋은〔선한〕 것'에서의 흡족과 구별된다.

"쾌적한 것이란 감각에서 감관들에 적의한 것을 말한다."(*KU*, B7=V205) 그래서 쾌적한 것은 그것을 감각하는 자에게 쾌락〔즐거움〕을 주고 그로 인해 "경향성〔애착〕이 산출된다"(*KU*, B10=V207). 쾌적한 것에는 감관의 관심, 경향성의 관심이 뒤따르는 것이다. 그래서 누가 '어떤 대상이 쾌적하다'고 말하는 것은 그 대상에 대한 어떤 "이해관심을 표현"(*KU*, B9=V207)하는 것이다.

"좋은〔선한〕것이란 이성을 매개로 순전한 개념에 의해 적의한 것을 말한다."(*KU*, B10=V207) 좋은〔선한〕것은 이성에 의해 규정되는 욕구능력의 대상이다. 어떤 것이 좋은 것은, 그것이 직접적이든 간접적이든 우리 의욕의 목적이기 때문이다. 좋은 것 "안에는 언제나 목적의 개념"이, 그러니까 이성의 어떤 "의욕과의 관계"가, 다시 말해 "어떤 이해관심이 함유되어 있다"(*KU*, B7=V205).

이에 반해 "취미판단은 한낱 관조적이다."(*KU*, B14=V209) 이 관조는 어떠한 개념도 지향하고 있지 않다. 또한 취미판단은 대상의 현존에는 관심이 없으며, 오직 대상의 성질을 쾌·불쾌의 감정과만 결부시킨다. 그 때문에 상상력의 유희에 제한이 없다.

쾌적한 것은 "즐거움을 주는 것"으로서 이성 없는 동물들도 느낀다. 그런가 하면 좋은〔선한〕것은 존중되고 시인되는 것, 다시 말해 "누군가에 의해 객관적 가치를 부여받는 것"으로서 이성적 존재자들만이 지향하는 것이다. 그 반면에 '아름다운 것'은 "한낱 적의한 것"으로서 "동물적이면서도 이성적인 존재자들" 곧 "인간에게만"(*KU*, B15=V210) 느껴지는 것이다. 그러니까 칸트에 따르면 즐거움이나 쾌락은 동물 일반이 갖고, 선함은 이성적 존재자 일반이나 갖는 것인 데 반해, 미의 개념 또는 미감은 이성적 동물인 인간만이 갖는, 인간 고유의 것이다. 무엇이 미감을 갖고 있다 함은 그가 인간임을 말한다.

요컨대, "취미는 대상 또는 표상 방식을 일체의 관심 없이 흡족이나 부적의함에 의해 판정하는 능력"이며, 그래서 '일체의 관심 없이'도 흡족한 대상은 "아름답다고 일컫는다."(*KU*, B16=V211) "이로부터 저절로 나오는 결론은, 미적인 것은 일체의 이해관심을 떠나 적의한 것이어야 한다는 것이다."(*KU*, B115=V267)

(2) 양의 계기

취미판단은 질적으로는 미감적/감성적 곧 주관적이되, 양적으로는 보편성을 갖는다. 그래서 취미판단은 이른바 "주관적 보편성"(*KU*, B18＝V212)을 요구주장하는 단칭판단으로 표출된다.

칸트는 '취미판단에서 쾌의 감정이 대상의 판정에 선행하는가, 아니면 대상의 판정이 쾌의 감정에 선행하는가' 하는 물음을 "취미 비판의 열쇠"가 되는 물음이라고 본다.(*KU*, §9 참조) 이 물음에 대한 칸트의 답은 우리의 의지가 정언명령 곧 도덕법칙에 대한 존경의 감정에 의해 도덕적으로 규정되듯이, 미감적 흡족도 미감적 판정의 결과로 나타난다는 것이다.

> "무릇 대상이나 또는 그에 의해 대상이 주어지는 표상에 대한 이 한낱 주관적인 (미감적) 판정은 그 대상에 대한 쾌감에 선행하며, 인식능력들의 조화에서의 이 쾌감의 근거[기초]이다."(*KU*, B29＝V218)

어떤 대상에서 직관의 능력인 상상력과 법칙의 능력인 지성이 조화하면, ─사실 이러한 일은 판단력이 "상상력을 지성에 순응"(*KU*, B203＝V319)시킴으로써 일어나는 것인데─ 다시 말해 상상력이 합법칙적이면 판단력에 의해 '아름답다'는 판정이 내려지고 그로써 대상에 대한 쾌감이 일어난다. 이때 우리가 아름답다고 부르는 대상의 표상과 결합해 있는 흡족은 모든 주관에 보편적으로 타당하며, 그 보편적 타당성은 '보편적 전달[공유] 가능성'에서 드러나는 것으로, 이 보편적 전달[공유] 가능성은, 한 주관에 의한 것이지만 인식이 보편타당성을 갖는 것이나 마찬가지의 이치로, 주관의 보편적 구조에 기반할 터이다. 그와 함께 취미판단이 주관적이면서도 보편적 타당성을 갖는 것은 그 판단이 어떠한 이해관심과도 결합되어 있지 않기 때문이며, 그래서 한 주관은 순전한 반성에서 한 대상을 아름답다 또는 아름답지 않다고 판정하는 데 "온전히 자유롭다"(*KU*, B17=V211)고 느낀다. 그럼에도 흡족의 "보편성은 개념들로부터 생겨날 수는 없다. 왜냐하면, [순수한 실천법칙들에서 말고는] 개념들로부터 쾌 또는 불쾌의 감정으로의 이행은 없기 때문이다."(*KU*, B18=V211)

그 미감적 곧 주관적 성격에도 불구하고 보편성이라는 술어는 "마치 그 아름다움[미]은 대상의 성질이고, 그 판단은 논리적인 (객관의 개념들로써 객관의 인식을 형성하는) 것처럼"(*KU*, B18=V211) 사용된다. 나는 나의 순수한 취미판단을 가지고서 다른 모든 사람들이 나에게 동의해야만 할 것을 요구주장하는 것이다. 물론 이 "보편적인 동의는 단지 하나의 이념[…]일 따름이다. 취미판단을 내리고 있다고 믿는 사람이 실로 이 이념에 맞게 판단하고 있다는 것은 불확실할 수 있다. 그러나 그는 그럼에도 이 판단을 그 이념과 관계시키고 있다는 것을, 그러니까 그 판단은 취미판단이어야만 한다는 것을 미의 표현을 통해 알리고 있다."(*KU*, B26=V216)

순수 미감적 판단은 "이 장미는 아름답다"와 같은 단칭판단으로 표현된다. "모든 장미는 아름답다"라는 판단은 순수한 미감적 판단이 아니다. 순수한 취미판단에서 표현되는 쾌·불쾌의 감정은 언제나 개별 대상과 관계하지, 결코 대상들의 부류와 관계하지 않는다. 만약 우리가 실로 이 세계의 장미가 각각이 다 아름답다고 판정한다면, "모든 장미는 아름답다"라는 판단은 정당화될 것이다. 그러나 이 판단은 순수한 취미판단이 아니라, 미감적 판단자로서 우리가 주어진 표상에서 가진 적이 있던 감정들에 관한 총괄적인 언표이다. 미적 기예 곧 예술에 대해서도 마찬가지이다. "김환기의 이 그림 〈달과 새〉는 아름답다"는 하나의 미감적 판단이다. 그러나 "이중섭의 모든 그림은 아름답다"는 미감적 판단이 아니다. 그것은 우리는 이중섭의 모든 그림 각각을 미감적으로 판정했고, 매번 우리의 흡족에 근거해서 그것들이 아름답다는 것을 알았다는 사실을 언표하는, 그러니까 하나의 '지성적' 판단인 것이다. 반면에 미감적 판단은 어떠한 지성적 곧 보편적 개념에 의거해 있지 않으면서도 보편성을 표현한다.

요컨대 미감적 판단은 주관적 보편성을 갖는 단칭판단으로 표현되며, 그래서 사람들은 "개념 없이〔도〕 보편적으로 적의한 것은 아름답다"(*KU*, B32=V219)고 말한다.

(3) 관계의 계기

취미판단도 인과관계를 포함하고 있다. 다만 그 인과관계는 작용 연결(nexus effectivus)이 아니라 목적 연결(nexus finalis)이다.

작용 연결은 어떤 원인으로 인하여 어떤 결과가 유래하는 관계로서, 그러니까 그 원인이 결과의 근거이다. 기계적 자연인과에서 원인, 즉 작용인(作用因 : causa efficiens)은 결과인 어떤 것의 실존의 근거인 것이다. '며칠 간의 따사로운 햇볕이 우리 집 정원의 장미 꽃망울을 오늘 아침에 터뜨렸다'는 사태에서 햇볕의 내려쬠은 장미꽃이 피어난 원인이다. 그런데 목적이 행위를 규정하는 경우에서는 목적 표상이 동시에 행위의 근거(이유)와 결과를 나타낸다. '건강을 위해 나는 섭생을 잘 한다'에서 건강함은 섭생을 잘함의 이유이자 결과이다. 그러한 것을 곧 '목적(Zweck)'이라 일컫는다. 섭생을 잘함을 통해 결과적으로 건강함에 이르는데, 건강함은 당초에 섭생을 잘함의 목적이었으니, 섭생을 잘함이라는 행위는 그 목적에 따른 것, 즉 '합목적적(zweckmäßig)'이다. — '합목적성〔目的 形式 : forma finalis〕'이란 그러니까 한 개념이 그것의 객관의 원인성인 것을 말한다.(*KU*, B33=V220 참조) — 그리고 이때 나는 섭생을 잘함으로써 이른 건강함에서 만족(Zufriedenheit)을 얻는데, 이때 만족이란 목적의 충족(Befriedigung des Zwecks)이다. 그리고 저 섭생을 잘함은 건강함을 실제로 있게 하는 것이니, 이를테면 객관적 실재적 합목적성을 갖는 것이다.

그런데 '이 장미꽃은 아름답다'라는 미감적 판단에서 내가 이렇게 판정하는 것은, 이 장미꽃에서 나의 상상력의 유희가 나의 어떤 목적이 충족된 것인 양 나의 마음을 "활성화"(*KU*, B37 =V222)하고[생기 있게 만들고], 지성의 법칙성과 합치함으로써 나의 생명력을 약동하게 하여 나의 쾌의 감정을 불러일으키기 때문이다. 그러니까 이 장미꽃은 의지적인 것이 아니므로 결코 어떠한 목적을 가지고 있지 않지만, 그럼에도 마치 나의 쾌감을 불러일으키기 위해서, 곧 자유로운 상상력과 합법칙적인 지성의 화합을 위해 있는 것처럼 인지된다. 이에서 나의 반성적 미감적 판단력은 '이 장미꽃은 아름답다'고 판정을 내리고, 나는 미적 쾌감을 느끼는 것이니, 이 아름다운 장미꽃은 이를테면 나의 인식력들에 대해 합목적적인 것이다. 그러므로 이 합목적성은 한낱 주관적인 것일 뿐이며, 또한 이 아름다운 장미꽃의 근저에 어떠한 특정한 실재적인 목적도 없으니, 이 합목적성은 실제로는 아무런 목적도 없는 형식적인 것일 따름이다. ─물론 "주관 안의 순전한 자연본성"에 "(어떠한 지성개념도 도달하지 못하는) 우리의 모든 능력의 초감성적 기체"가 있어, 이것이 "우리의 모든 인식능력들을 부합"시킴으로써 아름다움의 표상이 생기는 것이라면, 미감적 합목적성에도 어떤 '척도' 곧 '목적'을 생각할 수도 있겠다.(*KU*, B242 =V344 참조)

어떤 대상을 아무런 이해관심 없이 순전히 관조하는 데도 그 대상에서 흡족함이 생긴다는 것은, "자유로운 (생산적) 상상력이 지어내기[창작]를 통해 질료적인 것을 편성하는 방식"(*Anth*, BA186=VII240), 곧 "모든 감성적 표상들의 조화로운 관계들"(V–Log : XXIV, 348)의 형식이 마음 안에 생긴 것을 말하며, 이로써 반성적 판단력이 내린 "순수한 취미판단"의 규정 근거는 오로지 "상상력의 자유로운 합법칙성"(*KU*, B69 =V240), 바꿔 말해 "형식의 합목적성"(*KU*, B38 =V223)이다. 이러한 사태 설명을 위해 칸트는 "목적 없는 합목적성"(*KU*, B44 =V226) 개념을 도입하고 있으니, 목적 없는 합목적성은 "순전히 형식적인 합목적성"(*KU*, B44=V226)으로서 내용(질료)적인 것이 아니다. 그 판단의 대상에서 실제로는 어떤 (질료적인) 목적을 수립한 어떠한 의지도 발견할 수 없으니 말이다. 요컨대, 아름다운 것에서의 흡족은 "법칙 없는 합법칙성과, 표상이 대상의 일정한 개념과 관계 맺어지는 경우의 객관적 합치가 없는, 상상력의 지성과의 주관적 합치" 곧 "(목적 없는 합목적성이라고도 불리는) 지성의 자유로운 합법칙성"에 근거하는 것이다.(*KU*, B69=V241)

"미적인[아름다운] 것을 판정하는 능력"(*KU*, B3=V203)인 취미는 곧 "상상력의 자유로운 합법칙성과 관련하여 대상을 판정하는 능력"(*KU*, B68/9=V240)이라는 개념에 근거한 것이다. 상상력은 생산적이고 자기활동적인 것인 한에서 독자적이며 자유롭고, 그래서 "가능한 직관들의 임의적 형식들의 창시자"(*KU*, B69=V240)라 할 수 있다. 물론 상상력이 산출할 수 있는 모든 형식들이 지성의 법칙과 합치하기에 적합한 것은 아니다. 그러나 한 대상이 아름다운 것은 상상력이 그러한 형식을 산출해낼 수 있기 때문이겠다.

이렇게 산출된 "미는, 합목적성이 목적의 표상 없이도 대상에서 지각되는 한에서, 대상의 합목적성의 형식이다."(*KU*, B61=V236)

(4) 양태의 계기

순수한 취미판단은 "필연적"(*KU*, B62=V236)이다. 그런데 취미판단은 근본적으로 주관적이니, 취미판단은 '주관적 필연성'을 갖는 것이다. 어떻게 이러한 판단은 주관적이면서도 필연적인 성격을 갖는가?

그것은 취미판단이 주관적이면서도 보편타당성을 요구주장하는 감정의 원리에 근거하고 있기 때문이다. 이러한 "주관적 원리"(*KU*, B64=V238)를 칸트는 "공통감(sensus communis)"(*KU*, B64=V238)이라고 일컫는다. 취미판단의 보편타당성의 기반인 "감정의 전달가능성"은 "하나의 공통감"을 전제하는 것이다.(*KU*, B66=V239 참조)

미적인 것에서의 쾌감은 아무런 개념적 구성요소를 갖지 않지만, 인식 능력들의 조화로운 균형에 의거하는 것으로, "바로 이렇기 때문에 취미를 가지고 판단하는 이도 (만약 그가 이 의식에서 착오에 빠지지 않아, 질료를 형식으로, 매력을 미로 받아들이지만 않는다면) 역시 주관적 합목적성을, 다시 말해 객관에서의 그의 흡족을 다른 모든 사람에게 감히 요구하고, 그의 감정을 보편적으로 전달[공유]가능한 것으로, 그것도 개념들의 매개 없이 전달[공유]가능한 것으로 상정해도 좋은 것이다."(*KU*, B155이하=V293)

감[각](sensus)이라는 말을 "순전한 반성이 마음에 미친 작용결과"(*KU*, B160=V295)에 대해서 사용해도 좋다면, 미감적 판단력이야말로 "자기의 반성에서 다른 모든 사람의 표상방식을 사유 속에서 (선험적으로) 고려하는, 하나의 판정능력"(*KU*, B157=V293) 곧 공통감이라고 일컬을 만하다. 그래서 취미가 "주어진 표상에서의 우리의 감정을 개념의 매개 없이 보편적으로 전달[공유]가능하게 하는 것을 판정하는 능력이라고 정의"(*KU*, B160=V295)되기도 하고, "주어진 표상과 (개념의 매개 없이) 결합되어 있는 감정들의 전달[공유]가능성을 선험적으로 판정하는 능력"(*KU*, B161=V296), 또는 "보편타당하게 선택하는 미감적 판단력의 능력"(*Anth*, B186=VII241)이라고 규정되기도 한다.

칸트의 '공통감'은 어느 면에서는 흄의 "공감(sympathy)"[8]이나 애덤 스미스(Adam Smith, 1723~1790)의 '동감' 내지 "동료감정(fellow-feeling)"[9] 개념을

---

8 Hume, *A Treatise of Human Nature*, ed. by L. A. Selby-Bigge, Oxford, 1978, III, 3, 1[p. 576].

9 A. Smith, *The Theory of Moral Sentiments*[1759], Lodon: A Millar, ⁶1790, I, I, 1..

차용한 것으로 볼 수 있다. 비판기의 도덕철학에서는 어떤 종류의 보편적인 감정에 의해 보편적인 가치평가가 가능하지 않다고 보았던(*KpV*, A67=B38 참조) 칸트가 여기 미감적 판정의 영역에서는 다른 견해를 내보이고 있는 것처럼도 보인다. 미감적 판정의 영역에서는 순수한 이성의 '사실'에 근거한 실천이성의 객관적 입장과 같은 것이 있을 수 없고, 우리는 순전히 감정의 전달[공유]가능성의 영역에 놓여 있기 때문에, 칸트는 부득이 애덤 스미스와 흄이 도덕적 가치평가의 분야를 위해 발전시켰던 제안을 채용하고 있는 것으로 볼 수도 있다. 칸트는 취미를 보이는 사람은 취미 자체가 주관적임에도 불구하고 다른 사람들의 동의를 요구하는 보편적 입장을 취한다고 본다. 그러나 칸트는 '공통감' 개념을 도입하는 자리에서, 공통감은 그렇게 추정하기에 충분하지는 않지만, 일종의 "경험적 표준"으로서, 그로부터 "취미가 유래하는", 다시 말해 "그 아래에서 사람들에게 대상들이 주어지는 형식들의 판정에 있어서 일치하는, 모든 사람들에게 공통적인 깊이 숨겨져 있는 근거"라고 매우 조심스럽게 규정한다.(*KU*, B53=V232 참조)

이러한 논변 끝에 칸트는 "아름다운 것"은 "개념 없이[도] 필연적인 흡족의 대상으로서 인식되는 것"(*KU*, B68=V240)이라고 말한다. 한낱 "지성과의 상상력의 주관적 합치"는 개념을 떠나 감정에서 이루어지는 것으로, 대상들이 이 자유로운 "개념 없는 합법칙성"의 기준을 충족시키지 못하면, 그것들은 아름답지 않다. 요컨대, "미적인[아름다운] 것은 순전한 판정에서—그러므로 감관의 감각을 매개로 해서도 아니고 지성의 개념에 따라서도 아니라—적의한 것이다."(*KU*, B114/5=V267)

2) 숭고의 판단의 성질

미학은 아름다운 것뿐만 아니라 숭고한 것(das Erhabene)도 대상으로 갖는다. 아름다운 대상과 마찬가지로 숭고한 것도 적의하며, 하나의 반성적 판단력을 전제하고, 단칭판단에서 표현된다. 숭고에서의 흡족도 미에서의 흡족과 마찬가지로 "양의 면에서는 보편타당함을, 질의 면에서는 이해관심 없음을, 관계의 면에서는 주관적 합목적성을, 그리고 양태의 면에서는 이 주관적 합목적성이 필연적임을"(KU, B79＝V247) 표상한다. 근본 성질에서의 이러한 동류성에도 불구하고 숭고의 판단은 미의 판단과 종적 차이를 갖는다.

첫째로, 흡족함이 미에 있어서는 "질의 표상과 결합되어" 있으나, 숭고에서는 "양의 표상과 결합되어 있다."(KU, B75＝V244) 숭고한 것이란 "외경을 불러일으키는 큼(敬畏할 偉大함)"(Anth, BA189＝VII243)이다.

둘째로, 미적인 것이 "직접적으로 생명을 촉진하는 감정"(KU, B75＝V244)을 동반한다면, 숭고한 것의 감정은 이차적으로 간접적으로만 일어나는 쾌감이다. 숭고한 것에서의 흡족은 "생명력들이 일순간 저지되어 있다가 곧장 뒤이어 한층 더 강화되어 범람하는 감정에 의해 산출되는 것으로, 그러니까 그것은 감동으로서"(KU, B75＝V245), 이를테면 '일순(一瞬) 역전(逆轉)의 쾌감' 또는 '급반전(急反轉)의 쾌감'이라 말할 수 있다. 그것은 우리를 압도하는 너무나 괴대하고 외연한 것에서의 전율과 위압의 불쾌감을 전복(顚覆)시키는 쾌감으로서, 그래서 "숭고한 것에서의 흡족은 적극적인 쾌가 아니라, 오히려 경탄 내지는 존경을 함유하며, 다시 말해 소극적/부정적 쾌라고 불릴 만한 것이다."(KU, B75 이하＝V245)

셋째로, 미적인 것은 우리의 인식력들에 대한 대상의 합목적적 형식에 의거하고, 그 반면에 숭고한 것의 감정은 무형식의, 그래서 반목적적이라고 판정되는 대상, "괴대한 것(怪大하게 偉大함)"(*Anth*, BA190=VII243)에 대한 지각에 근거한다. 그러므로 미적인 것은 하나의 근거를 우리 밖에 가지고 있다면, 숭고한 것은 우리의 사유 방식에 그 근거를 갖는다. 이 본질적인 차이가 앞서 말한 차이의 원인이라 할 수 있다. 어떤 지각된 대상은 무한히 무형식적이고, 다시 말해 혼돈스럽고 무질서하고 무한정하게 크고 기기묘묘하며, 우리를 놀라게 해 우리의 생명력을 억제한다. "숭고한 것은 어떤 감성적 형식에도 함유되어 있을 수 없고"(*KU*, B77=V245), 그래서 애당초 상상력에 대해 "폭력적"(*KU*, B76=V245)이고 우리의 현시 형식과 능력을 벗어나 있는 것으로서, 그러니까 순전한 이성이념이다. 상상력은 우리 판단력에 대해 반목적적인 것으로 느껴지는 대상에 대한 표상을 통해 "보다 높은 합목적성을 함유하고 있는 이념들에 몰두하도록"(*KU*, B77=V246) 촉발함으로써, 사람들로 하여금 "숭고한 감정에 젖어들"게 하는데, 사람들이 그렇게 무형식의 대상을 합목적적으로 사용할 수 있기 위해서는 그의 "마음을 이미 여러 가지 이념들로 가득 채워놓았어야만 한다."(*KU*, B77=V246) 그러므로 "우리는 자연의 미적인 것을 위해서는 우리 밖에서 하나의 근거를 찾아야 하지만, 숭고한 것을 위해서는 한낱 우리 안에서, 그리고 자연의 표상에 숭고성을 집어넣는 사유방식[성정] 안에서 하나의 근거를 찾지 않으면 안 된다."(*KU*, B78=V246)

넷째로, 우리가 아름다운 대상을 평정한 관조에서 판정한다면, 숭고한 것의 감정에는 "마음의 운동[동요]"(*KU*, B80=V247)이 결합되어 있다. 그런데 상상력은 이 마음의 동요를 때로는 인식능력과 때로는 욕구능력과 관련시킨다. 인식능력과 관련된 숭고는 수학적이고, 욕구능력과 관련된 숭고는 역학적이다. "그래서 객관은 이러한 이중의 방식으로 숭고한 것으로 표상된다."(*KU*, B80=V247)

(1) 수학적 숭고

단적으로 큰 것은 숭고하다.(*KU*, A80=V248 참조) 숭고한 것은 자기의 척도를 그 자신 안에 가지고 있으며, 어떤 다른 것과 비교될 수 있는 것이 아니다. "숭고한 것은 그것과 비교하면 다른 모든 것이 작은 것"(*KU*, B84=V250), 즉 절대적인 것이므로, 우리 감관에서 우리에게 주어지는 어느 것도 숭고한 것이라고 일컬을 수는 없다. 왜냐하면, "수학적 크기의 평가에서 최대의 것이란 없"(*KU*, B86=V251)으니 말이다. 그러니까 '단적으로 큰 것'이란 이를테면 "판단력의 개념"(*KU*, B81=V248)이다. 그러므로 숭고한 것은 그 크기를 직관에서 직접 파악하여 상상력에 의해 현시할 수 있는 데에서, 다시 말해 자연 대상들을 미감적/감성적으로 평가할 수 있는 데에서, 곧 객관적으로가 아니라 주관적으로 규정할 수 있는 데에서 성립한다.

어떤 양적인 것을 직관적으로 상상력에 받아들여 그것을 수적 평가의 척도나 단위로 사용하기 위해서는 상상력의 포착(Auffassung)과 총괄(Zusammenfassung) 작용이 필요하다.(*KU*, B87=V251 참조) 포착이란 주어진 잡다 A, B, C, ……를 차례로 일별하는 작용이며, 총괄은 이를 하나의 전체로 현시하는 작용이다. 포착 작용은 잡다를 주어지는 대로 더해가면 되므로 무한정하게 진행될 수 있으나, 총괄 작용은 언제나 하나의 '전체'를 현시하고자 하지만 상상력으로서는 넘어설 수 없는 한계가 있다. 도저히 상상조차 할 수 없는 것이 있는 것이다. 이 상상력이 자기의 전체 총괄 능력을 기울여도 성과가 없는 자연 객관의 크기는 자연 개념을 "하나의 초감성적 기체[基體]로 이끌고가지 않을 수 없는데, 이 기체는 감관의 모든 자[척도] 이상으로 큰 것으로, 그래서 대상보다도 오히려 대상을 평가하는 마음의 정조를 숭고한 것으로 판정하게 한다."(*KU*, B94=V255/6) 그래서 "진정한 숭고함은 오직 판단하는 자의 마음에서 찾아야지, 그것에 대한 판정이 마음의 그러한 정조를 야기하는 자연 객관에서 찾아서는 안 된다"(*KU*, B95＝V256).

판단력이 어떤 사물을 숭고하다고 판정할 즈음 상상력은 이성과 관련하여 그 이념들과 주관적으로 합치하고자 하는데, 이때 "숭고한 것의 감정은 미감적인 크기 평가에서 상상력이 이성에 의한 평가의 부적합에서 오는 불쾌의 감정이며, 또한 그때 동시에, 이성이념들을 향한 노력이 우리에 대해서 법칙인 한에서, 최대의 감성적 능력이 부적합하다는 바로 이 판단이 이성이념들과 합치하는 데서 일깨워지는 쾌감이다."(*KU*, B97＝V257) 미의 감정과는 달리 숭고의 감정은 질의 면에서 상상력과 이성의 부조화에 의거하는 것이다.

> "미적인 것의 판정에 있어서 상상력과 지성이 그들의 일치에 의해 그렇게 하듯이, 이 경우에는〔즉 숭고한 것의 판정에서는〕상상력과 이성이 그들의 상충에 의해 마음의 능력들의 주관적 합목적성을 만들어낸다. 곧 우리는 순수한 자립적인 이성을 가지고 있다는 감정, 바꿔 말해 우리는 그 탁월성이 다름 아니라 (감성적 대상들의) 크기를 현시함에 있어서 그 자신 무한정한 것인 이 능력이 불충분함으로 인해 생생하게 될 수 있는 그런 크기 평가 능력을 가지고 있다는 감정을 만들어낸다."(*KU*, B99＝V258)

마음은 미적인 것을 판정할 때는 '평정〔정지〕'에 잠기나, 숭고한 것을 표상할 때는 '동요〔운동〕'를 느낀다. 이 동요는 "밀침과 당김의 급속한 바뀜"이라 할 수 있다. 숭고의 감정은 객관을 총괄할 수 없어 위축되는 자신의 무능력에 대한 "불쾌의 감정인데, 거기에서 그 불쾌는 그럼에도 동시에 합목적적으로 표상된다"(*KU*, B100＝V259). 이 불쾌의 감정은 무한정한 것의 전체를 총괄할 수 없는 상상력이 이성의 총체성 요구에 부응하지 못함으로 해서 일어나는 것인데, 그러나 상상력의 이러한 무능력은 바로 절대적 총체성이라는 이념을 가진 이성 능력을 자각하게 하는 것으로, 그러니까 저 상상력의 무능력으로 인한 불쾌감은 무제한적인 능력인 이성 능력을 반증하는 것이다. 이로써 상상력과 이성은 "그들의 상충에 의해 마음의 능력들의 합목적성을 만들어"내고, 그때 저 불쾌감은 쾌감으로 전환된다. 그 자신의 무능력이 바로 "같은 주관의 무제한적인 능력의 의식을 드러내고, 마음은 그 무제한적인 능력을 오직 그 자신의 무능력에 의해서만 미감적으로 판정할 수 있"(*KU*, B100=V259)게 되는 것이다. 이렇게 해서 하나의 미감적 판정에서 "대상은 오직 불쾌를 매개로 해서 가능한 쾌와 함께 숭고한 것으로 받아들여진다."(*KU*, B102=V260)

(2) 자연의 역학적 숭고

"우리에 대해서 아무런 강제력도 가지지 않은 위력으로 고찰되는 자연은 역학적으로-숭고하다"(*KU*, B102=V260)라고 판정된다. 이런 숭고의 감정은 무량 광대한 자연의 위력에도 불구하고 그 앞에서 우리가 마음이 놓이고 생명에 대한 아무런 위협을 느끼지 않을 때 생긴다.

"기발하게 높이 솟아 마치 위협하는 것 같은 암석, 번개와 천둥소리와 함께 몰려오는 하늘 높이 솟아오른 먹구름, 온통 파괴력을 보이는 화산, 폐허를 남기고 가는 태풍, 파도가 치솟은 끝없는 대양, 힘차게 흘러내리는 높은 폭포와 같은 것들은 우리의 저항하는 능력을 그것들의 위력과 비교할 때 보잘것없이 작은 것으로 만든다. 그러나 우리가 안전한 곳에 있기만 하다면, 그런 것들의 광경은 두려우면 두려울수록 더욱더 우리 마음을 끌 뿐이다. 우리가 이러한 대상들을 기꺼이 숭고하다고 부르는 것은, 그것들이 영혼의 힘을 일상적인 보통 수준 이상으로 높여주고, 우리로 하여금 자연의 외견상의 절대 권력에 도전할 수 있는 용기를 주는 전혀 다른 종류의 저항하는 능력을 우리 안에서 들춰내주기 때문이다."(*KU*, B104=V261)

우리에게 두려움을 일으키되 우리 안에 그 물리적 자연을 능가한다는 감정을 불러일으키는 것은 숭고하다. 우리가 자연에 대해서 숭고하다고 판정을 내리는 것은 자연이 두려움과 함께 오히려 "우리 안에 (자연이 아닌) 우리의 힘을 불러일으키기 때문"(*KU*, B105=V262)이다. 그러므로 "자연이 숭고하다고 일컬어지는 것은 순전히, 자연이 상상력을 고양하여 마음이 자기의 사명의 고유한 숭고성이 자연보다도 위에 있음을 스스로 느낄 수 있는 그런 경우들을 현시하게끔 하기 때문이다."(*KU*, B105=V262) 그러니까 자연(Natur)이 자연보다도 우리 자신의 본성(Natur)이 탁월함을 느낄 수 있게 하는 경우에 자연을 숭고하다고 판정하는 것이다.

우리가 물리적 존재자로서 자연의 위력과 싸운다는 것은 애당초 부질없는 짓이다. 그럼에도 우리는 숭고의 감정에서 우리가 자연 및 자연의 위력에 독립적이라고 판정한다. 윤리적 존재자로서 우리는 어떠한 자연의 위력에 의해서도 굴복당할 수 없는 규정〔사명, 성격〕을 가지고 있기 때문에, 숭고의 감정이 우리 안에서 생기는 것이다.

숭고의 판단을 내릴 수 있기 위해서 우리에게 꼭 어떤 취미가 있어야 하는 것은 아니지만, 우리는 우리 안에서 윤리적 이념들을 발전시키지 않으면 안 된다. 그렇지 않으면 자연의 위력을 언제나 단지 위협적일 뿐 결코 숭고하다고 느낄 수 없을 터이다. 우리 위의 별이 빛나는 하늘은 우리로 하여금 우리 자신이 미미하고 보잘것없음을 깨닫게 하지만, 우리 안의 도덕법칙은 우리를 맹목적인 자연의 기계성 너머로 무한히 고양시킨다. 자연에 대한 외경심은 우리 자신에 대한 경외감을 일으킨다.

도덕법칙에 의한 의지의 객관적 규정과 이 규정으로 인해 생겨난 이 법칙에 대한 존경이 일차적으로 우리 안에 "불쾌의 감각"(*KpV*, A139=V78)을 일으키듯이, 이러한 숭고의 감정과 결합되어 있는 존경 역시 일차적으로는 불쾌의 감정을 전제한다. 그러나 "숭고한 것은 그것을 우리의 (감성적) 이해관심을 거슬러서까지도 존중하도록 준비시킨다."(*KU*, B115=V267)

"숭고한 것은 감관의 이해관심에 저항함으로써 직접적으로 적의한 것이다." (*KU*, B115=V267)

순수한 취미판단과 마찬가지로 숭고성의 판단도 필연적으로 만인의 찬동을 요구하며, 그것은 "곧 (실천적) 이념들에 대한 감정의 소질에서, 다시 말해 도덕적 감정의 소질에서"(*KU*, B112=V265) 그러한 찬동을 누구에게나 강요할 근거를 갖는다. 우리는 모든 사람들이 도덕적 감정을 가지고 있는 한에서 모든 사람에게 우리의 숭고성의 판단에 대한 동의를 요구할 정당성을 갖는 것이다.

이로써 칸트는 미감적 판단력과 도덕 감정이 가까운 친족성을 가짐을 말하고 있다. 미적인 것에서의 이해관심 없는 흡족은 도덕법칙에 대한 존경에 상응하며, 숭고한 것의 감정은 의무로부터 행위하고 우리의 경향성들을 제압하는 도덕적 행위의 내적 가치에 상응한다고 보는 것이다.

3) 미감적 판단의 보편성 문제
: 순수한 미감적 판단의 연역

칸트에서 '연역'이란 어떤 판단이 그 보편타당성을 선험적으로 요구할 수 있는 권리의 증명이다. 자연의 숭고한 것에 대한 판단과 관련해서는 숭고한 것에 대한 해설(expositio), 곧 '그 개념에 속하는 것을 분명하게 드러냄'(*KrV*, B38 참조)만으로 연역을 대신할 수 있다. 자연이 숭고하다는 것은 "단지 비본래적으로만 그렇게 불리는 것이며", 숭고한 것이란 "본래적으로는 한갓 인간의 자연본성에서의 사유 방식에만 또는 차라리 이 사유 방식의 토대에만 부여되어야"(*KU*, B132＝V280) 하는 것이다. 그러므로 자연의 숭고한 것에 대한 판단들에서는 이미 인식능력들, 곧 상상력과 이성의 "합목적적인 관계"(*KU*, B133＝V280)가 선험적으로 마주쳐지고, 이것이 "그러한 판단들의 보편적이고－필연적인 타당성에 대한 주장의 정당화를 함유하고 있기 때문이다."(*KU*, B132＝V280) 그러나 순수 미감적 판단이 하나의 "선험적 원리" 곧 주관적 원리에 기반해야 하면서도, "객관의 형식에서의 흡족 또는 부적의함"(*KU*, B131＝V279)에 관련할 때는 연역이 필요하다. 이미 앞서 취미판단의 넷째 계기, 즉 흡족의 양태 면의 설명에서 순수한 미감적 판단이 보편타당성을 요구한다는 것은 얘기했지만, 어떤 권리를 가지고 그것을 요구하는지는 아직 증명되지 않았기 때문이다.

보편적 동의를 요구하면서도 개념들에 의거하지 않고 순전히 주관의 자기자율에, 다시 말해 취미에 의거해 있는 순수한 취미판단은 두 가지 "논리적인 특유성을 갖는다."(*KU*, B135＝V281) 즉 첫째로, 순수한 취미판단의 선험적 보편타당성은 개념들에 의한 논리적 보편성이 아니라 "단칭판단의 보편성"이다. 둘째로, 그 판단의 필연성은 선험적 근거들에 의거하기는 하지만, "어떠한 선험적인 증명근거들에 의존하고 있지 않"으므로, 그에 대한 찬동을 강요할 수는 없다.(*KU*, B135＝V281 참조)

순수한 취미판단의 규정 근거는 오로지 "자기 자신의 (쾌 또는 불쾌의) 상태에 관한 주관의 반성"(*KU*, B143＝V286)이다. 그래서 미감적 판단의 연역의 과제는 한낱 주관적인 쾌 또는 불쾌의 감정을 표현하는 '하나의 미감적 판단이 어떻게 필연성을 요구할 수 있는가?', 바꿔 말해, "순전히 어떤 대상에 대한 자신의 쾌의 감정으로부터, 그 대상의 개념들에서 독립적으로, 이 쾌감이 다른 모든 주관에서도 동일한 객관의 표상에 부수하는 것이라고 선험적으로, 다시 말해 타인의 동의를 기다릴 필요 없이, 판정할, 그런 판단이 어떻게 가능한가?"(*KU*, B148=V288)를 밝혀내는 일이다.

취미판단들은 객관의 개념을 "전혀 인식이 아닌 것, 곧 쾌(또는 불쾌)의 감정을 술어로서 직관에 덧붙이는 것이니"(*KU*, B148=V288)만큼 일종의 종합 판단이다. 또한 "비록 (표상과 결합되어 있는 자신의 쾌의) 술어는 경험적이지만"(*KU*, B149=V288), 그럼에도 불구하고 취미판단들이 요구하는 것은 단지 "쾌감이 아니라, 〔…〕 이 쾌감의 보편타당성"(*KU*, B150=V289)인 만큼 취미판단들은 선험적 판단이다. 그리하여 판단력 비판에서 순수 미감적 판단의 연역의 "과제는 초월철학의 일반적 문제, 즉 '선험적 종합 판단들은 어떻게 가능한가?'에 종속되는 것이다."(*KU*, B149=V289) — 이로써 순수 미감적 판단의 연역은 완수되었다.

이제 연역의 근거는 '이 장미는 아름답다'라는 하나의 선험적인 종합 판단을 서술하는 순전한 취미판단의 논리적 형식 너머에서 발견되지 않으면 안 되거니와, 칸트의 "취미판단들의 연역"(*KU*, §38)에서의 논증은 다음과 같다.

순수한, 즉 어떤 개념이나 감각도 섞여 있지 않은 순정하게 형식적인 취미판단에서 대상에 대한 흡족이 그것의 형식에 대한 순전한 판정과 결합되어 있다면, 그 흡족은 오로지 반성적 판단력에 대한 이 형식의 주관적 합목적성에 의거해 있는 것이다. 그러나 "판단력 일반", 곧 도대체 판단력이라고 하는 이 인식능력은 그 사용에 있어서 특수한 감관 양식에 의해서도 또는 지성개념에 의해서도 제한받지 않는다. 그렇지만 상상력과 지성 사이의 부합은 모든 보편적이고 타당한 인식판단을 가능하게 하는 조건이므로, 반성적 판단력은 "모든 인간에게서 (가능한 인식 일반을 위해 필요한 것으로) 전제될 수 있는 그런 주관적인 것"(*KU*, B151＝V290), 곧 선험적으로 형식적인 것에 제한되어 있다. 어떤 사람도 이러한 "인식 일반"의 조건을 충족시키지 않는 그런 판단을 내릴 수는 없다. 반성적 판단력도 바로 이 조건을 전제하므로, 우리는 다른 모든 사람에게 미감적 감정을 요구할 권리를 갖는다. "다시 말해 감성적 대상 일반의 판정에서, 쾌감", 바꿔 말해 상상력과 지성의 "관계에 대한 표상의 주관적 합목적성은 누구에게나 당연히 감히 요구될 수 있는 것이다."(*KU*, B151＝V290)

칸트의 순수한 미감적 판단의 연역이 순수한 취미판단들이 실제로 있다는 사실을 보여주는 것은 아니다. 연역이 우리가 취미를 마음대로 한다는 것을 선험적으로 주장할 수는 없기 때문이다. 연역은 또한 우리가 정당한 취미판단과 부당한 취미판단을 구별할 수 있는 어떤 수단절차도 제공하지 않는다. 그것이 정당화하는 것은 오로지, 다른 모든 사람이 나의 순수한 취미판단에 동의해야 마땅하다는 나의 주장뿐이다. 바로 그 때문에 이 '연역'은 『순수이성비판』의 순수 지성개념의 연역에 비하여 "이렇게 쉬운 것이다"(*KU*, B152＝V290). 그것은, "미란 객관의 개념이 아니고, 취미판단은 인식판단이 아니"어서, 누구에게나 동일한 미감적 감정을 요구할 뿐 "개념의 객관적 실재성을 정당화할 필요는 없는 것이기 때문"(*KU*, B152＝V290)이다.

칸트는 순수한 미감적 판단의 연역만으로써 우리가 공동의 미감적 세계에 들어설 수 있는 방법절차를 제시하려고 시도하는 것은 아니다. 우리가 우리의 순수한 미감적 판단을 만인에게 요구할 수 있기 위해서는 선험적인 우리 인식의 주관적 조건들을 지시하는 것만으로는 충분하지 않다. 우리는 또한 취미를 가져야만 하고, 그 취미를 함께 나눌 수 있어야 한다. 그래서 칸트는 '동일한 미감적 감정'의 지반으로서 '감각의 전달〔공유〕가능성'과 '공통감'을 논설한다.

4) 예술미와 자연미

"미에는 두 종류, 곧 자유로운 미(pulchritudo vaga: 浮遊美)와 한낱 부수적인 미(pulchritudo adhaerens: 附隨美)가 있다."(*KU*, B48=V229) 자유로운 미는 대상이 무엇이어야 하는가 하는 개념을 전제하지 않은 독자적으로 존립하는 미이다. "개념 없이 필연적인 흡족의 대상으로서 인식되어지는 것은 아름답다."(*KU*, B68=V240) 반면에 부수적인 미는 한 개념 아래에 있는 대상에 덧붙여지는 것이다. 이 장미꽃의 아름다움이 자유미라면, '인간적 미'는 부수적 미이다.

이러한 미는 자연미와 예술미로 구별해볼 수도 있는데, "자연미는 하나의 아름다운 사물이며, 예술미는 사물에 대한 하나의 아름다운 표상이다."(*KU*, B188=V311) 자연미가 자연적인 것이라면, 예술미는 기예적인 것이다.

"기예(Kunst)가 어떤 가능한 대상의 인식에 알맞게 순전히 그 대상을 현실화하기 위해 그에 필요한 행위들만을 수행한다면, 그러한 기예는 기계적 기예이다. 그러나 기예가 쾌의 감정을 직접적인 의도로 삼는다면, 그것은 미감적 기예라고 일컫는다. 이 미감적 기예는 쾌적한 기예이거나 미적 기예〔schöne Kunst : 예술〕이다."(*KU*, B177/8=V305) 쾌적한 기예는 우리 안에 대상을 통해 쾌적한 감각들(향락)을 불러일으킨다. 그러나 "미적 기예는 그 자체로 합목적적이고, 비록 목적이 없지만 그럼에도 사교적 전달을 위해 마음의 힘들의 배양을 촉진"(*KU*, B179=V306)하는 것이다. 이 미적 기예의 생산물이 예술 작품이다.

예술품은 기예의 산물이지 자연의 산물은 아니다. "그럼에도 그러한 산물의 형식에서의 합목적성은 자의적인 규칙들의 일체의 강제로부터 자유로워서 마치 그 산물이 순전한 자연의 산물인 것처럼 보이지 않으면 안 된다."(*KU*, B179=V306) "자연은 그것이 동시에 예술인 것처럼 보였을 때 아름다운 것이었다. 그리고 예술은 우리가 그것이 예술임을 의식할 때에도 우리에게 자연인 것처럼 보일 때에만 아름답다고 불릴 수 있는 것이다." (*KU*, B179=V306) 그러니까 칸트에서 자연미는 예술미 같은 것이고, 예술미는 자연미와 흡사할 때만 미적인 것이다.

> "그러므로 미적 기예〔예술〕의 산물에서 합목적성은, 비록 의도적일지라도, 의도적으로 보여서는 안 된다. 다시 말해 미적 기예는, 비록 사람들이 그것을 기예라고 의식하고 있다 할지라도, 자연으로 간주될 수 있지 않으면 안 된다. 그러나 기예의 산물이 자연으로 나타나는 것은, 기예의 산물은 규칙들에 따름으로써만 마땅히 그것이어야 할 산물이 될 수 있는 만큼 그 규칙들과 정확하게 합치되지만, 그러나 거기에는 고심함이 없고, 격식이 엿보이는 일이 없으며, 다시 말해 규칙이 예술가의 눈앞에 아른거려서 그의 마음의 능력들을 속박했다는 흔적을 보이는 일이 없다고 하는 데에 있다."(*KU*, B180=V306/7)

어떤 개념들이나 목적들을 이용하지 않고서도 "기예에 규칙을 주는 재능(천부의 자질)"(*KU*, B181=V307)을 "천재(genius)"라고 일컫는다. 자연적으로 아름다운 것은 취미만을 필요로 하지만, 예술적으로 아름다운 것은 이 천재를 또한 필요로 한다. 천재에 의해서만 자연미와 흡사한 예술미가 산출될 수 있기 때문이다.

천재는 네 가지 특징을 갖는다. 첫째, 천재는 "어떠한 특정한 규칙도 주어지지 않는 것을 만들어내는"(*KU*, B182=V307) 원본성 곧 독창성으로 사람들의 마음을 사로잡는다. "천재의 최대 속성은 생산적 상상력이며, 그것은 모방 정신과 가장 크게 구별되는 것이다."(V-Anth: XXV, 945 참조) 둘째, 천재의 생산물은 모방에 의한 것이 아니라, "본보기적"(*KU*, B182=V308)이다. 쉽게 배우는 것은 천재성이 아니다. 도제와 대가 사이에는 수준의 차이가 있을 뿐이지만, 창의적인 천재와 천재성 없이 잘 배운 자 사이의 차이는 종별적이다. 미적 기예는 천재의 예술이고, 기계적 기예는 근면과 학습의 기술이다.(*KU*, B186=V310 참조) 셋째, 천재는 그가 어떤 규칙에 따라 자기의 생산물을 산출하는가를 스스로 기술할 수 없고, "오히려 자연으로서 규칙을"(*KU*, B182=V308) 준다. 넷째, "자연은 천재를 통해" 예술들에 대해 "규칙을 지시규정"(*KU*, B183=V308)한다.

천재는 우리 마음의 서로 다른 능력에 기초한다. 천재는 취미, 상상력, 지성 외에 "정신", 곧 "마음에서 생기를 일으키는 원리"(*KU*, B192=V313)인 "미감적 이념들을 현시하는 능력"(*KU*, B192=V313/4)을 가지고 있다.

> "천재는 본래, 어떠한 학문도 가르쳐줄 수 없고, 어떠한 근면으로도 배울 수 없는, 주어진 개념에 대한 이념들을 찾아내고 다른 한편 이 이념들을 위한 표현을 꼭 집어내는 행운의 관계에서 성립하는 것으로, 이 표현을 통해 저 이념에 의해 일으켜진 주관적 마음의 정조가 다른 사람들에게 전달될 수 있는 것이다. 이 후자의 재능이야말로 본래 사람들이 정신이라고 부르는 것이다."(*KU*, B198=V317)

미감적 이념은 생산적인 자유로운 상상력에 의해 형성되는 것으로, 내적 직관인 그것에는 아무런 개념도 대응하지 않고, 그래서 그것은 원본적이다.

> "천재란 주관이 그의 인식능력들을 자유롭게 사용하는 데서 드러나는 천부적 자질의 범형적 원본성[독창성]이다. 그렇기에 천재의 산물은 (가능한 학습

이나 교습에서가 아니라 천재에서 기인한다고 할 수 있는 점에서) 다른 천재에게는 모방의 실례가 아니라 〔…〕, 계승의 실례인 것이다. 다른 천재는 그 실례를 통해 그 자신의 원본성〔독창성〕의 감정이 일깨워져, 규칙들의 강제로부터 벗어난 자유를 예술 속에서 행사하는바, 그를 통해 예술은 그 자신 새로운 규칙을 얻고, 이 새로운 규칙을 통해 그 재능은 범형적인 것으로 드러난다. 그러나 천재는 자연의 총아이고, 그러한 것을 사람들은 단지 드문 현상으로 보지 않으면 안 되기 때문에, 천재의 실례는 다른 우수한 두뇌들에 대해 하나의 유파〔…〕를 만들어낸다. 이들에게는 그러한 한에서 예술이란 자연이 하나의 천재를 통해서 규칙을 준〔세운〕 모방인 것이다."(*KU*, B200=V318)

칸트가 "자연미는 하나의 아름다운 사물이며, 예술미는 사물에 대한 하나의 아름다운 표상이다"(*KU*, B188=V311)라고 규정할 때, 그가 말하고자 하는 것은 예술미의 산출과 판정을 위해서는 취미 외에도 천재가 필요함을 역설하는 것이지만, 천재가 필요한 것은 그를 통해서만 "마치 자연인 것" 같은 예술 작품을 만날 수 있기 때문이다. 이때 미를 위해 반드시 필요한 것은 천재적 상상력보다도 "자유로운 가운데서도 지성의 합법칙성에 부합하는 것이다."(*KU*, B202=V319) 그래서 천재가 취미를 갖출 때만 진정한 예술가가 될 수 있다. 상상력은 제아무리 풍부하다 해도 그것이 무법칙적인 자유 가운데 있다면 무의미한 것밖에는 만들어내지 못할 것이다.

"취미는 판단력 일반이 그러하듯이 천재의 훈육(또는 훈도)이며, 천재의 날개를 자르고, 천재를 교화 연마시키는 것이다. 그러나 취미는 동시에 천재가 합목적적이기 위해서는 어디에 그리고 어디까지 자기를 확장하여야만 하는가를 천재에게 지도한다. 그리고 취미는 사상 내용 안에 명료함과 질서 정연함을 투입함으로써, 이념들을 견고하게 만들고, 이념들로 하여금 지속적인 그리고 동시에 또한 보편적인 찬동을 얻고 다른 사람들이 계승하고 언제나 진보하는 문화[개화]의 힘을 갖게 만든다. 그러므로 만약에 어떤 [예술] 산물에서 이 두 가지 속성이 상충하여 어떤 것이 희생되어야만 한다면, 그것은 차라리 천재 쪽에서 일어나지 않으면 안 될 것이다. 그리고 예술의 사안들에 있어서 자기 자신의 원리들로부터 발언하는 판단력은 지성을 파괴하기보다는 차라리 상상력의 자유와 풍요를 파괴하는 것을 허용할 것이다."(*KU*, B203 =V319 이하)

"그러므로 예술을 위해서는 상상력, 지성, 정신 그리고 취미가 요구"(*KU*, B203 =V320 이하)되되, "앞의 세 능력들은 넷째 능력에 의해 비로소 통합을 얻는다."(*KU*, B203 =V320, 주) 그러니까 천재는 예술 작품의 생산에 필수적인 것이기는 하지만, 충분한 것은 아니다. 천재는 단지 예술의 산물들을 위한 풍부한 재료를 공급할 수 있을 뿐이다. 그 재료의 가공과 형식을 판단력 앞에서 합격할 수 있게끔 사용하기 위해서는 훈련을 통해 도야된 재능이 필요하다. 이 점에서 칸트는 질풍노도를 이끈 다수의 천재 열광자들, 예컨대 하만(J. G. Hamann, 1730~1788), 헤르더(J. G. Herder, 1744~1803), 야코비(F. H. Jacobi, 1743~1819) 등과는 다른 견해를 취하고 있다.(Refl 771 : XV, 336~8 참조) 그러니까 칸트는 낭만주의의 태동기에 아직 고전주의를 포기하지 않고 있는 셈이다.

2. 도덕론으로서의 취미론

순수한 취미판단의 기초에는 아무런 이해관심도 놓여 있지 않지만, 그러나 이것이 "취미판단이 순수한 미감적 판단으로 주어진 후에, 그것에 어떠한 이해관심도 결합될 수 없다"(*KU*, B162 =V296)라는 것을 의미하지는 않는다. 미적인 것에서의 경험적 관심은 사회로의 인간의 경향성에 기인한다. 사회에서 인간은 미적인 것에 관심을 가지며, "한낱 인간이 아니라 자기 나름으로 세련된 인간이고자"(*KU*, B163=V297) 의욕한다. 경험적 관심이 사회적으로 그리고 어느 정도 정념적으로 조건 지어져 있다면, 자연미에 대한 인간의 지성적 관심은 "항상 선한 영혼의 표지(標識)"이며, "만약 이 관심이 습관적인 것이라면, 그것이 자연의 정관(靜觀)과 기꺼이 결합될 때, 그것은 적어도 도덕적 감정에 호의적인 마음의 정조(情調)를 가리킨다는 것이다."(*KU*, B166=V298 이하)

칸트의 통찰에 의하면, 자연미에 대해 직접적인 관심을 보이는 사람은 적어도 선한 도덕적 마음씨의 소질을 가지고 있다. 이런 사람을 칸트는 "아름다운 영혼"(*KU*, B168=V300)을 가진 사람이라 일컫는다. 여기서 아름다운 영혼은 미적인 것과 도덕적인 것, 감성적인 것과 이성적인 것이 합일하는 자리로 부상한다. 이런 관점과 함께 이제 칸트는 독일이상주의에 합세하고 있다.

"여기서 또한 이성의 관심을 끄는 것은, 이념들—이것들에 대해 이성은 도덕 감정에서 직접적인 관심을 생기게 한다—도 객관적 실재성을 갖는다는 사실, 다시 말해 자연은 적어도 자연이 자기의 산물들이 모든 이해관심으로부터 독립적인 우리의 흡족[…]과 합법칙적으로 합치함을 상정할 그 어떤 근거를 자신 안에 함유하고 있다는 어떤 흔적을 보인다거나 어떤 암시를 준다는 사실이다. 그래서 이성은 자연이 이와 비슷한 합치를 표출하는 것마다에 관심을 갖지 않을 수 없는 것이다. 따라서 마음은 자연의 미에 동시에 관심이 끌리지 않고서는 그것에 관해 숙려할 수가 없다. 그러나 이런 관심은 그 친족성의 면[친족관계]에서 보면 도덕적인 것이다. 자연의 미적인 것에 관심을 가지는 이는, 그가 앞서 이미 윤리적으로-좋은[선한] 것에 대한 그의 관심을 충분히 기초 닦은 한에서만, 자연의 미적인 것에 대하여 그러한 관심을 가질 수 있는 것이다. 그러 므로 자연의 미에 직접적〔무매개적〕으로 관심을 갖는 이는 적어도 선한 도덕적 마음씨의 소질이 있다고 추정할 이유가 있다."(*KU*, B169/170=V300/301)

실러는 "인간은 그의 물리〔학〕적 상태에서 자연의 힘을 겪고 견디며, 미 〔학〕적 상태에서 이 힘에서 벗어나 자유롭고, 도덕〔학〕적 상태에서 그것을 지배하게 된다"[10]고 보았다. 그럼에도 '우미(Anmut)'함에서 진정으로 '아 름다운 영혼(schöne Seele)'을 발견한 실러는 "칸트의 도덕철학에는 모든 우미의 여신들을 놀라서 뒷걸음치게 하는 강한 어세로 의무의 이념이 강 론되고 있다"[11]고 비판하면서, 미를 윤리적 선에 종속시키거나 선의 수단 으로 보는 것을 우려했다. 그러나 칸트 자신이 실러에 대해 "우리는 가장 중요한 원리들에서 일치하고 있다"(*RGV*, B10=VI23)고 말했듯이, "아름다 운 영혼에서 감성과 지성, 의무와 경향성은 조화를 이루고"[12] 우미는 거기 에서 표현되는바, 실러에서 "우미가 자유의 영향 아래에 있는 형태의 미, 즉 인격이 규정하는 그러한 현상들의 미"[13]를 지시하는 것이라면, 칸트와 실러는 서로 근거리에 있다 하겠다.

이렇게 칸트가 섀프츠베리(Anthony Ashley Cooper, Third Earl of Shaftesbury, 1671~1713), 루소(J.-J. Rousseau, 1712~1778)와 같은 도덕감정론자들이 사 용하던 '아름다운 영혼' 개념을 공유함으로써 그의 도덕 감정/도덕감 개념

---

10 Schiller, "Über die ästhetische Erziehung des Menschen", 24. Brief, 수록 : P.-A. André/A. Meier/W. Riedel(Hrsg.), *Friedrich Schiller : Sämtliche Werke*, München 2004, Bd. V, 646.
11 Schiller, "Über Anmut und Würde", 수록 : P.-A. André/A. Meier/W. Riedel(Hrsg.), *Friedrich Schiller : Sämtliche Werke*, München 2004, Bd. V, 465.
12 같은 책, Bd. V, 468.
13 같은 책, Bd. V, 446.

에도 변화가 생겼다고 볼 수 있다. 의무 개념 일반을 위한 마음의 감수성에 대한 미감적 선[先]개념(*MS*, *TL*, A35=VI399; 참조 *KU*, BLVII=VI97)들 중 하나로서의 도덕 감정은, "순전히 우리 행위의 의무법칙과의 합치 또는 상충에 대한 의식에서 유래하는 쾌 또는 불쾌의 감수성"(*MS*, *TL*, A35이하=VI399)을 말하는데, 쾌 또는 불쾌의 감수성이란 미적 감수성을 뜻하므로, 아름다운 영혼이 도덕 감정을 갖는 것이라 할 수 있으니 말이다.

그렇다면 어떤 방식으로 우리는 다른 사람들에게 순수한 취미판단을 의무로서 동의하도록 요구할 권리를 얻는가? 미감적 판단력은 누구에게나 우리의 순수한 미감적 판단에 대해, 미적인 것에 대한 어떠한 이해관심에도 의거해 있지 않고, 또한 그러한 것을 낳지도 않는, 찬동을 요구한다. 그에 반해 지성적 판단력은 우리 안에 능히 그러한 이해관심이 생기게 한다. 지성적 판단력은 자유 개념들에 따라서 자기 자신을 규정하는 능력을 말하는 것으로, 하나의 선험적인 흡족, 즉 도덕적 감정을 일으킨다. 이성이념들의 객관적 실재성에 대해 도덕적인 관심을 갖는 사람은 자연미에 대한 미감적 관심도 갖는다. 왜냐하면, 그에게 자연의 미는 도덕적인 선의 "암호"(*KU*, B170=V301)로 나타나기 때문이다. 도덕적 감정은 인간성의 이념과의 개념적 관계에 의거해 있고, 미감적 감정은 그것과의 무개념적 관계에 의거해 있다. 사람들이 미에 대해 도덕적인 사유 방식에 의거해 있는 지성적 관심을 갖는 한에서, 미감적 흡족은 의무로 고양된다. 그러나 물론 한편으로 순수한 미감적 판단의 논리와 다른 한편으로 우리의 도덕성으로의 소질 개발에 의거해 있는 자연미에 대한 지성적 관심의 요구와의 사이에 개념적 차이가 있다면, 자연미에 대한 이러한 관심을 보임이 없이도, 취미를 갖는 것이 가능할 수 있음도 분명하다. 그런 만큼 이 점에서 분명히 취미판단은 언제나 이미 도덕적 감정과 관계를 갖는 숭고성의 판단과는 차이를 보인다.(*KU*, B111 이하=V265 참조)

그러나 만약 미적 기예, 곧 예술이 "동시에 자연인 것처럼 보이는 한에서, 하나의 기예"(*KU*, §45의 제목: B179=V306)라면, 자연미에 대해서 관심을 갖는 자만이 예술미에 대해서도 판단할 수 있을 것이다. 칸트에 따르면 우리는 누구에게나 자연미를 예술미의 척도로 삼을 것을 의무화하는데, 우리가 이러한 권한을 갖는 것은 바로 우리가 판단하는 자에게서 하나의 도덕적 감정을 전제하기 때문이다.

이에서 더 나아가 칸트는 미적인 것은 윤리적으로−좋은 것, 곧 선의 상징이자 "윤리성의 상징"(*KU*, B254=V351)이라고 주장한다.

> "미적인 것은 윤리적으로−좋은[선한] 것의 상징이며, 그리고 또한 (누구에게나 자연스럽고, 또 누구나 다른 사람에게 의무로서 요구하는 관계의) 이러한 관점에서만 미적인 것은 다른 모든 사람들의 동의를 요구함과 함께 적의한 것이다."(*KU*, B258=V353)

칸트에서 진[참임]·선[참됨]·미[참함]는 종국적으로 '참'의 이념 아래에서만 통일적인 것으로 생각될 수 있는 것이다. 그럼에도 '참'의 세 가지는 각기 독자적인 영역을 갖는다. 그것은 마음의 세 가지 서로 다른 작용방식에 부응하는 가치이기 때문이다. 다만 칸트가 미를 윤리성의 상징이라고 말할 때 드러내고자 하는 바는, 인간의 궁극적 가치는 그의 윤리성에 있는데, 미적 감정과 미적 기예가 윤리성의 증진에 기여한다는 사실이다.

> "보편적으로 소통되는 쾌에 의해 그리고 사회에 대한 순화와 세련화를 통해, 비록 인간을 윤리적으로 개선시키지는 못해도 개화시키기는 하는 미적 기예[예술]와 학문들은 감각적 성벽[性癖]의 폭군적 지배를 제법 잘 극복하고, 그렇게 함으로써 인간에게 이성만이 권력을 가져야 하는 지배 체제를 준비해준

다.”(*KU*, B395 =V433)

이에서 한 걸음 더 나아가 “경험적으로는 미적인 것은 오직 사회에서만 관심거리”(*KU*, B162=V296)라는 칸트의 통찰은 취미가 단지 도덕적 교화의 표지일 뿐 아니라 인간 사회 문화 일반의 표지임을 주창한다. “자기를 전달하고자 하는”(MAM : VIII, 110) “사회로의 추동”(*KU*, B162=V296)이 인간의 자연본성인 한에서, “사교성”을 인간성에 속하는 본질적 속성이라 한다면, 취미는 자기의 감정을 “다른 모든 사람들에게 전달할 수 있게 해주는 모든 것을 판정하는 능력”이라고도 할 수 있다.(*KU*, B162 이하=V297 참조) “취미는 우리 인간을 사교적으로 만든다.”(V–Anth : XXV, 187) “그러므로 취미는 상상력에서 외적 대상들에 대한 사회적 판정의 능력이다.” (*Anth*, BA186 =VII241)

“온전히 홀로 있을 때 누구도 자신이나 자기 집을 단장하거나 청소하지 않는다.”(*Anth*, BA186 =VII240) “무인도에 버려진 사람은 그 자신 홀로는 자기의 움막이나 자기 자신을 꾸미거나 꽃들을 찾아내거나 하지 않으며, 더구나 단장하기 위해 꽃들을 재배하는 일은 없을 것이다. 오직 사회에서만 그에게 한낱 인간이 아니라 자기 나름으로 세련된 인간이고자 하는 생각이 떠오른다. (이것이 문명화의 시작이다.)”(*KU*, B163=V297)

그러니까 인간 문명의 시작은 감정의 전달〔공유〕 가능성을 바탕으로 하는 미감적 판단력, 곧 ‘공통감(Gemeinsinn)’에서 비롯한 것이겠다. 기실 자연법칙 수립의 기반인 ‘의식 일반(Bewußtsein überhaupt)’도 도덕법칙 수립의 기반인 ‘양심(Gewissen)’, 곧 공동의 의식, 함께 앎(conscientia, Mitwissen)도 이러한 공통감을 전제할 것인즉, 이로 인해 지성과 이성이 판단력에서 접점을 얻는다는 것이겠다.

제5장

칸트의 체계 사상

제1절 _ 이성철학 곧 체계사상

1. 체계의 설립자로서의 이성과 초월적 관념론

칸트의 철학은 어느 면에서 보아도 이성철학이다. 그리고 이성철학은 곧 체계사상, 즉 주어지는 것들을 하나의 전체로 통일하는 사상이다. 이성이란 다름 아닌 건축술적 활동을 본질로 갖는 법칙수립의 능력을 일컫는 것이니 말이다.

이성 비판은 자기에 대해서나 대상에 대해서나 그 범위와 한계를 규정하기 위해 먼저 분석을 하지만, 그것은 체계적인 종합을 위한 준비 작업이다. 이성은 자기 자신을 감성 · 지성 · 이성으로 분간하고, 대상을 자연적인 것 · 초자연적인 것으로 분별하고, 이성을 다시금 이론이성 · 실천이성으로 구분하고, 그에 대응하는 세계를 자연 · 자유로 개념화한 끝에 이 모든 것을 하나의 전체로 통일하는 기획을 한다. 그러한 이성의 기획이 칸트

353

의 확장된 '초월적 관념론'이다. 『순수이성비판』에서는 '경험적 실재론'의 소극적 의미만을 갖던 '초월적 관념론'이 『판단력비판』 이후 차츰 초월철학과 동일시되고 『유작』에 이르러서는 마침내 신과 세계와 인간의 통일체제를 적극적으로 세운다.

> "초월적 관념론은 전체 세계체제[체계] 비밀을 풀기 위한 열쇠이다. 신과 세계를 한 체제[체계](宇宙)의 이념 안에 넣을 수는 없다. 이들은 이질적이므로, 오히려 하나의 매개개념에 의거해야만 한다."(OP, XXI38)

신과 세계라는 서로 떨어져 있는 대상을 하나의 전체로 통일하는 매체는 인간 이성 외에 다른 것일 수가 없다. 그 이성은 사변적 법칙 형식으로 존재의 세계를 통일하여 하나의 자연세계로서의 '우주(universum)'를 세우고, 인간의 덕성과 행복의 합치에서 기대할 수 있는 최고선의 이념에 의거하여 도덕법칙에 따르는 당위의 세계와 자연의 세계의 통일을 바라본다.

초월적 주체로서 인간 이성이 '초월한다' 함은, 인간 이성이 자기 안에서 밖으로 나가면서, 자신을 구성하고, 그를 토대로 세계를 구성함을 말한다. 그러니까 초월철학은 "순수 이성의 하나의 체계"로서 "밖에서 안으로가 아니라, 안에서 밖으로 선험적 개념들을 규정함, 한 체계 안에서 자기 자신을 만듦, 그리고 자신을 하나의 대상으로 구성함"이며, 이런 의미에서 초월철학은 곧 "하나의 이론적–사변적 및 도덕적–실천적 체계를 위한 초월적 관념론"(OP, XXI97)이다. 그리고 이 체계가 곧 우리 인간에게 실재하는 세계이므로, "초월적 관념론은 절대적 의미에서 실재론이다."(OP, XXI99)

2. '근원소(根原素)' 개념에 의한 물질세계의 통일

칸트 말년의 『유작』에서 초월적 관념론은 자유법칙들에 의한 윤리세계 뿐만 아니라, 물질의 운동법칙들에 의한 자연세계, 곧 "가능한 경험의 전체의 통일"을 기획한다. 하나의 자연세계는 "물질의 모든 운동력들의 통일의 전체의 토대" 위에서만 가능할 것인데, 이 통일의 원리가 되는 근원적 원소를 칸트는 당시 통용되던 명칭을 따라 "에테르(Aether)" 또는 "열소(Wärmestoff)"라고 부른다. 열소는 모든 기계들과 그 운동의 기초에 놓여 있으면서 모든 것에 침투하는 항구적인 원소를 지칭한다. 이것은 가설적인 것도 경험에서 도출해낸 것도 아니며, "기계적인 것을 위해 요청되는 것이다."(OP, XXI192) 칸트에서 열소란 모든 물체들에 침투(浸透/滲透)하면서 스스로 존립하고, 모든 물체의 부분들을 부단히 일관되게 약동시키는 하나의 물질로서, "실재적이고 이성에 의해 선험적으로 주어진 세계원소이자 운동력들의 체계에 대한 설명을 가능하게 하는 원리"(OP, XXI216)이다. 그것은 우주를 가득 채워 전체 우주 공간이 "하나의 연속체"(OP, XXI224)이게끔 해주는 근원적으로 운동하는 우주원소이다. 이러한 열소/에테르는 하나의 선험적 개념 곧 형이상학적이되, "그것의 실존은 필연적, 곧 감관들의 대상에 상관적"이기 때문에, 동시에 물리학적이기도 하다. 그래서 칸트에서 열소/에테르는 '자연과학의 형이상학적 기초원리들에서 물리학으로의 이행'을 이룩하는 하나의 교량 개념인 것이다. '열소' 개념을 매개로 칸트는 철학과 자연과학, 형이상학과 물리학의 통일체계를 세우려 한다.

열소가 실재함은 "빈 공간이 없다."라는 자명한 명제에서 저절로 입증이 된다. 세계공간[우주]은 전체적으로 물질로 채워진 것으로, 엄밀한 의미에서 '빈 공간'이나 '빈틈'이란 있을 수 없다. 이런 것은 가능한 경험의 대상이 아니기 때문이다. 아무것도 없는 것을 우리는 도무지 지각할 수가 없고, 아무것도 없는 곳은 그야말로 어디에도 없는 곳이다. 우리는 하나의 연속체를 이루는 물질로 채워진 공간상에서 말고는 어떠한 운동도 생각할 수가 없다. "감각될 수 있는 공간, 즉 공간의 경험적 직관의 대상이 물질의 운동력들의 총괄이며, 이런 운동력들이 없다면 공간은 가능한 경험의 대상이 아니고, 공허한 것으로서 전혀 아무런 감관객체가 아닐 터이다. 우리가 원초적으로 운동하는 것"이라고 부를 수밖에 없는 이러한 "근원소(Urstoff)"는 가설적인 것은 아니지만, 그렇다고 그 자체가 "경험객체"는 아니다. 그런 것이라면 그것은 물리적 물질일 것이니 말이다. "그럼에도 이 원소는 실재성을 갖고, 그것의 실존이 요청될 수 있다. 왜냐하면, 그러한 세계원소와 그것의 운동력들을 납득하지 않고서는 공간이 감관객체이지 못할 것이고, 이에 관한 경험이 긍정적으로도 부정적으로도 생기지 않을 것이기 때문이다. 그러한 무형식의, 모든 공간에 침투하고, 오직 이성에 의해서만 보증될 수 있는 원소에 대해 우리는 한낱 공간상에 퍼져 있고 모든 것에 침투[삼투]하고 있는 운동력 이외의 다른 것으로는 생각하지 않거니와, 이것의 현실성은 경험에 앞서서도 그러니까 선험적으로 가능한 경험을 위해 요청될 수 있다."(OP, XXI219)

'물리적 물체들이 있다.' 라는 자연학의 명제는 '그것들을 이루는 시간상 선행하는 물질이 있다.' 라는 명제를 전제한다. 여기서 궁극적으로는 어떤 물질이 자신으로부터 생긴다는 것을 납득하지 않을 수 없다. 이러한 자기생산적인, 자발적인 물질을 이해할 수도 지각할 수도 없지만, 우리의 가능한 경험세계 전체를 위해 이러한 "근원적으로 운동하는 물질"(OP, XXI225)을 요청하지 않을 수 없다. "이 물질은 그 자신만으로 하나의 전체를 이루고, 이 전체는 하나의 세계전체로서 자립적으로 존속하고 스스로 내적으로 자기-운동하며 다른 모든 운동하는 물질의 토대"(OP, XXI216 이하)를 이룬다. "그것은 자립적으로 스스로 하나의 원소에서 하나의 세계전체를 형성하거니와, 이 원소는 한낱 하나의 물질의 실존만을 아무런 특수한 힘들 없이 그러니까 일반적으로 지칭하고, 이러한 질에서만 운동력을 가지며, 자기 자신의 자극의 힘 외에 다른 모든 힘들은 박탈되어 있으되, 다른 모든 운동력들을 지속적이면서 어디서나 활기찬 활동성 중에 보존"(OP, XXI217)하는 것이다.

이성이 요구하는 가능한 경험의 통일은 물질의 모든 운동력들이 집합적으로 통일될 것을 전제한다. 이 지점에서 칸트는 열소/에테르를 물질의 모든 운동력들의 원리이자 경험을 가능하게 하는 질료적[물질적] 조건으로 보고 있다. 이러한 견지에서, 다음과 같은, 물리학에서 얻어온 것이 아닌 그래서 경험적이 아니고, 오히려 자연과학의 형이상학적 기초원리들로부터의 이행에 속하는 선험적으로 타당한 명제가 나온다.

"연속체로서 전체 세계공간[우주]에 퍼져 있는, 모든 물체들에 동형적으로[균일하게] 스며들어 채우는(그러니까 어떠한 장소 변화에도 예속되지 않는) 물질이 있다. 이 물질을 사람들은 이제 에테르라고 부를 수도 있고 열소 등등이라고 부를 수도 있지만, 이 물질은 (어떤 현상들을 설명하기 위한, 또 주어진 작용결과에 대한 모종의 원인을 다소간에 그럴듯하게 생각해보기 위한) 가설적 소재가 아니라, 자연과학의 형이상학적 기초원리들로부터 물리학으로 이행하는데 필수적인 요소로 선험적으로 인정되고 요청될 수 있는 것이다."(OP, XXI218)

물질의 모든 능동적 운동력들의 기초에 놓여 있는 "하나의 시원적인 그리고 무한히 감소되지 않는 영구적인 내적으로 운동하는 물질"(OP, XXI192)은 스스로 운동을 개시한다. 이제 "이러한 운동의 최초의 시작이라는 개념 자체가 불가해하고, 운동함에서 물질의 자발성이라는 것이 이 물질 개념과는 양립될 수 없음에도 불구하고, 다른 한편, 일단 세계공간[우주]에 운동이 있으니까, 그것의 원초적인 운동과 그 운동력들의 현존은 불가피하게 요청된다. 무릇 저 운동이 항상 그리고 영원히 있었으며, 마찬가지로 지속할 것이라는 것은 결코 납득할 수 없는 운동의 필연성을 납득하는 것이다."(OP, XXI222) 그러나 여기서 마주치게 되는 "최초의 운동자(第一 運動者)"가 "하나의 비물질적인 원리"로 이해되고 그것이 '자유로운 행위자'에 닿게 되면 열소 이론은 신(神) 개념으로 이어져 곧바로 칸트가 구상하는 형이상학으로서의 초월철학의 한 부분이 된다. 하나의 '최초 운동자'에게는 자발성, 다시 말해 물질성과는 온전히 모순되는 하나의 의지를 덧붙이지 않을 수 없을 것이니 말이다.

또한 열소는 유동체가 아니면서, 모든 것을 유동하게 만들며, 자신은 탄성적이지 않으면서도, 모든 탄성의 원인이다. 모든 것에 침투하는 저지불가능한 것이지만, 스스로 자존[실체]적인 물질이 아니라, 단지 내속[속성]적인 물질이다.(OP, XXI282 참조) 열소는 전 우주에 걸쳐 퍼져 있으며, 그것의 실존은 감관들의 대상에 상관적이다.(OP, XXI224 참조) 이렇게 "경험 일반의 가능성과의 관계에서 저 소재[원소] 자신이 하나의 경험적인 것이 된다."(OP, XXI233)

이렇게 요청된 칸트의 '열소'개념은 '하나의 우주' 이론과 우주 유기체론의 단서를 제공한다.

3. '최고선' 이념에 의한 자연세계와 윤리세계의 통일

칸트의 체계사상은 『순수이성비판』에서 자연 인식의 범주인 '상호작용'을 기초로 한 통일적 세계 곧 우주 이론을 개진할 때 모습을 어렴풋이 드러냈으며, 그의 말년 사념의 자취인『유작』에서의 '에테르/열소'는 그 모습을 더욱 뚜렷하게 보인다. 이에서 한발 더 나아가 칸트가『실천이성비판』에서 자기의 본래의 '선' 개념에 위험을 초래하면서까지 '최고선' 개념을 내놓을 때는, 이 세계가 단지 물리적 인과 관계뿐만 아니라 목적 관계의 체제임을 말하고 있다.

 "행복이란, 그의 실존의 전체에서 모든 일이 소망과 의지대로 진행되는, 이 세상에서의 이성적 존재자의 상태이며, 그러므로 행복은 자연이 그의 전 목적에 합치하는 데에, 또한 자연이 그의 의지의 본질적인 규정 근거와 합치하는 데에 의거한다. 그런데 도덕법칙은 자유의 법칙으로서 자연 및 자연의 (동기로서의) 우리 욕구 능력과의 합치에 전적으로 독립해 있는 규정 근거들에 의해 지시명령한다. 그러나 이 세계 안에서 행위하는 이성적 존재자는 동시에 세계 및 자연 자체의 원인이 아니다. 그러므로 도덕법칙 안에는 윤리성과 이에 비례하는, 세계에 그 일부로서 속하고 따라서 세계에 부속되어 있는 존재자의 행복 사이의 필연적 연관에 대한 최소한의 근거도 없다. 세계에 부속되어 있는 이 존재자는 바로 그렇기 때문에 자기의 의지로써 이 자연의 원인일 수가 없고, 그의 행복과 관련하여 그 자신의 힘으로 자연을 그의 실천 원칙들과 일관되게 일치시킬 수가 없다. 그럼에도 불구하고 […] 우리는 응당 최고선의 촉진을 추구해야 한다. […] 그러므로 또한 이 연관의 근거, 곧 행복과 윤리성 사이의 정확한 합치의 근거를 함유할, 자연과는 구별되는 전체 자연의 원인의 현존이 요청된다. […] 그러므로 도덕적 마음씨에 적합한 원인성을 갖는, 자연의 최상 원인이 전제되는 한에서만, 이 세계에서 최고선은 가능하다. 무릇 법칙의 표상에 따라 행위할 수 있는 존재자는 예지자요, 이 법칙 표상에 따르는 그런 존재자의 원인성은 그 존재자의 의지이다. 그러므로 최고선을 위해 전제되어야만 하는 것인 한에서, 자연의 최상 원인은 지성과 의지에 의해 자연의 원인(따라서 창시자)인 존재자, 다시 말해 신이다. 따라서 최고의 파생적 선(즉 최선의 세계)의 가능성의 요청은 동시에 최고의 근원적 선의 현실성, 곧 신의 실존의 요청이다. […] 다시 말해 신의 현존을 받아들임은 도덕적으로 필연적이다."(*KpV*, A224=V124 이하)

이러한 행복을 한 요소로 갖는 '최고선'은 신의 현존과 영혼의 불사성의 요청 근거이자, 자연의 세계와 도덕의 세계의 합일 매체가 된다. 가능한 최고선은 이 세계가 기계적 인과성 외에 '목적'의 원인에 의해 운행될 경우에라야 기대할 수 있는 것이니 말이다. 이제 칸트의 이성은 합목적성의 원리에 따라 사유한다.

제2절 _ 합목적적 세계

1. '합목적적'인 자연

"목적들의 규칙에 따르는 하나의 체계로서의 전체 자연이라는 이념"(*KU*, B300=V379)에서, 목적 개념은 하나의 이성이념을 표현하되, 이성은 현상들의 전체성을 요구한다. 그래서 우리는 자연을 전체로서 하나의 내적 자연인과 조직으로, 다시 말해 그 안에서는 어떤 것도 쓸데없는 것일 수 없는 "목적들의 대체계(大體系)"(*KU*, B303=V380), 하나의 유기체로 생각한다. 예컨대 한편으로 식물들은 초식동물의 먹잇감으로, 초식동물은 육식동물의 먹잇감으로, 육식동물은 다시금 인간의 먹잇감으로 존재한다고, 그러나 다른 한편 인간은 육식동물의 지나친 번식을 억제하기 위해, 육식동물은 초식동물의 탐식을 제한하기 위해, 초식동물은 다시금 식물들의 번성에서 균형을 유지하기 위해 존재한다고 생각한다.

자연이 합목적적인 유기적 체계로 이해될 수 있다면, 목적론의 원리가 또한 자연과학의 내적 원리이기도 한다는 관점이 등장할 수 있다. 그러나 자연과학은 자연목적들이 의도적으로 작동되는가, 의도 없이 작동되는가 하는 문제는 관심 밖에 두며, 자연산물들이 오로지 자연법칙들에 의해서만 설명될 수 있다는 통찰에 머문다. 물론 자연법칙들은 목적들의 이념 아래에 서 있을 수 있고, 그 내적 형식은 목적들의 원리에 의해서만 인식될 수 있다. 그러나 한 유기체의 내적 합목적성에 대한 인식을 자연과학이 감당할 수는 없다. 왜냐하면, 자연과학은 그러한 지식을 산출할 수 있는 충분한 관찰 자료들을 얻을 수 없기 때문이다. 이런 까닭에 "목적론은 보통 이론적 자연과학의 고유한 한 부문을 이루지 않고, 신학을 위한 예비학 내지는 이행단계"(KU, B309=V383) 정도로 여겨질 뿐이다.

그럼에도 자연의 내적 객관적 합목적성의 원리는 중요한 방법적 의미를 갖는다. 자연이 유기적 체계로 이해될 수 있다면, 합목적성의 원리는 자연 안의 모든 특수한 사건을 하나의 경험적 자연법칙으로 수렴할 수 있는 기대를 갖게 한다. 그래서 우리가 '자연 안의 유기적인 존재자'라는 개념을 갖게 된다면, 그러나 남는 문제는 어떻게 기계적 자연법칙들이 이 자연목적을 산출할 수 있는가 하는 것이다. 그것은 곧 목적론과 자연과학의 관계에 대한 성찰을 요구하거니와, 이에 대해서는 다름 아니라 판단력의 두 가지 사용이 각자의 몫을 함으로써 가능하다고 답할 수 있다.

규정적인 한편 반성적인 판단력의 두 가능한 사용방식에 따라 판단력은 일견 두 준칙 사이의 모순에 빠진다.

지성에 의해 판단력에게 선험적으로 부여되는 준칙은 "물질적 사물들과 그것들의 형식들의 모든 산출은 순전히 기계적 법칙들에 따라서 가능한 것으로 판정되어야 한다."(KU, B314=V387)는 것이다. 그러나 특수한 경험들은 이성으로 하여금 그 근원을 지성 안에 갖는 것과는 다른 종류의 자연 통일성을 생각하게 한다. 그래서 "물질적 자연의 몇몇 산물들은 한낱 기계적인 법칙들에 따라서 가능한 것으로 판정될 수가 없다. (그것들의 판정은 전혀 다른 인과성의 법칙, 곧 목적인들의 법칙을 필요로 한다.)"(*KU*, B314=V387)라는 준칙 또한 생겨난다.

서로 엇갈리는 이 두 준칙들은 "판단력을 그의 반성의 원리에서 헷갈리게 하는 변증성"(*KU*, B314=V387)을 낳는다. 이 두 준칙 모두 본래는 탐구를 위한 규제적인 것인데, "이 규제적 원칙들을 이제 객관들 자신을 가능하게 하는 구성적인 원리로 전화시키면"(*KU*, B314=V387) 하나의 이율배반이 생기지 않을 수 없다.

"정립: 물질적 사물들의 모든 산출은 순전히 기계적 법칙들에 따라 가능하다.

반정립: 물질적 사물들의 몇몇 산출은 순전히 기계적 법칙들에 따라서는 가능하지 않다."(*KU*, B314이하=V387)

주관적 합목적성은 본디 반성적 판단력의 원리일 따름이다. 그런데 이성은 우리에게 자연의 법칙수립자로서 작용인을 찾도록 시도하라고 촉구하고, 이 시도가 좌절될 경우에 이성은 우리가 목적인에 의지하는 것을 허용한다. 그러므로 이 '이율배반'은 "이성의 법칙수립에서의 상충"일 수는 있어도 "판단력의 이율배반은 아니[다.]"(*KU*, B315=V387) 이 판단력의 두 준칙은 물질적 자연산물들을 합리적으로 설명할 수 있는 가능한 두 방식이라 하겠다.

"그러므로 본래 물리적인(기계적인) 설명방식의 준칙과 목적론적인(기술적인) 설명방식의 준칙 사이에 있는 듯이 보이는 이율배반은, 사람들이 반성적 판단력의 원칙을 규정적 판단력의 원칙과 혼동하고, (특수한 경험법칙들에 관한 우리의 이성사용에 대해 한낱 주관적으로만 타당한) 전자의 자율성을 지성에 의해 주어진 (보편적인 또는 특수한) 법칙들을 따르지 않으면 안 되는 후자의 타율성과 혼동하는 데에서 기인한 것이다."(*KU*, B318/9=V389)

유기적인 자연산물들이 순수한 기계적인 법칙들에 따라 낳아진다는 것을 우리는 물론 증명할 수 없다. 그럼에도

"유기적 물체들의 이념은 간접적으로는 선험적으로, 그 안에서 하나의 실재적 전체라는 개념이 그것의 부분들의 개념에 반드시 선행하는, 운동력들에 의해 합성된 것이라는 이념 중에 함유되어 있다. 이 전체라는 것은 오직 목적들에 의한 결합이라는 개념을 통해서만 생각될 수 있는 것이다. 직접적으로 본다면 그것은 순전히 경험적으로 인식할 수 있는 기계성(Mechanism)이다. 무릇 만약 경험이 우리에게 그와 같은 물체들을 제시하지 않는다면, 우리는 그러한 것의 가능성을 단지 가정하는 것도 할 수 없을 것이기 때문이다."(OP, XXI213)

유기적 물체란 "전체의 이념이 그것의 부분들의 개념에 그 가능성의 근거로서 선행하는 그러한 물체"(OP, XXI211)이다. 다시 말해 "그것의 각각의 부분이 자기 전체의 여타의 모든 부분들의 실존 및 운동의 원리의 절대적 통일인 물체"(OP, XXI210)이다. 그것은 "그것 안에서 모든 부분들이 상호 간에 목적이면서 동시에 수단으로 관계하는 물체의 물질의 운동력들의 한 체계"(OP, XXI188)로서, 그것의 각각의 부분이 나머지 부분들을 위하여 현존하는 하나의 전체인 그러한 존재자를 말한다.(OP, XXI184 · 189 참조) 이러한 유기적 물체란 "자기 자신을 형식의 면에서 산출하는 기계로서, 그것의 운동력은 수단이며 동시에 목적이다."(OP, XXI196) 그러니까 유기성

(Organismus)은 일정한 의도를 위한 운동의 도구로 간주되는 물체의 형식(OP, XXI185 참조)이다. 이러한 물체들을 칸트는 "자연적인 기계들"(OP, XXI186)인 유기체들에서 본다.

유기체에서 "물질은 어떤 지성적 존재자의 기예생산물처럼 유기조직화되어 있다."(OP, XXI187) 이 같은 유기조직에 대한 의식은 우리로 하여금 "유기적 원소의 개념"(OP, XXI190)을 갖게 하는 한편, 마침내는 하나의 "세계유기조직"(OP, XXI212)을 생각하게 한다. 이 방향으로 사유가 전개되어 나가면 '우주 유기체론'에 이를 것이고, 그래서 칸트의 사유는 이 지점에서 독일이상주의에 맞닿는다.

우리의 인식능력에 대해 자연기계성은 유기적 존재자들을 위한 충분한 설명근거를 제시하지 않는다. 이는 칸트 당대의 과학뿐만 아니라, '초인공지능'을 운위하는 현대의 과학에서도 마찬가지이다. 이 상황에서 목적들에 의한 인과성은 반성의 실마리로 쓰이는, 기계적 설명근거들에 대해서는 언제나 열려 있을 수밖에 없는, 순전한 이념이다. 그렇기에 칸트에게 있어서 자연의 합목적성 개념과 함께 체계로서의 자연 또한 판단력을 위한 이성의 주관적 원리이다. 그러면서도 '체계로서의 자연'은 인간의 판단력에 대해서는 객관적인 원리인 양 타당하다.

"자연의 산물들에 있어서의 자연의 합목적성 개념은 자연에 관한 인간의 판단력에 대해서는 필연적인, 그러나 객관들 자체의 규정에는 관계하지 않는 개념일 것이고, 그러므로 판단력을 위한 이성의 주관적 원리일 것이다. [그럼에도] (구성적인 것이 아니라) 규제적인 것으로서 이 원리는 우리 인간의 판단력에 대해서는 마치 그것이 객관적 원리인 것처럼 필연적으로 타당하다."(*KU*, B344=V404)

2. 자연의 궁극목적으로서의 인간

우리가 자연을 하나의 체계로 보고, 자연의 몇몇 형식들을 오로지 실재적인 합목적성의 개념에 의해 필연적인 것으로 판정하게 되면, "우리는 세계의 하나의 의도적으로-작용하는 최상의 원인을 생각"(*KU*, B335=V399)하지 않을 수 없다. 우연적인 것으로 인식되는 것의 필연성을 위한 이 초감성적인 근거는 물론 우리 인간에게는 인식될 수 없는 것이고, 그래서 언제나 하나의 이성이념으로 남는다. 그래서 목적론은 신학에 이르러서나 완성을 볼 수 있는 것이다.

어떤 경우에나 목적론적 원리가 자연산물들의 발생방식을 기계적 법칙들에 의한 것보다 더 잘 파악하게 해주는 것은 아니다. 그럼에도 그것은 자연의 특수한 법칙들의 탐구를 위한 훌륭한 "발견적 원리"(*KU*, B335=V411)가 될 수 있다. 초감성적인 것의 개념 안에서 우리는 하나의 예지적인 세계를 생각하며, 시공간적으로 규정되는 우리의 인식세계 안에서는 서로 상충하는 기계론적이면서 목적론적인 자연판정이 이 예지적 세계 안에서 통합될 수 있는 것이다.

목적론은 "자연기술(記述)"(*KU*, B365=V417)의 한 원리로서, 자연연구가가 순전한 기계조직인 아닌 '유기체'를 설명하고자 할 때 유용한 대안을 제공한다. "천연의 물질이 기계적 법칙들에 따라 근원적으로 자기 자신을 형성했고, 무생물의 자연으로부터 생명이 생겨났으며, 물질이 자기 자신을 보존하는 합목적성의 형식에 저절로 적응할 수 있었다"(*KU*, B379=V424)고 상정하는 것은 이성에 어긋나니 말이다. 물질이 무생명체라는 명제는, 칸트가 "물질의 관성은 다름 아니라 그것의 무생명성이며, 물질 그 자체를 의미한다."(*MAN*: IV, 544)고 주장하듯이, 관성의 법칙으로부터 나온 결론이다. 물질이 우리 외감의 순전한 대상으로서 오로지 기계적 법칙들에 의해서만 설명될 수 있고, 자연과학이 오로지 이 기계적 인과법칙에만 의지한다면, 바로 여기서 도대체 우리가 어떻게 스스로 유기화하는 물체들에 대해 이야기할 수 있는가 하는 물음이 제기되지 않을 수 없다.

작용인과 목적인의 화합을 엄밀하게 정당화할 수 있는 이론은 없다. 근래에 유행하는 '창발(emergence)'이라는 개념의 사용도 궁여지책 또는 얼버무림의 한 방식일 터이다. 자연과 자유가 현상—사물 자체의 구분을 전제로 해서만 결합 가능성을 얻듯이, 판단력 비판에 따라서 작용인과 목적인의 화합도 똑같은 사정이다. 이 "전혀 다른 두 종류의 인과성의" "합일의 가능성, 즉 보편적 합법칙성 중에 있는 자연과 이 자연을 특수한 형식에 제한하는 이념의 합일 가능성"은 오직 "자연의 초감성적 기체(基體) 안에 놓여 있"(*KU*, B374=V422)다. 예지적 세계는 하나의 도덕적인 당위의 가능성을 설명할 뿐만 아니라, 유기적 물질의 가능성의 문제점을 해결하는, 우리가 인식적으로는 접근할 수 없는, 지점을 포함한다.

이제 우리가 지상의 피조물들의 다양한 유에서 그리고 합목적적으로 구성된 존재자들의 외적 상호 관계에서 "객관적인 합목적성을 원리로 삼는다면, 이런 관계에서 다시금 모종의 유기조직과 목적인들에 따르는 모든 자연계의 한 체계를 생각하는 것은 이성에 알맞은 일이다."(*KU*, B384=V427) 그리고 우리 인간 이성으로서는 "여기 지상에서는 그것과 관계해서 여타 모든 자연사물들이 목적들의 체계를 이루는, 자연의 최종 목적으로"(*KU*, B388=V429) 인간 이외의 것을 생각할 수 없다. 인간은 "스스로 자신의 의사대로 목적들을 세울 수 있는 능력을 가진 지상의 유일한 존재자"(*KU*, B390=V431)이며, 또한 자신을 목적적 존재자로 세우기 때문이다.

우리가 자연을 목적론적 체계로 볼 때, "인간은 그의 사명의 면에서 자연의 최종 목적"(*KU*, B390=V431)이다. "인간은 본래 자연의 목적이고, 이 점에서 지상에 살고 있는 어떠한 것도 인간의 경쟁자일 수는 없다."(MAM:

VIII, 114) 그러나 이것은 언제나 "조건적으로만" 그러하니, 곧 인간이 자신이 최종 목적임을 "이해하고, 자연과 그 자신에게 그러한 목적관계를 부여할 의지를 가지고 있으며, 그러한 목적관계가 자연에 대해 독립적으로 스스로 충분하다는 […] 조건아래서만 그러"(KU, B390=V431)한 것이다.

그렇다면 우리는 "자연의 저 최종 목적을 인간의 어느 점에 놓아야 할 것인가"(KU, B390=V431)? 이에 대한 답을 우리는 "자연이 인간으로 하여금 그 자신이 궁극목적이기 위해 행하지 않으면 안 될 것에 대한 준비를 시키기 위해 수행할 수 있는 것이 무엇인가를 찾아내"(KU, B391=V431)면 얻을 수 있을 것이다. 무릇 그러한 것으로는 "스스로 목적들을 세우고 […] 자연을 자기의 자유로운 목적들 일반의 준칙들에 알맞게 수단으로 사용할 수 있는" "유능성을 산출하는" "문화(Kultur)"(KU, B391=V431)만한 것이 없다. "그러므로 문화만이 사람들이 인류(Menschengattung)를 고려하여 자연에 부가할 이유를 갖는 최종 목적일 수가 있다."(KU, B391=V431)

"그러나 개개 문화가 이런 최종 목적이기에 충분한 것은 아니다."(KU, B392=V431) 문화적인 것이라 하더라도 무엇인가가 궁극목적이기 위해서는 "자신의 가능성의 조건으로서 다른 어떤 것도 필요로 하지 않는 그런"(KU, B396=V434) 것이어야 한다. 무릇 인간 안에서 찾을 수 있는 그런 것으로는 도덕성밖에 없다.

"이제 도덕적 존재자로서 인간에 대해서는 (그러하니 세계 안의 모든 이성적 존재자에 대해서는) '무엇을 위해 (무슨 目的을 爲해) 그것이 실존하는가'를 더 이상 물을 수가 없다. 그의 현존은 자신 안에 최고의 목적 자체를 가지며, 그는 그가 할 수 있는 한, 이 최고 목적에 전체 자연을 복속시킬 수 있으며, 적어도 이 최고 목적에 반하여 그가 자연의 어떤 영향에 복속되지 않도록 자신을 지켜야만 한다. 무릇 세계의 사물들이 그것들의 실존의 면에서 의존적인 존재자로서, 어떤 목적들에 따라 활동하는 최상의 원인을 필요로 한다면, 인간이야말로 창조의 궁극목적이다. 왜냐하면, 인간이 없으면 서로서로 종속적인 목적들의 연쇄가 완벽하게 기초되지 못할 것이니 말이다. 오로지 인간에서만, 또한 도덕성의 주체인 이 인간에서만 목적들에 관한 무조건적인 법칙수립[입법]이 찾아질 수 있으며, 그러므로 이 무조건적인 법칙수립만이 인간으로 하여금 전체 자연이 목적론적으로 그에 종속하는 궁극목적일 수 있게 하는 것이다."(*KU*, B398=V435이하)

"인간은 도덕적 존재자로서만 창조의 궁극목적일 수 있다."(*KU*, B412=V443 참조) 윤리적 존재자, 즉 '목적'으로서 인간은 자연의 합목적적 체계의 정점이고, 자연만물 창조의 "궁극목적"인 것이다. 이렇게 칸트의 반성적 판단력은 합목적성이라는 발견의 원리에 의거해 자연의 정점에서 도덕적 존재자로서의 인간을 발견한다.

이러한 칸트 목적론의 귀결은 기독교의 「창세기」적 인간관에 그리스적 이성적 인간관의 결합을 매개로 한 것이라 하겠다.

"하느님께서는 '우리 모습을 닮은 사람을 만들자! 그래서 바다의 고기와 공중의 새, 또 집짐승과 모든 들짐승과 땅 위를 기어 다니는 모든 길짐승을 다스리게 하자!' 하시고, 당신의 모습대로 사람을 지어내셨다. […] 하느님께서는 그들에게 복을 내려주시며 말씀하셨다. '자식을 낳고 번성하여 온 땅에 퍼져서 땅을 정복하여라. 바다의 고기와 공중의 새와 땅 위를 돌아다니는 모든 짐승을 부려라!'"(『구약성서』, 「창세기」1, 26~28)

무릇 인간이 창조의 최고목적이라고 판단하는 배경에는 인간은 신의 형상에 따라 창조된 유일한 '이성적' 동물이고, 그 자율적 이성으로 인해 인간은 유일하게 목적 정립적인 도덕적 존재자라는 기독교적 신학이 있다. 그래서 칸트도 목적론은 신학에서 완성된다고 말하고 있다 하겠다. 바로 이 점에서 다원주의는 칸트의 '반성적 판단력'에 대한 강한 이의를 제기할 수 있을 것이다. 다윈의 진화론적 관점에서 인간의 이성성은 여타 동물과의 종별적 차이라기보다는 정도의 차이에 불과한 것인데, 그를 근거로 인간만이 목적 그 자체로서 모든 가격을 뛰어넘는 가치 곧 존엄성을 갖는다고 추론하는 것은 과격하게 인간중심적인 사고라 하겠다. 더구나 다윈적 관점에서는 인간 중에는 여느 동물의 '이성' 수준에도 미치지 못하는 저급한 '이성' 능력을 가진 자도 적지 않은데, 인간과 동물의 차이는 구별하는 칸트가 인간들 사이의 차이는 도외시한 채 종(種)으로서의 인간을 묶어 말하는 것이 인간들 사이의 불화를 미연에 방지하려는 전략적 사고처럼도 보인다. (물론 칸트는 전자는 질적인 차이이지만, 후자는 기껏해야 양적인 차이로서 인간들 사이의 차이는 '본질적' 차이가 아니라고 논변하겠지만 말이다.) 여기에 다윈의 후예 도킨스는 타인을 수단으로 대하는 것을 비도덕적인 일로 규정하는 칸트가 여타의 동물은 생활 편익의 수단으로 이용하는 것이 윤리와 무관한 일이라고 여기는 것과 관련해 칸트를 비판하면서, "종차별주의(speciesism)[1]의 윤리가 인종차별주의(racism)의 윤리보다 확실한 논리적 근거가 있는지 모르겠다. 내가 아는 것은 그것은 진화 생물학적으로 아무런 적절한 토대가 없다는 것이다."[2]고 말한다. 인간의 생명이나 마찬가지로 동물들에게도 그의 생명은 무엇과도 바꿀 수 없는 가치 있는 것

---

1 John Bryant / L. B. la Velle / J. Searle, *Introduction to Bioethics*, John Wiley &Sons, 2005, p. 58 이하 참조.
2 Dawkins, *The Selfish Gene*(1976), Oxford 2006(30주년 기념판), p. 10.

일 것이므로, '인간만이 도덕적'이라는 명제의 타당성 여부와 상관없이,[3] 또는 설령 종으로서의 인간이 유일한 도덕적 동물이라고 하더라도 그 이유로 해서, 모든 동물들의 생명이 인간 종의 생존 수단이 되는 것이 합목적적이라 함은 칸트 자신의 말대로 오직 '주관적'으로만 합목적적이겠다. 그래서 칸트는 합목적성을 반성적 판단력의 "자기자율"(*KU*, BXXXVII=V185)이라고 일컬은 것이다. 그러니까 칸트는 당초부터 자기 논변의 타당성을 자기자율을 갖는 이성적 존재자의 범위 내로 제한하면서 말하고 있다 하겠다.

---

3 Tom Regan, *The Case for Animal Rights*, Berkeley: Univ. of California Press, 1985; Evelyn Pluhar, *Beyond Prejudice: The Moral Significance of Human and Nonhuman Animals*, Duke Univ. Press, 1995 참조.

제6장

칸트의 철학적 종교론

제1절 _ 칸트의 초기 종교 사상

광신적이기까지는 않았다 해도 매우 열성적인 신앙심을 가졌던 어머니의 자상한 보살핌 아래에서 유년기를 보내고, 그의 어머니의 깊은 신앙심에 경의를 표했던 신학자이자 경건주의파 목사인 슐츠(F. A. Schultz, 1692~1763)의 추천으로 그가 이끄는 기숙학교(Collegium Fridericianum)에서 소년 시절(1732~40)을 지낸 칸트의 일상은 엄격한 규율과 기도와 묵상 그리고 설교의 시간으로 채워져 있었다. 그리고 이러한 교육 과정은 대학에 입학(1740)한 후에도 크게 바뀌지 않았던 만큼 칸트는 인격 형성기에 구속에 가까운 기독교적 가르침을 받았다고 해야 할 것이다.

대학 재학 중에 칸트는 신학보다는 철학과 물리학 공부에 더 열심이었지만, 이미 그의 초기 저술 『천체 일반 자연사와 이론』(1755)에서부터 그의 종교철학적 관심은 짙게 나타나 있다. 이 저술을 통해 칸트가 말하고자 한 바는 우주의 보편적인 기계적 합법칙성과 우주의 합목적성의 신적 근원의 조화였는데, 그것은 칸트가 아직 라이프니츠학파의 영향 아래에서 18세기를 지배하고 있던 사조에 동조하고 있었음을 보여준 것이다. 같은 해에 쓴 교수자격 논문에 해당하는 『형이상학적 인식의 제1원리들에 대한 신해명』에서도 "그것의 실존이 그 자신의 가능성은 물론이고 모든 사물의 가능성에 선행하는 존재자가 있고, 따라서 그것은 절대적으로 필연적으로 실존한다고 일컬어질 수 있으니, 이름하여 신이다"(PND, setio II, prop. VII : AA I, 395)라고 논변함으로써 칸트는 신의 현존을 근거율을 원리 삼아 증명하려고 하는데, 여기에서도 우리는 그가 라이프니츠–볼프학파의 이성주의 형이상학의 길을 따라 걷고 있음을 볼 수 있다.

1763년의 논고 『유일 가능한 신의 현존 증명근거』에서도 칸트는 "자연과학에 의거해서 신의 인식으로 올라가는 방법"(BDG : II, 68) 곧 물리신학적 방식으로 신 존재 증명을 이끌어갈 의도를 보임으로써 상당 부분 『천체일반 자연사와 이론』에서의 논조를 이어가고 있다.(BDG : II, 68, 주 참조) 세계의 합목적적인 배열을 근거로 놓고 세계창시자, 곧 신의 현존을 추리하는 물리신학적 증명방식은, 여느 증명보다도 "자연스럽고"(BDG : II, 117) 감각에 가까이 있어서 상식인들에게서 가장 큰 공명을 얻는 것이지만, 그러나 엄밀한 개념적 인식을 충족시킬 수는 없다. 왜냐하면 이로부터는 세계를 질서 있게 운행하는 자라는 개념은 얻을 수 있어도 세계창조자로서의 신 개념은 얻을 수 없기 때문이다. 이른바 이신론(理神論)의 논변이 유신론(有神論)을 대변하지는 못하니 말이다. 오히려 물질의 보편적 운동 법칙들 자신을 이성의 최상의 지혜로부터 도출하지 않으면 안 되는 것일 것이다. 그리고 그 지혜는 어떤 경우에도 그 존재가 폐기되지 않는 절대 필연적인 존재자의 본질적 속성으로 있지 않는 한 우연적인 것이 되어버릴 것이다. 그러므로 이제 물리신학적 신 존재 증명은 결국 완전한 존재자는 그 존재를 본질로 갖는다는 존재론적 신 존재 증명으로 환원되지 않을 수 없다.

완전한 존재자는 스스로 존재 가능할 뿐만 아니라, 모든 사물들의 본질을 가능하게 하는, 그러니까 이 존재자를 제거하면 일체의 사물들을 생각할 수 없게 되는 바로 그러한 존재자이다. 그러므로 "사람들이 신의 현존을 확신하는 것은 반드시 필요하지만, 그러나 그것을 반드시 입증할 필요가 있는 것은 아니다."(BDG : II, 163) 이렇게 생각하는 한에 있어서 칸트는 여전히 이성적 형이상학의 사유 방식에 머물러 있었다.

그러나 1766년에 발간된 『시령자의 꿈』에서 우리는 칸트 생각의 전환을 읽게 된다. 스웨덴의 신비가 스베덴보리(E. Swedenborg, 1688~1772)에 대한 비판이 표면적인 주제인 이 저술에서 칸트는 이면적으로는 교조적인 형이상학에 대한 근본적인 비판을 가함으로써 비판철학의 길을 열고 있다. 여기서 칸트는 형이상학이 수행하는 장점 중의 하나는 논구의 "과제가 과연 사람들이 알 수 있는 것에 의해 규정되어 있는가, 그리고 물음이 우리의 모든 판단들이 항상 의지하지 않으면 안 되는 경험개념들과 어떤 관계를 가지고 있는가를 통찰하는 데에 있다"(TG : II, 367/8)고 파악한다. 바로 이 대목에서 '나는 무엇을 알 수 있는가?'라는 비판철학의 선도적 물음이 그 모습을 드러내고 있다. 그래서 이제 형이상학은 "인간 이성의 한계들에 대한 학문"(TG : II, 368)이라고 새롭게 규정된다. 그리고 이러한 비판적 형이상학의 정향 가운데에서 칸트 종교철학에도 결정적인 전기가 이루어졌으니, 도덕이 종교에 기초하는 것이 아니라, 오히려 종교가 도덕에 기초한다는 명제가 수립되고, 마침내 "도덕적 신앙[믿음]"(TG : II, 373)의 개념이 형성되었다.

"우리의 최고로 성실한 노력에도 불구하고 우리의 권능 안에 있지 않은 모든 선한 것과 관련해서 신의 도움에 대한 무조건적인 신뢰"(1775. 4. 28 자 Lavater에게 보낸 편지 : X, 178)라고 풀이된 '도덕적 신앙'의 개념 위에

'최고선'의 개념과 함께 신의 현존과 내세에 대한 합당한 희망이 기초하고 있으니, 이로써 칸트 비판철학의 윤리신학의 토대가 마련된 것이다.

제2절 _ 희망의 철학

1. 물음 : '나는 무엇을 희망해도 좋은가?'

칸트의 종교 이론은 인간으로서 '나는 무엇을 희망해도 좋은가?'라는 물음에 대한 답을 추구하는 도정에서 형성된 것이다.

칸트가 이성의 관심들이 수렴되는 세 번째 물음이라고 말한, "나는 무엇을 희망해도 좋은가?(Was darf ich hoffen?)"라는 물음은 어떤 개인으로서의 '나'가 '나는 세상 사람들을 감동시키는 문장가가 될 것을 희망해도 좋은가?' 혹은 '나는 내 아들이 탁월한 경제학자가 되기를 원해도 좋은가?' 따위를 묻는 것이 아니다. 이 물음이 묻는 것은 이 세계가 합리적이라면, 그리고 이 세계는 의당 합리적이어야 하는데, 그렇다면 비록 우리 인간의 이론적 지식이 거기에 미치지는 못하지만, 우리가 바랄 수 있는 것은 "최고선"의 세계, 합목적적인 세계가 아닌가 하는 것이다. 그러니까 저 물음은,

① 이상(최고선)을 희망 또는 기대할 수 있는 인간의 자격 또는 품격은 무엇인가,

② 인간이 바랄 수 있는 세계의 완전성은 어떠한 것인가?

등을 묻는 것이다.

앞서 보았듯이 칸트는 인간에게 "선험적인 법칙수립" 능력이 셋이 있다면서, 그런 것으로 "순수 지성", "순수 판단력", "순수 이성" 등을 꼽았

다.(*KU*, 서론 III : BXXV=V179 참조) 여기서 "순수 이성"이란 "순수 실천이성"을 지칭하고, "순수 판단력"은 지성의 한 기능인 "순수한 규정적 판단력"이 아니라 순수한 "반성적 판단력", 즉 현상하는 특수한 사태들로부터 이 사태들을 포괄하는 보편적인 원리를 반성하는 마음의 기능을 이른다.

순수 지성은 선험적인 자기 형식에 따라 주어지는 자연을 인식하며, 순수한 실천이성은 선험적인 자기 이념을 앞세워 자연 안에서 실현한다. '지성'이 자연의 세계에 법칙을 세운다면 '이성'은 도덕의 세계에 법칙을 수립한다. "지성과 이성은 그러므로 한쪽이 다른 쪽에 해를 입힐 필요는 없이, 경험이라는 동일한 지반 위에서 서로 다른 법칙을 수립한다."(*KU*, BXVIII=V175) 순수 지성에 따르는 자연 개념이 실천이성의 자유 개념에 의한 법칙수립에 대해 아무런 영향을 미치지도 않고, 자유 개념이 자연 개념에 의한 법칙수립에 영향을 미치지도 않는다. 이 양자는 "그러나 그 법칙수립에서는 서로 제한하지 않되, 감성세계 안에서의 작용함에서는 끊임없이 서로 제한"(*KU*, BXVIII=V175)한다. 그 실현의 장(場)은 마찬가지로 감성세계이기 때문이다. "그런데 감성적인 것인 자연 개념의 구역과 초감성적인 것인 자유 개념의 구역 사이에는 헤아릴 수 없는 간극이 견고하게 있어서, 전자로부터 후자로 〔…〕 건너가는 것이, 마치 한쪽이 다른 쪽에 아무런 영향도 미칠 수 없는 서로 다른 두 세계가 있는 것처럼, 가능하지 않다고 할지라도, 그럼에도 후자는 전자에 대해 어떤 영향을 미쳐야만 한다. 곧, 자유 개념은 그의 법칙들을 통해 부과된 목적을 감성세계에서 현실화해야만 하며, 따라서 자연은 또한, 그것의 형식의 합법칙성이 적어도 자유 법칙들에 따라서 자연에서 실현되어야 할 목적들의 가능성과 조화하는 것으로 생각될 수 있지 않으면 안 된다."(*KU*, BXIX=V175 이하) 그럼에도 이 양자는 하나가 되지는 않을 것처럼 보인다. 왜냐하면 자유 개념은 그것의 대상들을 직관으로 표상될 수 없는, 초감성적인 이념이기 때문이다.

그래서 "나는 무엇을 희망해도 좋은가?" 하는 칸트의 물음은, 감성적 세계와 초감성적인 예지세계 사이의 이 괴리에 접합점이 되어 자유로운 실천이성이 기계적인 법칙에 따라 운행하는 자연에 영향을 미칠 수 있도록 해주는 어떤 힘이 '또 다른 의미에서의' '자연' 안에 있기를 우리가 바라도 괜찮은가를 묻고 있다. 여기에서 드러나는 '희망'은 그 자체가 인식도 아니고 실천도 아니다. 그것은 자유로운 이성의 실천적 활동이 진정으로 의미 있는 일이기를 바라는 소망과 믿음이다. 저 물음은 이런 믿음이 우리에게 이성적으로 허용되는가를 묻고, 반성적 판단력은 그런 희망을 갖는 것은 무방하다고 답변한다. 이로부터 이성은 자유 개념이 실천적으로 포함하고 있는 초감성적인 어떤 것과 동일한 것이 자연의 바탕에도 놓여 있어서 이 양자를 통일하는 근거일 것이라고 생각한다. 이러한 근거 발견의 단서를 칸트는 그의 '최고선' 개념에서 얻는다.

"나는 무엇을 희망해도 좋은가?"는 "곧, '무릇 내가 행해야 할 것을 행한다면, 나는 그때 무엇을 희망해도 좋은가?'"(*KrV*, A805=B833)를 묻는 것이고, 그래서 그것은 "실천적이면서 동시에 이론적"이다. "나는 무엇을 희망해도 좋은가?"라는 물음은 '내가 마땅히 행해야 할 바를 행한다'는 실천적 행위의 문제와 '나의 지식의 범위를 넘어서는 어떤 무엇이 있다'는, 곧 신의 현존과 내세와 같은 이론적 지식의 문제를 함께 함유하고 있기 때문이다. 그러니까 이 물음은 결국은 신의 현존과 영혼의 불사성을 내용으로 갖는 형이상학의 주제를 내용으로 갖는다. 그리하여 희망의 형이상학 안에서 이론적 앎과 실천적 행함은 화합한다.

"나는 무엇을 희망해도 좋은가?"라는 물음이 신의 현존과 내세의 존재와 같은 형이상적인 것에 대한 인식의 문제를 함유하는 것은, 다름 아니라 우리의 "모든 희망은 행복을 지향"(*KrV*, A805=B833)하기 때문이다. '내가 마땅히 행해야 할 바를 행한다'면, 다시 말해 윤리적으로 행위한다면,

나는 "행복할 만한 품격〔자격〕"(KrV, A806=B834)을 갖춘 것이다. 행복할 만한 품격을 갖춘 자가 실제로 행복을 누리는 상태가 '가장 좋은' 상태, 곧 '최고선'의 상태이다. 그러니까 "나는 무엇을 희망해도 좋은가?"라는 물음은 '내가 윤리적으로 행위한다면, 나는 행복하기를 바랄 수 있다, 다시 말해 최고선의 나라를 희망해도 좋다'는 답을 바라보고 있다 하겠다.

문제는 바로 이 기대하고 있는 답변 속에 있다. 칸트에서 행복은 "이성적 존재자의 자기의 전 현존에 부단히 수반하는 쾌적한 삶에 대한 의식"(KpV, A40=V22) 내지 "그의 실존 전체에서 모든 일이 소망과 의지대로 진행되는, 이 세상에서의 이성적 존재자의 상태"(KpV, A224=V124)로 이해되고 있기 때문이다. 그런 상태는 "우리의 모든 경향성들의 충족"(KrV, A806=B834 ; GMS, B12=IV399 참조) 상태 또는 "필요들과 경향성들의 전적인 충족"(GMS, B23=IV405) 상태로서, 그러니까 "자기 상태에 대한 전적인 평안함과 만족"(GMS, B2=IV393)을 행복이라 할 수 있다. 그리고 이러한 행복은 "감성적 원리 아래서 경향성들의 관심"(KpV, A217=V120)을 끊임없이 돌보는 데서 성립한다. 그래서 저 같은 행복은 윤리법칙과 조화하기도 어렵고, 자연법칙에 합치하기도 어렵다.

윤리법칙은 선의지에 기반한 정언명령으로서 "감성적 충동 일체를 거부하고, 모든 경향성을, 그것이 저 법칙에 반하는 한에서, 단절함"(KpV, A128=V72)으로써, 오히려 "고통이라고 불릴 수 있는 한 감정을 불러일으킨다"(KpV, A129=V73). 그것은 우리의 자연적인 "욕구능력과의 합치에 전적으로 독립해 있는 규정 근거들에 의해 지시명령한다."(KpV, A224=V124) 그럼에도 유한한 이성적 존재자로서의 인간은 "그 자신의 힘으로 자연을 그의 실천 원칙들과 일관되게 일치시킬 수가 없다."(KpV, A224/5=V124/5) 그렇기에 "윤리 원리"와 "행복의 원리"(KpV, A228=V126)는 같은 것이 아니다. 그래서 칸트는 "윤리론"은 "행복론"이 아님을 강조한다.(*KpV*, A165=V92 참조) 이 때문에 칸트는 고대 그리스철학 이래로 왕왕 '좋음(agathon, bonum, Gut, goodness)' 일반과 혼동되고 있는 윤리적 선[착함]을 분간해야 함을 역설하는 것이다. 칸트의 이 구별은 그가 이론철학에서 '임-있음[Sein]'을 구별한 것만큼이나 중대한 의의를 갖는 것이다.

그럼에도 불구하고, '가장 착함[윤리적으로 좋음]'이 아니라 '가장 좋음' 일반으로 이해될 수밖에 없는 그의 '최고선(das höchste Gut)' 개념에 이르러 칸트의 저 구별은 다시금 불분명해진다. '최고선'에서의 '선'은 '선의지'에서의 '선'과는 분명 다른 것이기 때문이다. 이것은 칸트가 그의 비판철학에도 불구하고 한편으로는 서양 사상의 전통 속에서 사고했음을 의미한다고 볼 수 있다.

칸트가 비록 한편으로는 '지적' 행복을 말하고 있기는 하지만, 그에게서 종국적으로 '최고선'의 한 요소로서의 행복은 분명 '감성적 만족'을 뜻한다. 그렇지 않다면 칸트가 굳이 "행복은 자연이 그[이성적 존재자]의 전목적에 합치하는 데에, 또한 자연이 그의 의지의 본질적인 규정 근거[곧, 윤리법칙]와 합치하는 데에 의거한다"(*KpV*, A224=V124)고 볼 필요가 없기 때문이다. 그러나 이런 일은 '자연 세계'에서는 기대할 수 없으되, 마땅히 가능해야 할 것이기 때문에 우리는 예지적 세계로서 '도덕의 나라'를 희망해도 좋고, 희망할 필요가 있다(dürfen)는 것을 칸트의 '최고선' 개념은 함축하고 있는 것이다. 그리고 바로 그렇기 때문에 칸트의 '최고선' 개념은 문제성을 갖는다. 그것은 예지적인 개념이기는 하지만, 그렇다고 한낱 저 세상에서나 실현될 수 있는 것이어서는 안 되고, 바로 이 세상에서 실현되기를 기대할 수 있는 것이어야 하기 때문이다. 그러고 보면 '도덕의 나라'는 한낱 예지의 세계가 아니라 바로 이 세상에서 구현되어야만 하는 세계인 것이다.

"이 세계 안에서 행위하는 이성적 존재자는 동시에 세계 및 자연 자체의 원인이 아니다. 그러므로 도덕법칙 안에는 윤리성과 이에 비례하는, 세계에 그 일부로서 속하고 따라서 세계에 부속돼 있는 존재자의 행복 사이의 필연적 연관에 대한 최소한의 근거도 없다."(*KpV*, A224 =V124) "그럼에도 불구하고 순수 이성의 실천적 과제, 다시 말해 최고선을 위한 필수적 작업에서는 그러한 연관이 필연적인 것으로 요청된다. 우리는 응당 최고선의 촉진을 추구해야 한다. (그러므로 최고선은 역시 가능하지 않으면 안 된다.) 그러므로 또한 이 연관의 근거, 곧 행복과 윤리성 사이의 정확한 합치의 근거를 함유할, 자연과는 구별되는 전체 자연의 원인의 현존이 요청된다. 그러나 이 최상 원인은 응당 자연의 한낱 이성적 존재자들의 의지의 법칙과 합치하는 근거뿐만 아니라, 이성적 존재자들이 이 법칙을 의지의 최상 규정 근거로 삼는 한에서, 이 법칙의 표상과도 합치하는 근거를, 그러므로 단지 형식상으로 윤리와 합치하는 근거뿐만 아니라, 그들의 동인인 그들의 윤리성, 다시 말해 그들의 도덕적 마음씨와 합치하는 근거를 포함해야만 한다. 그러므로 도덕적 마음씨에 적합한 원인성을 갖는, 자연의 최상 원인이 전제되는 한에서만, 이 세계에서 최고선은 가능하다."(*KpV*, A225 =V125) 이 대목에서 우리는 칸트의 '최고의 근원적 선' 곧 신의 개념과 '최고의 파생적 선' 곧 '최선의 세계' 개념에 마주친다. 이 같은 칸트의 생각은 "기독교 윤리설"(*KpV*, A231 =V128)과 접합한다. "신의 나라에서는 자연과 윤리가 파생적인 최고선을 가능하게 하는 성스러운 창시자에 의해 양자 각각이 단독으로는 서로 몰랐던 조화에 이르는 것이다."(*KpV*, A232 =V128)

이제 도덕적으로 합당한 모든 일을 다 하면, "오로지 그러한 조건 아래에서만 인간은, 보다 높은 지혜가 그의 선의의 노력을 완성시켜줄 것을 희망해도 좋은 것이다."(*RGV*, B141 =VI101) 그러므로 모든 선량한 이들의 소망은 보다 높은 지혜가 지상의 나라도 다스려 최고선이 바로 이 땅에서 실현되도록 하는 것이다.—"하늘에 계신 우리 아버지, 아버지의 이름이 거룩하게 되소서. 아버지의 나라가 오게 하소서. 아버지의 뜻이 하늘에서와 같이 땅에서도 이루어지게 하소서."[1]

2. 비판철학과 이성신앙

비판적 도덕철학과 종교철학의 체계적인 정초에 앞서, 칸트는 '순수 이성 비판'의 성과로부터 도출되는 생각들을 1784~85년간에 역사철학적 문제들을 다룬 일련의 소논고들을 통해 선보이고 있다.

「보편사의 이념」(1784)에서 '자연' 개념은 종교적으로 심화된다. "피조물의 모든 자연적 소질들은 언젠가는 완벽하게 그리고 합목적적으로 펼쳐지도록 규정되어 있다."(IaG, 제1 명제 : VIII, 18) "(지상의 유일한 이성적 피조물인) 인간에게 있어서 그의 이성사용을 목표로 하고 있는 자연적 소질들은 개체에서가 아니라, 오로지 유에서만 완벽하게 발전될 것이다."(IaG, 제2 명제 : VIII, 18) "자연은, 인간이 동물적 현존의 기계적 질서를 넘어서는 것은 무엇이나 모두 자기 자신으로부터 만들어낼 것과, 또한 인간이 본능에서 벗어나 자유롭게, 자기의 이성에 의해, 이룩한 것 이외에 어떠한 행복이나 완전성에 관여하지 않을 것을 의욕해왔다."(IaG, 제3 명제 : VIII, 19) "자연이 그의 모든 소질들의 발전을 성취하기 위해 이용하는 수단은 사회에서의 적대 관계로서, 이 적대 관계가 종국에는 모든 합법칙적인 질서의 원인이 되는 한에서 그렇다."(IaG, 제4 명제 : VIII, 20) "자연이 인류에게 그 해결을 강제하는 최대의 문제는 보편적으로 법을 행사하는 시민사

---

1 『성서』, 「마태오복음」, 6, 9~10.

회의 건설이다."(IaG, 제5 명제 : VIII, 22)

자연이 모든 소질들을 개발하기 위해 이용하는 '적대 관계'란 다름 아 닌 "인간의 비사교적 사교성"(IaG : VIII, 20)이다. 구성원들 사이에 최대의 자유가 보장되어 있고, "그러니까 전반적인 적대 관계가 보장되어 있으면 서도, 자유의 한계가 아주 정확하게 규정되고 확보되어 있어서 이러한 자 유가 타인의 자유와 공존할 수 있는" 시민사회에서만 "자연의 최고의 의 도, 곧 그의 모든 소질들의 발전이 인류에서 달성될 수 있으며, 자연 또한 인류가 이 목적을 그의 사명의 모든 목적들과 마찬가지로 스스로 이룩할 것을 의욕하는 것이다."(IaG : VIII, 22)

"인류의 역사는 크게 보면 자연의 숨겨진 계획의 수행으로서, 내적으로 −완전한 그리고 이 목적을 위해서 또한 외적으로−완전한 국가〔헌법〕를 성취하려는 것이라고 볼 수 있다. 국가〔헌법〕는 인류 안에 있는 자연의 모 든 소질들을 온전하게 발전시킬 수 있는 유일한 상태인 것이다."(IaG, 제8 명제 : VIII, 27)

이러한 국가의 성립이 계몽을 통해 비로소 이루어져간다고 보는 한에 서, 칸트의 이 역사철학 저술은 같은 해에 쓴 「계몽이란 무엇인가」(1784)와 같은 테두리 안에 있다. "계몽이란 사람이 그 자신의 탓인 미성숙으로부 터 벗어남이다"(WA : VIII, 35)라고 규정된다. "미성숙이란 타자의 지도 없 이는 자신의 지성을 사용하지 못하는 무능력이다. 그리고 그 무능력의 원 인이 지성의 결여에 있는 것이 아니라, 타자의 지도 없이 자신의 지성을 사용하고자 하는 결단과 용기의 결여에 있다면, 그 무능력은 자기 탓이다. 그러므로 계몽의 표어는 '果敢히 分別하라!' '너 자신의 지성을 사용할 용 기를 가져라!'이다."(WA : VIII, 35) 그래서 칸트는 "이 계몽을 위해서는 다 름 아닌 자유"가, 그것도 "모든 점에서 자신의 이성을 공적으로〔공공연하 게〕 사용하는 자유"(WA : VIII, 36)가 필요하다고 본다.

이러한 "계몽, 곧 사람이 그 자신의 탓인 미성숙으로부터 벗어남의 주요점"은 그런데 "무엇보다도 종교적인 문제들에 놓여 있다"(WA : VIII, 41). 왜냐하면, 종교적인 사안들에서의 미성숙이 "모든 것들 가운데서 가장 유해하고, 가장 불명예스럽기" 때문이다. "종교적인 사안들에서 타인의 지도 없이 자기 자신의 지성을 안전하게 잘 쓸 수 있는"(WA : VIII, 40) 상태가 엄밀한 의미에서 계몽이라는 칸트의 이러한 생각은 후년의 『이성의 한계 안에서의 종교』(1793) 사상과 그 맥을 같이한다.

1786년의 논고 「인간 역사」에서는 인간사를 어떤 보다 상위 존재자의 계시나 은총의 결과라기보다는 인간 자신의 독자적인 노고의 결실임을 피력함으로써 칸트는 그의 철학적 종교론에 더욱 가까이 다가서고 있다. 칸트의 추측에 따르면 인류의 역사는 "자연의 후견으로부터 자유의 상태로의 이행"(MAM : VIII, 115)으로서 자유의 역사이다. 그리고 이 자유의 역사는 "신의 작품"인 자연의 역사와는 다르게 "인간의 작품"(MAM : VIII, 115)이다. 그래서 신의 작품인 자연의 역사가 선으로부터 시작하는 것이라면, 인간의 작품인 자유의 역사는 악에서 출발하여, "보다 나쁜[악한] 것에서부터 보다 좋은[선한] 것으로 점차 발전"(MAM : VIII, 123 ; *KpV*, A222 = V123 참조)하는 것이다.

선을 실현하는 인간의 윤리적 행위의 규정 근거가 신의 의지를 떠나 인간 의지의 자율적 원리에 기인함은 『윤리형이상학 정초』(1785)와 『실천이성비판』(1788)을 통하여 분명하게 천명되었다.

칸트는 행복, 완전성, 도덕 감정과 마찬가지로 신의 의지도 윤리적 행위의 최상 근거가 될 수 없다고 본다. 왜냐하면, 이러한 것들은 모두 외부에서 부과되는, 말하자면 타율적인 행위 규정 근거들이기 때문이다.

"의지의 자율은 모든 도덕법칙들과 그에 따르는 의무들의 유일한 원리이다.

이에 반해 의사의 모든 타율은 전혀 책무를 정초하지 못할 뿐만 아니라, 오히려 책무 및 의지의 윤리성의 원리에 맞서 있다. 즉 법칙의 일체의 질료(곧, 욕구된 객관들)로부터의 독립성과 동시에 준칙이 그에 부합해야 하는 순전히 보편적인 법칙수립적 형식에 의한 의사의 규정에서 윤리성의 유일한 원리가 성립한다."
(*KpV*, A58＝V33)

그러나 자율만이 윤리성의 원리에 부합한다는 것은, 인간이 무한한 자유 속에 있기 때문이 아니라, 오히려 행위에서 자연적 제한을 받기 때문이다.

"도덕적인 선의지에서는 법칙 자체가 동기일 수밖에 없으므로, 도덕적인 관심은 순전한 실천적 이성의 순수한, 감성으로부터 자유로운 관심이다. 관심이라는 개념 위에 준칙이라는 개념도 기초해 있다. 그러므로 준칙은 그것이 사람들이 법칙의 준수에서 취하는 순전한 관심에 의거할 때만 도덕적으로 진정한 것이다. 그러나 동기 · 〔이해〕관심 · 준칙이라는 세 개념 모두는 오로지 유한한 존재자들에게만 적용될 수 있다. 왜냐하면, 이 세 개념은 모두, 한 존재자의 의사의 주관적 성질이 실천이성의 객관적 법칙과 저절로는 합치하지 않음으로써, 이 존재자의 본성이 국한되어 있음을, 곧 활동의 내적 방해물이 맞서 있어서 무엇인가에 의해 활동하도록 독려될 필요가 있음을 전제하는 것이기 때문이다. 그러므로 이것들은 신의 의지에 대해서는 적용될 수 없다."(*KpV*, A141＝V79)

인간의 도덕과 신앙은 얼핏 보면 그냥 '자유'에서 나오는 것 같지만, 기실 인간에 대한 '자연적 제한'에서 나오는 것이며, 그러니까 그 제한의 극복으로서의 자유에서 나오는 것이다. 이미 살펴보았듯이 칸트 비판철학의 과제는 인간 자신의 능력을 검사하여 인간이 무엇을 알 수 있고, 무엇을 행해야 하며, 무엇을 느낄 수밖에 없고, 무엇을 희망해도 좋은가를 판별해 내는 일이다. 이 판별의 일에는 인간이 그의 능력으로, 곧 그의 이성에 의거해서 믿을 수 있는 것이 무엇인가를 알아내는 일도 포함된다.

믿음 내지 신앙이란 주관적으로는 충분하지만 "객관적으로는 불충분한 것으로 여겨"(*KrV*, A822=B850)지는 견해이다. 그러니까 믿음은 지식이 아니다. 그러므로 오히려 "신앙을 위한 자리를 얻기 위해서 지식을 폐기"(*KrV*, BXXX)하지 않을 수 없다. 그러나 '믿음'이란 "객관적인 관점에서는 겸손함의 표현"이되, "주관적인 관점에서는 확고한 신뢰의 표현"(*KrV*, A827=B855)이다. 사람들은 확고하게 신뢰하는 것을 "스스로의 책임으로 떠맡는"(*KrV*, A827=B855)다. 신의 현존에 대한 도덕적 믿음 내지 신앙이란, 윤리적 법칙을 모든 점에서 준수한다는 것은 내가 인간인 한에서 필수적인 일인데, 이것이 가능하기 위해서는 신이 현존하지 않을 수 없다는 '사실'에서 비롯하는 것이다.

"도덕적 믿음에서는 […] 목적은 불가피하게 확립되어 있고, 그리고 나의 모든 통찰에 의하면, 그 아래서 이 목적이 모든 전체 목적들과 연관되고, 그럼으로써 실천적 타당성을 갖는 단 하나의 조건이 있을 수 있다. 그 조건은 신과 내세가 있다는 것이다. 어느 누구도 도덕법칙 아래서 목적들의 이 통일에 이르는, 다른 조건들은 알지 못한다는 것을 나는 또한 아주 확실하게 안다. 그러나 윤리적 지시규정은 동시에 나의 준칙이므로,—그러해야만 한다는 것은 도대체가 이성이 지시명령하는 것이다—나는 어쩔 수 없이 신의 현존과 내세의 생을 믿을 것이다. 그리고 나는 어떤 것도 이 믿음을 흔들리게 할 수 없을 것임을 확신한다. 왜냐하면 그렇게 되면 나의 윤리적 원칙들 자신이 무너져 내릴 것이지만, 나는 내 자신의 눈에 혐오스럽게 되지 않고서는 그 윤리적 원칙들을 단념할 수가 없기 때문이다."(*KrV*, A828=B856)

종교적 신앙이라는 것은 실천−윤리적인 이성의 모종의 필연적인 정립들에 기초하는 것이고, 이러한 정립들은 그러나 생각은 할 수 있으나 개념적으로 파악은 불가능한 '자유'를 전제하는 것이다. 인간이 "무엇을 해야 한다고 의식하기 때문에 자기는 무엇을 할 수 있다고 판단"(*KpV*, A54＝V30)하는 한, 도덕법칙이 주어져 있음은 명백하고, 도덕법칙이 있는 한 그 것을 통해서만 도덕법칙이 비로소 가능할 자유의 원인성은 받아들이지 않을 수 없다. 무엇보다도 먼저 인간인 우리 앞에 주어져 있는 '사실'인 도덕법칙이 그것의 가능 조건인 자유를 "인식하는 근거(ratio cognoscendi)"이나, 그런 한에서 자유는 도덕법칙을 "있게 하는 근거(ratio essendi)"인 것이다.(*KpV*, A5＝V4 참조) 그런데 도덕법칙이 "어떠한 감성적[즉 자연적] 조건에 의해서도 압도되지 않는, 도대체가 그런 것에 대해서는 전적으로 독립적인 규정 근거임"(*KpV*, A53＝V30)이 드러나는 곳은 순수한 실천이성이다. 그러니까 종교적 신앙은 자유가 "구출"(*KrV*, A536＝B564)되는 바로 그 자리, 곧 '사실'로 있는 도덕법칙에 그 기반을 두며, 그런 한에서 종교적 신앙은 도덕적 믿음으로만 가능한 것이다. 그런데 도덕법칙의 원천은 다시금 순수한 이성이니, "순전히 순수 이성만이 […] 신앙이 생기는 원천"이고, 이로써 "순수한 이성신앙"(*KpV*, A227＝V126)만이 인간에게 가능한 것이겠다.

이성 비판을 통해 분명하게 드러난 바대로 초월적 존재자로서의 신의 현존의 인식을 위해 우리 지성은 "전혀 아무런 장비도 갖추고 있지 못하기 때문"(*KrV*, A636＝B664)에, 갖가지 이론적인 신 존재 증명을 포함해서 신에 대한 지식 체계는 그 효력이 없다. 그러하기에 "만약 사람들이 도덕법칙들을 기초에 두지 않거나 또는 실마리로 삼지 않는다면, 도무지 이성의 신학은 있을 수 없다"(*KrV*, A636＝B664). 물론 이 이성의 신학은 "논리적 확실성"이 아니라 "도덕적 확실성"(*KrV*, A829＝B857)에 의거하고 있는 것이다. 그리고 이 도덕적 확실성은 도덕법칙으로부터 직접적으로 나오는 것이 아니고, '최고선'을 매개로 한 것이다.

3. '최고선'의 이념과 실현의 희망

자기 강제인 도덕법칙이 인간에게 윤리성의 원리인 것은 자연적으로는 인간의 행위가 언제나 경향성에 따르고, 그렇기에 인간에게 '마땅히 행해야 할 것'이 부과되지 않을 수 없기 때문이다. 그러나 인간이 '도덕적'이라는 것은 바로 이 당위를 행할 능력, 다시 말해 도덕적 힘, 곧 '덕'이 있음을 전제하는 것인데, 덕 있는 자가 그에 상응하는 복을 누리는 것이 "순수 실천이성의 객관이자 궁극목적"(*KpV*, A233 = V129)으로서 최고선이다.

최고선은 덕과 행복이 합일하는 데에 있다.

"(행복할 만한 품격〔자격〕으로서) 덕은 우리에게 오로지 소망할 만한 가치가 있는 것으로 보일 수 있는 모든 것의 최상 조건이며, 〔…〕 그러니까 최상선이〔…〕다. 그러나 그렇다 해서 덕은 아직 이성적 유한 존재자의 욕구능력의 대상으로서의 전체적인 완성된 선은 아니다. 그런 것이기 위해서는 행복이 추가로 요구되기 〔…〕 때문이다. 왜냐하면, 행복을 필요로 하고, 또한 행복할 만한 품격이 있으나, 그럼에도 행복을 누리지 못하는 것은 이성적 존재자〔…〕의 완전한 의욕과는 전혀 양립할 수가 없으니 말이다. 무릇 덕과 행복이 함께 한 인격에서 최고선을 소유하고, 이 경우에도 행복이 (인격의 가치이자 인격의 행복할 만한 품격인) 윤리성에 정비례하는 몫을 가지고서 가능한 세계의 최고선을 형성하는 한에서, 이 최고선은 전체, 곧 완성된 선을 의미한다."(*KpV*, A198 = V111 이하)

"행복을 얻으려는 노력이 덕 있는 마음씨의 근거를 만들어낸다는 명제는 단적으로 거짓이다." 그러나 "덕 있는 마음씨는 필연적으로 행복을 만들어낸다는 명제는 단적으로 거짓인 것이 아니라, 단지 그것이 감성세계에서의 원인성의 형식으로 보이는 한에서, 그러니까 내가 감성세계에서의 현존을 이성적 존재자의 유일한 실존 방식으로 받아들일 때만, 그러므로 오직 조건적으로만 거짓이다."(*KpV*, A206＝V114) 우리는 바로 도덕적인 근거에서 감성세계 안의 나의 현존재를 오성〔예지〕세계 내의 예지체로도, 다시 말해 초감성적인 '자유의 나라'의 주체로도 생각할 수 있다. 그래서 최고선의 실천적 필연성은 덕과 행복의 통일을 생각할 수 있는 충분한 근거를 예지적인 질서 안에서 "요청"한다. 그렇기에 개개 요청들은 필연적으로 실천적인 관계 맺음에서의 전제들이다. 요청들은 "사변적" 인식들을 확장하는 것이 아니라, 순수한 이성신앙의 내용을 이룬다. 요청들은 "〔영혼의〕 불사성, 적극적으로 (예지의 세계에 속하는 한에서의 한 존재자의 원인성으로) 보아진 자유, 신의 현존의 요청들이다. 첫째 요청은 도덕법칙을 완벽하게 실현하기 위해 알맞은 시간의 길이라는 실천적으로 필연적인 조건에서 나온다. 둘째 요청은 감성세계로부터의 독립성과 예지세계의 법칙에 따라 자기의 의지를 규정하는 능력, 다시 말해 자유의 필연적 전제에서 나온다. 셋째 요청은 최고의 독립적인 선, 다시 말해 신의 현존의 전제 아래 최고선이 있기 위한 그러한 예지세계를 위한 조건의 필연성에서 나온다."(*KpV*, A238 이하＝V132)

최고선 개념을 매개로 칸트의 윤리이론은 "종교에, 다시 말해 모든 의무들을 신의 지시명령〔계명〕들로 인식하는 데에 이른다."(*KpV*, A233＝V129) "하나의 신학은 또한 직접적으로 종교에, 다시 말해 우리의 의무들을 신의 지시명령〔계명〕들로 인식함에 이"(*KU*, B477＝V481)르는 것이다. 신의 지시명령〔계명〕이기 때문에 우리가 그것을 책무로 여기는 것이 아니라, 우리가 그에 대해 윤리적으로 책무를 갖기 때문에, 그것을 신의 지시 명령으로 보지 않을 수 없는 것이다.(*KrV*, A819＝B847 ; *RGV* : B229 이하＝ VI153 이하 ; Op : XXI, 13 · 19 · 28 · 37 등 참조)

이러한 순수한 이성신앙과 "기독교적 종교이론" 및 "도덕"은 원칙적으로 합치한다. 무릇 기독교 종교이론에서 "신성화"는 "확고한 결의"를 가진 "도덕적 전진에서 고정불변성의 의식"을 의미하며, 이러한 의식은 일생 동안 보다 선한 것을 향한 진보 중에서 살아왔음을 의식하는 이로 하여금 "자연스럽게〔…〕이 생을 넘어 계속되는 실존에서도 이 원칙들을 지킬 것이라는, 비록 확실성은 아닐지라도, 위안적인 희망을 가질 수"(*KpV*, A222＝V121, 주) 있도록 한다. "윤리의 신성성은 이승 생활에서 이성적 존재자들에게 이미 표준〔먹줄〕으로 지시되지만, 그러나 이에 비례한 복, 즉 정복〔淨福〕은 단지 영원에서만 얻을 수 있는 것으로 표상된다."(*KpV*, A232＝V129) 왜냐하면, 신성한 윤리는 언제나 모든 처지에서 이성적 존재자들의 태도의 원형이어야 하고, 그것을 향한 전진은 이미 이승 생활에서 가능하고 필연적이지만, 그러나 '정복'은 이 세계에서 얻어질 수 있는 것이 전혀 아니고, 따라서 오로지 희망의 대상이 될 뿐이기 때문이다.

"무릇 여기서 이성의 주관적 조건, 즉 자연의 나라와 윤리의 나라의 정확한 부합을 최고선의 가능성의 조건으로 생각하는, 유일하게 이성에게 이론적으로 가능하며 동시에 (이성의 객관적 법칙 아래에 있는) 도덕성에도 유익한 방식이 등장한다. 무릇 최고선의 촉진과 그러므로 그것의 가능성의 전제는 객관적으로 (그러나 단지 실천이성을 좇아서만) 필연적이되, 그러나 동시에 우리가 그것을 가능하다고 생각하고자 하는 방식은 우리의 선택에 맡겨져 있고, 그런데 이 선택에서 순수 실천이성의 자유로운 관심은 지혜로운 세계창시자를 상정할 것을 결정하므로, 여기서 우리의 판단을 규정하는 원리는 필요요구로서 주관적인 것이긴 하지만, 그러나 또한 동시에 객관적으로 (실천적으로) 필연적인 것의 촉진 수단으로서 도덕적 관점에서의 견해의 준칙의 근거, 다시 말해 순수한 실천적 이성신앙이다. 그러므로 이 순수한 실천적 이성신앙은 지시명령되는 것이 아니라, 자유의지적인 것으로서 도덕적인 (지시명령된) 의도에 유익하고, 게다가 이성의 이론적 필요요구와도 일치하는, 저 〔신의〕 실존을 상정하고 나아가서 그것을 이성사용의 기초에 두도록 우리 판단을 규정하는 것으로서, 도덕적 마음씨에서 저절로 생겨난 것이다. 이성신앙은 그러므로 건전한 사람에게 있어서조차 때때로 자주 동요하는 수가 있긴 하지만, 그러나 결코 무신앙에 빠질 수는 없는 것이다."(*KpV*, A262=V145 이하)

제3절 _ 도덕신학

칸트는 '최고선', 자연의 '최종 목적' 내지 '궁극목적' 개념을 매개로 최상의 원인, 곧 신의 현존을 끌어내는 추론을 하고 있다. 이러한 추론은 대체 어떻게 정당화될 수 있는가?

경험적으로 인식된 자연목적으로부터 최상의 원인을 추론하면, 물리신학의 문제가 되고, 한 이성적 존재자의 선험적으로 인식된 도덕적 목적에서 최상 원인을 추론하면, 도덕신학(윤리신학)의 문제가 된다. 칸트는『순수이성비판』에서 '자연(적) 신학'의 두 가지인 '물리신학'과 '도덕신학'을 개념적으로 상세하게 구분한 바 있다. "자연적 신학은 이 세계에서 마주치는 성질들, 곧 질서와 통일성으로부터 세계창시자의 속성들과 현존을 추리한다. 그런데 이 세계 내에는 두 종류의 원인성, 곧 자연과 자유 및 그것의 규칙이 있는 것으로 받아들여져야만 한다. 그래서 자연적 신학은 이 세계로부터 최고 예지자로 올라가거니와, 최고 예지자란 모든 자연적 질서와 완전성의 원리이거나 모든 도덕적 질서와 완전성의 원리다. 전자의 경우에 그것은 물리신학이라고 일컬어지고, 후자의 경우에 도덕신학이라고 일컬어진다."(*KrV*, A632＝B660)

보통 물리신학이 "자연스럽게"(*KU*, B400＝V436) 도덕신학에 선행한다. 그러나 물리신학은 우리의 궁극목적을 인식하는 데는 쓸모없음이 이내 드러난다. 물리신학은 언제나 물리적 목적론에 머물고 마는데, 그것은 목적 관계가 언제나 경험적으로 자연에 의해 조건 지어지기 때문이다. 그렇기에 우리는 물리신학의 범위 내에서는 결코 어떠한 지적 존재자에도 이를 수가 없고, 그런 한에서 어떠한 "신성〔神性〕의 개념"(*KU*, B409＝V441)에도 이를 수 없다. 물리신학은 그래서 "하나의 오해된 물리적 목적론으로, 신학을 위한 준비(예비학)로서만 유용하다."(*KU*, B410＝V442)

그렇다면 윤리신학의 사정은 어떠한가?

"가장 평범한 지성이라도 세계 내의 사물들의 현존과 세계 자신의 실존을 숙고할 때 벗어날 수 없는 하나의 판단이 있다. 곧, 온갖 다양한 피조물들이 제아무리 위대한 기예적 설비를 갖추고 있고, 제아무리 합목적적으로 서로 관계 지어진 다양한 연관성을 가지고 있다고 하더라도, 온갖 다양한 피조물들은, 그리고 이 피조물들의 그토록 많은 체계들—이것들을 우리는 세계들이라고 잘못 부르는바—의 전체조차도, 만약 그것들 가운데 인간(이성적 존재자들 일반)이 없다면, 아무런 것도 위하는 것 없이 현존하는 것이겠다. 다시 말해, 인간이 없으면 전체 창조〔삼라만상〕는 한낱 황야로서, 쓸데없고 궁극목적이 없는 것이겠다."(*KU*, B410＝V442)

인간이 궁극목적일 수 있는 것은 인간만이 자신에게 가치를 부여하여, 자신을 그 자체로 가치 있는 것, 곧 목적으로 대할 수 있기 때문이다. 그의 의지의 자유에 의거한 인간의 도덕적인 목적 규정은 물리–목적론적 증명 근거를 보완한다. 물론 과연 자연이 목적들 없이도 실존할 수 있는지 어떤 지를 우리는 통찰할 수 없다. 그러나 우리는 도덕법칙들 아래에 서 있는 인간이 창조의 궁극목적이라는 것을 직각적으로 안다. 그래서 우리는 또한 자연은 감성적인(물리적인) 존재자로서가 아니라 도덕적인 존재자로서 우리를 배려하고 있다는 것을 상정하지 않을 수 없다.

물리적 목적론은 "우리의 이론적인 반성적 판단력에 대해 지[오]성적 세계원인의 현존을 받아들이기에 충분한 증명근거를 제공한다."(*KU*, B418/9＝V447) 그러나 오직 자유롭게 행위하는 존재자 개념에서만 우리는 그것을 넘어 또한 "도덕적 목적론을 발견"하는바, "이것은 우리 자신 안의 목적 관계가 그 목적 관계의 법칙과 함께 선험적으로 규정될 수 있고, 그러니까 필연적인 것으로 인식될 수 있기 때문에, 이를 위해 우리 바깥에 이 내적 합법칙성을 위한 어떤 지성적 원인도 필요로 하지 않는다."(*KU*, B419＝V447) 도덕법칙은 우리에게 있어서 어떠한 실질적인 목적과의 관계 맺음 없이도 책무를 지우지만, 그럼에도 그것은 우리를 하나의 궁극목적을 세우도록 묶는다. "이 궁극목적이 이 세계에서 자유에 의해서 가능한 최고선이다."(*KU*, B423＝V450 ; TP, I, B : VIII, 279 참조)

앞서 본 바와 같이 이 최고선 개념에 함유되어 있는, 인간이 그 아래서 자기의 궁극목적을 세울 수 있는 주관적인 조건은 행복이다.

> "이 세계에서 가능한 최고의, 그리고 우리가 할 수 있는 한, 궁극목적으로 촉진해야 할 물리적 선은 행복, 즉 인간이 행복할 만한 품격으로서의 윤리성의 법칙과 일치하는 객관적 조건 아래에서의 행복이다."(*KU*, B424＝V450)

우리는 이 세계에서 덕과 행복이 정비례 관계에 있기를 기대할 수는 없지만, 그러나 도덕적인 근거에서 이것이 충분히 예지세계에서는 이루어진다는 희망을 걸 수는 있다. 최고선에 이른다는 근거 있는 희망이 없다면 우리의 도덕적 노력은 목적 없는 허깨비일 터이다. 그러므로 "신은 없고, 〔…〕 내세도 없다고 확고하게 확신하는 (가령 스피노자 같은) 성실한 사람"(*KU*, B427=V452)도 그가 "그의 윤리적인 내면의 사명의 부름에 충실히 머무르려 하고, 윤리법칙이 그에게 직접적으로 순종하도록 불어넣는 존경을 유일한, 그 높은 요구에 알맞은 이상적인 궁극목적이 무실하다고 해서 약화시키려 하지 않는다면"(*KU*, B428=V452) "하나의 도덕적 세계창시자, 다시 말해 신의 현존을 상정하지 않을 수 없다"(*KU*, B429=V453).

도덕적 증명의 타당성은 도덕적 법칙들 아래에 서 있는 우리의 자유에 대한 사용과만 관계한다. 그러므로 그것을 통해 얻은 궁극목적의 이념은 단지 "주관적－실천적 실재성"(*KU*, B429=V453)만을 갖는다. 신의 현존재 추론은 규정적 판단력에 의해서가 아니라, 반성적 판단력에 의해서 이루어진 것이다. 우리의 이성 능력의 성질상 우리는 도덕법칙들 및 그 대상인 최고선과 관계 맺고 있는 합목적성을 도덕적 법칙수립자와 세계창시자의 현존 없이는 이해할 수가 없기 때문이다.

신의 현존재에 대한 도덕적 논증은 칸트에 따르면 매우 유용하다. 왜냐하면 이에 의해 우리의 초감성적인 것에 대한 이념들은 "그 실천적 사용의 조건들에"(*KU*, B439/440=V459) 제한되기 때문이다. 한편으로 그것은 신학이 신지학(神智學)이나 귀신론이 되고, 종교가 주술(呪術)이나 우상숭배가 되는 것을 방지하고, 다른 한편으로는 이성적 영혼론이 물질주의적으로 오해되거나 심령학으로 넘어가는 것을 막는다. 우리는 이론적인 견지에서는 신의 실존과 영혼의 불사성을 납득할 아무런 근거도 갖고 있지 못하다. 그에 반해 우리의 행함에 의해 실현될 수 있는 최고의 궁극목적과 신의 실존 및 영혼의 불사성 이념은 실천적 관계에서 능히 "객관적 실재성"(*KU*, B459=V469)을 갖는다.

도덕적 논증은 신의 현존을 "단지 실천적으로 순수한 이성에 대해 신앙의 사상[事象]으로"(*KU*, B468=V475)서만 증명한다. 도덕적 목적론은 신학에 그리고 종교에, 곧 신의 지시명령[계명]들인 우리의 의무들에 대한 인식에 이른다.(*KU*, B477=V481 참조) 도덕은 신학 없이도 그의 지시규정을 정식화한다. 그러나 신학이 없으면 우리에 의해 실현되어야 할 궁극목적은 설명되지 못할 것이다.

"도대체가 왜 신학을 갖는 것이 우리에게 중요한 일인가를 묻는다면, 그것이 우리의 자연지식 및 일반적으로 여느 이론을 확장하거나 교정하기 위해서가 아니라, 오로지 종교를 위해서, 다시 말해 이성의 실천적인, 특히 도덕적인 사용을 위해서 주관적 관점에서 필요하다는 것은 아주 분명하다. 이제 신학의 대상의 명확한 개념에 이르는 유일한 논증 자신이 도덕적이라는 사실이 밝혀진다면, 그러한 논증은 신의 현존을 단지 우리의 도덕적 사명을 위해서만, 다시 말해 실천적 관점에서만 충분하게 밝혀주며, 사변은 이 논증에 있어서 결코 자기의 강점을 증명하는 것도 아니고 이 논증을 통해 자기 구역의 범위를 확장하는 것도 아니라는 것이 고백된다 해도, 그것은 낯설지도 않을 뿐만 아니라, 사람들은 이러한 증명근거로부터 나오는 견해가 신학의 궁극목적에 대해 충분하다는 점에 관해서도 아무런 아쉬움이 없을 것이다."(*KU*, B478 이하=V482)

제7장

칸트의 세계평화론

제1절 _ 세계평화론의 의의

칸트는 그의 윤리 형이상학의 연장선상에서 영원한 세계의 평화를 위한 방안을 제시한다. 부국강병의 기치 아래 열강 중의 하나로 부상한 프로이센과 프랑스혁명으로 야기된 유럽 열강 간의 세력 재편을 목전에 둔 당시 상황에서 국제 평화는 몹시 절실한 문제였다. 그러나 칸트가 소책자 『영원한 평화를 위하여. 한 철학적 구상』(1795)을 통해 보인 그의 세계평화론은 그의 시대만을 염두에 둔 것이 아니라, '영원'을 지향하고 있다. 그것은 그의 초월철학이 18세기 자연과학을 반성의 소재로 삼고 있고, 그의 인격주의 윤리이론이 점차 영향력이 증대하는 공리주의적 경향에 대응해 있음에도 불구하고, 그의 시대를 넘어 보편적 진리와 보편적 선의 가치를 추구하고 있는 것과 마찬가지이다.

칸트의 세계평화론은 세계 정치사적으로도 매우 중요한 의의를 갖는다. 그것은 인류 역사상 최초로 진정한 의미에서 '세계 평화'를 진지하게 숙

394

고하고 있다. 이전에도 국제적 평화가 거론되지 않은 것은 아니다. 그러나 '로마에 의한 평화(Pax Romana)', '중국에 의한 평화(Pax Sinica)', '대영제 국에 의한 평화(Pax Britanica)', '미국에 의한 평화(Pax Americana)'의 사례 에서 보듯, 보통 '평화'란 하나의 중심 국가에 의해 주변 국가들이 통제됨 으로써 전쟁이 방지되고 평온이 유지되는 수준의 것이었다. 칸트는 이런 것은 "자유의 묘지에서의"(*ZeF*, B64/65 =VIII367) '평화'로서 진정한 평화 일 수 없음을 갈파하면서, 동등한 독립 국가 간의 평화를 주창하고 있다. 개인들이 전쟁 상태를 종식시키기 위해 사회계약을 통해 '시민국가'를 수 립하는 것과 꼭 마찬가지로, 국가들 또한 전쟁 상태를 종식시키기 위해 평 화조약(foedus pacificum)에 의거한 "국제연맹(Völkerbund)"(*ZeF*, B30 =VIII354)을 이루는 것이 마땅한 일이다.

칸트의 세계평화론이 제시된 지 1세기가 지나 제1차 세계대전이 끝났 을 때 창설된 국제연맹(League of Nations)은 그의 구상을 부분적으로 실행 해 옮긴 사례이며, 그 정신은 오늘날의 국제연합(United Nations)에 일정 부분 승계되고 있지만, 그 평화 유지 방식은 여전히 강대국의 주도와 정치 적 이해타산에 따른 조정에 의한 것이다.

칸트는 인간의 세계 평화에 대한 노력을 인간의 의무 가운데 하나로 본 다. 세계 평화는 한낱 정치적 이해관계의 산물이 아니라, 인간이 인간답게 사는 필수 조건인 것이다.

제2절 _ 세계의 영원한 평화를 위한 구상

세계 평화를 위한 칸트의 초안은 "국가들 사이의 영원한 평화를 위한 예비 조항", "국가들 사이의 영원한 평화를 위한 확정 조항", 그리고 추가 조항을 담고 있다.

1. 예비 조항

"1. 장래의 전쟁 소재를 암암리에 유보한 채로 체결한 어떠한 조약도
   평화조약으로 간주되어서는 안 된다."(*ZeF*, B5=VIII343)

장차 분쟁의 소지를 감춘 책략적인 조약은 평화조약이 아니라, 임시적
인 휴전 조약에 불과하다.

"2. 어떠한 독립국가도 (작든 크든 상관없이) 어떤 다른 국가에 의해 상
   속, 교환, 매매 또는 증여를 통해 취득될 수 있어서는 안 된다."(*ZeF*,
   B7=VIII344)

국가는 물건이 아니라 "어느 누구에 의해서도 명령받고 지배받지 않는"
"인간의 공동체〔인간 사회〕"로서 그 자신 "하나의 도덕적 인격"이다. 국가
는 결코 어떤 방식으로도 합병될 수 없다.

"3. 상비군(常備軍)은 점차 완전히 폐지되어야 한다."(*ZeF*, B8=VIII345)

상비군은 결국 전쟁을 위한 것으로, 사람으로 하여금 사람을 죽이도록
훈련시킨다는 것은 사람을 도구로 간주하는 것으로, 그것은 인격으로서
"인간임의 권리"에 합일하지 않는다. 또한 군대를 위한 재화의 축적도 같
은 결과를 낳는다.

"4. 대외적인 국가분규와 관련하여 어떠한 국가부채도 져서는 안 된
   다."(*ZeF*, B9=VIII345)

국내 경제를 위해 국가 안에서 또는 밖에서 이런 도움을 찾는 것은 있을
수 있다. 그러나 국가 간의 전쟁을 수행하기 위해 국민의 조세 부담 능력 이
상으로 경비를 끌어다 쓰는 것은 결국 국가 간의 종속 관계를 낳을 것이고,
그것은 분명 영원한 평화에 커다란 장애가 된다.

"5. 어떠한 국가도 다른 국가의 [헌정]체제와 통치[정부]에 폭력으로 간
섭해서는 안 된다."(*ZeF*, B11 =VIII346)

어떤 국가도 다른 국가의 내정에 간섭할 권리는 없다. 그것은 어떤 자유
인도 다른 자유인을 폭력으로 통제할 수 없는 것과 마찬가지의 이치이다.
다만, 어떤 국가가 내부 반란에 의해 둘로 쪼개져 각각이 독립국가로서 전
체를 통괄하고자 할 때는 경우가 다르다. 이 경우에는 어느 한 편을 지원
하는 것이 내정 간섭은 아니다. 그때 그 국가는 무정부상태에 있는 것으로
보아야 하기 때문이다.

"6. 어떠한 국가도 다른 국가와의 전쟁 중에 장래의 평화 시에 상호 신
뢰를 불가능하게 만들 것이 틀림없는 그러한 적대 행위들, 예컨대
암살자(暗殺者)나 독살자(毒殺者)의 고용, 항복 협정의 파기, 적국에
서의 반역(叛逆) 선동 등을 자행해서는 안 된다."(*ZeF*, B12 =VIII346)

이러한 극악무도한 수단의 사용은 그 자체로 비열하고, 국가 간의 신뢰
를 조금도 남겨놓지 않음으로써 결국 섬멸전으로 치닫게 할 뿐만 아니라,
일단 이러한 파렴치한 수단이 동원되면 그것은 전쟁 동안뿐만 아니라, 평
화시에도 지속적으로 사용되어 영원한 평화를 불가능하게 만든다.

이상의 여섯 조항 가운데서도 1, 5, 6항은 아무런 준비가 필요 없으므로
즉각 시행되어야 할 엄격한 법칙(leges strictae)들이다.

2. 확정 조항

1) "영원한 평화를 위한 제1 확정 조항

각 국가에서 시민적 [헌정]체제는 공화적이어야 한다."(*ZeF*, B20 =VIII349)

"첫째로 (인간으로서) 사회 구성원의 자유의 원리들에 따라서, 둘째로 (신민으로서) 만인의 유일한 공동의 법칙수립에 대한 의존성의 원칙들에 따라서, 그리고 셋째로 (국가시민으로서) 그들의 평등의 법칙에 따라서 세워진 〔헌정〕체제는 — 근원적 계약의 이념에서 나오고, 한 국민의 모든 정당한 법칙수립이 그에 기초해 있을 수밖에 없는 유일한 체제는 — 공화적 체제이다."(*ZeF*, B20=VIII349/350)

여기서 칸트가 말하는 공화체제(Republikanism)는 전제체제(Despotism)와 대립하는 것으로, 전제체제에서는 지배자 자신의 "사적 의지"가 공적 의지로 간주된다면, 공화체제는 국가 권력이 국민들의 근원적 계약에 기초하고, 입법부로부터 집행권이 분리되어 있는 정체를 말한다.(*ZeF*, B25=VIII352 참조) 이 체제하에서는 전쟁을 할 것인가 말 것인가는 국민들이 스스로 정해야 하고, 전쟁 수행의 모든 부담 또한 국민 스스로 떠맡아야 하기 때문에, 전쟁 선포란 매우 신중해지지 않을 수 없다. 그렇기 때문에 공화체제만이 영원한 평화에 대한 "전망"(*ZeF*, B23=VIII351)을 준다.

2) "영원한 평화를 위한 제2 확정 조항
국제법은 자유로운 국가들의 연방제〔연방주의〕에 기초해 있어야만 한다."(*ZeF*, B30=VIII354)

개별 국가들의 독립성을 유지하면서도 항구적인 국제 평화를 담보할 수 있는 것은 "국제연맹(Völkerbund)이겠다."(*ZeF*, B30=VIII354) 이 연맹은 모든 전쟁의 종식을 추구하는 진정한 "평화연맹(Friedensbund : foedus pacificum)"으로서, "오로지 한 국가 그 자신과 동시에 다른 연맹 국가의 자유를 유지 보장함"(*ZeF*, B35=VIII356)을 지향한다.

이상적으로는 개인들이 원시적 자유를 포기하고 스스로 공법적 규제에 복

종함으로써 국가를 수립하듯이, 국가들이 하나의 "국제 국가(Völkerstaat :
civitas gentium)"를 수립하는 것이 좋겠지만, "그러나 국가들은 국제법의
이념에 따라서 결코 이것을 원하지 않을 것이므로", 칸트는 "세계공화국
(Weltrepublik)"이라는 적극적인 이념 대신에 "소극적인 대안"으로서 연맹
을 구성하는 것이 전쟁을 막는 유일한 현실적인 방안이라고 본다.

3) "영원한 평화를 위한 제3 확정 조항

세계시민법은 보편적 우호의 조건들에 국한되어 있어야만 한다."(*ZeF*,
B40=VIII357)

"우호"란 "손님 대접"을 뜻한다. 국가는 외국인 방문객을, 그가 평화적
으로 처신하는 한, 적대적으로 다루어서는 안 된다. 인간은 지구 표면을
공동으로 소유하고 있는 만큼, 어디든 최소한 일시적으로는 체류할 권리
를 갖는다. 그러나 누구도 외국의 땅을 침탈할 권리는 없으므로, 이방인이
영속적인 방문자의 권리를 주장할 수는 없다. "외국 이주민들의 권한은
원주민들과의 교제를 시도해볼 수 있는 가능성의 조건들 이상으로 확장되
지는 못한다. 이런 방식으로 멀리 떨어져 있는 세계의 지역들이 서로 평화
적으로 관계 맺고, 이런 평화적인 관계들이 마침내 공법화되며, 그렇게 해
서 인류는 마침내 세계시민적 체제에 점점 가까이 다가설 수 있다."(*ZeF*,
B41/42=VIII358)

3. 추가 조항 : 영원한 평화를 위한 보증

영원한 평화를 "보증해주는 것은 다른 것이 아니라 위대한 기예가인 자
연(事物들의 案出者인 自然)이다. 자연의 기계적 운행에는 인간의 의지에 반

하고라도 인간의 불화를 통해서 일치를 생장시키려는 합목적성이 명백히 나타나 있다."(*ZeF*, B47=VIII360) 우리에게 알려지지 않은 작용 법칙들에 따른 자연의 강요는 "숙명"이며, 세계 행정에서의 자연의 합목적성을 고려할 때 그것은 "섭리"라 할 것이다. 섭리란 "보다 상위의, 인류의 객관적인 궁극목적을 지향해 있고, 이 세계 행정을 예정하는 어떤 원인의 심오한 지혜"(*ZeF*, B47=VIII361)이다.

영원한 평화를 위한 예비적 설계로서 "1. 자연은 인간이 지상의 모든 지역에서 살 수 있도록 배려했다 ; 2. 전쟁을 통해 모든 곳에, 극히 황량한 지역에까지 인간을 쫓아 보내 그곳에 거주하도록 했다 ; 3. 또한 바로 그 전쟁을 통해 인간을 크든 작든 법[칙]적 관계에 들어서도록 강요했다." (*ZeF*, B52=VIII363) "자연은 인간이 지상의 어디에서나 살 수 있도록 배려함과 동시에 인간이 자신들의 경향에 반해서라도 어디서나 살아야만 한다는 것을 전제적으로 욕구했다."(*ZeF*, B56=VIII364) 자연은 인간이 의욕하지 않더라도 인간이 마땅히 행해야 할 여건을 만들어간다. 세네카의 말마따나 "운명은 의욕하는 자는 이끌고, 의욕하지 않는 자는 질질 끌고 간다."(*ZeF*, B59=VIII365)

한 국민은 내부적 불화에 의해 그렇게 할 필요가 없게 되었을지라도 외부로부터의 전쟁이 발발하면 부득이 공법에 복종하지 않을 수 없게 된다. 공법을 준수하는 것은 공화체제 유지의 근간으로서 시민의 제일의 의무이다. 이렇게 해서 "인간은 비록 도덕적으로 좋은 사람은 아닐지라도 좋은 시민이 되지 않을 수 없는 것이다."(*ZeF*, B61=VIII366) 의무 때문에 그렇게 하는 것은 아니지만, 공법을 준수하는 것은 의무에 맞는 일이니 말이다.

자연의 의도는 국제 관계도 합목적적으로 이끌고 있다. "국제법의 이념은 상호 독립적인 이웃해 있는 수많은 국가들의 분리를 전제로 한다. 설령 이러한 상태가 〔…〕 그 자체로 이미 하나의 전쟁 상태라 하더라도, 이 상태만으로도 이성의 이념에서 볼 때 다른 국가들을 제압하여 하나의 보편 왕국으로 나아가는 강국에 의해 여러 나라들이 융해[합방]되는 것보다는 좋다."(*ZeF*, B63=VIII367) 통치의 범위가 확대되면 될수록 법률의 위력은 약화되고, 법의 정신이 사라짐과 함께 선의 싹도 절멸되어 마침내 "영혼 없는 전제"(*ZeF*, B63=VIII367)가 출현하기 마련이기 때문이다. "그럼에도 불구하고 모든 국가(또는 그 수령)가 갈망하는 바는 이런 식으로, 자신이 가능한 한 전 세계를 지배하는, 지속적인 평화상태로 이행해가는 것이다. 그러나 자연은 이와는 다르게 의욕한다. 자연은 언어와 종교의 상이성이라는 두 수단을 이용하여 민족들이 서로 섞이는 것을 막고, 그들을 분리시킨다. 언어와 종교의 상이성은 서로 상대방을 증오하는 성벽과 전쟁의 구실을 동반하기도 하지만, 그럼에도 문화가 성장해가고 인간이 원리에 있어서의 보다 큰 일치로 점진적으로 접근해감으로써 평화에 대한 동의를 이끌어간다. 이 평화는 (자유의 묘지에서의) 저 전제에서처럼, 모든 힘들의 약화에 의한 것이 아니라, 모든 힘들의 활기찬 경쟁 속에서의 균형에 의해 만들어내지고 보장되는 것이다."(*ZeF*, B63/64=VIII367) 자연은 또한 세계시민법의 개념으로써는 폭력과 전쟁에 대항하여 보장할 수 없었을 여러 민족들을 "교호적 사익(私益)을 통해" 통합시킨다. 상업적 정신은 전쟁과 양립할 수 없는 것인데, 금력이야말로 국가 권력에 종속되어 있는 모든 권력(수단)들 가운데서도 가장 믿을 만한 것이기 때문에, "국가들은 (물론 도덕성의 동기에서는 아니겠지만) 고귀한 평화를 촉진하지 않을 수 없게 되며, 그리고 전쟁 발발의 위협이 있는 곳이 어디든지 간에, 중재를 통해 전쟁을 막지 않을 수 없게 된다." "이러한 방식으로 자연은 인간의 경향성들 자체에 있는 기제를 통해 영원한 평화를 보증한다."(*ZeF*, B66=VIII368)

2

이상주의 시대와
헤겔의 변증법사상

제1장

서론

제1절 _ 헤겔의 생애와 대표 저술

"미네르바의 올빼미는 비로소 황혼녘에 날기를 시작한다."(*GPR*: TW7, 28) 사태에 대한 총체적 이론적 조감은 사태가 전개된 후라야 가능하다. 헤겔철학에 대한 조감도 마찬가지이다. 이미 역사가 된 철학자와 작품으로 남은 철학 사상에 대한 평가는 그 이론의 정밀도나 정합성에서가 아니라 영향력에서 척도를 얻는다. 헤겔의 말들이 얼마나 비문법적이고, 그의 '논리'가 얼마나 비논리적인가를 밝힌다 해도, 그의 철학의 영향력이 결코 줄지 않는다면 그의 사상의 위대성은 이미 상식을 뛰어넘어가 있는 것이다. 사실 '문법'이니 '논리'니 하는 것은 평범한 사람들 사이의 의사소통의 원리인 것이니 말이다. 헤겔이 그렇게 길다고 볼 수 없는 교수생활 14년, 그중에서도 베를린 생활 11년 동안에 보여준 사상의 웅장함은 기질적(?)으로 사변을 싫어하는 영국 사회에까지 영향을 미쳐 그의 사후 영국에도 비로소 '철학'이 생겨 관념론 학파가 형성되었고, 그렇게나 헤겔적

'정신'에 체질적(?) 거부감을 가진 유물론자들마저 그것의 변증법은 차용하였으니, 19세기 후반 이후 철학 가운데 헤겔 사상과의 대면 없이 이루어진 것은 하나도 없다고 하여도 과언이 아니다.

생애의 도정에 사상도 형성되는 것인 만큼 사유의 길과 생애의 길은 어떤 식으로든 얽혀 있기 마련이지만, 그 밀접성이 헤겔만큼 깊은 경우도 드물다 할 것이다. 우리는 헤겔 생애의 도정을 따라가다 보면 그 사실을 어렵지 않게 확인할 수 있다.

게오르크 빌헬름 프리드리히 헤겔(Georg Wilhelm Friedrich Hegel)은 남부 독일 뷔르템베르크 공국의 수도 슈투트가르트(Stuttgart)에서 하급 개신교 공무원인 아버지(Georg Ludwig Hegel)와 어머니(Maria Magdalena Louisa)의 첫아이로 1770년 8월 27일에 태어났다.

헤겔 가족은 슈투트가르트의 토박이로서 문화와 교육에 대해서 열성적이어서, 장래의 철학자 헤겔은 이미 3세부터 독일어 학당을, 5세에는 라틴어 학당을 다녔으며, 1776년에는 김나지움에 입학하였고, 1784년부터는 상급 김나지움을 다녔다. 학생 시절 헤겔은 이미 문필가로 명성을 얻었고, 주로 방에 틀어박혀 독서에 빠져 있는 '애늙은이'로 소문이 났다. 이 시기에 헤겔은 레싱을 읽고서 크게 감명을 받아 자신도 레싱처럼 '민중교육자'로 '문인'이 되리라 작심했다는 기록이 있다. 1783년에 어머니가, 1799년에서는 아버지가 세상을 떠났는데, 아버지와의 사이는 소원했던 것 같고, 어머니에 대한 사모의 정은 노년까지 가지고 있었다.

1788년 10월에 튀빙겐(Tübingen) 대학에 입학하여 1793년까지 재학, 같은 기숙사에서 셸링, 횔덜린과 깊은 우정을 나누면서 철학과 신학을 공부하였다. 이 시기에 칸트를 조금 읽은 것으로 보이며, 레싱을 거쳐 야코비를 읽고, 그를 통해 스피노자를 알게 되었다.

대학을 마치고 베른(Bern : 1793~1796)과 프랑크푸르트(Frankfurt/M. :

1797~1800)에서 가정교사 생활을 한 후, 비로소 1801년에 대학 동창 셸링의 주선으로 예나(Jena) 대학에서 자연철학 분야 교수자격 논문 「유성의 궤도에 관한 철학적 논구(Dissertatio philosophica de Orbitis Planetarum)」를 내고 강사 생활을 시작하였다. 같은 해에 「피히테와 셸링 철학 체계의 차이(Differenz des Fichteschen und Schellingschen Systems der Philosophie)」를 발표하였다.

1805년에 비정규직 교수로 임명되었고, 1807년(37세)에 드디어 헤겔철학의 탄생을 알리는 『정신현상학(*Phänomenologie des Geistes*)』을 내고, 대학을 떠나 1808년에 뉘른베르크(Nürnberg)의 김나지움 교장으로 취임하였다. 1811년에 21세 연하인 튜허 가의 여식(Marie Helena Susanna v. Tucher, 1791~1855)과 결혼하였다. 1812/3년(42/3세)에 『논리의 학(*Wissenschaft der Logik*), I』을, 1816년(46세)에는 『논리의 학, II』를 출간하고, 곧바로 하이델베르크(Heidelberg) 대학의 교수로 취임하였다. 1817년에 『철학백과개요(*Enzyklopädie der philosophischen Wissenschaften im Grundrisse*)』를 내고, 1818년(48세)에 피히테의 후임으로 베를린(Berlin) 대학의 교수로 부임했으며, 1821년(51세)에는 마지막 대표작 『법철학요강(*Grundlinien der Philosophie des Rechts*)』을 출간하였다. 이로써 당대에 '철학자'는 일반명사가 아니라 헤겔을 지칭하는 고유명사가 되었다.

1831년(61세) 11월 14일 헤겔은 갑자기 세상을 떠났다. 의사들은 사망원인을 콜레라 감염으로 판정했으나, 죽기 3일 전까지도 강의를 했던 것으로 볼 때 그것은 어쨌든 갑작스런 죽음이었다.

헤겔은 사망 직전까지도 왕성한 강의 활동과 더불어 새로운 집필, 개작을 거듭하였다. 1830년에는 『철학백과개요』 개정 제3판을 출간했고, 1831년에는 『논리의 학』 제1권도 개정하였으니, 나머지도 함께 개정될 것을 기대할 수 있었고, 결국 유고로 남겨져 아들과 친구들에 의해 편찬된 전집

("Freundesvereinsausgabe"(TA): Berlin 1832~1845)에 비로소 수록 출판된 「역사철학 강의」, 「미학 강의」, 「종교철학 강의」, 「철학사 강의」 등도 더 완성된 체제를 기대할 수 있었다. 그의 영향력은 현재까지도 진행되고 있는 그의 새로운 전집(*Gesammelte Werke*(GW), Hamburg 1968~) 기획이 웅변하고 있다.

제2절 _ 헤겔철학의 중심 개념 : 변증법

헤겔 사후 후계자들 사이의 '좌파', '우파'의 분쟁 속에서도 그의 철학이 보편적으로 그리고 지속적으로 영향력을 잃지 않은 것은 사고와 존재의 원리에 대한 그의 철학적 통찰, 즉 정(These) · 반(Antithese) · 합(Synthese)의 변증법 사상 때문이라 할 것이다. 헤겔의 '모순 지양(Aufheben des Widerspruchs)'의 변증법은 철학적 방법이자 철학의 내용으로서, 그에 대한 소묘는 그의 철학에 대한 총괄이라 해도 과언이 아니다.

1. 자기대화의 논리

헤겔의 변증법은 자기대화의 논리(dialegesthai)이다. 자기가 자기와 대화를 나눈다 함은 자기의 '근원적 분열(ursprüngliche Teilung : Urteilen)'(*Enzy*, §166 : GW20, 55 참조)을 전제로 하며, 그러니까 자기가 자기에 대해 판단을 내리고 시비곡직을 가린다. 헤겔의 변증법(辨證法)은 바로 사변(思辨 : Spekulation)으로서, 그것은 다름 아니라 자기가 자기라는 거울(speculum)에 비춰 살펴봄(speculari)이다. 그러한 대화의 방식은 이미 데카르트의 성찰(meditatio)에서 시연된 것이다. 데카르트의 철학적 방법인 '성찰'도 나(ego)와 나의 대화였다. 그러나 헤겔의 변증법은 단지 철학적 반성의 방법, 사고 전개의 방법이 아니라, 존재의, 세계의, 역사의 자기 전개 방식이자 힘이기도 하다. 존재와 일치할 때 사고가 진리일 수 있다면, 존재의 전개 방식과 참된 사고의 전개 방식은 응당 한가지여야 할 것이다.

대화는 서로 다른 입장이 합일을 이룰 때까지 진행된다. 그러니까 변증법은 자기와 자기의 분열이 지속되는 동안 합일이라는 목적을 향한 자기의 전개 방식이다. 그것은 자기와 자기의 어긋남을 교정하여 합일, 일치라는 목적을 향해 나아간다, 다시 말해 일정한 목적으로 접근해간다는 의미에서 스스로 발전해가는 방법이다. 이렇게 자기발전을 향해 움직이는 자기, 다시 말해 '자기운동'하는 자를 일컬어 정신(Geist) 또는 특정적으로 표현하여 이성(Vernunft)이라고 부른다. 이때 '정신'이란 뉴턴이 규정한 '물체'와 정확하게 대비되는 개념이다. 뉴턴의 제1운동법칙에 따르면, "외부의 힘이 작용하지 않는 한, 정지해 있는 물체는 여전히 정지해 있고, 운동하는 물체는 여전히 등속도 직선운동을 한다." 이것은 '물체'는 오로지 외부의 원인에 의해서만 변화한다, 그러니까 물체는 기계적〔역학적〕 운동만을 한다는 것을 말한다. 이것이 물체의 본질 규정이라면, 그런데 외부적 힘의 영향과 무관하게 스스로 운동하는 자, 곧 자유 운동하는 자가 있다면, 그것은 물체와는 본질적으로 다른 어떤 것이고, 그래서 그것을 헤겔은 '정신'이라고 부른다. "물질의 실체가 중력"이라면, "정신의 실체, 본질은 자유이다."(*VPG*: TW12, 30 ; *Enzy*, §381 참조)

그러므로 자기운동하는 것, 그것은 다름 아닌 정신이며, 그런 의미에서 정신만이 자유롭다.(*Enzy*, §382 참조) 그러니까 정신만이 변증법적 운동을 한다. 변증법적 운동은 정신의 자기 전개 운동이다. 변증법적으로 운동하는, 자기와 대화하며 자기를 스스로 교정해가는 도정에 있는 정신은, 자기를 아는 정신 곧 "의식"이다. 자기와 완전한 합일에 이른 정신은 그러나 더 이상 분열 중에 있지 않으므로, '절대자'라 일컬어 마땅한 것이다. 그러니까 변증법적 운동은 의식이 절대자에 이르는 도정에서 일어나는 것이다.

2. 유일 실체, 곧 주체, 곧 정신 이론

변증법은 참으로 존재하는 것, 곧 실체는 주체이고, 이 주체는 유일하다는 것을 말한다.

정신이 자유이면서 자기운동을 한다는 것은 그 운동의 원인이 자기 자신 안에 있기 때문이다. 정신은 자신에 의해서, 오로지 자신에 대해서, 그러니까 독자적으로 존재하는 것, 곧 주체(Subjekt)이며, 그런 의미에서 '살아 있는 실체'이다.

정신의 본질인 자유(自由)란 '자기에서 비롯함', 곧 자기에 의한 운동을 말한다. 그런데 운동은 변화로서, 변화란 '이것'이 이것과 다른 '저것'이 됨을 뜻하므로, 운동은 언제나 다(多)를 전제로 해서만 가능하다. 그러니까 정신이 운동한다는 것은 자기 분열에 의해 자기 안에 다(多)가 생겨나 있음을 말한다. 정신 안의 다(多)는 그러니까 이를테면 '부분들'인 셈이다. 그것에 비하면 정신은 '전체(das Ganze : totum)'이다. 그리고 '전체'는 '하나'이다.

운동은 이 '하나'의 부분들 사이에서 일어나는 것이고, 그렇게 해서 '전체'가 변화한다, 곧 발전한다. 그러므로 한 시점에서의 전체와 다른 시점에서의 전체는 그 부분들 사이의 변화로 인하여 서로 다른 것이다. 그럼에도 그 '전체'는 언제나 동일한 전체이다. 그런 의미에서 그 전체는 밑바탕에 놓여 있는 것(Substratum), 자존적인 것(Subsistenz), 불변적인 것(das Beharrliche), 곧 실체(Substanz)이다. 실체, 곧 정신, 곧 전체는 부분들의 운동을 통하여 달리 되어가면서도 자기동일성을 유지하는 것, 이른바 '비동일성의 동일성'을 갖는다. 전체는 불변적으로 생멸(生滅) 없이 있는 것이라는 점에서 진상(Wahrheit) 곧 진리라 한다면, 부분들은 끊임없이 생멸한다는 점에서 가상(Schein)이라 하겠다.

3. 역동적 실체관

유일한 실체가 자기운동한다는 것, 곧 정신이라고 하는 것은 그 운동을 통해서만 자기를 드러낼 수 있다는 것을 말한다. 운동 없이도 능히 자신이 모두 드러난다면, 굳이 힘들여서 운동할 일이 무에 있겠는가. 그러니까 헤겔의 실체는 기실 '욕구'이자 '힘'이다. 변증법적 운동은 이 욕구, 이 힘의 자기실현(entelekeia) 원리이다. 그것은 바로 정신의 본성을 말한다. 자기를 현실화해나가는 것으로서 '정신'은 자기를 자기 자신과 구별하는 "절대적 불안정"으로서 끊임없는 자기부정을 통하여 자기를 실현하고 완성시켜나가는 '근원적 힘', 순수한 활동성이다.

힘만이 실재하는 것이며, 현실(Wirklichkeit)은 이 힘이 작동(Wirken)하여 낳은 결과(Wirkung)이다. 운동 변화는 힘으로서의 이 실체의 자기표출이다. 힘의 표출 현상은 자연에서도, 자기의식에서도, 정신〔좁은 의미로, 헤겔의 '객관적 정신'〕에서도 볼 수 있다.

자연, 물질의 세계도 단지 기계적으로만 운동하는 것이 아니라, 변증법적으로 운동한다. 물질적 조건 아래에서도 끊임없이 사물의 자기진보가 이루어진다는 뜻이다.

이 물질세계와 의식의 이론적 교섭이 사물인식이며, 실천적 교섭이 노동이다. 사물인식을 매개하는 감각도 힘의 운동이고, 자연을 가공하는 노동 또한 힘을 통하여 일어나는 것이다. 사물인식은 대상 의식의 변증법을 통하여 진행되고 사물의 가공은 노동변증법을 통해 진척된다.

자기가 독자적인 존재자라는 의식, 자기가 삶의 주체라는 자기의식이 복수로 나타날 때 '사회'가 생기며, 사회는 자기의식의 변증법에 따라서, 가령 인정 투쟁에 의해서 전개되어간다. 인정 투쟁은 물론 목숨을 건 힘들 간의 대결이다.

의지가 객관적으로 표출된 법률, 도덕, 윤리 같은 객관적 정신도 모두 변증법적으로 전개된다. 그 또한 힘을 매개로 한 것이다. 도대체가 의지란 어떤 목적을 향해 있는 힘인 것이다.

요컨대, 변증법은 "모든 객관성의 영혼"(*WdL II*: GW12, 237)으로서 "무제한적으로 보편적인, 내적이면서 외적인 방식이자, 단적으로 무한한 힘"(GW12, 237)이다. 그렇기에 "모든 사상(事象) 자체의 고유한 방법"(GW12, 238)이자 "사물들의 실체성"(GW12, 238)이라고 할 변증법은 "이성의 최고의 힘이며 바꿔 말하면 이성의 유일하고 절대적인 힘일 뿐만 아니라, 자기 자신을 통해 만물 가운데서 자기 자신을 발견하고 자기 자신을 인식하는 이성의 최고의 유일한 추동이다."(GW12, 238)

4. 발전의 세계관

헤겔의 정신 변증법은 목적론이자 발전의 세계관을 포함한다.

정신의 자기운동은 눈앞에 등장한 (비록 그것이 가상일지라도) 자기의 어긋남, 이른바 '모순'으로 인해 야기된 것이다. 자기와의 어긋남은 불안정이고, 운동은 언제나 불안정을 폐기하고 안정을 얻기 위해 일어나는 것이다. 그러나 정신은 부분들 사이의 모순을 한낱 폐기하는 것에 그치지 않고, 그 폐기를 이용하여 자기를 개선하고자 하는 지혜를 가지고 있다. 정신은 지성이고 이성이기도 한 것이다.

대화에서 서로 어긋남은 서로 '거슬러 말함(widersprechen : contradicere)'

이다. 이것을 헤겔은 '모순(Widerspruch : contradictio)'이라 이름 붙인다. 이 모순에서 한편의 주장을 '바로 세움(正定立 : thesis)'이라 한다면, 반대편의 주장은 '마주 세움(反定立 : antithesis)'이라 하겠다. 이 두 주장은 어긋나기 때문에 '하나' 안에서 양립할 수 없다. 만약 이 어긋나는 두 주장이 독립적인 타자들 사이의 관계라면, 그 어긋남은 영원히 지속될 지도 모른다. 그러나 정신은 '하나'이고, 하나인 정신은 자기 내의 어긋남을 폐기하고 조정하여 합일하게 한다. 그래서 '함께 세움(合定立 : synthesis)'이 일어난다. 이 함께 세움은 앞의 두 대립 주장들을 한낱 병립적으로 모아놓음이 아니라, 둘을 화합하여 질적으로 전혀 다른 또 하나의 '바로 세움'이다. 이 '함께 세움'은 앞의 '바로 세움'과는 단계가 다른 '바로 세움'인 것이다. 그러니까 거기에는 질적인 비약이 있다. 그래서 헤겔은 대립하는 두 주장의 폐기 조정을 '지양(止揚 : Aufheben)'이라 이름 붙인다. 헤겔의 지양은 폐기(wegnehmen : tollere)와 보존(aufbewahren : conservare)과 고양(hinaufheben : elevare)의 삼중적 의미를 갖고 있다.

예를 들어, 로크의 마음 백지(tabula rasa)설[1]을 하나의 '바로 세움'이라 한다면, 라이프니츠의 지성 예외(exipe : nisi ipse intellectus)설[2]은 하나의 '마주 세움'이라 할 것이다. 그리고 칸트의 초월적 이성 이론은 이것들의 '함께 세움'이라 하겠다. 하나의 정신이 대상 인식에 대한 의견을 세워나가는 도정에서 '로크'라는 부분과 '라이프니츠'라는 부분으로 분열하고, 다시금 '칸트'라는 정신으로 합일하는 방식으로 전개되었다고 볼 수 있다는 말이다. 그러나 정신의 자기 전개가 '칸트'에서 완결된 것은 아니니, '칸트' 역시 또 하나의 '바로 세움'으로, 가령 이에는 헤겔의 절대자 정신

---

[1] Locke, *An Essay concerning Human Understanding*, Bk II, chp. 1. sect. 2 참조.
[2] Leibniz, *Nouveaux Essais sur L'Entendement Humain*, II, 1, §2 참조.

이론이 마주 서 있다고 볼 수 있다. 어쨌든 이 세움들은 모두 하나의 정신의 자기 전개 도정에서 나타난 국면(Phase)들이다.

정신은 완전한 자기 합일에 이를 때까지, 곧 진상이 드러날 때까지 이같은 자기대화를 계속해갈 것이다. 그리고 그 대화는 진상을 찾아가는 방법인 만큼 새로운 국면은, 설령 그것이 다음에 오는 새로운 국면에 의해 폐기된다 할지라도, 분명 앞선 국면을 지양한 것이고, 그런 만큼 더 진상에 다가선 것이다. 그러니까 헤겔에서 정신의 자기 전개는 한갓된 되풀이나 퇴락이 아니라, 목적을 향해 전진함, 곧 발전이다.

그래서 헤겔의 변증법은 목적론과 발전론을 함유하고 있는 낙관주의이자 이상주의이다. 그 목적이란 완전성이라는 하나의 이념(Idee)이자 이상(Ideal)이니 말이다. 헤겔의 이상주의는 말한다. ― "이성적인 것, 그것은 현실적이고, 현실적인 것, 그것은 이성적이다."(*GPR*: TW7, 24)

제3절 _ 독일 이상주의와 절대자 개념 형성

"칸트의 정신을 넘어선 어느 곳에서도 더 이상의 연구 대상은 없다. 나는, 내가 분명하게 그리고 확정적으로 세우려는 원리들을, 불분명한 채로이긴 하지만, 칸트가 자기의 모든 연구의 바탕에 가지고 있었음을 전적으로 확신한다"[3]고 피히테는 말한 바 있다. 칸트는 자연 인식에서 인간 이성이 선험적 원리를 가지고 있고, 그것이 인식의 범주로 기능한다는 점에서 인간 이성은 자연 세계의 틀일뿐만 아니라, 자연 안에서 의지의 자유에 따른 도덕적 실천 행위를 한다는 점에서는 자연 세계를 실질적으로 변화시

---

3 Fichte의 1794. 4. 2 자 Böttinger에게 보낸 편지. *J. G. Fichte Briefwechsel*, hrsg. v. Hans Schulz, Leipzig 1930, I. S. 353, Nr. 161.

키는 주체이고, 이 인간 주체의 자율적 행위가 자연 안에서 성취되기 위해서는 자연 운행의 법칙과 선의지의 목적 지향적 행위 법칙이 부합해야만 하고, 그렇다면 인간의 도덕적 행위와 꼭 마찬가지로 자연도 합목적적으로 운행함은 당연하다고 생각했다. 그러나 칸트에서 인간 이성에 내재한다는 자연 인식의 범주는 어디까지나 개념 형식이며, 도덕적 행위의 자유 원인성도 초월적 이념으로서 어떤 존재적 지위를 갖는 것은 아니었다. 칸트가 말한 '자연의 합목적성'이라는 것도 자연에 합목적성이 사실적으로 내재하는 것이라기보다는 "오로지 반성적 판단력에 그 근원을 가지고 있는 하나의 특수한 선험적 개념"(*KU*, BXXVIII=V181)으로서 이를테면 합리적 세계를 해명하기 위한 "상대적 가정(suppositio relativa)"(*KrV*, A676=B704)으로 이해될 수 있는 것이었다.[4]

그러니까 피히테가 볼 때 칸트가 "불분명한 채로" 즉 충분한 반성 없이 자기의 이론 체계의 원리로 사용하고 있는 것이란, 칸트가 인간 의식 활동을 지(知)·정(情)·의(意)로 나눠보는 당대의 심리학에 따라 이론이성, 실천이성[의지], 감정의 순수 기능을 추궁하여 인식 이성의 자기활동적 초월성, 행위 의지의 자유성, 반성적 판단력의 자기자율성을 병렬시킨 점이며, 피히테가 더욱 "분명하게 그리고 확정적으로" 세우려는 원리란 이 세 가지 기능의 공통 토대를 말하려는 것으로 보인다. 칸트에게서 참된 인식의 본부는 순수 이론이성, 선한 행위의 본부는 순수 실천이성, 세계의 합목적성의 본부는 순수한 반성적 판단력으로 나뉘어 있는 셈인데, 피히테는 이것들이 가지고 있는 공통 성격인 의식의 자기활동성으로부터 의식과 의식의 대상들의 토대를 찾으니 말이다.

인식이든 실천이든 희망이든 이런 것들은 모두 의식의 활동인데, 이런

---

4 S. Andersen, *Ideal und Singularität-Über die Funktion des Gottesbegriffes in Kants theoretischer Philosophie*, Berlin/N.Y. 1983, S. 244 참조.

"모든 의식의 근저에 놓여 있어, 그것을 가능하게 하는"[5] 것은 무엇이겠는가? 그것은 가장 근원적인 것인 만큼 증명되거나 규정될 수 없는 의식의 "실행(Tathandlung)"이라고 피히테는 생각한다.

의식의 사실(Tatsache)들은 모두 의식 안에서, 의식에 대해서 비로소 그 어떤 것이다. 그런 만큼 의식의 사실들은 그것이 무엇이 됐건 대상의식의 법칙 아래에 있다. 이런 사실 내용을 가능케 하고, 의식의 법칙 작용인 것은 다름 아닌 의식의 사실행위 곧 실행이다.

의식은 궁극적으로 자기활동적인 것이고, 그런 뜻에서 자유이고 실천적이다. 대상이란 이 의식에 대해 있는 것으로 모두 의식에 의해서 정립되는 것이라 한다면, 스스로 자신을 정립하는 것, 곧 "순수 활동성"은 '나' 또는 '자아(das Ich)'[6]라 해야 할 것이다. "나는 자기 자신을 정립하며, 자기 자신에 의한 이 단적인 정립에 의해 존재한다. 또 거꾸로, 나는 존재하며, 자기의 단적인 존재에 의해 자기 존재를 정립한다."[7] 스스로 존재하는 것이 아닌 것은 '나'가 아니다. 그렇기 때문에 '나', '자아'는 "절대적 주관"[8]이다. 절대적 주관인 나는 행위하는 자이며 동시에 행위의 산물이고, 실제 활동하는 자이며, 동시에 이 실제 활동을 통해 생산된 것이다. 실제 활동(Tat)과 행위(Handlung)는 "한가지고 동일한 것이며, 따라서 '내가 존재한다'는 실행(Tathandlung)의 표현이다."[9] 그러나 '나는 존재한다'거나 '나는 생각한다'는 활동하는 나의 근원적 표현일 수 없고, '나는 행위한다'만이 그런 것일 수 있다. 그렇지만 여기서 주의할 점은, 나를 '행위하는 자',

---

5 Fichte, *Grundlegung der gesamten Wissenschaftslehre*, 전집 I, S. 91.
6 같은 책, S. 96.
7 같은 곳.
8 같은 책, S. 97.
9 같은 책, S. 96.

'활동하는 자'라고 할 때 그것이 데카르트의 '생각하는 자', '존재하는 자'에서처럼 어떤 실체를 뜻하는 것으로 이해돼서는 안 된다는 점이다.

자연적 의식은 행위가 있다면 행위하는 자는 전제된다고 생각한다. 그래서 사람들은 쉽게 실체로서 행위자를 생각한다. 그러나 칸트의 '초월적 의식'이라는 개념은 데카르트류의 이런 실체적 사고방식을 깨뜨렸다. 피히테는 여기서 한 걸음 더 나아가 기체(基體) 없는 순수 기능이 있다고 생각한다. 이 순수한 기능 활동이 모든 것의 토대이다. 모든 존재는 실행 속에서 실행의 산물로서 발생하는 것이다. '나', '자아'라 불리는 것도 실행 밖에 있는 어떤 것이 아니고, 실행 안에서 성립한다. 존재하는 자아가 실행하는 것이 아니고, 실행 속에서 자아라는 것이 존립한다.

자아가 이론적으로 기능할 때 "자아는 자기 자신을 비아(非我)에 의해 규정된 것으로 정립한다."[10] 인식 행위에서 '나'를 '나'로서 기능하게 하는 것은 물론 '그 자체로 존재하는 것'인 비아이다. 그러나 바로 이 '그 자체로 존재하는 것'이라는 것은 자아에 의해서 그러한 것으로 정립된 것 곧 대상일 뿐이다. 자아가 실천적으로 기능할 때 "자아는 자기 자신을 비아를 규정하는 것으로서 정립한다."[11] 실천 행위는 무로부터의 창조도 아니고 무제한적인 생산도 아니다. 그러니까 자아가 자기 자신을 비아를 규정하는 것으로 정립한다 함은 자아가 어떤 것에 대해 작용함을 뜻한다. 실천이란 자아가 어떤 것에 대해 작용함을 뜻한다. 실천이란 자아에 맞서 있는 것을 변형시키고 극복하는 행위이다. 그러므로 실천적 자아의 활동성은 노력이다. 노력은 대립하는 자가 있을 때만 있을 수 있는 일이다. 그러니까 실천적 자아의 활동이 있기 위해서는 비아의 정립 곧 이론적 자아의 활동이 전제된다. 자아는 실천적이기 때문에 역시 이론적이기도 해야 하는

---

10 같은 책, S. 127.
11 같은 책, S. 246.

것이다. 자아는 노력하는 자아로서 현실적인 것이기 때문에 사물의 세계를 실재적인 것으로 반드시 정립해야만 한다. "자아는 자아 안에서 자아에 대해서 비아를 맞세우고"[12] 그것에게 새로운 목적과 새로운 형식을 부여한다. 이런 의미에서 자아는 자유롭다고 할 수 있고, 절대적 자아라 불릴 수 있다. 이 절대적 자아의 바탕 위에 비아에 맞서는 자아, 곧 상대적 자아와 그의 대상으로서의 비아, 곧 세계가 정초된다.

의식의 사실에 대한 반성은, 오로지 자기 자신에 의해서만 정립되는 것 곧 자아만이 무제약자로 파악된다는 것을 납득하게 한다. 여기서 셸링의 '절대자' 개념이 나온다.

"자아란 본질상 자기의 단적인 존재(Seyn)에 의해서 절대적 동일성으로 정립되므로, 최고 원리는 '나는 나이다', 또는 '나는 있다'라고 표현될 수 있겠다."[13] '나'라고 하는 자아는 "모든 사고와 표상에 선행하는 존재이다. 자아는 생각됨으로 해서 있으며, 있기 때문에 생각된다. 자아는 자신이 자신을 생각하는 한에서 있으며, 그리고 또한 그런 한에서 생각된다. 그러므로 자아는 그 자신이 자신을 생각하기 때문에 있으며, 있기 때문에 그 자신이 자신을 생각한다. 자아는 자기 생각을 통해서 자신을 절대적 원인성으로부터 산출한다."[14] 자아란 자기의 전 실재성과 실질성을 "오로지 자기 자신을 통해서 얻는 것이다." 그런 만큼 이 자아는 "절대자라고 일컬어질 수 있는 유일한 것"이고, 그 나머지 것들은 "이 절대자 개념의 단순한 전개에 불과하다."[15]

---

12 같은 책, S. 110 참조.
13 Schelling, *Vom Ich als Prinzip der Philosophie*, Sämtliche Werke[SW], Abt. I, Bd. 1, S. 179.
14 같은 책, S. 167.
15 같은 책, S. 177.

요컨대 셸링에서 1) 자아는 "무제약적"[16]인 것이며, 그런 한에서 "오로지 자기 자신에 의해서만 있는 것이고, 무한한 것을 포섭하는 것"이다. 2) "자아는 단적으로 하나이다."[17] 만약 자아가 다(多)라면, 그것은 부분들의 실현일 터이니 말이다. 자아는 불가분리적인 것이고, 그러므로 불변적이다.[18] 3) "자아는 모든 존재, 모든 실재성을 함유한다."[19] 만약 자아 밖에 자아 안에 있는 실재성과 합치하는 실재성이 있다면, 그것 역시 무제약적일 터인데, 이것은 상호 모순이고 불합리한 것이니 말이다. 4) "만약 실체가 무제약적인 것이라면, 자아가 유일한 실체이다."[20] "따라서 존재하는 모든 것은 자아 안에 있고, 자아 밖에는 아무것도 없다."[21] "자아를 유일한 실체라 한다면, 존재하는 모든 것은 한낱 자아의 우유(偶有)성이다."[22]

자아가 유일한 실체 곧 절대자로 이해되어야 한다 함은, 자아는 결코 대상(非我)으로서 우리에게 주어지는 것이 아니라 단적인 자아로 파악된다는 뜻이다. 의식 활동과 의식의 모든 사실은 대상으로 혹은 대상의 방식으로 감각적 직관에 주어질 수 있는 것이 아니다. 자기 자신의 정립 활동의 파악은 명백히 다만 직접적으로 자기의 자발적 수행에서만 가능하고, 따라서 감각적 직관에서의 비아처럼 규정될 수는 없으며, 오직 '지성적 직관'에서만 규정될 수 있다.

"대상이 있는 곳에 감각적 직관이 있으며, 감각적 직관이 있는 곳에 대상이 있다. 그러니까 어떤 대상도 없는 곳에는, 곧 절대적 자아에는 어떠

---

16 같은 책, S. 179.
17 같은 책, S. 182.
18 같은 책, §11 : S. 192 참조.
19 같은 책, S. 186.
20 같은 책, S. 192.
21 같은 곳.
22 같은 책, S. 193.

한 감각적 직관도 없고, 그러므로 아무런 직관도 없거나 지성적 직관이 있다. 따라서 자아는 그 자체로서 지성적인 직관에서 단적인 자아로서 규정된다."[23] 지성적 직관[24]이란 대상 없는 직관이요, 자발성인 자기 자신에 대한 자발성의 직접적인 인식이다. 그것은 궁극적인 것에 있어서는 자기 존재의 원리와 자기 인식의 원리가 같은 것임을 말한다. 절대자는 절대자에 의해서만 그리고 절대자에게만 주어지고 파악되는 것이다.

절대자로서 '나'의 자기 정립이 함의하는 가장 기본적인 것은 나의 근거는 자유라는 것이다. 피제약성은 결국 자기활동성과 그에 의한 자기 정립을 배제하는 것인 만큼, 자유 없는 자기 정립이란 생각할 수 없고, 순수활동으로서 자기 정립은 오로지 절대적 자유로서만 생각할 수 있는 것이다. 그런 의미에서 "자아의 본질은 자유이다."[25]

그런데 이 세계에서 '나'를 말하는 것은 인간이고, 인간만이 자아로서 자기활동을 한다. 그래서 우리는 "인간의 정신은 절대적으로 자유롭다"[26]고 말한다. 그런데 인간 정신의 자유로움은 그의 단적인 행위함, 곧 의지 의욕에서 드러난다. 의욕함에서 정신은 "자기 행위를 직접적으로 의식하며, 그러므로 이 의욕함이라는 의지 작용은 자기의식의 최고 조건이다."[27] 정신은 의욕함 중에서 곧 자유 안에서 자기 자신을 직접적으로 인식하며, "바꿔 말하면 정신은 자기 자신에 대한 지성적 직관을 갖는다."[28] 이 자기 인식을 직관이라 함은 그것이 아무런 매개도 없는 직접적인 포착이기 때

---

23 같은 책, S. 181.

24 피히테와 셸링에서 '지성적 직관'의 "자명성"에 관해서는 H. Schmitz의 해석 참조(*Die entfremdete Subjektivität—Von Fichte zu Hegel*, Bonn 1992, S. 170 이하).

25 Schelling, Vom Ich, SW, I/1, S. 179.

26 Schelling, *Abhandlungen zur Erläuterung des Idealismus der Wissenschaftslehre*, SW I, 1, S. 428.

27 같은 책, S. 395.

28 같은 책, S. 401.

문이요, 지성적이라 함은 어떠한 감각적 소여도, 그리고 그에 근거한 어떠한 경험적 개념 없이도 '나'를 표상하기 때문이다.[29]

셸링은 정신의 자유로운 활동은 어디에서보다도 예술 창작에서 두드러지게 나타난다고 본다. 이미 칸트가 예시한 바이기도 하지만, 셸링도 인간 정신의 주요 활동으로 이론적 활동과 실천적 활동 외에 예술 창작 활동을 꼽는데, 그중에서도 창작 활동에서 정신의 정신성이 가장 잘 드러난다는 것이다.

인식과 행위, 이론과 실천은 객관에 의한 주관의 규정과 주관을 통한 객관의 규정을 말한다. 셸링은 이 맞서 있는 의식의 두 활동에서 동일한 하나의 뿌리를 발견한다. 표상들은 대상의 모상(模像, Nachbild)이거나 원상(原像, Vorbild)이다. 인식은 대상을 모사하는 것이고 실천 행위는 대상을 형성시키는 것이다. 모사하는 지성은 필연적인 어쩔 수 없는 활동이다. 반면에 대상을 형성하는 지성은 자유로운 의지적인 목적 설정적인 활동이다. 그런데 이론적 지성이나 실천적 지성은 근원에 있어서는 하나여야만 한다. 왜냐하면 양자는 동일한 의식의 활동 양식이기 때문이다. 문제는, 지성이 어떻게 동시에 모상적이며 원상적일 수 있는가, 다시 말하면 어떻게 사물을 쫓으면서 동시에 사물을 형성시킬 수 있는가 하는 점이다. 바꿔 말하면 지성 활동은 어떻게 필연적이면서 동시에 자유로울 수 있는가가 문제이다. 이 문제는 양자의 활동의 바탕에 놓여 있는, 즉 의지의 대상을 그렇게 하듯이 인식의 대상을 창조하는 어떤 동일한 생산적 활동을 가정함으로써, 즉 자연 속의 의식 없는 합목적적 활동성과 일치하는 어떤 창조적 활동성을 가정함으로써만 해결할 수 있다. 그런데 자연 속의 의식 없는 창조적 정신에 부응하는 것은 의식에서는 인식도 의지도 아니고, 단 하나

---

29 A. Schurr, *Philosophie als System bei Fichte, Schelling und Hegel*, Stuttgart–Band Cannstatt 1974, S. 112 참조.

예술적 창작이 있을 뿐이다. 자연의 생산적 힘이나 주관의 생산적 힘은 근본에서는 동일한 창조하는 정신이다. 자연은 대상의 실재 세계를 산출하는 반면에 자유로운 의식적인 예술적 창작은 대상의 이상 세계를 산출한다. 우주는 살아 있는 유기체일 뿐만 아니라 삼라만상이 통일적으로 상호작용하는 예술 작품이요[30], 인간의 예술 작품은 작은 우주이고 동일한 정신의 발현이다.[31] 예술이야말로 감성적 현상세계를 빌려 절대자, 정신을 개시(開示)하는 것이다.

예술 창작이 그 단적인 예이듯이 인간은 자유로운 활동을 통해서 세계 창조의 일정한 위치, 자연과 정신 사이의 중심적 본질존재의 위치에 들어선다. 자유는 자연과 정신을 결합시키면서 이 양자 속에 뿌리박고 있으므로 자유의 실현 매체인 인간은 이 두 세계의 통일 가능성을 포괄하는 유일한 자유로운 본질존재이다.

---

30 H. Paetzold, *Ästhetik des deutschen Idealismus*, Wiesbaden 1983, S. 152 참조.

31 N. Hartmann, *Die Philosophie des deutschen Idealismus*, Berlin · N.Y. 1974, S. 122 참조.

제2장

헤겔의 정신현상학

제1절 _ 서론

1. 이성의 한계 규정으로부터 정신현상학으로

『순수이성비판』(1781 · 1787)에서 철저한 인간 이성 자신의 능력 검토를
통하여 근본학으로서의 철학을 수립하고자 했던 칸트가 그의 "〔순수 이성〕
비판은 하나의 방법론이고, 하나의 학문 체계 자체는 아니다"(*KrV*, BXXII)
라고 말했을 때, 그리고 형이상학만을 "참된 철학"으로 이해한 칸트가
'순수 이성 비판'은 "본래 형이상학의 현관"(AA XX, 260 ; XXVIII, 360 ;
XXIV, 753 ; XXIX, 752 등), 또는 "예비학"(*KrV*, B25 · A841＝B869 등) 내지
"예비 연습"(*KrV*, A841＝B869)이라고 언명했을 때, 그의 후학들은 칸트의
"이성 비판"의 정신은 계승하되 '참된 철학'인 형이상학의 내용까지를 제
시하여 완전한 "학문의 체계" 자체를 수립하고자 기도하였다. 그러나 피
히테가 일찍이(1794) 이런 기획을 공표하자, 칸트 자신은 철학의 수행 방

법으로서 "순수 이성 비판" 작업과 이 작업의 결실인 그의 저작 『순수이성비판』은 구별되어야 하며, 그의 저작 『순수이성비판』에는 "해결되지 않은 또는 적어도 해결을 위한 열쇠가 제시되지 않은 형이상학의 과제는 하나도 없다"(*KrV*, AXIII)면서, 그의 『순수이성비판』은 이미 "순수철학의 완성된 전체"(1799. 8. 7 자 피히테의 지식학에 관한 해명서 : AA XII, 371)를 제시하고 있다고 천명하였다. 그리고 비판주의적 정신에 충실한 한, 칸트의 이 천명은 충분한 정당성을 가진 것이었다. 그럼에도 칸트는 이미 이른바 '독일 이상주의' 사조에 접어든 그의 후학들의 학문 방향을 그의 뜻에 맞게 조정할 수는 없었다. 피히테에 뒤질세라 셸링 또한 칸트의 철학을 학문 방법론으로 치부하고 그 자신이 "지식의 체계"[1]를 제시하고자 하였고, 또 이에 대응하여 헤겔 역시 대작 『정신현상학』(1807)을 "학문의 체계, 제1부"로 펴냄으로써 이 같은 사조에 합류하였다. 이로써 칸트 비판주의의 맥을 잇는 듯하면서도 그 정신과는 상반되는 이른바 독일 이상주의라는, 그러니까 근대 계몽주의 흐름에서 보자면 일종의 반동적 사조가 대세로 등장하였다.

칸트의 비판주의에 의해 "전에 형이상학이라고 일컬어졌던 것은 말하자면 뿌리째 뽑혀버렸고", "지성은 경험을 넘어가서는 안 된다는 칸트철학의 공교(公教)적 이론"은 마침내 "갖가지 장식으로 꾸며져 있긴 하면서도 〔정작〕 성체(聖體)는 없는 사원과도 같이" "형이상학 없는 세련된 족속"(*WdL I*: GW 11, 5)이 출현하는 해괴한 광경이 빚어지도록 하고 말았다고 훗날 통탄했던 헤겔이, 칸트가 그토록 섬세하게 역설하였던 인간 이성의 자기비판의 교훈을 물리치면서까지, 다시금 거대한 형이상학의 체계를 기획하면서 맨 먼저 내놓았던, "학문의 체계, 그 제1부, 정신현상학"은 그러

---

1 Schelling, *System des transzendentalen Idealismus*(1800), SW I/1, S. 349.

면 그의 전 철학 체계 내에서 어떤 위상을 가지며, 이 정신현상학의 서술 과정에서 칸트의 지성 이론을 비판하면서 피력한 그의 대상의식 이론은 어떤 구조를 가지고 있는가? 이에 대한 고찰로부터 헤겔을 따라가보자.

2. "학문 체계"의 제1부로서의 정신현상학

헤겔의 "학문의 체계, 제1부"로서의 『정신현상학』의 당초 구상이 책의 집필 도중에도 이미 변화를 보이고 있고, 『논리의 학』(1812/13, 1816), 『철학백과개요』(1817, 1827, 1830)로 사색이 이어지면서 명백히 달라졌음은 그간의 헤겔 연구가들에 의해서 충분히 밝혀져 있다.[2] 『정신현상학』의 표제가 "학문의 체계, 제1부"임에도 불구하고, 그 후에 "제2부"나 "제3부"가 출간되지 않았음을 고려하거나, 『논리의 학』 제2권(1816)에서 "논리학"을 "진리 자체의 순수 이념"을 포함하는 "절대적 형식의 학" 내지는 "형식적 학"이라고 규정하고, 이에 반해서 "철학의 여타 부분들"을 "실재〔질〕철학"(Realphilosophie), 곧 "자연과 정신의 학들"(WdL II: GW12, 25)이라고 말하는가 하면, 이 구도에 따라 『철학백과개요』에서 체계적 학문으로서의 철학의 대강을 서술하면서 "제1부 논리학, 제2부 자연철학, 제3부 정신철학"을 개진한 것으로 볼 때, 헤겔의 처음의 구상이 바뀌었음은 의심할 여지가 없다. 그렇다면 『정신현상학』은 '체계주의자' 헤겔의 철학 체계 내

---

2 예컨대 M. Heidegger, *Hegels Phänomenologie des Geistes*(1930/31), GA 32, S. 1~46 ; O. Pöggeler, "Zur Deutung der Phänomenologie des Geistes", in : Hegel-Studien, Bd. 1, Bonn 1961, S. 255 이하 ; 또 그의 다른 논문 "Die Komposition der Phänomenologie des Geistes", in : Hegel-St., Beiheft 3, Bonn 1966, 재수록 : *Materialien zu Hegels "Phänomenologie des Geistes"*, hrsg. v. F. Fulda/ D. Henrich, Frankfurt/M. 1973, S. 329~390 등등 참조. 이와 관련해 있을 수 있는 여러 견해에 대한 비교 검토 평가는 한동원, 「〈정신현상학〉의 구조에 관한 연구」, 수록 : 『헤겔연구 4』, 한국헤겔학회 편, 지식산업사, 1988, 7~55면 참조.

에서 실제로 어떤 의의를 가지는 것일까?

외견상으로 볼 때 『정신현상학』은 『철학백과개요』의 〈제3부 정신철학〉의 제1 부문 "주관적 정신"의 "B.정신현상학"부터 제2 부문, 제3 부문의 끝까지와 상응한다. 『정신현상학』의 I~V장〔의식-자기의식-이성〕은 저 〈정신철학〉의 제1 부문 B에, VI장은 제2 부문 "객관적 정신"에, VII~VIII장은 제3 부문 "절대적 정신"에 해당한다고 볼 수 있다. 그러니까, 단지 "현상학"인 것이 일견 이미 실재적이고 실질적인 "철학들"의 일부를 형성하고 있는 것으로 보인다.[3]

그러나 헤겔 자신이 명시적으로 말하는 바에 따르면, "정신현상학"은 어디까지나 "지식〔앎(知)이라는 작용〕과 이 지식에 부정〔대립〕적인 대상이라는 두 계기" 중에서 전개되는 "정신의 직접적 현존"으로서의 "의식"(PdG: GW9, 29)에 "현상하는 지식의 서술"(PdG: GW9, 55)이며, 이 현상하는 지식은 아직 전개되는 중의 지식이고, 전개된다는 것은 아직 자신 안에 자신을 부정하는 모순을 가지고 있다는 점에서 아직은 지식 자체, 곧 절대적 지식은 아니다. 그러니까 현상하는 지식의 서술로서 정신현상학은 한낱 절대지에 이르는 정신의 도정(道程)에 대한 이야기〔歷程, 歷史〕[4]로서 "자연정신에 대한 학과 정신 자체에 대한 학의 사이에"(WdL II: GW12, 198) 위치한다. 그리고 정신이 절대지에 이르는 이 도정은 출현한 정신에 대한 정신 자신의 자기부정과 비판의 도정이므로, 역사하는〔현상하고 지양되는〕 정신에 대한 정신의 비판 또는, 칸트 식으로 표현한다면, '역사 이성 비판'이라고 말할 수 있다.

---

3 Pöggeler, "Die Komposition", S. 370 참조.

4 이와 다른 해석 가능성과 관련해서는 Pöggeler, "Die Koposition", S. 350 이하 참조. 그러나 글쓴이의 이 규정은 가능성 있는 여러 해석 가능성에도 불구하고, 적어도 "의식-자기의식-이성"의 단계에까지는 이론의 여지없이 타당하다.

체계적인 학문으로서 철학은 반면에, 단지 "생기하는 것에 관한 이야기"가 아니라, "이 생기하는 것 중에 있는 진상에 대한 인식" 내지는 "그이야기 중에서 한낱 생기하는 것으로 나타나는 것을, 이 진상으로부터 개념적으로 파악하는 것"(*WdL II*: GW12, 22)이다. 철학은 한낱 생기하는 것들을 단지 나타나는 외양 그대로 서술하는 것이 아니라, 그 생기하는 것들을 통해서 자기의 진상을 드러내는 그 "내면"(*PdG*: GW9, 23)과 그 실현 즉 "정신"(*PdG*: GW9, 23)을 개념적으로, 다시 말해 체계적으로 파악하는 것이다.(*PdG*: GW9, 9 이하 참조)

표제를 형성하고 있는 "학문의 체계"란 다른 말로 "학문적 체계"(*PdG*: GW9, 11) 내지는 "체계적 학문"이며, 이것은 "개념 있는" 학문, 곧 현상들을 그저 주어모아 놓은 낱 지식들의 묶음이 아니라, 진상을 그것의 전체에 있어서 즉 보편적으로 파악하는 "참다운 지식"(*PdG*: GW9, 11 · 53)을 일컫는다. 그리고 이것은 다름 아닌 '철학'을 의미한다. 다만 '필로소피아(philosophia)'라는 말에서 유래한 '철학'이 어의상 한낱 "지식에 대한 사랑" 내지는 "지식에 대한 추구"를 의미하고, 또 헤겔이 보기에는 여태까지의 철학이 실제로도 이런 식의 추구의 단계에 머물렀기 때문에, 이제까지의 철학과는 달리 (그의) '참다운 철학'은—이것은 '철학'이 무엇이어야 하는가를 최초로 일깨워준 소크라테스의 진의를 분명히 오해한 것이지만—한낱 참다운 지식에 대한 추구 정도가 아니라, 이미 성취된 참다운 지식 자체여야만 한다는 의미에서 그저 '철학'이라는 말 대신에 '학문으로서의 철학' 또는 '철학적 학문'〔우리가 『철학백과개요』라고 통칭하는 〈철학적 학문들의 백과 개요(*Enzyklopädie der philosophischen Wissenschaften im Grundrisse*)〉라는 표제 참조〕이라는 강조의 뜻을 가진 말 "학문의 체계"가 표제로 선택된 것으로 볼 수 있다.

이제 "학문의 체계" 곧 체계적인 학문을 진정한 의미에서 철학으로 납득하고, 철학을 생기하는 것들에서 드러나는 진상에 대한 개념적 인식으로 이해한다면, 이 "철학적 학문들"의 체계 제1부를 "정신현상학"으로 생각한 헤겔의 뜻은 무엇일까?

헤겔은 말한다.

> "학문 일반 내지는 지식의 생성(도정)이, 이 학문의 체계의 제1부로서 정신현상학이 개진하는 것이다. 처음 상태의 지식 곧 직접적인 정신은 정신이 없는 의식, 즉 감각적 의식이다. 본래적인 지식이 되기 위해서는, 바꿔 말해 학문에 있어서 순수한 개념인 학문의 요소를 산출하기 위해서, 정신은 긴 노정을 지나면서 일하지 않으면 안 된다."(*PdG*: GW9, 24)

의식으로서의 정신의 본성은 지식(앎)에 있다. 그러나 정신은 처음부터, 일순간에 참다운 지식에 이르는 것이 아니다. 참다운, 정신 있는, 곧 개념적인, 체계적 지식에 이르기 위해서 정신은 긴 노정의 노작(勞作)을 해야만 한다. 참다운 지식을 향해 펼쳐나가는 정신의 노동의 긴 노정, 개진(開陳)이 정신현상학이다. 여러 단계를 지나는 지식 활동으로서의 정신의 현상, 그것이 정신현상학이다.

학문의 생성으로서 정신현상학은 학문의 "형성 운동"을 상세하고 필연적으로, 다시 말하면, "정신의 계기들과 소유로 침강된 것"으로 그 정신의 매 형태에서 서술한다. 이 형성 운동의 목표는 지식 자체가 무엇인가에 대한 정신의 통찰이다. 그런데 수단과 매개와 과정 없이 단번에 목표에 도달한다는 것은 불가능하다. 그래서 이 도정은 더디고도 길다. 각 계기마다가 지나쳐버릴 수 없는 필수적인 것이기 때문에, 각각의 계기마다에 체류할 수밖에 없다. 각 계기마다 그 자체로는 "완전한 단일한 형태"이고, 그것이 완전하고 구체적인 것으로 규정되는 한에서, 절대적인 것으로 관찰되기 때문이다. 정신은 시간의 장구한 연장선상에서 이 형태들을 겪어나가고, "세계 역정(歷程)"의 무진장한 노역을 떠맡아내는 "인내"를 가지고 있다.(*PdG*: GW9, 25 참조) 정신은 "자기의 직접성을 영원히 정립하며, 영원히 이 직접성으로부터 자기 자신으로 귀환하는 본질"(*WdL I*: GW11, 367)인 것이다.

개진 중에 있는 정신은 결코 안정 속에 있는 일이 없으며, "항상 전진하는 운동"(*PdG*: GW9, 14) 가운데 있다. 그러나 이 전진운동은 자기 자신을 부정함으로써 이루어진다. 한 계기에서 "진상"으로 현상하는 정신은 다음 계기에 현상하는 정신에 의해 부정되고, 그렇기에 가상(假像)으로 전락한다. 그것이 진정한 "진상"이 아니었기에 새로운 현상이 등장할 수밖에 없었다는 점에서 이 부정은 필연적이고, 이 부정은 그러나 바로 정신 자신의 "힘"이라는 점에서 또한 자유 자체이다. 자유로서 "정신의 힘은 그것이 표출되는 꼭 그만큼 큰 것이며, 정신의 깊이는 그의 펼쳐냄 중에서 자신을 확장하고 자신을 상실해갈 수 있는 그만큼의 깊이를 갖는다."(*PdG*: GW9, 14) 정신에 의한 정신 자신의 이 부정을 통한 확장 운동 과정이 "정신의 생(生)"이며, 정신은 이 끊임없는 자기와 자기의 "분열" 중에서 완성되어가는 자신을 발견함으로써만, 자신의 진정한 "진상"을 마침내 획득한다.(*PdG*: GW9, 27 참조)

정신은 불안정 중에 있기에 안정에 이르기 위해 변화할 수밖에 없고, 그 변화 운동을 통해서 차츰 안정된 자기 모습을 드러낸다. 그러나 정신은 매 단계의 변화 운동 중에서도 항상 정신으로서 "자기동일성" 이른바 비동일성의 동일성을 유지하며, 언제나 자기동일성을 유지한다는 점에서 정신은 불변하는 것, 곧 '실체'이자 '절대자'이다. 그러나 이 불변자, 그런 의미에서 절대자는 변화하는 것들, 곧 속성(偶有性)을 가진다는 점에서 "주체"이고 "주어"(*PdG*: GW9, 18)이다. 변화 운동 중에 전개되는 모든 계기들,

단계들은 이 주체에 속하는 것이며, 이 주어에 속하는 술어들이다. 속성들은 언제나 주체이자 기체(基體)인 실체에 속하는 것이며, 술어들은 언제나 주어에 속하는 것이다. 그러나 실체 내지 주체는 속성 없이는 아무것도 아니며, 술어 없이 주어는 결코 개진될 수 없다. 실체에 속하는 속성들이 곧 그 실체는 아니지만, 실체는 그의 속성들 곧 전개되는 계기들을 통해서만 자신의 참모습, 진리, 진상(Wahrheit)을 드러낸다.

정신의 한 계기 한 계기, 한 단계 한 단계는 정신을 현실에서 드러내고 있는 것이라는 점에서 그 각각이 그 제한적인 의미에서 진상이라 할 수 있다. 그러나 진정한 "진상은 전체"(PdG: GW9, 19)뿐이다. 물론 이 "전체는" 그 자체로 이미 완성되어 있는 것이 아니라, 비로소 "그것의 전개를 통해서 완성되는 것이다."(PdG: GW9, 19 ; WdL I: GW11, 355 참조) 정신은 그러니까 이를테면 '다수이면서 하나'인 전체(WdL I: GW11, 356 참조)[5]로서만 참다운 진상이며, 그런 뜻에서 '하나〔一者〕'이며, "보편자"(PdG: GW9, 19)이고, 절대자이다. 그렇기에 우리는, 정신은 계기들의 전개를 통해서 완성되어가는 "살아 있는 실체"(WdL I: GW11, 18)라고 말할 수 있다. 실체가 살아 있다는 증좌는 바로 끊임없이 스스로 자기 자신을 부정함으로써 발전해간다는 점이고, 이 자발적 부정 운동의 주체라는 점에서 '자유'인 정신은 "달리되어감"(PdG: GW9, 19) 중에서도 자신에 머무르고, "달리 있음〔他在〕"에서 "동일성을 재생산"(PdG: GW9, 18)해내는 것이다. 그러므로 정신은 어디까지나 오직 매개적으로만 현상하며, 따라서 실체로서, 주체로서, 절대자로서 정신이 "진정으로 무엇인가"는 이 부정의 부정 운동의 "종점"에서 비로소 드러날 터다.(PdG: GW9, 19 참조) 그러나 이 종점은 정신이 자기부정 운동을 막 "시작"할 때에 이미 "이념"적으로 내지는

---

5 칸트의 양(量) 범주 참조.

"이상"적으로 가진 "목표"이기에, 정신의 실현 운동 과정을 통해 도달한 "결실"로서의 목표점은 사실상 운동 시작의 '원점'이다. 이런 뜻에서 정신의 긴 여정은 일종의 원환 운동이라 할 것이다.

전체로서의 정신, 살아 있는 실체인 주체로서의 정신, 곧 절대정신이 현상하는 지식 과정, 즉 '정신현상학'이 개진하는 학문의 생성 도정에 나타나는 지식들은 그 단계마다에서는 "절대적"인 것으로 관찰될지라도, 그것들이 매 단계"들"에서 생긴다는 점에서 모두 상대적이다. 그렇기에 그것들은 마침내는 부정되는 지식들일 따름이다. 그러나 이 부정되는 "상대적"[6]인 지식들의 제 단계를 거쳐 정신은 절대적 지식, 체계적 지식 곧 철학에 이른다. 그래서 이 '체계'는 이미 완결되어 있는 고정불변적인 형식이 아니라, 상대적인 지식들의 상호 운동을 통하여 형성되어가는 전체라는 의미에서 체계이다. 그러므로 "학문의 체계 제1부"로서 정신현상학이란 정신현상학이 학문 체계의 바탕·토대·자료라는 뜻으로 이해될 수 있다.

상대적 지식을 가지며, 자신이 단지 상대적 지식을 가지고 있음을 의식하는 정신을 헤겔은 "자연적 의식"(PdG: GW9, 23)이라고 일컫는다. 그러니까 정신현상학은 "자연적 의식이 참된 지식에 이르는 노정(路程)"(PdG: GW9, 55)이며, 이 노정에서 의식이 겪는 내용을 헤겔은 "경험"(PdG: GW9, 29·60)이라고 부른다. 그러므로 정신현상학은 "의식의 경험의 학"(PdG: GW9, 61)이며, 이 의식의 학적 그러나 아직 상대적인 경험 내용이 절대적인 학문인 철학의 토대가 되는 것이다.

---

6 여기서 '절대적'–'상대적'은 라틴어 어원적 의미로 새겨야 할 것이다. 'absolutum'이란 곧 '풀려난 것' → '해방된 것' → '완전한 것' → '절대적인 것'을 함축하고, 'relatum'이란 '매여 있는 것' → '관련적인 것' → '상관적인 것' → '상대적인 것'을 함축한다.

제2절 _ 의식의 경험의 학

1. 지식[앎]으로서의 의식

자연적 "의식"을 헤겔은 "정신의 직접적인 현존"(*PdG*: GW9, 29)태로 파악한다. 단계적으로 펼쳐져가는 정신이 이 "개진"[7]을 통하여, 곧 매개적으로 진행되어 자신을 완전하게 드러낸 모습을 정신 자체, 정신의 "개념" 또는 절대정신이라고 한다면, 상대적 정신으로서 자연적 "의식"은 상대가 있는 지식, 즉 대상적 지식이라는 본성을 갖는다. 그러므로 이 "의식"은 시작에서부터 "지식[앎]과 이 지식에 부정적[대립적]인 대상이라는 두 계기(契機)"(같은 곳)를 갖는다. 이것은 의식의 "근원적 분열(ursprüngliche Urteilung)"(*WdL I*: GW12, 55 ; *Enzy*, §166)로서, 이 근원적으로 분열된 의식은 다름 아닌 "판단(判斷, Urteil)"하고 반성[되비침, 返照, Reflexion]하는 기능이다. 이렇게 기능하면서 정신은 전개되고 자기의 계기들을 펼쳐내 놓는다. "이 노정(路程)에서의 학이 의식이 행하는 경험의 학"(*PdG*: GW9, 29)이다. 여기서 실체는, 그것과 그것의 운동이 의식의 대상인 한에서 고찰되며, "의식은 오직 자신의 경험상에 있는 것만을 알고 파악한다."(같은 곳) 그런데 이 경험상에 있는 것은 오로지 정신적 실체일 따름이며, 그것도 "자기 자신의 대상으로서"의 정신적 실체이다. 이런 식으로 "정신은 대상이 된다. 왜냐하면, 정신은 바로, 타자가 곧 스스로 자기 자신의 대상이 되며, 이 타자임을 지양하는 운동이기 때문이다."(같은 곳) 정신의 이 운동이 다름 아닌 의식의 경험이며, "이 경험 중에서 직접적인 것, 아직 경험되지 않은 것, 그러니까 추상적인 것이 소외(疏外) 곧 외화(外化)된다."(같은 곳)

---

7 Ch. Topp, *Philosophie als Wissenschaft−Status und Makrologik wissenschaftlichen Philosophierens bei Hegel*, Berlin/N. Y. 1982, S. 94 이하 참조.

다시 말해, '함께 성장한다(concrescere)'는 의미에서 구체화하며, "이 소외 외화로부터 다시금 자신으로 귀환하고, 이렇게 해서 그것이 자신의 실상과 진상에서 드러난다."(같은 곳)

그래서 의식에서는 지식의 작용으로서 '나'와 이 나의 대상인 실체 사이에 구별이 생기며, 본질적으로 대립과 "부정"이 있다. 그러나 '참된 지식'이란 "진상에서의 존재자"(*PdG*: GW9, 53), 존재자로서의 존재자, 진리 그 자체, 헤겔의 또 다른 표현을 빌려 말하면, "절대자"(*PdG*: GW9, 53) 자체에 대한 인식을 말한다. 그래서 사람들은 흔히 참된 지식의 내용 파악으로 들어가기에 앞서, 도대체 자연적 의식에서 "지식"이라고 하는 것이 존재자 자체를 포착하는 데 어떤 기능을 하는가를 묻는다. 특히 데카르트의 방법적 회의 이래 칸트의 이성 비판에 이르기까지, 참된 인식의 내용 파악에 앞서서 먼저 인식의 성격 규정이 선행해야 함은 철학적 작업에서 당연한 것으로 여겨졌다.

인식은, 우리가 그것을 가지고 존재자 자체를 수중에 넣게 되는 "도구(Werkzeug)"인가, 아니면 그것을 통해서 우리가 존재자 자체에 이르게 되는 통로 내지는 "매체(Mittel, Medium)"인가?(*PdG*: GW9, 53 참조)

관념론자 내지 이성론자는, 인식은 존재자를 파악하는 도구라고 생각하지만, 그러나 이 '도구'는 일정한 사용 한계를 가지며, 더구나 사태에 적용될 때, 사태 자체를 포착한다기보다는 사태에 "형상을 씌우고" 그러므로써 사태를 "변질"시킬 수도 있다는 "우려"를 동반한다.[8] 반면에, 실재론자 내지 경험론자는, 인식이란 "그것을 통하여 진리의 빛이 우리에게 이르는 수동적 매체"(*PdG*: GW9, 53)라고 생각하지만, 그러나 이렇게 다가온 진리는, 이미 진리 자체라기보다는 "이 매체에 의거해 있는 이 매체 안에

---

[8] Kant 초월철학 참조.

있는" 진리일 따름[9]이라는 "회의"를 수반한다.(*PdG*: GW9, 53 참조)

그러나 이러한 "우려"나 "회의"는, 그 근원을 추적해보면, "한편으로
는" 인식자인 "우리 자신"과 이 인식자의 작용으로서 "인식"을 구별하고,
"또 다른 한편으로는" 존재자 자체와 이 존재자 자체와는 그러니까 진상
자체와는 다른 별도의 독자적인 그러면서도 진리일 수 있는 인식을 구별
대립시키는 데서 유래한 것이다.(*PdG*: GW9, 54 참조)

'인식자−인식[("도구"이든 "매체"이든]−존재자 자체'라는 표상론적 전
제에서 출발하는 자연적 의식의 진리 탐구의 길은 우려와 "회의의 길"
(*PdG*: GW9, 56)이며 "절망의 길"(GW9, 56)이다. 그러나 이 회의와 절망의
길을 걸으며 의식이 관통하는, 다시 말해 "경험(經驗, Erfahrung)"하게 되
는 일련의 형태들은 오히려 "의식이 학(學)에 이르는 의식 자신의 도야(陶
冶)의 역정(歷程)"(GW9, 56)이다.

2. 변증법적 운동으로서의 경험

지식 작용으로서의 의식의 자기 회의는, 그의 인식이 존재자와 합치할
때, 또는 존재자가 그의 인식과 합치할 때까지 계속된다. 의식의 자기 인
식에 대한 "만족"은 "그의 개념이 대상에, 대상이 그의 개념에 합치"
(*PdG*: GW9, 57)한다는 "목표"에 도달하기 전에는 생기지 않으며, 이 목표
에 이르기까지는 어떠한 "안정"도 발견하지 못하고, 의식은 끊임없는 불
안(정) 속에서 자기부정을 계속한다. "정신은 안주(安住)하고 있는 것이 아
니라, 오히려 절대적으로 불안정한 것이고, 순수한 활동성이며, 모든 고정
적 지성 규정들의 부정 작용 내지는 이념성이다."(*Enzy*, §378, 추기 : TW10,

---

9 Locke 식의 표상설 참조.

12) "의식을, 자기 자신에 곧 자기의 지식과 자기의 대상에 시행하는 이 변증법적 운동을, 이 운동으로부터 의식에 새로운 참된 대상이 생겨나는 한에서, 본래 경험이라고 일컫는 것이다."(*PdG*: GW9, 60)

의식의 경험으로서의 이 변증법적 운동은 의식에서 그것의 지식과 대상과의 따라서, 이론과 실제와의 매개 운동이며, 여기에서 생기는 분열된 의식, 곧 직접적 의식과 반성적 의식 간의 조정 운동, 즉 의식의 자기대화이다. 이 '자기대화'야말로 '사변적 변증법(spekulative Dialektik)'의 원래 의미이다. 그리고 이 의식의 자기대화는 마침내 절대적으로 "하나"가 되기 위한, 곧 "진상"을 찾기 위한 의식의 자기 지양 노력이다.

의식의 경험으로서 자기대화는 다름 아닌, "현상하는 지식에 대한 학문의 태도"이며, 바꿔 말하면, "인식 작용의 실재 내용에 대한 탐구 내지 검사"(*PdG*: GW9, 58)이다. 참된 인식이란 명목적으로는 언제나 인식과 대상의 합치에서 성립하는 것이다. 그러므로 의식은 자기가 수행한 인식과 대상이 합치하는가를 스스로 끊임없이 검사한다. 그러나 참된 인식이란 존재자 자체를 있는 그대로 인식하는 것이니, 이 '합치'의 검사를 위해서 의식 자신이 "척도들을 만들어낸다거나, 이 탐구에 자기의 착상이나 사념들을 적용시킬 필요는 없다."(*PdG*: GW9, 59) 의식은 그 자체로 있는 존재자에게 자기의 인식을 합치시키기만 하면 되는 것이니 말이다.

그러나 다른 편에서 생각해보면, 의식에서 탐구되는 인식의 대상은, 일찍이 칸트가 간파했듯이, 실상 이미 존재자 그 자체가 아니라, "의식에 대한 대상"(*PdG*: GW9, 60)이다. 의식의 "대상에 대한 자기의 인식"과 "의식에 대한 그 대상"의 합치의 검사에서 만약에 이 양자가 서로 합치하지 않으면, 서로 어긋나면, 서로 "모순"되면, "의식은, 자기의 지식이 대상에 합치하도록 자기 지식을 변경해야만 할 것으로 보인다." "그러나 이 지식을 변경시키면 의식에 있어서는 또한 사실상 대상 자체도 변화한다." 왜냐하면, 이 지식은 다름 아닌 그 대상에 대한 지식이었고, 이런 의미에서 이 '대상'은 그 '지식의 대상'으로서 그 지식에 속하는 것이었으니, 지식이 변하면 그 지식의 대상도 달라지기 마련일 것이기 때문이다. "의식에게는 이로써, 앞서 그 자체로 있는 즉자(卽自) 존재이던 것이 더 이상 즉자 존재가 아니라, 한낱 의식에 대해서만 그 자체로 있는 존재가 된 것이다." (*PdG*: GW9, 60) "그러므로 의식이 그의 대상에서 자기의 지식이 이에 합치하지 않음을 발견할 때에, 대상 자신도 또한 견디어내지 못한다. 다시 말하면, 자기가(곧, 대상이) 그것의 척도여야만 하는 그것(곧, 인식)이 검사에 합격하지 못하게 되면, 그 검사의 척도도 변경된다. 그러니까, 이 검사는 지식의 검사일 뿐만 아니라, 이 검사의 척도의 검사이기도 하다."(*PdG*: GW9, 60 참조.)

의식은 '어떤 것', 곧 대상을 인식한다. 이 대상이란 "본래적인 것", "진상인 것", "그 자체로 있는 것", 그런 의미에서 "즉자 존재"를 뜻한다. 그러나 그것은 실상은 "의식에 대해서 즉자적인 것"일 뿐이다. "이로써 진상의 모호성(二義性)이 나타난다."(*PdG*: GW9, 60) 여기서 우리는, 의식이 두 대상을 가지고 있음을 보게 된다. 곧, "최초의 즉자 존재"와 그리고 "이 의식에 대해 있는 즉자 존재" 말이다. 이 두 번째 대상은 사실은 "의식의 자기 내 반성"이며, "최초의 즉자 존재에 대한 지식의 표상"이다. 의식의 인식에서 최초의 대상은 이로써 순정(純正)한 의미에서의 '즉자 존재'이기를 중지하고, 단지 "의식에 대해 있는 즉자 존재"인 문자 그대로 '대상(對象, Gegenstand)'으로 변화된다. 이것이 인식에서의 대상이며, 인식에서의 진상이다. "이 새로운 대상은 최초의 대상의 부정을 포함하며, 최초의 대상에 관해서 만들어진 경험이다."(*PdG*: GW9, 60)

이러한 방식으로 등장하는 일련의 새로운 대상은 의식의 자기 자신의 인식에 대한 검사를 통하여, 다시 말해 자기의 인식에 대한 회의적인 반성을 통하여, 그러니까 "의식의 반전(反轉)"(*PdG*: GW9, 61)을 통하여 자신을 드러낸다. 이렇게 새로운 대상이 나타나면 다시금 새로운 인식이 수행되고, 새로운 인식이 수행되면 또다시 새로운 대상이 나타날 수밖에 없는, 필연적인 변증법적인 방식으로 "의식의 전 계열의 형태들"(*PdG*: GW9, 61)이 이끌어져 나오며, 의식의 이와 같은 변증법적 운동은, 존재와 인식이 완전히 하나가, 다시 말해 "사고와 존재가 하나임"(*PdG*: GW9, 39)이 될 때까지, 곧 지식이 관계 맺는 상대적인 대상[relatum]이 해소[absolutum]될 때까지, 그래서 이른바 절대지에 이를 때까지 계속된다. 변증법적 운동으로서 의식의 이 경험의 학이 정신현상학의 내용이다. 그것은, 말하자면, 정신이 갖는 "진상의 전 영역"(*PdG*: GW9, 61)이다.

3. 의식의 변증법적 자기 인식 방식으로서의 정신현상학

칸트에서 경험이란 일차적으로는 순전한 감각경험만을 지시하며, 포괄적으로는 감각경험을 소재로 갖는 자연 인식의 총체를 뜻했다. 우리가 오늘날 자연과학과 경험과학을 동치적 개념으로 사용하는 것도 이 같은 칸트의 '경험' 개념에서 유래한다. 그러나, 이미 살펴본 바 있듯이, 헤겔에서 경험이란 의식이 함께 하는 것 일체를 의미한다. 경험은 의식의 의식에 대한 경험이며, 그러니까 의식은 경험의 주체이자, 의식 그것이 바로 경험된 것이다.

의식이 자기와 더불어 하는 그 경험 속에서 의식은 자기 경험을 한다. 의식은 자기를 그러한 경험을 해야만 하는 것으로서 경험한다. 왜냐하면, 의식은 본질적으로 지식[앎]이기 때문이다. 자기 자신을 순전히 지식[앎] 그 자체로 아는 이 자체성 속에서 자기를 참된 앎으로 아는 의식이 다름 아닌 정신이다. 의식의 자기 자신에 대한 경험에서 나타나는 것, 현상이 곧 정신이다. 그리고 '앎(지식)'이라는 의식 운동으로서 경험에서 정신이 나타남, 이것이 곧 정신현상학이다.

헤겔의 정신현상학은, 가령 후설의 '순수의식에 대한 현상학'이나 하이데거의 '현존재에 대한 현상학'처럼 '정신에 대한 현상학'이 아니다. 정신이란 도대체가 어떤 종류의 현상학의 대상이 아니다. 여기서 '현상학'이란 '무엇에 대한 어떠어떠한 연구 방법론'이 아니라, 정신 자신이 존재하는 방식 자체이다. 정신이 정신 자신 앞에 등장하는데, 곧 정신이 정신에게 현상하는데, 그것은 자기에 대한 앎의 방식으로 현상한다는 뜻에서 '정신현상학'인 것이다.

'자기 스스로 정신으로 전개되고 있음을 아는 정신이 바로 학(學, 앎)'이다. 이 학은 정신의 현실이며, 정신이 자기 자신이 가지고 있는 소재들로 세운 왕국이다. 이 정신현상학에서 지식의 자기 전개인 현상함이란 의식의 여러 형태의 단순한 명멸이 아니라, 상대적인 지식 단계를 거치(경험하)면서 자신을 노정(露呈)하는 절대적 정신의 절대적 역사(歷程)로서, 그 안에서 자기 자신을 드러내고, 그 드러난 것을 지양해가는 운동이다.

이 지양(止揚, Aufheben) 운동은 세 계기를 갖는 바, 현상하는 것을 경험으로 이끌어와 보존(保存)하되, 그것이 '실재'와 부합하지 않아, 다시 말해 모순적이어서, 가상으로 전락하면, 그것을 부정하고 폐기(廢棄)하여, 다시금 진상인 것으로 고양(高揚)시킨다. 이것이 이른바 정신의 자기 전개 논리(理法)로서 변증법적 운동이다.

그러므로 정신은 그 현현하는 국면마다 각기 변증법적으로 자신을 전개한다. 이제 정신의 일차적인 존재 방식인 대상 의식의 변증법적 운동을 살펴보면서 '정신'의 본모습에 접근해 가보자.

제3절 _ 대상 의식의 변증법적 운동

"의식은 정신의 직접적인 현존태이며, 두 계기 즉 지식(작용)과 이 지식 (작용)에 부정적인[대립하는] 대상적인 것을 갖는다."(*PdG* : GW9, 29) 이 직 접적인 현존태인 인간의 의식에서부터 정신은 전개되고, 이것의 두 계기 사이에 나타나는 대립으로 인해 의식의 제 형태가 현상한다. 이러한 전개 과정을 거쳐가며 의식이 만들어가는 경험의 학으로서 정신현상학의 첫 단 계가 대상 의식의 변증법적 전개이며, 이 대상 의식은 그 안에서 "감각(의 확실성)" → "지각" → "지성" 순으로 진행되어간다. 대상을 자기의 한 계 기로 갖는 "의식은 자기 내에 3단계를 가지고 있다."(*Enzy*, §418, 추기 : TW10, 206)

① "최초에 대상은 전적으로 직접적인 것이며, 존재하는 것이다." 그래 서 그것은 감각 의식, 곧 수용적 의식에 나타난다. 그러나 이 "직접성"은 가장 추상적이고, 그런 의미에서 존재 일반 그러니까 아무것도 아닌 것으 로, 반성에 의해 드러난다. 이 직접성으로부터 "대상의 본질적 존재"로의 이행은 불가피하다.

② "대상의 본질"이 의식의 대상인 한에서, 이 의식은 더 이상 감각적인 것이 아니라, 지각하는 것이다. 이 지각의식에서 다수의 개별적인 것들이 (속성들로서) 하나의 보편자에 관계 맺어진다. 그러나 이 관계 맺음은 "아직 개별자와 보편자의 진정한 통일이 아니라, 단지 이 양측의 혼합"일 따름이 다. 바로 여기에 의식이 다음 단계로 이행할 수밖에 없는 모순이 있다.

③ 지성 의식은 이 모순을, 대상을 "대자적으로 존재하는 내면의 현상" 으로 지양함으로써 해소한다. 이 현상은 살아 있는 것이다.

이 '살아 있는 것'의 관조에서 대상의식을 지나 "자기의식"이 싹튼다.[10] 왜냐하면, 살아 있는 것 중에서 대상[객관적인 것]은 주관적인 것으로 전환

되기 때문이다. 여기에서 의식은 자기 자신을 대상의 본질적인 것으로 발견하며, 대상으로부터 자기 자신으로 반조(返照)하며, 그 자신이 대상으로, 곧 외화(外化)·소외(疎外)된다.

이런 식으로 자기의식으로까지 발전해가는 대상의식의 3단계 전개 과정을 이제 조금 더 상세히 살펴보자.

1. 감각과 '이것'

1) 감각의 확실성의 모순적 성격

대상에 대한 지식은 감각에서 출발하고, 인식으로서의 "감각의 확실성"은 일견 "그것의 내용에 있어서 가장 풍부"(*Enzy*, §418 : GW20, 424)하고, "가장 진실한 인식으로 나타난다."(*PdG*: GW9, 63) 감각의 확실성의 구체적 내용은, 공간적–시간적으로 무한히 펼쳐져 있고, 이 무한한 풍요 가운데서 하나를 꺼내 나누어보면 그 역시 무한히 분해 가능하다. 이런 의미에서 감각의 확실성은 넓이에 있어서나 깊이에 있어서나 그 끝을 발견할 수 없을 만큼 풍부하다. 또한 그것은, 대상에서 아무것도 제거하지 않고, 대상을 '있는 그대로' 온전히 자기 앞에 갖는다고 이해되는 한에서, 더할 나위 없이 진실한 것으로 보인다.(*PdG*: GW9, 63 참조)

그러나 이런 감각의 확실성은 "실상은 가장 추상적이고 가장 빈약한 진리로 드러난다."(*PdG*: GW9, 63) 대상을 자신의 눈앞에 갖는다는 뜻에서 대상에 대한 직접적이고 무매개적인 지식인 감각적 확실성은, 그 대신에 간접적이고 매개적인 것은 아무것도 보지 못한다는 점에서는 가장 "추상

---

10 Pöggeler, "Die Komposition", S. 361.

적"[11]이고, 자기가 인식한 것에 대해서 단지 "이것" 또는 "이것이 있다"라고밖에는 말할 수 없다는 점에서 감각의 확실성은 그것의 "사상 내용에 있어서 가장 빈약하다."(*Enzy*, §418 : GW20, 424) 그러므로 감각의 확실성의 진리는 오직 "사태의 순수한 존재"만을 포함할 따름이며, 이 감각의 확실성에서 의식 또한 단지 "이 자(者)"라고 하는 이른바 "순수한 나"일 따름이다.(*PdG*: GW9, 63 참조) 그러니까, '이 자'라고 하는 "개별자"가 '이것'이라고 하는 "개별자"를 인식함이 감각의 확실성이다. 감각의 확실성에서는 한낱 개별자인 것들이 '순수한 것'으로 전제되고, 또 그렇게 행세한다.

그러나 우리가 사태를 주의 깊게 되돌아보면[12], 감각의 확실성이자 본질을 이루는 이 "순수한 존재"에는 서로 다른 많은 것들이 '함께 노닌다(beiherspielen)'. 따져보면, 현실적인 하나의 확실한 감각은 '순수한 직접적인 존재'라는 이름을 사용하는 한 '예(Beispiel)'에 불과한 것이다.

2) 감각의 확실성에서 '이 자(者)'의 의식작용으로서의 "사념(私念)"과 그 대상인 '이것'

(1) 이 양자의 관계

감각은 자기의 대상인 '이것'이 그 자체로 있는 것, 참된 것, 본질적인 것이라고 확신한다. 그래서 이름하여 감각의 확실성이다. '이것'은 인식이라는 의식의 활동이 있거나 없거나 간에 그 자체로 있는 것이다. 대상이

---

11 '눈을 돌려버렸다(abgesehen)', 그러니까 '내용을 사상(捨象)해버렸다'는 의미에서 '추상적(abstrakt)'. 이런 의미 연관에서, 헤겔은 『정신현상학』과 같은 시기에 쓴 작은 논문 "Wer denkt abstrakt?"(1807)에서 추상적으로 사고하는 자는 "도야되지 못한(ungebildet) 인간이지, 도야된 인간이 아니다"(TW2, 577)라고 말한 바 있다.
12 'Zusehen(skepsis)'이라는 의미로.

있기 위해 인식은 꼭 있어야 하는 것이 아니지만, 그러나 인식은 대상이 있을 때에만 비로소 가능하다. 감각의 확신에 따르면, "이것이 있다. 그러므로 이것을 감각적으로 의식한다." 따라서 대상은 본래적인 것이고 본질적인 것이다.

그러나 감각적 확실성에서 '이것'이란 대체 무엇인가?

개별적인 것으로 '이것'은 항존 불변적인 것이 아니라, 그때그때의 감각에 받아들여진 한 예(例)일 따름이다. '이것'이라는 대상은 그 자체로 있는 참된 것이라기보다는 '이 자', 곧 '나'의 감각의식, 즉 사념(Meinen : 의견)의 대상이다. 그러니까, "'이것'은 있다. 왜냐하면, '이 자'가 그것을 인식하니까." 이렇게 되면, 앞서 비본래적인 것으로 생각되었던 '이 자'의 감각의식이 본질적인 것이 된다. 이제 감각의 확실성의 진리는 그것의 "대상에서 밀려나" "나의" 감각의식에 자리 잡는다.(*PdG* : GW9, 66 참조)

이러한 반전된 사태는 감각의식인 사념에 대한 되돌아봄에서 드러난다. "그것〔감각의 확실성〕의 진리의 힘은 나에, 곧 나의 봄ㆍ들음 등등의 직접성에 있다."(*PdG* : GW9, 66) 감각의 확실성은 감각의식 곧 사념(Meinen)의 힘으로, 다시 말해, 내가 봄에서 보여진 것을, 들음에서 들려진 것을 나의 것(Meiniges)으로 받아들이는 힘에 의해서 참이다.

나는 보면서, 들으면서 사념(私念)함으로써, 곧 보이고 들린 것을 나의 것으로 받아들임으로써 그리고 오직 이것만을 나의 것으로 받아들임으로써, '이것'에 직접적인 태도를 취한다. 이 사념에 감각의 확실성의 직접성이 있으며, 이를 우리는 직접 지(直接知)라고 부른다. 그러나 바로 이 확실성의 직접성에서 사념의 상대성이 드러난다. 스스로 '나'라고 부르는, 다수의 개개의 '나들'이 모두 자기의 사념만을 진리의 근거로 내세우니 말이다. 각각의 나, 각각의 사념은 서로가 서로의 진리성을 인정하지 않는다. 아니, 서로를 인정할 공통의 기반이 없다. 그래서 서로가 서로를 부정하고, 부정할 수밖에 없다. 감각의 확실성의 이와 같은 추상성과 빈약함으로 인해 '우리'는 이를 통해서는 결코 절대적 진리에 도달할 수 없음을 깨닫게 된다. 의식은 감각의 확실성에서의 이런 자기모순의 지양이 필수적임을 안다. 감각의 확실성의 이 자기모순이 지양되면, 그것은 더 이상 감각의 확실성이 아니다. 그래서 우리는 이른바 '감각주의'를 포기할 수밖에 없는 것이고, 의식은 다음 단계로 이행(移行)하는 것이다.

(2) '이것'과 '이 자(者)'의 본질 구조에 대한 반성

감각의 확실성이라는 대상의식에서 대상인 "'이것'이란 무엇인가?" (*PdG*: GW9, 64) 하고 이제 감각의 확실성은 스스로 묻는다. '이것'은 "지금(jetzt)" "여기(hier)"에 있는, '이 자(者)'인 나에게 직접적으로 감각되는 것이다. '이것'이 직접적인 한에서, 그것은 무매개적인 따라서 보편적인 것이 아닌 개별자이다. '이것'은 "그것의 존재 형식"(*PdG*: GW9, 64)인 "지금·여기"[13] 나의 눈앞에 있는 것이다.

그렇다면, '지금'이란 무엇이며, '여기'란 무엇인가?

나는 낮에는 "지금은 낮이다"고 말하고, 밤에는 "지금은 밤이다"고 말하며, 방에서는 "여기는 방이다"고 말하고, 뜰에서는 "여기는 뜰이다"고 말한다. 지금은 낮이 아니라 밤이며, 밤이 아니라 낮이다. 지금은 낮도 아니고 밤도 아니며, 지금은 낮이기도 하고 밤이기도 하다. '지금'은 '~이

---

13 훗날의 『철학백과개요』에서 헤겔은, 자기가 『정신현상학』의 이 대목에서 공간적 개별자인 '여기'와 시간적 개별자인 '지금'을 감각의 확실성의 대상으로 규정했지만, 이것들은 "본래 직관 작용에 속한다"(*Enzy*, §418 : GW20, 425)고, 칸트와 같이 말함으로써, '지금·여기'가 감각 작용의 형식임을 또한 승인한다. 그러니까, 궁극적으로 'Sein = Denken'을 생각하는 헤겔에게도 그 결과에 있어서는 칸트에서와 마찬가지로, '지금·여기', 곧 시간·공간 표상은 감각의식의 두 계기, 곧 대상인 '이것'의 존재 형식이자 '이것'을 대상으로 갖는 감각 작용의 형식이다.

아닌 것', "부정 일반"(*PdG*: GW9, 65)이며, 또한 "지금에서 함께 노니는 모든 것에 동등하게 타당한" 긍정 일반이기도 하다. 지금은 어느 경우에 나 '지금'이라는 "단일자"(*PdG*: GW9, 65)이면서도, 이것도 아니고 저것 도 아니라는 "부정을 통하여", 이것이기도 하고 저것이기도 한, 말하자면 "보편자"(*PdG*: GW9, 65)이다. 마찬가지로 여기는 방이 아니라 뜰이며, 뜰 이 아니라 방이다. 여기는 방도 아니고 뜰도 아니며, 방이기도 하고 뜰이 기도 하다. 방이 사라져도 여기는 여기이며, 뜰이 없어져도 여기는 여기 다. '여기'는 방도 아니고 뜰도 아닌 부정을 매개로 해서, 방이기도 하고 뜰이기도 하는 불변적인 "단일자"이며, 그러나 그것은 매개된 보편자이 다. '이것'의 순수한 "존재 형식"으로서, '이것'을 의심할 바 없는 이 무의 심성은 그것의 직접 경험성에서 나오거니와 진리이자 진상이게끔 한 "지 금"·"여기"는 매개된 보편자이다. 이런 이해에서, 헤겔은 '여기'는 하나 가 아니라 여럿이며(*PdG*: GW9, 68 참조), 이 "여기들은 완전히 동일한 것 으로, 추상적 복수(複數)이다. 〔…〕 여기들은 구별되지만, 이 구별은 그러 나 구별이 아니며, 말하자면 그것은 추상적 구별이다."(*Enzy*, §254, 추기: GW20, 42) 감각의식의 "순수한 형식"인 지금은 다수를 자기 안에 갖는 단 일자로서 "비감각적인 감성이고, 감각적인 비감성"(*Enzy*: GW20, 43)이라 고 말할 수도 있다.

개별자가 아니라, "보편자가 그러므로 사실은 감각의 확실성의 진리이 다."(*PdG*: GW9, 65) "보편자로써 우리는 감각적인 것을 언표한다."(*PdG*: GW9, 65) 그래서 우리가 말하는 '이것'은 이를테면 "보편적 이것"(*PdG*: GW9, 65) 곧 "존재 일반"이다. 감각적 확실성에서 "틀림없이 우리는 보편 적인 이것이나 존재 일반을 표상하는 것이 아니라", 눈앞에 있는 개별자 인 이것을 "거시(擧示)"(*PdG*: GW9, 68)하지만, "그러나 우리는 보편자를 언표한다." 감각적 확실성에서 인식된 대상은 분명히 개별자인 '이것'이지만, 이것을 "이것"이라고 말하면, 우리는 "모든 이것"(*PdG*: GW9, 66), 보편자로서의 이것을 말한다. 그러나 우리는 감각의 확실성에서 명백히 '나'에게 직접적인 '이것'만을 의식한다. 그런데 "여기"·"지금" 그에게 '이것'이 직접적인 '나'는 과연 무엇인가? '이것'이 그러하듯이 '나' 역시, 내가 나를 나라고 말함으로써, "모든 나"(*PdG*: GW9, 66), "보편자로서의 나"를 말한다. 이런 사태가 "감각의 확실성의 변증법"(*PdG*: GW9, 68)에 의해 드러나는 것이며, 감각의식의 경험에서, 감각의식이 전개되는 역사 중에서 밝혀진 것이다.

"우리는, 우리가 감각의 확실성에서 사념(私念)한 바대로를, 단적으로 언표하지 않는다."(*PdG*: GW9, 65) 그러나 언어는 "보다 진실한"(*PdG*: GW9, 65), 일면성〔상대성〕에서 해방된, 이런 의미에서 절대적이고 "신적인 성질"(*PdG*: GW9, 70)을 가진 것이다. "언어 중에서 우리는 스스로 직접 우리의 사념(私念)을 거부한다. 보편자가 감각의 확실성의 진리이고, 언어는 이 진리만을 표현하므로, 우리가 사념하는 감각적 존재를 그때그때 말할 수 있다는 것은 결코 가능하지가 않다."(*PdG*: GW9, 65) 언어는 개별적으로 받아들인 것을 "지양한다"(*JS I*: GW6, 294).

나는 사념(私念)을 전도시켜 다른 어떤 것으로 만들어버리는 언어 작용을 보완하기 위해서, "이 종이 한 장"을 '이것'이라고 거시함으로써, 감각의 확실성의 진상이 실제로 무엇인가를 경험한다. 그러나 나는 이 종이 한 장을 "여기 있는 것"으로 거시하며, 이 "한 여기"는 다른 여기들 중의 한 여기이며, 그 자체에서 "다수의 여기들의 한 단일한 집합", 즉 하나의 보편자다. 이렇게 해서 나는, 그것을 그것의 진상에서 받아들이는(受取하는)데, 이것은 더 이상 직접적인 것을 인식하는 감각의 확실성이 아니라, "참된 것을 받아들인다〔wahrnehmen〕"라는 독일어적 어의에서 "지각(知覺)"이다.(*PdG*: GW9, 70 참조)

2. 지각과 사물

1) 지각의 모순적 성격

지각(Wahrnehmung)은, 독일어의 어의를 좇아 말하면, '참인 것을 받아들임'이다. 그런데 참인 것은, 의식이 감각의 확실성의 변증법적 운동을 통하여 깨닫게 되었듯이, 더 이상 '이것'이라는 개별적인 것이 아니라, 보편적인 것이다. "지각의 원리는 보편성이다."(*PdG*: GW9, 71) 지각도 대상의식인 만큼 대상을 받아들이지만, 지각의식의 대상은 보편자이며, 마찬가지로 지각하는 자인 '나'도 보편자이다. 보편적인 것을 진상으로 받아들이는 지각은, 감각의 확실성처럼 직접적으로 "현상하는 수취(受取)"(*PdG*: GW9, 71) 의식이 아니라, 감각의식의 경험으로부터 연역된, 매개된 "필연적 수취"(*PdG*: GW9, 71)이다.

지각된 일종의 "감각적 지식"인 만큼, 직접적인 것을 받아들이지만, 이 직접적인 것은 "이것이 아닌 것"(*PdG*: GW9, 72), '이것'의 부정을 매개로 해서 얻어진 "보편적인 직접성", 곧 매개된 무매개성이다. 그러므로 보편적인 직접성을 갖는 지각은 그 자체에 이미 모순을 포함하고 있다. 이 같은 매개된 무매개성으로서의 지각은 필연적으로 지양될 수밖에 없다.

2) 지각의 대상으로서의 사물

지각의 대상은, 더 이상 '이것'이 아니라, "사물(das Ding)", 예컨대 "이 소금"이다.(*PdG*: GW9, 72 참조) 그런데 '이 소금'이란 희고, 짜고, 모가 나 있고, 무게가 있는 복합체이며, 그러면서도 하나의 통일체이다. 말하자면, 지각의 대상은 "여러 성질들로 이루어진 사물(das Ding von vielen

446

Eigenschaften)"이다.(*PdG*: GW9, 71 ; *WdL I*: GW11, 330 참조) 이 보편자로
서 사물에서, 이 사물을 이루는 성질들의 본성들이 표현되거니와, 이 사물
은 그 성질들을 가지면서도, 다양한 그 성질들을 부정함으로써 "단일성
〔통일성〕"을 얻는 것이다. 그러니까 이런 의미에서, 보편자로서의 사물은
매개된 것이다.

　보편자로서 사물은 감각에서 취득된 다양한 개별적인 성질들을 "부정"
하되, 그 특정한 성질들을 여전히 "보지(保持)"함으로써 단일한 사물로
"고양"된다.(*PdG*: GW9, 72 ; *WdL I*: GW11, 58 참조) 사물을 자기의 대상으
로 갖는 지각에서 의식은 저 "3중적 의미에서" "지양(止揚)한다"[14]는 변증
법적 운동을 한다.

　한 성질은, 독특하게 다른 성질과 구별되기 때문에 그 성질이다. 서로
다른 성질은 서로서로 부정하며 대립한다. 그러나 이 상반하는 성질들이
"사물"이라고 하는 보편자의 단일성 속에서 표현될 때, 이 성질들은 "새
로이 추가되는 하나의 규정"(*PdG*: GW9, 72) 곧 "무엇임"이라고 하는 보
편성에 의해서 이 무엇인 사물의 "속성들"이 되며, 이 속성들로서의 서로
다른 성질들은 자기 자신과만 관계 맺는다. 즉 이 서로 다른 속성들은 "서
로 간에 무관심하고, 각각 독자적이며, 상호 간에 자유롭다."(*PdG*: GW9,
72) 또한 이 단일한, 자기에 대해서 항상 동일한 보편성도 다시금 그것의
속성들과 구별된다.

　이 보편성은, 그 안에서 속성들 모두가 함께 있으며, 상호 간에 아무런
영향을 미치지 않으면서도 그 단일한 통일성 속에 서로서로 스미어 있는
장(場) 내지는 "매체(媒體, Medium)"(*PdG*: GW9, 72)이다. 이 개별적인 성

---

14 A. Kojève, *Hegel—Eine Vergegenwärtigung seines Denkens (Kommentar zur
　　Phänomenologie des Geistes)*, hrsg. von I. Fetscher, Frankfurt/M. 1975, S. 144. 또
　　Heidegger, GA 32, S. 39 참조.

질들을 추상하는 보편적 매체는 사물의 "사물임(Dingheit)" 혹은 "순수한 본질"(*PdG*: GW9, 72)이라고 일컬을 수 있는 것으로, 말하자면 "다수(多數)의 단일한 통합(*PdG*: GW9, 72)"이다. 그러나 이 다수의 속성들은 그것의 규정〔質〕에 있어서 그 자체가 또한 "단일하게 보편적인 것들"이다. 예컨대, '이 소금'은 "단일한 여기 이것"이며, 동시에 복합적이다. "그것은 희고, 그리고 또한 짜며, 또한 모가 나 있고, 또한 일정한 무게가 있으며, 등등하다."(*PdG*: GW9, 72) 이 모든 속성들은 "하나의 단일한 여기 이것" 안에 서로서로 스며 있다.(*WdL I*: GW11, 337 참조) 그러나 그것들은 서로 구별되는 것이며, 서로 간에 아무런 영향도 미치지 않는, "독립적인"(*WdL I*: GW11, 334) 것들이다. '흰 것'이 '모난 것'에 영향을 미치거나 변경시키지도 않으며, 이 둘이 '짠 것'에 어떤 영향을 미치는 것도 아니다. 이 각각들은 "단순히 자기 자신과 관계"할 뿐, 다른 것들은 내버려두며, 오직 "동등한 또한(das gleichgültige Auch)"을 통하여 관계 맺을 뿐이다. 이 '또한'이 그러므로 순수한 보편자 자체이고, 바꿔 말하면 매체이며, 속성들을 통합하는 '사물임'이다.(*PdG*: GW9, 72 · 76 ; *WdL I*: GW11, 337 참조)

그러나 만약에 속성들이 서로 구별되고, 즉 서로 타자에 대해서 대립자로서만 관계한다면, 그것들은 하나의 단일한 통일체 안에서 함께 있을 수가 없다. 이 구별이 서로를 배제하고, 타자를 부정한다면, 그것은 단일한 매체 밖에 있을 따름이다. 그러므로 사물은, 동등한 다수의 집합체로서 "또한임(ein Auch)"일 뿐만 아니라, "일자(一者, Eins) 곧 (고유성을 갖는) 배타적인 통일체"(*PdG*: GW9, 73)이다. 사물은 단지 독자적으로 있는 "자유로운 질료"들의 "모음"(*PdG*: GW9, 76)이 아니라, "이 속성들을 하나로 만든 것"(같은 곳)이다.

"지각의 진상으로서의 사물"은 ① "다수의 성질들" 자체와, ② 이 다수의 성질들이 다수의 속성들로서 또는 질료로서 상호 동등한 보편성을 갖는 "또한임", ③ 서로 구별 대립해 있는 속성들의 배제, 부정으로서의 "하나임〔一者〕"의 계기들과 더불어 완성된다.(*PdG*: GW9, 73 참조) 일자란 "부정(否定)의 계기"로서 타자를 배제하지만, 이를 통하여 사물은 그 사물로 규정되는 것이다.

3) 지각에서의 착오 가능성과 착오의 지양

이렇게 규정되는 사물이 그것의 대상인 한에서의 의식은 '지각하는 자(Wahrnehmendes)', 문자 그대로 사물이라는 진상을 단지 취득하는 자이다.(*PdG*: GW9, 73 참조) 만약 이 취득에서 의식이 무엇인가를 행해서, 무엇인가를 보태거나 빼낸다면, 그것은 진상을 해치는 것이 될 것이다. 대상은 참된 것이고, 보편적이며 항상 동일성을 유지하는 것이되, 의식은 변화무쌍하고 비본래적인 것이므로, "의식은 대상을 잘못 파악하고 착오에 빠질 수도 있다."(*PdG*: GW9, 74)

"지각하는 자는 착오 가능성에 대한 의식을 가지고 있다."(*PdG*: GW9, 74) 의식은, 진리의 기준은 자기동일성을 가진 것이라 생각하고, 자기는, 항상 자기동일적인 것을 파악하는 의식의 태도라고 생각한다. 그래서 만약에 의식에 대해서 한 대상이 이렇게도 나타나고, 저렇게도 나타나면, 이 부등성(不等性)의 비진리는 대상에 있는 것이 아니라, 자기의 지각작용에 있다고 인식한다. 바로 이와 같은 인식을 통해 의식은 동시에, 이 비진리를 지양할 가능성을 갖는다. "의식은 그의 진상에 대한 파악과 자기의 지각작용의 비진리를 구별하며, 이 비진리를 교정한다."(*PdG*: GW9, 75) 그러니까 지각의식은 착오 가능성을 의식하자, 자기 검사도 하며, 자기 검사를 통하여 자기 교정도 한다.

지각작용에는 이 교정 작용도 들어 있다. 이 교정 작용은 자기반성에서만 가능하다. 지각의식은 따라서 자기 자신 내에 자기 자신에 대한 반성 의식도 포함한다. 지각작용은, 자기 안에 착각의 가능성이 있다는 의식이 있는 한, 자기의 고유한 작용 방식, 곧 있는 것을 있는 그대로 취득함에 대한 회의를 포함한다. 그래서 지각 중에서 순전한 취득과 이에 대한 자기 검사적 반성 작용은 상호 상반된 노력을 끊임없이 전개한다.

그러므로 지각은 '반성된 취득'이다. 그러나 반성된 취득은 단순히 있는 것을 받아들이는 취득이 아니다. 그런데 받아들이지 않는 취득은 그 자체로 모순이다.(*PdG*: GW9, 75 참조) 이 지각의 모순성은 지각의 진리성을 폐기하며, 의식을 다시금 본래적인 진리 파악으로 고양시킨다.

4) 지각에서 사물의 자기 내 모순과 그 지양의 필연성

참된 것의 취득으로서의 지각에서 '참된 것'은 '사물'이다. 그런데 사물은, 앞서 분석됐듯이, 다수의 속성을 가지면서 이를 배제하는 일자(一者, 하나임)이면서도 "또한임"이다. 지각은 예컨대, "그 소금은 흰 것이다, 짠 것이다, 모가 난 것이다, 등등"으로 인식하는데, 지각은 말하자면, 그 사물을 그것이 아닌 것으로 파악하는 것이다. 지각은, "하나인 것"인 사물이 "다수의 또한 다른 것"으로 나타나면, 이 "또한임"을 의식에 받아들인다. "그 소금은 흰 것이고, 또한 짠 것이며, 또한 모가 난 것이다." 우리는, 그 소금을 흰 것, 또한 짠 것, 또한 모가 난 것, 곧 소금이 아닌 "또한 다른 것"으로 지각한다. 우리가 만약에 사물에서 이 모든 "또한인 것"을 제거해버리면, 그 본질에 있어서 순수하게 "하나인 것"으로 파악할 수 있을지도 모른다. 그러나 진정으로 이 "또한임"이 완전히 제거돼버린다면, 사물은 더 이상 아무런 속성도 갖지 않은 것, 즉 아무것도 아닌 것이 돼버린다. 그러므로 의식은 이 다수의 또한임을 취득한다. 그 사물 '소금'은, 우리 눈에 보이는 한에서는 흰 것이고, 우리 혀에 의해 받아들여진 한에서는 짠 것이다. 이 속성들의 상이함을 우리는, 우리의 눈 · 혀가 분열된 한에서 취득한다. 우리의 '의식'은 이 서로서로 분열되어 작용하는 것의 "보편적 중심(Medium)"이다. 이 보편적 매체인 의식에서 사물은 하나인 것이 된다. 그러므로 지각에서 본래적인 것, 본질적인 것은 지각하는 자 곧 의식이다.

지각에서 의식된 사물은 '하나인 것〔一者〕'이면서, '또한인 것'이다. 그것은 하나인 것인 한에서 자기 내에서 반성된 것, 자기와만 관계 맺고 있는 것, 자기 자신에 대해 있는 독자적인 것〔對自存在〕이면서도, 또한인 것인 한에서 다른 것에 대해서 있는 것〔對他存在〕이다.(*PdG*: GW9, 77 참조) "그 소금은 흰 것이다. 그리고 또한 모가 난 것이다." 그러나 흰 것은 그 한 장의 종이이기도 하고, 모가 난 것은 그 책상이기도 하다. "사물은 대자적(對自的)이며, 그러나 또한 대타적(對他的)이다. 하지만 이 타자(他者, Anderes-sein)는 또한 대자적 타자이면서 대타적 타자이다."(*PdG*: GW9, 77) 그러므로 사물이란 "하나의 이중적으로 상이한 존재"(*PdG*: GW9, 77)이다.

그래서 지각의식은 사물을 반복적으로 '하나인 것'으로, 그리고 '또한인 것'으로 취득한다. 참된 것의 취득인 지각에서 취득된 참된 것은 "하나의 상반된 진리"(*PdG*: GW9, 77)이다. 지각에서 의식된 사물은 하나인 것으로 있으면서 타자로 있다. 이 양자가 '사물'에 속한다. 사물의 상반된 두 규정, 하나임과 또한임은 사물의 본질에 자리 잡고 있는 상호 대립, 투쟁의 끊임없는 불안정 속에서 자기를 드러낸다. "자신에 대하여〔독자적으로〕 있음" 그 자체가 "타자에 대하여 있음"과 결합되어 있다. "이 양자가 본질적으로 하나의 통일 중에 있음으로 해서, 이제 무조건적인 보편성이 있다. 여기에 비로소 의식은 진실로 지성의 세계로 들어선다."(*PdG*: GW9, 79) 이로써, 지각의 참된 대상으로서의 사물은 가상으로 밀려나고, 지각 자체도 지양될 수밖에 없다.

3. 힘과 지성 : 현상과 초감성적 세계

1) 현상의 모순적 성격

'이것'의 진상 내지 본질은 '사물'이고, 사물의 진상 내지 본질은 '힘'
이다. 감각의 확실성에서 알려진 '이것'은 개별적인 것이고, 지각에서 알
려진 사물은 개별적인 것의 보편성이다. 이제 자기 내에 개별성을 가진 보
편성, 다시 말하면 개별적인 것을 자기 안에 갖고, 자기 자신을 이 개별적
인 것들 속으로 필연적으로 펼쳐가는 보편적인 것을 헤겔은 "힘(Kraft)"이
라고 일컫는다.(PdG: GW9, 84 참조) 그러니까 힘은 "사물의 내면"(PdG:
GW9, 88)이라 할 수 있으며, 이 내면을 통찰하는 지식의 방식이 바로, 라
틴어 낱말 본뜻 그대로 "지성(intellectus, Verstand)"이다.

"힘이란 관계 관념을 표현한다."[15] 힘이란 "단지 가능적인 것"(JS II:
GW7, 54)으로, 그것은 현실(적인 것)에 마주해 있는 관계이다. 그러므로
"힘은 표출될〔외현할〕 수밖에 없다."(PdG: GW9, 84 ; JS II: GW7, 54) 이 힘
의 표출, 외현 곧 현상을 매개로 해서 지성은 "사물의 진정한 본질"(PdG:
GW9, 88)을 인식한다. 그리고 그럼으로써 지성은 감성의 세계를 벗어나
간다.

독자적〔대자적〕으로 있는 현상이란 없다. 현상은 언제나 그 현상 자신이
아닌 어떤 다른 것〔他者〕의 현상이다. 나타나는 것, 현상이 직접적으로 자
기를 정시(呈示)하는 한에서, 그것은 자기 자신을 드러낸다. 그러나 현상

---

15 Heidegger, GA 32, S. 150 참조.

은 어떤 다른 것을 정시하면서 자기 자신을 나타내는 것으로서, 현상 그 자체는 직접적[무매개적]인 것이나, 그것이 타자를 정시한다는 점에서 그 것은 매개적이다.

현상이 현상으로서 받아들여지는 한, 반드시 이 현상이 자신을 통하여 정시해야만 할 것, 즉 초감각적 세계, 다시 말해 현상이 그것으로 인해 그 것의 현상인, 따라서 거기에서는 현상이 지양되는 그 현상의 진상이 파악 되어야만 한다. 현상은 나타남으로써 나타나지 않는 것을 나타내는 것이 고, 그 나타나지 않는 진상을 나타냄으로써 스스로는 "사라지는 것"(*PdG*: GW9, 88)이다. 그러므로 현상이란 나타나면서 사라지는 것이다. 여기서 현상의 모순적 성격이 드러난다.

2) 지성과 초감성적 세계의 매개자로서의 '현상'

이 현상 개념이 바로 헤겔의 '정신현상학'의 그 "현상" 개념이다. 현상 이란 사라지기 위한 나타남이며, 사라짐으로써 보다 높은 것에 자리를 넘 겨준다. 반복되는 나타남과 사라짐을 통하여 보다 더 고차적인 것, 곧 진 상이 모습을 드러낸다. 그러므로 칸트에서와는 달리, 헤겔에서는 현상을 통하여 진상, 사물 그 자체가 드러나는 것이며, 따라서 사물들 자체 즉 초 감성적 세계는 원리적으로 인식 가능하다.

현상을 현상하게 하는 것은 현상하지 않는, 초감각적인 것이며, 이것의 "힘의 표출"이 현상이라면, 초감각적인 것은 "자기 내에 존재하는 힘" (*PdG*: GW9, 84)이다. 이것은 "내적인 것"이며, 사물 자체이다. 지성은 현 상을 통하여, 이 현상 너머에 있는 것, 초감성적인 것, 곧 이 현상의 "진짜 배후 근거"(*PdG*: GW9, 88)를 알게 된다. 그러므로 현상은 두 "극단(極端)" (*PdG*: GW9, 89) 곧 지성과 "참된 세계로서의 초감성적 세계"를 매개하는

"중간자(Mitte)"(*PdG*: GW9, 88)이며, 이 양단을 잇는 "연결 고리(Schluß)" (*PdG*: GW9, 89)이다. 이를 통해서 "의식은 지각을 뛰어넘어서, 현상이라는 중간자를 통해 보이는, 그것의 배후 근거인 초감성적인 것과 연결되어 있는 것으로 드러난다."(*PdG*: GW9, 102)

3) 지성의 설명과 법칙들의 세계로서의 초감성적 세계

다양한 현상들은 힘들의 여러 가지 "유희"들이고, "힘의 유희에 있어서 단순한 것"(*PdG*: GW9, 91) 곧 보편적인 것은 "힘의 유희의 진상"이며, 그것은 말하자면 "힘의 법칙"(*PdG*: GW9, 91)이자, "현상의 법칙" (*PdG*: GW9, 96)이다. 법칙은 "변화무쌍한 현상의 지속적인 상(像)"(*PdG*: GW9, 91)이라고 할 수 있다. 그러므로 그 자체로 있는 세계로 간주되는 "초감성적 세계는 법칙들의 고요한 왕국"으로서, 지각되는 곧 현상하는 세계의 "저편에 있는 세계"이지만 "왜냐하면, 이 지각되는 세계는 단지 끊임없는 변화를 통하여 이 법칙을 드러내 보일 뿐이므로", 그러나 지각되는 세계 안에 "현재하며" 이 현상하는 세계의 "직접적인 부동의 모상 (模像)"(*PdG*: GW9, 91)이다. 초감성적 세계인 "법칙은 따라서 현상의 저편에 있는 것이 아니라, 오히려 현상 안에 직접적으로 현재하며, 법칙들의 왕국은 현존하는 내지는 현상하는 세계의 고요한 모상이다."(*WdL I*: GW11, 345)

"현상의 부동의 내용"(*WdL I*: GW11, 346)으로서의 법칙은 현상의 본질 내지 "본질적 현상"(*WdL I*: GW11, 345)으로 이해된다. "초감성적인 것은 그러므로 현상하는 것으로서의 현상(Erscheinung als Erscheinung)이다." (*PdG*: GW9, 90) 칸트에서 그 예를 보듯이, 사람들은 흔히 "초감성적인 것은 현상이 아니라고 말한다."(*PdG*: GW9, 90) 그러나 이때 "현상"이라는

454

말 아래서 사람들은 "현상하는 것"이 아니라, 오히려 현상된[한] 것으로서 감각되고 지각된 세계를 생각하고 있는 것이다.(*PdG*: GW9, 90 참조) 여기에서 우리는, 헤겔에서는 "현상"이 지성과 초감성적 세계의 매개자로서는 "현상된[한] 것"의 의미로, 그리고 이제 '초감성적인 것이 현상한다'라고 할 때는 "현상하는 것"의 의미로 이해되고 있음을 본다.

지성이 현상을 그 본질에서 파악해서 법칙화할 때, 그것은 바로 개념화이다. 그러나 이 법칙이 그러한 법칙인 근거는 다시금 "힘"이라고 말할 수밖에 없다. 예컨대 번개 현상은 그것이 보편적으로 파악될 때, 전기의 법칙으로 말해지며, 이 전기의 법칙은 다시금 전기의 힘이 그러그러한 성질을 가졌기 때문이라고 "설명"된다. 그러므로 지성의 "설명"에 있어서 "힘"은 법칙과 똑같은 성질을 가진 것(*PdG*: GW9, 95)이 된다. 법칙은 개념으로, 힘은 존재로 말해지지만, 양자는 전적으로 동일한 것이다.(*PdG*: GW9, 94 ; *WdL I*: GW11, 345 참조)

힘의 유희로서의 현상의 본질을 법칙으로, "법칙의 본질"(*PdG*: GW9, 95)을 다시금 힘의 성질로 파악하는 지성의 운동이 "설명"(*PdG*: GW9, 95)이며, 이 설명은 그러니까 말하자면 "동어반복적"(*JS II*: GW7, 59)이다. 그러므로 현상에 관한 지성의 설명은 지성의 자연 개념화이다.

4) 무한한 자기운동자인 초감성적 세계에 대한 의식으로부터 자기의식으로의 이월

"현상들의 모든 계기들" 곧 현상들의 차이들을 "내면적인 것"으로 수렴하고, 따라서 모든 현상들에 "필수적인 것"인 것이 현상의 "법칙"이다. 법칙이란 다양한 현상들에 펼쳐져 있으면서도 "자기동일적인 것", 그 자체가 구별[차이]이면서도 "단순한 것", "스스로 분화하는 […] 동명(同名)

의 것이다."(*PdG*: GW9, 99) 그러므로 법칙의 세계로서의 "초감성적 세계는 [⋯] 무한자"(같은 곳), 곧 무한한 변화 중에서도, 끊임없는 자기 자신과의 구별 중에서도 자기 존재의 통일성을 보지(保持)하는 그런 것이다. 앞서 "단순한 힘이라고 일컬었던 것은 스스로 이중화(分化)하며, 자신의 무한성에 의해 법칙이다."(*PdG*: GW9, 99)

"이 단순한 무한성, 바꿔 말해, 절대적 개념은 생(生命)의 단순한 본질이며, 세계의 영혼이고, 어떤 차이[구별]에 의해서도 흐려지거나 단절됨이 없이 면면히 흐르는, 오히려 그 자신 모든 구별이며, 그 구별들이 지양된 것이기도 한, 보편적인 피(血)라고 할 수 있다."(*PdG*: GW9, 99) 현상세계의 다양함은 이 무한자의 이분화 작용이며, 다른 한편으로 그것은 동시에 자기동일화 작용이다. 그것은 한마디로 "자기 지양의 운동"(*PdG*: GW9, 100)이다. 무한자의 무한성이란 이 "순수한 스스로 운동하는 자의 절대적 불안정"(*PdG*: GW9, 100)이며, 현상 내지 힘들의 유희는 이것을 드러낸다. 이 자기 안에서 스스로 운동하는 것, 즉 영혼 내지는 생명이 의식의 대상이 될 때, 이 의식은 "자기의식"이다.(*PdG*: GW9, 100)

"의식에 대해서 이 무한성의 개념이 대상이 될 때, 의식은 구별 곧 직접적으로 지양되는 것에 대한 의식이다. 의식은 그 자신에 대한 것이며, 무구별적인 것의 구별, 말하자면 자기의식이다." 마치 법칙과 힘의 구별이 구별되지 않는 것의 구별이듯이, "나는 나 자신으로부터 나를 구별하지만, 이 구별되는 것이 구별되지 않음은 나에게 직접적으로 드러난다."(*PdG*: GW9, 101) 이로써 대상의식의 변증법적 운동은 자기의식의 변증법적 운동으로 이월한다.

제4절 _ 자기의식의 변증법

1. 칸트의 초월적 자기의식, 헤겔의 사회적 자기의식

사물인식, 곧 대상의식의 확실성의 방식에서 진상은 의식 자신이 아닌 다른 어떤 것, 곧 타자다. 그리고 이 "진상"은 헤겔의 대상의식의 변증법에서는 의식의 경험, 곧 "의식이 자기 자신에 대해, 말하자면 자기의 지식 작용과 자기의 대상에 대해 행사함으로써 그로부터 참된 대상이 생겨나는 변증법적 운동"(*PdG*: GW9, 60)에서 나타났다 사라진다. 그러므로 헤겔이 파악한 대상의식에서의 대상, 곧 독일어 낱말 뜻 그대로 '의식(Bewußt-sein)'에서 '알려지는 것', 그러니까 감각의 확실성에서 '이것'이라는 존재자, 지각에서의 구체적인 '사물', 지성에서의 '힘'은 직접적으로 그 자체로 있는 것, 곧 즉자적인 것이지만, 이 대상은 오히려 의식에 대하여 잠시 있다가 사라지는 것, 곧 진상이 아닌 것으로 밝혀진다. 그래서 이 즉자 존재라는 개념은 진정한 대상에서 지양되고, 경험에서의 최초의 직접적인 표상은 진상에서 사라져버린다. 그래서 정신은 "다름 아닌 그 자신이 실재임을, 바꿔 말해 모든 현실은 바로 그 자신 이외의 다른 것이 아님을 확신"(*PdG*: GW9, 132)하는 "자기의식(Selbstbewußtsein)"에 이른다.

"자기의식"은 단적으로 자기와 자기라는 대상에 대한 의식이다. 여기서는 '나'의 확실성이 그것의 진상과 동일하다. 왜냐하면, 자기의식에서는 대상의식에서와는 달리, 확실성 그 자체가 그것의 대상이며, 의식 자체가 진상이기 때문이다. 자기의식도 '의식의 경험'의 도정 중의 한 국면(Phase)인 한에서, 물론 여기에서도 타자존재[Anderssein, 타자임, 他在]가 있다. 곧 자기의식도 일종의 의식인 한에서 그 안에 분열이 있다. 그러나 그것은 어디까지나 자기의 자기 자신과의 분열이다.

칸트에서 '모든 표상이 나의 것이라는 의식'(*KrV*, B131 이하 참조)인 자기의식은 모든 표상에 수반하는 의식(ad-perceptio, apperceptio : 통각)으로서 표상들 일반을 가능하게 하고, 그것들을 통일하는 최고로 근원적인 초월적 의식이다. 이 초월적 의식으로서의 자기의식은 일체의 표상, 그리고 우리에게 존재하는 것 곧 대상 모두를 가능하게 하는 원리로서, 일체의 대상에 선행하는(a priori한) 고정불변적인 12개의 범주 형식에서 기능하는 의식이다. 그래서 이 초월적 자기의식은 대상 인식의 기반이자 그 인식에서 인식된 것인 대상, 곧 '우리에 대해서 존재하는 것', 존재자 일반의 궁극의 기반이다. 그러니까 칸트가 주제적으로 고찰하고 있는 초월적 자기의식은 어디까지나 인식론적 · 존재론적 위상을 가질 따름이다. 반면에 헤겔의 '정신현상학'에서 "자기 자신의 확실성의 진상"을 드러내는 자기의식은 즉자적(an sich)으로 존재하는 사물이 아니라 자기 자신과 '자기'라는 대자적(für sich)으로 존재하는 것을 대상으로 갖는다. 그렇기 때문에 헤겔에서 '자기의식'은 단지 존재자 자체와 관계하는 인식하는 의식에 머물지 않고, '자기'로 현상하는 '나'(자아)들에 대한 의식으로 나아간다.

헤겔에서 자기의식은 '나는 나이다'라는 형식적이고 추상적인 자기의식을 지양한다. '나는 나다'라는 의식은 근원적으로 모순적이다. 그것은 '나는 곧 나다'라는 자기동일성에 대한 의식이자, '나는 네가 아니고 나이다'라는 타자 상관적인, 그러니까 동등한 또 다른 자기의식에 대한, 자기 분할적인 의식을 내용으로 갖고 있으니 말이다. 자기의식이란 결국 자기 자신과 더불어 자기라는 타자, 다른 자기에 대한 의식을 말한다. 그러므로 헤겔에서는 순전히 자연 대상을 아는 의식인 대상의식과는 달리, 자기의식은 자기들을 아는 의식, 곧 자기들이 공존하는 '사회'에 대한 의식이라고 말할 수 있다. 헤겔에서 자기의식은 곧 자기들에 대한 인식이기도 하다. 칸트는 통각인 (초월적인) 자기의식과 구별하여, '자기 인식'을 자기라는 현상에 대한 (경험적) 인식으로 이해했지만, 헤겔에서 자기 인식은 자기라는 타자에 대한 인식을 포함한다. 아니, 타자에 대한 인식이 본질적이다. 그래서 칸트에서 자기 인식, 자기에 대한 지식 체계의 문제는 한갓 경험심리학의 과제가 되지만, 헤겔에서 자기 인식, 자기들에 대한 지식 체계는 사회학의 문제를 포함한다.[16]

그러니까 헤겔이 의식 → 자기의식 → 이성으로 전개되는 '정신현상학'에서 주제화한 자기의식은, 칸트가 『순수이성비판』에서 주제로 삼은 순수하게 이론적인 '나'가 아니라, 동시에 실천하고 행위하는 '나'로서 '나'들 사이의 변증법적인 역동적 자기변환적 운동을 통하여 "나 곧 우리, 우리 곧 나"임을 아는 정신의 지(知)이다. 이 앎은 그러므로 한낱 지(知)의 작용이 아니라 원초적으로 욕구 일반이고, 그렇기에 생명인 자기의식의 실천적 활동을 통하여 매개되는 것이다. 헤겔의 '정신'은 애초부터 칸트에서와는 달리 '이론이성'과 '실천이성'의 연속성을 가지고 있어서, 양자 사이의 교량을 따로이 마련할 필요가 없는 것이고, 이것은 바로 피히테 이후의 독일 이상주의 사상가들이 칸트에서 보이는 '두 이성' 사이의 간극을 메우고 싶어 했던 열망에 부응한 것이다.

자기의식의 변증법적 운동의 결과 정신현상학은 개별자 '나'와 보편자 '우리'가 동일한 국면에 이른다. 그러나 이 국면에 이른 정신은 더 이상 자기의식이 아니고, 헤겔적 의미의 "이성(Vernunft)"이다. 이 보편적 자기의식에서 '나'의 규정들은 곧 사물들의 규정들이고, '나'의 자기 자신에 대한 사고는 곧 대상들에 대한 사고이니 말이다. 그래서 헤겔에서 자기의식은 의식과 이성을 매개하는 정신의 자기 전개의 중간 국면이다.

---

16 헤겔의 "자기의식"에 대한 다른 해석 가능성과 관련해서는 윤병태, 「산다는 것의 인륜적 구조―예나 시대의 헤겔을 사로잡은 문제―」, 수록 : 『헤겔연구 5』, 한국헤겔학회 편, 청아출판사, 1994, 59면 이하 참조.

2. 자기의식의 원초적 모습: 욕구와 생명

1) 자기 자신의 확실성의 성격

헤겔에서 자기의식의 전개는 의식의 다른 국면에서와 마찬가지로 3단계 구조를 갖는다. 자기의식은 일차적으로는 '나는 나다'라는 직접적인 [무매개적인] 자기동일성이다. 그런데 이 자기의식은 '너'가 아니라 '나'라는 의식의 본성상 이내 또 다른 자기의식을 대면하게 되고, 여기서 '오로지 나만이 나이다'라는 상호 간의 자립성 확보 투쟁 곧 인정 싸움이 벌어진다. 그 결과로 '나=우리, 우리=나'라는 매개된 자기동일성이 획득된다. 그것은 '나'의 소멸을 통한 진정한 의미에서 나의 나 자신으로의 복귀이다. 여기서도 우리는 헤겔의 "동일성과 비동일성의 동일성" 논리를 발견한다.

직접적인 자기의식은 대상의식의 경험 결과이다. 의식의 직접적 형태인 대상의식의 대상은 감각적인 존재였다. 그러나 의식은 그의 대상에서 결국 진상을 얻을 수는 없었다. 지성이 갖가지 설명 형식을 빌려 현상의 내면에서 경험한 것은 "실제로는 자기 자신일 따름"(*PdG*: GW9, 102)이었다. 대상의식은 사실은 자기에 대한 의식이었던 것이다. 이제 새로운 국면인 "자기의식은 감각적인 지각된 세계의 존재로부터의 반성이고, 본질적으로 타자존재로부터 [자기 자신으로의] 복귀이다."(*PdG*: GW9, 104)

자기 자신에게로 돌아온 자기의식이란, 내가[의식이] 나를[의식을] 의식함이다. 그러니까 "자기의식은 다름 아닌 오직 자기 자신만을 자기 자신과 구별한다."(*PdG*: GW9, 104) 자기의식에서는 개념과 대상이 동일한 '자기'이다. 그러므로 이 "자기의식과 더불어 우리는 이제 진상의 원래 고장"(*PdG*: GW9, 103), 곧 개념이 바로 대상[존재]인 영역으로 들어선다.

그러나 정신의 한 현상으로서 자기의식은 근본적으로 의식의 한 형태이다. 자기의식이 '자기에 대한 지식'으로서 대상의식과 다르다고는 하지만, 그러나 '지식〔앎〕'의 형태를 지니고 있다는 점에서, 역시 '지식 작용〔앎〕-지식 대상〔알려지는 것〕'의 관계 계기를 가지고 있다.

의식에 대해서 독립해 있는 것이 없으면 '~에 대한 의식'이란 있을 수 없다. 그러나 자기의식은 감각적인 지각된 세계 존재를 대상으로 갖는 것은 아니니, 자기의식이 대상을 갖는다면, 그것은 단지 자신을 자신과 구별함으로써만 가능하다. 그러나 다른 한편, 자기와 자기의 구별은 진정한 구별은 아닌 만큼, 마침내 양자의 통일은 이뤄질 수밖에 없다.

그래서 자기의식은 이중 구조를 갖는다. 자기를 자기와 구별하면서 또한 자기와 자기를 통일한다. 자기와 자기의 구별을 자기의식의 현상이라 한다면, 자기와 자기의 통일은 자기의식의 진리이자 진상이다.

자기의식은 대자적 자기이다. 존재하는 것으로서의 자기의식은 "자신 안에 비추어진 존재"(*PdG*: GW9, 104) 곧 자기 자신의 의식이며, 그것은 자신의 자신과의 충돌이다. 그것은 말하자면, 대자적(對自的)으로 있는 (für-sich-seiend) 자기의식이 이 자기의식의 대상 곧 다른 자기의식과의 구별을 의식하는 것이며, 여기서 자기의식은 또 다른 자기의식의 독립성〔실체성〕을 경험한다. "이로써 자기의식은 그에 대하여 독립적인 생명으로 나타나는 이 타자를 지양함으로써만 자기 자신을 확신"(*PdG*: GW9, 107)하기에 이른다. 그래서 원초적으로 "자기의식은 오로지 또 다른 자기의식에서만 자기의 충족에 이르는"(*PdG*: GW9, 108) "욕구(Begierde)"(*PdG*: GW9, 107)이다. 자기의식의 활동은 도대체가 "무한한 욕구"[17]이고 "욕구 일반"(*PdG*: GW9, 104)이다.

---

17 G. Stiehler, *Die Dialektik in Hegels "Phänomenologie des Geistes"*, Berlin 1964, S. 62 참조.

욕구란 존재하는 것을 그 자체로 존중하기보다는 오히려 그것을 부정하고, 그것을 빼앗아 자기의 소유물로 만들려는 의식 활동이다. 자기의식은 근원적으로 욕구이고, 그것도 절대성 속에서 자기를 정립하려는 욕구이다. 욕구라는 것은 욕구하는 자 곧 주체와 욕구되는 것 곧 대상을 맺어주는 끈이다. 그래서 자기라는 주체와 자기라는 대상의 분열이 있고, 자기와 타자 사이에는 팽팽한 긴장이 생기고, 거기에는 '생명(Leben)'이라 일컫는 내적 운동 내지 "유동성"이 있다. "욕구란 순수한 자기동일성을 유지하는 생명체, 즉 오직 스스로 자기에게만 관여하는 자기의식의 절대적 불식성(不息性)에 의하여 끊임없이 산출되는 것"[18]으로, 원초적으로 욕구인 자기의식의 본래 대상은 "생(生) 자체이고"(*PdG*: GW9, 104), 그러니까 "직접적인 욕구의 대상은 생명〔살아〕 있는 것"(같은 곳)이다. 이로부터 "자기의식과 생(生)의 대립"(*PdG*: GW9, 105)이 생긴다.

2) 자기의식의 생(生)과 욕구의 충족

"자기의식의 직접태는 개별자"(*Enzy*, §426 : GW20, 428)이다. 하나의 자기의식에 대하여 또 하나의 자기의식이 마주하는 것은 그 자기의식들이 개별적인 생명이기 때문이다. 대체 '생명〔生, Leben〕'이란 무엇인가?

헤겔에서 생명이란 근원적으로 "직접적인 이념"(*WdL II*: GW12, 179 ; *Enzy*, §216 : GW20, 219)이다. 생명은 곧 "한 육체 안에서 영혼으로 실재화한 개념"(*Enzy*, §216 : GW20, 219)이다. 여기서 '이념' 내지 '개념'이란 부동의 한낱 이론적 관념이 아니라 무한한 이상적인 실천적 지향이자 과제이다. '개념'은 그 자체로는 아직 실현되지 않은 힘, 이념이지만, 타자 속

---

18 임석진, 『헤겔의 노동의 개념』, 지식산업사, 1990, 75면.

에서, 곧 특수한 매체를 통하여 자신을 현시하고 자신을 완성해가는 보편자, 절대자이다. 그러니까 생명은 이를테면 육체라는 특수한 "외면성에 매여 있는 무한성"[19]이다.

유기체를 시야에 두고 말하자면, 한 육체는 그 안에 영혼이 실재함으로써 보편성과 함께 특수성 및 개별성을 갖는 '살아[생명] 있는 것'이 된다. 한 육체를 살아 있는 것으로 만드는 생명력, 곧 영혼은 그래서 세 가지 성격을 동시에 갖는다. "영혼은 육체라는 외면성에 대하여 직접적인 자기 자신과 관계 맺고 있는 보편성이자, 또한 그 육체가 그 자신이 지니고 있는 개념규정 외에는 어떠한 다른 구별도 표현하지 못하도록 하는 그 육체의 특수화[성]이고, 끝으로 무한한 부정성인 개별성이다."(Enzy, §216 : GW20, 219) 영혼은 그 자체로는 보편적인 것이지만, 육체와 합해짐으로써 특수성을 얻게 되고, 그 육체를 개별화한다. 이로써 영혼이 깃들은 육체는 현상적으로는 살아 있는 개체이나, 그렇기에 이 개체에서 영혼과 육체는 언제든 분리될 수 있고, 이 성격이 바로 살아 있는 것의 가사성(可死性)이다. 그래서 개별적인 육체를 가진 살아 있는 것은 그 생명을 잃을 수도 있는 것이다. 그러나 개별자는 바로 이런 성격으로 인해 그의 개별성을 버릴 수도 있고, 그것을 통하여 보편성으로의 복귀, 곧 유(類)가 될 수도 있다.

다른 한편 "논리적 생명(das logische Leben)"(WdL II: GW12, 180) 개념에서 말하자면, 생명으로서 이념은 "자기의 객관성[타자, 대상 세계]과는 구별되면서 단순히 자기 내에 깃들어 그의 객관성에 침투하고, 자기목적으로서 그 객관성에서 그의 수단을 마련하여, 바로 이 객관성을 그의 수단으로 정립하고, 그러면서도 그 수단에 내재하여 그 안에서 실현된, 자기동일적 목적인 그런 개념"(WdL II: GW12, 177)이다. 이러한 이념은 직접적으

---

19 J. Heinrichs, *Die Logik der 'Phänomenologie des Geistes'*, Bonn 1974, S. 171.

로는 "그의 실존의 형식으로 개별성"을 취하지만, 그러나 "자기 내에서의 절대적 과정에 대한 반성은 이 직접적인 개별성을 지양함이다. 그리고 이로써 직접적인 개별성에서 보편성을 띠는 가운데 내적인 것이 된 개념은 외면성을 보편화한다. 바꿔 말하면 그의 객관성을 자기 자신과 똑같은 것으로 정립한다."(*WdL II*: GW12, 177) 그래서 이념으로서 생명은 세 양상을 갖는다. 생명은 첫째로 "그 자체로는 주관적인 총체성으로서, 그에 대하여 무관심하게 마주 서 있는 객관성에 대해 무관심한 것으로 전제되어 있는 살아 있는 개체(lebendiges Individuum)이다."(*WdL II*: GW12, 182) 둘째로, 생명은 "그의 전제를 지양하고, 그 자신에 대해 무관심한 객관성을 부정적인 것으로 정립하면서, 자신을 그것의 힘〔권력〕이자 부정적 통일성으로 실현시켜가는 생의 과정(Lebensprozeß)이다."(*WdL II*: GW12, 182) 이렇게 함으로써 생명은 자기 자신을 자기 자신과 자기의 타자가 통일이 되는 보편자로 만든다. 그래서 셋째로, 생명은 "그의 개별화를 지양하고, 자기의 객관적인 현존재를 마치 자기 자신을 대하듯 하는 유(類)의 과정(Prozeß der Gattung)이다."(*WdL II*: GW12, 182) 이 과정은 한편으로는 생명의 본래 개념으로의 복귀로서, 최초의 분열의 반복, 새로운 개체의 생성, 최초의 직접적인 개체의 죽음이고, 반면에 다른 한편으로는 생명이 자기 내로 몰입한 개념으로서, 그것은 "자기 자신에 대해 보편적이고 자유롭게 태도를 취하는 대자적으로 실존하는 개념의 생성"(*WdL II*: GW12, 182)이다.

각기 독립적인 한 개체〔한 여자〕와 한 개체〔한 남자〕가 대립 관계에서 서로 자기를 버리고 통일함〔부부 관계를 맺음(Begattung)〕으로써 유〔Gattung : 자식〕가 번성하는 것이 가족을 형성하는 생명의 논리적 구조이다. 그러나 『정신현상학』에서 헤겔의 자기의식에 대한 서술은 자기의식이 어떻게 분화·대립·통일하면서 자연과 관계 맺고, 사회를 형성하는가에 집중되어 있다. 그래서 정신현상학의 자기의식의 변증법은 인간 사회의 논리(logos)

이다. 이제부터 그 전개 과정을 주목해보자.

생명은 자기 안에 구별들을 갖는 존재, 곧 생성하는 존재이자, 그 생성의 유동성 중에서도 자기를 보존 전개하는 본질적 실체이다. "본질"이란 "모든 구별이 지양된 무한성, 축을 중심으로 도는 순수한 운동, 절대적으로 불안정한 무한성인 자기 자신의 안정"(*PdG*: GW9, 105)을 일컫는다. 그렇기에, 살아 있는 것으로서 자기의식은 끊임없는 분화와 통일을 겪는다. 그 과정이 자기의식적 존재자의, 생물학적인 의미에서뿐만 아니라 사회학적인 의미에서의 생(Leben)이다. 생은 그러니까 "과정"(*PdG*: GW9, 106)으로서, "스스로 전개하면서 자기가 전개한 것을 해소하는, 이런 운동 중에서 자신을 단적으로 보존하는 전체"(*PdG*: GW9, 107)이다. 생은 말하자면 거기에서 자기의식이 자기 자신을 경험하고 자기 자신을 실현하는 장(場, Medium)이다.(*PdG*: GW9, 106 참조)

살아 있는 것인 자기의식으로서의 주체는 "외적 실재에 의존적"[20]이고, 생을 위해 외적 사물들을 필요로 한다. 그러면서도 그는 낯선 타자를 만나면 긴장하고, 특히 힘 있는 타자인 다른 생명체들을 자기 지배하에 두려 욕구한다. 이때 주체인 자기의식은 무엇보다도 그에게 독립적인 생명으로서 자기를 제시하는 타자를 지양함으로써만 자기 자신의 확신에 이를 수 있기 때문이다. 그래서 본질적으로 자기의식은 끊임없이 또 다른 자기의식을 지양하려 한다. 자기의식은 타자 속에서 자기 자신을 추구하고, 자기의식으로서의 인간은 다른 인간으로부터 인정받음으로써 안정을 얻으려 욕구한다. 살아 있는 것으로서의 자기의식은 타자 속에서 자기 자신을 획득하려 하는, 이를테면 불안정한 욕구이다.

---

20 Ch. Taylor, *Hegel*, übers. v. G. Fehn, Frankfurt/M. 1993, S. 206.

모든 생명체의 살아 있음의 징표가 충동과 욕구이지만, 자기의식으로서의 인간의 욕구는 유례가 없을 만큼 크다. 그렇기에 자기의식은 말하자면 가장 큰 "공허(das Leere)" 위에 서 있는 것이다. 욕구란 텅 비어 있는 자가 그 공허를 채우는 기제(機制)이니 말이다. 타자가 아무것도 아니라는 것을 확신하면서 자기의식은 그 '아무것도 아님〔무실함〕(Nichtigkeit)'을 타자의 진상으로 정립하고, 그 독립적인 대상을 없애버리고, 그렇게 함으로써 자기 자신의 공허를 메우고 비로소 자기 자신의 확실성을 진정으로 확신한다. "정확히 말해서 생(生)은 타자를 자기 자신으로 환원하고 또 이 타자 속에서 자기 자신을 발견하는 운동이다."[21]

그러나 자기의식은 이러한 욕구 충족에서 그의 대상의 독립성을 경험하지 않을 수 없다. 욕구와 그것의 충족에 이르게 된 자기 자신의 확실성은 그것의 대상에 의해 제약되기 마련이기 때문이다. 이 자기 자신의 확실성은 타자의 지양에 의거한 것이니 말이다. 그런데 이런 타자의 지양이 있기 위해서는 이 타자가 있어야만 한다. '나'란 항상 '너'를 짝으로 해서만 '나'인데, 이 '너'란 또 다른 '나'이다. 그래서 실상 자기의식은, 대상의 독립성으로 인하여, 이 대상 자체가 자기의식에 대립함으로써만, 충족에 이를 수 있다. 대상이 없는 곳에서는 욕구도 그것의 충족도 없을 터이다. 그러니까 자기의식은 의식과는 달리 근본적으로는, 오직 다른 자기의식에서만 그의 충족에 이른다.

"하나의 자기의식에 대해서 또 하나의 자기의식이 있다."(*PdG*: GW9, 108 ; *Enzy*, §430 : GW20, 430) 나는 '나'이지만, 너도 '나'이며, 그 역시 또 다른 '나'이다. 이로써 자기의식은 현실적으로 있다. 자기의식에게는 비로소 그의 타자존재에서만 자기 자신과의 통일이 이루어진다.

---

[21] J. Hyppolite, *Genèse et Structure de la Phénoménologie de l'Esprit de Hegel*(1946), 『헤겔의 精神現象學 I』, 이종철 · 감상환 공역, 문예출판사, 1986, 191면.

자기의식에서 개념상 대상인 '나'는 사실은 대상이 아니며, 그 욕구의 대상은 순전히 독립적이다. 왜냐하면 그것은 보편적인, 제거될 수 없는 실체이며, 유동적인 그러면서도 자기 자신과 동일한 본질이기 때문이다. 한 자기의식이 대상이면, 그것은 대상이면서 또한 그만큼 자아인 것이다. 자기의식에서 자기의 대상과 자기 자체는 이를테면 "하나의 자기의식을 위한 두 자기의식"이다. 이것이 "자기의식의 고유한 형식, 곧 '자기의 타자존재에서 자기 자신과의 통일'"[22]이다. 여기에서 정신(Geist)의 개념이 우리 앞에 나타난다. 의식의 경험으로서 정신현상학의 제2 단계에서 나타나는 정신 말이다. 이 정신은 그것의 대립 즉 서로 다른 독자적인 자기의식들의 완전한 자유와 독립성 가운데서도 이 자기의식들의 통일이다. 말하자면, "우리인 나이며, 나인 우리이다."(*PdG*: GW9, 108) 의식은 비로소 이 '자기'와 함께 '낯선 자기(das fremde Selbst)'를 인정하는 자기의식에서, 곧 정신의 개념에서, 그의 전환점을 갖는데, 이 전환점에서 의식은 감성적인 이편(세계)의 다채로운 가상들로부터, 그리고 초감성적인 저편의 어두운 밤으로부터 현재의 정신적인 낮으로 넘어 들어온다. 자기의식은 말하자면, 육체라는 특수성을 가진 개별적인 '나'들의 변증적인 생명 운동을 통하여 '우리'라는 보편자에 이르는 정신의 자기 복귀의 국면이다.

---

22 N. Hartmann, *Die Philosophie des Deutschen Idealismus*(1923/29), Berlin ³1974, S. 332.

3. 자기의식의 변증법적 전개

1) 자기의식의 타자와의 관계

자기의식에 대해서는 또 다른 자기의식이 있다. 자기의식은 "곧 직접적으로는 타자에 대하여 타자로 있다."(*Enzy*, §430 : GW20, 430) "나는 '나'인 타자 안에서 직접적으로 나 자신을 직관하며, 또한 그 안에서 하나의 직접적으로 현존하는, '나'로서의 나에 대항하여 절대적으로 독립적인 다른 객체를 직관한다."(*Enzy*, §430 : GW20, 430)

그래서 자기의식으로서의 나는 나의 밖에서 나를 본다. '나'는 나의 밖에 있는 것이다. '너' 없는 곳에 '나'가 어디 있겠는가! 이 사태는 이중의 의미를 갖는다. 첫째로, 자기의식은 자기 자신을 잃어버린다. 그것은 자신을 자기가 아닌 다른 것으로 발견하니 말이다. 나는 남에게 '인정받는 자'로서의 나만을 발견하는 것이다. 여기에서 헤겔의 자기의식은 "한낱 자기 자신과의 관계가 아니라, 자기 밖에 있음으로부터 자기 자신으로 돌아옴"[23] 곧 자기 회복의 의미를 얻는다. 둘째로, 그러나 그것은 타자를 지양하는 일이다. 그것은 타자를 본질로 보지 않고, 타자 중에서 자기 자신을 보니 말이다. 그에게 타자는 또 다른 '나'가 아니라, 나만을 '나'로서 인정하는 자에 불과한 것이다.

다른 자기의식을 전제로 해서만 자기의식일 수 있으면서도, 다른 자기의식을 부정하지 않으면 자기의식일 수 없는 자기의식은 그렇기에 모순된 통일체이다. 자기의식은 자기의 타자임을 지양해야만 한다. 자기의식이 자기가 본질임을 확신하게 되기 위해서는 다른 독립적인 본질을 지양할

---

23 E. Fink, *Hegel*, Frankfurt/M. 1977, S. 162 참조.

수밖에 없다. 그러나 이렇게 되면 자기의식은 결국 자기 자신을 지양하기에 이른다. 왜냐하면, 이 타자에 의해서 자기의식은 자기의식인 것이기 때문이다. '나'는 '다른 나' 없이는 있을 수 없는 것이며, '다른 나'에 의해 인정받음으로써만 '나'인 것이니 말이다.

그러나 자기의식은 이 이중적 지양을 통하여 자기 자신을 되얻을 뿐만 아니라, 다른 자기의식을 해방시킨다. 왜냐하면, 자기의식은 자기의 타자임을 지양함으로써 다시금 자신과 동일하게 되는 한편, 다른 자기의식을 그 자신에게 되돌려주기 때문이다.

자기의식의 이와 같은 운동은 자기의식의 다른 자기의식과의 관계 속에서 쌍방적으로 일어난다. 한 자기의식과 또 다른 자기의식은 양자 똑같이 독립적이고, 자기 완결적이며, 자기 자신에 의한 것이 아닌 것은 아무것도 자기 안에 가지고 있지 않기 때문이다. 그러므로 자기의식의 지양 운동은 단적으로 두 자기의식의 이중적 운동이다. 각자는 그가 행하는 것과 똑같은 것을 타자도 행하고 있음을 본다. 그리고 각자는 그가 타자에게 요구하는 것을 스스로 행한다. 그리고 타자가 똑같은 것을 행하는 한에서만 그 자신이 행하는 것을 행한다. 이 운동은 오직 양자를 통해서만 성립할 수 있기 때문이다. 그렇게 해서 그들은 상호 인정하며, 서로가 서로를 인정하는 것으로서 인정한다. 그래서 '나'로부터 '우리'가 생긴다.

그러면, 자기의식에서 이 "인정(認定, Anerkennen)"의 과정은 어떻게 진행되는가?

2) 자기의식의 인정 투쟁 과정

자기의식은 본디, 다시 말해 아직 '우리'를 이루기 전엔, 단순한 독자〔립〕존재이다. 그것은 모든 타자를 자신으로부터 배제시킨 자기동일적인 것이다. 그의 본질과 절대적 대상은 그에겐 '나'이며, 이 '나'는 그 독자존재의 직접적 존재 중에서는 "육체성"을 가진(*Enzy*, §431 : GW20, 430 참조) "개인(Einzelnes)"(*PdG* : GW9, 111)을 의미한다. '나'라는 개인에 대해 타자인 것은 비본질적인 대립〔부정〕자의 성격으로 특징지어지는 대상이다. 그래서 똑같은 자기의식이지만 이 '나'는 또 다른 어떤 '나'에 의해 대치될 수 없다. 하나의 사과는 똑같은 다른 하나의 사과로 대치할 수 있지만, '나'는 그렇게 할 수가 없다. 만약에 그러한 일이 일어난다면, 그것은 다름 아닌 자기의 "소외(Entfremdung)"이다.

물론 한낱 대상으로 여겨진 타자 역시 하나의 자기의식이다. 그 또한 한 개인(Individiuum)으로, 다른 하나의 개인에 마주하여 등장한다. 이렇게 직접적으로 등장함으로써 이들은 서로에 대해서 통상적인 대상의 방식으로 존재한다. 각자는 어쩌면 자기 자신에 대해서는 충분히 확신할 터다. 그러나 타자에 대해서는 그렇지 못하다. 그리고 바로 그 때문에 자기에 대한 그 자신의 확실성도 아직 진상을 얻지 못한다. 다시 말하면, 그들은 아직 현실을 개시(開示)하지 못한다. 곧 하나의 객관적이고도 상호주관적인, 보편적으로 인정된, 따라서 실존적이고 타당한 본질을 개시하지 못한다. 왜냐하면, 자기의 대자〔對自, 獨自〕 존재가 대타(對他) 존재로 드러나고, 그리고 타자 역시 대자 존재로 드러나는 곳에 자기의식의 진상이 있으니 말이다. 그런데 이런 상황의 도래는, 인정의 개념상 타자가 그에 대해서와 마찬가지로 그가 타자에 대해서, 그리하여 각자가 그 자체로 그 자신의 행위를 통해, 그리고 타자의 행위를 통해 대자〔독자〕 존재의 이 "순수 추상"(*PdG* : GW9, 111)을 완수함으로써만 가능하다.

자기의식의 순수 추상으로서의 자기 자신의 개진(開陳)은 그의 대상적 방식에 대한 순수 부정으로서 자신을 제시하는 데에, 바꿔 말해 어떤 특정한 현존재에도, 현존재 일반의 보편적 개별성에도, 따라서 생(生) 일반에 매여 있지 않음을 제시하는 데에 있다. 그래서 이 개진은 이중적 행위로 나타난다. 곧 그것은 타자의 죽음을 겨냥하며, 바꿔 말하자면, 자기 자신의 목숨을 건다.(*JS I*: GW6, 310 이하 참조) 그러므로 두 자기의식의 관계는, 그들이 "생사(生死)를 건 투쟁"(*PdG*: GW9, 111 ; *JS III*: GW8, 221)을 통해 자신을 그리고 서로를 확증하도록 정해져 있다. 그리고 여기서 '확증'한다 함은 각자가 가지고 있는 순전히 주관적인 확실성을, 객관적인 보편적으로 타당한, 말하자면 인정된 진리로 전화시킴을 뜻한다.

두 자기의식은 이 생사를 건 투쟁에 들어갈 수밖에 없다. 왜냐하면, 그들은 그들 자신이 독립적으로 존재한다는 확실성을 타자에게 그리고 그들 자신들에게도 진리로 고양해야 하기 때문이다. 생(生)을 건다는 것은 그것을 통해 자유가 확증되는 유일한 것이며, 또한 그것을 통해 자기의식에게는 그저 존재하는 대로가 아니라 순수 대자[독립적] 존재임이 확증된다. 생을 걸어본 적이 없는 개인(Individuum)도 어쩌면 표면적으로는 인격(Person)이라고 인정될 수도 있겠으나, 그러나 그는 하나의 독립된 자기의식으로서 "인정됨[인정받음]의 진리"(*PdG*: GW9, 111)에 도달하지는 못한다. 그렇기에 그는 '자유롭게 살 권리를 인정받은 자'라는 의미의 진정한 인격이라고는 말할 수 없다. 그래서 각자는 자기의 목숨을 걸듯이 타자의 죽음도 겨냥한다. 왜냐하면, 타자는 그에게는 타자 이상의 것이 아니며, 타자의 본질은 그에겐 타자로서만 드러나며, 그러므로 타자는 자기의 밖에 있는 것이고, 그렇기에 그것은 자기 밖에 있는 존재를 지양하여 자기만의 세계를 만들려 하기 때문이다.

그러나 한 자기의식이 타자의 죽음을 통해 얻은 자기 확증은, 그로부터 생겨났을 진리와 함께 또한 자기 자신의 확실성을 지양해버린다. 왜냐하면, 생(生)이 의식의 자연적 긍정이고, 독립성은 절대적 부정성이 없는 것이듯이, 사(死)는 의식의 자연적 부정, 곧 인정(認定)에서 마땅히 요구되는 의미도 없는 채 있는, 독립성 없는 부정이니 말이다. 생사의 투쟁에서 그들은 모두 목숨을 걸었고, 따라서 그들에게 목숨은 대수롭지 않은 것으로 여겨졌다는 확실성이 형성되었지만, 그러나 투쟁에서 패배자가 목숨을 잃어버린 그 결과는 그 투쟁을 이겨낸 자에게도 아무런 의미 없는 것으로 나타난다. 그들은 자연적 현존재인 타자의 실재 안에 놓인 그들의 의식을 폐기하고, 말하자면 스스로를 폐기하고, 독자적으로 존재하고자 하는 극단으로서 지양된다. 그리고 이와 함께 "상호 교환의 놀이"(*PdG*: GW9, 112)로부터, 대립적인 규정성들의 극단으로 분열하는 본질적인 계기가 사라진다. 그래서 중심은 더 이상 대립적이 아닌, 양 극단으로 분열되어 있는 죽은 통일로 함몰한다. 그래서 양자는 의식을 통해 서로 간에 교호하지 못하고, 서로 간에 아무래도 좋은 "사물"(*PdG*: GW9, 112)로 방치된다. 왜냐하면, 죽어 있는 자에 대해서 살아남은 자는 아무것도 기대할 수 없기 때문이다. 패자가 죽음으로써 생을 마감한다면, 승자가 누구한테서 인정을 받을 수 있겠는가!

그래서 의미 있는 투쟁은 자기의식들 간의 추상적 부정이지, 의식의 부정이 아니다. 의식은 지양되는 것을 보지(保持) 보존(保存)하고, 그 지양된 것이 살아남는 방식으로 지양하는 것이다. 그러니까 싸우는 자기의식을 변증법적으로 지양한다는 것은, 그 자의 자연적 존재를 없애버린다는 것이 아니라, 그에게 생명과 의식은 남겨두고, 그 타자의 독립성을 파괴한다는 것, 곧 그를 자기의 지배하에 드는 노예로 만든다는 것을 의미한다. 그래서 인정 투쟁의 결과로 생겨나는 것은 주인〔승자〕-노예〔패자〕, 지배-예속의 관계다. 여기서 노예가 노예가 된 것은 그가 생사 투쟁에서 목숨을 잃는 대신에 목숨 구출을 택했기 때문이다. 그러니까 따지고 보면 그는 주인의 노예라기보다는 생명〔목숨〕의 노예인 셈이다.

생사 투쟁에서 자기의식이 경험한 것은, 그에게는 순수 자기의식 못지 않게 다른 자기의식과의 관계 곧 삶이 본질적이라는 사실이다. 본래 직접적인 자기의식에서는 단순한 자아는 절대적 대상이며, 이 절대적 대상은 '우리'에게 있어서 절대적 통일의 매개이다. 목숨을 내건 투쟁에서 경험한 것은 이 통일성의 해체이다. 이 경험을 통해 하나의 자기의식과, 순전히 대자(對自)적이 아니라 대타(對他)적인 의식 곧 "사물성의 형태를 가진 의식"(*PdG*: GW9, 112)이 정립된다. 이 두 계기 모두 본질적이다. 왜냐하면, 이 양자는 대립적이되 불평등하고, 그것들의 통일에의 반성은 아직 나타나지 않으며, 여전히 의식의 두 대립 형태로 존재하기 때문이다. 한 형태는 독립적인 것으로, 그에게는 독자적임〔對自存在〕이 본질이고, 또 하나의 형태는 비독립적인 것으로, 그에게는 생명 내지는 타자를 위한〔對他的인〕 존재가 본질이다. 전자가 다름 아닌 주인이고, 반면에 후자는 노예이다. 목숨을 걸고 끝까지 싸워 이긴 자인 주인은 '인정받는 자'로서 일을 시키는 자가 되고, 목숨 잃는 것이 두려워 무릎을 꿇은 자인 노예는 '인정하는 자'로서 시키는 일을 수행하는 자가 된다.[24]

3) 주인-노예 관계의 변증성과 자기의식의 진상

주인-노예의 관계에서 주인은 독립적으로 존재하는, 현실적인, 곧 힘을 발휘하는 의식이다. 그것은 "다른 의식을 통해 자신과 매개된"(*PdG*: GW9, 112), 곧 자신을 확인한 의식, 바꿔 말해 자신이 독립적인 존재와 사물성 일반이 종합되어 있음을 본질로 갖는 것임을 의식하는 자이다. 주인으로서 독립적 의식은 그래서 한편으로는 욕구의 대상인 사물 그 자체와,

---

24 이것이 역사적 사실이냐 아니냐는, J. Locke의 자연 상태 → 전쟁상태 → 공동체 계약 이론이 그러하듯이, 본질적인 문제가 아니다. G. Stiehler, *Die Dialektik in Hegels "Phänomenologie des Geistes"*, Berlin 1964, S. 209 이하 참조.

다른 한편으로는 사물성이 그의 본질인 의식 곧 노예와 관계한다.

주인은 독립적인 존재인 사물을 통해 간접적으로 노예와 관계 맺는다. 노예는 목숨을 유지하기 위해 바로 이 사물에 매여 있기 때문이다. 사물은, 노예가 투쟁 중에 도외시할 수 없었던, 따라서 사물성에서 자기의 독립성을 갖는 비독립적인 것으로 자신을 드러냈던 "사슬"(*PdG*: GW9, 113)이다. 반면에 주인은 이 사물성을 초극하는 힘, 권력이다. 왜냐하면, 그는 투쟁 중에 이미 사물적 존재란 그에게는 단지 부정적인 것일 따름이라는 것을 입증했다. 주인은 사물적 존재 위에 군림하는 힘인 데 반하여, 노예는 사물적 존재의 힘에 굴종하는 자이므로, 결국 주인은 이 사물적 존재를 매개로 해서 노예를 수중에 갖는다. 그러면서 주인은 노예를 통해 간접적으로 사물과 관계 맺는다.

노예도 자기의식이기는 하기 때문에 또한 사물과 부정적으로 관계 맺는다. 즉 사물을 지양한다. 그러나 사물은 그에 대해서 독립적이므로, 그 때문에 노예는 그의 부정을 통해 사물을 송두리째 없애버리는 데에 이르지는 못하고, 주인은 사물을 완전히 먹어치워 버리지만 노예는 사물을 단지 가공(加工) 개작(改作)한다. 즉 노예는 주인이 그것을 잘 소화할 수 있도록 조리한다. 반면에 주인에게는 이 매개, 곧 원료로 있는 사물을 소화가 잘 되도록 변화시킨 노예의 노동을 통해 사물과의 순수한〔완전한〕부정〔폐기〕으로서의 직접적인 관계 맺음, 말하자면 "향유(Genuß)"(*PdG*: GW9, 113)가 가능하게 된다. 이로써 그는 직접적인 욕구에서는 성취하지 못했던 것을 이룬다. 곧 주인은 향유에서 자기만족을 얻게 된다. 직접적인 욕구에서는 이것이 사물의 독립성으로 말미암아 달성되지 못했다. 그러나 노예를 사물과 자신 사이에 끼워넣은 주인은 그로써 자신과 사물의 비독립성을 연결시키고, 그것을 순전히 향유한다. 그러면서도 그는 사물의 독립성 측면을 여전히 그것을 가공하는 노예에게 위임한다.

이 관계에서 우선 주인은 또 다른 자기의식인 노예에 의해 인정받음이 드러난다. 왜냐하면, 노예는 한편에서는 사물을 가공한다는 점에서, 다른 한편에서는 특정한 현존재에 의존하고 있다는 점에서 자신을 비본질적인 것으로 정립하기 때문이다. 노예가 사물에 대하여 행한 활동은 워낙은 주인의 활동이다. 노예가 일한 것은 오직 주인과 주인의 필요 충족을 위한 것으로, 자기 자신의 필요 충족을 위한 것이 아니니 말이다. 반면에 주인의 욕구는 노예 안에서 노예를 통하여 활동한다. "그래서 자기의식은 주인의 인격에서 정점에 이른다. 노예에게는 주인의 대자[독자] 존재가 본질이다. 노예 자신은 수단일 따름이다."[25] 그러나 무슨 사태에서나 정점은 내리막의 시점이기도 한 법이다.

주인-노예, 지배-예속의 관계에서도 이내 역전(逆轉)과 주객전도의 상황이 발생한다. 주인은 노예한테 인정받는 자에 불과하다. 주인은 독립적인 자기의식으로서 자립성을 표방하지만, 그러나 그 진상을 노예에 대한 지배와 노예의 노동에서 구하는 한, 비자립적인 것이 되어버리기 때문이다. 노예는 당초에는 비자립적이고 자기의식을 상실한 것으로 등장했다. 그의 존재는 그의 밖에 있었고, 그는 생의 포로로서 고작 동물적 실존 속에 매몰되어 있었다. 그는 대자 존재가 아니라 자기의식에 대하여 타자존재일 따름이었다. 그러나 그는 노동을 통해 인간적 활동의 원천이 됨으로 해서 자립성을 획득한다. "그래서 자립적 의식의 진리는 노예의 의식이다."(*PdG*: GW9, 114) "노예의 의식은 당초에는 자기 밖에 있는 것으로 나타났고, 따라서 자기의식의 진리가 아닌 것으로 보인다. 그러나 지배(상태)가 본래 의지했던 것의 전도(顚倒)로 그 본질을 드러냈듯이, 예속(상태)은 오히려 그 자신을 완성함 속에서 그가 직접적으로 놓여 있던 상태와 반대

---

25 N. Hartmann, *Die Philosophie des Deutschen Idealismus*(1923/29), Berlin ³1974, S. 334.

의 것으로 전화(轉化)하기에 이른다. 다시 말하면, 자기 속으로 떠밀려 들어간 의식으로서의 예속은 이제 진정한 자립성으로 반전되는 것이다.” (*PdG*: GW9, 114) 노고를 치루는 노예만이 모든 인간적인, 사회적인, 역사적인 진보의 원천이니 말이다. 노동은 세계를 변화시키고, 인간을 문명화시키고, 형성·도야·교육한다. 역사는 노동하는 자, 노예의 것이다.

주인은 노예로 하여금 노동을 하도록 강요했지만, 노예는 노동함으로써 자연 위에 군림하는 주인이 된다. 노동이 노예를 자연으로부터 해방시킴으로써, 그것은 또한 그를 그의 노예적 본성〔자연〕으로부터 해방한다. 노동은 노예를 마침내 주인으로부터 해방한다. 반면에 노예의 노동 산물을 향유하는 주인은 결국은 그 노예의 작품에 놀아난다. 이로써 사태는 역전되고, 이를 경험한 두 자기의식은 상호 인정을 통하여 각각 자기를 회복할 길을 찾는다. 이것이 주인-노예 관계에서의 자기의식의 변증법이다.

그러니까 자기의식이 독립적인 것과 비독립적인 것으로 나뉘어 있는 한, 어느 쪽도 진정한 의미에서의 자기의식의 본질, 곧 “자유”를 얻지는 못한다. 그것은 주인과 노예의 종합이 현실이 되는 곳에서, 바꿔 말해 모든 자기의식이 보편적이고 동질적으로 자립적 존재자가 되는 곳에서, 곧 완전한 국가 내에서 시민이 되는 때에 비로소 성취될 수 있다.

4. 주인-노예 관계사로서의 인간의 역사

1) 인간 문화사에서 노동의 의미

목숨 보장의 대가로 노예는 주인의 지배하에 들어간다. 그러나 주인은 노예의 노동을 필요로 하고, 그런 한에서 노예에 의존적이 된다. 반면에 노예는 주인이 필요로 하는 사물들을 노동을 통하여 지배할 수 있게 됨으로써 주인을 갖고 놀 수 있는 힘을 얻는다. 말하자면 노예는 노동을 통하여 지배권을 스스로 "형성한다." "이로써 노예는 그를 노예로 인정했던 저 동일한 자기의식에 도달한다."[26]

이 같은 지배–예속의 변증법적 운동을 이끈 결정적인 요인은 "공포"와 "노동"과 "형성(Bildung, 도야, 교양)", 이렇게 셋이지만, 그 가운데서도 핵심적인 것은 노동으로, 그것은 또한 인간 문화사의 중추이기도 하다.

노예가 느끼는 "죽음의 공포, 절대적 주인에 대한 공포"는 노예의 내면을 밑바닥까지 뒤흔들어 놓고, "모든 존립하는 것의 절대적 유동화(流動化)"(PdG: GW9, 114)를 야기한다. 그러나 이 같은 "순수한 보편적 운동"이야말로 "자기의식의 단순한 본질, 절대적 부정성, 순수한 대자 존재"이다. 순수한 대자적 존재의 계기는 이제 노예에게도 의식되고, 그것은 노예로 하여금 사역(使役)함으로써 "보편적인 해소"를 실현하도록 한다. 다시 말해 노예는, 사역 속에서 "그가 의존하고 있는 자연적 현존재를 하나씩 지양하고 노동함으로써 제거해나간다."(같은 곳) 절대적인 지배 권력에 대한 감정, 주인에 대한 공포의 감정은 노예를 노동의 질곡에 가두지만, 그러나 그것은 "지혜를 싹트게 하는 단초"(같은 곳)가 되어 노예는 대상을 다룰 수 있는 "꾀(List)를 갖게"(JS III: GW8, 206) 되고, 그의 손과 지성에 의한 노동을 통해 예속 상태에서 벗어난다. 그러니까 당초에는 부정적 자기의식이었던 노예 의식은 노동을 통하여 "자기 자신으로 돌아와"(JS III: GW8, 206) 자기의 자립성을 의식하는 긍정적인 것으로 바뀐다.

주인의 욕구는 그것의 충족에서 결국 사물을 소멸시키고 만다. 그러므로 주인의 욕구는 "대상에 대한 순수한 부정, 따라서 순전한 자기감정만을 포함"할 따름이다. 그래서 주인의 욕구 충족에는 "대상적인 면", 다시

---

26 N. Hartmann, 같은 책, S. 334 참조.

말해 대상의 "자립성"이 결여되어 있다. 반면에 노예 의식은 사물과의 비본질적인 관계 맺음이므로, "거기에서 사물은 그의 독립성을 보존한다." 그렇기 때문에 노동은 제대로 발산되지 못한, "저지당한 욕구, 억제당한 소멸"(*PdG*: GW9, 115)이다. 그러나 바로 그렇기에, 바꿔 말하면, 노동은 "사물을 형성[도야]하는 것"(*PdG*: GW9, 115)이다.

노동의 이면(裏面)은 "형성" 곧 "형태화하는 행위(formierendes Tun)"(*PdG*: GW9, 115)이다. 노동은 사물을 형성하는 일인데, 이 형성 행위의 "부정적 중심"은 실존하는 "개별자, 바꿔 말해, 노동을 통해 자기를 벗어나서 항존하는 존재의 터전에 발을 들여놓는 의식의 순수 대자 존재"(*PdG*: GW9, 115)이다. 그러므로 사물의 "형성에서는 이 대자적 존재가 바로 의식 그 자체의 고유한 존재로 받아들여짐으로써 마침내 여기서 노예 의식은 자기 자신이 즉자대자적으로 존재한다는 사실을 깨우치게 된다."(*PdG*: GW9, 115) "그리하여 노동하는 의식은 이제 자립적인 존재가 다름 아닌 자기 자신임을 직관하기에 이른다." 그래서 노동하는 의식이 사물을 형성하는 가운데서 경험하게 되는 것은, "그가 낯선 의미만을 지닌 것으로 나타났던 다름 아닌 그 노동에서, 자기 자신에 의해 고유한 의미를 가진 것으로 됨"(*PdG*: GW9, 115)이다. 노동의 산물로 형성된 사물은 그의 "외화(Entäußerung)"이고 그의 "작품(Werk)"이며, 이 작품을 통하여 노예 의식은 사물에 대하여 자립성을 얻고, 동시에 그의 작품에 매달려 있는 주인에 대해서도 자립성을 얻는다. 그러니까 노예는 노동을 통하여 자유롭게 되고, 해방되는 것이다. 노예는 노동함으로써, 다시 말해 죽도록 일함으로써 '동물'로서는 죽되 '인간'으로서 다시 태어나 자연의 주인이 되고 주체적 자기의식이 된다.

헤겔에서의 이와 같은 노동 의미 이론은 일반적인 노동의 철학이 될 수 있다. 인간은 노동을 통하여 자연 세계를 개작하고 사물을 형성하는 한편,

인격으로서 자유를 획득한다. 곧 한낱 동물〔짐승〕이 아니라, 인간으로서 인간이 된다. 사물을 형성해가면서 인간은 또한 자기 자신을 세우고 형성 도야해가는 것이다. 인간 문화의 전 역사 과정에서 우리가 확인할 수 있는 것은 갖가지 형태의 지배와 예속, 노동하는 자의 뼛골 빠지는 봉사와 사역 가운데서도 "노동은 사물과 더불어 인간도 함께 발전시킨다"[27]는 사실이 다. 그렇게 말해도 좋다면, 이것은 노동이 간직하고 있는 신비이다.

2) 주인 – 노예 관계의 전변(轉變)

"인간은 자기의식이다. 인간은 자신을 의식하며, 자신의 인간적 현실과 위엄〔존엄성〕을 의식한다."[28] 인간이 '나'를 의식한다는 바로 이 점에서 인 간은 한낱 "자기감정"(*Enzy*, §407 : GW20, 411이하 참조) 수준을 넘어서지 못하는 동물과는 본질적으로 구별된다. 그러나 인간 역시 하나의 생명체 로서 동물이기 때문에 여느 동물이나 마찬가지로 그의 자기의식의 바탕에 는 "욕구"가 있다.

욕구는 인간을 불안정하게 만들고, 그로 하여금 행위하도록 밀친다. 행 위란 욕구에 의해서 생겨나는 것이므로, 행위는 이 욕구를 충족시키려 애 쓴다. 행위는 오로지 그 욕구된 대상을 "부정"하고 변화시킴으로써만 이 를 달성할 수 있다. 부정하는 활동으로서 행위는 외적인 것을 파괴하거나 동화시키고 내면화함으로써 새로운 현실을 만들어낸다. 그러나 그 같은 부정적 활동에 의해 실현되는 욕구를 통해 형성되는 '자기'가 그 욕구가

---

27 N. Hartmann, *Die Philosophie des Deutschen Idealismus*(1923/29), Berlin ³1974, S. 334.

28 A. Kojève, *Hegel – Eine Vergegenwärtigung seines Denkens (Kommentar zur Phänomenologie des Geistes)*, hrsg. v. I. Fetscher, Frankfurt/M. 1975. S. 20.

향해 있는 대상들과 성질상 같은 것, 곧 자연적인 것에 머물러 있는 한, 그 '자기'는 그저 살아 있는 나, 동물적인 나일 따름이다. 이 '자연적인 나'는 자신에 대해서나 모든 타자들에 대해서나 한낱 '자기감정'으로 나타날 따름이며, 결코 자기의식에 이르지 못한다.

욕구가 비자연적인 대상, 즉 현존하는 현실을 뛰어넘는 어떤 것과 관계 맺을 때, 그것은 자기의식의 것이 된다. 그런데 현존하는 현실을 뛰어넘는 유일한 것은 욕구 자체이다. 욕구 그 자체, 충족되기 전의 욕구 자체란 존재하지 않는 것, 곧 공허, 무(Nichts)이다. 그래서 자기의식은 원초적으로 욕구인 것이다.

자기의식은 자연존재로서의 자기 자신과 관련해서 자기를 초월함을 전제로 한다. 이것은 욕구가 현존하는 것이 아니라 존재하지 않는 것과 관계할 때 가능하다. 현존하는 것을 욕구한다 함은 이 현존하는 것에서 자기를 만족시킨다 함이요, 이것은 곧 그것에 자기가 예속한다 함을 뜻한다. 존재하지 않는 것을 욕구한다 함은 현존하는 것으로부터 자신을 해방시킨다 함이요, 이것은 자기의 자유를 획득한다는 것을 뜻한다. 욕구가 자기의식의 것이기 위해서는 존재하지 않는 것, 곧 또 다른 욕구, 또 다른 공허, 즉 "다른 자기", 다시 말해 다른 자기의식과 관계해야만 한다.(*Enzy*: GW20, 57 참조)

자기의식으로서의 인간은 자신을 사물에 종속시키는 것이 아니라, 끝내는 자신을 다른 욕구 앞에 마주 세운다. 자기의식으로서 사물을 욕구하는 인간에게는 사물 그 자체는 그다지 문제가 되지 않고, 오히려 그 사물에 대한 그의 권리 인정, 즉 사물의 소유자로서 인정받는 것이 문제다. 이것은 결국 다른 사람들, 다른 자기의식들에 의해 자기가 그들보다 우월하다는 것을 인정받기를 노리는 것이다. 이러한 인정에 대한 욕구만이, 그러한 욕구로부터 비롯하는 행위만이 인간적인, 그러니까 비생물학적인 자기의식을 개시한다.

진정한 자기의식으로서 인간은 그래서 그의 비생물학적인 욕구를 충족시키기 위해서 자기의 생물학적 생(生)을 건다. 직접적으로 생과 관련이 없는 목표들에 이르기 위해 자기 목숨을 걸 수 없는, 인정 투쟁에 자기 생을 걸지 않는, 순전히 위신을 세우기 위해 투쟁에 들어갈 수 없는 존재자는 그러니까 진정한 자기의식, 인간적 존재자가 아니다.

인정 싸움에서 패배자란 인정에 대한 자기의식적 욕구를 목숨을 유지하기 위한 생물학적 욕구 아래에 놓은 자이고, 이것이 그가 그 자신과 승리자에게 그 자신이 승리자의 아래에 놓여 있음을 인정하는 짓이다. 승리자란 생물학적 목숨과 직접 관련이 없는 목표를 위해 자기 생을 걸었고, 그것이 그가 패배자 위에 있다는 징표이다. 이렇게 해서 주인과 노예의 관계가 생기고, 그것은 양자에 의해서 인정된다.

인간은 자연 안에서 하나의 생명체로, 하나의 동물로 태어났으나, 주인과 노예의 출현으로 끝이 나는 인정 투쟁과 더불어 비로소 "인간의 공동 생활(Zusammenleben der Menschen)"은 시작되었고(*Enzy*, §433 : GW20, 431 이하 참조), '인간의 역사'가 개시되었다. 주인-노예의 변증법은 말하자면 "사회학적 근본 법칙"[29]이다. 이 말은, 언필칭 '사회적 동물'인 인간은 시초에서부터 주인이거나 노예였으며, "주인도 없고 노예도 없는 곳에서는 결코 아직 현실적인 인간은 없었다"[30]는 것을 뜻한다. 인간들 사이의 상호작용과 인간과 자연 사이의 상호작용의 역사인 세계사는 그러니까 실상은 명예를 위해 목숨을 내놓는 전투가 주인과 목숨을 지키기 위해 죽도

---

29 N. Hartmann, *Die Philosophie des Deutschen Idealismus*(1923/29), Berlin ³1974, S. 333.

30 A. Kojève, *Hegel—Eine Vergegenwärtigung seines Denkens (Kommentar zur Phänomenologie des Geistes)*, hrsg. v. I. Fetscher, Frankfurt/M. 1975, S. 60 참조.

록 일하는 노동자 노예 사이의 상호 관계사이다.

이 역사 발전의 도식을 다시 한 번 그려보면 다음과 같다.

목숨을 건 투쟁을 통해 주인은 현존하는 자연과 그의 현존하는 동물적 '자연' 곧 본성을 넘어서서 자기를 의식하고, 자신을 주체로서 형성하는 인간적 존재가 된다. 그때 그 주인은 그의 노예로 하여금 노동하도록 한다. 이 노예는 노동을 통하여 자연 세계를 변화시키고, 그로써 그는 자신을 자연에 대해 우위에 세우며, 또한 그로써 그의 동물적 자연본성에 대해서도 우위에 선다. 왜냐하면, 그는 자연을 직접적으로 있는 그대로와 다르게 만들 수 있기 때문이다. 그런데 자연 세계가 변화하면 그 자신도 변화한다. 그가 바로 세계를 변화시키는 자이므로, 그러니까 그는 스스로 자신을 변화시키는 자이다. 반면에 주인은 단지 노예를 통해서만 변화한다. 그러므로 역사의 과정, 역사적 생성(生成, Werden)은 노동자 노예의 작품이지, 전투가 주인의 작품이 아니다. 물론 주인 없이는 역사가 없을 터이다. 그러나 그것은 주인이 없으면 노예도 없을 터이고, 따라서 노동도 없겠다는 의미에서 그러할 뿐이다.

노예는 노동의 덕택으로 전변(轉變)하고, 그의 현재 상태와는 다른 자가 된다. 그로써 그는 노예이기를 중지할 법도 하다. 노동이야말로 인간을 자연의 주인이 되도록 하는 유일의 것이니 말이다. 노동은 이중의 의미에서 형성(Bildung)이다. 첫째로, 노동은 세계를 형성하고, 또 바꾸어 형성하고, 세계를 인간에게 적응시킴으로써 인간화한다. 둘째로, 노동은 인간을 당초에는 단지 그 자신이 만들어냈던 추상적 관념, 곧 이상일 따름이었던 이념에 보다 합치시킴으로써 인간을 도야하고, 교육하고, 인간화한다.[31] 노동을 통한 인간의 이 도야, 자기 형성의 도정이 인간의 역사이다. 그렇기

---

31 A. Kojève, 같은 책, S. 70 참조.

에 노예는 인간과 자연 역사의 주인이 되기에 충분하다. 그럼에도 그의 노동을 통하여 자유의 추상적 관념에 이른 노예가 그를 실현하기까지는 많은 시간이 걸린다. 그는 쉽사리 주인에 대한 공포를 극복하지 못하고 죽음에 대한 불안을 극복하지 못하기 때문이다. 그는 아직도 자신의 독립성을 얻기 위해 주인에 대항하여 싸우고, 이 자유를 위한 투쟁에 자기 목숨을 걸지 못하기 때문이다.

그래서 노예는 그 자신의 자유를 실현하기에 앞서 자기 자신과 자신의 노예 상태를 정당화하고, 자유라는 '이상'과 노예 상태라는 '사실'을 관념적으로나마 화해시키기 위한 시도로서 "일련의 이데올로기들을 고안"[32] 해냈고, 우리는 그것을 인류 문화사의 발자취에서 찾아볼 수 있다. 그것을 헤겔은 스토아[금욕]주의→회의주의→기독교적 불행한 의식으로 이어지는 서양의 고대 및 중세 역사에서 예증한다.(*PdG*: GW9, 116 이하 참조)

근세 계몽주의를 거쳐 인간은 이제 '시민사회'에 이르러, 단지 관념적으로가 아니라 현실적으로도 주인-노예 관계를 탈피한 듯하지만, 그는 여전히 사유재산·돈·자본의 노예로 남아 있다. 노동을 통해 사람 주인 밑의 비자립적 위치를 벗어난 또 하나의 자기의식은 이내 기독교적 사고 속에서 "저편"(*PdG*: GW9, 131) 세계의 절대자를 구상하고, 기꺼이 하느님 주(主)의 노예가 되어 영생(永生)을 얻으려 했다. 그러나 저편의 '절대자'가 사실은 그 자신의 구상의 산물임을 깨달은 사람들은 다시금 '계몽'의 기치 아래 자신의 이성에서 진정한 구원을 얻으려 안간힘을 썼다. 그러나 그것도 잠깐 스쳐간 일이고, 이제 그들은 돈에 기꺼이 복종하고, 그것을 통해 '진정한' 영생(永生)을 대망(待望)한다. 하느님을 받들 듯 돈을 받드는 물신주의(物神主義) 배금(拜金)사상은 돈에 복종함으로써만 생명을 지킬

---

32 A. Kojève, 같은 책, S. 71.

수 있다는 생각이다. 그래서 사람들은 목숨 잃는 것이 두려워 돈의 노예가
된다.

사람(주인)–사람(노예) → 하느님(主)–사람(從) → 돈(주인)–사람(노예)
의 관계 속에서 진행되고 있는 것이 언필칭 인간의 역사이다. "전해오는
옛말에 '군자는 사물을 부리고, 소인은 사물에 부림을 당한다(傳日 君子
役物 小人役於物)'"[33] 했으니, 옛날에는 그나마 소수의 주인 사람〔군자〕이
있어 돈 위에 군림했었나 보다. 이제 다수의 사람이 사람 주인의 예속에서
도 벗어났고 주 하느님의 그늘에서도 벗어나 모두가 '주인' 행세를 하게
됐지만, 그러나 사람 주인과 주 하느님이 물러간 자리에 돈 주인이 들어섰
고, 노예의 수는 더 늘었으면 늘었지 줄어든 것 같지는 않다. 돈 주인–사
람 노예 관계는 언제 어떻게 지양될 것인가?

제5절 _ 이성의 현상학

1. 정신의 현상으로서의 이상주의

'자기의식'의 국면에서 정신은 오직 그 자신의 자립성과 자유에만 관심
이 있기 때문에, 자기의식에게는 "그의 본질을 부정하는 것으로 보이는
두 가지, 곧 세계와 그 자신의 현실"을 희생시켜서라도 "자기 자신을 구제
하고 보존하는 것만이 문젯거리였다."(PdG: GW9, 132) 그러나 자기의식
이 "다름 아닌 그 자신이 실재임을, 바꿔 말해 모든 현실은 바로 그 자신
이외의 다른 것이 아님을 확신"(GW9, 132)하게 되면, 그는 "세계와 그 자

---

33 『荀子』, 修身篇 三.

신의 현실을 수용하는 안정을 얻고, 이것들을 담지할 수 있기"(GW9, 132)에 이른다. 그래서 이제 그에게 "그의 사고는 직접적으로 그 자체가 현실"이다. 그러니까 이 국면에서 자기의식은 현실에 대해 이상〔관념〕주의(Idealismus)의 태도를 취하고, 정신은 '이성(Vernunft)'으로 현상한다.(같은 곳) 이성이란 다름 아니라, 그 자신이 "모든 실재라는 의식의 확실성〔확신하는 의식〕(Gewißheit des Bewußtseins, alle Realität zu sein)"(*PdG*: GW9, 133)이니 말이다. 그리고 이 이성의 개념을 대변하는 것이 칸트 초월철학을 승계한 피히테의 『지식론』(1794)과 셸링의 『초월적 관념론의 체계』(1800)의 이상〔관념〕주의이다.[34]

정신현상학에서 이 이성의 관념주의는, 여느 관념론에서처럼 직관적인 선언이나 정립이 아니라, 정신의 현상하는 지(知)의 도정에서 입증된 것이다. 곧 "처음의 사념(私念), 지각작용, 지성의 변증법적 운동에서 즉자적인 것으로서 타자존재가 사라지고, 뒤이은 지배-예속의 관계에서 나타난 의식의 자립성, 자유의 사상, 회의주의적 해방, 자기 분열한 의식의 절대적 해방을 위한 투쟁 등의 운동에서 타자존재는, 그것이 단지 자기의식을 위해서 있는 것인 한, 그 자기의식 자체를 위해서 소멸한다"(*PdG*: GW9, 133)는 것이 입증됨으로써, 정신은 자기 자신만이 실재성이라고 확신하기에 이른 것이다.

그러나 "이성은 〔자기가〕 모든 실재성이라는 확신이다(Die Vernunft ist die Gewißheit, alle Realität zu sein)"(*PdG*: GW9, 134)라고 하더라도, 이성의 초기 국면에서 '실재성'이란 "즉자적인 것"으로서 "아직도 전적으로 보편적인 것〔순전한 보편자〕, 즉 실재하는 것의 순수한 추상"(GW9, 134)일 따름이다. "자기의식 그 자체는 대자적인 것으로서 최초의 긍정적 계기이

---

34 W. Becker, *Hegels "Phänomenologie des Geistes"*, Stuttgart · Berlin · Köln · Mainz 1971, S. 81 이하 참조.

고, 따라서 '나'〔자아〕는 존재자의 순수 본질성(Wesenheit) 내지 단순한 범주이다."(GW9, 134) "보통 존재자의 이 '존재자'가 존재자 일반을 말하는지 의식에 마주 서 있는 존재자를 말하는지는 불확정적이지만 본질성이라는 의미를 가졌던 범주가 이제 여기서는 오로지 사고하는 현실성이라는 의미에서 존재자의 본질성 내지는 단순한 통일성이다. 바꿔 말해, 범주는 자기의식과 존재가 동일한 본질임을 말하고, 이때 '동일한'은 비교적인 의미에서가 아니라 즉자대자적〔절대적〕인 의미에서이다."(GW9, 134)

이 같은 "일면적인 잘못된 관념론"(*PdG*: GW9, 134)은 이 통일성을 말하면서도, 다시금 한편에 의식을 세우고 다른 편에 그 자체로 존재하는 것을 등장시킨다. ―헤겔을 비롯한 많은 사람들은 칸트 생존 때부터 칸트 초월철학의 체계를 이런 식으로 오해했다. 그러나 이런 오해가 발단이 되어 탁월한 일군의 철학자들에 의해 '독일관념론'이라는 거대한 이론 체계가 생겼으니, 이것은 '오해로부터의 창조'의 좋은 사례라 하겠다. ―이런 상황에서 이른바 모든 실재성이라는 확신인 이성이 하는 말인즉슨, 모든 것이 그가 경험하는 한에서 있는 것이므로, "모든 것은 그의 것이다"(*PdG*: GW9, 136)는 것이다. 그러나 이렇게 자기가 모든 실재를 포괄하는 '가장 실재적인 자(ens realissimum)', 곧 종래의 신(神)의 규정인 바이라고 확신하는 것은 실상에서는 "순수 범주"에 불과하다. 왜냐하면, 이러한 "공허한 관념론(der leere Idealismus)"(*PdG*: GW9, 136)이 주장하는 것이란, 실재하는 모든 것은 '내가 감각하고 표상한 것'인 한에서 "나의 것"이라는 의미이기 때문이다. 그러므로 이것은 표방하는 이성주의와는 정반대로 실제에 있어서는 "절대적 경험론(absoluter Empirismus)"(*PdG*: GW9, 136)일 수밖에 없다. 왜냐하면, 이성이 한낱 "허깨비(Schemen)"(*PdG*: GW9, 36)요 환영에 불과한 '순수 범주', "공허한 나의 것"의 내용을 채우기 위해서는, 그로부터 "감각 내지 표상의 잡다"(*PdG*: GW9, 136)가 주어지는 "외부의

486

자극"〔외적 촉발〕을 필요로 하니 말이다. 그래서 이런 유의 관념론은 마치 순수의식 자신이 모든 실재성인 양 주장하다가 어느 사이에 외부의 자극 또는 감각적 표상이 동등한 실재성을 가진 것처럼 태도를 취하는 등 "우왕좌왕하다가 끝내는 악무한(惡無限)에, 다시 말해 감성적인 무한에 빠지고 만다"(*PdG*: GW9, 136).

이런 관념론에서는 "통각의 통일과 이것과는 이질적인 사물―이것을 외부 자극, 또는 경험적 존재라고 일컫든, 또는 감성적인 것, 또는 사물 자체라고 일컫든"―(*PdG*: GW9, 137)이 똑같은 실재성을 주장하면서 등장하고, 그래서 "이 관념론은 모순에 빠진다."(*PdG*: GW9, 137) 이런 사태는 "이성의 추상적인 개념"에 불과한 것을 진리인 것으로 주장한 데서 비롯한 것이다. 그러나 관념론이 이른 이 상황이 바로 이성으로 하여금 자신은 이 수준에서는 아직 "진정한 이성"은 아니며, 자신이 모든 실재라고 확신하지만 그것은 진상에서는 아직 모든 실재가 아니라는 자각에 이르도록 하며, 그래서 "그의 확신을 진리〔진상〕로 고양하고, 공허한 '나의 것'을 채우는 방향으로 움직이기에"(*PdG*: GW9, 137) 이른다.

2. 이론적 이성

"존재(Sein)"는 "그의 것(das Seine)"임을 확신하는 이성은 그 내용을 채우기 위해 사물을 경험한다. 곧, 사물을 관찰한다. 그것은 이성이 의식의 국면 곧 사념 · 지각 · 지성에서와는 달리 사물을 "개념으로 발견한다"(*PdG*: GW9, 137)는 것을 말한다. 이러한 이성의 활동은 관조(觀照, theoria)적인 것으로, 이를테면 이러한 관찰하는 이성은 '이론적 이성'이다.

이론적 이성은 "세계에 대한 보편적 관심"을 가지는바, 그것은 이성은 세계 안에 자기 자신이 현재(Gegenwart)하고 있다는 것을 확신하고 있기 때문이다. 그리하여 관찰하는 이성은 사실인즉 "사물성(Dingheit) 속에서 오로지 자기 자신에 대한 의식만을 갖는다."(*PdG*: GW9, 137) 얼핏 보기에 관찰하는 "이성은 타자를 추구한다. 그러나 이성은 그 타자에서 자기 이외의 어떠한 타자도 소유하지 않는다는 것을 알기 때문에, 이성은 오로지 자기 자신의 무한성만을 추구하는 것이다."(*PdG*: GW9, 137)

이성이 사물에 대해 관찰하는 태도를 취하는 한에서, 이성은 사물을 "감각적인, 곧 자아에 대립해 있는"(*PdG*: GW9, 138) 것으로 받아들이고 있다고 생각한다. 그러나 그의 실제 행위는 이 생각과는 다르다. 왜냐하면, "이성이 사물들을 인식한다"는 것은, "사물들의 감각성(Sinnlichkeit)을 개념들로 변환시킨다, 다시 말해, 동시에 자아인 존재로 변환시킨다. 그렇게 함으로써 사고를 존재하는 사고로 변환시키고, 바꿔 말해, 존재를 사고된 존재로 변환시킨다"(같은 곳)는 것을 뜻하는 것이니 말이다. 결국 이성은 '인식'의 이름 아래서 실제로는 "사물들은 오직 개념으로서만 진리를 갖는다"(같은 곳)고 주장하는 것이다. 그래서 관찰하는 의식으로서 이성은 "자기 자신의 내면 깊숙이 들어가"(같은 곳) 사물들 안에서라기보다는 자기 안에서 사물들의 본질을 본다.

이제 이러한 귀결에 이르는 관찰하는 이성 행위의 계기들, 곧 이성이 어떻게 자연과 정신, 그리고 감각적인 존재로서 이 양자의 관계를 받아들이며, 자기 자신을 어떻게 존재하는 현실로서 추구하는가를 고찰해보자.

1) 자연의 관찰

의식의 국면에서 감각의 대상은 '이것'이다. 그러나 '이것'은 한낱 공허한 것이기 때문에, 이성은 사물을 있는 그대로 기술하려 한다. 그래서 이성의 사물에 대한 일차적인 관찰 방식은 "기술(記述)"(*PdG*: GW9, 139)이다. 얼핏 보아 '기술'은 사물을 있는 그대로 드러내는 것처럼 보인다. 그러나 사실인즉 이성은 사물들의 감각적 성질들을 모조리 기술하는 것은 아니고, 개념적으로 포착되는 것만을 기술한다. 그런데 개념이란 이성이 사물에서 "본질적인 것과 비본질적인 것을 구별"하고, 사물들을 서로 구별되게 하는 "징표들"(PdG: GW9, 140)에 주목함으로써 생겨나는 것이다. 징표는 사물의 본질적인 것을 표시한다는 점에서는 보편적인 것이지만, 비본질적인 것은 도외시했다는 점에서는 일면적이고 한정적인 것이다. 그러니까 '징표'란 사물의 징표인 것이 분명하지만, 또한 그것이 인위적인 것임도 사실이다. 그래서 자연 사물은 연속적인 통일체이지만, 징표에 의해 기술된 사물은 단절되고 분해된, 비연속적인 것이다.

그러나 "징표들은 단지 인식과의 본질적 관계만을 갖는 것이 아니라, 사물들의 본질적 규정성도 응당 갖는 것이고, 이 인위적 체계는 자연의 체계에 부합하고 이를 표현하는 것이다."(같은 곳) 이성은 이런 징표들을 가지고 자연 사물들을 종과 유로 나누고, 자연물들의 체계를 세우며, 실험을 거쳐 그것을 "개념으로 순화하여"(PdG: GW9, 143) '자연의 법칙'에 이른다. 그러니까 "법칙이란" 단순히 현상과 동일한 것이 아니라, "개념에서 이해된 사상(事象) 자체이다."[35]

그러나 자연의 법칙을 추구하는 이성이 자신의 활동의 한계를 절실하게 깨닫게 되는 것은 유기적 자연에서이다. '법칙'은 폭넓은 "유기체의 영역"(PdG: GW9, 146)을 망라할 수도 없거니와, '법칙'이라는 것은 "유기체의 다양성"(PdG: GW9, 145)과 자기목적적인 "유기체의 자유"(같은 곳)로운 활동에는 도무지 합당치가 않은 것이기 때문이다. 여기서 법칙이라는 것은 기껏해야 "피상적인" 관찰에 근거한 생명 없는, 외면적 규정에 불과하

---

35 N. Hartmann, *Die Philosophie des Deutschen Idealismus*(1923/29), Berlin ³1974, S. 340.

다는 것이 드러난다.

유기적 실체는 '내적인 것'으로서 이를테면 "단순한 혼, 순수한 목적 개념, 또는 보편자"(*PdG*: GW9, 150)이다. 관찰하는 이성은 "외적인 것은 내적인 것의 표현이다"(*PdG*: GW9, 149)라는 그럴듯한 법칙을 세우고, 외적으로 관찰되는 조각들을 얽어매 유기체를 구성하지만, 그것으로써 유기체의 생명성이 드러날 수는 없다. 그러므로 유기체를 관찰 기술하는 과학인 해부학의 법칙들은 "죽은 존재", "시체"에게는 타당할지 모르나 "살아 있는 유기체"에는 타당하지 않다.(*PdG*: GW9, 155 참조) 이미 조각난 부분들은 오히려 "존재하기를 그친 것이니, 왜냐하면 그것들은 과정(過程)이기를 그친 것이기 때문이다."(같은 곳) 참된 의미에서 "유기체의 존재는 본질적으로 보편성 내지는 자기 자신으로의 귀환[返照, Reflexion]이므로, 유기체의 전체 존재는 그 요소들처럼 해부학적 체계 안에 존립할 수는 없고, 오히려 그 [전체의] 현실적 표현은 [⋯] 오직 그 형태의 여러 부분들에 의해 진행되는 하나의 운동으로서만 현존한다."(*PdG*: GW9, 155) 그래서 "유기체에 있어서는 도대체가 법칙이라고 하는 표상은 사라져버리는"(*PdG*: GW9, 156) 것이다.

2) 인간의 개체성 관찰

관찰은 관찰되는 대상을 고착시킨다. 그래서 생동하는 유기체도 관찰의 대상이 되자마자 고착되고 만다. 이때도 관찰하는 이성은 '외적인 것은 내적인 것의 표현이기 마련이다'고 되뇌이지만, 이러한 원리가 공허함은 인간 개체성의 관찰과 그 기술에서 더욱더 뚜렷하게 드러난다.

"관찰하는 심리학"(*PdG*: GW9, 169)은 한 개체[인]의 특성 곧 개체성을 설명하면서 한쪽에는 "이미 현존하는 상황, 상태, 풍속 따위"의 "그 자체로 존재하는 세계"(*PdG*: GW9, 170)를 놓고, 이것에 마주하여 "개체〔인〕의 세계"를 놓는다. 그러면서 "만약 이런 상황, 사고방식, 풍속 등 세계 상태 일반이 있지 않았더라면, 물론 그 개체〔인〕도 현재 있는 대로 존재할 리가 없다"(같은 곳)고 기술한다. 그러나 '개체〔인〕의 세계'는 적어도 양면적이다. 어떤 개체〔인〕는 있는 그대로의 세계를 적어도 부분적으로는 자신의 내면으로 순순히 받아들이는가 하면, 어떤 개체〔인〕는 자신에게 밀어닥치는 세계를 적어도 부분적으로는 전도하거나 변질시킴으로써 자기의 세계를 구축하기 때문이다. 이것은 이른바 "심리적 필연성"이라는 말이 얼마나 "공허한 말"(*PdG*: GW9, 171)인가를 보여준다.

"개체성이란 그 자체로, 그 안에서 자신을 현실성으로 표출한 자기 행위의 원환(圓環, Kreis)이고, 또한 단적으로 〔이미〕 현존하는 존재와 〔그에 의해서〕 만들어진 존재의 통일일 따름이다."(*PdG*: GW9, 171) 이 통일의 두 요소는, 심리적 법칙이 흔히 그렇게 표상하듯이, "즉자적으로 현존하는 세계와 대자적으로 존재하는 개체성으로 분할되어 있는 것이 아니다."(같은 곳) 바꿔 말해, 만약 저 요소들이 각기 독자적인 것으로 고찰된다면, 그들 상호 간의 관계에는 어떠한 필연성도 법칙도 없다.

결국 "심리학적 관찰은 자기의식의 현실과의 또는 그에게 대립하는 세계와의 관계에 대한 어떠한 법칙도 발견하지 못한다."(*PdG*: GW9, 171) 그래서 인간의 개체성을 주변 세계의 반영으로 읽어내려는 시도를 포기할 수밖에 없는, 그럼에도 가시적인 것을 통해 비가시적인 것을 알아낼 수밖에는 없는 관찰하는 이성은 이제, 개체가 무엇인가를 "개체성의 근원"(*PdG*: GW9, 172)으로 간주되는 "일정한 개체성의 육체"(같은 곳)를 통하여 알아내고자 한다. 무릇 "개체란 오로지 그가 행한 것 그대로 존재하는 것이므로, 그의 육체 또한 그에 의해 산출된 그 자신의 표현이고, 그것은 동시에 직접적인 사물에 그치는 것이 아니라, 거기에서 그것의 근원적인 본성을 시현(示現)한다는 의미에서 그것이 무엇인가를 알려주는 표지(標識, Zeichen)이다"(*PdG*: GW9, 172)라고 얼핏 생각되기 때문이다. 그래서 많은 사람들은, 한 개체[인]가 무엇인가를 그가 하는 말, 그가 하는 행동, 그가 짓는 표정, 그의 신체 기관의 모양새, 그의 용모, 그의 골격 등을 통해 알 수 있다고 믿는다.

이런 믿음 속에서 우선 발성 기관과 손이 특별히 주목받는다. 이것들은 그 무엇보다도 "인간이 자기를 현상화하고 실현시켜나가는"(*PdG*: GW9, 174) 데 가장 알맞은 신체 기관으로 보이기 때문이다. 그래서 손금[手相], 필적(筆跡), 목소리의 음질과 음량 등은 인간의 내면을 외적으로 잘 표현해주는 것으로 받아들여진다. 여기서 더 나아가 인간의 내면은 그의 얼굴 생김새와 표정을 통해 드러나기 마련이라는 믿음 위에 이른바 "관상술(Physiognomik)"이, 그리고 인간의 운명은 두개골의 모양과 크기에 다 나타난다는 믿음 위에 이른바 "골상학(Schädellehre)"이 등장한다.(*PdG*: GW9, 174 이하 참조)

그러나 이 같은 술책 내지 사이비 학문들에 의해 어떤 참된 법칙이 발견될 수는 없다. 이것들은 모두 '인간 정신의 실재는 육체의 전체 또는 일부이다'라고 말하는 셈인데, 그것은 인간을 순전히 동물로서 또는 한낱 사물 내지 죽은 머리(caput mortum)로서 관찰한다는 것을 뜻하는 것이니 말이다. 이것은 결국 "정신의 현실 자체를 하나의 사물로 전변시키거나, 바꿔 표현하면, 죽은 존재에게 정신의 의미를 부여하는"(*PdG*: GW9, 190) 방식을 취하는 것이다. 이렇게 되면 자기가 모든 "대상적 현실"(같은 곳)이라는 이성의 확신은 고작 " '자기[아]는 하나의 사물이다'는 무한 판단"(*PdG*: GW9, 191)에 이르게 되는데, 그러나 이제 이 명제는 지양될 수밖에 없다.

"두뇌 섬유 등과 같은 것이 정신의 존재로 간주될 경우, 그것은 이미 생각된 단지 가설적인 현실일 뿐, 현존하는 느낌으로 받아들이고 눈으로 볼 수 있는, 진정한 현실이 아니다. 만약 이런 것들이 현존하고, 눈에 보인다면, 그것들은 죽은 대상들로서 더 이상 정신의 존재에 해당될 수가 없다."(*PdG*: GW9, 192) 그러니까 이 같은 유물론적 관찰 방식으로는 결코 정신의 존재를 서술해낼 수가 없다. 관찰하는 의식 태도에는 이성이 결코 이성으로서 대상화되지 못하며, 이성은 고작 감각적으로 드러난 자신의 모습을 직관할 뿐이다. 그래서 이제 "관찰 작용을 통하여 존재의 형태를 두루 섭렵한 범주는 여기서 대자 존재의 형태로 정립되기에 이른다. 의식은 더 이상 자신을 직접적으로 발견하려 하지 않고, 그의 활동을 통하여 자기 자신을 산출하려 한다."(*PdG*: GW9, 191) 이성은 관찰하는 대상의식이 아니라 실천하는 자기의식에서 자기의 참모습을 드러내려 한다. 그래서 관찰하는 이성, 이론적 이성은 실천하는 이성으로 이행한다.

3. 실천적 이성

"관찰하는 이성이 범주의 요소에서 의식의 운동, 곧 감각의 확실성, 지각, 지성〔의 과정〕을 반복해나갔듯이, 이 이성은 또한 자기의식의 이중 운동을 다시금 거쳐나가, 자립성의 단계에서 자기의식의 자유의 영역으로 이행한다."(*PdG*: GW9, 193) 그러나 이 운동은 '자기 자신에 의한 이성적 자기의식의 실현'으로서 이 실현은 자연 세계에서 이루어지는 것인 까닭에, 활동하는 이성은 자신을 우선 육체의 단위인 "하나의 개체로서 의식하고, 그와 같은 개체의 입장에서 자신의 현실성을 타자 안에서 요구하고 산출할 수밖에 없다."(*PdG*: GW9, 193) 그것이 다름 아닌 자기의식의 변증법적 운동이다.

그러나 "개체의 의식이 보편성으로 고양되면, 그것은 보편적 이성이 되고, 자신을 즉자대자적으로 이미 인정받은 이성으로서 의식한다."(*PdG*:

GW9, 193) 여기서 우리가 "다른 자유로운 자기의식에서 자기 자신의 확실
성과 더불어 그의 진리성을 갖는 인정받은 자기의식을 그 실재성에서 받
아들인다면, 바꿔 말해 아직도 내적인 이 정신을 이미 현존적으로 펼쳐진
실체로 들춰낸다면", 여기서 사회적 질서로서 "윤리[성]의 나라(das Reich
der Sittlichkeit)"가 모습을 드러낸다.(PdG: GW9, 194 참조) "왜냐하면, 윤리
란 다름 아닌 개체[인]들의 독립적인 현실 속에 뿌리박고 있는 그들의 본
질의 절대적인 정신적 통일이기 때문이다."(PdG: GW9, 194) 윤리란 "그
자체로 보편적인 자기의식", 곧 다른 의식 속에서 그 자신이 현실적인 것
임을 깨닫고, 그 자신이 그 다른 의식과 통일을 이루고 있음을 의식할 뿐
만 아니라, 바로 이런 통일을 이룸으로써 비로소 자기의식일 수 있는 그런
자기의식이다.

보편성의 추상화의 관점에서 보면 윤리적 실체는 단지 "사고된 법칙"
이지만, 그것은 또한 직접적으로는 "현실적인 자기의식"이고, 바꿔 말하
면 "관습(Sitte[36])"이기도 하다.(PdG: GW9, 194 참조) "개별적인 의식은 존
재하는 일자(一者)에 지나지 않지만, 그의 행위와 현존재가 보편적 관습임
으로써, 그는 그의 존재라는 그의 개별성 안에서 보편적 의식을 의식한
다."(PdG: GW9, 194) 그리고 "타자의 독립성 속에서 그 타자와의 완전한
통일을 직관하는 […] 자기의식적 이성의 실현이라는 이 개념은 실제로는
민족[국민]의 삶(Leben eines Volkes) 속에서 그 완성된 실재성을 갖는다."
(PdG: GW9, 194)

한 개인의 행동거지들은 "자연적인 존재로서, 곧 존재하는 개별성으로
서 갖기 마련인 욕구들과 관련된 것이다."(PdG: GW9, 194) 그러나 그 행

---

36 여기서는 'Sitte'를 원의대로 우선 '관습'으로 옮긴다. 그러나 헤겔의 법철학에서
'Sittlichkeit'를 '윤리[성]'으로 옮기는 것에 관해서는 아래 제3장 제1절 2에서 상세히 설
명한다.

위의 내용이 비록 완전히 개별화되어 있다 해도, 실제로는 만인의 행동과 불가분의 관계로 얽혀 있다. "자신의 욕구를 위한 개인의 노동은 자기 자신의 욕구 충족을 위한 것이지만 그에 못지않게 타자의 욕구 충족을 위한 것이기도 하고, 또는 그는 타자의 노동을 통해서만 자기의 욕구 충족에 이른다."(*PdG*: GW9, 195) "전체"란 어디까지나 개인들에 의한 것으로 결국 개인들의 "작품"이고, "개인은 이 작품을 위해 자기를 희생하고, 바로 그럼으로써 그 작품으로부터 자기 자신을 되돌려 받는다."(*PdG*: GW9, 195) "여기서 상호적이지 않은 것은 아무것도 없고, 개인의 독립성이 그의 대자[독자]존재를 해소함으로써, 다시 말해 그 자신을 부정함으로써, 그가 대자[독자]적으로 존재한다는 긍정적인 의미를 주지 않는 것이라고는 아무것도 없다. 이 같은 타자를 위한 존재, 곧 자기를 사물로 만듦과 대자 존재의 통일, 이 보편적 실체는 민족[국민]의 관습과 법률 안에서 그의 보편적인 언어를 구사한다. 그러나 이 존재하는 불변적인 본질도 다름 아니라 그 보편적인 실체에 대립적인 것으로 보이는 개별적인 개체성 자체의 표현일 따름이다."(*PdG*: GW9, 195) 그러므로 객관화된[37] 이 "보편적인 정신 속에서 각자는 오로지 자기 자신의 확실성을, 다시 말해 존재하는 현실에서 다름 아닌 자기 자신을 발견하는 자기 자신에 대한 확신을 얻는다. 그리고 각자는 자기 자신을 확신하듯이 타자에 대해서도 그러한 확신을 갖는다. 나는 모든 사람에게서 내가 그러하듯이 그들 모두가 대자적으로 독립적인 존재자들임을 직시한다. 나는 그들에게서 타인들과의 자유로운 통일을 보며, 이 통일이 나에 의한 것이듯이 또한 타인들 자신에 의한 것임을 직관한다. 나는 그들을 나로, 나를 그들로 직관한다."(*PdG*: GW9, 195)

"그렇기에 자유로운 민족[국민]에서 이성은 진실로 실현된다. 이러한

---

37 Ch. Taylor, *Hegel*, übers. v. G. Fehn, Frankfurt/M. 1993, S. 227 이하 참조.

이성은 현재적인 살아 있는 정신이며, 이 안에서 개인은 자기의 사명 (Bestimmung)을, 다시 말해 자기의 보편적이면서도 개별적인 본질을 단지 언표된 것으로, 또 사물성으로 현존하는 것으로 발견할 뿐만이 아니라, 그 개인 자신이 이 본질이며, 그의 사명을 달성해 갖는다. 그래서 옛 현자들은 '지혜와 덕은 자기 민족의 관습에 맞게 사는 데에 있다'는 금언을 남겼던 것이다."(PdG: GW9, 195)

한 개인의 이성이 이 같은 문화 공동체인 민족[38]의 정신과 통일을 이루는 것은 분명히 "행복"(PdG: GW9, 195)한 일이다. 그러나 개인의 자기의식적 이성이 직접적으로 이러한 통일 상태에 이르는 것은 아니다. 그래서 "개인은 그의 행복을 추구하도록 그의 정신에 의해서 세계 속으로 내보내지고"(PdG: GW9, 196), 그래서 이제 정신은 이와 같은 "목적을 가지고 눈앞에 있는 세계 속으로 진입해 들어가는 실천적 의식"(PdG: GW9, 196)이 된다. 이 '실천적 의식'은 서양 근대에 나타난 개인주의에서 보듯 쾌락 향유의 욕구, 기존의 질서에 대한 마음의 항변, 선하지 못한 세계 행정(世界行程, Weltlauf)에 대한 덕성의 항거를 거쳐 비로소 윤리적 실체에 이르는 것이다.

4. 공동체적 이성

1) 개체성의 진상으로서의 작품

한 개인의 진상은 그가 행위한 결과 곧 작품(Werk)을 통하여 드러난다. "개인이 행한 것이든, 또는 그에게 닥친 일이든 간에 이것은 모두 개인이

---

38 헤겔에서 '민족'이란 생물학적 혈통 집단이라기보다는 문화 공동체를 의미하는 "사변적인 개념"이다. E. Fink, *Hegel*, Frankfurt/M. 1977, S. 309 참조.

행한 것이며, 그것은 개인 자체이다."(*PdG*: GW9, 220) "작품은 의식이 자신에게 주는 실재성이다. 작품이란 개인이 거기에서 즉자적으로 무엇인가를 자각하는 바로 그것이다."(*PdG*: GW9, 220)

의식은 그의 작품에서 "의욕과 성취, 목적과 수단, 그리고 다시금 이런 내적인 것과 함께 현실 자체가 대립함을 자각한다."(*PdG*: GW9, 222) 그러나 "참다운 작품이란 오직 행위와 존재의 통일, 의욕과 성취의 통일이고"(같은 곳), 그것은 동시에 "사상(事象) 자체"라고 할 수 있다. "사상 자체란 단적으로 자기를 유지하는 것으로, 그 자신을 영속적인 것으로 밀고 나가는 것이고, 개인적 행위 자체의 우연성이나, 상황·수단·현실의 우연성인 사상(事象)에 독립적인 것이다."(*PdG*: GW9, 223)

그러나 '사상 자체'가 개인 차원의 것들, 또는 기타 우연적인 것과 무관하다고는 하지만, 그것은 어디까지나 이런 "계기들이 유리(遊離)되어 있는 한에서" 그러한 것이요, 본질적으로 사상 자체란 "현실과 개인의 상호 침투(浸透)인 양자의 통일"(*PdG*: GW9, 223)이다. 그것은 "개인의 행위"이면서 또한 "의식에 대하여 현존하는 현실"이기도 한 것이다. 다시 말해, "사상 자체는 정신적인 본질성을 표현하는 것"(*PdG*: GW9, 223)으로, 여기서는 독자적으로 타당하다고 자신을 내세우는 개별적인 계기들은 모두 지양되어버리고, 오로지 보편적으로 타당한 것만 남으며, 여기에서는 의식이 자기 자신에 대하여 확신하는 것이 곧 대상적인 존재자, 즉 사상(事象)인 것이다. 이 점에서 이 사상(Sache)은 지각에서의 '사물(Ding)'과는 다르다. 감각의 확실성과 지각에서의 '사물'은 오로지 대상의식에 대해서만 의미를 갖는 것이니 말이다.

"그러므로 개인[개체성]과 대상[객관성]이 대상화된 상호 침투인 바로 이 사상 자체에서 자기의식은 자기 자신에 대한 참 개념을 자각하게 되며, 이것은 바꿔 말하면 자기의 실체에 대한 의식에 이르는 것이다."(*PdG*:

GW9, 223) 그래서 "의식에게는 사상 자체라는 것이 그 자신의 결단과 실재성의 통일일 따름이니, 그는 현실이란 다름 아닌 그가 좋아하는 것 (Mögen)이라고 주장한다."(*PdG*: GW9, 224) 그래서 종국에는 그가 아무런 행위한 바가 없는 것조차도, 그가 관심을 가진 것이라는 오직 그 이유만으로도 현실적인 것이 된다. 여기서 의식은 다시금 "관념주의"에 이르러, 사상 자체란 그에게 결국 한낱 '사상(事象)'일 뿐, 전혀 아무런 작품도 아닌 것, 순수한 행위, 공허한 목적, 또는 아무런 행위도 가해지지 않은 현실일 따름(*PdG*: GW9, 225)이다. 그리하여 결국 '순수한 사상(事象) 자체'란 "존재가 '나'이고, '나'가 존재이다"라는 순전한 범주로서, 이것은 아직도 "사고와 현실적인 자기의식은 서로 구별된다"(*PdG*: GW9, 228)는 것을 뜻한다.

2) 법칙을 수립하고 검토하는 이성

"그러므로 의식에 대하여 대상인 것이 참된 것이라는 의미를 갖는다. 그것은 존재하며, 즉자대자적으로 스스로 존재하며 타당하다는 의미에서 타당하다. 이것은 더 이상 확실성과 그것의 진리, 보편자와 개별자, 목적과 그 실재성 사이의 대립에 의해 어떠한 영향도 받지 않는, 오히려 그의 현존재가 현실이고 자기의식의 행위인, 절대적 사상(事象)이다. 이 사상은 그러니까 윤리적 실체이고, 이 윤리적 실체에 대한 의식이 윤리적 의식이다. 이 윤리적 의식에게는 그의 대상도 마찬가지로 참인 것[진리]이다. 왜냐하면, 그것은 자기의식과 존재를 하나의 통일성 안에 통일시키기 때문이다. 그것은 또한 절대적인 것으로 타당하다. 왜냐하면, 자기의식은 더 이상 이 대상에서 벗어날 수도 벗어나려고도 하지 않기 때문이다. 자기의식은 이 대상에서 자기 자신에 머무르니 말이다. 자기의식은 이 대상을 벗어날 수 없는데, 그것은 이 대상이 모든 존재이고 모든 권력이기 때문이며, 자기의식이 이 대상을 벗어나고자 하지 않는 것은 이 대상이야말로 이 자기의 자기 또는 이 자기가 의욕하는 것이기 때문이다. 이 대상은 그 자신에게 대상으로 있는 실재적인 대상이다."(*PdG*: GW9, 228 이하)

자기의식은 다름 아닌 이러한 실재적 존재자이며, 이러한 실재적 존재자의 대자 존재인 것이다. "자기의식은 바로 그 자신을 이러한 실체의 대자적 존재의 계기로 알기 때문에, 그는 그의 내부에 있는 법칙의 현존을 드러내면서, 건전한 이성이라면 무엇이 정당하고 선한가를 직접적으로 안다는 식으로 표현한다. 그러니까 건전한 이성은 그것을 직접적으로 알기에, 그것은 이성에게는 직접적으로 또한 타당하고, 그래서 이성은 직접적으로, 이것은 정당하며 선하다고 말한다. 그리고 덧붙여, 이것은 일정한 법칙들이며, 이것은 충족된, 내용이 채워진 사상(事象) 자체라고 말한다."(*PdG*: GW9, 229) 그리고 이러한 법칙들이 "직접적인 윤리적 법칙으로 간주된다."(*PdG*: GW9, 229) "누구나 진실을 말해야 한다"(같은 곳), "네 이웃을 너 자신과 같이 사랑하라"(*PdG*: GW9, 230) 따위의 정언명령 말이다.

그러나 진실이 무엇인지를 모르고서는, 그리고 이웃에게 무엇이 유익한지를 알지 못하는 상태에서는 "이러한 법칙들은 당위에 그칠 뿐, 아무런 현실성도 갖지 못한다. 실상 이런 것은 법칙이 아니라, 계율[지시명령]일 뿐이다."(*PdG*: GW9, 231) 실상 계율이란 "의식의 동어반복"으로 "형식적 보편성"을 가질 뿐 아무런 내용도 없는 것이다.

"그러므로 윤리적 존재자란 직접적으로 그 자체가 하나의 내용인 것이 아니라, 어떤 하나의 내용이 자기 자신과 모순되지 않음으로써 법칙일 수 있는가 없는가를 판가름하는 척도일 뿐이다. 여기서 법칙수립적인[법칙수립자로서] 이성은 단지 법칙을 검토하는 이성으로 격하된다."(*PdG*: GW9, 232) 칸트에서 법칙수립자로 이해된 순수 실천이성은 실상은 개개인의 행위 준칙을 "순수 이성의 유일한 사실(Faktum)"(*KpV*, A56=V31)이라는 이미 주어진 절대 보편적 조건에 비추어 검토하는 이성인 것이다.

그런데 법칙 검토에서 문제가 되는 것은 관점이나 시각이 아니라, 검토되는 대상과 내용의 그 자체의 정당성이다. 그 정당성은 개별적 의식의 자의적인 계율에서 나오는 것이 아니다.[39] 그것은 "어떤 한 개인의 의지 속에 근거"를 가지고 있는 것이 아니라, "영원한 법칙" 곧 "즉자대자적으로 있으면서 직접적인 존재의 형식을 지닌 절대적이고도 순수한 만인의 의지"(*PdG*: GW9, 235)에서 나타난다. 그러므로 여기서 법칙수립과 법칙 검토라는 두 태도는 지양되어 보편적인 것으로 복귀한다.

이제 "무엇인가가 정당한 것은, 내가 그 무엇인가가 자기모순적인 것이 아님을 발견하기 때문이 아니라", 이를테면 "그 자신이 정당한 것이기 때문에, 그것은 정당한 것이다."(*PdG*: GW9, 236) "이 규정이 정당한 것인가, 이에 반대되는 규정이 정당한 것인가는 그 자체로 결정되어 있는 것이다. 〔…〕 정당한 것은 나에게는 즉자대자적인 것〔그 자체로 자명한 것〕이라는 이 사실에 의해 나는 윤리적 실체 안에 있다. 그래서 윤리적 실체는 자기의식의 본질이고, 반면에 이 자기의식은 그 윤리적 실체의 현실성이자 현존재이며, 그 윤리적 실체의 자기〔자아〕이자 의지이다."(*PdG*: GW9, 236 이하) 이 국면에서 이성은 "무한한 보편성으로서 자기 자신에 대한 확신"(*PdG*: GW20, 434 : *Enzy*, §439)에 이른다. 그리고 이것을 아는 진상이 '정신'이다.

---

39 J. Hyppolite, *Genèse et Structure de la Phénoménologie de l'Esprit de Hegel*(1946), 『헤겔의 精神現象學 Ⅰ』, 이종철 · 김상환 공역, 문예출판사, 1986, 399면 참조.

제3장

헤겔의 국가철학

제1절 _ 서론

1. 헤겔 국가철학의 의의

개인으로서의 인간을 자발적인 활동의 주체로서 받아들이고, 동시에 다수의 개인들이 있음이 사실로 인정되는 사회에서는 개인과 다수 또는 전체의 관계, 그리고 개인들 상호 관계가 문제가 되지 않을 수 없다. 개인-전체 관계 문제의 핵심은 개인들을 전체(totum) 사회의 부분들로 보느냐, 아니면 반대로 사회를 개인들의 구성체(compositum)로 보느냐에 있으며, 이 문제에 대한 의견 차이에서 보통 전체주의-개인주의, 사회주의-자유주의 사이의 이견이 나온다.

헤겔이 『법철학요강』(1821)에서 피력한 그의 국가철학은, 적지 않은 사람들에 의해 1815년 이후 빈체제 아래에서의 프로이센의 반동적 국가체제에 대한 어용철학적 변명으로 치부되고 있다.[1] 근자에 와서 소수이기는 하지만 물론 이에 대해서 헤겔이 『법철학요강』을 완성(1820)하고 『철학백과개요』의 〈객관적 정신〉 부문을 수정(1827, 1830)해나간 1820년대에 프로이센은 유럽 제국 가운데에서 가장 진보적인 국가였고, 무엇보다도 헤겔이야말로 근본적으로 '자유의 철학'자라는 이유를 내세워 반론을 펴고, "헤겔 정치철학은 시민사회론이라고 해도 과언이 아니다"[2]라고 주장하는 사람도 있다.

그러나 누가 어떤 문건을 끌어대 부정하려 해도 베를린 대학 교수 헤겔이 『법철학요강』에서 논하고 있는 바가 결국 군주가 주권을 갖는 입헌군주제 국가의 정당성이라는 것은 거의 의심할 여지가 없을 것이다. 그렇지만 중요한 것은 헤겔의 이러한 국가철학이, 우리가 '국가란 진정 무엇이어야 하는가'를 물을 때, "국가는 윤리적 전체"라는 헤겔의 윤리 국가론이 갖는 의의이다. 국가는 분명 개인들의 임의적 연합체 이상의 것이다. 그렇다면 우리는 그 '이상의 것'을 어디서 찾을 수 있을까?

헤겔의 여타 철학이 그러하듯이 그의 법철학도 하나의 정신현상학, 다시 말해 '법의식의 현상학'으로서, 그의 국가 이론은 역사적으로 생기한 국가를 고찰하여 그 형성 과정의 매 국면을 변증법적 자기 전개 과정으로 파악하는,[3] 일종의 '역사 이성 비판'의 결실이다. 이성이 자신을 현실화해

---

1 R. Haym의 *Hegel und seine Zeit*(1857) 이래 K. R. Popper, *The Open Society and its Enemies*(1945) 등의 헤겔 비판에 대한 개략은 K. -H. Ilting, "Die Struktur der Hegelschen Rechtsphilosophie", 수록 : M. Riedel 편, *Materialien zu Hegels Rechtsphilosophie*, Bd. 2, Frankfurt/M. 1975, S. 52 이하, 그리고 W. Maihofer, "Hegels Prinzip des modernen Staates", 같은 책, S. 361 이하 참조.

2 이정은, 「헤겔의 『법철학』에서 시민사회와 국가의 매체」, 수록 : 『헤겔철학과 정신』(『헤겔연구』 12), 한국헤겔학회 편, 철학과현실사, 2002, 258면. 기타 헤겔 법철학의 현대적 의의에 대해서는 G. W. F. Hegel, *Vorlesungen über Rechtsphilosophie 1818~1831*, Edition und Kommentar in sechs Bänden von K. -H. Ilting, Stuttgart-Bad Cannstatt 1973f., Bd.1, S. 25 이하 참조.

3 K. -L. Kunz/M. Mona, *Rechtsphilosophie, Rechtstheorie, Rechtssoziologie*, Bern ·

가는 도정에서 무엇을 성취하고자 하며, 그러나 실제로 제한적인 수단을 가지고서 또한 그 수단을 개선해가면서 이성이 도달한 국면들이 어떠한가를 분간하는 역사 이성 비판의 작업이란 그 성격상 사실과 어긋날 수가 없다. 그러므로 역사적으로 생기한 제 국가 형태들을 그것들이 전개된 형식 위에서 분석하여 그 형성 요소들의 각각의 의미와 상관관계를 설명하는 헤겔의 국가 이론이 사실에 부합하지 않는다거나 할 수는 없다.

그렇기에 헤겔의 이론은 사실과 맞지 않음으로 틀렸다는 식으로 부정할 수는 없을 터이고, 그래도 문제로 제기할 수 있는 것이 있다면, 사용하는 개념의 정의와 역사적 사실을 설명하는 형식이겠으나, 이것은 누구에게서나 이론 구성에서 필수적으로 전제되는 것이니 헤겔에만 있는 허물이라고 할 수는 없겠다.

국가란 아리스토텔레스의 "자연본성상 정치적 동물"[4]이라는 인간의 정의가 함축하고 있는 바와 같이 "하나의 선 개념을 중심으로 그리고 합의된 그 선을 실천하기 위하여 존립하는 것"[5]이다. 그러니까 국가가 윤리적 존재자이어야 한다는 것이 사상의 출발점을 이룬다는 것은 거의 당연한 일이다. 그런데 헤겔의 현실적 '윤리' 개념은 한낱 당위적인 주관적인 것이 아니라, '객관적'인 것, 다시 말해 '당위와 존재의 합일'이다. 또한 국가는 개인에 대해서 의심할 바 없이 '전체'이고, 전체란 '하나'일 수밖에 없으니 그것은 개념상 "자신의 전개를 통해 자기를 완성하는 것"(*PdG*: GW9, 19), 그러니까 자유를 본질로 갖는 것, 곧 '정신'이다. 이 정신을 자신을 전개해가면서 자기를 완성해가는 것으로 보는 것은 헤겔의 사실 판단이라 해야 할 것이다. 완성해간다는 것은 어떤 완전태, 목표, 목적에 접

Stuttgart · Wien 2006, S. 84 이하 참조.

4 Aristoteles, *Politica*, 1253a 2.

5 백종현, 『사회운영원리』, 서울대학교 출판부, 2004, 12면.

근해가는 운동을 말하는 것이니, 헤겔은 역사의 전개 과정을 그렇게 사실적으로 판단하는 것이고, 그런 사실적 판단의 근거는 자유가 확장되어온 역사적 사실이다. 고대 동방 사회에서는 '한 사람만이 자유로웠고', 그리스 사회에서는 '몇 사람이 자유로웠으며', 기독교적 게르만 사회에는 '만인이 자유롭다[인간은 그 자체로 자유롭다]'(*VPG*: TW12, 31 참조)는 것을 역사적 사실로—만약 누군가가 헤겔 당대의 게르만 사회가 사실적으로 그렇지 못했다고 본다면, 과거에 비하여 '만인이 자유로운' 사회가 언제 어디선가 성립할 것으로 상정하고서—납득하고 나면, 역사는 발전하되, 비록 일직선적으로는 아니라 하더라도 "장구한 시간"에 걸쳐 "무진장한 노역"을 치르면서 "회의"와 "절망의 길"을 걸어 자각적으로 자기와 부단히 대화함으로써 단계적으로 전진한다고 능히 파악할 수는 있는 일이다. 그러하니 정신현상학, 정신의 역사, 곧 정신 "자신의 도야의 역정(歷程)"(*PdG*: GW9, 56)이 변증법적임은 부인할 수 없는 '사실'이다. 그러하므로 이 '사실'은 오로지 변증법적 '논리'로만 파악될 수 있고, 서술될 수 있겠다.

헤겔의 국가철학은 이 같은 '사실'과 '논리' 위에서 개진된 것이다.

2. 헤겔에서의 '윤리' 개념

현실은 정신의 객관적 외현인데, 정신의 본질은 자유이므로, 현실이란 곧 자유로운 의지인 정신이 유한한 객체들과의 관계 속에서 자신의 목적들을 실재화해가는 전개 과정에서 형성된 것이다. 그런데 자유 의지는 전개될 때에 일차적으로는 서로 다른 개별적 의지로 나타나며, 이 개별적 의지들은 상호 간에 특수성을 의식하고 있다. 자유 의지는 그렇기에 우선 주관적 의지에서 현존재를 갖는다. 그러나 의지의 이성성이 진정한 현실성을 얻기 위해서는 개별적 의지에 머물러서는 안 되며, 세계 안에서 보편적으로 형태화되어야 한다. 그때 자유의지의 내용들이 주관적인 "실천적 감정이나 충동에서 갖는 불순성과 우연성으로부터 해방되고", "보편성에서 주관적 의지에 그것의 습관·성향·성격으로 새겨지면, 그 내용은 윤리〔습속〕(Sitte)[6]가 된다."(*Enzy*, §485) '윤리〔습속〕'란 그러니까 개개 의지가 보

---

6 헤겔의 용어 'Sittlichkeit'를 일본 학계에서와 같이 한국의 헤겔 연구가들도 대부분 '인륜〔성〕(人倫〔性〕)'으로 번역하고 있으나, 이 용어가 다른 독일 철학자들, 예컨대 칸트, 피히테에서도 광범위하게 쓰이고 있는 만큼 그 연관성을 고려할 때나, 원어에 상응하는 우리말 쓰임새로 볼 때 '윤리〔성〕'으로 옮겨 쓰는 것이 합당하다고 본다. 독일어의 'Moral'과 'Sitten(Sitte)'에는 각각 우리말 '도덕'과 '윤리'를 대응시키는 것이 무난하다. 이에 따라서 'moralisch'는 '도덕적', 'Moralität'는 '도덕〔성〕', 그리고 'sittlich'는 '윤리적', 'Sittlichkeit'는 '윤리〔성〕'이라고 옮기면 일관성이 있을 것이다. 또한 관련어인 'Ethik(윤리학)'이 순수 독일어로는 'Sittenlehre(윤리〔이〕론)'인 만큼, 'Sitten'을 '윤리'로 옮기면 그 연관성이 잘 드러날 것이다. ('인륜학', '인륜〔이〕론'은 아무래도 옹색한 표현이다.) 이와 관련해서 'ethisch'는 '윤리〔학〕적'이라 하면 어울릴 것이다. 헤겔은 'Moralität'와 'Sittlichkeit'를 구별하여 쓰고 있고, 이를 학계의 다수 헤겔 연구가들이 보통 각각 '도덕〔성〕'과 '인륜〔성〕'이라고 옮기고 있지만, 보통 인간적으로 밀접한 사람들—부모·형제·부부·사제·군신 등—사이의 윤리를 지칭하는 '인륜(人倫)'이나 근친 사이의 윤리를 지칭하는 '천륜(天倫)'은 의당 '윤리'에 포함될 것이므로, '도덕〔성〕'과 '윤리〔성〕'을 켤레로 사용하는 편이 용어 활용에서 훨씬 더 유연함을 얻을 수 있다고 본다. 'Moral'의 라틴어 어원 'mos(mores)'와 'Ethik'의 그리스어 어원 'ethos', 그리고 이에 상응하는 독일어 고유 낱말 'Sitte'가 모두 본디 '풍속'·'습속'·'습관' 정도를 의미한다는 사실을 감안하면, 'Moralität'와 'Sittlichkeit'는 상호 교환 가능한 말로 써도 무방할 것이다. 그러나 물론 어떤 철학자가 자기 이론체계 내에서 양자를 용어적으로 구별하여 쓸 수도 있겠다. 이미 칸트와 헤겔이 좋은 사례로, 칸트는 '도덕(Moral)'과 '윤리(Sitten)'을 구별 없이 쓰는 데 반해, 헤겔은 중요하게 구별하여 사용하고 있다. 우리말 사용에서도 어원상으로는 서로 다른 '도덕'과 '윤리'가 오늘날에는 대개 구별 없이 쓰이지만, 사람에 따라서는 구별하여 쓰기도 하듯이 말이다. 우리말 '윤리(倫理)'는 본래 한문의 어원상 '동류(同類)의 사물적(事物的) 조리(條理)'(『禮記』, 曲禮 : 擬人必于其倫 ; 『漢書』, 甘延壽傳 : 絕於等倫 참조)를 뜻했지만, 그 '동류의 사물'이 '인간' 또는 '인류'로 국한되어 쓰이게 되면서 '윤리'는 '사람이 사람과 더불어 마땅히 행하여야 할 도리'라는 뜻의 '도덕(道德)'과 동일한 의미로 사용하는 것이 일반적이 되었다. 그러나 특별한 목적이 있을 경우, 특히 철학자가, 두 용어를 구별하여 쓰는 것 또한 허용될 것이다. 그렇다 해서 '윤리'에 해당하는 말을 '인륜'이라고 좁혀서 사용하는 것은 그 외연이 서로 맞지 않을 수 있다. '인륜지대사(人倫之大事)', '인륜을 저버렸다'는 표현에서 보듯, '인륜'은 보통은 일반적 시민 관계가 아니라 특수하게 밀접한, 가령 혈연적인 사람들 사이의 관계에 대해서 제한적으로 쓰는 말이다.

편성을 가진 습관 또는 성향 내지는 성격이다. "습관과 성향으로서 주관적 의지 안에 있는"(Enzy, §486) 보편적 규정이 윤리라는 것이다. 그래서 "개인들의 보편적인 행위 방식"으로서 이미 사회성을 갖는 윤리적인 것은 개인들에게는 "처음의 한낱 자연적인 의지"를 대신하여 정립된 "제2의 자연〔본성〕"이라 할 수 있다.(GPR, §151)

이 같은 윤리의 성격, 곧 윤리성(Sittlichkeit)은 객관적 정신과 주관적 정신의 합일이자 "객관적 정신의 진리〔진상〕"이다. 이른바 '객관적 정신'은 한편으로는 실재성에 의거한다는 명목 아래 "외부에서, 즉 물건에서" 자유를 찾으며, 다른 한편으로는 객관성의 명목 아래 '보편적인 것'에서 선을 추구하지만, 누가 그것을 추구하는가가 배려되고 있지 않다는 점에서 추상적이고 일면적이다. 반면에 이른바 '주관적 정신'은 한낱 추상적으로 ―보편적인 것으로서 비주체적인, 따라서 아무런 자기결정도 없다는 이유에서 "자기의 내면적 개별성에서" 자기규정의 힘, 곧 자유를 찾지만, 그러나 외부 세계를 도외시한다는 점에서 그 역시 일면적이다. 이 양자의 일면성들이 지양되는 지점에서, 주관적인 자유는 "보편적인 이성적 의지"로 있게 되는바, "이 의지는 개별적인 주체성의 의식 안에서 자신에 대한 자기지〔自己知〕와 마음씨를 가짐과 함께, 또한 자기의 활동과 직접적인 보편적 현실성을 동시에 윤리〔습속〕로 갖는다."(Enzy, §513)

이런 보편적 현실성에서 개개의 주체성이 양심이다. 양심은 주관적인 자기의식의 절대적인 권리 주장을 표현한다. 양심은 자기 권리 주장 혹은 정당화이되, 무엇이 정당한 권리이며 의무인가를 자신 안에서 그리고 자신으로부터 알며, 선으로 알고 있는 것 이외에는 아무것도 인정하지 않는 그런 권리 주장이다. 이런 양심을 매체로 실현되는 "살아 있는 선"으로서의 윤리란 "현재하는 세계로 된 그리고 자기의식의 자연본성이 된 자유의 개념이다."(GPR, §142) 다시 말해 윤리란 자연으로 된 "자기의식적〔자각된] 자유"이다.(*Enzy*, §513 참조) 윤리란 요컨대 존재가 된 당위를 말한다.

자유 의지의 현존재로서 윤리는 '정당한 것(das Rechte)'으로서 다름 아닌 '법(das Recht)'이자 '권리(das Recht)'이다. 이 보편적으로 정당한 것, 권리가 개별적으로 구별되는 주관적 의지에 대해서는 '의무'이기도 하다. 개별적 주관적 의지는 마땅히 보편적으로 정당한 것을 행해야 하는 것이니 말이다.

그러므로 자기의 특수성을 주장하는 개인들의 권리는 그들의 의무와 함께 윤리적 실체성 가운데 포함되어 있다. 여기서의 "특수성이란 윤리적인 것이 외면적으로 현상하는 방식이며, 이런 방식으로 윤리적인 것은 실존한다."(*GPR*, §154) 이렇게 해서 윤리는 보편적인 의지와 특수한 의지가 하나가 되는 곳에서 현현하며, "인간은 윤리적인 것을 통해서 의무를 가지는 한에서 권리를 갖고, 권리를 갖는 한에서 의무를 갖는다."(*GPR*, §155) 이런 맥락에서 "법/권리/정당한 것인 것은 의무이기도 하고, 의무인 것은 또한 법/권리/정당한 것이다."(*Enzy*, §486) 권리와 의무가 구별되는 것처럼 보이는 것은 의지의 유한성 때문으로, 실체에 있어서 그 내용은 동일한 것이다.

'법'이자 '권리'인 것은 윤리를 지반으로 갖는 것으로서 그것이 "서 있는 곳이자 출발하는 점은 자유로운 의지이다. 그렇기에 자유는 법/권리의 실체와 규정을 형성하며, 법/권리의 체계는 실현된 자유의 나라이자, 정신의 그 자신으로부터 산출된 세계, 즉 제2의 자연이다."(*GPR*, §4) "법/권리는 도대체가 이념으로서 자유"(*GPR*, §29)이지만, 그러나 그것은 실현된 자유, 곧 자연이 된 그러니까 존재하는 당위인 것이다.

칸트는 "법/권리(Recht, ius)란 그 아래서 어떤 이의 의사가 자유의 보편적인 법칙에 따라 다른 이의 의사와 합일될 수 있는 조건들의 총체"(*MS, RL*, AB33=VI230)이며, 그렇기에 "행위가 또는 그 행위의 준칙에 따른 각자의 의사의 자유가 보편적 법칙에 따라 어느 누구의 자유와도 공존할 수 있는 각 행위는 정당하다(recht, rectum)"(*MS, RL*, AB33=VI230)라고 규정한 바 있다. 그러니까 정당한 것으로서의 '법'이란 '나의 자유와 의사를 보편적인 법칙에 따라서 만인의 의사와 공존할 수 있도록 제한함'을 주요 요소로 가지며, 이러한 제한 아래에 있는 행위만이 정당한 권리를 갖는다는 것이다. 이러한 법/권리의 규정은 루소 이래로 특히 널리 퍼진 견해를 함유하는바, 이런 견해에 따르면 자유의지의 실체적 토대는 각기 고유한 의사 안에 있는 개별자라는 것인데, 그러나 이런 견해는 그야말로 피상적이라 하지 않을 수 없다. '모든 이'가 개개인 모두를 뜻한다면, 그런 의미의 모든 이의 자유와 공존할 수 있는 '나'의 자유로운 행위는 도대체가 있을 수 없으니 말이다. 설령 내가 자연 숲 속의 열매 하나를 '자유롭게' 채취해도, 그것은 능히 누군가 나중에 그 숲에 들어가 그것을 찾을 사람의 앞길을 막는 짓이 될 수 있기 때문이다. 그러니 법/권리의 토대는 개개인의 의사 그 이상의 "어떤 신성한 것"(*GPR*, §30)으로서, "정신적인 것"(*GPR*, §4)이다. '법'이란 정신인 자유 의지의 현실 세계에서 통용되는 객관적 이법(logos)이다.

3. 정신의 발전적 외현의 단계들

살아 있는 실체인 정신은 자기 전개적인 것으로서, 정신의 제 영역과 제 단계는 "정신이 자기의 이념 속에 함유되어 있는 더 많은 계기들을 자기 안에서 규정하고 현실화한 곳에서 보다 더 구체적이고, 자기 안에서 보다 더 풍부하고 진실로 보편적인 단계에 이름으로써 보다 높은 차원의 법을 갖는다."(*GPR*, §30) 이렇게 자기 전개적인 정신으로서 "의지 안에서 스스로 관철해나가는 사고 작용"(*GPR*, §21)인 '이성적인' 자유 의지는 자신을 3단계를 거쳐 객관화한다.

일차적으로 자유 의지는 "개별적 의지", 곧 "인격(Person)"으로 현상한다. 헤겔에 따르면, "결단함으로써 의지는 자신을 일정한 개체의 의지로서 정립하고, 자신의 밖으로 나와 다른 것에 대하여 자신을 구별하는 의지로서 자신을 정립한다."(*GPR*, §13) 이 개체가 인간으로서는 개인이며, 그것은 '나'로서 표현된다. '나'란 의지 일반이라는 구별 없는 무규정성으로부터 '너'와의 구별로의 이행이며, 내가 나를 타자와 구별한다는 것은 자기 자신을 일정하게 규정된 것으로 정립한다는 것을 의미한다. 이것이 나의 특수화 내지는 유한성의 계기이며, 그러나 나는 이렇게 함으로써 비로소 "현존재 일반 속에 발을 들여놓는다."(*GPR*, §6) 사고하는 지성에게 있어서는 대상과 그 내용이 어디까지나 보편적인 것이며, 지성 자신이 보편적인 활동성으로 작용한다. 그래서 인식에서는 보편적 진리를 말한다. 그러나 의지에 있어서는 보편적인 것이 동시에 본질적으로 "개별성으로서의 나의 것이라는 의의를 가진다."(*GPR*, §13) 이 개별화된 의지가 인격인 것이다. 그렇기에 자유는 일차적으로 이 인격을 매개로 현실화된다.

인격이라는 결단하는 개별자는 제일 먼저 눈앞에 발견되는 자연과 실천적으로 관계 맺는다. 이 관계 맺음에서 "의지의 인격성은 자연에 대하여 하나의 주체적인 것으로서 대립한다."(*GPR*, §39) 개별자로서 인격은 그러나 개별자인 한에서 제한을 갖는데, 그 제한을 지양하고 자신에게 실재성을 부여하려고 능동적으로 활동한다. 바꿔 말하면 인격성은 눈앞에서 발견된 자연을 자신의 것으로 정립하려고 하는 능동성이다. '인격'이란 자기에 맞서 있는 자연의 "제한을 지양"함으로써 "자기에게 실재성을 부여하여" 자연적 "현존재를 자기의 것" 곧 '소유(Eigentum)'로 정립하는 행위자인 것이다.(*GPR*, §39 ; *Enzy*, §487 참조) 개별적 의지는 자기의 개별성을 "절대적"인, 그러니까 어떤 무엇에도 묶여 있지 않은 자유로운 것으로 알고 있으나, 실상은 텅 비어 있어서, "자기의 특수성과 충만을 아직 자기

자신에서 갖지 못하고, 외적 물건에서 갖는다."(*Enzy*, §488) 인격은 자기의
의지를 물건에 "집어넣음"(*Enzy*, §489)으로써 물건을 소유하며, 이렇게 해
서 물건은 인격의 주체적 자유의 외적 권역을 이룬다. 다시 말해 인격은
물건을 점유하게 된다. 인격은 이 "점유물의 직접적인 신체적 장악[취
득][*GPR*, §55 참조)에 의해 또는 물건의 형태화[*GPR*, §56 참조. 예컨대, 토지
의 경작, 식물 배양, 동물 사육 같은 것]나 순전한 표지(標識)[*GPR*, §58 참조. 예
컨대, 점령지에 꽂는 국기 같은 것. 사물 그 자체가 아니라 사물의 의미를 통한 현
존재 확인]에 의해 물건에서 자기의 일정한 알아볼 수 있는 현존재를 갖는
다."(*Enzy*, §491)

　　자신을 개별적 독립체로 알고 있는 인격은 물건을 매개로 해서 다른 인
격들과 관계 맺고, 점유물을 통해 인정받는다. 그런데 인격은 그의 의지를
이 물건에 집어넣을 수도 있고, 저 물건에 집어넣을 수도 있으며, 그 물건
에 넣었던 의지를 다시금 **빼낼** 수도 있다. 그렇기에 그때에 인격의 의지는
의사 내지 자의이고, 그래서 소유는 "우연적"(*Enzy*, §492)이다. 한 인격의
소유로 있던 물건에서 그의 의지를 **빼내고**, 그것에 다른 인격의 의지를 집
어넣음으로써 그 물건은 다른 인격의 소유가 될 수 있다. 곧 소유는 이전
될 수 있다. 물건은 양도되고 취득될 수 있는 것이다. 이런 물건을 "중간
자"로 하는 두 의지 사이의 관계가 "계약"(*Enzy*, §492)이다.

　　'소유의 외화(Entäußerung)'로서 물건의 "이전(Übergehen)"이란 곧 '양
도(Überlassen)'를 전제한다. 이전될 수 있는 것, 그러니까 양도될 수 있는
것은 오로지 인격이 그 안에 그의 의지를 넣었다 **뺐다** 할 수 있는 물건뿐
이다.(*GPR*, §65 참조) 그래서 헤겔은 "나의 가장 고유한 인격과 나의 자기
의식의 보편적 본질을 구성하는" 그런 "실체적인 규정들", 예컨대 "나의
인격성 일반, 나의 보편적 의지의 자유, 윤리성, 종교" 등은 양도될 수 없
으며(unveräußerlich), 그러니까 이런 것들에 대한 권리는 결코 "시효가 없

다(unverjährbar)"고 말한다.

물건과 같은 "외면적인 것에 있어서의 자유의 현존재"가 통상의 "법"이다. "이런 외면적인 것 및 다른 인격들과의 다수의 관계 맺음으로 귀착"(Enzy, §496)하는 이런 법을 헤겔은 "형식적인 법" 또는 법적인 '역할(persona)' 외에 인간의 다른 면모는 도외시한다[7]는 점에서 "추상적 법"이라 일컫는다.

외면적인 것, 물건에서 자신의 현존재를 갖는 자유의지가 이제 자기 내로 반성하여 그 현존재를 자기 안에서 가질 때 "주체[관]적 의지의 법"(Enzy, §487)이 성립하는데, 그것이 '도덕성'이다. 도덕성은 자유로운 주체[관]의 내면에서 정립되는 의지의 규정성으로서, 이 의지규정성의 법칙이자 실체가 선이다. 이 주체적 내지 도덕적 자유에 힘입어 "인간은 선악 일반의 구별에 대한 지식을 자기의 것으로 갖는다."(Enzy, §503)

"이 자유를 가진 의지의 활동적 외현이 행위이며, 이 행위의 외면성에서 의지는 오직 그가 그것에 대해 자기 자신 안에서 알고 의욕했던 것만을 자기의 것으로 인정하고 책임을 진다."(Enzy, §503)

그러나 도덕성은 자기 내 모순을 가지고 있으니, 그것은 도덕성이 주체의 "내면적 개별성에서 자기규정적"(Enzy, §513)이라는 성격을 갖는 데서 기인한다. 주체성이란 "자신을 선택하고 결정하는 자로 아는 자"(Enzy, §511)이다. 이제 도덕성이 주체적인 내면적 '당위'라는 것은 이미 객관적 실재와의 불일치를 함유할 뿐만 아니라, 마땅히 보편적이어야 할 선이 "비–객관적인, 오히려 단지 자기 자신에게만 확실한"(Enzy, §512) 특수한 것일 수 있음을 함의하기 때문이다.

이제 자유 개념의 자연적 직접적 형태인 추상적이고 형식적인 '법'과

---

7 H. Schnädelbach, *Hegels praktische Philosophie*, Frankfurt/M. 2000, S. 204 참조.

실재적 자각적 형태인 도덕성이 통일되는 데서 자유 개념은 자기 자신과의 합치, 곧 현실성을 얻는바 그것이 진정한 객관적 정신으로서 윤리성이다. 한낱 당위적이 아니라 현실적이고 필연적인 도덕성, 다시 말해 "생각된 선의 이념이 자기 안에서 반성된 의지와 외적 세계 안에서 실재화된 것"(*GPR*, §33)인 윤리성은 "절대적 당위가 또한 존재이기도 한"(*Enzy*, §514), 자유로운 의지의 현존재로서 "국민" 정신에서 마침내 그 완전한 모습을 드러낸다. "주체 안에서 자기의 개념에 적합한 현실성이자 필연성의 전체성인 실체적 의지"(*Enzy*, §487)인 '국가'야말로 윤리적 이념의 현실태〔성〕인 것이다. "윤리의 나라", 그것은 "이성적 자기의식의 자기 자신을 위한 실현"(*PdG*: GW9, 193)으로서, 여기에서 개개인은 "그들이 각자의 특성을 희생시키고 〔전체라고 하는〕 보편적 실체가 그들의 영혼이며 본질이 됨을 통하여 이 보편적인 것이 그들 개개인의 소행임을 의식하며 그들에 의해서 이루어진 작품이 됨을 통하여 〔또한 동시에〕 각자가 독자적인 존재자임을 의식한다."(*PdG*: GW9, 194)

제2절 _ 헤겔의 '시민사회'론

1. 서론

국가가 원자(atomon)적인 한낱 물체적 개체(individuum)가 아니라 인격적 개체, 곧 개인(Person)들의 구성체이되, 그 구성원들이 의사에 따라 수시로 조립하고 해체할 수 있는 것도 아니고, '한 몸(one body)'으로 움직이는 한에서는 그 구성 요소 낱낱을 넘어서는 오히려 유기체 같은 것으로서의 개개인들과는 다른 또 하나의 인격이라는 점 역시 분명하다면, 헤겔의

'윤리적 전체'로서 국가의 사상은 그 타당성을 잃지 않는다. 근대 국가의 대표적 실례라 할 수 있는 미국은 1776년에 13개 주가 연합하여 독립을 선언하고 그를 허용하지 않으려는 기존의 (영국) 정부에 저항하여 새로운 '헌법'을 만들고, 1788년 9개 주의 인준을 거쳐 1789년에 상원, 하원 및 각급 조직의 작동과 더불어 대통령이 집무를 시작함으로써 하나의 '국가' 로서 출발 건립되었다. 외견상 '사회계약'에 따른 것 같은 이러한 건국 과정을 지켜본 칸트도 그러나 국가는 유기적 전체라고 일컫는 것이 합당하다고 보았다. 국가를 이루는 "지체(肢體)"들, 곧 국민 개개인과 각급 부서들은 물론 유기적 "전체[곧, 국가] 속에서 한낱 수단일 뿐만 아니라, 동시에 목적이기도 해야 하며, 각 지체는 전체를 가능하게 하기 위해 협력함으로써, 전체의 이념에 의해서 다시금 그의 지위와 기능의 면에서 규정되어야 하기 때문이다."(*KU*, B294=V375)

"유기적 전체"(*Enzy*, §539) 또는 '하나'로서 국가는 그 성원들 하나하나의 합 이상의 것일 수밖에 없다. 개개 성원들의 개개 목적이 완전하게 일치하지 않을 때에도 국가라는 "유기체"는 하나의 "이념"(*GPR*, §269) 곧 하나의 목적에 따라 움직이고, 성원 개개인들이 오히려 '공동의' 목적이라는 이름 아래의 이 국가의 목적에 의해 그 몫을 규정받기 때문이다. 이때이 '공동의', 곧 '국가의' 목적이 개개인들의 목적에 우선해야 하는 정당성은 어디서 찾을 수 있는가? 그것을 헤겔은 '윤리성'에서, 곧 '법'과 '도덕'의 합일, 다시 말해 외면적이고 객관적인 그러니까 보편적인 '법'과 내면적이고 주관적이되 인격적인 '도덕'의 합일에서 본다. 국가가 그를 형성하는 시민들보다 우선할 수밖에 없는 경우에 이런 의미의 '윤리성' 말고 그것을 정당화할 수 있는 다른 무엇이 있을까? 마땅한 다른 무엇이 없다면, 헤겔의 윤리적 '국가'는 근대적 '시민사회'를 넘어서는, 적어도 어떤 면에서는, 참다운 국가의 이상을 제시하고 있다 하겠다. 그러나 그 '국가'는 개인이 미분화된 가족의 한낱 확대가 아니라, 근대적 시민사회에서 분화된 개인들을 주체적 성원으로 갖는 구체적인 "이성적"(*GPR*, §272) 국가이다.

2. '시민사회' 개념의 변화와 헤겔의 문제

"시민사회(civilis societas)"[8] 개념을 쓰기 시작한 키케로(Cicero, BC 106∼ 43) 이래로 칸트에 이르기까지 '국가(civitas)'는 곧 시민사회로 이해되었다. 그것은 '시민(cives)'만이 국가의 구성원이 될 수 있는 한에서, 시민의 사회는 당연히 국가로 납득되었기 때문이다. 그리고 이때 누가 '시민'이기 위해서는 일정한 자격을 갖추지 않으면 안 된다는 것 또한 당연한 것으로 받아들여졌다.

이러한 생각은 이미 아리스토텔레스의 국가 이론에서부터 분명하게 드러났다. 아리스토텔레스에게서 인간이 "자연본성상 정치적 동물"[9]인 결정적인 이유는, 인간만이 언어적 대화를 통해 선과 악, 옳고 그름에 대한 의견을 나누고 공통의 개념을 가짐으로써 그 위에 국가(polis, civitas)라는 공동체(koinonia politike, soietas civilis)를 세울 수 있는 능력을 가지고 있다는 사실이다. 그러니까 아리스토텔레스나 그와 같은 생각을 가진 이들에게 있어서는, 이 사실로부터 누가 정치 공동체, 곧 국가의 구성원, 시민이 될 수 있는가라는 물음에 대한 답도 나온다. 곧, 정의와 불의, 선과 악을 의식하고 식별할 줄 아는 사람만이,[10] 더 정확히 말하자면 선과 정의를 실천할 수 있는 사람, 즉 "자유로운 자"[11]만이 국가 공동체의 구성원, 즉 시

---

8 Cicero, *De legibus*, I, 62.
9 Aristoteles, *Politica*, 1253a 2.
10 같은 책, 1253a 17 참조.

민이 될 수 있다.(*VPR*: TW17, 129 참조) 이런 사태 연관에서 '부자유로운 자'[노예][12]나 '아직 자유롭지 못한 자'[미성년자]는 엄밀한 의미에서는 시민이라 볼 수 없다. 현대의 '민주주의' 사회에서도 여전히 미성년자 또는 시민 생활에서 각별한 문제점을 노출한 자에게는 정치 참여가 제한되는 것도 이런 맥락에서라 할 것이다.[13] 이와 같은 시민의 자격 요건에 대한 생각은 칸트의 「법이론」에서도 분명하게 표현되어 있다.

"오직 투표할 수 있는 능력만이 시민이기 위한 자격을 결정한다. 그러나 투표할 수 있는 능력이란 공동체의 부분으로서뿐만 아니라 구성원으로서, 다시 말해 타인들과 공동으로 자신의 의사에 따라 행위하는 공동체의 부분이 되고자 하는, 국민 중의 시민의 자립성을 전제한다. 그러나 이 자립성이라는 질은 필연적으로 **능동적** 시민과 **수동적** 시민을 구별토록 한다. 비록 수동적 시민이라는 개념은 시민 일반이라는 개념에 대한 설명과 모순되는 것처럼 보이지만 말이다. 그러나 다음의 예들은 이러한 난점을 제거하는 데 도움을 줄 수 있을 것이다. 즉 상인이나 수공업자 집에서 일하는 직인, (국가 공직에 있지 않은) 사환, (自然的으로 或 市民的으로) 미성년인 자, 모든 규중부인들, 그리고 자신의 실존(생계와 방호)을 유지하는 데 있어서 자기 자신의 경영에 따르는 것이 아니라 (국가의 처분 외에) 타인의 처분에 강요받게 되는 자는 누구나 시민적 인격을 결여하고 있으며, 그들의 실존은 말하자면 단지 내속물일 뿐이다."(Kant, *MS, RL*, B196/197=VI314)

---

11 같은 책, 1279a 21.

12 같은 책, 1280a 32 참조.

13 백종현, 『사회운영원리』, 서울대학교 출판부, 2004, 12/13면 참조.

칸트의 말처럼 "수동적 시민이라는 개념은 시민 일반이라는 개념에 대한 설명과 모순되는 것처럼 보이지만", 그럼에도 그들, 이른바 '집(oikos)'이라는 사적 영역에서 생명 유지를 위한 기초적 경제활동을 영위하는 자들은 단지 "가정 사회(societas domestica)"에 속할 뿐이고, 자기의 "생존이 국민 중 타인의 의사에 덕 입고 있는 것이 아니라, 〔…〕 자기 자신의 권리와 힘에 덕 입을 수 있는"(MS, RL, B196=VI314) 이른바 "능동적 시민"만이 "시민사회(societas civilis) 곧 국가(Staat)"의 구성원 즉 "국민(Staatsbürger, cives)"으로 간주된다. 이러한 생각은 '가사(家事, oikonomia)'에 매이지 않은, 그러니까 '경제적인(ökonomisch) 일에 직접적으로 종사하지 않는', 그러한 의미에서 또한 자유롭고 독립적인 사람만이 시민으로서 국사(國事, res publica)에 참여할 수 있다는 고대 그리스-로마적 국가관의 전통 위에서 있는 것이다.

1789년 프랑스대혁명 시기 제헌의회에서도 아직 여성, 노예, 극빈자 등 수동적 시민들에게〔는〕 선거권을 주지 않았지만, 이와 같은 두 종류의 시민 분리는 「인간과 시민〔공민〕의 권리 선언(Déclaration des Droits de l'homme et du citoyen)」(1789)에서 보듯, 인권 사상에 의해 '시민'이 '인간' 개념에 녹아들어감에 따라 이미 폐기되기 시작하였다. 헤겔이 시민사회의 구성원을 "(부르주아로서의) 시민(Bürger)"으로 놓고, 그것을 필요욕구의 입장에서 본래적으로 문제가 되는 "인간이라고 불리는 표상의 구체적 존재자"(GPR, §190)로 보았을 때, 헤겔은 더 이상 '수동적' 시민과 구별되는 '능동적' 시민만을 시민사회의 성원으로 보지 않았다. 헤겔의 '(부르주아로서의) 시민'은 단지 능동적 시민만을 지칭하는 것도 아니고, 귀족이나 농민, 또는 천민(Pöbel) 내지 무산자 계급과 구별되는 하나의 계급으로서의 시민만을 지시하는 것이 아니라, "자기 자신의 이익을 자기의 목적으로 삼는 사인(Privatperson)"(GPR, §187) 일반을 지칭한다. 그러나 생존의 필요욕구에 따라 사사로운 일(oikonomia)에 매여 있는 이러한 '사인'으로서의 시민(bourgeois)은 "국가의 절대성을 의식"하고 공공의 일(res publica)을 위해 자기의 "소유와 목숨을 희생"하는 '공민'으로서의 시민(citoyen)(NS: TW4, 266 ; PRV, §187 참조)이 될 때, 비로소 제대로 된 국가의 국민이 될 것이다. 그리고 그때 개별적이고 자기중심적인 구성원들의 이해타산에 기초하고 있는 한낱 지성적인, 외면적인 국가로서의 시민사회는 비로소 개별자들이 유기적 성원이 되어 "오직 하나의 개별적 전체"(GPR, §272)를 형성하는 이성적인, 내면화된 "정치적 국가"(GPR, §267)가 될 것이다.

　이것은 '시민' 및 '시민사회' 개념의 중대한 변화로, 그것은 한편으로는 "시민적 평등(bürgerliche Gleichheit)"이 "시민적 자립성(bürgerliche Selbständigkeit)"을 전제(MS, RL, §46 참조)하지 않는다는 것을 의미하기도 하지만, 동시에 다른 한편으로는 그러니까 이제 '시민사회(civil society)'가 곧 '국가(polis, political society)'이지는 않다는 것을 함축한다. 그리고 실제로 그러한 시민사회의 개념상의 변이는 헤겔에서 분명하게 드러났다. 그렇다면 진정한 '국가'는 어떤 것이란 말인가?

　뉘른베르크 시절(Philosophische Propädeutik, 1810ff.)에 '국가사회(Staatsgesellschaft)'의 이름 아래서 '시민사회'에 대한 언급 없이 "자연적 사회"(NS: TW4, 245)로서 '가족'과 이로부터 보편적 국가사회로 확장된 "법적 관계들 아래에 있는 사람들의 사회"(NS: TW4, 246)로서 '국가'를 논했던 헤겔이, 시민혁명과 함께 산업혁명을 거치면서 사회구조의 대변화를 보인 18세기 이후 유럽 사회의 구조상의 대변화를 통찰하고 '가족'과 '국가'와는 다른 윤리 체제로서 '시민사회'에 각별히 주목했을 때(『법철학요강』, 1821), '시민사회'는 더 이상 '국가'와 동일시될 수 없는 것이었다. 이제 헤겔은 개인의 주체적 자유와 사적인 경제활동이 중심을 이루는 "시민적 생활"이 공동선의 이념 아래서 모두가 하나가 되는 "정치적 생활"(GPR,

§303)이 아직은 아님을, 그러나 그렇게 발전될 것으로 보았던 것이다.

이로써 정치철학과는 구별되는 사회철학의 대상으로서의 '시민사회'의 개념이 새롭게 부상하였고, '국가'는 이제 이러한 근대 '시민사회'의 경험을 거쳐 비로소 진정한 윤리 국가가 될 것이겠다. 바로 이 지점에서 헤겔의 시민사회론은 그 문제의 의의를 갖는다.

헤겔에서 "시민사회는, 비록 그 형성은 국가보다 더 늦게 되었지만, 가족과 국가 사이에 등장하는 분기점(Differenz)이다."(GPR, §182) 시민사회를 경험한 국가는 더 이상의 가족적인 미분화된 '우리'를 구성원으로 갖는 것이 아니라, 자유로운 개인들이 통일을 이룬 '우리'를 주체로 갖는 윤리 이념의 실현태인 것이다. 여기서 헤겔에게서 '시민사회'는 특수가 보편화하는 매개로 이해되고 있다.

마르크스(K. Marx, 1818~1883), 엥겔스(F. Engels, 1820~1895)를 포함한 헤겔 국가철학의 적대자들조차도 그 적절성을 인정했고,[14] 오늘날의 자본주의 사회에 대한 분석에도 충분히 유효한 헤겔의 시민사회론은 근대 시민사회의 현실에 대한 반성으로부터 출발한다. 헤겔의 시민사회론은 근대 '시민사회'의 구조와 그 파생 상황에 대한 해설이자 정치–경제적 사회가 그 구성원들의 개별성이 보편성으로 도야됨으로써 마침내 이성적인 국가에 이르는 과정의 서술이다.

3. 헤겔의 '시민사회' 개념

헤겔이 볼 때 "서로 다른 인격들의 연합체(Gemeinsamkeit)"인 근대적 '시민사회(bürgerliche Gesellschaft)'는 역사적인 발생 순서에서는 '국가

---

14 H. Schnädelbach, *Hegels praktische Philosophie*, Frankfurt/M. 2000, S. 263 참조.

(Staat)'의 다음이지만, 윤리적 이념에서 보면 윤리적 전체인 '국가'의 전(前) 국면(局面)이다. '시민사회'는 '가족(Familie)'과 '국가'의 중간 국면이며, 그러니까 진정한 '국가'는 '가족'과 '시민사회'의 지양 합일이다. 그러니까 국가란 이를테면 가족적인 시민사회, 또는 시민사회적 가족이겠다.

가족은 다수의 성원을 갖되 "직접적인 내지는 자연적인 윤리적 정신"(GPR, §157)으로서 "느끼는 통일성인 사랑"(GPR, §158)을 본질적 규정으로 갖는 "오직 하나의 인격"(Enzy, §523)이다. 이러한 자연적인 통일성을 잃고 다수의 인격들로 특수화한 개별자들이 "절대적 통일" 없이 "원자론의 체계"(Enzy, §523)를 이룬 것이 시민사회이다. 시민사회는 그 자신의 특수성과 그의 독자 존재를 그의 목적으로 삼는 "독립적인 극단"으로서 개개 인격들이 그들의 특수한 이해관심을 매개로 하나의 전체로 연관된 것이다.

시민사회의 구성원은 애당초 각자가 자기 자신을 목적으로 여기는 "구체적인 인격"이며, 이 인격은 자연법칙의 테두리 안에서이기는 하지만 필요와 욕구의 주체로서 자기 의사에 따라 행위한다. 그러니까 "자연필연성과 자의의 혼합"인 구체적이고 특수한 인격으로서 각자는 욕구의 주체로서, 본질적으로 똑같은 다른 특수자와의 관계 맺음과 교섭에서 자신을 관철하고 타자를 매개로 하여 자신을 충족시키고자 한다. "그래서 타자들은 특수자[한 개인]의 목적을 위한 수단이다."(GPR, §182) 사회의 구성원인 특수한 인격들은 각기 자신을 목적으로 삼되 자족적이지 못하기 때문에 "타자들과의 관계없이는 자기의 목적들의 범위에 이를 수가 없다." 그러나 특수한 인격으로서 '나'와 또 다른 특수한 인격인 '너' 사이의 이러한 목적−수단의 관계는 주객이 교차할 뿐 보편적이므로, 이 보편성의 토대 위에서 사회는 이기적인 개인들의 "전면적인 상호 의존 체계(ein System allseitiger Abhängigkeit)"(GPR, §183) 내지는 "만인의 상호 의존의 전면적인 뒤엉킴(allseitige Verschlingung der Abhängigkeit aller)"(GPR, §199)의 양식이 된다. "즉 개인의 자존[생존]과 안녕 및 그의 법적인 권리적 현존은 만인의 자존[생존]과 안녕 그리고 권리와 얽혀져 있으며, 그 위에 기초하고 있고, 이 연관성 속에서만 실현되고 확보"(GPR, §183)되며, 이때 사람은 "시민 (bourgeois)"(GPR, §190)이 되고, 사람들은 이러한 '시민의 사회'를 언뜻 '국가'라고 생각한다. 그러나 그러한 '국가'는 한낱 "외면적 국가(äußerer Staat)"(GPR, §183), 한낱 필연성의 체제인 "비상국가" 내지는 "지성국가 (Verstandesstaat)"로서, 아직 자유의 현실태이자 이성의 구현체인 진정한 국가는 아니다.

시민사회 형성의 내막을 이렇게 파악한 헤겔은 그래서 시민사회는 '필요욕구의 체계'로서 '정치경제 체제(Staatsökonomie)', "자연적인 필요욕구와 자유로운 의사에 의해 조정된 체계"로서 "법이 확고한 보편적인 것"으로 의식되어 효력 있는 것으로 '정립된 것(das Gesetzte)', 즉 "법률 (Gesetz)"에 기반한 '사법제도(Rechtspflege)', 필요 충족의 사적 행위가 타인에게 손상을 입히거나 불법을 저지를 우연성에 대한 배려와 특수 이해 관심[이익]으로부터 공동 이해관심[이익]을 도모하기 위한 '경찰행정 (Polizei) 및 직업단체(Korporation)' 등의 "세 요소"를 갖는다고 본다. '정치경제 체제'란 "개인의 노동을 통하여, 그리고 동시에 다른 모든 사람들의 노동과 필요 충족을 통하여 개인의 욕구를 조정하고 개인을 충족시키는" 양식이다. '사법제도'를 통해서 저 "체제 속에 포함되어 있는 자유라고 하는 보편적인 것이 실현되고, 소유가 보호"된다. "이들 체제에 잔류하는 우연성에 대하여 미리 배려하고, 특수한 이해관심을 공동의 이해관심으로 관리하기"(GPR, §188) 위한 것이 '경찰행정'이며, 가족을 벗어나 각기 독자적인 이익 추구에 나선 개개인을 소속원으로 갖고, 그들로 하여금 각자에게 할당된 능력을 도야하도록 배려하는 "제2의 가족"(GPR, §252) 같은 것이 상공인 사회에서 볼 수 있는 '직업단체'이다.

520

그러니까 시민사회는 이기적 개인들이 자기 이익 추구를 위해 자기 의사에 따라 참여하는 시장사회이되, 제2의 가족인 직업단체에서 체험한 우애(fraternitas)에 기반하여 공동의 이익을 관리할 수 있는 자기 규제력과 제도를 갖는 정치사회로서, 윤리 국가로의 이행 과정이다. 시민사회는 보편자가 특수성을 통해 현상하고, 특수성에서 그 실재성과 발판을 얻는 과정 (GPR, §182 참조)인 것이다.

1) '시민사회'의 토대 구조
: 정치경제 체제

(1) 필요욕구의 체계로서의 정치경제학

시민사회의 구성원인 시민 각각은 특수한 "주관적인 필요욕구 (Bedürfnis)"를 가지고 있으며, 이 필요욕구는 필요욕구의 조정과 노동에 의한 "외적 사물"의 획득을 통해 충족될 수 있다. 이 욕구 충족의 장에서 개인들의 필요는 흔히 충돌하고 외적 사물은 나의 의지의 소유일 뿐만 아니라 타인의 의지의 소유이자 소산일 수밖에 없으므로, 개인 대 개인의 특수성은 불가피하게 제한성을 갖는다. "이 유한성의 영역에 합리성의 빛을 비추는 것"이 "지성"(GPR, §189)으로서, 지성은 이 영역 자체 안에서 화해의 요소를 형성하는 것이다. 시민사회에서 이 같은 지성은 다름 아닌 '정치경제학'[15]으로 표출된다.

---

15 Hegel 자신이 A. Smith(*An Inquiry into the Nature and Causes of the Wealth of Nations*, 1776), J. B. Say(*Traité d'économie politique*, 1803), D. Ricardo(*On the Principles of political economy, and taxation*, 1817)를 언급하고 있다.(GPR, §189 참조) 베른 시절의 헤겔의 J. Steuart(*An Inquiry into the Principles of Political Economy*, 1767)에 대한 연구 및 예나 시절의 A. Smith에 대한 연구와 관련해서는 L. Siep(Hs.), *Klassiker Auslegen : Grundlinien der Philosophie des Rechts*, Berlin 2005, S. 207 참조.

정치경제학은 주관적 필요욕구를 충족시키려는 특수자들로 이루어진 집단들의 관계와 움직임을 그 질적 양적 성질에서 그리고 그 얽혀진 상태에서 들추어내, 사상(事象 : Sache) 안에서 작용하며 이 사상(事象)을 지배하는 단순한 원리, 즉 '지성'을 발견해낸 것이다. "이러한 사상(事象) 안에 놓여 있으면서 작동하는 합리성의 빛을 필요욕구의 영역에서 인식한다는 것은 한편으로는 〔개개인의 필요욕구의〕 화해 작업이지만, 거꾸로 이것은 주관적인 목적들과 도덕적 의견을 가진 지성이 자기의 불만과 도덕적 울분을 분출하는 장이기도 하다."(GPR, §189)

개개 시민들의 욕구와 그 충족 방식은 저마다 처한 여건에 따라 매우 다양하고, 따라서 모든 것이 거의 개인들의 의사에 맡겨져 있는 것으로 보일 만큼 우연적이다. 그러한 우연성 속에서 어떤 필연적인 연관 관계를 발견하여 욕구 충족의 방식을 보편적으로 법칙화한 것이 정치경제학이다. 그러나 그 안에는 '보편적'이라는 또는 '필연적'이라는 이름 아래 특정한 도덕적 견해나 그러한 견해를 가진 사람의 현실 인간관계에 대한 불만이 경제법칙 내지 경제 법률로 표현될 수도 있으니, 정치경제학은 도덕감정론의 다른 면이기도 하다.

(2) 필요욕구의 사회성과 노동의 특종화

원시적 자급자족의 생활에서 노동은 본디 자기의 필요욕구의 충족 수단이었다. 그러나 "인간의 공동생활"(Enzy, §433 참조)의 시작과 함께 주인-노예의 관계가 출현했을 때, 노동은 노예의 몫으로서 그것은 주인, 곧 타자의 필요욕구를 위한 것이었다. 그러다가 신분사회를 타파한 시민사회가 산업사회와 함께 형성되면서 주인-노예의 관계는 더 이상 일방적 관계가 아니라, 상호 교환적 관계가 되었다. 농부가 쌀을 생산할 때 그는 재봉사의 필요욕구를 살피며, 반대로 재봉사가 바지를 만들 때 그는 농부의 필요욕구에 부응한다.

　당초에 자기의 필요로부터 말미암은 욕구와 그 수단들은 이제 현존 양식에 있어서는 "타인들에 대한 것"이 되고, 이 "타인들의 필요욕구와 노동에 의해 충족은 상호적으로 제약받는다." 이미 원시적 자급자족 상태를 벗어난 시민사회에서 개인들의 필요욕구는 일반적으로 상호 교환관계 속에서만 충족될 수 있는 것이다. 바로 이 일반성, "이 보편성이 개별화된 추상적인 필요욕구들과 그를 충족시키는 수단 방법들을 구체적인, 사회적인 것으로 만드는 계기"(GPR, §192)가 된다.

> "내가 타인에게 맞추지 않으면 안 된다는 이 점으로부터 보편성의 형식이 우러나온다. 나는 타인들로부터 충족의 수단들을 얻는바, 그렇기 때문에 그들의 의견을 받아들이지 않을 수 없다. 그러나 동시에 나는 타인들의 충족을 위한 수단을 내놓을 것을 강요받는다. 그러므로 한쪽이 다른 한쪽에 영향을 미치면서 그 다른 한쪽과 연관을 맺는 것이다. 그런 한에서 모든 특수적인 것은 사회적으로 되기 마련이다."(GPR, §192, 추가)

　필요욕구 충족의 사회화는 "직접적으로 타인들과의 동등성〔같음〕의 요구를 그 안에 포함"한다. 그리고 "이 동등성〔평등〕의 필요욕구와 스스로 같게 만들기가 모방의 원천이며, 다른 한편으로는 그러면서도 또한 그 안에 현재하는 자신을 두드러지게 만들려는 특수성의 필요욕구가 필요욕구들을 다양화하고 이를 확대시키는 실제적인 원천이 된다."(GPR, §193)

　다양한 필요욕구는 다양한 노동과 노동 생산물을 낳게 하고, 시민들은 생산물 교환을 통해 상호적으로 욕구 충족을 증대시킨다. 노동 생산물의 상호 교환 가능성은 노동의 분업화를 촉진하고, 노동 분업은 효율적으로 생산을 증가시켜 욕구 충족을 더욱 증대시킨다. 노동 분업과 생산물의 교환은 시민들의 상호 의존적 공동생활을 공고히 해주지만, 다른 한편으로는 인간으로 하여금 '쓸모 있는' 재능 개발에 몰두하게 함으로써 당초에 목적이었던 '나'가 생산의 도구로 전변한다.

자기 필요를 넘어가는 자신의 노동 생산물을 자기에게 필요한 타인의 노동 생산물과 교환할 수 있음이 확실해지면, 그것은 애덤 스미스도 이미 지적했듯이 시민들 "각자로 하여금 특정 직업에 적합한, 자기가 가지고 있는 모든 재능과 자질을 개발하고 완벽하게 만들도록 장려"[16]하기 마련이다. 각자 저마다의 소질과 재능을 개발하고 그에 알맞은 종류의 노동에 종사함으로써 노동은 "특종화한다"(*GPR*, §196). 그러나 얼핏 자질과 재능에 따라 종사하는 노동의 종류가 정해지는 것 같지만, 오히려 대개의 경우는 각광받는 노동의 종류가 사람들의 재능 개발을 강요한다. 그래서 애덤 스미스는 "상이한 직업에 종사하는 성인들이 보이는 매우 상이한 재능은 많은 경우 분업의 원인이라기보다는 분업의 결과"[17]라고 보았다.

노동의 특종화는 노동의 전문화를 초래하고, 노동의 전문화는 생산의 전문화 곧 노동의 숙련성 향상과 함께 생산량의 증대를 가져오되, 한편으로는 노동 활동을 더욱 "추상화"(*PRV*, §198)하여 인간의 상호 의존성을 절대적인 것으로 만들고, 다른 한편으로는 노동 행위를 더욱더 기능화하여 일차적으로는, 마르크스도 그렇게 본 것처럼, 노동하는 인간을 "기계로 전락"[18]시키고, 종국에는 "인간을 노동에서 떼어내 그의 자리에 기계를 등장시킨다"(*GPR*, §198). 그리고 애덤 스미스의 분석처럼, 이 기계의 등장

---

16 A. Smith, *An Inquiry into the Nature and Causes of The Wealth of Nations*(1776, ⁵1789), Vol. 1, Bk. I, Ch. II : ed. by E. Cannan, Chicago 1976, p. 19.

17 같은 책, Vol. 1, Bk. I, Ch. II : p. 19.

18 K. Marx, "Ökonomisch-philosophische Manuskripte aus dem Jahre 1844", in : *MEW*, 40, Berlin 1981, S. 476.

과 함께 새로운 직종이 등장하였으니 이른바 '과학자' 내지 '공학자'이다. "기계의 대부분은 원래, 어떤 매우 단순한 조작에 종사하면서 자기의 생각을 그 조작을 수행하는 쉽고 간편한 방법의 발견에 집중시킨, 보통 노동자의 발명이었다. 그러나 […] 기계를 만드는 일 자체가 하나의 특수한 사업이 되었을 때, 많은 개선들은 기계 제작자의 재주에 의해서 이루어졌고", 마침내 고도의 생산을 담보하는 정밀기계의 대부분은 노동자가 아닌 "이른바 철학자〔과학자〕 또는 사색가에 의해 만들어진 것이다. […] 사회의 진보에 따라 철학〔과학〕 또는 사색은 여타의 모든 직업과 마찬가지로 특정한 계급의 시민들의 주된 또는 유일한 직업이 된다."[19]

시민사회가 기본적으로 필요욕구를 노동에 의해 충족시키는 체계인 한에서, 거기서는 당초에 "노동을 수월하게 하고 단순하게 하여 한 사람이 많은 일을 할 수 있게 해주는 다수의 기계"[20]가 점차로 노동의 중심을 차지한다. 노동의 주체로서 그 소산을 자신의 것〔Eigentum : 소유〕으로 주장하던 인간이 오히려 노동 수단인 기계의 주변으로 전락하는 것이다. 이로써 노동 생산물을 매개로 갖는 시민사회에서 인간의 소외(Entfremdung), 외화(Entäußerung)는 불가피한 결말이다. 게다가 고도의 기계 발명과 그 운영체계가 특정 계급의 수중에 있는 상황에서 그 기획 아래 노동하는 자는 이중의 소외를 겪을 수밖에 없다.

(3) 사회적 생산의 분점과 신분 계층의 형성

"노동과 필요욕구 충족의 상호 의존성과 교호성 속에서 주관적 이기심은 모든 타인의 필요욕구 충족을 위해 기여하는 데로 전환"하는 면을 보인다. 시민사회에서 "각자는 자기를 위해 획득하고 생산하고 향유하면서,

---

19 A. Smith, 앞의 책, Vol. 1, Bk. I, Ch. I : p. 14.
20 같은 책, Vol. 1, Bk. I, Ch. I : p. 11.

바로 그를 통해 여타 사람들의 향유를 위해 생산하고 획득하는 것이다. 이 같은 만인의 상호 의존의 전면적인 뒤엉킴 안에 놓여 있는 필연성이 바야흐로 각자를 위한 보편적이고 항구적인 재산이거니와, 이 재산은 각자에게 각자의 자존[생존]을 확보하기 위해서 각자의 교양[교육]과 숙련성을 통해 그 재산에 참여(분점 : teilnehmen)할 가능성을 함유하고 있다."(GPR, §199)

그런데 보편적인 재산에 참여하여 그것을 분점 분유할 수 있는 가능성, 곧 특수한 개인 재산은 "한편으로는 직접적인 고유한 기반(자본)에 의하여, 또 다른 한편으로는 숙련성에 의해 조건 지어지거니와, 이 숙련성은 다시금 저 기반(자본)에 의해 그리고 우연적인 상황에 의해 조건 지어지는바, 잡다한 우연적 상황은 이미 그 자체로도 똑같지 않은 자연적인 신체적 정신적 소질의 발달에서의 차이를 낳고, 이 특수성의 영역에서 모든 방면 모든 단계에서 등장해 여타의 우연성과 자의와 더불어 개인들의 재산과 숙련성의 불평등을 필연적인 결과로 갖는다."(GPR, §200) 그렇기에 시민사회에서 시민들 사이의 불평등은 불가피한 것이다.

이러한 사회 상황에서 개인들은 "교호적인 생산과 교환의 무한히 잡다한 수단과 무한히 서로 교차하는 운동의 내용에 내재하는 보편성에 의해 응집되어 보편적인 집단으로 구별된다. 그래서 전체의 연관은 필요욕구들, 필요욕구의 수단 및 노동, 그리고 욕구 충족과 이론적 실천적 교양 방식들의 특수한 체계들로" 형성되는바, 개인들이 그 성격과 여건에 따라 배정되는 이 체계들이 "신분 계층의 구별"(GPR, §201)을 이룬다. 헤겔은 이런 개념에 따라 농민 계층, 상공인 계층, 관료 계층의 구별이 생긴다고 본다. 전근대 사회에서 사(士)·농(農)·공(工)·상(商)의 신분이나 귀족·승려·평민의 신분이 주로 태생적으로 결정되었다면, 이제 근대 시민사회의 정치경제 체제에서는 자본과 노동 숙련성 및 교양[교육] 그리고 "주관적인 의견과 특수한 의사"(GPR, §206)에 의해 개인들의 신분 계층이 나뉜다는 것이다.

개념적으로 구분해볼 때 농민 계층은 헤겔에 따르면 "실체적 내지 직접적인 신분 계층"(GPR, §202)이다. 이 계층이 '실체적'이라는 것은, 농민이란 "그가 경작하는 토지의 자연 생산물을 자기의 재산으로 갖는"(GPR, §203) 자로서, 농업 생산물은 생산자의 삶의 실체적 기반을 이루기 때문이며, 바로 그런 뜻에서 "제1 계층"(GPR, §203, 추기)이라 하겠다. 또한 이 계층이 '직접적'이라는 것은 농업에 있어서는 "노동이나 소득이 개개의 고정된 자연 시기에 결부되어 있고, 그 수익도 자연 과정의 가변적인 성질에 매여 있다"는 점에서 그것은 "별로 반성과 자신의 의지에 매개된 자존[생계] 양식"이 아니기 때문이다.(GPR, §203) 그러나 농업도 차츰 과학기술화 기계화함으로써 "공장과 같이 반성적 양식에 따라 운영되어 자연성과는 배치되는 제2 계층의 성격을 띤다."(GPR, §203, 추기)

상공인 계층은 "반성적 내지 형식적 계층"(GPR, §202)이다. 다시금 수공업 계층, 공업 계층, 상업 계층으로 세분되는 이 제2 계층의 노동은 자연을 직접 경작하는 대신에 자연 생산물을 가공하고 추상화하여 상품으로 만들어 교환하는 것을 본질로 갖는 것으로서, 그것은 "반성 작용"과 "타인의 필요욕구와 노동과의 매개에 의거한다"(GPR, §204).

농업은 자연조건과 경작에 참여하는 가족의 유대에 크게 제약받기 때문에, 농업인들은 일차적으로 자연 및 "가족 관계와 신뢰에 기반하는 직접적인 윤리성의 실체적 마음씨"(GPR, §203), 곧 "의존의 감정"(GPR, §204, 추기)을 갖는다면, "상공업 계층의 개인은 자기에 의지"하며, 이 독자적인 "자기감정은 법적[권리적, 정당한] 요구"와 밀접한 관련을 가져, 도시적 생활을 개시한다.(GPR, §204, 추기)

관료 계층은 "생각하는"(Enzy, §528) "보편적 계층"(GPR, §202)으로서

"사회적 상태의 보편적 이해관심을 업무로 갖는다."(*GPR*, §205) 그러므로 이 계층은 "필요욕구를 위한 직접적인 노동을 면제"(*GPR*, §205)받아 더 이상 자연 및 자연 산물과 직접적인 관계를 맺지 않는 대신에, 사적 재산의 면에서나 그의 활동을 요구하는 국가에 의해 그가 아무런 해를 입지 않는다는 전제 아래에서 그의 "사적 이해관심은 보편적인 것을 위한 그의 노동에서 만족을 발견한다."(같은 곳) 민간 행정, 경찰, 군 복무자들이 속하는 이 계층의 사람들은 시민사회의 제 관계들을 유지하고 방호함으로써 시민사회가 원활하게 기능하도록 일한다.

2) '시민사회'의 '국가'로의 이행 요소
: 사법제도와 경찰행정 및 직업단체

시민사회의 성원인 시민은 어느 계층에 속하든 근본적으로는 '사적 인격(私人 : Privatperson)'이다.[21] "사적 인격들은 자기 자신의 이익을 자신의 목적으로 삼는다."(*GPR*, §187) 그러나 이 목적은 상호 연관성 속에서, 연대의 성원으로서만 달성될 수 있기 때문에, 결국 개인의 특수성은 사회의 보편성을 매개로 해서만 실현될 수 있다. 그래서 시민사회는 개별자로 분열한 정신이 "여러 가지 자연적 필요욕구들과 이들〔필요욕구의〕외적 필연성의 연관성 속에서 이러한 제한과 유한성을 자기에게 부여하는 가운데, 정신 자신이 이 제한과 유한성 속으로 파고들어가 형성함으로써 오히려 이 제한과 유한성을 극복하고, 거기에서 자기의 객관적 현존을 획득하는"(*GPR*, §187) 도장(道場)이자, "도야"의 과정이다.

---

21 H. Drüe / H. Schnädelbach / u. a., *Hegels《Enzyklopädie der philosophischen Wissenschaften(1830)》. Ein Kommentar zum Systemgrundriß*. Frankfurt/M. 2000, S. 305 참조.

그 과정에서 사법제도와 경찰행정 및 직업단체는 시민사회로 하여금 윤리적 이념의 현실화, 곧 '정당한 것(das Rechte)'이 다름 아닌 '법(das Recht)'이자 '권리(das Recht)'인 현실태를 이루도록 하는 결정적 요소를 이룬다.

(1) 사법제도

"법〔권리/정당한 것 : das Recht〕이 확고한 보편적인 것으로 의식되는 것, 즉 그 규정성에서 인식되고 효력 있는 것으로 정립되는(gesetzt) 것"이 "법률(Gesetz)"(*Enzy*, §529)이다. 그러하니 '법률'은 응당 보편적 타당성과 정당성을 언제나 가지고 있어야 한다. 그러나 현실의 실정법은 "비이성적일 수도, 그래서 부당할〔불법일〕수도 있다." 그것은 입법이 유한한 영역에서 일어나는 것이고, 유한한 영역에서는 자연히 "우연성과 자의성으로서의 실정적인 것이 법 가운데로 들어온다. 이런 일은 일어나고 있고, 모든 입법에서 예부터 자연스레 일어났다. 오로지 필요한 것은 이에 관해, 마치 법률은 어느 면에서나 이성 또는 올바른 지성에 의해, 순전히 이성적이고 지성적인 근거에 의해 규정될 수 있고 있어야만 하는 것 같은 잘못된 목표나 쓸데없는 얘기에 대해서 명확한 의식을 갖는 일이다. 유한한 것의 권역에 그러한 기대와 요구를 한다는 것은 완전성에 대한 공허한 억견이다."(*Enzy*, §529)

시민사회에서 "언표되고 공표되어 있는 법률의 실정적 형식은, 이 법률이 엄밀한 법의 법률로서 단지 추상적인 (다시 말해 그 자체로서는 외적인) 의지에 관여할 뿐 도덕적인 내지는 윤리적인 의지에는 관여하지 않음으로써, 그 법률에 대한 외면적인 구속력의 조건"(*Enzy*, §530)일 뿐이다. 그럼에도 주관적인 의지, 현존재는 보편적인 형식을 통해서만 안정성, 확실성, 곧 객관적 현존재를 얻는다.(*GPR*, §217 참조) 그러므로 "소유와 소유에 대한 사적 행위들의 법적임/정당성은 그 법적인 것이 정립된 것, 인정된 것이고 그로 인해 타당[유효]한 것이라는 규정에 따라서, 즉 형식성에 의거해서 보편적인 보증을 얻는"(*Enzy*, §530) 것이다.

> "필요욕구의 체계에서 각 개인의 자존[생존]과 안녕은 하나의 가능성으로서 있을 뿐, 그것의 현실성은 각 개인의 자의와 자연적 특수성, 그리고 또한 필요욕구의 객관적 체계에 의해 조건 지어지거니와, [이때 있을 수 있는] 소유나 인격성의 침해는 사법제도에 의해 보상된다."(*GPR*, §230)

그러나 사법(司法)은 "시민사회에서 인격의 자유의 추상적인 측면만을 활동시켜 필연적이게끔 하는 직분"을 가질 따름이다. "이 활동은 일차적으로 재판관의 특별한 주관성" 곧 그의 양식과 양심에 의거해 있으되, 시민사회에서 그 주관성은 "법 자체와의 필연적 통일"을 아직 이루지 못하고 있다.(*Enzy*, §532) 욕구 체계 중심의 시민사회에서 필연성이란 외적 강제로서의 "법/권리 자체만이 확고한 것"(*GPR*, §229, 추기)이다.

(2) 경찰행정

아직도 "특수한 의지가 [개별자의] 이런저런 목적을 위한 원리인 한에서 보편적인 것을 보장하는 힘이 한편으로는 우연성의 권역 안에, 다른 한편으로는 외적 질서로 머물러 있"(*GPR*, §231)을 때, 경찰행정은 공공질서의 확립을 과제로 갖는다. 그러나 헤겔에서 '경찰행정(Polizei)'은 오늘날의 그것보다는 훨씬 넓게 그 어원대로 정치적 공동체(politeia)의 공적 생활 영위를 위한 행정 일반을 지시한다. 기본적으로 사익을 추구하는 사적 인격들의 이해관계의 충돌을 조정하여 공동의 이익을 증진시키는 경찰행정은 다른 한편 전통적인 가족에서는 그 성원들 사이에서 이루어지던 배려까지

떠맡아 사회제도화한다.

개인들이 독자적인 인격으로서가 아니라 성원으로서 통일을 이루고 있는 가족에서 그 성원들의 생계는 그 가족의 공동의 배려 사항이었다. 그러나 특기할 만한 것은, 이제 개인이 주체로 등장하는 시민사회는 "가족의 성원들을 서로 소원하게 하고, 그들을 독립적인 인격들로 인정"(GPR, §238)하는바, 그 대신에 개인들은 더 이상 생계의 기반을 가족 안에서 찾을 수 없게 되고, 따라서 그들의 존립을 시민사회에 의존하지 않을 수 없게 된다는 사실이다. 시민사회에서는 사적 재산도 더 이상 가족 공동의 소유가 아니라 독립적 인격의 사적 소유가 된다. 부부, 부자 사이에 소유가 분리됨과 함께 가족은 사실상 해체되는 것이다.

가족 성원들 사이의 유대의 이완과 함께 개인은 이제 "시민사회의 아들"(GPR, §238)이 된다. 가족은 물론 여전히 개별 성원의 빵을 마련해야 하기는 하지만, 그러나 "더 이상 그렇게 포괄적인 작용을 하지 못한다. 오히려 시민사회는, 인간을 자기에게로 잡아채어, 그가 시민사회를 위하여 일하고, 모든 것을 시민사회에 힘입고 있으며, 시민사회를 매개로 해서 행동할 것을 그에게 요구하는 거대한 위력"(GPR, §238, 추기)이 된다. 그러니까 시민사회는 "그의 성원을 보호하고, 그의 권리들을 옹호"하지만, 그에 상응해서 개인들은 "시민사회의 권리들에 대해 의무"(GPR, §238, 추기)를 갖지 않을 수 없다. 이제 "보편적 가족"(GPR, §239)으로서 시민사회는 자식의 능력과 효심에 내맡겨진 노인의 복지를 공적으로 책임져야 하고, 부모의 "의사와 우연성"에 대항하여 자식의 교육을 공적으로 행해야 할 의무뿐만 아니라 권리도 갖는다. 선량한 마음씨와 사랑에 의존해 있는 자선사업은 보편적인 사회복지제도에 의해 불필요한 것이 되어야 한다. 사회는 주관적 도덕성에 의존해서가 아니라, 윤리적 제도에 의해서 운영되어야 하는 것이다. 이 대목에서 우리는 헤겔에서 구별되어 사용되는 '도덕성'과 '윤리성' 개념의 중요한 함축의 차이를 읽을 수 있다.

근대 산업사회에서 한편의 사치와 또 다른 한편의 궁핍이 공존함(GPR, §195 참조)을 볼 수 있듯이, 헤겔은 개인의 자유로운 욕구가 주도하는 경제적 자유 상태가 '보이지 않는 손'에 의해 조화롭게 유지될 것이라는 것을 믿지 않는다. 시민사회에서는 "진보하는 인구와 산업"에 의해 "부의 축적"이 증대되지만, 다른 한편으로는 "특수한 노동의 개별화와 제한성, 그리고 그와 함께 이러한 노동에 매여 있는 계급의 의존성과 곤궁" 또한 심화된다.(GPR, §243 참조) 그래서 "엄청난 부가 소수의 수중에 집중"되고 "천민"이 발생하는 사태가 일어난다.(GPR, §244 참조) 한편에서는 생산과 잉여, 다른 편에서는 필수품의 부족이 언제든지 일어나는 '시민사회'는 "부의 과잉"에도 불구하고 "과도한 빈곤과 천민〔Pöbel : 인민, 무산자〕의 발생"에 대처할 수 있을 만큼 "충분히 부유하지 못한"(GPR, §245) 사태를 맞기도 한다. 그 때문에 보편적으로는 "시민사회의 더한층의 자유와 특히 정신적 장점들을 향유하고 느낄 수가 없다."(GPR, §243) 이러한 비이성성은 시민들의 도덕적 심정, 곧 주관적인 시혜나 기부에 의해서 어느 정도 해소될 수도 있지만, 근본적인 문제는 비로소 경찰행정을 통해 보편적 사회정책에 의해 제도적으로 해결될 수밖에 없는 것이다.(GPR, §242 참조)

요컨대 공공질서 확립, 영업 감독, 산업 기획, 사회 기반시설 확충, 조세 및 분배 법규에 의한 생활필수품의 원활한 수급 보장, 건강의료 · 교육 · 빈민 주거시설의 준비 등 "경찰행정적 배려는 일차적으로 시민사회의 특수성 속에 함유되어 있는 보편적인 것을 실현하고 유지하는 것으로서, 이 보편적인 것은 그것 안에 존립 기반을 가지고 있는 갖가지 특수한 목적들과 이익들을 보호하고 확보하기 위한 외적 질서이자 기구일 뿐만 아니라, 또한 보다 고차적인 지도 기능으로서 이 사회를 넘어서는 이해관심들을 위한 배려도 담당"(GPR, §249)하는 것이다. 이로써 "이념에 따라서 특수성 자신이 그것의 내재적 이해관심들 속에 있는 이 보편적인 것을 자기의 의지 및 활동의 목적이자 대상으로 삼음으로써, 내재적인 것으로서 윤리적인 것이 시민사회로 복귀하는바, 이것이 직업단체의 직분을 이룬다."(*GPR*, §249)

(3) 직업단체

농어민 계층이나 관료 계층에서는 볼 수 없는 상공인 계층의 특수성을 표현하고 있는 '직업단체'는 상공인의 양성에서부터 복지에까지 미치는 고유한 법적 질서를 세우고 그에 따라 작동함으로써 시민사회에서 윤리국가의 모습을 선취한다. "직업단체에서 사인(私人)으로서의 특수한 시민은 자기의 재산이 보장됨을 알고, 또한 그가 그 안에서 그의 개별적인 사적 이해관심에서 벗어날 때, 상대적으로 보편적인 목적을 위한 의식된 활동을", 다시 말해 "윤리성을 갖는 것이다."(*Enzy*, §534) '직업단체'는 시민들이 주관적 관점과 객관적 관점을 상호 인정하고 조정하는 윤리적 현실성의 한 양태이다.

시민사회의 "직업단체는 가족과 국가 사이의 윤리적 매개체이다. 내가 또한 동일 직업의 동무들을, 즉 보편적인 어떤 것을 돌본다는 것, 그것이 이 경우 윤리적인 것이다."(*PRV*, §251) 국가를 떠받치는 제1의 윤리적 뿌리인 "가족에 이어서 직업단체는 시민사회에 기초한 국가의 제2의 윤리적 뿌리를 이룬다. 전자가 주관적 특수성과 객관적 보편성의 계기를 실체적 통일성 안에 함유하고 있다면, 후자는 일단 시민사회 안에서 필요욕구와 향유라는 자기 내적으로 반성하는〔自己 안에 返照하는〕특수성과 추상적인 법적/정당한 보편성으로 분열된 채 내면적으로 통합되어, 바로 이 통합 안에서 특수적인 안녕도 권리로서 있으며 실현되어 있다."(*GPR*, §255) "시민사회에서 개인은 자신을 돌보면서 또한 타인을 위하여 행위한다."

그런데 "이런 무의식적인 필연성은 직업단체를 통하여 비로소 의식화되며 사유하는 윤리성이 되는 것이다."(GPR, §255, 추기) 직업단체에서는 윤리적 인간에게 사적인 목적들 외에도 보편적 활동의 공간이 열려 있고, 여기에서 그는 특수성을 보존하면서 보편적 삶을 영위할 수 있기 때문이다. 직업단체에서 "개인은 단지 이기적으로 자신을 보존하는 것이 아니라, 그의 특수한 목적을 보편적인 목적으로 고양시킨다."(PRV, §253) 물론 이 '보편적 목적'은 시민사회 내에서도 상공인 계층이라는 특수한 계층의 특정 구성원들에게 "국한된 유한한 목적"(PRV, §256)이기는 하다. 그렇기에 "이러한 직업단체 위에는 더 고차적인 국가의 감독이 있을 수밖에 없"(PRV, §255, 추기)는바, 다름 아닌 직업단체에서의 구성원들의 우애, 시민적 동지애와 사회적 연대감의 형성이 바로 '더 고차적인 국가' 이념의 실현의 모태가 되는 것이다.

이 같은 시민사회의 형성 도야의 과정에서 "개인들과 계층들의 관계, 그리고 개인들 상호 간의 관계, 또 개인들의 중심과의 법적 관계"(Enzy, §527)의 규정이 생기고, 이 규정이 보편화되어 '국가의 틀' 곧 헌법(Verfassung)을 이룬다. 그러니까 '시민사회'가 아직 윤리적 완전태는 아니지만, 시민사회에서의 개인의 자각과 발전 체험이 '국가'를, 보편 속에 특수가 묻혀버린 가족의 연장선상에 있는 '족장 국가'가 아니라 특수와 보편의 구체적 통일체인 '입헌 국가'로 성립 가능하게 하는 것이다. 그러므로 국가는 시민사회의 지양이자 고양이다.

제3절 _ 헤겔의 '윤리국가'론

1. 구체적 자유의 현실태로서의 국가

형식적으로는 "법법칙들 아래에서의 다수 인간들의 통일체"(Kant, *MS*, *RL*, §45 : "Ein Staat(civitas) ist die Vereinigung einer Menge von Menschen unter Rechtsgesetzen" 참조)인 국가는 실재적으로는 "윤리적 이념의 현실 태이다. 즉 스스로 생각하고 알며, 알고 있는 것을 아는 한에서 완수하는, 현현한, 자기 자신에게 분명한 실체적 의지인 윤리적 정신이다. 국가는 윤리[습속]에서 자기의 직접적인 실존을 갖고, 개인의 자기의식에서, 즉 개인의 앎과 활동에서 자기의 매개된 실존을 갖는다. 또한 이 개인의 자기의식은 마음씨를 통하여 자기의 본질이자 자기의 활동의 목적과 산물인 국가 안에서 자기의 실체적 자유를 갖는다."(*GPR*, §257)

국가는 실체적 의지의 현실태로서, 국가는 이 현실태를 보편성으로 고양시킨 특수한 자기의식에서 가지며, 그렇기에 국가는 그 자체로 그리고 반성적으로 "이성적인 것"이다. 특수한 의지와 보편적 의지가 실체적으로 일체를 이룸은 절대적인 자기목적이며, 이 자기목적 안에서 자유는 자기의 최고의 권리를 얻게 되고, 이 궁극목적으로서의 국가는 개개인에 대해서 "최고의 권리"를 가지므로, 개개인의 "최고의 의무는 국가의 성원이라는 것이다."(*GPR*, §258)

"국가는 구체적 자유의 현실태이다. 그런데 구체적 자유란 인격적 개별성과 그것의 특수한 이익[이해관심]이 완벽하게 전개되고 그 권리가 자체로 (가족 및 시민사회의 체계 안에서) 인정받을 뿐만 아니라, 또한 이것들이 한편으로는 자기 자신을 통해 보편자의 이익으로 이행하고, 다른 한편으로는 앎과 의지를 가지고서 보편자의 이익을 더욱이 자기 자신의 실체적 정신으로 인정하여 그의 궁극목적인 이 보편자의 이익을 위해 활동하는 데에서 성립한다."(*GPR*, §260)

국가는 "객관적 정신"인바 개개인이 특수성과 보편성, 즉 진리성을 얻는 것은 그가 국가의 일원일 때뿐이다. 타인들과 더불어 사는 개인들의 사명은 보편적인 생활을 영위하는 것이다. 그러므로 그들 각각의 특수한 만족과 활동과 행동 방식은 국가라고 하는 보편타당한 실체를 그 출발점이자 종점으로 갖는다. 이성적인 것이란 "보편성과 개별성이 상호 침투하여 통일을 이루는 것"(*GPR*, §258)이다. 윤리적 이념의 현실태인 국가에서 비로소 객관적 자유 즉 보편적 실체적 의지와 주체적 자유 즉 개인적인 앎 및 그의 특수한 목적들을 추구하는 개인적 의지가 일체를 이루는데, 바로 여기에서 이성적인 것이 구체화한다.

국가 내에서 의무를 짊어짐으로써 개인은 해방된다. "이 해방은 한편으로는 그가 순전한 자연적 충동에 종속되어 있음으로부터의 해방이자 그가 주관적 특수성으로서 해야 함과 하고 싶음에 대한 도덕적 반성에서 처하게 되는 의기소침으로부터의 해방이며, 다른 한편으로는 현존재에 이르지 못하고, 즉 행위의 객관적 규정성에 이르지 못하고 자신 안에 비현실성으로 머물러 있는 무규정적인 주관성으로부터의 해방이다. 의무 안에서 개인은 해방되어 실체적 자유가 된다."(*GPR*, §149) 국가 내에서의 의무가 제한하는 것은 주관의 자의뿐이며, 충돌하는 것은 주관성이 붙들고 있는 추상적인 선뿐이다. 사람들이 보통 '우리는 자유롭기를 의욕한다'고 말할 때, 그것은 단지 '우리는 추상적으로 자유롭기를 원한다'고 말하는 것이다. 국가 내에서의 모든 규정과 분절 즉 조직 체계는 이런 추상적 자유의 제한으로 볼 수 있다. 칸트 식으로 말하면, "법이란 각자의 자유를 모든 사람의 자유와 부합하는 조건에 맞도록 제한하는 것이다."(TP : VIII, 289 이하) 그래서 "각자는 자기의 자유를 타인의 자유와 관련하여 제한할 수밖에 없으며, 국가는 이런 상호적인 제한의 상태이고, 법률들은 제한들이라는 생각보다 더 널리 퍼져 있는 생각도 없다."(*Enzy*, §539) 그러나 실상에 있어서 법률은 자유를 제한하는 것이 아니라 단지 자유의 추상성을 제한할 따름이며, 그것은 부자유의 제한을 뜻한다. 국가 내에서의 법적 의무는 구체적이고 확정적인 자유의 획득인 것이다. 실현할 수 없는 공허한 구호로서의 '자유'를 제한받는 대신에 이제 개개인은 윤리에 합치함으로써 국가 내에서 실재적인 자유를 얻는다.

2. 개인의 궁극목적으로서의 국가

의지의 자기규정만이 진정한 의지 개념의 요소이다. 그리고 의지의 현존재인 주체성이야말로 의지 자신의 규정이다. 그러니까 주체성이 곧 의지라는 개념을 성립시키는 본질적 계기이다. "주체에서 비로소 자유는 자신을 실현한다. 주체가 자유 실현을 위한 진정한 재료이기 때문이다." (*GPR*, §107) 인간의 존엄성은 그가 자신을 절대적인 것으로 알고 자신을 스스로 규정하는 데에 있다. 덜 된 인간은 외부의 강한 힘이나 자연이 정해주는 모든 것에 자신을 내맡기며, 그래서 예컨대 노예는 주인에 의해, 어린아이는 부모에 의해 자신이 규정되도록 내버려둔다. 그러나 개발된 인간은 그 자신이 그가 행하는 모든 것 가운데 있고자 의욕한다. "주체성은 그 자체가 절대적 형식이며, 실체의 실존적 현실이며", "자유 개념을 위한 실존의 토대이다."(*GPR*, §152)

그렇다면, 주체인 이 개별적 인격들의 권리, 곧 "자유이도록 주체적으로 규정되어 있는 개인들의 권리"는 도대체 어떻게 실현될 수 있는가? 그것은, 개별적 인격들이 "윤리적인 현실에 속함으로써"(*GPR*, §153)만 가능하다고 헤겔은 파악한다. 그리고 개별적 인격들의 윤리적 현실은 국민임에 있다. "그 안에서 절대적 당위가 또한 존재이기도 한, 자기를 자유롭다고 아는 실체는 한 국민〔민족〕의 정신으로서 현실성을 갖는다. 이 정신의 분열이 인격들로의 개별화이며, 정신은 이 인격들의 독립성의 내적 힘이자 필연성이다. 〔…〕 그래서 인격은 선택하는 반성 없이도 자기의 의무를 자기의 것으로 그리고 존재하는 것으로 완수하고, 이 필연성 속에서 자기 자신과 자기의 현실적 자유를 갖는다."(*Enzy*, §514)

국가의 일은 다수의 개인들과 관련하여 이중적이다. 국가의 일은 "한편으로 개개인을 인격으로서 보존하고, 그와 함께 법을 필연적인 현실로 만들고, 다음에는 일차적으로는 각자가 스스로 배려할 것이기는 하지만 단적으로 보편적인 측면을 가지고 있는 개인들의 안녕을 촉진하고, 가족을 보호하고, 시민사회를 지도하는 것이다." 그러나 국가의 일은 "다른 한편으로는" 가족과 시민사회를 그리고 "스스로 중심이고자 애쓰는 자인 개별자의 전체 마음씨와 활동을 보편적 실체의 생으로 복귀시키고, 이런 의미에서 자유로운 힘으로서의 그에게 복속된 저 권역들에 간섭하고, 그 권역들을 실체적 내재에서 보존하는 것이다."(*Enzy*, §537)

살아 있는 정신으로서의 국가는 "특수한 활동들로 구별되어 있는 유기적 전체"(*Enzy*, §539)로서 분절된 개별자들 없이는 존립할 수 없는 것이기는 하나, 그 생명성은 분절된 개별자들의 순전한 묶음 이상의 것이다. 개별자들의 활동들은 비록 충분히 의식되어 있지는 않다 하더라도 "이성적 의지의 '하나의' 개념에서 출발하여 지속적으로 그 개념을 그 활동들의 결과로서 생산한다."(*Enzy*, §539) 그러하기에 국가는 개인들의 궁극목적으로서, 개인들이 국가에 귀속하는 것은 필연적이다.

국가계약론자의 소견처럼 "만약 국가가 시민사회와 혼동되어 국가의 사명을 소유와 인격적〔개인적〕 자유의 안전과 보호에〔만〕 둔다면, 개인들 자신의 이익이 곧 최종 목적으로서, 그들은 이것을 위해 통합되어 있다는 것으로, 이로부터는 국가의 성원이라는 것이 임의적인 것이라는 결론이 나온다. 그러나 국가는 개인에 대하여 전혀 다른 관계를 갖는다. 즉 국가는 객관적 정신이므로, 개인 자신은 그가 국가의 성원인 한에서 객관성과 진리성 그리고 윤리성을 갖는다. 이 〔개인과 국가의〕 통합 자체가 진실한 내용이자 목적인 것으로, 개인들의 사명은 보편적 삶을 영위하는 것이다. 그들의 그 이상의 특수한 충족, 활동, 행태 양식들은 이 실체적이고 보편적인 것을 출발점이자 귀결로 갖는다. 이성성〔합리성〕은 추상적으로 고찰해보면 대체로 보편성과 개별성의 서로 침투하는 통일 속에 들어 있으며, 여기서 구체적으로 내용의 면에서 보자면 객관적 자유, 다시 말해 보편적 실체적 의지와 개인적 앎과 개인적인 특수한 목적들을 추구하는 의지인 주관적 자유의 통일에 들어 있다. 그 때문에 형식의 면에서 보자면 이성성〔합리성〕은 사고된, 다시 말해 보편적인 법률들과 원칙들에 따라 규정된 행위 속에 들어 있는 것이다. 이러한 이념이 정신의 즉자대자적으로 영원하고 필연적인 존재〔임/있음〕이다."(*GPR*, §258)

루소는 "의지를 단지 개별적 의지의 특정한 형식으로 파악했고, 보편적 의지를 의지의 즉자대자적으로 이성적인 것으로가 아니라, 단지 의식된 것으로서 이 개별적 의지로부터 나온 공통적인 것(Gemeinschaftliches)으로 파악함으로써, 국가 내에서 개인들의 통합을 개인들의 의사, 의견, 임의의 표현된 동의를 토대로 갖는 계약으로" 보았다. 그렇기에 "이로부터는 즉자대자적으로 신적인 것과 이것의 절대적 권위와 존귀성을 파괴하는 한낱 지성적인 결론이 나온 것이다." 그러나 헤겔이 보기에 "국가에 들어간다거나 떠난다는 것은 개개인의 자의에 의한 것이 아니며, 그러므로 국가는 자의를 전제로 하는 계약에 바탕을 두는 것이 아니다."(*GPR*, §75, 추기) 그러므로 국가를 설립하는 것은 인민들의 계약 참여에 바탕을 둔 것이라는 국가계약설은 근거가 없다는 것이 헤겔의 판단이다.(*VPG*: TW12, 61 참조)

"누구에게나 그가 국가 내에 있다는 것은 필연적이다."(*VPG*: TW12, 61) 개별자들이 그것을 인식하거나 말거나 또 그것을 의욕하거나 말거나 간에 "객관적 의지는 그 자체에서 그의 개념상 이성적이라는 것이다."(*GPR*, §258) 근대에 와서 국가의 이념은 바로, "국가란 주관적 임의성에 따라서가 아니라 이 [객관적] 의지의 개념에 따라서, 다시 말해 의지의 보편성과 신성[神性]에 따라서 자유를 실현한다"(*GPR*, §260, 추기)는 특성을 갖는다는 것이 헤겔의 생각이다.

그러나 주의해야 할 것은 국가의 가장 중요한 규정이자 국가의 내적 힘을 담지하는 것은, 국가가 보편성과 특수성의 합일이라는 점이다. 사적인 영역에 대해, 다시 말해 개인이나 가족, 시민사회에 대해 국가는 외적 강제성을 가진 고차적인 지배력을 갖지만, 그 지배력은 국가의 보편적 궁극 목적과 개인의 특수한 이익이 통일되는 곳에서만 타당성을 갖는 것이다. 개인은 국가에 대해서 의무를 지지만 그것은 어디까지나 권리를 갖는 한에서 그러한 것이다. "진실로 특수한 이익[이해관심]은 등한시되거나 결코 억압되어서는 안 되며, 오히려 보편적인 것과 합치되도록 해야 하거니와, 그를 통해 특수한 이익 자체와 보편적인 것은 함께 보존된다."(*GPR*, §261) 이런 일이 어떻게 가능한가? 그것은 "국가가 의무로 요구하는 것은, 국가라는 것이 자유 개념의 조직화일 따름이기에, 또한 직접적으로 개인의 권리/법이기도 하기"(*GPR*, §261, 추기) 때문이다. "개인의 의지의 규정들은 국가를 통하여 객관적 현존성을 얻게 되고, 국가를 통해 비로소 진상에 이르고 실현된다. 국가는 특수한 목적과 안녕을 성취할 수 있는 유일한 조건이다."(*GPR*, §261, 추기) 그러므로 개인은 국가사회 안에서만 인격이며, 그의 행위는 국가의 윤리성 속에서만 그 정당성의 근거를 갖는다.

국가 안에서 "법률들은 객관적 자유의 내용 규정들을 언표한다."(*Enzy*, §538) "모든 참된 법률은 하나의 자유이다. 왜냐하면 그것은 객관적인 정신의 이성 규정을 함유하며, 그럼으로써 자유의 내용을 함유하고 있기 때문이다."(*Enzy*, §539) 앞서도 지적되었듯이, 법률들은 일차적으로 개개 "주체의 독자적인 자의와 특수한 이해관심에 대해서는 제한들"이다. 그러나 법률들은 "서로 다른 일반적인 특수화에서 다시금 개별화되는 신분 계층들의 기능들에 의해, 그리고 개인들의 일체 활동과 사적 심려에 의해서 생겨난" 것으로서 "절대적인 궁극목적이며 보편적인 작품"이다. 법률들은 개인들의 "자유로운 의욕 및 마음씨의 실체이고, 그래서 타당한 윤리〔습속〕로 드러나는"(*Enzy*, §538) 것이다.

국가는 그 안에서 특수와 보편, 권리와 의무, 당위와 존재가 합치하는 "윤리적 전체(das sittliche Ganze)"이다. "전체란 자신의 전개를 통해 자기를 완성하는 것"(*PdG*: GW9, 19)이기에, 그 자체로 자유이며, 이런 의미에서 국가는 "자유의 현실화"(*GPR*, §258, 추기)이다. 또한 권리이자 법이고 법이자 정당한 것의 체계인 국가는 "실현된 자유의 나라"(*GPR*, §4)이다. 자유의 현실화야말로 이성의 절대적 목적으로서, 국가는 세계 내에 있는, 세계 내에서 자신을 의식적으로 실현하는 정신이다. "국가가 있다는 것은 세계 내에서의 신의 행보이며, 국가의 근거는 자신을 의지로서 실현하는 이성의 권력이다."(*GPR*, §258, 추기) 그렇기 때문에 "국가 안에서 사람들은 이성성의 표현인 것 외에는 아무것도 의욕해서는 안 된다. 국가는 정신이 스스로 이룩한 세계이다. 그래서 국가는 일정한, 즉자대자적인 행보를 갖는다. 〔그러하기에〕 사람들은 국가를 지상의 신적인 것(Irdisch-Göttliches)으로 공경하지 않으면 안 된다."(*GPR*, §272, 추기)

3. 윤리적 생의 형태화로서의 입헌군주제 국가

"그 자신의 모든 이성적 규정들의 발전 가운데에 있는 자유의 현실성으로서 실존하는 정의(Gerechtigkeit)"(*Enzy*, §539)가 국가의 기본 틀인 헌법이다. 그것은 국가의 확고한 토대이자 국가에 대한 개인들의 신뢰와 신념의 토대이다. 그렇기 때문에 "어떤 일정한 국민의 헌법은 대체로 그 국민의 자기의식의 방식과 교양 형성에 달려 있다." "국민의 자기의식 속에 국가의 주관[체]적 자유와 함께 헌법의 현실태가 놓여 있"는 것이다. "정신은 그가 스스로 알고 있는 바 그것으로서만 현실적이고, 국가는 국민의 정신으로서 동시에 모든 자기의 관계들을 침투하는 법률, 윤리습속과 그 국가의 개인들의 의식"이다. "그 때문에 각각의 국민은 각자에게 알맞고 또 그에게만 속하는 헌법을 가지고 있다."(*GPR*, §274) "헌법은 정신 자신의 전개와 동일하게 정신으로부터 전개된 것일 뿐이며, 동시에 정신과 함께 개념에 의한 필연적인 형성 과정과 변화들을 관통해온 것이다. 그에 의해 헌법이 만들어졌고 만들어지고 있는 것은 [국민에] 내재하는 정신이며 역사이다. —그것도 이 역사는 오로지 정신의 역사일 따름이다. —"(*Enzy*, §539)

'자연적 감정으로써 "하나의 인격"(*Enzy*, §519)'이 되는 "가족의 원리"와 각자가 자기의 목적인 "원자론의 체계"(*Enzy*, §523)인 "시민사회의 원리"의 "통일"(*Enzy*, §535)을 그 진리로 갖는 '국가'의 권력은 통상 셋으로 구별되어, "a) 보편적인 것을 규정하고 확립하는 권력—입법권(die gesetzgebende Gewalt), b) 특수 권역과 개별적 사안들의 보편적인 것 아래로의 포섭—통치권(die Regierungsgewalt), c) 최종적 의지결정으로서의 주체성—군주권(die fürstliche Gewalt)"으로 작동하거니와, "이 군주권 안에 구별된 권력들이 개별적 통일성으로 총괄되어 있으며, 그러므로 군주권은 전체, 즉 입헌군주제의 정점이자 기점이다."(*GPR*, §273) "자유와 평등이 헌법의 근본 규정이자 최종 목표이고 결과를 이루는 것"(*Enzy*, §539)임이 전제되어 있으되, "전체를 절대적으로 결정하는 계기는 그러니까 개별성

〔개인들〕 일반이 아니라, '한' 개인, 즉 군주이며", 이렇게 볼 때 결국 "국가의 인격성은 한 '인격', 즉 군주로서만 현실적이다."(*GPR*, §279) 보편적 정신이 한 개인인 군주를 통해 체현된다는 헤겔의 파악이 오늘날에 와서 그다지 많은 동조자를 얻을 수 없을 것이라는 것은 거의 분명하다.[22] 그러나 국가의 의지를 보편적으로 언표하는 한 개인, 곧 '국가의 원수(元首)' 개념은 여전히 유효하다.

"국가의 입헌군주제로의 형성은 실체적 이념이 무한한 형식을 획득한 근대 세계의 작품이다. 세계의 정신이 자신 안으로 이렇게 심화한 역사, 또는 같은 말이지만, 이념이 자기의 계기들을 오로지 자기의 계기들인 것만을 전체성으로서 자신으로부터 방면하여, 그것들을 실재적인 이성성이 존립하는 곳인 개념의 이상적 통일성 안에 포함하는 이 자유로운 형성, 윤리적 생의 이 진정한 형태화의 역사가 보편적 세계사의 일이다."(*GPR*, §273) "하나의 법정"(*GPR*, §341)으로서 세계사는 "정신의 힘의 한갓된 법정, 다시 말해 맹목적인 운명의 추상적이고 몰이성적인 필연성이 아니라, 〔…〕 이성의 계기들이 그리고 그와 함께 정신의 자기의식과 정신의 자유가 오로지 정신의 자유라는 개념으로부터 전개된 것, 즉 보편적 정신의 개진이자 그 실현"(*GPR*, §342)이니 말이다.

국가의 성립 근거인 이성은 곧 "세계정신"(*VPG*: TW12, 40)이며, 이 세계정신은 개개인들의 이해관심과 욕구와 정열을 매체 삼아 자신을 전개해 간다. 이해관심에 매인 개별자로서 개인들은 "이성의 책략"(*VPG*: TW12, 49)에 따라 서로를 제한하고 대립하고 투쟁하지만 보편자인 이성은 그것을 통해 자신을 구체적으로 현실화한다. 그렇기에 현실은 언제나 이성적이고, 이성은 마침내 현실화한다. "이성적인 것, 그것은 현실적이며, 또

---

22 이와 관련해서는 H. Schnädelbach, *Hegels praktische Philosophie*, Frankfurt/M. 2000, S. 312 이하 참조.

현실적인 것, 그것은 이성적이다."(*GPR*, 서언: TW7, 24)

충분히 이성적이지 못한 것으로 보이는 개별자들의 진정한 주체는 세계 이성이고, 보편적인 것이며, "진상은 전체"(*PdG*: GW9, 19)이되, 그 전체는 다름 아닌 당위가 존재이고 존재가 당위인 '윤리적 전체'이다. "개개 인격은 당연히 윤리적 전체에 자신을 바쳐야만 하는 종속적인 것이다. 그러므로 만약 국가가 목숨을 요구하면, 개인은 그것을 제공해야만 한다."(*GPR*, §70, 추기) 그런 사태 연관 속에서도 개인들을 전적으로 수단만으로 볼 수 없도록 만드는 것은, 그들 안에서 발견되는 "어떤 그 자체로 영원하고 신적인 것" 즉 "도덕성, 윤리성, 종교성"이다.(*VPG*: TW12, 49 참조) 이런 성격들은 무엇을 위한 수단이 아니라, 그 자체를 목적인 것으로 보아야 한다. 그렇기에 개개인은 윤리적 전체의 성원이면서도 보편적 이성과 하나이다.

4. 맺음말 : '국가'는 '시민사회' 이상의 것

개인, 가족, 시민사회의 현실태인 국가의 일은 그 구성 요소들과 관련하여 이중적이다. 국가의 일은 "한편으로 개개인을 인격으로서 보존하고, 그와 함께 법을 필연적인 현실로 만들고, 다음에는 일차적으로 각자가 스스로 배려할 것이기는 하지만 단적으로 보편적인 측면을 가지고 있는 개인들의 안녕을 촉진하고, 가족을 보호하고, 시민사회를 지도하는 것이다." 그러나 국가의 일은 "다른 한편으로는" 가족과 시민사회를 그리고 "스스로 중심이고자 애쓰는 자인 개별자[개인]의 전체 마음씨와 활동을 보편적 실체의 생으로 복귀시키고, 이런 의미에서 자유로운 힘으로서의 그에게 복속된 저 권역들에 간섭하고, 그 권역들을 실체적 내재에서 보존하는 것이다."(*Enzy*, §537)

살아 있는 실체, 곧 주체로서 국가는 "특수한 활동들로 구별되어 있는 유기적 전체"(*Enzy*, §539)로서 분절된 개인들 없이는 존립할 수 없는 것이기는 하나, 그 생명성은 분절된 개인들의 순전한 묶음 이상의 것이다. 개인들의 활동들은 비록 충분히 의식되어 있지는 않다 하더라도 "이성적 의지의 '하나의' 개념에서 출발하여 지속적으로 그 개념을 그 활동들의 결과로서 생산한다."(*Enzy*, §539) 그러하기에 국가는 개인들의 궁극목적으로서, 개인들이 국가에 귀속하는 것은 필연적이다.

　국가계약론자의 소견처럼 "만약 국가가 시민사회와 혼동되어 국가의 사명을 소유와 인격적[개인적] 자유의 안전과 보호에[만] 둔다면, 개인들 자신의 이익이 곧 최종 목적으로서, 그들은 이것을 위해 통합되어 있다는 것으로, 이로부터는 국가의 성원이라는 것이 임의적인 것이라는 결론이 나온다.—그러나 국가는 개인에 대하여 전혀 다른 관계를 갖는다. 즉 국가는 객관적 정신이므로, 개인 자신은 그가 국가의 성원인 한에서 객관성과 진리성 그리고 윤리성을 갖는다. 이 [개인과 국가의] 통합 자체가 진실한 내용이자 목적인 것으로, 개인들의 직분은 보편적 삶을 영위하는 것이다. 그들의 그 이상의 특수한 충족, 활동, 행태 양식들은 이 실체적이고 보편적인 것을 출발점이자 귀결로 갖는다.—이성성[합리성]은 추상적으로 고찰해보면 대체로 보편성과 개별성의 서로 침투하는 통일 속에 들어 있으며, 여기서 구체적으로 내용의 면에서 보자면 객관적 자유, 다시 말해 보편적 실체적 의지와 개인적 앎과 개인적인 특수한 목적들을 추구하는 의지인 주관적 자유의 통일에 들어 있다."(*GPR*, §258) 그래서 스피노자 말대로, "이성에 의해서 이끌어지는 인간은 자기 자신에게만 복종하는 홀로 있음에서보다는, 오히려 공동의 결정에 따라서 생활하는 국가 안에서 더 자유롭다."[23] 그 때문에 "형식의 면에서 보자면 이성성[합리성]은 사고된, 다시 말해 보편적인 법률들과 원칙들에 따라 규정된 행위 속에 들어 있는

것이다."(GPR, §258)

그래서 국가계약설을 주장하는 이들과는 달리 헤겔은 국가는 결코 구성원들의 도구적 합리성에 의한 자의적 "계약"의 산물이 아니라고 본다.(GPR, §75 참조)

계약이란 자유로운 의사에 따라 체결할 수도 있고 해지할 수도 있는 것으로 물건을 두고서만 이루어질 수 있는 것이다. 인격이 그의 의지를 어떤 물건에 집어넣을 때, 그 물건은 그의 '소유'가 된다. 그런데 인격은 그의 의지를 이 물건에 집어넣을 수도 있고, 저 물건에 집어넣을 수도 있으며, 그 물건에 집어넣었던 의지를 다시금 빼낼 수도 있다. 한 물건에 집어넣어졌던 한 인격의 의지가 빼내지고, 그 물건에 다른 인격의 의지가 집어넣어지면 소유주가 바뀐 것이고, 그때 물건은 양도된 것이다. 이와 같이 물건을 "중간자"로 하는 두 의지 사이의 관계에서만 자유로운 "계약"이 성립할 수 있다.(Enzy, §492 참조) 의지와 사물의 관계에서 이루어질 수 있는 계약관계가 다른 영역으로, 특히 인격과 자기의식의 "보편적 본질"을 구성하는 그런 "실체적인" 것으로 확장될 수는 없는 것이다.(GPR, §§65~66 참조) 그런데 국가는 "살아 있는 정신"(Enzy, §539), 하나의 실체이다.

개별자의 의지를 국가 성립의 출발점으로 보는 한 국가는 우연의 산물일 수밖에 없다. 그러나 "누구에게 있어서나 그가 국가 내에 있다는 것은 필연적"(VPG: TW 12, 61)인 일로 개인이 임의로 국가에 들어가고 나갈 수는 없는 일이다.(GPR, §75, 추기 참조) 더구나 이미 누구도 다시금 자유의사에 따라 '국가' 이전의 '자연 상태'로 돌아갈 수가 없다. 누군가가 설령 자유의사에 의해 어떤 국가를 떠난다 해도 그는 더욱 까다로운 절차에 의해 다른 어떤 국가에 소속할 수밖에 없기 때문이다. 그렇기에 국가는 오

---

23 Spinoza, *Ethica*, IV, prop. LXXII.

히려 "개별자들에 대해서 그 자체로 구속력이 있는 절대적 보편〔일반〕의지" (*NS*: TW 4, 267)의 표출로서, 그것은 통일성을 본질로 갖는 '가족'과 개별성을 본질로 갖는 '시민사회'의 변증법적 통일, 곧 "개별적 전체"로서 현실화한다.

"국가는 자기의식적〔자각적〕윤리적 실체이다. ―가족의 원리와 시민사회의 원리의 통일이다. 가족에서는 사랑의 감정으로 있는 똑같은 통일(성)이 국가의 본질인바, 이 본질은 그러나 동시에 지적인 그리고 자발적으로 능동적인 활동하는 의욕의 제2의 원리를 통해 알게 된 보편성의 형식을 얻는다. 이 형식은 지적 작용에서 전개되는 그 형식의 규정들과 같이 지적인 주관성을 내용이자 절대적 목적으로 갖는다, 다시 말해 대자적으로 이 이성적인 것을 의욕한다." (*Enzy*, §535)

자기반성적 이성, 윤리적 이념의 현실태인 국가 안에서 개개 시민은 자기에 대한 자각과 함께 비로소 구체적 자유를 획득하여 진실로 인격이 된다.

윤리의 국가에서 전체와 개인, 개인과 개인 사이의 관계는 한낱 당위적인 것도 아니고, 한 반성하는 이성이 만들어낸 이론적인 것도 아니다. 그것은 전체 안에서 살고 있는 개개인이 항상 자신들에서 체험하는 바이다. 개개인은 자신을 성찰하자마자 그것을 알 수 있다. 그의 행동의 방식과 내용이 전체라는 보편적 실체에 의해 규정되기 때문이다. 개개인의 행위의 "내용이 비록 완전히 개별화되어 있다 할지라도 분명히 이러한 내용도 그 구체적인 사실에 비추어보면 만인(萬人)의 행동과 불가분의 관계에 뒤얽혀 있는 것이다. 자신의 욕구를 위해 하는 개인의 노동은 자기 자신의 욕구를 충족시키기 위한 것이지만, 또한 이에 못지않게 타자의 욕구를 충족시키기 위한 것이기도 하며, 더 나가서 개인은 사실 타자의 노동을 통해서만 자신의 욕구를 충족시킬 수가 있는 것이다. 그뿐만 아니라 개인은 자기의 개별적인 노동을 함에 있어서 이미 부지불식간에 보편적인 노동을 하고, 또한 그는 모름지기 이러한 보편적인 노동을 자기의 의식적인 대상으로 삼고 이를 수행해야 한다. 이렇게 해서 전체란 어디까지나 개별자에 의한 전체라는 점에서 결국 이 개별자의 작업이고 그 작품일 뿐만 아니라, 또한 개별자는 이러한 작업을 통하여 거꾸로 그 자신을 전체로부터 되돌려 갖는 것이다."(*PdG*: GW9, 194 이하)

이로써 '타자를 위한 존재(Sein für Anders)'와 '자기 자신을 위한 존재(Fürsichsein)'의 통일이 이루어진다. 이 통일이 한 민족, 한 국가에서 '보편적 실체'의 기능이며, 이 보편적 실체는 윤리에서, 그리고 현실적으로는 법률에서 그것의 보편적 언어를 발견한다. 이 보편적 언어는 '보편적'이면서도 다름 아닌 개별성을 표현하고 있다. 윤리로서 법률은 모두 "개개인이 행하는 것을 표현하고 있기" 때문이다. 개개인은 윤리법칙이 구체화한 법률에서 자기 자신을 인식한다. 개인은 이 '보편적 정신'에서 "자기 자신의 현실 속에서 다름 아닌 자기 자신을 발견할" 확신을 갖는다. 좀 더 풀어 표현하면, "나는 타자들 중에서 그들과의 통일을, 그들이 나를 통해서 존재하고 내가 그들을 통해서 존재하는 방식으로 직관하며, 즉 나 자신으로서 타자들을, 타자들로서 나 자신을 직관한다."(*PdG*: GW9, 195) 그래서 한 자유로운 민족, 국가의 윤리적 사회생활에서 '자기의식의 이성의 실현이라는 개념'이 그것의 완성된 실재성을 가짐이 확인된다. 바꿔 말하면, 자기의식이 자기 자신 속에서 '우리'를 의식할 때, 의식은 '보편적 실체'와 하나가 되고, 그로써 '참된 정신'이 된다. 여기에서 이성의 "자기 자신이 모든 실재성이라는 확신이 진리로 고양되며, 이성이 자기 세계로서의 자기 자신을, 그리고 자기 자신으로서의 세계를 의식함으로써, 이성은 정신이다"(*PdG*: GW9, 238)라고 말할 수 있다.

제4장

헤겔의 이상주의

제1절 _ 정신의 자기 전개로서의 세계사

자유 없이는 실천의지도 미적 상상력도 불가능한 것이고, 자유는 실재적으로는 의지를 통해 관념적으로는 상상력을 통해 현실화한다. 의지와 상상력은 선(善)과 미(美)의 이상이나 전형(典型)을 그리고 지향하며, 인식하는 지성은 진리의 이상을 세우고 그에 이르려고 애쓴다. 그것이 정신의 제 현상, 정신의 자기 전개 과정이다.

정신은 자기 정립적이며 자기활동적인 것이고, 그래서 자유이자 주체이므로 본래 무엇에 관하여 상관적이지 않고 상대적이지 않은 절대자라 해야 할 것이다. 그러나 정신이 삼라만상과 인간을 통하여 그 자신을 드러낼 때, 다시 말하면 개념으로서의 정신, 절대자가 매체를 통하여 전개 실현될 때, 그것은 여러 모습[相]을 보이고 그런 한에서 전변(轉變)하고 상대적이다. 그러니까 정신은 현상적으로는 이를테면 '상대적인 절대자'라 할 수 있고, 끊임없이 다른 것으로 되어가는 중에서 자기 자신을 세우고 자기 자신에 머무르는 것으로 이해할 수 있다. 정신은 본래 절대자이지만 현실적으로는 상대적으로 현현하기 때문에 현상하는 정신의 모습은 언제나 가상(假像, Schein)이고 그런 만큼 정신은 본래의 자신을 세우기 위하여, 곧 진상을 드러내기 위하여 자신의 그때그때의 모습을 스스로 부정한다. 그래서 헤겔은 자주 정신이란 "순전히 스스로 하는 운동의 절대적 불안정"(*PdG*: GW9, 100) 또는 "절대적 부정성"이라 말한다.

정신은 현실에서 결코 안정 중에 있는 일이 없으며, "항상 전진하는 운동" 속에 있다. 그런데 이 전진운동은 자기 자신을 부정함으로써 이루어진다. 한 계기에서 '진상'으로 현상하는 정신은 다음의 계기에 현상하는 정신에 의해 부정되고 가상(假像)으로 전락하는 것이다. 그것이 진정한 '진상'이 아니었기에 새로운 현상이 등장할 수밖에 없었다는 점에서 이 부정은 필연적이고, 이 부정은 그러나 바로 정신 자신의 힘이라는 점에서는 자유 자체이다. 정신에 의한 정신 자신의 이 부정을 통한 확장 운동 과정이 "정신의 생(生)"이고, 정신은 이 끊임없는 자기와 자기의 분열 중에서 완성되어가는 자신을 발견함으로써만, 자신의 진정한 진상을 마침내 획득한다.

정신은 스스로의 전변 운동을 통해서 자신을 드러내며, 달리 되어감 중에서 자기동일성을 유지 발전시킨다. 그러니까 정신은 한 계기 한 계기, 한 국면 한 국면을 통해 자신의 참모습을 드러낸다. 정신은 하나의 '전체'로서 "그것의 전개를 통해서 완성되는 것이다."(*PdG*: GW9, 18 ; *WdL I*: GW11, 355) 그러므로 정신은 오직 매개적으로만 현상하며, 따라서 살아 있는 실체 내지 주체로서, 그리고 절대자로서 정신이 진정으로 무엇인가는 이 자기부정 운동의 "종점"에서 비로소 나타날 것이다. 이 "종점"은 정신이 발현하기 "시작"할 때부터 그러니까 살아 있음을 보일 때부터 "목표"로 가진 "이념"[개념]이자 긴 도정을 매개로 한 "결실"이다.(*WdL I*:

GW11, 376 참조)—정신의 자기 전개에 대한 이 같은 기술(記述), 역사철학
과 함께 헤겔은 독일 이상주의의 정점에 선다.

정신의 자기완성의 긴 도정이 세상의 역사, 세계사이며, 그런 점에서 세
계사의 주체인 이 정신은 "세계정신" 또는 "세계 이성"이라 부를 수 있
다.(*PdG*: GW9, 25 참조) 그러니까 이 세상, 세계란 세계정신의 자기 인식
내용이며, 자기 표현이고, 자기 기투(企投)와 노역(勞役)의 결과이다. 그런
데 우리가 아는 한, 이 세계정신의 대표적인 매체는 인간이며, 세계정신은
인간을 통하여, 인간의 대상 인식과 자기 인식 그리고 실행을 통하여 가장
잘 발현된다.

"정신은 본질상 행위한다. 정신은 스스로를 그가 본래적(an sich)인 바
로 만들고, 그의 행실/사실(Tat)로 만들고, 그의 작품(Werk)으로 만든다."
(*VPG*: TW12, 99) "싹이 나무의 전체 자연본성, 과실의 맛과 형태를 자신
안에 담고 있듯이, 정신의 최초의 자취들도 이미 잠재적으로 전체 역사를
함유하고 있다."(*VPG*: TW12, 30) "정신은 세계사에서 그것의 가장 구체적
인 현실태 중에 있다"(*VPG*: TW12, 29) 세계의 역사는 정신의 실체인 자유
가 우연적인 것을 매개로 현실화하는 행정(行程)이다. 헤겔의 사변철학이
가르쳐준바, "자유는 정신의 유일하게 참된 것〔진상〕"으로, "정신의 모든
속성들은 오직 자유에 의해서만 존립하고, 모든 것은 오직 자유를 위한 수
단일 따름이며, 모든 것은 오직 이 자유를 찾고, 만들어낼 뿐이다."(*VPG*:
TW12, 29) 본디 "정신은 자기-자신-에-있음(Bei-sich-selbst-Sein)"으
로써, 어떤 타자에도 의존해 있지 않고, 바로 그러한 한에서 "자기의식",
곧 "자기 자신에 대한 의식"이다. 정신은 "내가 안다는 의식"이고, "내가
아는 것이라는 의식"이다.(*VPG*: TW12, 29) 정신은 또한 "자신에게 다가가
면서, 자신을 그 자신인 것으로 만드는 방식으로 자신을 만들어내는 활동
성"(*VPG*: TW12, 30)이다. 그런 한에서 정신은 오로지 자신에게만 의거하

는 자유이다. 달리되어감 중에서 부단히 자기에게로 복귀하는 정신의 자기활동성의 역정을 인간의 역사는 여실히 보여주고 있다.

옛 "동방인들은 정신이 또는 인간이 그 자체로서 그 자신 자유롭다는 것을 아직 알지 못하고, 〔…〕 한 사람이 자유롭다는 것만을 알아" 야만적 전제 체제에 머물렀고, 고대 그리스−로마인들에게는 자유 의식이 나타나기는 했으나, "몇몇 사람이 자유롭다고 알았을 뿐, 인간이 그 자체로서 자유롭다는 것은 알지 못한" 채, 몇몇 자유인이 노예를 거느리는 체제 속에서 아무런 죄의식 없이 살았다. "비로소 게르만 민족들이 기독교 안에서, 인간이 인간으로서 자유로우며, 정신의 자유가 그의 가장 고유한 자연본성을 이룬다는 의식에 이르렀다."(*VPG*: TW12, 31 ; 32 참조) 이제야 만인이 자유로운 세계가 열렸다. 인간의 역사가 실증하는바, "세계사는 자유의 의식에 있어서의 진보이다.─이 진보를 우리는 그 필연성에서 인식하지 않으면 안 된다."(*VPG*: TW12, 32)

"정신의 자기의 자유에 대한 의식과 바로 그로써 〔가능한〕 정신의 자유 일반의 현실"은 "정신적 세계의 규정"이고 "세계의 궁극목적"이다.(*VPG*: TW12, 32) "자유는 그것에게 그것이 수행하는 목적이며, 정신의 유일한 목적이다. 이 궁극목적은 세계사에서 목표로 지향된 것으로서, 지상의 광대한 제단 위에서 장구한 시간의 경과 중에서 모든 희생이 바쳐진 것이다. 이 궁극목적은 관통하여 완수되는 것으로, 모든 사건들과 상태들의 변천 중에서도 오로지 부동의 것이자 그것들 속에서 참으로 힘을 발휘하는 유일한 것이다."(*VPG*: TW12, 33) 그런데 "자유의 이념은 그것의 실현을 위하여 어떤 수단들을 사용하는가?"(*VPG*: TW12, 33)

자유 그 자체는 내적인 것이다. 자유가 그의 실현을 위하여 사용하는 수단들은 외적인 것으로서, 그것들이 "역사 안에서 직접적으로 우리 눈앞에 나타나는 현상적인 것"(*VPG*: TW12, 33)이다. 그런 것 중에 첫째로 중요한 것이 개인의 '정열(Leidenschaft)'이다. 역사는 개개인의 행위를 통하여 이루어지는바, 그 개인의 모든 관심과 힘을 하나의 목적에 집중시키는 것은 정열이다. 그렇기 때문에 "세계에서 어떠한 위대한 일도 정열 없이는 이루어지지 않았다."(VPG: TW12, 38) 둘째로 중요한 것은 '국가'이다. 개개인의 "사적 이해관심은 국가의 보편적 목적과 합일하여, 한쪽이 다른 쪽에서 자신의 만족과 실현을 발견할 때"(VPG: TW12, 39) 성취될 수 있다. 정신은 그의 자유의 이념을 국가의 형태 안에서 시민의 정열을 수단 삼아 실현해가는 것이 세계사의 도정이다. 국가의 전면에는 사적 시민들의 욕구들을 포섭하는 보편적 목적이라는 이념이 있거니와, 역사의 발전은 이제까지의 이념과는 "다른 종류의 보편"이 온갖 희생을 무릅쓰고 등장함으로써 일어난다. 그러한 보편적인 것을 "그의 목적 안에 지니고 있는 사람들"이 "역사적인 인간, 즉 세계사적 개인"(VPG: TW12, 45)이다. "영웅"(VPG: TW12, 45)이라고 일컬어지는 이들 세계사적 개인들은 그들 자신의 정열에 휩싸여 그들 "자신의 목적과 직분"(VPG: TW12, 45)을 실행하지만, 그것들은 "그 시대가 필요로 하는 것"(VPG: TW12, 46)에 부응하는 것이니, "그들 자신의 특수한 목적들은 세계정신의 의지인 실체적인 것을 함유하고 있다"(VPG: TW12, 45). "역사적인 인물들은 개인의 관심을 그리고 그와 함께 정열을 이루는 일반적인 계기들에 따라서 고찰되어야 하지만"(VPG: TW12, 47), 그러나 "그들이 위대한 인물인 것은, 바로 그들은 위대한 것을, 그것도 상상적인, 허위적인 것이 아니라, 정당한, 필연적인 것을 의욕하고 완수했기 때문이다."(VPG: TW12, 47)

"그러므로 정열의 특수한 이해관심은 보편적인 것[보편자]의 활동과 불가분리적이다. 왜냐하면 보편적인 것은 특수한, 특정적인 것으로부터 그리고 그것의 부정으로부터 결과하는 것이기 때문이다. 특수한 것은 서로 쟁투하여 그중

한 편이 몰락한다. 보편적인 이념은 대립과 투쟁 속에 빠지고 위험에 빠져 들어가는 그런 것이 아니다. 보편적인 이념은 침범되지도 않고, 침해되지도 않고 배후에 의연히 서 있는 것이다. 이성이 정열을 독자적으로 작동시키고, 그때 손실을 입고 손상을 당하는 것은 정열에 의해 생기게 되는 것이라는 것, 그것은 이성의 책략[꾀](List der Vernunft)이라고 부를 수 있다. 왜냐하면 그것은 한편은 파기되고[무실하고] 다른 한편은 긍정적인 현상이기 때문이다. 특수한 것은 대개 보편적인 것에 비해 너무나도 사소한 것이며, 개인들은 제물로 바쳐지고 희생되는 것이다. 이념은 그 현존과 덧없음의 공물[貢物]을 자기 것을 가지고 치르지 않고, 개인들의 정열을 가지고서 치른다."(*VPG*: TW12, 49)

이렇게 실현되어 가는 역사의 구체적 현장이 국가이다. 그래서 "세계사에서 화제가 되는 것은 국가를 형성한 민족들뿐이다."(*VPG*: TW12, 56)

"국가는 마치 지상에 현존하는 것과 같은 신적 이념이다. 그렇기에 국가는 세계사 일반의 보다 상세히 규정된 대상이다. 국가 안에서 자유는 그 객관성을 얻고 이 객관성을 향유하면서 산다. 왜냐하면 법률은 정신의 객관성이고 그 진상에서의 의지이기 때문이다. 그래서 법률에 복종하는 자만이 자유롭다. 왜냐하면 그것은 의지가 자기 자신에게 복종하는 것이고 자기 자신의 곁에 있는 것이며, 그래서 자유롭기 때문이다. 국가, 조국이 실존[생존]의 공동체를 이룩하고, 인간의 주관적 의지가 법률에 복종함으로써, 자유와 필연의 대립은 사라진다. 이성적인 것은 실체적인 것으로서 필연적이고, 우리는 그것을 법률로서 인정하고 그것을 우리 자신의 존재의 실체로서 따름으로써 자유롭다. 그때 객관적인 의지와 주관적인 의지는 화해하여 흐림 없는 동일한 전체가 된다."(*VPG*: TW12, 57)

개개 인간은 윤리적 전체인 국가의 성원이 될 때 보편적 이성과 하나가 되고, 그가 원해서 하는 일이 동시에 세계의 목적에 부합될 때 신성(神性)이 그와 함께하는 것이며, 그런 만큼 그의 개성 하나하나도 존엄하고 신성하다. 아니 인간이 신성(神性)에 참여함은 필연적이고 또 그로써 인간은 고양된다. 그래서 헤겔에서 신은 초월적이라기보다는 현상 내재적이고 인간에게 임재(臨在)적이다. 칸트의 비판적 사변 이성에서 그 존재가 유보되었다가 실천이성에서 요청되었던 신은 이로써 헤겔에 이르러 정신으로서의 보편이성에서 현현한다. 그리고 세계사는 바로 그러한 "정신의 자기의 자유에 대한 의식의 발전과 그러한 의식에 의해서 만들어내지는 실현의 발전을 현시한다."(*VPG*: TW12, 86)

제2절 _ 독일 계몽주의 – 이상주의의 의의

칸트로부터 헤겔에 이르기까지의 인간 이성 비판을 통한 인간 이성의 본질 구명은 다름 아닌 인간 자신의 정체에 대한 철학적 해명 노력이다. 그 노력 끝에 사람들이 우리에게 말하는 바는, 인간은 자연적 존재자로서 신체적으로는 매우 제한되어 있으면서도, 그 본질에 있어서는 바꿔 말해 이성적으로는 자유로운 존재자이며, 그 점에서 정신이라는 것이다. 또한 자연도 그 전체에서 볼 때는 자기운동하는 것으로서, 그만큼 정신의 표현이자 전상(展相)이며, 이 자연 형성에 인간은 이상을 가지고 능동적으로 관여함으로써 자연 정신의 대표성을 얻는다는 것이다. 그리고 자연에서 인간 이성의 실현 과정이 세상의 역사 곧 세계사이며, 그러니까 인간은 정신의 외현(外現)의 주요 매체이며, 세계사의 주역이라는 것이다.

이와 같은 자연과 인간에 대한 독일 계몽주의-이상주의 사상에는 반복해서 음미해도 좋을 몇 가지 생각이 포함되어 있다.

첫째, 비록 물질적 질료를 빌려 현실화하는 것이기는 하지만 자연은, 따라서 그 안에 살고 있는 인간도, 그 본질에 있어서는 자유로운 정신이고, 다시 말하면 자기 정립적이고 자기운동적인 실체이고, 게다가 목적 지향적 활동을 하는 주체라는 생각이다.

둘째, 자연과 인간은 그 뿌리에 있어서—곧 정신에 있어서—하나인데, 정신의 외현은 그것의 절대적 부정성에서 기인하므로, 자연도 인간도 고정불변적인 것이 아니고 형성되어가는 것이라는 생각이다.

셋째, 인간은 그러므로 목적 지향적인, 따라서 자기 입법적이고 실천적이며 이성적이되 역사적인 존재자라는 생각이다.

이러한 생각이 함축하는 바는 많다. 특히, 인간이 역사적인 존재자라는 파악은 인간 사회를 개인 주체들의 집합체(compositum)로 이해하는 근래의 경향과 관련하여 여러 가지 성찰할 점을 야기한다. 역사는 시간과 공간위에서 형성되어가는 것이고, 또한 여러 사람이 함께 이루어가는 것이다. 곧 역사는 집단적 사회적이며, 제한된 공간과 시간을 넘어 이상을 현실로 바꿔가는 도정이다. 인간이 역사적인 한에서, 인간은 이상을 동경하고 희망을 잃지 않으며, 유(類)적 생활을 한다. 인간이 인류라 함은, 아버지와 앞 세대의 종점을 나와 뒷 세대는 그 활동의 출발점으로 삼는 존재자임을 뜻함과 아울러, 개별자인 그 '나'는 결코 단독자가 아니고 이미 전체(totum) 안의 부분임을 뜻한다.

개별자인 '나'가 전체의 부분으로서만 존재한다는 것은 그의 이성도 그의 자유도 전체 이성 또는 전체 자유 내에서만 의미를 얻음을 뜻한다. 이로부터 우리가 '세계 이성' 또는 '세계정신', 같은 어법을 사용하여 '역사이성'이나 '시대정신', '국가이성'이나 '민족정신'이라는 개념을 이끌어낼 때, 개인의 주체성과 이성은 그 독립성 곧 개별성을 상실한다. 이런 생각의 방향이 독일 이상주의에 대한 여러 가지 반대 생각들, 가령 반전체주의, 반보편이성주의를 불러일으켰다고 볼 수 있다. 그러나 독일 이상주의는 인간의 착오에 대한 자기 교정 능력을 믿으며, 따라서 유(類)로서의 인간에게는 착오가 없으며,—아니 도대체 유로서의 인간이 '착오'라고 판정할 기준이 어디에 있겠는가! 오로지 자기부정이 있을 뿐이다—한 걸음씩 전진하여 자신을 완성하여 마침내 세계를 완성한다는 확신의 표현이다.

세계가, 세상이 그리고 인간이 진정으로 무엇인가를 우리가 알고 싶어할 때, 우리에게 '인류의 역사'보다도 더 좋은 자료가 되는 것은 없다. 그런데 역사는 시대에 따라 또는 시시각각 갖가지 양상을 보인다. 발전이라는 말이 일정한 목표로의 접근을 뜻하는 것으로 이해되어야 한다면, 인류의 역사는 발전하는 것일까, 퇴락하는 것일까, 아니면 단지 변전(變轉)하는 것일까? 독일 이상주의는 이 물음에 인류사는 발전한다고 대답한다.

한 개인을 전체로 놓고 볼 때 그는 단계를 거쳐 그리고 다양하고 풍부한 경험을 통해 성장하듯이, 인류 또한 다양한 개개인들 또는 민족들을 통하여 발전한다. 어떤 개인들 어떤 민족들은 패망하지만, 개별자의 수많은 패망조차도 오히려 인류사 발전의 토대를 이룬다. 전체 인류는 개개인을 요소로 갖기에 개개인들의 성격 곧 개성이 다양할수록 인류는 더욱더 풍부해진다. 그러나 인류는 개개인들의 단순한 수적인 집합도 아니고, 인류를 대변하는 것이 평균적 인간도 아니다.

인류사는 현실의 역사이지만, 현실은 단지 던져져 있는 것이 아니라 인류의 활동에 의해 형성되어가는 것이고, 인류의 활동은 궁극적으로 선한 인간, 좋은 세계를 지향해왔다. 우리가 이제껏 진정으로 선한 인간, 좋은 세상을 보고, 본 적이 없다 하더라도 우리에게 그에 이르려는 목표가 없다고 할 수는 없다. 그런데 우리가 '선한' 인간, '좋은 세상', 활동의 '목표'를 얘기하는 데는 불가피하게 보편적인 개념이 등장한다. '선함'이나 '좋음'이 사람마다 시시때때로 또 상황마다 다르게 이해된다면, 도대체 '이 야기' 자체가 부질없는 일일 터이다. '우리'에게 "1−1=0"이 자명하듯이, 누구나 물건처럼 취급되지 않고 그 자체로 가치 있는 존재 곧 인격으로 응 대되는 사회가 좋은 사회인 것도, 자기가 하고 싶어서 하는 일이 동시에 마땅히 해야 할 일이기도 하고 전체가 바라마지 않는 일이 되는 그런 일만 을 할 수 있을 때 사람은 더할 수 없이 행복하다는 것도 '자명한' 사실이 다. 그리고 이런 '사실'을 사실로 납득하는 능력을 보편적 이성이라 부르 는 것은 합당한 일이며, 독일 이상주의는 그런 생각의 바탕 위에 서 있다.

독일 이상주의의 보편이성주의는, 조심스럽게 이해되어야 할 것이지만, 인간의 '보편적 이성'은 세계 이성의 표현이며, 그것은 장구한 시간을 두 고 인류의 무진장한 노고를 거쳐 마침내 현실화한다는 인간 중심적 점진 적 발전론이고, 그러니까 결코 보수주의가 아니라 진지한 진보주의이며, 그 과정에서 자연 대 인간, 인간 대 인간 사이에서 일어나는 수많은 갈등 과 충돌은 오히려 '전체'의 내적 생명력이고, 이런 자기 보완적 생명 활동 을 매개로 시초에 한낱 개념이던 절대자/무한자는 내용을 얻고 구체화한 다는 현실 긍정의 역사철학이자 낙관적 세계관이다.

| 참고문헌 |

I. Kant, *Gesammelte Schriften*[AA], hrsg. v. der Kgl. Preußischen Akademie der Wissenschaft//v. der Deutschen Akademie der Wissenschaft zu Berlin, Bde. 1~29, Berlin 1900~2009.

――――, *Werke* in sechs Bänden, hrsg. v. W. Weischedel, mit Übersetzung v. M. Bock/R. Hinske, Darmstadt 1975.

우리말 제목을 사용한 원 논저[약호](와 인용 역본)

『순수이성비판』: *Kritik der reinen Vernunft*[KrV], AA III~IV(백종현 역, 아카넷, 2009).

『형이상학 서설』: *Prolegomena zu einer jeden künftigen Metaphysik, die als Wissenschaft wird auftreten können*[Prol], AA IV(백종현 역, 아카넷, 2012).

『실천이성비판』: *Kritik der praktischen Vernunft*[KpV], AA V(백종현 역, 아카넷, 2009).

『윤리형이상학 정초』: *Grundlegung zur Metaphysik der Sitten*[GMS], AA IV(백종현 역, 아카넷, 2014).

『윤리형이상학』: *Die Metaphysik der Sitten*[MS], AA VI. (Rechtslehre[RL] ; Tugendlehre[TL]) (아카넷, 2012)

『판단력비판』: *Kritik der Urteilskraft*[KU], AA V(백종현 역, 아카넷, 2009).

「판단력비판 제1서론」: "Erste Einleitung in die Kritik der Urteilskraft[EEKU]", AA XX(백종현 역, 아카넷, 2009).

『이성의 한계 안에서의 종교』: *Die Religion innerhalb der Grenzen der bloßen Vernunft*[RGV], AA VI(아카넷, 2011)

『자연과학의 형이상학적 기초원리』: *Metaphysische Anfangsgründe der Naturwissenschaft*[MAN], AA IV.

『(미와 숭고의 감정에 관한) 고찰』: *Beobachtungen über das Gefühl des Schönen und Erhabenen*[GSE], AA II.

『인간학』: *Anthropologie in pragmatischer Hinsicht*[Anth], AA VII(아카넷, 2014)

「인간학 강의」: "[V-Anth]", AA XXV.

「조각글」: "Reflexionen[Refl]", AA XIV~XIX.

「목적론적 원리들의 사용」: "Über den Gebrauch teleologischer Principien in der Philosophie[ÜGTP]", AA VIII.

「도덕철학 강의」: "[V-Mo]", AA XXVII.

『논리학』: *Immanuel Kant's Logik. Ein Handbuch zu Vorlesungen*[Log], AA IX.

「논리학 강의」: "[V-Log]", AA XXIV.

「교수취임논문[감성세계와 예지세계의 형식과 원리들]」: "De mundi sensibilis atque intelligibilis forma et principiis [MSI]", AA II.

「형이상학 강의」: "[V-MP]", AA XXVIII.

「형이상학의 진보」: "Welches sind die wirklichen Fortschritte, die die Metaphysik seit Leibnizens und Wolf's Zeiten in Deutschland gemacht hat?[FM]", AA XX.

『유일 가능한 신의 현존 증명근거』: "Der einzig mögliche Beweisgrund zu einer Demonstration des Daseins Gottes[BDG]", AA II.

『시령자의 꿈』: *Träume eines Geistersehers, erläutert durch die Träume der Metaphysik*[TG], AA II.

『학부들의 다툼』: *Der Streit der Fakultäten*[SF], AA VII.

『신해명』: "Principiorum primorum cognitionis metaphysicae nova dilucidatio[PND]", AA I.

『활력의 참측정에 대한 견해』: "Gedanken von der wahren Schätzung der lebendigen Kräfte[GSK]", AA I.

「발견」: "Über eine Entdeckung, nach der alle neue Kritik der reinen Vernunft durch eine ältere entbehrlich gemacht werden soll[ÜE]", AA VIII.

「보편사의 이념」 : "Idee zu einer allgemeinen Geschichte in weltbürgerlicher Absicht[IaG]", AA VIII.

「인간 역사」 : "Mutmaßlicher Anfang der Menschengeschichte[MAM]", AA VIII.

『천체 일반 자연사와 이론』 : "Allgemeine Naturgeschichte und Theorie des Himmels[NTH]", AA I.

「이론과 실천」 : "Über den Gemeinspruch : Das mag in der Theorie richtig sein, taugt aber nicht für die Praxis[TP]", AA VIII.

「계몽이란 무엇인가」 : "Beantwortung der Frage : Was ist Aufklärung?[WA]", AA VIII.

『영원한 평화』 : *Zum ewigen Frieden*[ZeF], AA VIII(아카넷, 2013).

『유작』 : "Opus postumum[Op]", AA XXI~XXII.

G. W. F. Hegel, *Gesammelte Werke*[GW], Felix Meiner Verlag, Hamburg 1968ff.

─────, *Werke* in zwanzig Bänden, (Theorie Werkausgabe[TW]), ed. v. E. Molenhauer/K. M. Michel, Suhrkamp Verlag, Frankfurt/M. 1971.

우리말 제목을 사용한 원 논저[약호]

『예나 체계초안 I』 : *Jenaer Systementwürfe I*[JS I], GW6.

『예나 체계초안 II』 : *Jenaer Systementwürfe II*[JS II], GW7.

『예나 체계초안 III』 : *Jenaer Systementwürfe III*[JS III], GW8.

『뉘른베르크 초고』 : *Nürnberger und Heidelberger Schriften 1808~1817*[NS], TW4.

『정신현상학』 : *Phänomenologie des Geistes*[PdG], GW9.

『논리의 학 I』 : *Wissenschaft der Logik* Bd.1[WdL I], GW11.

『논리의 학 II』 : *Wissenschaft der Logik* Bd.2[WdL II], GW12.

『법철학요강』 : *Grundlinien der Philosophie des Rechts*[GPR], TW7 od. GW14.

『철학백과개요』 : *Enzyklopädie der Philosophischen Wissenschaften im Grundrisse*(1830)[Enzy], GW20.

『역사철학강의』 : *Vorlesungen über die Philosophie der Geschichte*[VPG], TW12.

『종교철학강의』 : *Vorlesungen über die Philosophie der Religion*[VPR], TW16/17.

『철학사강의』: *Vorlesungen über die Geschichte der Philosophie*〔*VGP*〕, TW20.

G. W. F. Hegel, *Vorlesungen über Rechtsphilosophie 1818~1831*, Edition und Kommentar in sechs Bänden von K.-H. Ilting, Stuttgart-Bad Cannstatt 1973f., Bd.1.

Caygill, Howard, *A Kant Dictionary*, Oxford 1995(복간 : 1999).

Eisler, Rudolf, *Kant-Lexikon. Nachschlagewerk zu Kants sämtlichen Schriften, Briefen und handschriftlichem Nachlaß*, Berlin 1930 (복간 : Hildesheim 1969).

Hinske, N. / W. Weischedel, *Kant-Seitenkonkordanz*, Darmstadt 1970.

Irrlitz, Gerd, *Kant-Handbuch. Leben und Werk*, Stuttgart · Weimar 2002.

Mellin, G. S. A., *Enzyklopädisches Wörterbuch der kritischen Philosophie*, 6 Bde., Züllichau · Leipzig 1797~1803(복간 : Aalen 1970~71).

Schmid, C. Ch. E., *Wörterbuch zum leichtern Gebrauch der Kantischen Schriften*, ⁴1798 (N. Hinske 신편, Darmstadt ²1980).

Stockhammer, Morris, *Kant Dictionary*, New York 1972.

Ameriks, Karl, *Kant's Theory of Mind*, Oxford 1982.

Aster, E. v., *Immanuel Kant*, Leipzig 1909.

Bauch, B., *Immanuel Kant*, Berlin · Leipzig 1923.

Beck, Lewis W., *Studies in the Philosophy of Kant*, New York 1967.

Broad, C. D., *Kant : An Intorduction*, Cambridge 1978.

Bröcker, Walter, *Kant der Metaphysik und Erfahrung*, Frankfurt/M. 1970.

Cassirer, Ernst, *Kants Leben und Lehre*, Berlin 1921.

Cramer, Konrad, *Nicht-reine synthetische Urteile a priori. Ein Problem der Tranzendentalphilosophie Immanuel Kants*, Heidelberg 1985.

Delekat, F., *Immanuel Kant. Historisch-kritische Interpretation der Hauptschriften*, Heidelberg 1969.

Despland, Michel, *Kant on History and Religion*, Montreal · London 1973.

Fischer, Kuno, *Geschichte der neueren Philosophie*, Bd. 5, Heidelberg 1899.

Förster, E. 편, *Kant's Transcendental Deductions. The three 》Critiques《 and the 》Opus postumum《*, Stanford 1989.

Galston, William, *Kant and the Problem of History*, Chicago 1975.

Gerhard, C., *Kants Lehre von der Freiheit*, Heidelberg 1885

Gross, Felix 편, *Immanuel Kant. Sein Leben in Darstellungen von Zeitgenossen. Die Biographien von L. E. Borowski, R. B. Jachmann und A. Ch. Wasianski*, Darmstadt 1993 (Deutsche Bibliothek, Bd. 8).

Guyer, Paul, *Kant and the Claims of Knowledge*, Cambridge 1987.

Heimsoeth, H. / D. Henrich / G. Tonelli 편, *Studien zu Kants philosophischer Entwicklung*, Hildesheim 1967.

Heimsoeth, Heinz, *Studien zur Philosophie Immanuel Kants*, 2 Bde., Bonn 1970/71.

Heintel, R. / C. Nagl 편, *Zur Kantforschung der Gegenwart*, Darmstadt 1981.

Hinske, Norbert, *Kant als Herausforderung an die Gegenwart*, Freiburg · München 1980.

Höffe, Otfried, *Immanuel Kant*, München 1983.

Horstmann, Rolf−Peter, *Bausteine kritischer Philosophie. Arbeiten zu Kant*, Bodenheim 1997.

Hutter, Axel, *Das Interesse der Vernunft. Kants ursprüngliche Einsicht und ihre Entfaltung in den transzendentalphilosophischen Hauptwerken*, Hamburg 2003.

Kemp, John, *The Philosophy of Kant*, Oxford 1968.

Kennington, R. 편, *The Philosophy of Immanuel Kant*, Washington 1985.

Kopper, J. / R. Malter 편, *Immanuel Kant zu ehren*, Frankfurt/M. 1974.

Körner, Stephen, *Kant*, Hardmondsworth 1955. (독일어판: *Kant*, Göttingen 1967).

Lange, Friedrich Albert, *Geschichte des Materialismus*, Leipzig 1866.

Lehmann, Gerhard, *Beiträge zur Geschichte und Interpretation der Philosophie Kants*, Berlin 1969.

Martin, Gottfried, *Immanuel Kant. Ontologie und Wissenschaftstheorie*, Berlin 1969.

Neiman, S., *The Unity of Reason*, Oxford 1994.

Oberer, H. / G. Seel 편, *Kant. Analysen−Probleme−Kritik*, Würzburg 1988. Bd. II.

Würzburg 1996. Bd. III. Würzburg 1997.

Ouden, B. / M. Moen 편, *New Essays on Kant*, New York 1986.

Paton, H. J., *The Categorical Imperative*, London 1947.

Prauss, G. 편, *Kant. Zur Deutung seiner Theorie von Erkennen und Handeln*, Köln 1973.

Schäffer, Lothar, *Kants Metaphysik der Natur*, Berlin 1966.

Schmidt, Jochen, *Die Geschichte des Genie−Gedankens in der deutschen Literatur, Philosophie und Politik 1750~1945*, 2 Bde., Darmstadt 1985.

Schultz, Uwe, *Kant*, Hamburg 1965.

Scruton, R., *Kant*, Oxford 1982.

Teichner, Wilhelm, *Kants Transzendentalphilosophie. Grundriß*, Freiburg · München 1978.

Tugendhat, Ernst / Ursula Wolf, *Logisch−semantische Propädeutik*, Stuttgart 1983.

Vollrath, Ernst, *Die Thesen der Metaphysik. Zur Gestalt der Metaphysik bei Aristoteles, Kant und Hegel*, Wuppertal 1969.

Vorländer, Karl, *Immanuel Kant. Der Mann und das Werk*, Hamburg ²1977.

Walker, Ralph C. S. 편, *Kant on Pure Reason*, Oxford 1982.

Warda, Arthur, *Immanuel Kants Bücher*, Berlin 1922.

Wind, Edgar, *Das Experiment und die Metaphysik. Zur Auflösung der kosmologischen Antinomien*, Tübingen 1934.

Wood, A. W. 편, *Self and Nature in Kant's Philosophy*, Ithaca · N. Y. 1980.

Yovel, Yirmiahu, *Kant and the Philosophy of History*, Princeton 1980.

Zocher, R., *Kants Grundlehre. Ihr Sinn, ihre Problematik, ihre Aktualität*, Erlangen 1959.

Inwood, Michael, *A Hegel Dictionary*, Oxford · Cambridge/MA 1992.

Jaeschke, Walter, *Hegel−Handbuch*, Stuttgart · Weimar 2003.

Avineri, Shlomo, *Hegels Theorie des modernen Staates*, Frankfurt/M. 1976 (= *Hegel's Theory of the Modern State*, Cambridge 1972).

Baum, Manfred, *Die Entstehung der Hegelschen Dialektik*, Bonn 1986.

Becker, W., *Hegels "Phänomenologie des Geistes"*, Stuttgart · Berlin · Köln · Mainz 1971.

Beiser, Frederick C. 편, *The Cambridge Companion to Hegel*, Cambridge 1993.

Bertaux, Pierre, *Hölderlin und die Französische Revolution*, Frankfurt/M. 1969.

Bondeli, Martin / Linneweber-Lammerskitten, Helmut 편, *Hegels Denkentwicklung in der Berner und Frankfurter Zeit*, München 1999.

Drüe, H. / H. Schnädelbach / u. a., *Hegels 《Enzyklopädie der philosophischen Wissenschaften(1830)》. Ein Kommentar zum Systemgrundriß*, Frankfurt/M. 2000.

Düsing, Edith, *Intersubjektivität und Selbstbewußtsein. Behavioristische, phänomenologische und idealistische Begründungstheorien bei Mead, Schütz, Fichte und Hegel*, Köln 1986.

Düsing, Klaus, *Das Problem der Subjektivität in Hegels Logik*, HSB 15(1976, 1984).

Fetscher, Iring 편, *Hegel in der Sicht der neueren Forschung*, Darmstadt 1973.

Fink, Eugen, *Hegel*, Frankfurt/M. 1977.

Fulda, Hans Friedrich / Henrich, Dieter 편, *Materialien zu Hegels Phänomenologie des Geistes*, Frankfurt/M. 1973.

————, *Hegel und die Kritik der Urteilskraft*, Stuttgart 1990.

————, *Rousseau, die Revolution und der junge Hegel*, Stuttgart 1991.

————, *Vernunftbegriffe in der Moderne*, Stuttgart 1994.

Fulda, Hans Friedrich/Horstmann, Rolf-Peter 편, *Skeptizismus und spekulatives Denken in der Philosophie Hegels*, Stuttgart 1996.

Fulda, Hans Friedrich, *Das Problem einer Einleitung in Hegels Wissenschaft der Logik*, Frankfurt/M. 1965.

————, *Georg Wilhelm Friedrich Hegel*, München 2003.

Gadamer, Hans Georg, *Hegels Dialektik. Sechs hermeneutische Studien*, Tübingen 1980.

Görland, Ingtraud, *Die Kantkritik des jungen Hegel*, Frankfurt/M. 1966.

Guzzoni, Ute / Rang, Bernhard / Siep, Ludwig 편, *Der Idealismus und seine*

Gegenwart. Festschrift für Werner Marx zum 65. Geburtstag, Hamburg 1976.

Halbig, Christoph, *Objektives Denken. Erkenntnistheorie und Philosophy of Mind in Hegels System*, Stuttgart–Bad Cannstatt 2002.

Halfwassen, Jens, *Hegel und der spätantike Neuplatonismus. Untersuchungen zur Metaphysik des Einen und des Nous in Hegels spekulativer und geschichtlicher Deutung*, HSB 40 (1999).

Hartkopf, Werner, *Der Durchbruch zur Dialektik in Hegels Denken. Studien zur Entwicklung der modernen Dialektik III*, Meisenheim am Glan 1976.

Hartmann, Nicolai, *Die Philosophie des Deutschen Idealismus*(1923/29), Berlin ³1974.

Heinrichs, J., *Die Logik der 'Phänomenologie des Geistes'*, Bonn 1974.

Helferich, Christoph, *Georg Wilhelm Friedrich Hegel*, Stuttgart 1979.

Henrich, Dieter, *Hegel im Kontext*, Frankfurt/M. 1971.

Henrich, Dieter / Horstmann, Rolf–Peter 편, *Hegels Philosophie des Rechts. Die Theorie der Rechtsformen und ihre Logik*, Stuttgart 1982.

Horstmann, Rolf–Peter 편, Seminar : *Dialektik in der Philosophie Hegels*, Frankfurt/M. 1978.

Hösle, Vittorio, *Hegels System. Der Idealismus der Subjektivität und das Problem der Intersubjektivität*, 2 Bde., Hamburg 1987.

Jermann, Christoph 편, *Anspruch und Leistung von Hegels Rechtsphilosophie*, Stuttgart–Bad Cannstatt 1987.

Kojève, A., *Hegel – Eine Vergegenwärtigung seines Denkens (Kommentar zur Phänomenologie des Geistes)*, hrsg. von I. Fetscher, Frankfurt/M. 1975.

Köhler, Dietmar / Pöggeler, Otto 편, *Hegel. Phänomenologie des Geistes*, Berlin 1998.

Lucas, Hans–Christian / Planty–Bonjour, Guy 편, *Logik und Geschichte in Hegels System*, Stuttgart–Bad Cannstatt 1989.

Lucas, Hans – Christian / Pöggeler, Otto 편, *Hegels Rechtsphilosophie im Zusammenhang der europäischen Verfassungsgeschichte*, Stuttgart – Bad Cannstatt 1986.

Paetzold, H., *Ästhetik des deutschen Idealismus*, Wiesbaden 1983.

Peperzak, Adriaan Theodoor, *Hegels praktische Philosophie. Ein Kommentar zur enzyklopädischen Darstellung der menschlichen Freiheit und ihrer objektiven Verwirklichung*, Stuttgart−Bad Cannstatt 1991.

Pöggeler, Otto, *Hegels Idee einer Phänomenologie des Geistes*, Freiburg · München 1973, 1993.

───, *Einführung in seine Philosophie*, Freiburg · München 1977.

Riedel, Manfred 편, *Materialien zu Hegels Rechtsphilosophie*, 2 Bde., Frankfurt/M. 1974.

Schäfer, Rainer, *Die Dialektik und ihre besonderen Formen in Hegels Logik*, Hamburg 2001(HSB 45).

Schmitz, H., *Die entfremdete Subjektivität −Von Fichte zu Hegel*, Bonn 1992.

Schnädelbach, Herbert 편, *Hegels Enzyklopädie der philosophischen Wissenschaften (1830)*, Frankfurt/M. 2000.

Schnädelbach, Herbert, *Hegels praktische Philosophie. Ein Kommentar der Texte in der Reihenfolge ihrer Entstehung*, Frankfurt/M. 2000.

Schurr, A., *Philosophie als System bei Fichte, Schelling und Hegel*, Stuttgart−Band Cannstatt 1974

Siep, Ludwig 편, *G. W. F. Hegel, Grundlinien der Philosophie des Rechts*, Berlin 1997.

Siep, Ludwig, *Praktische Philosophie im Deutschen Idealismmus*, Frankfurt/M. 1992.

Stewart, Jon Bartley 편, *The Phenomenology of Spirit Reader. Critical and Interpretive Essays*, Albany 1998.

Stiehler, G., *Die Dialektik in Hegels "Phänomenologie des Geistes"*, Berlin 1964.

Taylor, Charls, *Hegel*, übers. v. G. Fehn, Frankfurt/M. 1993.

Topp, Ch., *Philosophie als Wissenschaft −Status und Makrologik wissenschaftlichen Philosophierens bei Hegel*, Berlin/N. Y. 1982.

Wiedmann, F., *Hegel*, Hamburg 1979.

Ritter, Johachim u. a. 편, *Historisches Wörterbuch der Philosophie*, 13 Bde., Basel · Darmstadt 1971∼2007.

Vries, Josef de, *Grundbegriffe der Scholastik*, Darmstadt 1980.

Aquinas, Thomas, *Quaestiones disputatae–De veritate*, ed. R. Spiazzt, Roma 1953.

————, *Summa Theologiae*, Biblioteca de autores cristianos, Madrid 1978.

————, *Summae contra gentiles*, III/1, lat.–dt. hrsg. und übers. von K. Allgaier, Darmstadt 1990.

Aristoteles, *De anima*, ed. W. D. Ross, Oxford 1956.

————, *Metaphysik*, Griechisch–deutsche Parallelausg., 2 Bde., übers. v. H. Bonitz, Hamburg 1978/80.

————, *Categoriae//Liber de Interpretatione*, Oxford 1949.

————, *Ethica Nicomachea*, ed. by I. Bywater, Oxford 1979.

Augustinus, *Confessiones/Bekenntnisse*, hrsg. v. J. Bernhart, München 1980.

Berkeley, G., *A Treatise Concerning the Principles of Human Knowledge & Three Dialogues between Hylas and Philonous*, introd. by G. J. Warnock, Cleveland and N. Y. 1963.

Cicero, *De officiis*, lat.–dt. hrsg. und übers. von Karl Büchner, München · Zürich ³1987.

————, *De legibus libri tres.*, hrsg. von F. Creuzer, Hildesheim · New York 1973.

————, *De natura deorum*, lat.–dt. hrsg. und übers. von W. Gerlach und Karl Bayer, München · Zürich ³1990.

————, *Tusculanae disputationes/Gespäche in Tuskulum*, lat.–dt. übers. von Karl Büchner, Zürich ²1966.

Descartes, R., *Oeuvres de Descartes*, publ. par C. Adam & P. Tannery, Paris 1973/4.

그 가운데서

Discours de la Méthode, in : VI.

Principia philosophiae, in : VIII.

Regulae ad directionem ingenii, in : X.

Les Passions de l'ame, in : XI.

————, *Meditationes de prima philosophia*, hrsg. v. L. Gäbe, Hamburg 1977.

Diogenes Laertius, *X. Epikur*, hrsg. v. K. Reich/H. G. Zekl, Hamburg 1968.

──────, *Vitae philosophorum*, ed. Miroslav Marcovich, Stuttgart · Leipzig 1999.

Duns Scotus, *Tractatus de primo principio/Abhandlung über das erste Prinzip*, hrsg. u. übers. von W. Kluxen, Darmstadt 1974.

Fichte, J. G., *Sämtliche Werke − Nachgelassene Werke*, hrsg. v. I. H. Fichte, Berlin/Bonn, 1845/1935.

Heidegger, M., *Sein und Zeit*, Gesamtausgabe[GA] Bd. 2, Frankfurt/M. 1977.

──────, *Kant und das Problem der Metaphysik*, GA 3, Frankfurt/M. 1991.

──────, *Phänomenologische Interpretation von Kants Kritik der reinen Vernunft*, GA 25, Frankfurt/M. 1977.

──────, *Die Frage nach dem Ding − Zu Kants Lehre von den transzendentalen Grundsätzen*, GA 41, Frankfurt/M. 1991.

──────, "Vom Wesen der Wahrheit"/"Vom Wesen des Grundes", in : *Wegmarken*, GA 9, Frankfurt/M. 1976.

──────, *Logik − Die Frage nach der Wahrheit*, GA 21, Frankfurt/M. 1976.

──────, *Hegels Phänomenologie des Geistes*, GA 32, Frankfurt/M. 1980.

Hobbes, Th., *Leviathan*, ed. E. Curley, Indianapolis 1994.

──────, *De cive/On the Citizen*, ed. by R. Tuck and M. Silverthrone, Cambridge 1998.

Hume, D., *A Treatise of Human Nature*, ed. by L. A. Selby − Bigge, Oxford 1978.

──────, *An Enquiry concerning the Principles of Morals*, ed. by Ch. W. Hendel, N. Y. 1957.

Horkheimer, M., *Eclipse of Reason*(1947), New York : The Continuum, 1996.

Husserl, E., *Logische Untersuchungen II/1*, Husserliana[Huss] Bd. XIX/1, ed. by U. Panzer, The Hague 1984.

──────, *Zur Phänomenologie des inneren Zeitbewusstseins(1893 ∼ 1917)*, Huss X, ed. by R. Boehm, Den Haag 1966.

──────, *Ideen zu einer reinen Phänomenologie und phänomenologischen Philosophie I*(1913), Huss 3, ed. by K. Schuhmann, Den Haag 1976.

──────, *Cartesianische Meditationen und Pariser Vorträge*, Huss 1, Den Haag ²1973.

————, *Erste Philosophie I* (1923/24), Huss 7, Den Haag 1956.

————, *Zur Phänomenologie der Intersubjektivität I (1905~1920)*, Huss 13, Den Haag 1973.

Leibniz, G. W., *Nouveaux Essais sur L'Entendement Humain*, hrsg./übers. v. W. Engelhardt/H. H. Holz, Darmstadt 1959.

————, *Monadologie//Principes de la Nature et de la Grace fondés en Raison*, hrsg. v. H. Herring, Hamburg 1982.

————, *Hauptschriften zur Grundlegung der Philosophie*, Bd. 1, hrsg. E. Cassirer, Hamburg 1966.

Locke. J., *An Essay concerning Human Understanding*, ed. A. C. Fraser, N. Y. 1959.

————, *Two Treatises of Government*, ed. by P. Laslett, Cambridge 1988.

Marx, K., Ökonomisch–philosophische Manuskripte aus dem Jahre 1844, in : *MEW*, 40, Berlin 1981.

Moore, G. E., *Principia Ethica*, Cambridge 1959.

Platon, *Phaidros*, in : Platon · Werke, Bd. V, hrsg. v. G. Eigler, Darmstadt 1983.

Schelling, F. W. J., *Sämtliche Werke*, hrsg. v. K. F. A. Schelling, Stuttgart 1856~1861.

Schopenhauer, A., *Sämtliche Werke*, Bd. 1 (Frankfurt ³1859), Nachdruck : Darmstadt 1968.

Seneca, *Epistulae morales ad Lucilium*, lat.–dt. übers. von M. Rosenbach, Darmstadt 1999.

Smith, A., *An Inquiry into the Nature and Causes of The Wealth of Nations* (1776, ⁵1789), ed. by E. Cannan, Chicago 1976.

Spinoza, B. de, *Ethica & Tractatus de Intellectus Emendatione*, Lateinisch–deutsche Parallelausg. hrsg. v. K. Blumenstock, in : Werke Bd. II, Darmstadt 1980.

Braubach, Max, *Gebhardt Handbuch der deutschen Geschichte*, Bd. 14 : *Von der Französischen Revolution bis zum Wiener Kongreß*, Stuttgart 1983.

Treue, Wilhelm, *Deutsche Geschichte*, Stuttgart 1958.

『국립국어연구원 : 표준국어대사전』, 서울 1999.

Duden : Das große Wörterbuch der deutschen Sprache, Mannheim · Leipzig · Wien · Zürich ²1995.

篠田英雄 譯, 『純粹理性批判』(上)(中)(下), 東京 岩波書店, 1961〜1962.

有福孝岳 譯, 『純粹理性批判』(上)(中), 東京 岩波書店, 2001〜2003.

有福孝岳/久吳高之 譯, 『純粹理性批判』(下), 東京 岩波書店, 2006/2007.

牟宗三 譯, 『純粹理性批判』(上)(下), 臺灣學生書局, 1987.

M. Noth, *Das zweite Buch Mose : Exodus* ; 한국신학연구소 역, 「출애굽기」, 서울, 1981.

J. Hyppolite, *Genèse et Structure de la Phénoménologie de l'Esprit de Hegel* (1946) ; 이종철 · 김상환 공역, 『헤겔의 精神現象學 I / II』, 문예출판사, 1986/88.

F. 카울바흐 저 / 백종현 역, 『임마누엘 칸트 – 생애와 철학 체계』, 아카넷, 2019(1992).

R. 크로너 저 / 연효숙 역, 『칸트. 1 : 칸트에서 헤겔까지』, 서광사, 1994 · 1998.

만프레트 가이어 저 / 김광명 역, 『칸트 평전』, 미다스북스, 2004.

테리 핀가드 저 / 전대호 · 태경섭 역, 『헤겔, 영원한 철학의 거장』, 이제이북스, 2006.

E. Burke, *A Philosophical Enquiry into the Origin of our Ideas of the Sublime and Beautiful* (1757) ; 김동훈 역, 『숭고와 아름다움의 이념의 기원에 대한 철학적 탐구』, 마티, 2006.

『성서』.

『周易』.

『大學』.

『論語』.

『孟子』.

『中庸』.

『荀子』.

范曄, 『後漢書』.

『朱子語類』.

『栗谷全書』.

강성화, 『헤겔《법철학》』, 서울대학교 철학사상연구소, 2003.

강영안, 『자연과 자유 사이』, 문예출판사, 1998.

─────, 『도덕은 무엇으로부터 오는가 : 칸트의 도덕철학』, 조합공동체 소나무, 2000.

─────, 『칸트의 형이상학과 표상적 사유』, 서강대학교 출판부, 2009.

김광명, 『칸트 판단력비판 연구』, 이론과실천, 1992.

─────, 『칸트 미학의 이해』, 철학과현실사, 2004.

김상봉, 『자기의식과 존재사유 : 칸트철학과 근대적 주체성의 존재론』, 한길사, 1998.

김수용, 『예술의 자율성과 부정의 미학—독일 이상주의 문학 연구』, 연세대학교 출판부, 1998.

문성학, 『칸트 윤리학과 형식주의』, 경북대학교 출판부, 2007.

백종현, 『현대 한국 사회의 철학적 문제 : 사회운영원리』, 서울대학교 출판부, 2004.

─────, 『독일철학과 20세기 한국의 철학』, 철학과현실사, 1998 · 증보판 2000.

─────, 『철학의 개념과 주요문제』, 철학과현실사, 2007.

─────, 『존재와 진리—칸트 '순수 이성 비판'의 근본문제』, 철학과현실사, 2002 · 전정판 2008.

윤병태, 『삶의 논리』, 용의 숲, 2005.

─────, 『개념 논리학』, 용의 숲, 2000 · 2006〔개정판〕.

─────, 『청년기의 헤겔 철학』, 용의 숲, 2007.

─────, 『칸트 그리고 헤겔』, 용의 숲, 2007.

이민호, 『독일史』, 대한교과서주식회사, 1996.

이충진, 『이성과 권리 : 칸트 법철학 연구』, 철학과현실사, 2000.

임석진, 『헤겔의 노동의 개념』, 지식산업사, 1990.

장남준, 『독일 낭만주의 연구』, 나남, 1989.

지명렬, 『독일 낭만주의 총설』, 서울대학교 출판부, 2000.

최문규, 『독일 낭만주의』, 연세대학교 출판부, 2005.

한국칸트학회 편, 『칸트연구』 1~25, 서울 (또는 대구), 1995~2010.

한국헤겔학회 편, 『헤겔연구』 4, 지식산업사, 1988.

─────, 『헤겔연구』 5, 청아출판사, 1994.

─────, 『헤겔철학과 정신』〔『헤겔연구』 12〕, 철학과현실사, 2002.

한자경, 『자아의 연구 : 서양 근 · 현대 철학자들의 자아관 연구』, 서광사, 1997.

| 찾아보기 |

백종현(白琮鉉)

서울대학교 명예교수. 한국포스트휴먼연구소 소장.

서울대학교 철학과에서 학사 · 석사 과정 후 독일 프라이부르크 대학에서 철학박사 학위를 받았다. 인하대 · 서울대 철학과 교수, 서울대 철학사상연구소 소장, 서울대 인문학연구원 원장, 한국칸트학회 회장, 한국철학회 『철학』 편집인 · 철학용어정비위원장 · 회장 겸 이사장, 한국포스트휴먼학회 회장을 역임하였다.

주요 논문으로는 "Universality and Relativity of Culture"(*Humanitas Asiatica* 1, Seoul 2000), "Kant's Theory of Transcendental Truth as Ontology"(*Kant-Studien* 96, Berlin & New York 2005), "Reality and Knowledge"(*Philosophy and Culture*, 3, Seoul 2008) 등이 있으며, 주요 저서로는 *Phänomenologische Untersuchung zum Gegenstandsbegriff in Kants "Kritik der reinen Vernunft"*(Frankfurt/M. & New York 1985), 『독일철학과 20세기 한국의 철학』(1998/증보판 2000), 『존재와 진리─칸트〈순수이성비판〉의 근본문제』(2002/2003/전정판 2008), 『서양근대철학』(2001/증보판 2003), 『현대 한국사회의 철학적 문제 : 윤리 개념의 형성』(2003), 『현대 한국사회의 철학적 문제 : 사회 운영 원리』(2004), 『철학의 개념과 주요 문제』(2007), 『시대와의 대화 : 칸트와 헤겔의 철학』(2010/개정판 2017), 『칸트 이성철학 9서 5제』(2012), 『동아시아의 칸트철학』(편저. 2012), 『한국 칸트 소사전』(2015), 『이성의 역사』(2017), 『인간이란 무엇인가─칸트 3대 비판서 특강』(2018), 『한국 칸트사전』(2019), 『인간이란 무엇이어야 하는가─포스트휴먼 시대, 인간을 다시 묻다』(2021) 등이 있고, 역서로는 『칸트 비판철학의 형성과정과 체계』(F. 카울바흐, 1992)//『임마누엘 칸트─생애와 철학 체계』(2019), 『실천이성비판』(칸트, 2002/개정2판 2019), 『윤리형이상학 정초』(칸트, 2005/개정2판 2018), 『순수이성비판 1 · 2』(칸트, 2006), 『판단력비판』(칸트, 2009), 『이성의 한계 안에서의 종교』(칸트, 2011/개정판 2015), 『윤리형이상학』(칸트, 2012), 『형이상학 서설』(칸트, 2012), 『영원한 평화』(칸트, 2013), 『실용적 관점에서의 인간학』(2014), 『교육학』(칸트, 2018), 『유작 I.1 · I.2』(칸트, 2020), 『학부들의 다툼』(칸트, 2021), 『유작 II』(칸트, 2022) 등이 있다.

시대와의 대화
칸트와 헤겔의 철학

대우학술총서 599

1판 1쇄 펴냄 2010년 8월 3일
1판 4쇄 펴냄 2014년 12월 10일
개정판 1쇄 펴냄 2017년 9월 1일
개정판 3쇄 펴냄 2023년 2월 24일

지은이 | 백종현
펴낸이 | 김정호
펴낸곳 | 아카넷

출판등록 2000년 1월 24일(제406-2000-000012호)
10881 경기도 파주시 회동길 445-3
전화 031-955-9511(편집) · 031-955-9514(주문) | 팩시밀리 031-955-9519
www.acanet.co.kr

ⓒ 백종현, 2010
독일, 오스트리아철학, KDC 165

Printed in Seoul, Korea.

ISBN 978-89-5733-563-5 94160
ISBN 978-89-89103-00-4 (세트)